Concours professeur des écoles

ADMISSIBILITÉ

MATHS

Le manuel complet pour réussir l'écrit

Ouvrage dirigé par Marc Loison
Docteur en histoire de l'éducation et sciences de l'éducation,
maître de conférences honoraire en histoire contemporaine de l'université d'Artois,
ancien conseiller pédagogique chargé de mission académique pour l'éducation prioritaire,
ancien président de jury CRPE

Ouvrage coordonné par Franky Bianco
Conseiller pédagogique EPS et généraliste en circonscription primaire,
membre du jury académique CRPE et membre du groupe départemental Maths 62

Valérie Bouquillon-Sadaune
Conseillère pédagogique départementale en maternelle, inspection académique
du Pas-de-Calais, et membre du jury académique CRPE

Jean-Robert Delplace
Professeur honoraire en INSPE, agrégé de mathématiques,
titulaire d'un master 2 en didactique des mathématiques

Vuibert
N°1 DES CONCOURS

Ressources numériques pour réussir le CRPE

Téléchargez :

- **150 QCM interactifs ;**
- **le sujet zéro officiel corrigé ;**
- **les repères de progression et les attendus de fin de cycle.**

ou www.Vuibert.fr/site/210750

ISBN : 978-2-311-21075-0

Conception et réalisation de la couverture : Delphine d'Inguimbert et Valérie Goussot/Caroline Joubert (Atelier du livre) - Conception de l'intérieur : Bleu T/Caroline Joubert (Atelier du livre) - Composition : STDI

Site Internet : http://www.vuibert.fr

Sommaire

PARTIE 1 / NOMBRES ET CALCULS

PARTIE 2 / ESPACE ET GÉOMÉTRIE

5 ÉLÉMENTS DE BASE DE LA GÉOMÉTRIE PLANE EUCLIDIENNE

6 ANGLES

7 POLYGONES

8 GRANDS THÉORÈMES

9 TRANSFORMATIONS DU PLAN

10 SOLIDES

PARTIE 3 / GRANDEURS ET MESURES

PARTIE 4 / ORGANISATION ET GESTION DE DONNÉES, FONCTIONS

PARTIE 5 / PROBLÈMES

PARTIE 6 / ALGORITHMIQUE ET PROGRAMMATION

PARTIE 7 / SUJET BLANC CORRIGÉ

Les outils clés pour maitriser les connaissances indispensables le jour de l'épreuve :

Avant-propos

La maitrise des savoirs enseignés et une solide culture générale sont les conditions nécessaires de l'enseignement. Elles permettent aux professeurs des écoles d'exercer la polyvalence propre à leur métier et d'avoir une vision globale des apprentissages, en favorisant la cohérence, la convergence et la continuité des enseignements. C'est la raison pour laquelle on attend du futur professeur des écoles que vous souhaitez devenir qu'il maitrise parfaitement les savoirs disciplinaires et leur didactique ainsi que la langue française dans le cadre de son enseignement. Ce sont ces deux objectifs que le présent ouvrage s'est fixés. Vous le découvrirez par vous-même en le parcourant au fur et à mesure de vos apprentissages, révision ou réactivation de connaissances.

Dans la continuité de ces objectifs clairement affichés dans le référentiel de compétences des professeurs des écoles, je souhaiterais attirer votre attention sur quelques points majeurs à respecter dans le cadre de la préparation de l'épreuve écrite d'admissibilité de mathématiques du CRPE que ce manuel aborde en détail.

Insistons tout d'abord sur le fait que la maitrise des savoirs disciplinaires et leur didactique dans chacun des domaines mathématiques (nombres et calculs, espace et géométrie, grandeurs et mesures, organisation et gestion des données, algorithmique et programmation) est une compétence essentielle pour tout professeur. On enseigne bien ce que l'on connait bien !

L'épreuve écrite disciplinaire d'admissibilité de mathématiques est constituée d'un ensemble d'au moins trois exercices indépendants, permettant de vérifier les connaissances du candidat. Dans cette épreuve, il est tout d'abord attendu du candidat qu'il maitrise finement et avec du recul l'ensemble des connaissances, compétences et démarches intellectuelles du socle commun de connaissances, compétences et culture, et les programmes des cycles 1 à 4.

Cette épreuve est certes exigeante mais elle reste à la portée de tous les candidats quelle que soit leur formation antérieure. Il suffit de bien gérer ses acquis, de les réactualiser et, bien sûr, de s'astreindre à une préparation rigoureuse. Elle ne porte généralement que sur des connaissances de base et tout s'apprend. Même si on pense avoir les connaissances fondamentales nécessaires, il est important de vérifier qu'elles sont bien mémorisées. Pour ce faire, les nombreux exercices et corrigés proposés dans cet ouvrage devraient être utiles aux candidats qui n'ont pas eu l'occasion de faire des mathématiques depuis plusieurs années.

Avec la réforme du CRPE, une nouvelle épreuve d'admission intitulée « leçon » a fait son apparition. Elle a pour objet la conception et l'animation d'une séance d'enseignement des mathématiques à l'école primaire, permettant d'apprécier la maitrise disciplinaire et la maitrise des compétences pédagogiques du candidat. Le présent ouvrage n'a certes pas vocation à répondre précisément à cet objet, un manuel CRPE spécifique lui étant consacré par ailleurs, il nous parait néanmoins essentiel d'inviter le futur professeur des écoles à réfléchir à l'articulation discipline/didactique et à la traduction du savoir disciplinaire en savoir enseigner. C'est la raison pour laquelle, en complément des savoirs disciplinaires abordés, figurent systématiquement, dans la partie « Vers l'oral », une analyse didactique et une exploitation pédagogique d'extraits de manuels scolaires.

Marc Loison

maitre de conférences honoraire, docteur en histoire de l'éducation
et sciences de l'éducation, directeur de l'ouvrage

Comment aborder le CRPE

Cet ouvrage a pour objectif essentiel d'assurer la préparation théorique de **l'épreuve écrite d'admissibilité de mathématiques** du concours de recrutement de professeurs des écoles (CRPE). Rappelons que cette épreuve vise à apprécier les connaissances disciplinaires du candidat indispensables pour un enseignement maitrisé des programmes de l'école primaire.

Avant d'aborder la préparation théorique de cette épreuve écrite, il parait essentiel d'indiquer les textes officiels qui régissent désormais le CRPE et que tout candidat se doit de connaitre. Il est par ailleurs indispensable de connaitre l'ensemble des épreuves écrites et orales d'admissibilité et d'admission et les objectifs qui leur sont assignés.

1 Les textes officiels

L'arrêté du 25 janvier 2021 paru au *Journal officiel* du 29 janvier 2021 fixe les modalités d'organisation du concours externe de recrutement de professeurs des écoles. Deux grandes séries d'épreuves constituées respectivement de trois épreuves écrites d'admissibilité et de deux épreuves orales d'admission sont définies par référence aux programmes de l'école primaire (*Bulletin officiel* n° 31 du 30 juillet 2020), au socle commun de connaissances, de compétences et de culture (*Bulletin officiel* n° 17 du 23 avril 2015) mais aussi par référence aux compétences professionnelles des maitres (annexe de l'arrêté du 1er juillet 2013 paru au *Journal officiel* du 18 juillet 2013). Ces compétences sont intégralement réaffirmées dans le référentiel de formation publié dans le *Journal officiel* du 7 juillet 2019. Ce référentiel mis en œuvre depuis la rentrée scolaire 2019 précise, par ailleurs, les objectifs, les axes de formation et le niveau de maitrise des attendus en fin de master MEEF.

Enfin, sur le site du ministère de l'Éducation nationale, on veillera à consulter les sujets zéro et les programmes des épreuves écrites de français, de mathématiques et d'application.

→

2 Les épreuves du CRPE

<table>
<tr><th colspan="3">Trois épreuves écrites d'admissibilité</th></tr>
<tr><td colspan="3">Cadre de référence : Programmes de l'école primaire
Niveau attendu : Les connaissances attendues des candidats sont celles que nécessite un enseignement maitrisé de ces programmes. Il est attendu du candidat qu'il maitrise finement et avec du recul l'ensemble des connaissances, compétences et démarches intellectuelles du socle commun de connaissances, compétences et culture, et les programmes des cycles 1 à 4. Des connaissances et compétences en didactique du français et des mathématiques ainsi que des autres disciplines pour enseigner au niveau primaire sont nécessaires. Les épreuves écrites prennent appui sur un programme publié sur le site Internet du ministère chargé de l'Éducation nationale.</td></tr>
<tr><th colspan="3">Épreuve écrite disciplinaire de français
Notée sur 20. Coefficient 1. Durée : 3 heures</th></tr>
<tr><td colspan="3">L'épreuve prend appui sur un texte (extrait de roman, de nouvelle, de littérature d'idées, d'essai...) d'environ 400 à 600 mots. Elle comporte trois parties :</td></tr>
<tr><td colspan="2">une partie consacrée à l'étude de la langue, permettant de vérifier les connaissances syntaxiques, grammaticales et orthographiques du candidat ;</td><td rowspan="3">Une note globale égale ou inférieure à 5 est éliminatoire.</td></tr>
<tr><td colspan="2">une partie consacrée au lexique et à la compréhension lexicale ;</td></tr>
<tr><td colspan="2">une partie consacrée à une réflexion suscitée par le texte à partir d'une question posée sur celui-ci et dont la réponse prend la forme d'un développement présentant un raisonnement rédigé et structuré.</td></tr>
<tr><th colspan="3">Épreuve écrite disciplinaire de mathématiques
Notée sur 20. Coefficient 1. Durée : 3 heures</th></tr>
<tr><td colspan="2">L'épreuve est constituée d'un ensemble d'au moins trois exercices indépendants, permettant de vérifier les connaissances du candidat.</td><td>Une note globale égale ou inférieure à 5 est éliminatoire</td></tr>
<tr><th colspan="3">Épreuve écrite d'application
Notée sur 20. Coefficient 1. Durée : 3 heures</th></tr>
<tr><td colspan="3">L'épreuve a pour objectif d'apprécier la capacité du candidat à proposer une démarche d'apprentissage progressive et cohérente. Le candidat a le choix au début de l'épreuve entre trois sujets portant respectivement sur l'un des domaines suivants : sciences et technologie ; histoire, géographie, enseignement moral et civique ; arts. Le candidat dispose d'un dossier comportant notamment des travaux issus de la recherche et des documents pédagogiques. Il est amené à montrer dans le domaine choisi une maitrise disciplinaire en lien avec les contenus à enseigner et à appliquer cette maitrise à la construction ou à l'analyse de démarches d'apprentissage.</td></tr>
<tr><td>Sciences et technologie</td><td>L'épreuve consiste en la conception et/ou l'analyse d'une ou plusieurs séquences ou séances d'enseignement à l'école primaire (cycles 1 à 3), y compris dans sa dimension expérimentale.</td><td rowspan="3">Chaque épreuve peut comporter des questions visant à la vérification des connaissances disciplinaires du candidat.

Quand l'épreuve comporte 2 composantes, chacune d'entre elles est notée sur 10 points.

Une note globale égale ou inférieure à 5 est éliminatoire.</td></tr>
<tr><td>Histoire, géographie, enseignement moral et civique</td><td>Au titre d'une session, la Commission nationale compétente mentionnée à l'article 12 détermine deux composantes parmi les trois enseignements suivants : histoire, géographie, enseignement moral et civique. L'épreuve consiste en la conception et/ou l'analyse d'une ou plusieurs séquences ou séances d'enseignement à l'école primaire (cycles 1 à 3).</td></tr>
<tr><td>Arts</td><td>Au titre d'une session, la Commission nationale compétente mentionnée à l'article 12 détermine deux composantes parmi les trois enseignements suivants : éducation musicale, arts plastiques, histoire des arts. L'épreuve consiste en la conception et/ou l'analyse d'une ou plusieurs séquences ou séances d'enseignement à l'école primaire (cycles 1 à 3).</td></tr>
</table>

<table>
<tr><th colspan="2">Deux épreuves orales d'admission</th></tr>
<tr><th colspan="2">Épreuve de leçon
Notée sur 20. Coefficient 4. Durée : 1 heure. Préparation : 2 heures</th></tr>
<tr><td colspan="2">L'épreuve porte successivement sur le français et les mathématiques. Elle a pour objet la conception et l'animation d'une séance d'enseignement à l'école primaire dans chacune de ces matières, permettant d'apprécier la maitrise disciplinaire et la maitrise des compétences pédagogiques du candidat. Le jury soumet au candidat deux sujets de leçon, l'un dans l'un des domaines de l'enseignement du français, l'autre dans celui des mathématiques, chacun explicitement situé dans l'année scolaire et dans le cursus de l'élève.</td></tr>
<tr><td>Préparation : Afin de construire le déroulé de ces séances d'enseignement, le candidat dispose en appui de chaque sujet d'un dossier fourni par le jury et comportant au plus quatre documents de nature variée : supports pédagogiques, extraits de manuels scolaires, traces écrites d'élèves, extraits des programmes...</td><td rowspan="2">Durée de l'épreuve :
Français : 30 minutes dont un exposé de 10 à 15 minutes et un entretien pour la durée restante impartie à cette partie.

Mathématiques : idem

La note 0 est éliminatoire</td></tr>
<tr><td>Présentation et entretien : Le candidat présente successivement au jury les composantes pédagogiques et didactiques de chaque leçon et de son déroulement. Chaque exposé est suivi d'un entretien avec le jury lui permettant de faire préciser ou d'approfondir les points qu'il juge utiles, tant sur les connaissances disciplinaires que didactiques.</td></tr>
<tr><th colspan="2">Épreuve d'entretien composée de 2 parties
Notée sur 20. Coefficient 2. Durée totale : 1 heure 5 minutes</th></tr>
<tr><td colspan="2">Première partie : Éducation physique et sportive. Connaissance scientifique du développement et la psychologie de l'enfant
Notée sur 10. Durée : 30 minutes. Préparation : 30 minutes</td></tr>
<tr><td>Préparation : À partir d'un sujet fourni par le jury, proposant un contexte d'enseignement et un objectif d'acquisition pour la séance, il revient au candidat de choisir le champ d'apprentissage et l'activité physique support avant d'élaborer une proposition de situation(s) d'apprentissage qu'il présente au jury.</td><td rowspan="2">Exposé : ne doit pas excéder 15 minutes
Entretien : pour la durée restante impartie à cette première partie.

La note 0 obtenue à cette partie est éliminatoire.</td></tr>
<tr><td>Exposé et entretien : L'entretien permet d'apprécier d'une part les connaissances scientifiques du candidat en matière de développement et de psychologie de l'enfant, d'autre part sa capacité à intégrer la sécurité des élèves, à justifier ses choix, à inscrire ses propositions dans une programmation annuelle et, plus largement, dans les enjeux de l'EPS à l'école.</td></tr>
<tr><th colspan="2">Seconde partie : Se projeter dans le métier de professeur au sein du service public de l'éducation
Notée sur 10. Durée : 35 minutes</th></tr>
<tr><td colspan="2">Objectifs : cette seconde partie porte sur la motivation du candidat et son aptitude à se projeter dans le métier de professeur au sein du service public de l'éducation.</td></tr>
<tr><td>Entretien : le premier temps de l'échange débute par une présentation par le candidat des éléments de son parcours et des expériences qui l'ont conduit à se présenter au concours en valorisant ses travaux de recherche, les enseignements suivis, les stages, l'engagement associatif ou les périodes de formation à l'étranger.
La suite de l'échange doit permettre au jury, au travers de deux mises en situation professionnelle, l'une d'enseignement, la seconde en lien avec la vie scolaire, d'apprécier l'aptitude du candidat à :
• s'approprier les valeurs de la République, dont la laïcité, et les exigences du service public (droits et obligations du fonctionnaire dont la neutralité, lutte contre les discriminations et stéréotypes, promotion de l'égalité, notamment entre les filles et les garçons, etc.) ;
• faire connaitre et faire partager ces valeurs et exigences.</td><td>Premier temps de l'échange :
• Présentation du parcours et des expériences : 5 minutes maximum
• Échange avec le jury : 10 minutes
Second temps de l'échange (mises en situation professionnelle) : 20 minutes

La note 0 obtenue à cette partie est éliminatoire.</td></tr>
</table>

Épreuve orale facultative de langue vivante étrangère Notée sur 20. Durée : 30 minutes. Préparation : 30 minutes	
Le candidat peut demander au moment de l'inscription au concours à subir une épreuve orale facultative portant sur l'une des langues vivantes étrangères suivantes : allemand, anglais, espagnol, italien.	
Contenu et modalités : L'épreuve débute par un échange dans la langue choisie permettant au candidat de se présenter rapidement et de présenter un document didactique ou pédagogique, de deux pages maximum, qui peut être de nature variée : une séance ou un déroulé de séquence d'enseignement, un document d'évaluation, une production d'élève, un extrait de manuel ou de programme, un article de recherche en didactique des langues, etc., fourni par le jury (durée : dix minutes). Puis, le candidat expose la manière dont il pourrait inclure et exploiter le document fourni par le jury dans une séance ou une séquence pédagogique. Le candidat explicite les objectifs poursuivis et les modalités d'exploitation du support (exposé : dix minutes en français suivi d'un échange de dix minutes dans la langue vivante étrangère choisie).	**Exposé** : 10 minutes **Échange** : 20 minutes L'usage du dictionnaire monolingue ou bilingue est autorisé. Le niveau minimum de maitrise attendu de la langue correspond au niveau B2 du cadre européen de référence pour les langues. Seuls les points obtenus au-dessus de 10 sont pris en compte pour l'admission des candidats à l'issue des épreuves.

Le présent manuel, par le biais de points disciplinaires articulés avec de nombreux exercices, vous permettra de vous préparer efficacement à l'épreuve écrite de mathématiques mais aussi d'anticiper l'épreuve dite de leçon.

C'est le souhait que les auteurs de cet ouvrage et moi-même formulons. Par ailleurs, sa mise en œuvre éditoriale n'aurait pas été possible sans l'aide précieuse de Sophie Bravard et Stéphanie Herbaut, éditrices, que je tiens ici personnellement à remercier.

Marc Loison
Maitre de conférences honoraire
Docteur en histoire de l'éducation et sciences de l'éducation
Directeur de l'ouvrage

Méthodologie de l'épreuve

Les problèmes de mathématiques couvrent différents domaines (nombres, géométrie plane, solides, probabilités, statistique, etc.) et se présentent sous des formes différentes (textes, tableaux, figures de géométrie, documents divers, etc.). Il y a cependant une manière de chercher commune à beaucoup de problèmes.

1 Recommandations générales

◗ D'abord, il faut **prendre le temps de bien lire l'énoncé**, pour éviter de répondre à des questions qui ne sont pas posées, comme cela arrive régulièrement dans des copies de concours.

À la fin de la lecture, il faut avoir une bonne représentation du problème posé et être capable de le redire sans soutien de l'énoncé. Autrement dit, il faut être capable de répondre à ce type de questions : « De quoi s'agit-il ? », « Quelles sont les données du problème ? », « Que dois-je chercher ? ».

◗ Ensuite, il ne faut jamais chercher « dans sa tête » plus d'une minute environ ; si l'on n'a pas d'idée, il faut toujours **se forcer à écrire** (uniquement si aucune idée ne vient).

Que peut-on écrire ?

1. Écrire l'hypothèse, c'est-à-dire ce que l'on sait. Cette hypothèse est en général écrite dans l'énoncé, mais il peut aussi s'agir de renseignements pris sur une figure de géométrie codée ou sur un schéma accompagnant un problème d'arithmétique.

2. Transformer cette hypothèse, c'est-à-dire l'écrire autrement.

> **EXEMPLE**
> Si l'hypothèse met en jeu un triangle ABC isocèle en A, on peut écrire AB = AC ou $\widehat{B} = \widehat{C}$.

3. Écrire la conclusion ; de la même façon, on peut éventuellement l'écrire autrement.

4. Pour écrire « autrement », quelques pistes sont possibles :
- utiliser des résultats du cours (définitions, théorèmes, propriétés, etc.) ;
- utiliser des techniques de transformations vues dans d'autres exercices ;
- utiliser des renseignements donnés dans l'énoncé, ce qui revient souvent à utiliser un ou plusieurs résultats de la (ou des) question(s) précédente(s). En effet, il arrive que la méthode à utiliser soit sous-entendue dans l'énoncé.

> **EXEMPLE**
> « Déduire que… » signifie qu'il faut utiliser le résultat établi dans la question précédente.

5. Dans les problèmes de géométrie, il est souvent demandé de réaliser une figure correcte à l'aide des instruments usuels (règle graduée ou non, compas, équerre...). Il est alors souvent très utile de réaliser cette même figure à main levée sur une feuille de brouillon, ce qui prend peu de temps, et de coder cette figure à l'aide des données de l'énoncé puis des résultats successifs des différentes questions, ce qui permet d'avoir un regard global sur le problème.

En résumé

Dans un problème, il y a plusieurs possibilités :

- soit on voit directement la connaissance à utiliser, et on l'utilise. Par exemple, utiliser le théorème de Pythagore pour calculer le 3e côté d'un triangle rectangle quand on connait la longueur des 2 autres ;
- soit on fait appel à une technique que l'on a appliquée dans un problème du même genre, et on l'applique. Par exemple, mettre un problème en équation ;
- soit on n'a pas trop d'idées, et on cherche des renseignements dans le problème lui-même.

CONSEIL DU FORMATEUR

La connaissance parfaite des résultats du cours est indispensable pour « faire des mathématiques », c'est-à-dire pour chercher à résoudre des problèmes de mathématiques.

Pour les mêmes raisons, il faut faire de nombreux exercices, afin d'acquérir et de retenir des techniques.

Le jour du concours, il n'est plus temps de réfléchir à des méthodes ou d'inventer de nouvelles techniques ! Il faut être capable de rédiger une partie des questions « au fil de la plume », réservant davantage de temps de recherche pour des questions plus délicates ou plus résistantes.

2 Conjectures et théorèmes

Une **conjecture** est une propriété que l'on pense être vraie et qui n'a encore été ni démontrée, ni réfutée.

EXEMPLE

À partir des trois égalités : $3 + 7 = 10$; $9 + 13 = 22$ et $1 + 17 = 18$, on peut énoncer que la somme de deux nombres impairs est un nombre pair. Cette assertion est une conjecture, car le fait de l'avoir vérifiée sur trois exemples ne prouve pas qu'elle soit toujours vraie.

Un **théorème** est une propriété qui a été démontrée.

EXEMPLE

Dans l'exemple précédent, pour tout entier n et pour tout entier p, on a : $(2n + 1) + (2p + 1) = 2n + 2p + 2 = 2(n + p + 1)$. Cette égalité démontre que la somme de deux nombres impairs est un nombre pair. Cet énoncé est alors un théorème, et la propriété précédente est toujours vraie.

3 Propriétés vraies ou fausses

- Quand une propriété est **vraie**, on la **démontre** en raisonnant sur le cas général (voir exemple précédent).
- Quand une propriété est **fausse**, on la **réfute** en donnant un unique contre-exemple.

> **EXEMPLE**
> Soit la propriété : « Si un nombre est divisible par 4 et par 6, alors il est divisible par 24. » Cette propriété est fausse. Ainsi, 12 est divisible par 4 et par 6, mais pas par 24. Ce contre-exemple suffit pour justifier que la propriété est fausse.

4 Quelques conseils de rédaction

La meilleure rédaction consiste souvent à reprendre les termes de l'énoncé.

En géométrie, il faut utiliser les notations de l'énoncé et les appliquer.

À la lecture d'une copie, on ne doit jamais se poser de questions du type : « Comment le candidat a-t-il trouvé ce résultat ? » ou « Pourquoi le candidat applique-t-il ce théorème ? », par exemple. Autrement dit, il faut justifier soigneusement chacune de ses réponses, sauf si l'énoncé précise le contraire.

5 Exemples de résolution de problèmes

Les conseils précédents sont surlignés en rouge dans les corrigés ci-après : ils ne font pas partie de la rédaction. On utilise dans ces exemples, entre autres, des résultats de cours, des techniques comme le tableau de proportionnalité, et le report de données sur une figure permettant une vue d'ensemble instantanée du problème.

Problème ①
Je me rends de la ville A à la ville B, distantes de 60 km, à la vitesse moyenne de 80 km/h, puis je reviens à la ville A par la même route, à la vitesse moyenne de 100 km/h.
Déterminer ma vitesse moyenne sur l'ensemble du parcours.

Problème ②
Vrai ou faux : Il existe au moins un nombre entier compris entre 11 000 et 12 000, dont le plus grand diviseur commun avec 2 180 est 545.

Problème ③

On considère la figure ci-contre, réalisée à main levée et qui n'est pas à l'échelle.

On donne les informations suivantes :

Les droites (ER) et (FT) sont sécantes en A

AE = 8 cm, AF = 10 cm, EF = 6 cm, AR = 12 cm, AT = 14 cm

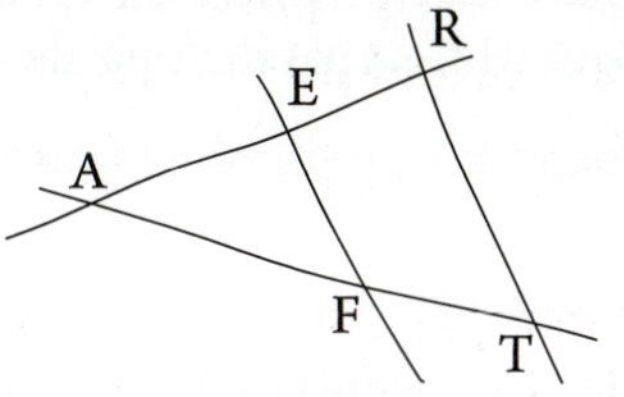

❶ Démontrer que le triangle AEF est rectangle en E.

❷ Les droites (EF) et (RT) sont-elles parallèles ?

CORRIGÉS

Problème ①

La définition d'une vitesse moyenne est $V = \dfrac{\text{Distance totale parcourue}}{\text{Temps total de parcours}}$.

Il faut donc déterminer la distance totale parcourue, ainsi que le temps total de parcours.

• Distance totale parcourue : 60 + 60 = 120 km.

• Temps total de parcours : utilisation d'un tableau de proportionnalité et de la règle des produits en croix

$$T_1 = \frac{60 \times 60}{80} = 45 \text{ min.}$$

Distance, en km	80	60
Temps, en min	60	T_1

$$T_2 = \frac{60 \times 60}{100} = 36 \text{ min.}$$

Distance, en km	100	60
Temps, en min	60	T_2

Temps total de parcours : 45 min + 36 min = 81 min

• Calcul de la vitesse moyenne : attention aux unités, la vitesse est exprimée en km/h, d'où la nécessité de multiplier le résultat par 60 (60 min = 1 h), sinon on obtient la vitesse en km/min.

$$V = \frac{120}{81} \times 60 \approx 88{,}9 \text{ km/h.}$$

Problème ②

• Utilisation une à une des différentes données de l'énoncé et écriture mathématique de ces différentes données

D'après l'énoncé, le nombre n cherché est multiple de 545, c'est-à-dire :

$n = 545 \times a$.

D'après l'énoncé, 2 180 est aussi multiple de 545. On trouve que 2 180 = 4 × 545.

Comme 545 est le plus grand diviseur commun à n et 2 180, il ne faut pas que 4 soit diviseur de n, puisque 4 divise 2 180. On cherche donc un multiple de 545 qui n'est pas multiple de 4 et qui soit compris entre 11 000 et 12 000.

• Recherche d'un ordre de grandeur
Or, $11\,000 \div 545 \approx 20{,}2$.
• Une solution du problème
Puisque 21 n'est pas multiple de 4, le nombre $545 \times 21 = 11\,445$ convient, et la propriété est vraie.

Problème ③
• Report les données du problème sur un dessin à main levée permettant une vision globale instantanée du problème :

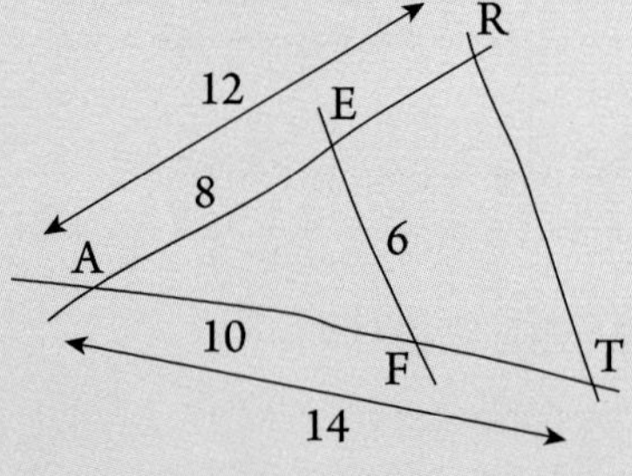

❶ Association mentale triangle rectangle-Pythagore
Dans le triangle AEF :
$AF^2 = 100$; $AE^2 + EF^2 = 64 + 36 = 100$. Donc : $AF^2 = AE^2 + EF^2$, d'après la réciproque du théorème de Pythagore, le triangle AEF est rectangle en E.

❷ Association mentale parallélisme-Thalès induite par la question et le dessin
$\frac{AE}{AR} = \frac{8}{12} = \frac{2}{3}$; $\frac{AF}{AT} = \frac{10}{14} = \frac{5}{7}$ or $\frac{2}{3} \neq \frac{5}{7}$: on ne peut pas appliquer la réciproque du théorème de Thalès dans le triangle ART, par conséquent (RT) et (EF) ne sont pas parallèles.

Questions disciplinaires régulièrement posées lors du CRPE

Nombres et calcul

- Caractériser un nombre décimal, connaitre la partie décimale d'un nombre
- Valeur approchée d'un nombre, notion d'arrondi
- Notion de multiple, de diviseur
- Division euclidienne
- Résoudre une équation du 1er degré ou du 2nd degré simple, ou une inéquation
- Développer le carré d'une somme $(a + b)^2 = a^2 + 2ab + b^2$

Géométrie

- Construction de figures géométriques
- Caractériser des triangles ou des quadrilatères particuliers
- Théorème de Pythagore, réciproque, théorème de Thalès, réciproque
- Trigonométrie dans un triangle rectangle
- Parallélisme
- Montrer que des points sont alignés par le cas particulier de l'inégalité triangulaire :

$$C \in [AB] \Leftrightarrow AB = AC + CB$$

- Construire un patron d'un solide

Grandeurs et mesures

- Formules de périmètres, d'aires et de volumes, associer volume et capacité ($1\ dm^3 = 1\ L$)
- Notion de vitesse, de vitesse moyenne
- Notion d'angle, somme des angles d'un triangle
- Calculer avec des durées (soustraire deux données en h, min et s)

Organisation et gestion de données

- Lire et extraire des données d'une feuille de calcul
- Établir ou utiliser une formule utilisant une ou plusieurs variables (feuille de calcul ou tableur)
- Utiliser une formule donnée
- Lire ou modifier un programme Scratch
- Notion de fonction, fonction affine
- Construire ou reconnaitre la droite correspondant à une fonction affine donnée
- Lire un graphique, donner du sens à l'abscisse ou l'ordonnée ou les coordonnées d'un point
- Utilisation d'un diagramme
- Proportionnalité, tableau de proportionnalité, notion d'échelle, pourcentages
- Réaliser un tableau de statistiques à partir d'un graphique
- Réaliser un diagramme circulaire
- Notion de médiane, de fréquence
- Calcul de probabilités (équiprobabilité)

Dans tous les domaines

- Savoir démontrer ou réfuter une affirmation

QCM d'autoévaluation

Dans ce QCM, chaque question peut n'avoir aucune réponse correcte, ou une, ou deux, ou trois.

❶ Combien de zéros y a-t-il dans l'écriture du nombre dix milliards dix millions dix ?

☐ **a.** 5 ☐ **b.** 8 ☐ **c.** 9 ☐ **d.** 11

❷ Le nombre 101 202 033 :

☐ **a.** ne possède aucun diviseur
☐ **b.** a un seul diviseur
☐ **c.** a exactement deux diviseurs
☐ **d.** a au moins trois diviseurs

❸ On considère la fraction $\frac{291}{438}$.

☐ **a.** 291 est un nombre premier.
☐ **b.** La fraction est irréductible.
☐ **c.** La fraction est l'écriture fractionnaire d'un nombre décimal.
☐ **d.** La fraction est l'écriture d'un nombre irrationnel.

❹ La fraction irréductible égale à $\frac{882}{1\,134}$ est :

☐ **a.** $\frac{7}{9}$ ☐ **b.** $\frac{14}{9}$ ☐ **c.** $\frac{63}{81}$ ☐ **d.** $\frac{441}{567}$

❺ L'écriture en notation scientifique du nombre 2 310 000 000 est :

☐ **a.** 231×10^7 ☐ **b.** $2{,}31 \times 10^9$ ☐ **c.** $0{,}231 \times 10^{10}$ ☐ **d.** $2\,310 \times 10^6$

❻ Le carré du nombre $13 + \frac{4}{10}$ a pour partie décimale :

☐ **a.** $\frac{5}{10}$ ☐ **b.** $\frac{16}{100}$ ☐ **c.** $\frac{56}{100}$ ☐ **d.** 179,5

❼ La somme des carrés de deux impairs consécutifs :

☐ **a.** est un nombre impair
☐ **b.** est un nombre pair
☐ **c.** peut se terminer par 4
☐ **d.** est divisible par 8

❽ On donne n, nombre entier, et on considère les propositions suivantes :

P1 : $2n$ peut être un nombre premier.

P2 : $n + 1$ est toujours un nombre premier.

P3 : n^2 n'est jamais un nombre premier.

P4 : $(n + 1)^2 - (n - 1)^2$ n'est jamais un nombre premier.

P5 : $(2n + 1)^2$ peut être un nombre premier.

Combien y a-t-il de propositions vraies ?

☐ **a.** 0 ☐ **b.** 2 ☐ **c.** 3 ☐ **d.** 4

❾ On considère les expressions suivantes :

$A = x^2 - 64$; $B = 9x^2 + 16$; $C = 5x^2 - 9$; $D = -25x^2 + 169$; $E = 4x^4 - 49$; $F = 2x^2 - 7$

Combien d'expressions peut-on factoriser ?

☐ **a.** 2 ☐ **b.** 3 ☐ **c.** 4 ☐ **d.** 5

⓾ Dans une boisson A, il y a quatre parts de chocolat pour sept parts de lait. Dans une boisson B, il y a six parts de chocolat pour neuf parts de lait.

☐ **a.** A est plus chocolatée que B.

☐ **b.** B est plus chocolatée que A.

☐ **c.** A et B sont autant chocolatées.

☐ **d.** Il faut rajouter une part et demie de lait à la boisson B pour qu'elle soit aussi chocolatée que la boisson A.

⓫ Léa et Lou sont deux commerçantes. Sur un certain article, Léa applique une hausse de 10 % du prix, puis une baisse de 10 % sur le prix obtenu. Sur le même article vendu le même prix de départ, Lou applique une baisse de 10 % du prix, puis une hausse de 10 % sur le prix obtenu.

☐ **a.** L'article coûte moins cher chez Léa.

☐ **b.** L'article coûte moins cher chez Lou.

☐ **c.** L'article est au même prix chez les deux commerçantes.

☐ **d.** Au final, l'article n'a pas changé de prix.

⓬ Une hausse de 25 % revient à appliquer :

☐ **a.** la fonction $x \mapsto 0{,}25x$

☐ **b.** la fonction $x \mapsto 1{,}25x$

☐ **c.** la fonction $x \mapsto 1 + 0{,}25x$

☐ **d.** la fonction $x \mapsto \dfrac{125}{100}x$

⓭ La fonction f est définie par $x \mapsto -\dfrac{1}{3}x + 5$.

☐ **a.** f est une fonction affine.

☐ **b.** f est une fonction linéaire.

☐ **c.** f est une droite.

☐ **d.** $\sqrt{2}$ n'a pas d'antécédent par f.

⓮ Le rayon du Soleil vaut environ 100 fois le rayon de la Terre. Alors, le volume du Soleil vaut environ :

☐ **a.** 1 000 fois le volume de la Terre.

☐ **b.** 300 fois le volume de la Terre.

☐ **c.** 1 000 000 le volume de la Terre.

☐ **d.** 10^9 fois le volume de la Terre.

⓯ Lors du tirage au sort de 3 cartes, on sait que la carte A a 2 fois plus de chances d'être tirée que la carte B, et que la carte B a 3 fois plus de chances d'être tirée que la carte C. Quelle est la probabilité pour chacune des cartes d'être tirée ?

☐ **a.** 0,6 ; 0,3 ; 0,1

☐ **b.** $1 ; \dfrac{1}{2} ; \dfrac{1}{3}$

☐ **c.** On ne pourra jamais tirer C.

☐ **d.** Il manque une donnée pour résoudre le problème.

⓰ En mathématiques, Louis a 12 pour note médiane. Cela signifie que :

☐ **a.** au moins la moitié de ses notes sont inférieures ou égales à 12.

☐ **b.** il a autant de notes inférieures ou égales à 12 que de notes supérieures ou égales à 12.

☐ **c.** une note sur deux est égale à 12.

☐ **d.** s'il avait toujours eu les mêmes notes, celles-ci auraient toutes été égales à 12.

⓱ Charlie a obtenu 15 à son dernier devoir, sa moyenne passe alors de 11 à 12. Quelle note doit-il obtenir à son prochain devoir pour que sa moyenne passe de 12 à 13 ?

☐ **a.** 20
☐ **b.** 19
☐ **c.** 17
☐ **d.** Ce problème n'a pas de solution, car on ne connait pas le nombre de notes de Charlie.

⓲ Pour aller de la ville A à la ville B, un automobiliste roule à une vitesse moyenne de 80 km/h, et au retour, par la même route, il roule à une vitesse moyenne de 120 km/h. Quelle est sa vitesse moyenne sur l'ensemble du parcours ?
☐ **a.** 96 km/h
☐ **b.** 100 km/h
☐ **c.** Environ 97,9 km/h
☐ **d.** Il faut connaitre la distance entre les deux villes pour calculer cette vitesse moyenne.

⓳ On quadruple la circonférence d'un disque. L'aire de ce disque est multipliée par :
☐ **a.** 4 ☐ **b.** 8 ☐ **c.** 16 ☐ **d.** 4π

⓴ Le volume exact d'une balle de tennis de 3,3 cm de rayon est, en cm^3 :
☐ **a.** $47{,}916\pi$ ☐ **b.** $13{,}2\pi$ ☐ **c.** 47π ☐ **d.** 150,53255

㉑ Un rectangle et un carré ont le même périmètre.
☐ **a.** L'aire du carré est inférieure à l'aire du rectangle.
☐ **b.** L'aire du carré est supérieure à l'aire du rectangle.
☐ **c.** L'aire du carré est égale à l'aire du rectangle.
☐ **d.** L'aire du carré est parfois inférieure à l'aire du rectangle, et parfois supérieure à l'aire du rectangle.

㉒

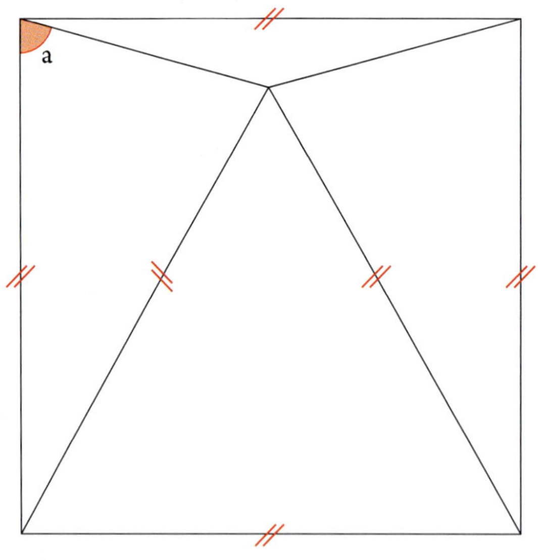

Dans ce carré, l'angle $\widehat{a}$ mesure :

☐ **a.** 72° ☐ **b.** 75° ☐ **c.** 70° ☐ **d.** 80°

㉓ Dans le dessin ci-dessous, les bases des deux cônes sont parallèles. On donne : SO′ = 18 cm, SO = 27 cm.

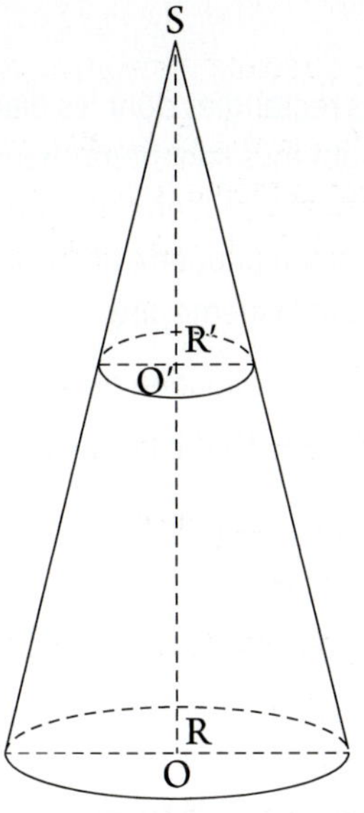

☐ **a.** Le coefficient d'agrandissement pour passer du petit cône au grand cône est 1,5.

☐ **b.** Le volume du grand cône vaut 3,375 fois le volume du petit cône.

☐ **c.** Le volume du grand cône vaut 1,125 fois le volume du petit cône.

☐ **d.** $R = R' + 9$

㉔ On considère le quadrilatère représenté à main levée ci-dessous :

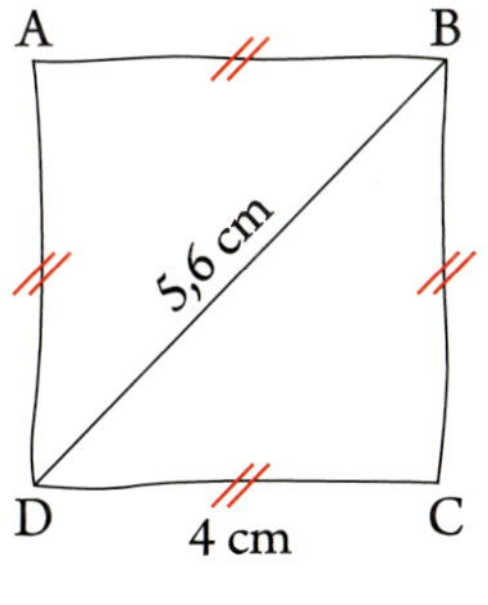

☐ **a.** ABCD est un losange.

☐ **b.** ABCD est un parallélogramme.

☐ **c.** (AC) ⊥ (BD)

☐ **d.** ABCD est un carré.

㉕

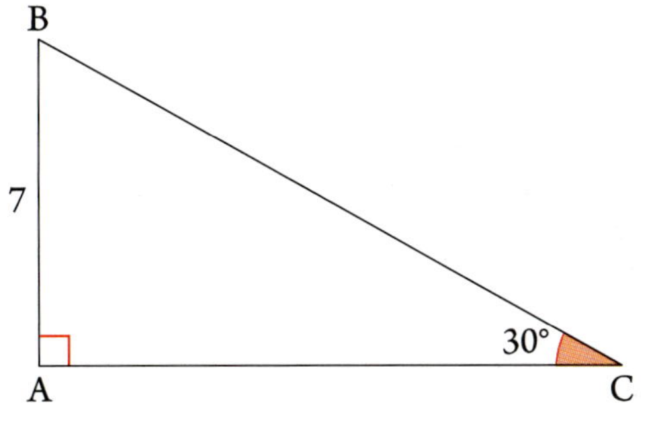

☐ **a.** BC = 7 sin 30°

☐ **b.** BC = $\frac{\tan 30°}{7}$

☐ **c.** $\frac{7}{\sin 30°}$

☐ **d.** BC = 7 tan 30°

26 On veut construire des rectangles dont les diagonales mesurent 4 cm.

☐ **a.** Tous les rectangles obtenus sont homothétiques.
☐ **b.** Un des rectangles obtenu peut être un carré.
☐ **c.** Un des rectangles obtenu peut être un losange.
☐ **d.** Tous les rectangles ont la même aire.

27 La section d'un cylindre de révolution de 4 cm de diamètre et de 10 cm de hauteur par un plan parallèle à son axe peut être :

☐ **a.** un rectangle de 10 cm sur 3 cm.
☐ **b.** un rectangle de 9 cm sur 5 cm.
☐ **c.** un rectangle de 10 cm sur 4 cm.
☐ **d.** un rectangle de 8 cm sur 2 cm.

28 Parmi les propositions suivantes concernant le repérage sur la Terre, combien y en a-t-il de vraies ?

P1 : Tous les parallèles ont la même longueur.

P2 : Tous les méridiens ont la même longueur.

P3 : Un parallèle est un cercle.

P4 : Un méridien est un cercle.

☐ **a.** 1 ☐ **b.** 2 ☐ **c.** 3 ☐ **d.** 4

29 Aux États-Unis, la température se mesure en degrés Fahrenheit (en °F). En France, elle se mesure en degrés Celsius (en °C). Pour faire les conversions d'une unité à l'autre, on a utilisé un tableur. Voici une copie de l'écran obtenu ci-dessous :

	A	B
1	**Conversions**	
2	Températures en °C	Températures en °F
3	– 5	23
4	0	32
5	5	41
6	10	50
7	15	59
8	20	68
9	25	77

Pour convertir la température de °C en °F, il faut multiplier la température en °C par 1,8 puis ajouter 32. On a écrit une formule en B3 puis on l'a recopiée vers le bas.

Quelle formule a-t-on pu saisir dans la cellule B3 ?

☐ **a.** 1,8*A3+32
☐ **b.** =1,8*5+32
☐ **c.** =1,8*B3+32
☐ **d.** =1,8*A3+32

30 Le programme ci-dessous a été écrit avec le logiciel Scratch :

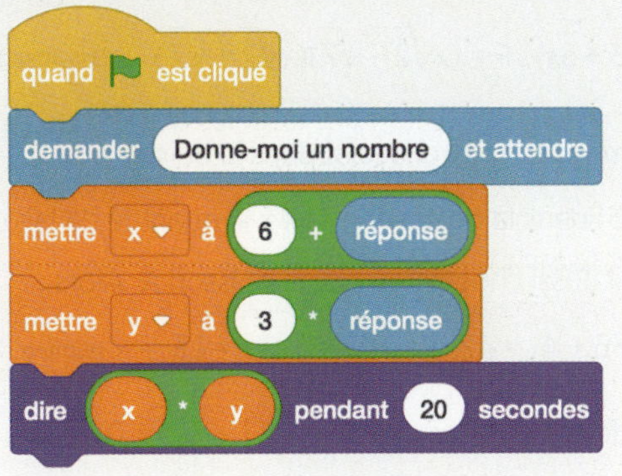

☐ **a.** Si on rentre le nombre 5, le lutin va dire 175 pendant 20 s.

☐ **b.** Si on rentre le nombre $2 + \dfrac{7}{10}$, le lutin va dire $70 + \dfrac{47}{100}$ pendant 20 s.

☐ **c.** Si le lutin dit 28, c'est que l'on a rentré le nombre 1.

☐ **d.** Il existe trois nombres distincts que l'on peut rentrer pour lesquels le lutin va dire 0 pendant 20 s.

CORRIGÉS

1 **b.** Le nombre s'écrit 10 010 000 010. →Chapitre 1 p. 30

2 **d.** La somme des chiffres du nombre est 12, donc ce nombre est divisible par 3. Comme tout nombre différent de 0 est divisible par 1 et par lui-même, ce nombre a au moins 3 diviseurs. →Chapitre 4 p. 100

3 **Aucune bonne réponse.** 291 est divisible par 3, donc il n'est pas premier. La fraction se réduit à $\dfrac{97}{146}$. 146 n'est pas le produit d'une puissance de 2 par une puissance 5, donc la fraction n'est pas l'écriture fractionnaire d'un nombre décimal. De plus, par définition, toute fraction est l'écriture d'un nombre rationnel. →Chapitre 4 p. 100

4 **a.** $\dfrac{882}{1\,134} = \dfrac{2 \times 3^2 \times 7^2}{2 \times 3^4 \times 7} = \dfrac{7}{9}$ →Chapitre 4 p. 100

5 **b.** Par définition. →Chapitre 1 p. 30

6 **c.** $13 + \dfrac{4}{10} = 13{,}4$; $13{,}4^2 = 179{,}56 = 179 + \dfrac{56}{100}$ →Chapitre 3 p. 70

7 **b.** et **c.** Cette somme s'écrit $(2n - 1)^2 + (2n + 1)^2 = 8n^2 + 2$, donc ce nombre est pair. Il peut se terminer par 4, par exemple $3^2 + 5^2 = 9 + 25 = 34$. →Chapitre 3 p. 70

8 **c.** Pour $n = 1$, $2n = 2$ qui est un nombre premier. Pour $n = 3$, $n + 1 = 4$, qui n'est pas un nombre premier. Pour $n \neq 1$, $n^2 = n \times n$ ne peut pas être premier. $(n + 1)^2 - (n - 1)^2 = 4n$ qui ne peut pas être un nombre premier. $(2n + 1)^2 = (2n + 1)\ (2n + 1)$ qui ne peut pas être un nombre premier. →Chapitre 4 p. 100

9 d. Seule, l'expression B est non factorisable. Pour les autres expressions, par exemple, on a :
$D = (13 - 5x)(13 + 5x)$; $F = (x\sqrt{2} - \sqrt{7})(x\sqrt{2} + \sqrt{7})$ →Chapitre 3 p. 70

10 b. et **d.** La proportion de chocolat dans la boisson A est $\frac{4}{7}$ (environ 0,57), et elle est de $\frac{6}{9}$ (environ 0,66) dans la boisson B. Soit x la quantité de lait que l'on ajoute à la boisson B pour qu'elle soit aussi chocolatée que la boisson A. Alors :
$\frac{4}{7} = \frac{6}{9+x}$ soit $36 + 4x = 42$, d'où $4x = 6$ et $x = 1{,}5$. →Chapitre 12 p. 274

11 c. Dans les deux cas, le prix final vaut $1{,}1 \times 0{,}9 = 0{,}99$ fois le prix initial. →Chapitre 13 p. 298

12 b. et **d.** Augmenter une quantité de 25 % revient à la multiplier par $1 + 25\,\% = 1{,}25 = \frac{125}{100}$.
→Chapitre 13 p. 298

13 a. f est affine par définition d'une fonction affine qui est du type : $f \longrightarrow ax + b$.
Les autres réponses sont fausses. Pour b, f n'est pas linéaire car une fonction linéaire est du type $x \longrightarrow ax$. On peut remarquer que toute fonction linéaire est affine (avec $b = 0$), mais la réciproque est fausse. Pour c, c'est la représentation graphique de f qui est une droite, et non pas f qui, elle, est une fonction. Enfin pour d, chercher l'antécédent de $\sqrt{2}$ par f, c'est résoudre l'équation $-\frac{1}{3}x + 5 = \sqrt{2}$, soit : $\frac{1}{3}x = 5 - \sqrt{2}$, c'est-à-dire $x = 15 - 3\sqrt{2}$.
→Chapitre 14 p. 318

14 c. R(Soleil) = 100 R(Terre), donc $V(\text{Soleil}) = \frac{4}{3}\pi\,(100R)^3 = \frac{4}{3}\pi \times 1\,000\,000\,R^3$. →Chapitre 12 p. 276

15 a. D'après l'énoncé, $p(A) = 2\,p(B)$ et $p(B) = 3\,p(C)$. Donc $p(A) = 6\,p(C)$. On sait que $p(A) + p(B) + p(C) = 1$, soit $10\,p(C) = 1$, d'où $p(C) = \frac{1}{10}$, $p(B) = \frac{3}{10}$ et $p(A) = \frac{6}{10}$. →Chapitre 12 p. 276

16 a. et **b.** Par définition. →Chapitre 15 p. 334

17 c. Au départ, la moyenne de Charlie est 11. On appelle S la somme des notes de Charlie et N le nombre de ces notes. Alors $\frac{S}{N} = 11$, soit $S = 11\,N$. En obtenant 15, la moyenne devient $\frac{S+15}{N+1} = 12$, soit $S + 15 = 12\,N + 12$, c'est-à-dire : $11\,N + 15 = 12\,N + 12$. Finalement, $N = 3$ et $N + 1 = 4$ et $S + 15 = 48$. Soit n la note que Charlie doit obtenir pour que sa moyenne devienne 13, alors $\frac{48+n}{5} = 13$, soit $48 + n = 65$ et $n = 17$. →Chapitre 15 p. 334

18 a. $\frac{AB}{t_1} = 80$ et $\frac{AB}{t_2} = 120$, soit $t_1 = \frac{AB}{80}$ et $t_2 = \frac{AB}{120}$
La vitesse moyenne V sur l'ensemble du parcours est $V = \frac{2AB}{t_1 + t_2} = \frac{2AB}{\frac{AB}{80} + \frac{AB}{120}}$
$V = \frac{2AB}{\frac{5AB}{240}}$. Finalement, $V = \frac{2AB \times 240}{5AB} = 96$. →Chapitre 13 p. 298

19 c. La circonférence d'un disque de rayon R est $C_1 = 2\pi R$. La nouvelle circonférence est $C_2 = 4 \times 2\pi R = 2 \times \pi \times 4R$, c'est-à-dire que le rayon a été multiplié par 4. L'aire initiale, égale à $A_1 = \pi R^2$ devient : $A_2 = \pi \times (4R)^2 = 16 \times \pi R^2 = 16\,A_1$. →Chapitre 12 p. 276

20 **a.** $V = \frac{4}{3}\pi R^3 = \frac{4}{3}\pi \times 3{,}3^3 = 4 \times \pi \times 1{,}1 \times 3{,}3^2 = 47{,}916\,\pi$ cm^3 →Chapitre 11 p. 254

21 **b.** Une recherche sur un cas particulier, par exemple un périmètre de 32, donne la réponse :

L	8	9	10	11	12	13
l	8	7	6	5	4	3
Aire	64	63	60	55	48	39

→Chapitre 11 p. 254

22 **b.** On a :

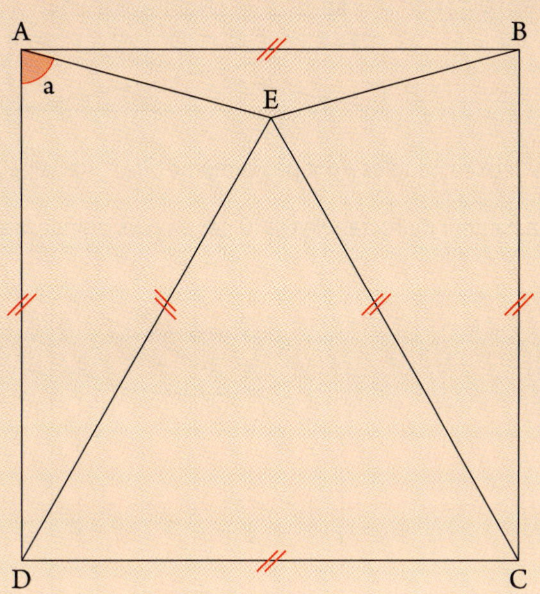

DEC est un triangle équilatéral, donc $\widehat{EDC} = 60°$.

Par conséquent, $\widehat{ADE} = 90° - 60° = 30°$.

Le triangle ADE est isocèle en A, donc $\widehat{a} = \frac{1}{2}(180° - 30°) = 75°$. →Chapitre 6 p. 149

23 **a.** et **b.** Le coefficient d'agrandissement est $\frac{27}{18} = \frac{3}{2} = 1{,}5$.

Donc V(grand cône) = $1{,}5^3 \times V$(petit cône) = 3,375 V(petit cône)

$\frac{R}{R'} = \frac{SO}{SO'} = 1{,}5$, donc $R = 1{,}5\,R'$.

Si on avait $R = R' + 9$, alors on aurait $R' + 9 = 1{,}5\,R'$, soit $8{,}5\,R' = -9$, ce qui est impossible. →Chapitre 11 p. 254

24 **a.**, **b.** et **c.** AB = BC = CD = AB, donc ABCD est un losange. Tout losange est un parallélogramme. Les diagonales d'un losange sont perpendiculaires, donc (AC) ⊥ (BD). $4^2 + 4^2 = 32$ et $5{,}6^2 = 31{,}36$, donc on ne peut pas appliquer le théorème de Pythagore, $\widehat{DCB}$ n'est pas un angle droit, et ABCD n'est pas un carré. →Chapitre 7 p. 172

25 **c.** $\sin 30° = \frac{7}{BC}$, donc $BC = \frac{7}{\sin 30°}$.

$\tan 30° = \frac{7}{AC}$ donc c. est fausse. →Chapitre 6 p. 149

㉖ **b.** et **c.** Par exemple, ces deux rectangles ont des diagonales de 4 cm et ne sont pas homothétiques :

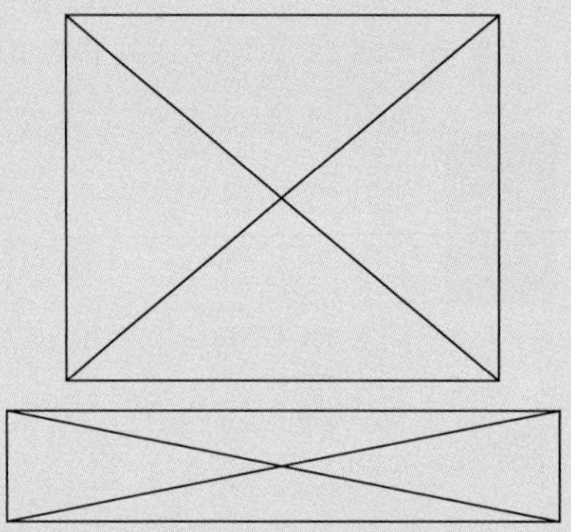

De plus, ces deux rectangles n'ont pas la même aire. →Chapitre 7 p. 172

㉗ **a.** et **c.** La hauteur du rectangle est 10 cm, sa plus grande largeur est 4 cm :

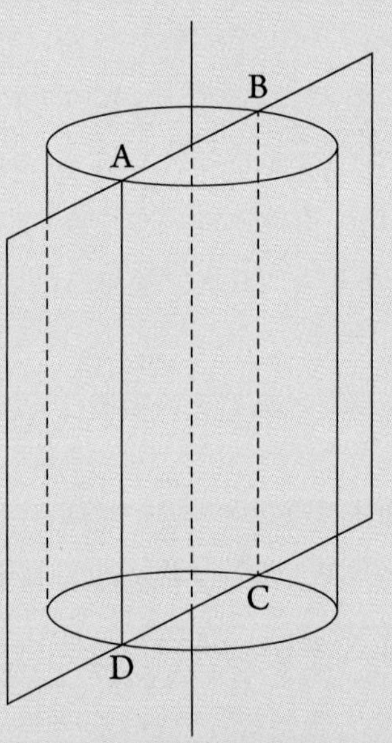

→Chapitre 10 p. 228

㉘ **b.** Les propositions P2 et P3 sont vraies par définition. →Chapitre 10 p. 228

㉙ **d.** La formule d est correcte. →Chapitre 18 p. 393

㉚ **b.** Pour 5, le programme calcule $(6 + 5) \times 3 \times 5 = 11 \times 15$, le lutin dit 165.

Pour le nombre $2 + \dfrac{7}{10} = 2{,}7$ le programme calcule $(6 + 2{,}7) \times 3 \times 2{,}7 = 8{,}7 \times 8{,}1$, le lutin dit $70 + \dfrac{47}{100}$.

Si l'on entre le nombre 1, le programme calcule : $7 \times 3 = 21$

La formule du calcul du programme est : $(6 + n) \times 3n$. L'équation $(6 + n) \times 3n = 0$ n'admet que 2 solutions, qui sont −6 et 0. →Chapitre 18 p. 393

PARTIE 1
Nombres et calculs

1 Les différents types de nombres

AUTOÉVALUATION

Pour chaque question, il peut y avoir plusieurs bonnes réponses.

❶ $\frac{5}{7}$ est un nombre :

☐ **a.** entier ☐ **b.** décimal
☐ **c.** rationnel non décimal ☐ **d.** irrationnel

❷ 273 est un nombre :

☐ **a.** décimal ☐ **b.** rationnel
☐ **c.** irrationnel ☐ **d.** réel

❸ Parmi les nombres suivants :

$0{,}33 ; \frac{1}{4} ; 3 ; 3{,}14 ; \frac{22}{7} ; \frac{427}{10} ; -4 ; \frac{40}{10} ; \frac{3}{5} ; \sqrt{2} ; \frac{1}{3} ; \pi ; \frac{117}{125} ; \frac{117}{3} ; \frac{145}{7}$

Il y a :

☐ **a.** 3 nombres décimaux
☐ **b.** 8 nombres décimaux
☐ **c.** 10 nombres décimaux
☐ **d.** 11 nombres décimaux

❹ Voici 5 égalités : $\frac{1}{20} = 0{,}50 ; \frac{1}{5} = 0{,}2 ; \frac{1}{3} = 0{,}333 ; \sqrt{2} = 1{,}414 ; \pi = 3{,}14$.

Parmi ces égalités :

☐ **a.** une seule est vraie
☐ **b.** deux sont vraies
☐ **c.** quatre sont vraies
☐ **d.** cinq sont vraies

❺ Combien y a-t-il de nombres décimaux avec 1 chiffre après la virgule et supérieurs à 2,263 ?

☐ **a.** 9 ☐ **b.** 10
☐ **c.** une infinité ☐ **d.** 8

❻ Combien y a-t-il de nombres décimaux compris entre 1,2 et 1,3 ?

☐ **a.** aucun ☐ **b.** 9
☐ **c.** 10 ☐ **d.** une infinité

❼ Je suis un nombre entier. Mon nombre de milliers est 45 et mon chiffre des dizaines est 4. Qui suis-je ?

☐ **a.** 4 534 ☐ **b.** 45 041
☐ **c.** 4 544 ☐ **d.** 454 454

8 Quelle est la notation scientifique du nombre 475,02 ?

☐ **a.** $0{,}47502 \times 10^3$

☐ **b.** $47{,}502 \times 10^{-2}$

☐ **c.** $4{,}7502 \times 10^2$

☐ **d.** $47\,502 \times 10^{-2}$

CONSEILS

Certaines questions exigent une bonne connaissance des relations entre les différents ensembles de nombres, ainsi que des propriétés des nombres décimaux.
Tous les éléments correspondants figurent dans le cours.

En vue du concours, les différentes définitions d'un nombre décimal exigent d'être bien connues. Rappelons qu'un nombre décimal n'est pas défini comme un nombre écrit avec une virgule (voir le point 7 du cours).

CORRIGÉS

1 **c.** Reportez-vous à la définition dans le cours point 3.

2 **a.**, **b.** et **d.** Reportez-vous aux propriétés dans le cours, notamment la représentation des nombres sur un diagramme de Venn. Ainsi, tout nombre entier est aussi décimal, rationnel et réel.

3 **c.** $\frac{22}{7}$; $\sqrt{2}$; $\frac{1}{3}$; π et $\frac{145}{7}$ ne sont pas décimaux.

Le dénominateur des trois fractions n'est pas le produit d'une puissance de 2 par une puissance de 5, donc le nombre est rationnel non décimal. $\sqrt{2}$ et π sont irrationnels, on ne peut pas les écrire sous la forme d'une fraction à termes entiers.

4 **a.** Les trois dernières égalités sont fausses car il s'agit de valeurs approchées des nombres. Et la première est fausse aussi.

5 **c.** Par exemple : 2,3 ; 2,4 ; ... ; 3,2 ; 15,1 ; ...

6 **d.** Entre deux nombres décimaux, on peut toujours placer une infinité de nombres décimaux.

7 **b.**

8 **c.**

COURS

Compétence à maitriser pour le concours :
- **Utiliser les nombres pour comparer, calculer et résoudre des problèmes** (nombres entiers, relatifs, décimaux et rationnels positifs et négatifs, irrationnels...).

Parmi les nombres et ensembles de nombres, quatre sont fondamentaux :
- les nombres **entiers naturels**, dont l'ensemble est noté **N** ou $\mathbb{N}$;
- les nombres **entiers relatifs,** dont l'ensemble est noté **Z** ou $\mathbb{Z}$;
- les nombres **rationnels**, dont l'ensemble est noté **Q** ou $\mathbb{Q}$ (et parmi ceux-ci, les nombres **décimaux,** dont l'ensemble est noté **D** ou $\mathbb{D}$, qui sont donc des nombres rationnels particuliers) ;
- les nombres **irrationnels**, dont l'ensemble n'a pas de notation particulière.

Tous ces nombres forment une grande « famille » appelée famille ou ensemble des nombres **réels**, noté **R** ou $\mathbb{R}$.

Famille des nombres réels

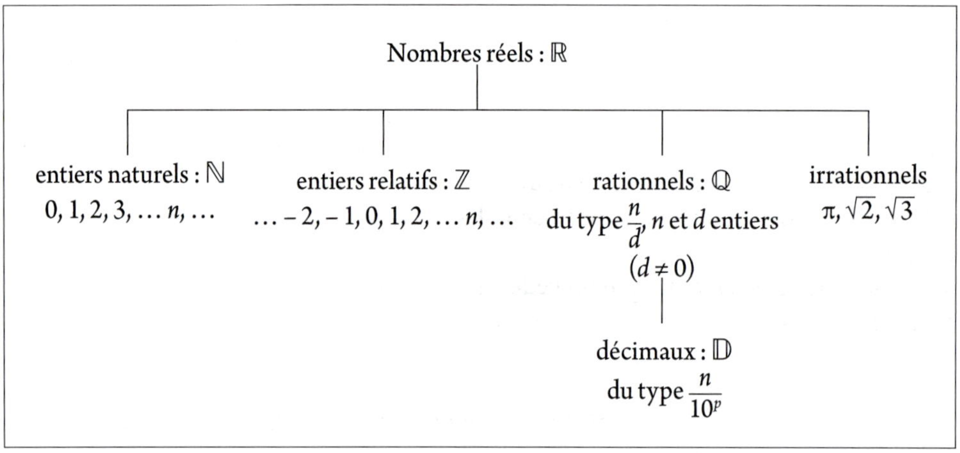

1 Nombres entiers naturels

A. Définition ordinale (liée à l'ordre)

L'ensemble des nombres entiers naturels se construit par les axiomes de G. Peano :
- 0 est un nombre entier naturel.
- Tout entier naturel a un successeur.
- 0 n'est le successeur d'aucun entier naturel.
- Deux nombres entiers naturels qui ont le même successeur sont égaux.
- Si une partie de $\mathbb{N}$ contient 0 ainsi que le successeur de chacun de ses éléments, alors cette partie est égale à $\mathbb{N}$.

B. Définition cardinale (liée à la quantité)

Pour B. Russell, un nombre entier est le nombre d'éléments d'une collection d'objets non fractionnables.

EXEMPLES

- 0, 1, 2, 3, … 47, … 158 … sont des nombres entiers naturels.
- Si l'on considère le nombre entier 3, on dit « le troisième » dans la définition de Peano, et « trois » dans la définition de Russel.

Pour désigner un nombre entier quelconque, on utilise généralement la lettre n.
L'entier qui précède n (pour n différent de 0) est $n - 1$, et le successeur du nombre n est le nombre $n + 1$.

2 Nombres entiers relatifs

Il suffit de savoir qu'un nombre entier relatif est un nombre entier dont l'écriture est précédée du signe « – » et le nombre est appelé **nombre négatif** ou du signe « + » et le nombre est appelé **nombre positif**.

EXEMPLES

- 6 ; + 15 ; + 568 ; – 219 sont des nombres entiers relatifs.
- Le signe « – » a un aspect concret : – 5 peut par exemple signifier « 5 degrés au-dessous de 0 » ou « 5 à gauche de 0 sur un axe horizontal ».
- Le signe « – » signifie aussi « opposé de ». Par exemple, – 5 est l'opposé du nombre 5.
- En tenant compte de la remarque précédente, $-n$ signifie « opposé de n », et ainsi $-n$ peut être un nombre positif. Ainsi, si $n = -5$, alors $-n = 5$ qui est un nombre positif.

Propriété : Tout nombre entier naturel est un nombre entier relatif. Ainsi, si a est un nombre entier naturel, on peut écrire $a = +a$.

EXEMPLE

On peut écrire + 4 ou 4 ; + 68 ou 68…

3 Nombres rationnels

Un nombre rationnel est un nombre pouvant s'écrire sous la forme d'une **fraction dont le numérateur et le dénominateur sont des nombres entiers** (cet entier étant non nul pour le dénominateur).

EXEMPLES

$\frac{3}{4}$, $\frac{47}{3}$ et $\frac{3\,658}{44\,259}$ sont des nombres rationnels.

Propriété : Tout nombre entier est un nombre rationnel : ainsi, si a est un nombre entier, on peut écrire $a = \frac{a}{1}$.

EXEMPLE

$5 = \frac{5}{1}$

Parmi les nombres rationnels, on distingue certains nombres appelés **nombres décimaux**.

4 Nombres décimaux

A. Définition

- Un nombre décimal est un nombre pouvant s'écrire sous la forme d'**une fraction à termes entiers dont le dénominateur est une puissance de 10.**
- Un nombre décimal est un nombre pouvant s'écrire sous la forme d'une fraction irréductible à termes entiers dont **le dénominateur est le produit d'une puissance de 2 par une puissance de 5.**

Les deux définitions précédentes sont équivalentes, et par conséquent, un nombre est décimal, si et seulement si, il peut s'écrire sous l'une des formes suivantes :

$$\frac{a}{10^n} \quad \text{ou} \quad \frac{a}{5^p} \quad \text{ou} \quad \frac{a}{2^k} \quad \text{ou} \quad \frac{a}{2^k \times 5^p}.$$

EXEMPLES

- $\frac{7}{10}, \frac{2\,847}{100}, \frac{31}{1\,000\,000}$ sont des nombres décimaux, leur dénominateur est une puissance de 10. ($10 = 10^1$, $100 = 10^2$ et $1\,000\,000 = 10^6$). Ces trois fractions sont irréductibles.
- $\frac{21}{75}$ est un nombre décimal. *A priori*, comme $75 = 3 \times 5^2$, on pourrait penser que le nombre est rationnel non décimal par la présence du facteur 3, mais on peut simplifier l'écriture de la fraction, on obtient : $\frac{21}{75} = \frac{7}{25}$, et $25 = 5^2$ est une puissance de 5.

B. Propriété

Tout nombre entier est un nombre décimal, ainsi si a est un nombre entier, on peut écrire : $a = \frac{10a}{10}$, par exemple $9 = \frac{90}{10}$.

APPLICATION 1

Démontrer que les nombres suivants sont décimaux.

$A = \frac{7}{64}$ $B = \frac{21}{625}$ $C = \frac{27}{250}$ $D = \frac{39}{6}$ $E = \frac{35}{7}$.

→ Corrigé p. 37

APPLICATION 2

Donner deux nombres décimaux pouvant s'intercaler entre 1,102 et 1,103.

→ Corrigé p. 37

5 Nombres irrationnels

Un nombre irrationnel est un nombre qui n'est pas rationnel, et que l'on ne peut donc pas écrire sous la forme d'une fraction dont le numérateur et le dénominateur sont des nombres entiers.
Il n'y a pas de notation pour l'ensemble des nombres irrationnels.

EXEMPLES

• π est un nombre irrationnel. Sa première définition est d'être le rapport entre le périmètre P d'un cercle et son diamètre : $\pi = \frac{P}{D}$ ou encore $\pi = \frac{P}{2R}$. (Attention, avec cette écriture, $\frac{P}{2R}$ est une fraction mais dont les deux termes ne peuvent être simultanément entiers.)

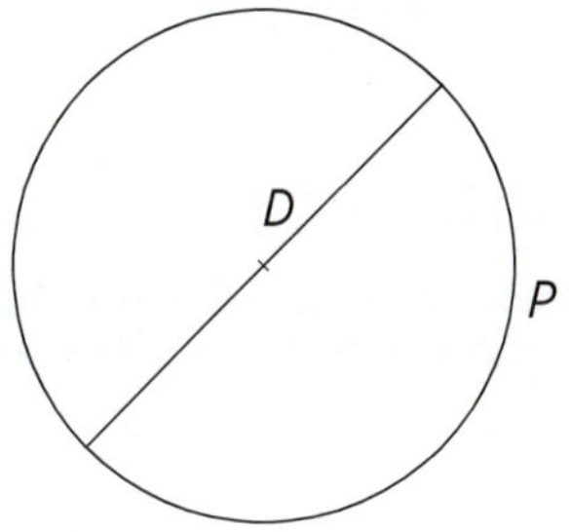

$$\pi = \frac{P}{D}$$

• $\sqrt{2}$ est un nombre irrationnel. Ce nombre est défini comme la longueur de la diagonale d'un carré de côté 1.

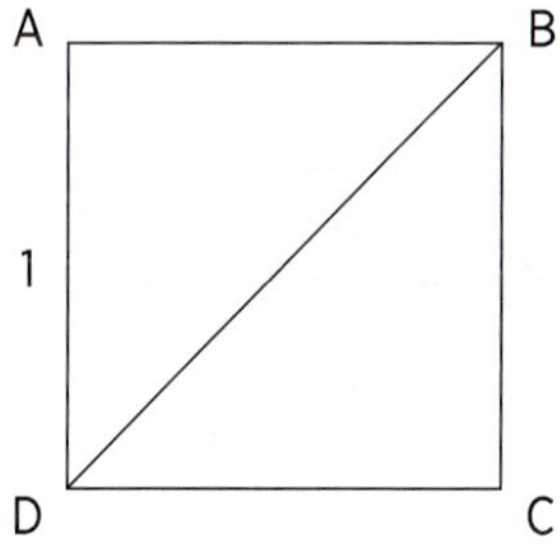

Si AB = 1, alors BD = $\sqrt{2}$.

6 Représentations des ensembles de nombres

Représentation 1 : Droite numérique

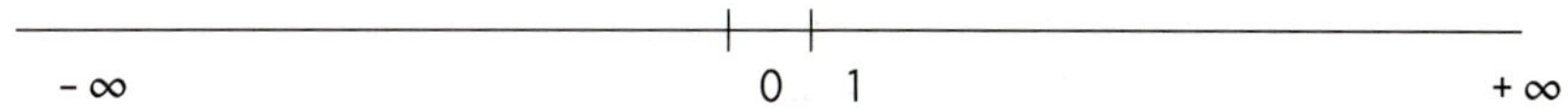

Représentation 2 : Diagramme de Venn

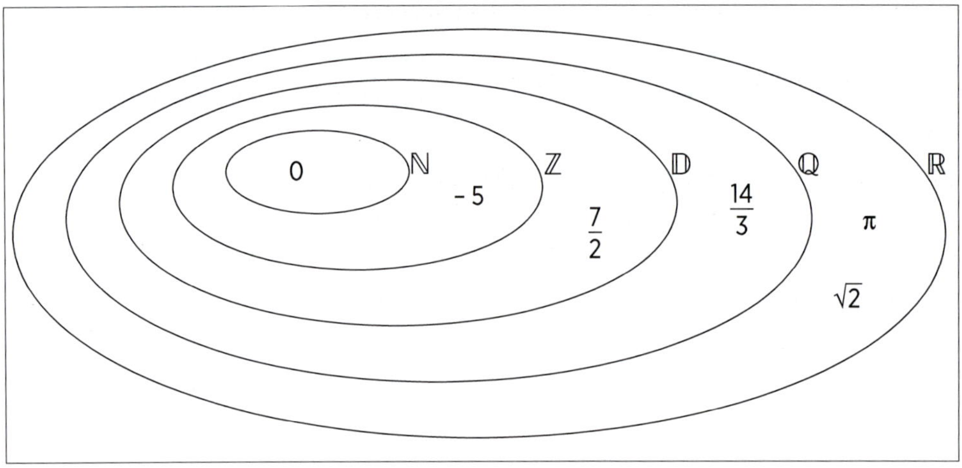

7 Une autre écriture des nombres

Il existe une autre façon d'écrire les différents types de nombres précédents : l'écriture utilisant un nombre écrit à l'aide d'une virgule.

Écriture des différentes familles de nombres

Nombres rationnels

Nombres rationnels non décimaux

La partie décimale possède une infinité périodique de chiffres décimaux.

13,542542542…
458,0235353535…

Nombres rationnels décimaux

La partie décimale possède un nombre fini de chiffres décimaux.

17,896
0,3521745

Nombres irrationnels

La partie décimale possède une infinité non périodique de chiffres décimaux.

0,12345678910111213…
31,010010001000010000001…

ZOOM

Infinité périodique signifie qu'il y a répétition infinie d'une série de chiffres. Ainsi, dans le nombre 13,542542542... la suite « 542 » se répète indéfiniment, et dans le nombre 458,0235353535..., la suite « 35 » se répète indéfiniment.

EXEMPLES

- $\frac{7}{25}$ est un nombre (rationnel) décimal que l'on peut écrire sous la forme 0,28.
- $\frac{7}{3}$ est un nombre rationnel non décimal que l'on peut écrire sous la forme 2,333333…
- $\sqrt{2}$ est un nombre irrationnel, dont une valeur approchée est 1,4142135623. (Il est impossible de connaitre la valeur exacte de $\sqrt{2}$, et, plus généralement, il est impossible de connaitre la valeur exacte d'un nombre irrationnel. En revanche, il est théoriquement possible de « s'approcher » aussi près que l'on veut d'un nombre irrationnel à l'aide d'un nombre décimal.)

APPLICATION 3

Pourquoi l'écriture à l'aide d'une virgule d'un nombre rationnel non décimal comporte-t-elle une infinité périodique de chiffres ?

→Corrigé p. 37

ZOOM

Par ce qui précède, on comprend qu'un nombre décimal ne se définit pas simplement comme un « nombre écrit avec une virgule ». Ainsi, 5 n'est pas écrit à l'aide d'une virgule, or 5 est décimal (5 = 5,0). De même, 0,538461538461… est écrit à l'aide d'une virgule et, pourtant, ce n'est pas un nombre décimal.

La virgule dans l'écriture d'un nombre marque la place de l'unité.

Ainsi, dans le nombre 17,965 le chiffre des unités est 7. Ce qui permet alors de donner du sens à chacun des autres chiffres.

ZOOM

Il ne faut surtout pas dire que la virgule sépare la partie entière de la partie décimale : d'une part, parce que cela ne correspond pas du tout à la fonction de cette virgule, et, d'autre part, cela renforce la fausse idée des élèves qu'un nombre décimal consiste en deux nombres entiers séparés par une virgule.

APPLICATION 4

Tout nombre rationnel peut s'écrire sous la forme d'un nombre écrit à l'aide d'une virgule. Le problème qui se pose est de retrouver les deux termes de la fraction définissant ce nombre lorsque l'on connait uniquement son écriture à l'aide d'une virgule.
Résoudre ce problème pour les nombres suivants.

❶ 52,44444444…
❷ 2,548548548…
❸ 13,52714141414…

→Corrigé p. 37

Il existe un **cas particulier important**. Les nombres écrits sous la forme a,99999999…, a nombre entier naturel, sont égaux à $a + 1$.

En effet :

Soit $n = a{,}99999999\ldots$

Donc $n = a + 0{,}99999999\ldots$

Alors $10n = 10a + 9{,}99999999\ldots$

Par conséquent $10n - n = 10a + 9{,}99999999\ldots - a - 0{,}99999999\ldots$

Soit $9n = 9a + 9 = 9\,(a + 1)$ et donc $n = a + 1$.

APPLICATION 5

Tout nombre rationnel peut s'écrire sous la forme d'un nombre écrit à l'aide d'une virgule. Le problème qui se pose est de retrouver les deux termes de la fraction définissant ce nombre lorsque l'on connait uniquement son écriture à l'aide d'une virgule.

Résoudre ce problème pour les nombres suivants.

❶ Démontrer que 3,99999... est égal à 4.

❷ Démontrer que 52,4799999... est égal à 52,48.

→ Corrigé p. 37

8 Écriture scientifique d'un nombre

L'écriture scientifique (ou notation scientifique) d'un nombre est l'écriture de ce nombre sous la forme $a \times 10^n$, avec $1 \leqslant a < 10$ et n entier relatif. On rappelle que pour n entier positif, 10^n est un 1 suivi de n zéros et pour n entier négatif, 10^n est un 1 précédé de n zéros.

EXEMPLES

$10^7 = 10\,000\,000$ $\qquad$ $10^{-4} = 0{,}0001$

$195\,698 = 1{,}95698 \times 10^5$ $\qquad$ $0{,}000087 = 8{,}7 \times 10^{-5}$

APPLICATION 6

❶ Écrire les nombres suivants en notation scientifique :

15 800 $\qquad$ 333,33

0,000000852 $\qquad$ 17,98

25 608 970 $\qquad$ 10,752

0,00025

❷ Donner l'écriture décimale de chacun des nombres suivants :

$4{,}2 \times 10^8$ $\qquad$ $6{,}58 \times 10^{-5}$

$8{,}956\,847 \times 10^4$ $\qquad$ $1{,}002506 \times 10^{-4}$

→ Corrigé p. 38

APPLICATION 7

Calculer et exprimer le résultat en écriture décimale, puis en notation scientifique :

$A = 13 \times 10^7 \times 5 \times 10^5$ $\qquad$ $C = \dfrac{4{,}2 \times 10^5}{12 \times 10^3}$

$B = 4{,}51 \times 10^3 \times 2{,}4 \times 10^5 \times 1{,}2 \times 10^{-4}$ $\qquad$ $D = \dfrac{14{,}02 \times 10^{-4}}{701 \times 10^{-3}}$

→ Corrigé p. 38

CORRIGÉS

APPLICATION 1

$64 = 2^6$ donc A est décimal, d'après la définition cardinale.
$625 = 5^4$ donc B est décimal, d'après la définition cardinale.
$250 = 2 \times 5^3$ donc C est décimal, d'après la définition cardinale.
$\frac{39}{6} = \frac{13}{2}$ donc D est décimal, d'après la définition cardinale.
$\frac{35}{7} = 5$ donc E est décimal, car tout nombre entier est décimal.

APPLICATION 2

1,1024 et 1,1026 conviennent, par exemple.

APPLICATION 3

Soit un nombre rationnel non décimal $\frac{a}{b}$. Dans la division euclidienne de a par b, le reste r est strictement inférieur au diviseur b. Ce reste ne peut donc prendre qu'un nombre fini de valeurs, à savoir $b - 1$ valeurs (les nombres entiers de 1 à $b - 1$). Ce qui fait que nécessairement, au bout de $b - 1$ calculs au plus, on retrouve un des restes déjà obtenus, ce qui définit la période.

Exemples :

En posant les divisions correspondantes, on peut vérifier que l'on a :
$\frac{17}{7} = 2{,}428571428571...$ (période à 6 chiffres) ; $\frac{17}{11} = 1{,}5454...$ (période à 2 chiffres)

APPLICATION 4

❶ Soit $n = 52{,}44444444...$ Alors $10n = 524{,}44444444...$
$10n - n = 472$, soit $9n = 472$ et donc $n = \frac{472}{9}$.

❷ Soit $n = 2{,}548548548...$ Alors $1\,000n = 2\,548{,}548548548...$
$1\,000n - n = 2\,546$, soit $999n = 2\,546$ et $n = \frac{2\,546}{999}$.

❸ Soit $n = 13{,}52714141414...$ Alors $100n = 1\,352{,}714141414...$
$100n - n = 1\,339{,}187$, soit $99n = 1\,339{,}187$ et $n = \frac{1\,339{,}187}{99} = \frac{1\,339\,187}{99\,000}$.

APPLICATION 5

❶ Soit $n = 3{,}99999...$ Alors $10n = 39{,}99999...$
$10n - n = 36$, soit $9n = 36$ et donc $n = 4$.

❷ Soit $n = 52{,}4799999...$ Alors $100n = 5\,247{,}99999...$
$100n - n = 5\,195{,}52$, soit $99n = 5\,195{,}52$ et donc $n = \frac{5\,195{,}52}{99} = 52{,}48$.

APPLICATION 6

❶ $15\,800 = 1{,}58 \times 10^4$

$0{,}000000852 = 8{,}52 \times 10^{-7}$

$25\,608\,970 = 2{,}560\,897 \times 10^7$

$0{,}00025 = 2{,}5 \times 10^{-4}$

$333{,}33 = 3{,}3333 \times 10^2$

$17{,}98 = 1{,}798 \times 10^1$

$10{,}752 = 1{,}0752 \times 10^1$

❷ $4{,}2 \times 10^8 = 420\,000\,000$

$8{,}956\,847 \times 10^4 = 89\,568{,}47$

$6{,}58 \times 10^{-5} = 0{,}000\,065\,8$

$1{,}002506 \times 10^{-4} = 0{,}000\,100\,250\,6$

APPLICATION 7

Rappel : Pour tout entier relatif *a*, pour tout entier relatif *b* : $10^a \times 10^b = 10^{a+b}$

On obtient :

Nombre	Calcul	Écriture décimale	Notation scientifique
A	65×10^{12}	65 000 000 000 000	$6{,}5 \times 10^{13}$
B	$12{,}9888 \times 10^4$	129 888	$1{,}29888 \times 10^5$
C	$0{,}35 \times 10^2$	35	$3{,}5 \times 10^1$
D	$0{,}02 \times 10^{-1}$	0,002	2×10^{-3}

ENTRAINEMENT

EXERCICE 1 — 10 min.

Écrire un entier à la place du carré pour que l'écriture fractionnaire désigne :

Un entier naturel	Un décimal non entier	Un rationnel non décimal
$\frac{■}{115}$	$\frac{■}{115}$	$\frac{■}{115}$
$\frac{115}{■}$	$\frac{115}{■}$	$\frac{115}{■}$

EXERCICE 2 — 10 min.

❶ Trouver un nombre décimal compris entre 3,0001 et 3,01.

❷ Trouver un nombre non décimal compris entre 3,0001 et 3,01.

❸ Trouver une fraction qui s'intercale entre $\frac{18}{31}$ et $\frac{19}{31}$.

❹ Trouver une fraction qui s'intercale entre $\frac{5}{7}$ et $\frac{17}{11}$.

EXERCICE 3 — 25 min.

❶ Parmi les 4 fractions suivantes, quelles sont celles qui représentent un nombre décimal ?

$$\frac{54}{1\,350}\ ;\ \frac{5}{100}\ ;\ \frac{17}{1\,024}\ ;\ \frac{50}{1\,275}$$

❷ Quels sont tous les nombres entiers naturels n pour lesquels la fraction $\frac{n}{1\,050}$ représente :

a. un nombre entier ? Justifier la réponse.
b. un nombre décimal ? Justifier la réponse.
c. un nombre rationnel non décimal ? Justifier la réponse.

❸ Montrer que l'on peut donner, sans calcul, l'écriture à virgule du nombre $\frac{41}{333}$ à partir de l'égalité : $41 = 333 \times 0{,}123 + 0{,}041$.

❹ Les nombres représentés par les fractions $\frac{171}{13\,888\,750}$ et $\frac{41}{3\,330\,000}$ sont-ils égaux ? Justifier la réponse.

EXERCICE 4 — 25 min.

Simplifier : $\frac{42}{78}$; $\frac{204}{136}$; $\frac{4\,095}{3\,465}$; $\frac{4\,716}{35\,370}$.

EXERCICE 5

10 min.

On considère les deux nombres $\frac{29}{55}$ et $\frac{39}{75}$.

❶ Sont-ils des nombres décimaux ?

Pour chacune des questions suivantes, on n'utilisera pas l'écriture à l'aide d'une virgule de chacun de ces deux nombres.

❷ Comparer ces deux nombres.

❸ Trouver un nombre décimal strictement compris entre ces deux nombres.

❹ Trouver une fraction qui ne soit pas un nombre décimal, strictement comprise entre ces deux nombres.

VERS L'ORAL

EXERCICE 6

À partir de la page de manuel suivante, répondre aux questions ci-après.

1 Entoure par 10, puis complète.

Il y a ...... paquets de 10 pommes

et ...... pommes isolées.

...... + ... + ...

Cela fait ...... pommes en tout.

❶ À quel cycle d'apprentissage pourrait-on proposer cette situation ?

❷ Quel est l'objectif d'apprentissage ?

❸ Quelle est la compétence visée ?

❹ Quel est le prérequis à cette activité ?

❺ Quel est l'attendu de fin de cycle qui correspond à cette situation d'apprentissage ?

❻ Quelles seraient les stratégies possibles de résolution de ce problème ?

❼ Quelle leçon peut être construite à partir de ce support ?

❽ Quelle(s) remédiation(s) pourrait-on proposer à un élève qui aurait des difficultés à résoudre ce type de situation mathématique ?

CORRIGÉS

EXERCICE 1

Il faut penser à décomposer 115 en produits de facteurs premiers : 115 = 5 × 23.
Une solution possible est :

Un entier naturel	Un décimal non entier	Un rationnel non décimal
$\frac{115}{115}$	$\frac{23}{115}$	$\frac{5}{115}$
$\frac{115}{23}$	$\frac{115}{10}$	$\frac{115}{7}$

EXERCICE 2

❶ La question peut s'écrire : « Trouver un nombre décimal compris entre 3,0001 et 3,0100. »
Ainsi, 3,0025 est une solution au problème.

❷ D'après ce qui précède, 3,00258888... convient.

❸ $\frac{18}{31} = \frac{180}{310}$ et $\frac{19}{31} = \frac{190}{310}$, donc une fraction qui s'intercale entre $\frac{18}{31}$ et $\frac{19}{31}$ peut être $\frac{181}{310}$.

❹ $\frac{5}{7} = \frac{55}{77}$ et $\frac{17}{11} = \frac{119}{77}$, donc une fraction qui s'intercale entre $\frac{5}{7}$ et $\frac{17}{11}$ peut être $\frac{59}{77}$.

EXERCICE 3

❶ $\frac{54}{1\,350} = \frac{1}{25} = \frac{1}{5^2}$, donc ce nombre est décimal.

$\frac{5}{100} = \frac{5}{10^2}$ est décimal.

$\frac{17}{1\,024} = \frac{17}{2^{10}}$, donc ce nombre est décimal.

$\frac{50}{1\,275} = \frac{2}{3 \times 17}$, donc ce nombre n'est pas décimal.

CONSEIL
Utiliser les définitions de la partie disciplinaire du cours.

❷ **a.** $\frac{n}{1\,050}$ est un nombre entier si et seulement si n est multiple de 1 050, c'est-à-dire si et seulement si l'on peut écrire $n = 1\,050k$, avec $k \in \mathbb{N}$.
En effet, on a alors $\frac{n}{1\,050} = \frac{1\,050k}{1\,050} = k$.

b. $1\,050 = 2 \times 3 \times 5^2 \times 7$
Donc, $\frac{n}{1\,050}$ est décimal si et seulement si on peut simplifier cette fraction par 3 et 7, c'est-à-dire si et seulement si n est multiple de 21.

c. D'après ce qui précède, $\frac{n}{1\,050}$ est rationnel non décimal si et seulement si on ne peut pas simplifier cette fraction par 3 ou 7, donc si et seulement si n n'est pas multiple de 3 ou de 7.

❸ $41 = 333 \times 0{,}123 + 0{,}041$, donc $\frac{41}{333} = \frac{333 \times 0{,}123}{333} + \frac{0{,}041}{333}$, donc $\frac{41}{333} = 0{,}123 + \frac{0{,}041}{333}$.

On a alors $0{,}041 = 333 \times 0{,}000123 + 0{,}000\,041$, et on continue en substituant cette écriture de 0,041 dans $\frac{41}{333} = 0{,}123 + \frac{0{,}041}{333}$, ce qui donne $\frac{41}{333} = 0{,}123\,123 + \frac{0{,}000041}{333}$ et ainsi de suite.

On a alors $\frac{41}{333} = 0{,}123123123....$

❹ Si $\frac{171}{13\,888\,750} = \frac{41}{3\,330\,000}$ alors leurs produits en croix sont égaux.

Or $41 \times 13\,888\,750 = 569\,438\,750$ et $171 \times 3\,330\,000 = 569\,430\,000$ et donc les deux nombres proposés sont différents.

EXERCICE 4

Pour simplifier les fractions proposées, il n'est pas nécessaire de décomposer chacun de leurs termes en produit de facteurs premiers. Il suffit de trouver des facteurs communs, premiers ou non.

$$\frac{42}{78} = \frac{6 \times 7}{6 \times 13} = \frac{7}{13}$$

$$\frac{204}{136} = \frac{3 \times 4 \times 17}{2 \times 4 \times 17} = \frac{3}{2}$$

$$\frac{4\,095}{3\,465} = \frac{5 \times 7 \times 9 \times 13}{5 \times 7 \times 9 \times 11} = \frac{13}{11}$$

$$\frac{4\,716}{35\,370} = \frac{2 \times 2 \times 9 \times 131}{2 \times 3 \times 5 \times 9 \times 131} = \frac{2}{15}$$

EXERCICE 5

❶ $\frac{29}{55} = \frac{29}{5 \times 11}$ n'est pas un nombre décimal, puisque écrit sous la forme d'une fraction irréductible dont le dénominateur contient le facteur 11.

$\frac{39}{75} = \frac{13}{25} = \frac{13}{5^2}$ est un nombre décimal, puisque s'écrit sous la forme d'une fraction irréductible dont le dénominateur est une puissance de 5.

❷ $55 = 5 \times 11$ et $25 = 5^2$, donc le dénominateur commun aux deux fractions est $5^2 \times 11 = 275$

$\frac{29}{55} = \frac{29 \times 5}{55 \times 5} = \frac{145}{275}$ et $\frac{39}{75} = \frac{13}{25} = \frac{13 \times 11}{25 \times 11} = \frac{143}{275}$

On en conclut que $\frac{29}{55} > \frac{39}{75}$.

❸ $\frac{29}{55} = \frac{1\,450}{2\,750}$ et $\frac{39}{75} = \frac{143}{275} = \frac{1\,430}{2\,750}$

Puisque $2\,750 = 11 \times 250$, et que $1\,430 = 11 \times 130$, il faut faire apparaitre un multiple de 11 au dénominateur qui ne soit pas égal à 1 430, on choisit $1\,430 + 11 = 1\,441$.

Un nombre décimal compris entre les deux nombres est donc par exemple $\frac{1\,441}{2\,750}$.

❹ Un nombre rationnel non décimal compris entre les deux fractions est, par exemple, $\frac{144}{275}$.

VERS L'ORAL

EXERCICE 6

❶ Cette situation est à proposer au cycle 2, en CP.
❷ L'objectif d'apprentissage est d'organiser un regroupement par 10.
❸ La compétence visée est d'être capable de dénombrer.
❹ Le prérequis à cette activité est d'avoir acquis l'itération de l'unité.
❺ L'attendu de fin de cycle correspondant à cette situation est de dénombrer des collections en les organisant ; l'élève réussit notamment à dénombrer des collections en utilisant des groupements par 10.
❻ Pendant la phase de recherche de la séance, l'enseignant devra observer les procédures des élèves et lister les différentes stratégies de résolution.
Cet exercice doit amener l'élève à dénombrer (compter) pour faire des paquets de 10 pommes (groupement par 10). Pour y parvenir, il peut :
– s'appuyer sur la comptine numérique soit : visuellement ; mentalement ; avec l'aide des doigts ; en écrivant 1 sur la 1re pomme, 2 sur la 2e, etc. (en écriture chiffrée) ;
– compter de 2 en 2 jusqu'à 10 pour faire des groupements par 10 ;
– compter de 5 en 5 pour faire des groupements par 10 (pour les plus experts).
❼ **Piste de leçon.** Dans une séance, cet exercice est intéressant pour aborder une première recherche sur le groupement par 10 (comment organiser de manière efficace les regroupements par 10 ?). Cette situation de recherche est à mener en **phase de découverte**.
En effet, cet exercice correspond davantage à une phase de découverte de la notion car il permet à l'enseignant d'observer et de référencer les différentes stratégies de résolution utilisées par les élèves pour ensuite les confronter et les comparer. Il s'agira ensuite de demander aux élèves de justifier leur(s) choix (argumenter), puis d'en tirer avec eux la (ou les) procédure(s) experte(s). La trace écrite (phase d'institutionnalisation) sera co-construite à partir de cette mise en commun (phase de synthèse).
Ci-après, des exemples de situations qui pourraient être un prolongement possible de cette leçon.

Activités de consolidation

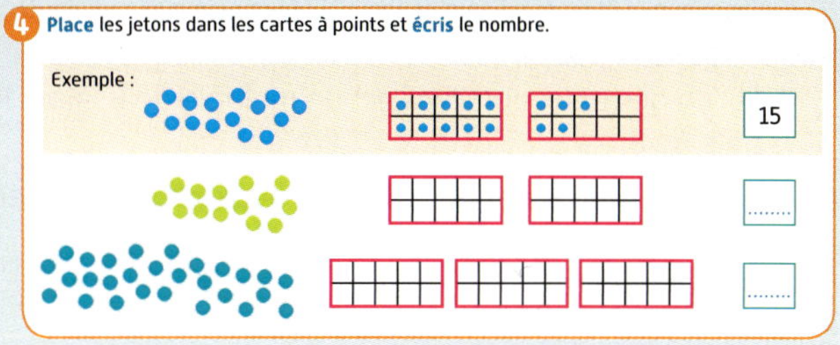

❽ **Remédiations possibles :**
– Retravailler des exercices en lien avec la correspondance terme à terme et la frise numérique.
– Parfaire l'exercice de comptage, en récitant par exemple la suite numérique de 1 à 10 et en barrant les pommes au fur et à mesure.
– Manipuler, faire vivre la situation aux élèves (ex. : proposer un jeu de manipulation avec des jetons ; en EPS, se regrouper par 5 puis par 10 pour former une équipe...).

Des questions supplémentaires à propos de l'articulation savoirs disciplinaires-savoirs enseignés sont disponibles en ligne sur : www.vuibert.fr/site/210750

2 Numération de position

AUTOÉVALUATION

Pour chaque question, il peut y avoir plusieurs bonnes réponses.

❶ Les nombres du type $\overline{a0a0a}_{10}$ (a étant un chiffre du système décimal) sont :
- ☐ **a.** des nombres pairs
- ☐ **b.** toujours divisibles par 7
- ☐ **c.** multiples de 21
- ☐ **d.** parfois divisibles par 9

❷ Soit N un nombre entier naturel écrit dans le système décimal avec deux chiffres et se terminant par 3. On note d son chiffre des dizaines. Alors :
- ☐ **a.** N^2 peut être pair
- ☐ **b.** le nombre de dizaines de N^2 est toujours pair
- ☐ **c.** le nombre de centaines de N^2 est d^2
- ☐ **d.** le chiffre des dizaines de N^2 peut être égal au chiffre des unités de N

❸ On considère deux nombres entiers à trois chiffres, tels que les chiffres figurant dans l'écriture de l'un figurent également dans l'écriture de l'autre.
Parmi les propositions suivantes, quelles sont celles qui sont vraies ?
- ☐ **a.** Si leur différence est un multiple de 9, alors l'un des deux nombres est un multiple de 9.
- ☐ **b.** Leur différence est un multiple de 9.
- ☐ **c.** On ne peut pas savoir si leur différence est un multiple de 9, cela dépend des nombres considérés.
- ☐ **d.** Si l'un des deux nombres est un multiple de 6, alors leur différence est un multiple de 6.

❹ N est un nombre entier positif à deux chiffres se terminant par 5. On note d le chiffre des dizaines :
- ☐ **a.** N peut s'écrire $10d + 5$
- ☐ **b.** le nombre N^2 est un multiple de 25
- ☐ **c.** le nombre de centaines de N^2 est d^2
- ☐ **d.** le chiffre des dizaines de N^2 n'est jamais égal au chiffre des dizaines de N

❺ $2 + 3^3 + 3^6$ s'écrit en base 3 :
- ☐ **a.** $\overline{2003003}_3$
- ☐ **b.** $\overline{3003002}_3$
- ☐ **c.** $\overline{1001002}_3$
- ☐ **d.** $\overline{332}_3$

❻ Le successeur de $\overline{88}_9$ est :
- ☐ **a.** $\overline{881}_9$
- ☐ **b.** $\overline{880}_9$
- ☐ **c.** $\overline{89}_9$
- ☐ **d.** $\overline{100}_9$

❼ Le prédécesseur de $\overline{420}_5$ est :

- ☐ **a.** $\overline{320}_5$
- ☐ **b.** $\overline{410}_5$
- ☐ **c.** $\overline{414}_5$
- ☐ **d.** $\overline{419}_5$

❽ Le double de $\overline{2000}_3$ s'écrit en base 3 :

- ☐ **a.** $\overline{4000}_3$
- ☐ **b.** $\overline{2002}_3$
- ☐ **c.** $\overline{11000}_3$
- ☐ **d.** $\overline{22000}_3$

❾ $\overline{134}_5 + \overline{231}_5 =$

- ☐ **a.** $\overline{365}_5$
- ☐ **b.** $\overline{320}_5$
- ☐ **c.** $\overline{420}_5$
- ☐ **d.** $\overline{4200}_5$

CONSEILS

▸ Les exercices mettant en jeu la numération sont toujours assez techniques. Si les questions proposées peuvent sembler difficiles, elles ne font appel qu'à deux connaissances principales : la décomposition canonique d'un nombre dans un système de position à base donnée et le principe des échanges d'unités.

▸ En ce qui concerne la première connaissance, elle se traduit ainsi (par exemple pour un nombre à quatre chiffres dans un système à base B) : $\overline{abcd}_B = a \times B^3 + b \times B^2 + c \times B + d$.

▸ En ce qui concerne la seconde connaissance, on rappelle que la base d'un système est le nombre d'unités d'un certain ordre nécessaire pour former une unité de l'ordre immédiatement supérieur. Par exemple, dans le système décimal, 10 unités valent 1 dizaine, 10 dizaines valent 1 centaine, et ainsi de suite, ce qui explique la notion de retenue dans les opérations.

▸ Les questions 1, 2 et 4 mettent en jeu la décomposition canonique d'un nombre dans le système décimal. Cette décomposition est très importante car elle met en évidence la structure « intime » du nombre, puisque tout nombre écrit dans ce système est une notation raccourcie de ce nombre. Par exemple, on sait lire le nombre 3 418 (trois-mille-quatre-cent-dix-huit), mais on ne « voit » pas les quantités « mille », « cent » et « dix ». Cela s'apprend à l'école primaire, avec plus ou moins de difficultés, puis, lorsque nous avons acquis cette connaissance, la lecture nous parait naturelle et simple, alors qu'elle n'est pas du tout naturelle.

▸ La question 3 peut sembler difficile. Quand on n'a pas d'idée sur une question posée dans un domaine général, on commence toujours par chercher sur quelques cas particuliers.

La question 5 ne fait pas apparaitre les chiffres significatifs du nombre dans la base 3, à l'exception du chiffre des unités. De plus, les puissances de la base sont écrites dans l'ordre contraire à l'écriture usuelle. Ce qui crée deux difficultés apparentes.

Les difficultés que l'on peut rencontrer dans les questions 3, 4, 5 et 6 sont les mêmes que celles d'un élève de CP rencontre lorsqu'il apprend les règles d'écriture et de calcul des nombres dans le système décimal, ce qui permet de se mettre à la portée d'un tel élève et nous rappelle que les règles de calcul dans un système de numération de position à base sont très ingénieuses.

Si vous avez rencontré des difficultés pour répondre aux questions de ce QCM, cela est dû au fait que la numération, qui est particulièrement technique, ne s'étudie ni au collège, ni au lycée. Nous vous conseillons de refaire à nouveau ces questions après avoir étudié le cours.

CORRIGÉS

❶ **b.**, **c.** et **d.** Car $\overline{a0a0a}_{10}$ = 10101a et 10101 = 3 × 7 × 481.

❷ **b.** Un tel nombre s'écrit $\overline{d3}$, soit 10d + 3.
On a alors :
$N^2 = 100d^2 + 60d + 9$
$N^2 = 10(10d^2 + 6d) + 9$
a. Faux, puisque N^2 se termine par 9.
b. Vrai, car ce nombre est $10d^2 + 6d$, soit encore $2(5d^2 + 3d)$.
c. Faux. Contre-exemple : 43^2 = 1 849 possède 18 centaines et $4^2 = 16$.
d. Faux, puisque le nombre de dizaines de N^2 est toujours pair, il se termine par 0 ; 2 ; 4 ; 6 ou 8, et le chiffre des unités de N est 3.

❸ **b.** On commence par chercher sur des cas particuliers, on constate que la différence des deux nombres choisis est toujours multiple de 9. La démonstration se fait en considérant l'écriture générale d'un nombre à 3 chiffres dans le système décimal, et l'écriture de ce même nombre obtenue en changeant ses chiffres de place, par exemple, $\overline{abc}$ et $\overline{cab}$.
$\overline{abc} - \overline{cab} = 100a + 10b + c - 100c - 10a - b = 90a + 9b - 99c = 9\,(10a + b - 11c)$
La réponse d. est fausse : 612 est multiple de 6 (612 = 6 × 102) et 612 – 261 = 351.
Or, 351 n'est pas divisible par 6 puisque 351 = 58 × 6 + 3.

❹ **a.** et **b.** Un tel nombre s'écrit $N = 10d + 5$. Et $N^2 = (10d + 5)^2 = 100d^2 + 100d + 25$
Par conséquent, $N^2 = 25\,(4d^2 + 4d + 1)$.
Le nombre de centaines de N^2 est $d(d + 1)$ et l'égalité $25^2 = 625$ prouve que d. est faux.

❺ **c.** $2 + 3^3 + 3^6 = 1 \times 3^6 + 0 \times 3^5 + 0 \times 3^4 + 1 \times 3^3 + 0 \times 3^2 + 0 \times 3 + 2 = \overline{1001002}_3$

❻ **d.** $\overline{88}_9$ est le plus grand nombre à 2 chiffres écrit en base 9, donc son successeur est le plus petit nombre à 3 chiffres dans cette même base.

❼ **c.** Car le chiffre « 2 » représente 2 paquets de 5, on en « prend » donc un, il en reste un, et de ce paquet, on retire une unité, il en reste donc quatre.

❽ **c.** Car $4 = 1 \times 3 + 1 = \overline{11}_3$ (on peut lire cette égalité : « 1 paquet de 3 et 1 unité »).

❾ **c.** Car $5 = \overline{10}_5$ et $7 = \overline{12}_5$ (on peut lire ces égalités : « 1 paquet de 5 et 0 unités » et « 1 paquet de 5 et 2 unités »).

COURS

Compétence à maitriser pour le concours :
- **Comprendre et appliquer les règles de la numération décimale de position** aux grands nombres entiers.

1 Généralités

A. Définition

La numération est la science qui permet de représenter, lire et écrire les nombres entiers naturels. Il y a donc une numération parlée et une numération écrite.

Un système de numération se compose :
- d'un **alphabet** formé de chiffres, symboles de représentation ;
- d'un **code**, ensemble de règles.

Il existe différents types de numération, dont les numérations additives (par exemple, les numérations romaine ou égyptienne primitives) et les numérations de positions, encore appelées systèmes de position à base, par exemple, le système décimal.

B. Quelques systèmes anciens

a. Système en usage chez les Grecs de l'Antiquité

Le système en usage chez les Grecs a pour caractéristiques principales :
- pas de zéro ;
- système ordinal ;
- système additif.

Les nombres sont représentés par les lettres de l'alphabet et par trois lettres archaïques. Ainsi α représente le nombre 1, β le nombre 2, γ le nombre 3, et ainsi de suite. Après 9, les lettres représentent 10, 20, 30… la dernière lettre ω représentant le nombre 800. Il y a ensuite un système de notations pour les unités supérieures, qui consiste à utiliser toujours les lettres de l'alphabet en leur accolant divers symboles. Pour écrire un nombre, on accole alors les différentes unités qui le composent.

EXEMPLE
$\omega\pi\delta = 884$

b. Système en usage chez les Égyptiens de l'Antiquité

Le système en usage chez les Égyptiens a pour caractéristiques principales :
- pas de zéro ;
- système à base 10, c'est-à-dire avec un symbole pour chaque puissance de 10, de $10^0 = 1$ à $10^6 = 1\,000\,000$;
- système cardinal additif.

Les 7 chiffres représentés par 7 hiéroglyphes

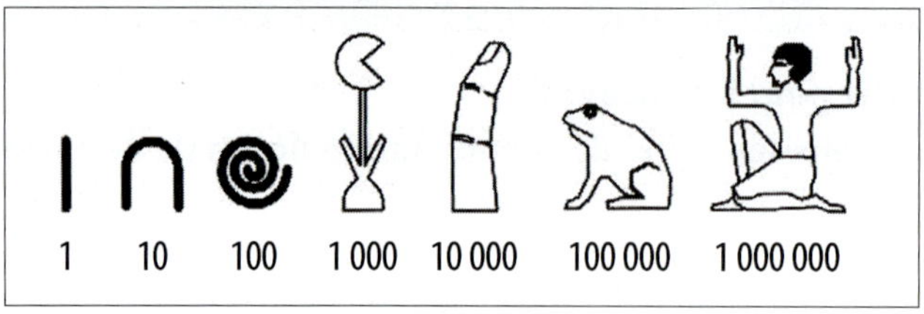

L'écriture d'un nombre s'obtient en juxtaposant les différents chiffres autant de fois que nécessaire pour obtenir la valeur correspondante de ce nombre. On ne peut juxtaposer plus de 9 chiffres identiques, obtenant ensuite l'unité supérieure.

> **EXEMPLE**
>  est le nombre 115.

c. Système en usage chez les Romains de l'Antiquité

Le système des Romains de l'Antiquité a pour caractéristiques principales :
- pas de zéro ;
- alphabet composé de 7 chiffres ;
- systèmes cardinal additif et soustractif.

Les 7 chiffres représentés par des lettres de l'alphabet

I	V	X	L	C	D	M
un	cinq	dix	cinquante	cent	cinq-cents	mille

Tout entier se représente par une juxtaposition de chiffres en commençant par les unités les plus grandes.

On s'interdit de juxtaposer plus de 4 chiffres identiques, sauf en ce qui concerne le chiffre M.

L'entier représenté est obtenu en additionnant tous les chiffres qui le représentent, mais si un chiffre est écrit à gauche d'un chiffre d'ordre supérieur, il se soustrait à celui-ci.

> **EXEMPLES**
> XCIX représente le nombre 99. LXXXVII représente le nombre 87.

2 Systèmes de numérations à base

A. Numération décimale (base 10)

a. Notion de base

Ce système de numération, encore appelé **système de numération de position à base dix**, permet d'écrire tous les nombres entiers naturels – contrairement aux anciens systèmes qui ne le permettaient pas, comme les systèmes décrits précédemment, en usage chez les Grecs, les Égyptiens ou les Romains de l'Antiquité – en utilisant 10 symboles appelés les chiffres de la numération. Ces chiffres sont 0, 1, 2, 3, 4, 5, 6, 7, 8, 9.

La base d'un système est le nombre d'unités d'un certain ordre nécessaire pour former une unité de l'ordre immédiatement supérieur. Si un chiffre représente un ordre d'unité déterminé, tout chiffre placé à sa gauche représente des unités de l'ordre immédiatement supérieur. Ici, la base est 10, il faut donc 10 unités d'un certain ordre pour former une unité de l'ordre immédiatement supérieur, un nom étant donné à chacune des unités des différents ordres.

10 unités simples forment 1 dizaine, 10 dizaines forment 1 centaine, 10 centaines forment 1 millier et ainsi de suite. Dans le système de numération décimale, les unités de différents ordres sont de dix en dix fois plus grandes ou plus petites.

Concrètement, pour dénombrer une collection, on regroupe ses éléments par paquets de 10 unités. Le nombre d'éléments restant, inférieur à 10, forme le chiffre des unités du nombre représentant le cardinal de la collection. Chaque paquet de 10 unités s'appelle une dizaine. On regroupe alors ces dizaines par paquets de 10. Le nombre de dizaines restant, inférieur à 10, forme le chiffre des dizaines du nombre représentant le cardinal de la collection. Chaque paquet de 10 dizaines s'appelle une centaine. On regroupe alors ces centaines par paquets de 10. Le nombre de centaines restant, inférieur à 10, forme le chiffre des centaines du nombre représentant le cardinal de la collection. Chaque paquet de 10 centaines s'appelle un millier. On continue jusqu'à arriver au dernier élément de la collection.

b. Décomposition canonique d'un nombre

5 627 peut se décomposer en :

- 7 unités (simples) ;
- 2 paquets de 10 unités (2 dizaines) ;
- 6 paquets de 10 dizaines (6 centaines) ;
- 5 paquets de 10 centaines (5 milliers).

$5\,627 = 5\,000 + 600 + 20 + 7$

$5\,627 = 5 \times 1\,000 + 6 \times 100 + 2 \times 10 + 7$

$\mathbf{5\,627 = 5 \times 10^3 + 6 \times 10^2 + 2 \times 10 + 7}$

$5\,627 = 5 \times 10^3 + 6 \times 10^2 + 2 \times 10^1 + 7 \times 10^0$ (car $10^1 = 10$ et $10^0 = 1$)

En principe, cette dernière écriture ne s'utilise pas ; elle est ici utilisée afin de faire apparaitre systématiquement les différentes puissances de la base.

Cette décomposition s'appelle la **décomposition canonique** du nombre dans la base 10.

Dans les systèmes de numération de position, notamment pour le système décimal, la valeur d'un chiffre dépend de sa position dans l'écriture du nombre. Une telle numération ne peut exister qu'avec l'invention du zéro et d'un symbole correspondant.

EXEMPLES

Dans l'écriture 56 → 5 représente 5 dizaines ; dans l'écriture 506 → 5 représente 5 centaines.

Pour bien comprendre cette notion de position, considérons le nombre 555.

La lecture « romaine », c'est-à-dire additive, de ce nombre est $5 + 5 + 5 = 15$ (quinze).

La lecture dans le système décimal de position (base 10) est $5 \times 10^2 + 5 \times 10 + 5$, soit encore $500 + 50 + 5 = 555$ (cinq-cent-cinquante-cinq).

c. Écriture générale d'un nombre en base 10

Dans la base est 10, l'écriture générale d'un nombre est, par exemple pour un nombre à 4 chiffres, $\overline{abcd}$ ou $\overline{mcdu}$.

$\overline{mcdu} = 10^3 \times m + 10^2 \times c + 10 \times d + u$, soit $\overline{mcdu} = 1\,000m + 100c + 10d + u$, avec m, c, d et u, chiffres respectifs des milliers, des centaines, des dizaines et des unités.

ZOOM

La barre horizontale placée au-dessus du nombre permet de distinguer les deux écritures suivantes : $\overline{abcd}$ et $abcd$.

• Dans l'écriture $\overline{abcd}$: a, b, c et d sont des chiffres de la numération décimale, ils sont donc compris entre 0 et 9, et leur « valeur » dépend de leur position dans l'écriture du nombre. Ainsi, a « vaut » $1\,000a$. $\overline{abcd}$ est l'écriture d'un nombre à 4 chiffres dans la base 10. L'écriture proposée relève du domaine de la numération, donc de l'arithmétique.

• Dans l'écriture $abcd$, a, b, c et d sont des nombres, l'écriture représente le produit des quatre nombres $a \times b \times c \times d$ et relève du domaine de l'algèbre.

EXEMPLE

Si $a = 5$; $b = 6$; $c = 2$ et $d = 7$, alors :

$\overline{abcd} = 5\,627$ et $abcd = 5 \times 6 \times 2 \times 7 = 420$.

La lecture de ce même nombre dans le système de numération de position en base 8 serait $5 \times 8^3 + 6 \times 8^2 + 2 \times 8 + 7 = 2\,967$.

APPLICATION 1

Soit a un chiffre non nul de la numération décimale.

❶ Montrer que les nombres du type $\overline{aaa}$ sont divisibles par 37.

❷ Par rapport à la question précédente, que pensez-vous des nombres dont l'écriture est $\overline{aaabbb}$?

→Corrigé p. 54

APPLICATION 2

On s'intéresse aux propriétés de divisibilité des nombres dont l'écriture en base dix est de la forme $\overline{abbcca}$.

❶ Montrer que tout entier de cette forme est divisible par 11.

❷ Montrer que tout entier de cette forme est divisible par 9 si et seulement si la somme $a + b + c$ est égale à 9, 18 ou 27.

❸ En déduire que le nombre 788 337 est divisible par 99.

→Corrigé p. 54

B. Système de position à base *n* ($n \geqslant 2$)

a. Principe général

Le principe reste identique à celui défini et décrit pour le système de numération décimale. Au lieu de faire des paquets de 10 éléments, on fait des paquets de *n* éléments.

Dans un système à base *n*, les chiffres utilisés sont strictement inférieurs à *n*.

EXEMPLES

En base 2, les chiffres sont 0 et 1.

En base 3, les chiffres sont 0 ; 1 et 2.

En base 4, les chiffres sont 0 ; 1 ; 2 et 3.

Et ainsi de suite.

En base 12, il y a 12 chiffres, qui sont 0, 1, 2, 3, 4, 5, 6, 7, 8, 9, *a* et *b* ($a = 10$ et $b = 11$).

Pour les bases supérieures à 10, la notation des chiffres choisis est donnée dans l'énoncé. Généralement, on prend les nombres du système décimal que l'on écrit entre parenthèses.

EXEMPLE

En base 20, les chiffres sont (0), (1), (2), (3), (4), …, (17), (18), (19).

On peut inventer d'autres notations (voir l'exercice 2 des exercices d'entrainement).

b. Exemples et écriture

Par exemple, en base 6, si l'on dénombre une collection, et que l'on obtient successivement 4 unités simples, 5 paquets de 6 unités simples, 2 paquets de 6×6 unités simples et 3 paquets de $6 \times 6 \times 6$ unités simples, le nombre obtenu s'écrit $\overline{3254}_6$ et la décomposition canonique de ce nombre dans la base 6 est :

$\overline{3254}_6 = 3 \times 6^3 + 2 \times 6^2 + 5 \times 6 + 4$

Si l'on trouvait les mêmes nombres de paquets en base 7, puis en base 8, le nombre s'écrirait :

$\overline{3254}_7 = 3 \times 7^3 + 2 \times 7^2 + 5 \times 7 + 4 = 1\,166$

$\overline{3254}_8 = 3 \times 8^3 + 2 \times 8^2 + 5 \times 8 + 4 = 1\,708$

De même :

$\overline{11001}_2$ est un nombre écrit en base 2.

$\overline{(5)(17)(35)}_{60}$ est un nombre écrit en base 60.

APPLICATION 3

Donner l'écriture en base 10 de $\overline{11001}_2$ et $\overline{(5)(17)(35)}_{60}$.

→ Corrigé p. 54

APPLICATION 4

❶ Écrire en base 10 : $\overline{2231}_5$; $\overline{11000011}_2$ et $\overline{12a}_{12}$.

❷ Écrire en base 4, puis en base 12 : 5 689.

❸ On considère le nombre $\overline{10224}_6$.
Écrire ce nombre en base 8.

→Corrigé p. 54

APPLICATION 5

❶ Écrire en base 10 : $\overline{1213}_5$; $\overline{5021}_8$; $\overline{110110}_2$.
Pour chacune des questions suivantes, on ne repassera pas par l'écriture décimale des nombres proposés.

❷ Écrire $\overline{203321}_4$ dans le système à base 16.

❸ Donner l'écriture du nombre 4 + 5 + 53 + 54 en base 5.

❹ Trouver l'écriture de ce même nombre en base 25.

❺ Trouver l'écriture chiffrée du nombre 6 × (6 × (6 × (6 + 5) + 4) + 3) + 2 en base 6.

❻ Pour écrire un nombre en base 9, on utilise les chiffres 0, 1, 2, 3, 4, 5, 6, 7, 8. Trouver l'écriture en base 9 du nombre (35 – 1) × (35 + 1).

→Corrigé p. 55

APPLICATION 6

❶ Écrire en base 12 le nombre qui s'écrit 144 en base 10.

❷ Écrire en base 10 le nombre $\overline{1000}_{12}$.

❸ On désigne par 0, 1, 2, 3, 4, 5, 6, 7, 8, 9, *a* et *b*, les douze chiffres utilisés en base 12.
Écrire en base 10 :
- les trois nombres qui s'écrivent respectivement $\overline{a}$, $\overline{b}$, $\overline{ab}$ en base 12 ;
- le produit de $\overline{a}$ par $\overline{b}$.

→Corrigé p. 56

APPLICATION 7

Existe-t-il une base *b* telle que $\overline{92}_b = 4 \times \overline{29}_b$?

→Corrigé p. 56

APPLICATION 8

La numération sexagésimale (base 60) exige l'utilisation de 60 chiffres distincts. En pratique, on décide d'écrire chacun de ces chiffres en utilisant le codage en base 10 du nombre qu'il représente, et en l'écrivant entre parenthèses. Par exemple, (2) (19) (51) est l'écriture sexagésimale du nombre qui s'écrit 8 391 en base 10.
En effet, 8 391 = 2 × 3 600 + 19 × 60 + 51.

❶ Écrire en base 10 le nombre dont l'écriture sexagésimale est (3) (0) (17) (48).

❷ Trouver l'écriture sexagésimale du nombre qui s'écrit 54 325 432 en base 10.

❸ Soit *N* un nombre entier naturel dont l'écriture sexagésimale est ($\overline{ab}$) ($\overline{ba}$), *a* et *b* étant deux chiffres de notre système de numération en base 10.

a. Quelles conditions doivent vérifier *a* et *b* pour que l'écriture ($\overline{ab}$) ($\overline{ba}$) soit correcte ?

b. On suppose désormais que *N* est un multiple de 5. Que peut-on en déduire à propos de l'écriture sexagésimale de *N* ?

c. Si de plus on sait que *N* s'écrit $\overline{b21a}$ en base 10, déterminer les valeurs de *a* et *b*, et, par suite, de *N* que l'on écrira en base dix.

→Corrigé p. 56

c. Écriture générale d'un nombre en base *n* ($n \geqslant 2$)

Dans un système de numération de position à base n (n entier supérieur ou égal à 2), tout nombre s'écrit sous la forme $\overline{abcd}_n$ (exemple pour un nombre à 4 chiffres), a, b, c et d étant des chiffres de la numération dans la base n (avec $a < n$; $b < n$; $c < n$; $d < n$).

La décomposition canonique d'un tel nombre dans la base n est :

$$\overline{abcd}_n = a \times n^3 + b \times n^2 + c \times n + d$$

Afin d'écrire tous les nombres possibles dans une base n donnée, l'écriture $\overline{Nu}_n$ peut être utilisée, en précisant que :

- N est le **nombre** de « paquets » de n ;
- u est le **chiffre** des unités.

Par définition, $\overline{Nu}_n = N \times n + u$.

EXEMPLES

• En base 10 (qui ne nécessite pas d'écriture particulière comme précédemment) :
59 687 = 59 680 + 7 = 5 968 × 10 + 7 (il y a 5 968 paquets de 10, c'est-à-dire 5 968 dizaines et 7 unités).

Par rapport à l'écriture générale proposée : N = 5 968 et u = 7.

Autrement dit, le chiffre des dizaines de ce nombre est 8, et le nombre de dizaines de ce nombre est 5 968.

• En base 6 :
$\overline{3254}_6 = 3 \times 6^3 + 2 \times 6^2 + 5 \times 6 + 4$, soit $\overline{3254}_6 = 6 \times (3 \times 6^2 + 2 \times 6 + 5) + 4$

Soit $N = 3 \times 6^2 + 2 \times 6 + 5$ (= 125) et $u = 4$.

On peut encore écrire $\overline{3254}_6 = 125 \times 6 + 4$ (il y a 125 paquets de 6 et 4 unités).

CORRIGÉS

APPLICATION 1

❶ $\overline{aaa} = 100a + 10a + a = 111a = 37 \times 3a$, ce qui démontre que $\overline{aaa}$ est divisible par 37.

❷ $\overline{aaabbb} = 111\,000a + 111b = 37(3\,000a + 3b)$, ce qui démontre que les nombres du type $\overline{aaabbb}$ sont divisibles par 37.

APPLICATION 2

❶ $\overline{abbcca} = 100\,000a + 10\,000b + 1\,000b + 100c + 10c + a$

$\overline{abbcca} = 100\,001a + 11\,000b + 110c$

$\overline{abbcca} = 11(9\,091a + 1\,000b + 10c)$, donc tout entier du type $\overline{abbcca}$ est divisible par 11.

❷ $100\,001 = 11\,111 \times 9 + 2$; $11\,000 = 1\,222 \times 9 + 2$ et $110 = 12 \times 9 + 2$

Donc $\overline{abbcca} = 9(11\,111a + 1\,222b + 12c) + 2a + 2b + 2c$.

Comme $9(11\,111a + 1\,222b + 12c)$ est divisible par 9, donc $\overline{abbcca}$ est divisible par 9 si et seulement si $2(a + b + c)$ est divisible par 9, donc si et seulement si $a + b + c$ est divisible par 9. Puisque a, b et c sont des chiffres de la numération en base 10, ils sont compris entre 0 et 9, et donc la plus grande valeur de $a + b + c$ est 27, d'où $a + b + c$ vaut 9, 18 ou 27.

❸ 788 337 est du type $\overline{abbcca}$, donc il est divisible par 11 d'après la question 1.

Or $7 + 8 + 3 = 18$, donc 788 337 est divisible par 9. Comme 9 et 11 sont premiers entre eux, 788 337 est donc divisible par $9 \times 11 = 99$.

ZOOM

9 et 11 sont premiers entre eux signifie que leur décomposition multiplicative ne fait pas apparaitre au moins un facteur identique : $9 = 3 \times 3$ et $11 = 11$. Ce n'est pas le cas par exemple de 6 et 15, car $6 = 2 \times 3$ et $15 = 3 \times 5$. Dans ce dernier cas, 3 est facteur commun aux deux décompositions.

Et si un nombre est divisible par 6 et 15, on ne peut pas en conclure qu'il est divisible par $6 \times 15 = 90$. Ainsi, 30 est divisible par 6 et par 15, mais pas par 90.

APPLICATION 3

$\overline{11001}_2 = 1 \times 2^4 + 1 \times 2^3 + 1 = 25$

$\overline{(5)(17)(35)}_{60} = 5 \times 60^2 + 17 \times 60 + 35 = 19\,055$

APPLICATION 4

❶ $\overline{2231}_5 = 2 \times 5^3 + 2 \times 5^2 + 3 \times 5 + 1 = 316$

$\overline{11000011}_2 = 1 \times 2^7 + 1 \times 2^6 + 1 \times 2 + 1 = 195$

$\overline{12a}_{12} = 1 \times 12^2 + 2 \times 12 + 10 = 178$

❷ $5\,689 = \overline{1120321}_4$ car

```
5689 | 4
16   |----
 08  | 1422 | 4
  09 |   22 |----
   1 |    22| 355 | 4
     |     2|  35 |----
              3   | 88 | 4
                  | 08 |----
                  |  0 | 22 | 4
                          2 |----
                            | 5 | 4
                            | 1 |---
                                | 1
```

$5\,689 = \overline{3361}_{12}$ car

```
5689 | 12
 88  |-----
  49 | 474 | 12
   1 | 114 |-----
     |   6 | 39 | 12
           |  3 |----
                | 3
```

❸ On écrit le nombre proposé dans la base 10 : $\overline{10224}_6 = 1\,384$.
Par une suite de divisions comme pour la question précédente, on obtient $\overline{10224}_6 = \overline{2550}_8$.

APPLICATION 5

❶ $\overline{1213}_5 = 1 \times 5^3 + 2 \times 5^2 + 1 \times 5 + 3$, donc $\overline{1213}_5 = 183$
$\overline{5021}_8 = 5 \times 8^3 + 0 \times 8^2 + 2 \times 8 + 1$, donc $\overline{5021}_8 = 2\,577$
$\overline{110110}_2 = 1 \times 2^5 + 1 \times 2^4 + 0 \times 2^3 + 1 \times 2^2 + 1 \times 2 + 0$, donc $\overline{110110}_2 = 54$

❷ $\overline{203321}_4 = 2 \times 4^5 + 0 \times 4^4 + 3 \times 4^3 + 3 \times 4^2 + 2 \times 4 + 1$
Or $4^5 = 4 \times 16^2$ (car $4^5 = 4 \times 4 \times 4 \times 4 \times 4 = 4 \times 16 \times 16$)
De même, $4^3 = 4 \times 4 \times 4 = 4 \times 16$.
Donc $\overline{203321}_4 = 2 \times 4 \times 16^2 + 3 \times 4 \times 16 + 3 \times 16 + 8 + 1$.
Soit $\overline{203321}_4 = 8 \times 16^2 + 12 \times 16 + 3 \times 16 + 9$.
$\overline{203321}_4 = 8 \times 16^2 + 15 \times 16 + 9$
$\overline{203321}_4 = \overline{(8)(15)(9)}_{16}$

❸ Dans l'expression $4 + 5 + 5^3 + 5^4$, on voit différentes puissances de 5, et, par conséquent, une écriture qui aide à donner l'écriture du nombre en base 5. Il manque les coefficients des différentes puissances, c'est-à-dire les chiffres du nombre, et, de plus, l'écriture est donnée dans le sens contraire à l'écriture usuelle en base (puissances de la base par ordre décroissant). D'où la méthode suivante :
$4 + 5 + 5^3 + 5^4 = 5^4 + 5^3 + 5 + 4 = 1 \times 5^4 + 1 \times 5^3 + 0 \times 5^2 + 1 \times 5 + 4$
Soit $4 + 5 + 5^3 + 5^4 = \overline{11014}_5$.

❹ $\overline{11014}_5 = 1 \times 25^2 + 5 \times 25 + 9 = \overline{(1)(5)(9)}_{25}$

❺ $6 \times (6 \times (6 \times (6 + 5) + 4) + 3) + 2 = 6 \times (6 \times (6^2 + 6 \times 5 + 4) + 3) + 2$
$6 \times (6 \times (6 \times (6 + 5) + 4) + 3) + 2 = 6 \times (6^3 + 5 \times 6^2 + 4 \times 6 + 3) + 2$
$6 \times (6 \times (6 \times (6 + 5) + 4) + 3) + 2 = 6^4 + 5 \times 6^3 + 4 \times 6^2 + 3 \times 6 + 2$
$6 \times (6 \times (6 \times (6 + 5) + 4) + 3) + 2 = \overline{15432}_6$

❻ $(3^5 - 1)(3^5 + 1) = 3^{10} - 1$
Or $3^{10} = (3^2)^5 = 9^5$

D'où $(3^5 - 1)(3^5 + 1) = 9^5 - 1$
$(3^5 - 1)(3^5 + 1)$ est donc le prédécesseur du nombre 9^5.
Comme $9^5 = \overline{100000}_9$ et que ce nombre est le plus petit nombre à 6 chiffres en base 9, son prédécesseur est le plus grand nombre à 5 chiffres en base 9.
D'où $(3^5 - 1)(3^5 + 1) = \overline{88888}_9$.

APPLICATION 6

❶ $144 = 12^2 = \overline{100}_{12}$ puisque $12^2 = 1 \times 12^2 + 0 \times 12 + 0$

❷ $\overline{1000}_{12} = 12^3 = 1\,728$

❸ $\bar{a} = 10$; $\bar{b} = 11$ et $\overline{ab} = 10 \times 12 + 11 = 131$
$\bar{a} \times \bar{b} = 10 \times 11 = 110$

APPLICATION 7

$\overline{92}_b = 4 \times \overline{29}_b$ s'écrit $9b + 2 = 4 \times (2b + 9)$, soit $9b + 2 = 8b + 36$.
D'où $b = 34$.

APPLICATION 8

❶ $\overline{(3)(0)(17)(48)}_{60} = 3 \times 60^3 + 17 \times 60 + 48 = 649\,068$.

❷ On obtient $54\,325\,432 = \overline{(4)(11)(30)(23)(52)}_{60}$.

❸ **a.** Il faut que a et b soient compris entre 0 et 5.
b. $n = \overline{(ab)(ba)}_{60} = 60 \times \overline{ab} + \overline{ba}$
Soit encore $n = 60 \times (10a + b) + 10b + a$.
Le chiffre des unités de n est donc a.
Par conséquent, si n est multiple de 5, alors $a = 0$ ou $a = 5$.
Donc si $a = 0$, alors $n = \overline{(b)(b0)}_{60} = 60 \times \bar{b} + \overline{b0} = 60b + 10b = 70b$.
Et si $a = 5$, alors $n = \overline{(5b)(b5)}_{60} = 60 \times (\overline{5b}) + \overline{b5} = 60 \times (5 \times 10 + b) + 10b + 5$.
Soit enfin $n = 3\,005 + 70b$.
c. On sait que $n = \overline{b21a}$, donc il y a deux cas.
Soit $a = 0$, alors $n = \overline{b210} = 1\,000b + 210$.
Alors $1\,000b + 210 = 70b$, ce qui est impossible.
Ou alors $a = 5$ et alors $N = \overline{b215} = 1\,000b + 215$.
Alors $1\,000b + 215 = 3\,005 + 70b$, soit $930b = 2\,790$ et $b = \dfrac{2\,790}{930} = 3$.
Le nombre N cherché est donc 3 215.

ENTRAINEMENT

CONSEIL

Certains des exercices proposés (4, 5 et 6) mettent en jeu des connaissances d'arithmétique. Si vous n'êtes pas au clair avec certaines notions (multiples, diviseurs), vous pouvez aller au chapitre suivant pour vous familiariser à nouveau avec ces connaissances.

EXERCICE 1 — 20 min.

❶ Le plus grand des nombres qui s'écrivent en base dix avec deux chiffres est 99. Quelle est l'écriture en base dix du plus grand des nombres qui s'écrivent en base huit avec deux chiffres ?

❷ Quelle est l'écriture en base dix du plus grand des nombres qui s'écrivent en base douze avec deux chiffres ?

❸ Si n est un entier naturel strictement supérieur à 1, le plus grand des nombres qui s'écrivent en base n avec un seul chiffre est le nombre $(n - 1)$.

a. Déterminer le plus grand des nombres que l'on peut écrire en base n avec deux chiffres.

b. Quel est le plus petit entier n pour lequel le nombre 224 (écrit en base dix) s'écrira en base n avec deux chiffres.

EXERCICE 2 — 30 min.

L'écriture des nombres chez les Cincofiles.

Dans la tribu des Cincofiles, on a une manière particulière de compter. Lors d'un voyage dans cette tribu, un chercheur a ramené un certain nombre d'observations qu'il a retranscrites dans un carnet.

→

Voici ce qu'il a noté sur la manière de compter des Cincofiles :

- <u>C'est une numérisation de position</u> ;
- <u>Il n'y a que cinq symboles pour noter les nombres</u> :

● qui correspond à notre zéro
| qui correspond à notre 1
∧ qui correspond à notre 2
▽ qui correspond à notre 3
□ qui correspond à notre 4

- <u>Une observation</u> :

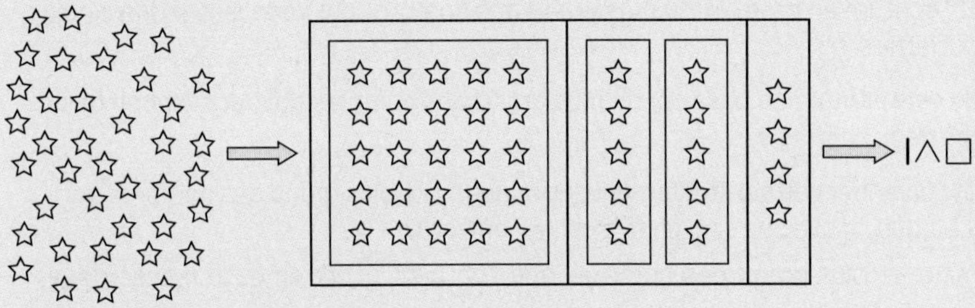

- <u>Des exemples de transcription</u> :

|▽	□∧	∧●□	||▽□
8	22	54	169

❶ En expliquant votre démarche :

a. transcrire dans notre système de numération le nombre noté par les Cincofiles : « □□□ ».

b. transcrire dans le système Cincofile le nombre que nous notons « 273 ».

❷ Sans passer par une transcription dans notre système de numération décimale et en justifiant la réponse, écrire le nombre qui précède le nombre « ▽□● » dans le système Cincofile.

❸ Écrire de même le nombre qui suit le nombre « ∧□□ » dans le système cincofile. Ces deux derniers nombres seront donnés en écriture cincofile.

EXERCICE 3 — 30 min.

L'algorithme de Kaprekar consiste à associer à tout nombre entier naturel n le nombre $K(n)$ généré de la façon suivante.

• On considère les chiffres de l'écriture en base 10 du nombre n. On forme le nombre n_1 en rangeant ces chiffres dans l'ordre croissant et le nombre n_2 en les rangeant dans l'ordre décroissant.

• On pose $K(n) = n_2 - n_1$.

On itère ensuite le processus en repartant du nombre $K(n)$.
Par exemple, si on choisit $n = 634$, on obtient :
$n_1 = 346$ et $n_2 = 643$ d'où $K(634) = 643 - 346 = 297$.
En itérant le processus, on obtient successivement :
$K(297) = 693$; $K(693) = 594$; $K(594) = 495$; $K(495) = 495$.
Ensuite, tous les résultats sont égaux à 495.

1 Montrer que l'algorithme appliqué au nombre 5 294 conduit aussi à un nombre entier p tel que $K(p) = p$.

2 On considère maintenant un nombre m qui s'écrit en base 10 avec les trois chiffres a, b et c, tels que $m = \overline{abc}$ et $0 < a < b < c$.

a. Montrer que le nombre $K(m)$ est un multiple de 99.

b. Montrer alors que l'algorithme appliqué au nombre m conduit au nombre 495 en 5 itérations au plus.

EXERCICE 4 — 20 min.

1 Le nombre $\overline{51323}_7$ est-il divisible par 2 ?

2 Trouver et énoncer la règle de divisibilité par 2 des nombres à 5 chiffres écrits dans la base 7.

EXERCICE 5 — 30 min.

On convient que $\overline{abc}_6$ est l'écriture d'un nombre en base six.
Par exemple, le nombre entier 103 s'écrit $\overline{251}_6$ en base six.

1 Quel nombre entier est représenté par $\overline{132}_6$?
Ce nombre est-il multiple de 6 ? Est-il multiple de 2 ?

2 Montrer que $\overline{324}_6$, $\overline{222}_6$ et $\overline{550}_6$ sont multiples de 2. Sont-ils multiples de 6 ?

3 Montrer que $\overline{abc}_6$ est multiple de 2 si $c = 0$ ou $c = 2$ ou $c = 4$.
À quelle condition est-il multiple de 6 ?

4 Énoncer les théorèmes de divisibilité par 6 et par 2 à partir de l'écriture en base six d'un nombre.

5 Montrer que $\overline{325}_6$, $\overline{212}_6$ et $\overline{555}_6$ sont multiples de 5. Quel critère de divisibilité par 5 pourrait-on énoncer ?

EXERCICE 6 — 50 min.

L'écriture en base 3 d'un nombre n positif est de la forme $\overline{a_k a_{k-1} \dots a_1 a_0}$, où :
- k est un nombre entier naturel ;
- les termes a_k, a_{k-1}, ..., a_1, a_0 sont des entiers compris entre 0 et 2 ;
- $a_k > 0$ sauf si $n = 0$, auquel cas $k = 0$ et $a_0 = 0$;
- $n = a_k \times 3^k + a_{k-1} \times 3^{k-1} + \dots + a_1 \times 3 + a_0$.

Les termes a_k, a_{k-1}, ..., a_1, a_0 sont alors appelés les chiffres de l'écriture en base 3 de n.
Toutes les réponses devront être justifiées.

❶ **a.** Vérifier que l'écriture en base 3 du nombre 11 est 102.

b. Quelle est l'écriture en base 3 du nombre 74 ?

c. Que peut-on dire d'un nombre dont l'écriture en base 3 se termine par le chiffre « 0 » ?

On s'intéresse aux nombres entiers n dont aucun chiffre de l'écriture en base 3 ne prend la valeur 2. On appellera ces nombres des entiers 2-lacunaires.
Par exemple, $12 = \overline{110}$ est 2-lacunaire alors que $19 = \overline{201}$ ne l'est pas.

❷ **a.** Déterminer le nombre d'entiers 2-lacunaires compris entre 0 et 100.

b. À quelle condition nécessaire et suffisante un nombre 2-lacunaire possédant 4 chiffres en base 3 est-il divisible par 2 ?

❸ On appelle nombres 1-lacunaires les nombres entiers n dont aucun chiffre de l'écriture en base 3 ne prend la valeur 1.

a. Montrer que tout entier 1-lacunaire est le double d'un entier 2-lacunaire.

b. Montrer que tout entier peut se décomposer comme la somme d'un entier 2-lacunaire et d'un entier 1-lacunaire.

c. Montrer que cette décomposition n'est pas toujours unique.

VERS L'ORAL

EXERCICE 7

Pour chacun de ces exercices, déterminer s'il doit être proposé au CE2 ou au CM. Justifier ce choix en expliquant pour chacun d'eux quelle principale compétence mathématique y est travaillée.

Exercice A

3 Leny a commencé à décomposer un nombre en multiples de 10 en utilisant un tableau. Il a malencontreusement effacé des données, mais il sait qu'il y a huit mille quatre-vingt-deux centaines et que les chiffres des dizaines et des dizaines de milliers sont égaux.

100 000	10 000	1 000	100	10	1
8	0	....	....	....	4

Écris ce nombre en chiffres et en lettres.

Exercice B

4 **Recopie et complète ce tableau.**

Nombre	Chiffre des milliers	Nombre de milliers	Chiffre des centaines	Nombre de centaines	Chiffre des dizaines	Nombre de dizaines
5 423	*5*	*5*	*4*	*54*	*2*	*542*
8 764	....	....	....	....	....	....
9 070	....	....	....	....	....	....
7 301	....	....	....	....	....	....
6 845	....	....	....	....	....	....

Exercice C

Avant de commencer

Trouve dix nombres de cinq chiffres que l'on peut écrire avec ces cartes. Entraîne-toi à les dire.

Exercice D

7 **Trouve la solution de l'énigme.**

– Mon nombre possède trois chiffres.

– Mon chiffre des centaines est deux fois plus grand que celui des dizaines, qui est lui-même deux fois plus grand que celui des unités.

Quels sont les 2 nombres auxquels je pense ?

Exercice E

2 **Écris six nombres avec ces mots :**

cent(s) trois mille quatre

Tu ne dois pas dépasser 9 999 !

Exercice F

2 Complète le tableau suivant.

	Chiffre des dizaines de milliards	Chiffre des dizaines de milliers	Chiffre des dizaines
103 285 244 105	0	....	....
48 225 603 244	....	0	....
159 554 210 209	....	....	0
989 257 444 127	....	....	....

Exercice G

2 Écris les nombres obtenus en chiffres puis en lettres.
Prépare-toi à les lire à voix haute.

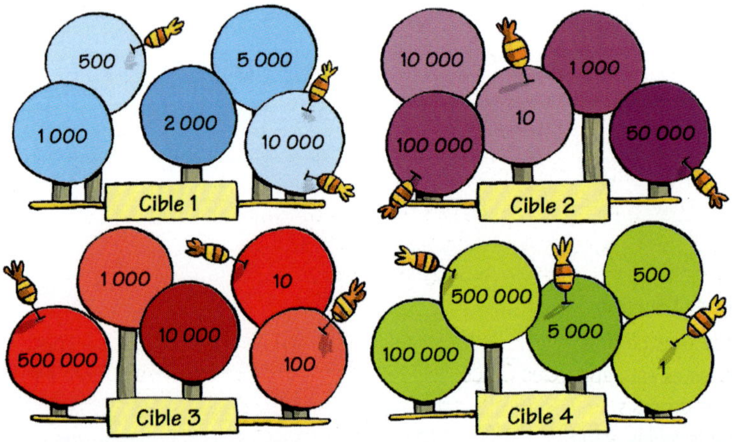

Exercice H

b) Recopie l'écriture correcte du nombre 10 056 000 021.

Dix-millions-cinq-mille-six-cent-vingt-et-un

Dix-milliards-cinq-mille-six-cent-vingt-et-un

Dix-milliards-cinquante-six-millions-vingt-et-un

Cent-milliards-cinquante-six-mille-vingt-et-un

Exercice I

8 Complète les décompositions, comme dans l'exemple.

24 163 = (2 × 10 000) + (4 × 1 000) + (1 × 100) + (6 × 10) + 3

a) 56 210 = (5 × 10 000) + ... + ... + ... + ...

b) 68 963 = (6 × 10 000) + (8 × ....) + (.... × ....) + (.... × ....) + ...

c) (7 × 1 000) + (50 × 10) + ... = ...

CORRIGÉS

EXERCICE 1

❶ En base 8, le plus grand nombre à deux chiffres est $\overline{77}_8 = 7 \times 8 + 7 = 63$.

❷ En base 12, le plus grand nombre à deux chiffres est $\overline{(11)(11)}_{12} = 11 \times 12 + 11 = 143$.

❸ **a.** En base n, le plus grand nombre à deux chiffres est $\overline{(n-1)(n-1)}_n$, soit encore $(n-1) \times n + n - 1 = n^2 - n + n - 1 = n^2 - 1$.

b. Je cherche donc n tel que : $\overline{(n-1)(n-1)}_n \geqslant 224$.
D'après ce qui précède, on cherche donc n tel que $n^2 - 1 \geqslant 224$, soit $n^2 \geqslant 225$, soit enfin $n \geqslant 15$.
Donc le plus petit entier n pour lequel le nombre 224 (écrit en base dix) s'écrira en base n avec deux chiffres est 15.

EXERCICE 2

CONSEIL DU FORMATEUR

D'après l'énoncé, le système de numération des Cincofiles est un système de numération de position à base 5.

On peut remarquer que les symboles de cette numération, c'est-à-dire les chiffres utilisés, sont des objets géométriques qui comprennent 0, 1, 2, 3 ou 4 « bâtons », et qui remplacent donc les chiffres utilisés de façon habituelle : 0, 1, 2, 3 et 4.

❶ **a.** Le système de numération des Cincofiles est un système de numération de position à base 5, par conséquent : « □□□ » = $4 \times 5^2 + 4 \times 5 + 4$, soit « □□□ » = 124.

b.

273	5		
23	54	5	
3	04	10	5
	4	0	2

$273 = \overline{2043}_5$ soit ∧ ● □ ▽

❷ Le nombre qui précède s'obtient en retirant une unité à « ▽ □ ● » mais le symbole ● indique qu'il n'y a pas d'unité simple disponible dans le premier rang. On prend donc un paquet de 5 à □, il reste ▽ dans ce groupe, et en retirant une unité au paquet de 5, il reste alors □ au premier rang.
Le nombre cherché est donc ▽ ▽ □.

❸ Le nombre « ∧□□ » est le plus grand nombre à 3 chiffres commençant par ∧. Son successeur est donc le plus petit nombre à 3 chiffres commençant par ▽. Le nombre cherché est donc ▽ ● ●.

CONSEIL DU FORMATEUR

Il est possible de traiter les deux dernières questions en posant les opérations correspondantes et en utilisant les mêmes règles que pour les opérations en base 10 :

```
  ▽ □ ı●
-   ı  |
--------
  ▽ ▽ □
```

La retenue qui s'ajoute au ● a été prise dans le symbole □ de l'unité immédiatement supérieure, elle correspond donc à 1 paquet de 5 unités. Vous avez deux façons de le comprendre.

Soit $\overline{10}_5 = 1 \times 5 + 0 = 5$

Ainsi :

	Paquets de 25	Paquets de 5	Unités
	▽	□	ı●
-		ı	|
	▽	▽	□

EXERCICE 3

❶ $K(5\,294) = 9\,542 - 2\,459 = 7\,083$
$K(7\,083) = 8\,730 - 378 = 8\,352$
$K(8\,352) = 8\,532 - 2\,358 = 6\,174$
$K(6\,174) = 7\,641 - 1\,467 = 6\,174$
Donc $p = 6\,174$.

❷ $m = \overline{cba} - \overline{abc}$
Soit $m = 100c + 10b + a - 100a - 10b - c$.
$K(m) = 99c - 99a = 99(c - a)$, donc $K(m)$ est multiple de 99.

❸ D'après la condition $0 < a < b < c$, la plus petite valeur de $c - a$ est 2, et la plus grande valeur de $c - a$ est 8. Donc, d'après la question 2 :
$K(m)$ peut prendre les valeurs 198, 297, 396, 495, 594, 693 et 792.
$K(198) = 981 - 189 = 792$
$K(792) = 972 - 279 = 693$
$K(693) = 963 - 369 = 594$
$K(594) = 954 - 459 = 495$
$K(495) = 495$ (voir énoncé)
Soit 5 itérations.
$K(297)$ demande donc 4 itérations, car les chiffres de 297 sont les mêmes que les chiffres de 792 obtenu avec la deuxième itération de $K(198)$.
De même, $K(396) = K(693)$, soit 3 itérations.
$K(495) = K(594)$, soit 2 itérations.
Le nombre maximum d'itérations pour obtenir p est donc bien 5.

EXERCICE 4

❶ $\overline{51323}_7 = 5 \times 7^4 + 1 \times 7^3 + 3 \times 7^2 + 2 \times 7 + 3$

$\overline{51323}_7 = 5 \times 2\,401 + 1 \times 343 + 3 \times 49 + 2 \times 7 + 3$

$\overline{51323}_7 = 12\,512$

Par conséquent, le nombre $\overline{51323}_7$ est divisible par 2.

❷ Un nombre à 5 chiffres écrit en base 7 est du type $\overline{abcde}_7$, avec a, b, c, d et e compris entre 0 et 6.

$\overline{abcde}_7 = a \times 7^4 + b \times 7^3 + c \times 7^2 + d \times 7 + e$

$\overline{abcde}_7 = 2\,401a + 343b + 49c + 7d + e$

$\overline{abcde}_7 = 2\,400a + a + 342b + b + 48c + c + 6d + d + e$

$\overline{abcde}_7 = 2(1\,200a + 171b + 24c + 3d) + a + b + c + d + e$

Comme $2(1\,200a + 171b + 24c + 3d)$ est divisible par 2, $\overline{abcd}_7$ est divisible par 2 si et seulement si $a + b + c + d + e$ est divisible par 2.

D'où la règle : un nombre à 5 chiffres écrit en base 7 est divisible par 2 si et seulement si la somme de ses chiffres est divisible par 2.

EXERCICE 5

❶ $\overline{132}_6 = 1 \times 6^2 + 3 \times 6 + 2$

$\overline{132}_6 = 56$

56 n'est pas multiple de 6 car $56 = 6 \times 9 + 2$.

56 est multiple de 2 puisque $56 = 28 \times 2$.

❷ $\overline{324}_6 = 3 \times 6^2 + 2 \times 6 + 4$ donc $\overline{324}_6 = 124$

$\overline{222}_6 = 2 \times 6^2 + 2 \times 6 + 2$ donc $\overline{222}_6 = 86$

$\overline{550}_6 = 5 \times 6^2 + 5 \times 6 + 0$ donc $\overline{550}_6 = 210$

Nombre	$\overline{324}_6$	$\overline{222}_6$	$\overline{550}_6$
Multiple de 2	Oui (62 × 2)	Oui (43 × 2)	Oui (105 × 2)
Multiple de 6	Non (20 × 6 + 4)	Non (14 × 6 + 2)	Oui (35 × 6)

❸ $\overline{abc}_6 = a \times 6^2 + b \times 6 + c$ soit $\overline{abc}_6 = 36a + 6b + c$

$\overline{abc}_6 = 2(18a + 3b) + c$

Comme $2(18a + 3b)$ est multiple de 2, donc $\overline{abc}_6$ est multiple de 2 si c est multiple de 2. Or c est un chiffre de la numération à base 6, et donc $0 \leqslant c \leqslant 5$, soit finalement $c = 0$ ou $c = 2$ ou $c = 4$.

$\overline{abc}_6 = 6(6a + b) + c$.

Comme $6(6a + b)$ est multiple de 6, donc $\overline{abc}_6$ est multiple de 6 si c est multiple de 6. Or, c est un chiffre de la numération à base 6, et donc $0 \leqslant c \leqslant 5$, soit $c = 0$.

❹ On a donc démontré les théorèmes suivants :

- un nombre écrit en base 6 est divisible par 2 s'il se termine par 0, 2 ou 4 ;
- un nombre écrit en base 6 est divisible par 6 s'il se termine par 0.

❺ $\overline{325}_6 = 3 \times 6^2 + 2 \times 6 + 5$ soit $\overline{325}_6 = 125$

$\overline{212}_6 = 2 \times 6^2 + 1 \times 6 + 2$ soit $\overline{212}_6 = 80$

$\overline{555}_6 = 5 \times 6^2 + 5 \times 6 + 5$ soit $\overline{555}_6 = 215$

Ces trois nombres sont multiples de 5 puisqu'ils se terminent par 0 ou 5.

On peut remarquer que la somme des chiffres de chacun de ces nombres est multiple de 5, le critère que l'on peut énoncer est le suivant : un nombre écrit en base 6 est divisible par 5 si et seulement si la somme de ses chiffres est multiple de 5.
En effet, $\overline{abc}_6 = 36a + 6b + c$, donc $\overline{abc}_6 = 5(7a + b) + a + b + c$.
Comme $5(7a + b)$ est multiple de 5, donc $\overline{abc}_6$ est multiple de 5 si et seulement si $a + b + c$ est multiple de 5, ce qui est le critère annoncé précédemment.

EXERCICE 6

1 **a.** $11 = 9 + 2$, soit $11 = 3^2 + 2$, et donc $11 = \overline{102}_3$, car $3^2 + 2 = 1 \times 3^2 + 0 \times 3 + 2$.

b. On a :

$$\begin{array}{r|l} 74 & 3 \\ 14 & \\ 2 & \end{array} \quad \begin{array}{r|l} 24 & 3 \\ 0 & \end{array} \quad \begin{array}{r|l} 8 & 3 \\ 2 & 2 \end{array}$$

Et donc $74 = \overline{2202}_3$.

c. Considérons un nombre n dont l'écriture en base 3 se termine par le chiffre 0 :
$n = \overline{a_k a_{k-1} \dots a_1 0}_3$.
La décomposition canonique correspondante de n est :
$n = a_k \times 3^k + a_{k-1} \times 3^{k-1} + \dots + a_1 \times 3 + 0$, c'est-à-dire :
$n = a_k \times 3^k + a_{k-1} \times 3^{k-1} + \dots + a_1 \times 3$.
On peut donc écrire $n = 3(a_k \times 3^{k-1} + a_{k-1} \times 3^{k-2} + \dots + a_1)$.
Autrement dit, n est divisible par 3, c'est-à-dire encore multiple de 3.

2 **a.** 0 s'écrit $\overline{0}$ en base 3, et 100 s'écrit $\overline{10201}$ dans cette même base.
Combien y a-t-il de « nombres 2-lacunaires » :
- à 1 chiffre : 2
- à 2 chiffres : $1 \times 2 = 2$
- à 3 chiffres : $1 \times 2 \times 2 = 4$
- à 4 chiffres : $1 \times 2 \times 2 \times 2 = 8$
- à 5 chiffres inférieurs à $\overline{10201}$: $1 \times 1 \times 2 \times 2 \times 2 = 8$

Il y a donc $2 + 2 + 4 + 8 + 8 = 24$ nombres 2-lacunaires compris entre 0 et 100.

Détail d'une partie du raisonnement
Par exemple, nombre de « nombres 2-lacunaires » à 2 chiffres :
- nombre de choix du premier chiffre : 1 car on ne peut prendre ni 0, ni 2, donc reste le choix du chiffre « 1 » ;
- nombre de choix du deuxième chiffre : 2 car on peut choisir soit 0, soit 1.

On peut donc écrire $1 \times 2 = 2$ nombres 2-lacunaires à 2 chiffres.
Nombre de « nombres 2-lacunaires » à 3 chiffres :
- nombre de choix du premier chiffre : 1 car on ne peut prendre ni 0, ni 2, donc reste le choix du chiffre « 1 » ;
- nombre de choix du deuxième chiffre : 2 car on peut choisir soit 0, soit 1 ;
- nombre de choix du troisième chiffre : 2 car on peut choisir soit 0, soit 1.

On peut donc écrire $1 \times 2 \times 2 = 4$ nombres 2-lacunaires à 3 chiffres.

b. n possède 4 chiffres, son écriture dans la base 3 est donc $n = \overline{a_3 a_2 a_1 a_0}$.
Soit $n = a_3 \times 3^3 + a_2 \times 3^2 + a_1 \times 3 + a_0$ (E)
(E) $\Leftrightarrow n = 27a_3 + 9a_2 + 3a_1 + a_0$
(E) $\Leftrightarrow n = 2(13a_3 + 4a_2 + a_1) + a_3 + a_2 + a_1 + a_0$.
$2(13a_3 + 4a_2 + a_1)$ est divisible par 2, donc n est divisible par 2 si et seulement si $a_3 + a_2 + a_1 + a_0$ est divisible par 2.

Par conséquent, une condition nécessaire et suffisante pour qu'un nombre 2-lacunaire soit divisible par 2 est que la somme de ses chiffres soit divisible par 2.

CONSEIL DU FORMATEUR

Il est possible de traiter cette question en écrivant de façon ordonnée tous les nombres 2-lacunaires concernés.

❸ **a.** Soit n un entier 1-lacunaire. Les chiffres de ce nombre sont donc 0 ou 2. La décomposition canonique de n est donc une somme de termes du type 2×3^i, puisque 0 est absorbant pour la multiplication ($0 \times a = 0$). Or $2 \times 3^i = 2 \times (1 \times 3^i)$ et le nombre dont la décomposition canonique dans la base 3 ne comporte que des termes du type 1×3^i est un nombre 2-lacunaire. Par conséquent, tout nombre entier 1-lacunaire est le double d'un entier 2-lacunaire.

b. Les chiffres d'un nombre écrit en base 3 sont 0, 1 ou 2.

• Soit la décomposition canonique du nombre comprend des chiffres « 1 » et « 2 », alors on peut donc associer :

– les termes dont le coefficient est 1 ;

– les termes dont le coefficient est 2.

La somme des premiers termes ainsi obtenus est la décomposition canonique d'un nombre 2-lacunaire, et la somme des autres termes ainsi obtenus est la décomposition canonique d'un nombre 1-lacunaire. Par conséquent, un tel entier peut se décomposer comme la somme d'un entier 2-lacunaire et d'un entier 1-lacunaire.

• Soit le nombre est 1-lacunaire ou 2-lacunaire : alors, le nombre 2-lacunaire ou 1-lacunaire correspondant est le nombre 0.

c. La décomposition précédente n'est pas toujours unique.
Ainsi, 11 s'écrit $\overline{102}$ en base 3 (question 1. a.).
Or $\overline{102} = \overline{100} + \overline{2}$ et $\overline{102} = \overline{10} + \overline{22}$.

VERS L'ORAL

EXERCICE 7

Exercice	Niveau de classe	Principale(s) compétence(s) travaillée(s)
A	CM	Savoir décomposer un nombre entier en multiple de 10.
B	Dès le CE2	Faire la différence entre chiffre et nombre (ici avec des nombres inférieurs au million).
C	CM	Connaitre la valeur de chaque chiffre.
D	Dès le CE2	Savoir dire combien il y a d'unités, de dizaines et de centaines dans un nombre.
E	Dès le CE2	Connaitre la valeur des chiffres et les classes des nombres (classe des unités – classe des mille).
F	CM	Les nombres entiers jusqu'au milliard ; connaitre la valeur du chiffre des ...
G	Dès le CE2	Les nombres entiers jusqu'au million ; connaitre la valeur des chiffres d'un nombre pour le recomposer.
H	CM	Les nombres entiers jusqu'au milliard ; connaitre la valeur des chiffres et les classes des nombres ; savoir lire un grand nombre... jusqu'au milliard.
I	CM	Savoir décomposer un nombre en utilisant les multiples de 10, 100, 1 000, 10 000...

3 Nombres et opérations

AUTOÉVALUATION

Pour chaque question, il peut y avoir plusieurs bonnes réponses.

1 La somme de deux nombres rationnels non décimaux est :
- ☐ **a.** toujours un nombre rationnel non décimal.
- ☐ **b.** parfois un nombre entier.
- ☐ **c.** jamais un nombre décimal.
- ☐ **d.** jamais un nombre entier.

2 Le quotient de deux nombres décimaux est :
- ☐ **a.** un nombre décimal.
- ☐ **b.** jamais un nombre entier.
- ☐ **c.** un nombre rationnel.
- ☐ **d.** un nombre irrationnel.

3 $4^7 \times 5^{18}$ s'écrit avec :
- ☐ **a.** 18 zéros.
- ☐ **b.** 14 zéros
- ☐ **c.** 17 zéros
- ☐ **d.** Il faut faire l'opération pour le savoir.

4 Le carré de 5^3 est égal à :

☐ **a.** 25^6 ☐ **b.** 25^9 ☐ **c.** 5^9 ☐ **d.** 5^6

5 Soit N le nombre entier égal au produit de tous les nombres entiers compris entre 1 et 30, c'est-à-dire $N = 1 \times 2 \times 3 \times 4 \times ... \times 28 \times 29 \times 30$.
L'écriture de N dans le système décimal se termine par :

☐ **a.** 1 zéro ☐ **b.** 3 zéros ☐ **c.** 6 zéros ☐ **d.** 7 zéros

6 Le chiffre des unités du produit 4,39 × 7,4 est :

☐ **a.** 8 ☐ **b.** 3 ☐ **c.** 2 ☐ **d.** 6

7 La somme de $\frac{7}{4}$ et $\frac{7}{6}$ est :

☐ **a.** $\frac{14}{10}$ ☐ **b.** $\frac{7}{12}$ ☐ **c.** $\frac{35}{12}$ ☐ **d.** $\frac{49}{24}$

8 La division euclidienne de 35 537 par 345 a pour quotient q est pour reste r.

☐ **a.** $q + r = 105$ ☐ **b.** $q + r = 103$ ☐ **c.** $q + r = 101$ ☐ **d.** $q + r = 15$

9 L'inverse d'un nombre rationnel non décimal est :
- ☐ **a.** toujours un nombre rationnel non décimal.
- ☐ **b.** parfois un nombre entier.
- ☐ **c.** jamais un nombre décimal.
- ☐ **d.** jamais un nombre entier.

CONSEILS

- Certains exercices nécessitent de bien connaitre la nature des nombres (questions 1, 2 et 9). En cas de difficultés, se reporter au chapitre « Les différents types de nombres ».
- Certaines questions nécessitent de bien connaitre les puissances et leurs propriétés. Repasser par la définition est souvent plus simple que d'appliquer les formules du cours. Par exemple, la simplification de $(x^4)^2$ peut se faire de la façon suivante : $x^4 \times x^4 = x \times x \times x \times x \times x \times x \times x \times x = x^8$ (voir le point 3).
- La question 9 peut poser problème si vous ne connaissez pas bien le vocabulaire associé. Ainsi, l'inverse d'un nombre non nul x est le nombre $\frac{1}{x}$, à ne pas confondre avec l'opposé de ce même nombre x qui est le nombre $-x$. L'inverse de l'opposé de x serait $\frac{1}{-x}$ et l'opposé de l'inverse de x est $-\frac{1}{x}$. Ces deux nombres sont égaux : $-\frac{1}{x} = \frac{1}{-x}$.

CORRIGÉS

❶ **b.** Par exemple, $\frac{4}{7} + \frac{3}{7} = \frac{7}{7} = 1$.

❷ **c.** Par exemple, $\frac{3}{10} \div \frac{7}{10} = \frac{3}{7}$. Plus généralement : $\frac{a}{10^n} \div \frac{b}{10^p} = \frac{a}{b \times 10^{n-p}}$.

❸ **b.** $4 = 2 \times 2$, donc $4^7 = 2^7 \times 2^7 = 2^{14}$, et $4^7 \times 5^{18} = 2^{14} \times 5^{18} = 5^4 \times 10^{14}$
Le nombre proposé est donc encore 625×10^{14}, et 10^{14} est un 1 suivi de 14 zéros.

❹ **d.** $(5^3)^2 = 5^3 \times 5^3 = 5 \times 5 \times 5 \times 5 \times 5 \times 5 = 5^6$

❺ **d.** Un zéro apparait à la fin de l'écriture du nombre quand on le multiplie par 10 et $10 = 2 \times 5$. Autrement dit, un zéro est généré dès que l'on a un facteur 2 et un facteur 5. Dans le produit proposé, il y a 6 multiples de 5 ; 10 ; 15 ; 20 ; 25 et 30. Et un facteur sur deux est pair, c'est-à-dire multiple de 2.
Avec 5, on peut fabriquer 10. Avec 15, on peut fabriquer 30. Avec 25, on peut fabriquer 100. Et il y a les facteurs 10 ; 20 et 30. D'où la réponse.

❻ **c.** Car $4{,}39 \times 7{,}4 = 32{,}486$

❼ **c.** $\frac{7}{4} + \frac{7}{6} = \frac{21 + 14}{12} = \frac{35}{12}$

❽ **a.** $35\,537 = 345 \times 103 + 2$

❾ **b.** Ainsi, l'inverse de $\frac{1}{3}$ est 3, qui est un nombre entier.

COURS

Compétences à maitriser pour le concours :

- **Pratiquer le calcul exact ou approché, mental, à la main ou instrumenté** (somme, différence, produit, quotient de nombres décimaux, de deux nombres rationnels ; racine carrée ; puissance d'un nombre (exposants entiers, positifs ou négatifs).
- **Utiliser le calcul littéral** (notions d'inconnue, d'équation, d'inéquation).

1 L'addition

A. Définition de l'addition dans ℝ

L'addition est une loi de composition interne dans ℝ, définie par :

$$+ : (a\,;b) \longrightarrow a+b$$

ZOOM

Dire que l'addition est une loi de composition interne dans ℝ signifie que la somme de deux éléments de ℝ est un élément de ℝ, c'est-à-dire que la somme de deux nombres réels est un nombre réel.

Cette propriété de l'addition dans ℝ peut paraitre évidente, mais elle n'est pas nécessairement vraie dans un autre ensemble.

Ainsi, soit l'ensemble I des nombres impairs. L'addition n'est pas interne dans I.

Par exemple, 3 est impair, 5 est impair, mais 3 + 5 = 8 n'est pas impair.

APPLICATION 1

1. Montrer que la somme de deux nombres impairs est toujours un nombre pair.
2. Montrer que la somme de deux nombres premiers est parfois un nombre premier.
3. Montrer que la somme de deux nombres décimaux est un nombre décimal.

→ Corrigé p. 80

B. Vocabulaire

a. Somme (ou total)

On appelle somme, ou total, le résultat d'une addition. Une somme est un nombre.

EXEMPLE

Dans l'écriture 17 = 15 + 2, on dit que 17 est la somme des nombres 15 et 2.

ZOOM

Le terme *total* est plutôt utilisé lorsqu'il y a plus de deux termes à l'addition.

b. Terme

Un terme est un nombre figurant dans une addition et séparé d'un autre nombre par le symbole « + ».

EXEMPLE
Quand on écrit 17 = 15 + 2, on dit que 17 est la somme des deux termes 15 et 2.

C. Propriétés de l'addition dans $\mathbb{R}$

- L'addition dans $\mathbb{R}$ est **associative**.
  Pour tout $a \in \mathbb{R}$, pour tout $b \in \mathbb{R}$, pour tout $c \in \mathbb{R}$, $\boldsymbol{a + (b + c) = (a + b) + c}$.
  Autrement dit, dans une somme de trois termes ou plus, on peut associer les termes comme on veut, ce qui permet d'écrire la somme précédente sous la forme : $a + b + c$.

EXEMPLE
19 + 26 + 4 = 19 + 30, et donc 19 + 26 + 4 = 49.

- L'addition dans $\mathbb{R}$ est **commutative**.
  Pour tout $a \in \mathbb{R}$, pour tout $b \in \mathbb{R}$, $\boldsymbol{a + b = b + a}$.
  Autrement dit, dans une somme de deux termes, on peut changer l'ordre des termes.

D. Somme d'entiers consécutifs

Le calcul de la somme d'entiers consécutifs est important à connaitre :

$$1 + 2 + 3 + 4 + \ldots + n = \frac{n(n+1)}{2}.$$

En particulier, $1 + 2 + 3 + 4 + \ldots + 10 = \dfrac{10 \times 11}{2} = 55$.

De même, $1 + 2 + 3 + 4 + \ldots + 100 = \dfrac{100 \times 101}{2} = 5\,050$.

Démonstration

Je pose $S = 1 + 2 + 3 + 4 + \ldots + 98 + 99 + 100$.
$S = 1 + 2 + 3 + \ldots + 98 + 99 + 100$
$S = 100 + 99 + 98 + \ldots + 3 + 2 + 1$
On ajoute membre à membre les deux égalités précédentes :
$2S = 101 + 101 + 101 + \ldots + 101 + 101 + 101$
$2S = 100 \times 101$ et finalement $S = \dfrac{100 \times 101}{2}$, c'est-à-dire $S = 5\,050$.
De la même façon :
$S = 1 + 2 + 3 + \ldots + (n-2) + (n-1) + n$
$S = n + (n-1) + (n-2) + \ldots + 3 + 2 + 1$
On ajoute membre à membre ces deux égalités :
$2S = (n+1) + (n+1) + (n+1) + (n+1) + \ldots + (n+1) + (n+1) + (n+1)$
Soit $2S = n(n+1)$, soit finalement $S = \dfrac{n \times (n+1)}{2}$.

2 La soustraction

A. Définition de la soustraction dans $\mathbb{R}$

La soustraction est l'opération inverse de l'addition, elle est représentée par le symbole « – ».

$$- : (a\,;b) \longrightarrow a-b$$

B. Vocabulaire

- On appelle **différence** le résultat d'une soustraction.
- Le **reste**, aussi le résultat d'une soustraction, est utilisé dans la vie courante.

C. Propriété de la soustraction dans $\mathbb{R}$

Dans $\mathbb{R}$, la soustraction ne possède qu'une propriété.

La soustraction est interne dans $\mathbb{R}$.

Pour tout $a \in \mathbb{R}$, pour tout $b \in \mathbb{R}$, $a - b \in \mathbb{R}$.

ZOOM

La soustraction n'est pas interne dans $\mathbb{N}$.

EXEMPLE

Considérons deux nombres entiers, par exemple 15 et 8.

Alors $8 - 15 = -7$, et -7 n'est pas un élément de $\mathbb{N}$.

- La soustraction n'est pas associative.

EXEMPLE

$15 - (7 - 5) = 15 - 2 = 13$ et $(15 - 7) - 5 = 8 - 5 = 3$

Et donc, on a $15 - (7 - 5) \neq (15 - 7) - 5$

- La soustraction n'est pas commutative.

EXEMPLE

$15 - 7 = 8$ mais $7 - 15 = -8$ (donc on n'a pas $15 - 7 = 7 - 15$).

3 La multiplication

A. Définition de la multiplication dans $\mathbb{R}$

La multiplication est une loi de composition interne dans $\mathbb{R}$.

$$\times : (a\,;b) \longrightarrow a \times b$$

ZOOM

On écrit encore $a \times b = ab$.

APPLICATION 2

Montrer que le produit de deux nombres décimaux est un nombre décimal.

→Corrigé p. 80

APPLICATION 3

Le produit de deux nombres impairs est-il un nombre impair ?
Si oui, démontrer la propriété, sinon, donner un contre-exemple.

→Corrigé p. 80

B. Vocabulaire

Le résultat d'une multiplication s'appelle un **produit**. Les nombres figurant dans une multiplication s'appellent des **facteurs**.

EXEMPLE

Dans l'égalité $33 = 3 \times 11$, on dit que 33 est le produit des deux facteurs 3 et 11.

APPLICATION 4

Des billes doivent être partagées entre deux enfants de telle sorte que le produit du nombre de billes attribuées au premier par le nombre de billes attribuées au deuxième soit égal à 285.
Quels sont tous les résultats possibles de ce partage ?

→ Corrigé p. 80

APPLICATION 5

Trois personnes ont reçu chacune une somme d'argent différente exprimée en euros et en nombre entier. Sachant que le produit de ces trois sommes d'argent est égal à 1 309, déterminer toutes les solutions possibles.

→ Corrigé p. 80

C. Propriétés de la multiplication dans $\mathbb{R}$

- La multiplication est **associative**.
  Pour tout $a \in \mathbb{R}$, pour tout $b \in \mathbb{R}$, pour tout $c \in \mathbb{R}$, $\boldsymbol{a \times (b \times c) = (a \times b) \times c}$.
  Pour multiplier trois nombres entiers naturels ou plus, on peut les associer comme on veut.

EXEMPLE

$(3 \times 4) \times 5 = 3 \times (4 \times 5) = 3 \times 20 = 60$

- La multiplication est **commutative**.
  Pour tout $a \in \mathbb{R}$, pour tout $b \in \mathbb{R}$, $\boldsymbol{a \times b = b \times a}$.
  Dans une multiplication, l'ordre des facteurs n'est pas important, on peut les commuter.
- La multiplication est **distributive** par rapport à l'addition.
  Pour tout $a \in \mathbb{R}$, pour tout $b \in \mathbb{R}$, pour tout $c \in \mathbb{R}$, $\boldsymbol{a \times (b + c) = a \times b + a \times c}$.
  On peut écrire cette dernière égalité sous la forme :

$$\boldsymbol{a(b + c) = ab + ac}$$

ZOOM

Il ne faut pas confondre la propriété d'associativité avec celle de distributivité. Dans le premier cas, il n'y a qu'une opération en jeu, dans le second cas il y en a deux :
– associativité : $a \times (b \times c) = (a \times b) \times c$ (une opération en jeu : la multiplication) ;
– distributivité : $a \times (b + c) = a \times b + a \times c$ (deux opérations en jeu : addition et multiplication).

D. Puissances

a. Définition

Soit x un nombre réel et n un nombre entier naturel non nul.

On définit x^n comme le produit de n facteurs égaux entre eux à x : $x^n = x \times x \times x \times \ldots \times x$.

On démontre que pour $x \neq 0$: $x^0 = 1$.

b. Propriétés

Soit a et b deux nombres réels $(a \neq 0)$ et n et p deux nombres entiers naturels :

$$a^n \times a^p = a^{n+p} \qquad (a^n)^p = a^{np} \qquad (ab)^n = a^n \times b^n \qquad a^{-n} = \frac{1}{a^n}$$

APPLICATION 6

Démontrer que le carré d'un nombre impair est un nombre impair.

→ Corrigé p. 80

E. Racines carrées

- Soit x un nombre réel positif.
  La racine carrée de x est le nombre positif a tel que $a^2 = x$.
  On note $a = \sqrt{x}$.
- Pour tout nombre réel $a > 0, b > 0$:

$$\sqrt{a^2} = a \qquad (\sqrt{a})^2 = a \qquad \sqrt{ab} = \sqrt{a} \times \sqrt{b}$$

APPLICATION 7

Vrai ou faux ?

1. La racine carrée d'un nombre positif est toujours inférieure ou égale à ce nombre.
2. Pour tous nombres $a > 0$ et $b > 0$: $\sqrt{a+b} = \sqrt{a} + \sqrt{b}$.

→ Corrigé p. 80

F. Identités remarquables

Pour tout nombre a, pour tout nombre b :

$$(a+b)^2 = a^2 + 2ab + b^2$$
$$(a-b)^2 = a^2 - 2ab + b^2$$
$$(a-b)(a+b) = a^2 - b^2$$

4 La division

La division est une opération assez différente des trois opérations précédentes. En effet, dans les trois opérations précédentes, à tout couple de nombres est associé un nombre unique.

Dans le cas d'une division, à tout couple de nombres est associé un autre couple de nombres, chacun des nombres de ce couple étant appelé respectivement quotient et reste.

La division n'est pas une opération interne dans $\mathbb{N}$.

EXEMPLE

$5 \div 9$ n'est pas un nombre entier naturel.

Elle n'est pas interne dans $\mathbb{D}$ non plus.

EXEMPLE

$\frac{3}{10} \div \frac{7}{10} = \frac{3}{7}$ et $\frac{3}{7} \notin \mathbb{D}$.

La division est une opération interne dans $\mathbb{Q}$ et $\mathbb{R}$.

Il existe différents types de divisions.

A. La division euclidienne

On considère deux nombres entiers a et b, b non nul. Entre ces deux nombres, une relation est toujours possible parmi les deux suivantes :

- soit a est multiple de b ;
- soit a n'est pas multiple de b.

Dans le premier cas, cela signifie qu'il existe un nombre entier naturel q tel que $a = qb$.

EXEMPLE

Pour $a = 65$, $b = 13$, alors on a $65 = 5 \times 13$, c'est-à-dire que 65 est un multiple de 13, et par rapport à la notation précédente on a $q = 5$, ce que l'on peut représenter sur le schéma ci-dessous :

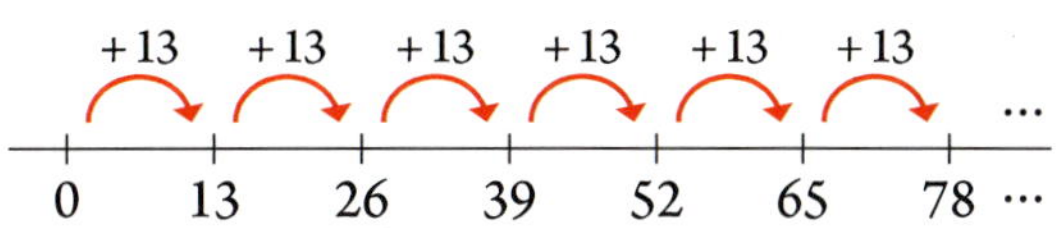

Dans le second cas, cela signifie qu'il existe deux nombres entiers naturels q et r tels que $a = bq + r$ avec $0 \leqslant r < b$. Cette égalité définit la division euclidienne de a par b.

EXEMPLE

Pour $a = 82$, $b = 13$, on a $82 = 6 \times 13 + 4$ et $0 \leqslant 4 < 13$, ce que l'on peut représenter sur le schéma ci-dessous :

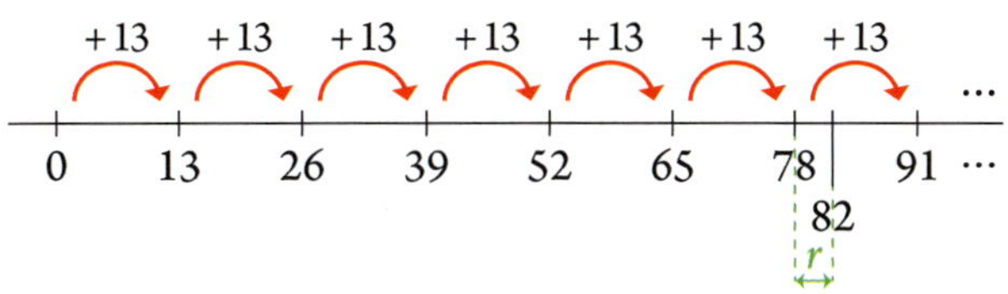

Dans la formule « double », $a = bq + r$ et $0 \leqslant r < b$, a s'appelle le **dividende**, b le **diviseur**, q le **quotient** et r le **reste**.

a. Définition

Étant donné deux nombres entiers a et b, avec $b \neq 0$, il existe un unique couple $(q\,;r)$ de nombres entiers tels que $a = bq + r$ et $0 \leqslant r < b$.

Une division euclidienne met donc en jeu des nombres entiers naturels.

ZOOM

Ne jamais oublier la condition $0 \leqslant r < b$.

CONSEILS

- Il est possible d'avoir $r = 0$. Alors dans ce cas, l'égalité $a = bq + r$ s'écrit $a = bq$, et donc a est multiple de b. La notion de multiple apparait alors comme un cas particulier de la notion de division euclidienne. On parle encore parfois de division exacte.
- Attention, l'égalité $a = bq + r$ ne définit pas la division euclidienne de a par b. Il faut absolument adjoindre à cette égalité la contrainte $0 \leqslant r < b$. Ainsi, les écritures suivantes ne sont pas des écritures de division euclidienne.

$562 = 63 \times 9 - 5 \rightarrow -5$ ne peut être considéré comme reste d'une division euclidienne car il est négatif.

$562 = 36 \times 15 + 22 \rightarrow 22$ ne peut être le reste de la division euclidienne de 562 par 15 car $22 > 15$.

Dans ce dernier exemple, l'écriture exacte de la division euclidienne de 562 par 15 est $562 = 37 \times 15 + 7$.

b. Notation

Une division est notée par le symbole « $\div$ » ou « : ».

Quand $r = 0$, alors la division « tombe » juste, on dit qu'elle est exacte.

EXEMPLE

$18 : 3 = 6$ ou $18 \div 3 = 6$ (On note aussi $\frac{18}{3} = 6$, parfois $18/3 = 6$.)

En revanche, on ne peut écrire $18 \div 7 = 2$ reste 4.

c. Propriétés de la division euclidienne

Étant donné trois nombres entiers a, b et c, avec c non nul :

- $(a + b) \div c = a \div c + b \div c$, ce qui se note encore $\frac{\boldsymbol{a+b}}{\boldsymbol{c}} = \frac{\boldsymbol{a}}{\boldsymbol{c}} + \frac{\boldsymbol{b}}{\boldsymbol{c}}$.

Quand un nombre divise une somme, il divise chacun des termes de cette somme.

- $\frac{\boldsymbol{a \times b}}{\boldsymbol{c}} = \frac{\boldsymbol{a}}{\boldsymbol{c}} \times \boldsymbol{b} = \boldsymbol{a} \times \frac{\boldsymbol{b}}{\boldsymbol{c}}$

Quand un nombre divise un produit de facteurs, alors il divise un des facteurs de ce produit.

d. Théorème

Si on multiplie (ou divise) le dividende et le diviseur par un même nombre non nul, alors le quotient ne change pas et le reste est multiplié (ou divisé) par ce nombre.

Démonstration

Considérons la division euclidienne de a par b : $a = bq + r$ et $0 \leqslant r < b$.

Soit n un nombre entier naturel non nul.

Alors $a \times n = (bq + r) \times n$ et $0 \times n \leqslant r \times n < b \times n$.

Alors $a \times n = (bq) \times n + r \times n$ (par distributivité de la multiplication par rapport à l'addition) et $0 \times n \leqslant r \times n < b \times n$.

Soit $a \times n = bqn + r \times n$ (par associativité de la multiplication) et $0 \leqslant r \times n < b \times n$.

D'où $a \times n = bnq + r \times n$ (par commutativité de la multiplication) et $0 \leqslant r \times n < b \times n$.

Et enfin $a \times n = (bn)q + r \times n$ et $0 \leqslant r \times n < b \times n$ ce qui démontre le résultat annoncé.

APPLICATION 8

On considère l'égalité $x = 7\,436\,815 \times 9\,825\,814 + 8\,547\,926$.

❶ Déterminer le quotient et le reste de la division euclidienne de x par 9 825 814.

❷ Déterminer le quotient et le reste de la division euclidienne de x par le nombre 7 436 815.

→ Corrigé p. 81

APPLICATION 9

Les restes de la division euclidienne par 8 des nombres entiers a et a' sont respectivement 6 et 5.

❶ Déterminer le reste de la division euclidienne de $a + a'$ par 8.

❷ Déterminer le reste de la division euclidienne de aa' par 8.

→ Corrigé p. 81

APPLICATION 10

Dans la division euclidienne de 399 par un entier, le reste obtenu est 24.
Déterminer la valeur possible de cet entier, et donner toutes les solutions s'il y a lieu.

→ Corrigé p. 81

APPLICATION 11

Donner le quotient et le reste de la division de 89 000 000 000 000 par 3 700 000 000 000.

→ Corrigé p. 81

B. La division décimale

On appelle division décimale toute division mettant en jeu des nombres rationnels, décimaux ou non.

Deux cas sont possibles :

- soit la division « tombe juste », dans ce cas, l'écriture décimale du quotient est sa valeur exacte. Le reste est 0. On dit que la division est exacte ;

EXEMPLE

$13 \div 5 = 2{,}6$

- soit la division « ne tombe pas juste », c'est-à-dire qu'il est impossible d'obtenir 0 pour reste. Alors, le quotient est un nombre décimal qui est une valeur approchée du quotient exact, qui lui est un nombre rationnel non décimal.

EXEMPLE

$11 \div 3 \approx 3{,}666$

En résumé

Opération	Addition	Soustraction	Multiplication	Division
Exemple	7 + 5 = 12	15 – 8 = 7	3 × 9 = 27	7 × 5 + 3 = 38
Nom du résultat	12 est la somme de 7 et 5.	7 est la différence de 15 et 8.	27 est le produit de 9 par 3.	7 est le quotient entier de 38 par 5 3 est le reste.
Nom des nombres associés	7 est le premier terme 5 est le second terme.	15 est le premier terme 8 est le second terme.	3 et 9 sont les facteurs du produit : 3 est le multiplicande, 9 est le multiplicateur.	38 et 5 sont les termes du quotient : 38 est le dividende, 5 est le diviseur.
Action associée	Ajouter	Retrancher	Multiplier par	Diviser par

5 Opérations et calcul littéral

Une expression algébrique est une expression comprenant des nombres, des lettres figurant des nombres appelées des variables, et des symboles opératoires.

A. Règles usuelles de calcul

$\boldsymbol{a(b+c)=ab+ac}$ (distributivité de la multiplication par rapport à l'addition)

$\boldsymbol{(a+b)(c+d)=ac+ad+bc+bd}$ (double distributivité)

$$\frac{a}{b}+\frac{c}{d}=\frac{ad+bc}{bd} \qquad \frac{a}{b}\times\frac{c}{d}=\frac{ac}{bd}$$

CONSEIL

Les autres règles de calcul (formules de puissances, identités remarquables) sont données dans les paragraphes précédents.

Développer une expression, c'est l'écrire sous la forme d'une somme algébrique (présence de symboles opératoires + et/ou –).

Factoriser une expression, c'est l'écrire sous la forme d'un produit ou d'une puissance.

APPLICATION 12

❶ Développer : $A = 2(x - 5) - 5(3x - 7)$; $B = (3x + 2)^2 - (x + 1)^2$.
❷ Factoriser : $C = 4x^2 - 9$; $D = (7x + 4)^2 - (2x - 5)^2$; $E = 2x^2 - 5$; $F = 5x^2 + 3x$.

→Corrigé p. 81

B. Égalité de deux expressions

Pour montrer que deux expressions sont égales, il faut partir de l'une d'entre elles et la transformer jusqu'à obtenir l'autre.

EXEMPLE

On veut montrer que, pour tout x, $4x^2 - 12x + 4 = (2x - 3)^2 - 5$.

$(2x - 3)^2 - 5 = 4x^2 - 12x + 9 - 5 = 4x^2 - 12x + 4$

C. Équation du premier degré à une inconnue

La technique consiste à isoler l'inconnue en transposant les valeurs connues dans un même membre. Quand on transpose un nombre, c'est-à-dire quand on passe un nombre d'un membre à un autre, on change son opérateur. Les opérateurs qui s'échangent sont l'addition et la soustraction, la multiplication et la division.

On se ramène à $ax + b = 0$, avec $a \neq 0$. On conclut : $x = -\frac{b}{a}$.

EXEMPLE

$8x + 6 = -3x - 11$ équivaut à $8x + 3x = -11 - 6$, soit $11x = -17$ et $x = -\frac{17}{11}$.

D. Équation produit

On utilise la règle suivante : un produit de facteurs est nul si et seulement si un au moins de ses facteurs est nul.

EXEMPLE

$(2x + 5)(x - 7) = 0$ équivaut à $2x + 5 = 0$ ou $x - 7 = 0$, soit $x = -\frac{5}{2}$ ou $x = 7$.

E. Inéquation du premier degré à une inconnue

Toute inéquation du premier degré à une inconnue peut se ramener à l'une des 4 inégalités suivantes : $ax + b < 0$; $ax + b \leqslant 0$; $ax + b > 0$; $ax + b \geqslant 0$.

La méthode de résolution est la même que pour une équation du premier degré à une inconnue, mais si on transpose par multiplication ou division un nombre négatif, il faut changer le sens de l'inégalité.

EXEMPLE :

$-5x + 9 > 13$ équivaut à $-5x > 4$, soit : $x < -\frac{4}{5}$

CORRIGÉS

APPLICATION 1

❶ Soit a et b deux nombres impairs.
Il existe n et p, nombres entiers, tels que $a = 2n + 1$ et $b = 2p + 1$.
Alors $a + b = 2n + 1 + 2p + 1 = 2n + 2p + 2 = 2(n + p + 1)$, ce qui démontre que la somme de deux nombres impairs est toujours un nombre pair.

❷ $2 + 3 = 5$ est un nombre premier et $3 + 5 = 8$ n'est pas un nombre premier.

❸ Soit deux nombres décimaux $A = \frac{a}{10^n}$ et $B = \frac{b}{10^p}$ avec $n > p$.

$$A + B = \frac{a}{10^n} + \frac{b \times 10^{n-p}}{10^n} = \frac{a + b \times 10^{n-p}}{10^n}$$

APPLICATION 2

En reprenant les mêmes nombres que précédemment :

$A \times B = \frac{a}{10^n} \times \frac{b}{10^p} = \frac{ab}{10^{n+p}}$ ce qui démontre que le produit de deux nombres décimaux est un nombre décimal.

APPLICATION 3

Le produit de deux nombres impairs est un nombre impair.
En effet, soit $a = 2n + 1$ et $b = 2p + 1$ deux nombres impairs.
$A \times B = (2n + 1)(2p + 1) = 4np + 2n + 2p + 1 = 2(2np + n + p) + 1$

APPLICATION 4

$285 = 3 \times 5 \times 19$
Le nombre respectif de billes de chaque enfant est :

Enfant 1	1	3	5	15	19	57	95	285
Enfant 2	285	95	57	19	15	5	3	1

APPLICATION 5

$1\,309 = 7 \times 11 \times 17$
Les solutions possibles sont donc à choisir parmi les cinq ensembles suivant :
{1 ; 1 ; 1 309} ; {1 ; 7 ; 187} ; {1 ; 11 ; 119} ; {1 ; 17 ; 77} ; {7 ; 11 ; 17}.

APPLICATION 6

Soit n un nombre impair. Alors, il existe un nombre entier a tel que $n = 2a + 1$.
$n^2 = (2a + 1)^2 = 4a^2 + 4a + 1 = 2(2a^2 + 2a) + 1$
Ce qui démontre que n^2 est un nombre impair.

APPLICATION 7

❶ Faux. Voici un contre-exemple : $\sqrt{0{,}01} = 0{,}1$.

❷ Faux. Voici un contre-exemple : $\sqrt{9 + 16} = \sqrt{25} = 5$ et $\sqrt{9} + \sqrt{16} = 3 + 4 = 7$.

APPLICATION 8

❶ Comme 8 547 926 < 9 825 814, donc le quotient et le reste de la division euclidienne de x par 9 825 814 sont respectivement 7 436 815 et 8 547 926.

❷ On a 8 547 926 = 7 436 815 + 1 111 111.
D'où $x = 7\,436\,815 \times 9\,825\,814 + 8\,547\,926 = 7\,436\,815 \times 9\,825\,814 + 7\,436\,815 + 1\,111\,111$
$x = 7\,436\,815 \times 9\,825\,815 + 1\,111\,111$
Le quotient et le reste de la division euclidienne de x par le nombre 7 436 815 sont respectivement 9 825 815 et 1 111 111.

APPLICATION 9

❶ D'après l'énoncé, $a = 8q + 6$ et $a' = 8q' + 5$.
Donc $a + a' = 8q + 8q' + 11 = 8(q + q' + 1) + 3$.
Le reste de la division euclidienne de $a + a'$ par 8 est 3.

❷ $aa' = (8q + 6)(8q' + 5) = 8 \times 8qq' + 8 \times 5q + 8 \times 6q' + 30$
Comme $30 = 8 \times 3 + 6$, $aa' = 8(8qq' + 5q + 6q' + 3) + 6$
Le reste de la division euclidienne de aa' par 8 est 6.

APPLICATION 10

D'après l'énoncé, $399 = bq + 24$ et $0 \leqslant 24 < b$.
D'où $bq = 399 - 24 = 375$ et $b > 24$.
On cherche donc deux nombres dont le produit est 375 tels que l'un d'entre eux, celui qui répond à la question, est strictement supérieur à 24.
$375 = 3 \times 5^3$
Les valeurs possibles pour b sont 25 ; 75 ; 125 et 375.

APPLICATION 11

On sait que si on multiplie (ou divise) le dividende et le diviseur par un même nombre non nul, alors le quotient ne change pas et le reste est multiplié (ou divisé) par ce nombre.
$89\,000\,000\,000\,000 = 890 \times 100\,000\,000\,000$
et $3\,700\,000\,000\,000 = 37 \times 100\,000\,000\,000$
et $890 = 24 \times 37 + 2$
Donc, dans la division de 89 000 000 000 000 par 3 700 000 000 000, le quotient est 24 et le reste est 200 000 000 000.

APPLICATION 12

❶ $A = 2x - 10 - 15x + 35 = -13x + 25$
$B = 9x^2 + 12x + 4 - x^2 - 2x - 1 = 8x^2 + 10x + 3$

❷ $C = (2x - 3)(2x + 3)$
$D = (7x + 4 + 2x - 5)(7x + 4 - 2x + 5) = (9x - 1)(5x + 9)$
$E = (x\sqrt{2} - \sqrt{5})(x\sqrt{2} + \sqrt{5})$
$F = x(5x + 3)$

ENTRAINEMENT

EXERCICE 1 — 15 min.

On donne les nombres rationnels suivants : $A = \frac{364}{1\,001}$ et $B = \frac{384}{275}$.

❶ A et B sont-ils des nombres décimaux ?

❷ Le nombre $A + B$ est-il un nombre décimal ?

❸ Que peut-on en conclure ?

EXERCICE 2 — 30 min.

❶ Trouver le nombre manquant : $\frac{1}{4} = \frac{1}{10} + \frac{1}{20} + \frac{1}{30} + \frac{1}{40} + \frac{1}{50} + \frac{1}{60} + \frac{1}{?}$.

❷ Calculer $\frac{2}{3} - \frac{2}{5}$ et $\frac{2}{3} \times \frac{2}{5}$, puis $\frac{4}{7} - \frac{4}{11}$ et $\frac{4}{7} \times \frac{4}{11}$.
Généraliser en établissant la formule correspondante, et en démontrant que la propriété est toujours vraie.

❸ Vérifier que les nombres suivants sont supérieurs à 2 :
$\frac{2}{5} + \frac{5}{2}$; $\frac{3}{4} + \frac{4}{3}$; $\frac{11}{15} + \frac{15}{11}$; $\frac{83}{62} + \frac{62}{83}$.
Plus généralement, montrer que si a et b sont deux nombres entiers strictement positifs distincts, alors le nombre $\frac{a}{b} + \frac{b}{a}$ est supérieur à 2.

EXERCICE 3 — 15 min.

On effectue à la calculatrice les calculs ci-dessous :

$$123^2 - 122^2 - 121^2 + 120^2 = 4$$
$$45^2 - 44^2 - 43^2 + 42^2 = 4$$

❶ Tester ce résultat surprenant sur une autre série de quatre nombres consécutifs et émettre une conjecture.

❷ Prouver que la conjecture faite précédemment est vraie.

EXERCICE 4 — 20 min.

Vrai ou faux ? Justifier les réponses.

Affirmation 1 : On considère deux nombres dont la somme est 400.
Si l'on augmente de 3 chacun de ces deux nombres alors leur produit augmente de 1 209.

Affirmation 2 : En insérant de différentes manières exactement deux parenthèses (une ouvrante et une fermante) dans l'écriture $8 \times 7 + 3 \times 5$, on peut obtenir tous les nombres de la liste suivante :

71 ; 176 ; 283 ; 295 ; 400.

EXERCICE 5 — 45 min.

On appelle « fraction égyptienne » toute fraction de la forme $\frac{1}{n}$, n désignant un nombre entier naturel non nul. Dans l'Égypte ancienne, on n'écrivait les nombres rationnels positifs inférieurs à 1 que sous la forme de sommes de « fractions égyptiennes » toutes différentes.

Exemple :

$\frac{25}{28}$ peut s'écrire $\frac{1}{2}+\frac{1}{4}+\frac{1}{7}$.

Le but du problème est de présenter quelques méthodes de décomposition de nombres rationnels en somme de « fractions égyptiennes » toutes différentes.

Partie A : Exemples

❶ Calculer la somme des six « fractions égyptiennes » $\frac{1}{2}, \frac{1}{4}, \frac{1}{8}, \frac{1}{16}, \frac{1}{32}$ et $\frac{1}{64}$.

❷ Décomposer $\frac{5}{8}$ en somme de « fractions égyptiennes » toutes différentes, dont les dénominateurs sont tous des puissances de 2.

Partie B : Présentation d'une méthode de décomposition dans un cas particulier

On s'intéresse au cas où la fraction à décomposer a un numérateur égal à 2 et un dénominateur égal au produit de deux nombres entiers naturels impairs p et q.

❶ Démontrer la formule $\frac{2}{pq}=\frac{1}{p\left(\frac{p+q}{2}\right)}+\frac{1}{q\left(\frac{p+q}{2}\right)}$.

❷ Justifier que les dénominateurs des fractions précédentes sont des nombres entiers naturels.

❸ En utilisant la formule établie à la question 1, trouver deux décompositions différentes du nombre $\frac{2}{15}$ en somme de « fractions égyptiennes » différentes.

❹ Soit n un nombre entier naturel non nul. Donner une décomposition de la fraction $\frac{2}{2n+1}$ en somme de deux « fractions égyptiennes » différentes.

Partie C : « Algorithme glouton » de Fibonacci

En 1201, Léonard de Pise (1175-1250), dit « Fibonacci », prouva que tout nombre rationnel compris entre 0 et 1 peut s'écrire sous la forme d'une somme de « fractions égyptiennes » toutes différentes et proposa la méthode suivante pour obtenir une telle décomposition :

« Soustraire à la fraction donnée la plus grande fraction égyptienne possible qui lui est inférieure, répéter l›opération avec la nouvelle fraction, et ainsi de suite jusqu›à ce que l›on obtienne 0. »

❶ Appliquer cet algorithme à $\frac{13}{81}$ et donner une décomposition de cette fraction en somme de trois « fractions égyptiennes » toutes différentes.

❷ Dans le papyrus Rhind (1650 av. J.-C.), exposé au British Museum, figure une des plus anciennes approximations du nombre π égale à $\frac{256}{81}$ (écriture moderne).

a. Écrire $\frac{256}{81}$ sous la forme d'une somme d'un entier naturel et d'une fraction comprise entre 0 et 1.

b. Proposer une écriture de l'approximation de π donnée dans le papyrus Rhind sous forme d'une somme d'un nombre entier naturel et de « fractions égyptiennes » toutes différentes.

EXERCICE 6 — 25 min.

Une suite de Syracuse est une suite de nombres entiers construite de la manière suivante :
- le premier terme de cette suite est un nombre entier naturel arbitrairement choisi ;
- si ce nombre est pair, on le divise par 2 et on obtient le terme suivant de la suite ;
- sinon, on le multiplie par 3, on ajoute 1 au résultat et on obtient le terme suivant de la suite ;
- on itère la procédure avec le nombre obtenu pour construire les termes suivants.

Voici, en exemple, les cinq premiers termes de la suite de Syracuse commençant par 7 :
7 - 22 - 11 - 34 - 17.

❶ **a.** Donner les dix premiers termes de la suite de Syracuse dont le premier terme est 3.

b. Donner les dix premiers termes de la suite de Syracuse dont le premier terme est 5.

c. Donner les dix premiers termes de la suite de Syracuse dont le premier terme est 6.

d. À partir des trois exemples précédents, quelle conjecture peut-on faire ? (On ne cherchera pas à démontrer cette conjecture.)

❷ On dira que deux suites de Syracuse sont différentes si elles n'ont pas le même premier terme.

a. Donner le premier terme de deux suites de Syracuse différentes ayant comme deuxième terme 10.

b. Peut-on trouver trois suites de Syracuse distinctes ayant le même deuxième terme ? Justifier.

❸ Dans une suite de Syracuse, un nombre impair peut-il être suivi par un nombre impair ? Justifier la réponse donnée.

EXERCICE 7 — 35 min.

❶ Calculer le quotient et le reste de la division par 4 de 1994, 1995, 1996, 1997 et 1998.

❷ r désigne le reste de la division par 4 du carré de l'entier n. Donner les valeurs de r quand n prend les valeurs de 0 à 12. Que peut-on conjecturer au vu des résultats ?

❸ Démontrer que votre conjecture est correcte.

❹ Soit a et b deux entiers impairs. Démontrer que $a^2 + b^2$ n'est pas le carré d'un nombre entier.

EXERCICE 8 — 40 min.

On peut classer les entiers naturels selon la valeur de leur reste dans la division euclidienne par 14. Ainsi E_0 est l'ensemble de ceux dont le reste est 0 ; E_1 est l'ensemble de ceux dont le reste est 1 ; E_2 est l'ensemble de ceux dont le reste est 2 ;... ; E_n l'ensemble de ceux dont le reste est n.

❶ Combien d'ensembles E_n différents obtient-on ?

❷ Prouver que si un entier x est dans E_n, alors $x + 14$ est dans le même ensemble E_n.

❸ Dans quels ensembles sont les nombres : 75 ; 121 ; 280 ; 75 + 121 ; 75 × 121. Justifier les réponses.

❹ Montrer que si un entier x est dans E_{10} et un autre entier y est dans E_4, alors le nombre entier $x + y$ est dans E_0.

❺ Montrer que si deux nombres sont dans E_{10}, leur somme est dans E_6.

EXERCICE 9 — 10 min.

On considère l'expression $A(x) = -(x-5)^2 + 3$.

❶ Résoudre l'équation $A(x) = 0$.

❷ Quelle est la plus grande valeur que $A(x)$ peut prendre ? Pour quelle valeur de x ce maximum est-il atteint ?

EXERCICE 10 — 30 min.

On considère la machine à nombres suivante.

Étape 1	Ajouter 2.
Étape 2	Multiplier par 4.
Étape 3	Enlever 20.
Étape 4	Diviser par 2.

Un nombre qui entre dans la machine à nombres subit les quatre étapes.

❶ Quel nombre faut-il entrer dans la machine afin d'obtenir un zéro à l'issue de l'étape 4 ?

❷ On fait entrer un nombre x dans la machine, exprimer en fonction de x les nombres obtenus à chacune des étapes.

❸ On considère la feuille de calcul suivante.

	A	B	C	D	E	F	G	H	I	J	K	L
1	Nombre de départ	0	1	2	3	4	5	6	7	8	9	10
2	Nombre d'arrivée											

Quelle formule doit-on saisir dans la cellule B2 puis étirer jusqu'à la cellule L2 pour obtenir les résultats de la machine à nombres ?

❹ Existe-t-il un nombre qui ressort inchangé après avoir traversé la machine ? (On retrouve à l'issue de l'étape 4 le nombre qui est entré dans la machine.)

❺ On fabrique une nouvelle machine en ajoutant deux étapes à l'ancienne :

Étape 1	Ajouter 2.
Étape 2	Multiplier par 4.
Étape 3	Enlever 20.
Étape 4	Diviser par 2.
Étape 5	Multiplier par *a*.
Étape 6	Ajouter *b*.

Déterminer les valeurs de *a* et de *b* pour que tout nombre ressorte inchangé après avoir traversé la nouvelle machine.

VERS L'ORAL

EXERCICE 11

À partir des exercices suivants, répondre aux questions ci-après.

Exercice A

7 Additionne l'âge de tous les enfants et tu trouveras l'âge de leur père.

..... + ... + ... + ... = ...

Le père des enfants a ..... ans.

Exercice B

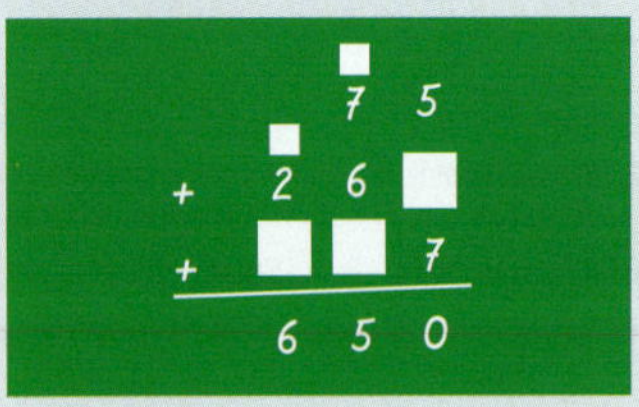

Exercice C

J'ai 8 ans. Mon père a 24 ans de plus que moi.
Ma petite sœur a 5 ans de moins que moi.
Quel âge a mon père ?
Quel âge a ma petite sœur ?

Exercice D

3 Complète le tableau comme dans l'exemple pour trouver le mot.

5 c et 3 d et 8 u	98 d et 9 u	7 c et 42 u	100 + 1	72 d et 4 u
....	....	....	101	....
....	....	....	H	....

A : 538	**I** : 724	**U** : 420	**R** : 989	**H** : 101
E : 345	**O** : 800	**C** : 742	**F** : 999	**L** : 304

❶ À quel cycle d'apprentissage et à quel niveau pourrait-on proposer ces exercices ?
❷ Quel est l'objectif d'apprentissage ?
❸ Quelles sont les compétences visées ? Préciser pour chacune d'elles les exercices correspondants.
❹ Quels sont les prérequis à cette activité ?
❺ Quels sont les attendus de fin de cycle qui correspondent à cette situation d'apprentissage ?
❻ À partir des 5 situations suivantes, construire une leçon en respectant les phases suivantes :
- découverte ;
- apprentissage ;
- institutionnalisation (trace écrite) ;
- consolidation ;
- évaluation.

Pour quelle phase de la leçon chacun des exercices ci-dessous est-il le plus pertinent ? Justifier la réponse.

Situation 1

La maîtresse demande aux élèves de corriger les opérations inscrites au tableau.

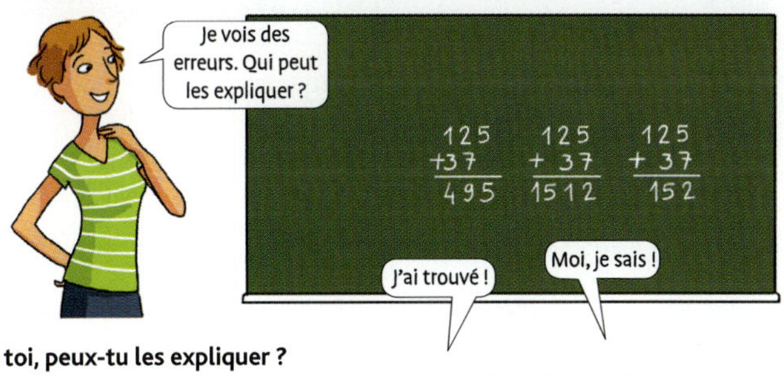

- **Et toi, peux-tu les expliquer ?**

Situation 2

Poser une addition avec une retenue

Pour poser l'addition, attention à bien placer les unités sous les unités, les dizaines sous les dizaines et les centaines sous les centaines.

Pour calculer 348 + 234 :

1 Je commence par additionner les unités : 8 + 4 = 12.

J'écris 2 au résultat dans la colonne des unités et je retiens 1 dans la colonne des dizaines.

2 Puis j'additionne les dizaines, sans oublier de compter la retenue !

1 + 4 + 3 = 8

Et enfin j'additionne les centaines : 3 + 2 = 5.

348 + 234 = 582

Étape 1

	c	d	u
		(1)	
	3	4	8
+	2	3	4
	.	.	2

Étape 2

	c	d	u
		(1)	
	3	4	8
+	2	3	4
	5	8	2

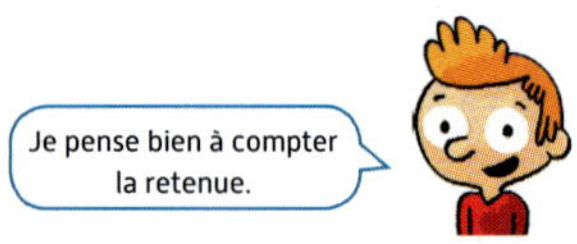

Situation 3

2 **Pose** les additions et **calcule**.

356 + 167 = . . .

	c	d	u
	◯	◯	
	.	.	.
+	.	.	.
	.	.	.

109 + 297 = . . .

	c	d	u
	◯	◯	
	.	.	.
+	.	.	.
	.	.	.

181 + 107 + 259 = . . .

Situation 4

3 PROBLÈME Florian, Xavier et Thibault jouent aux fléchettes.
Florian marque 147 points. Xavier marque 164 points
et Thibault marque 193 points.
Combien de points ont été marqués en tout ?

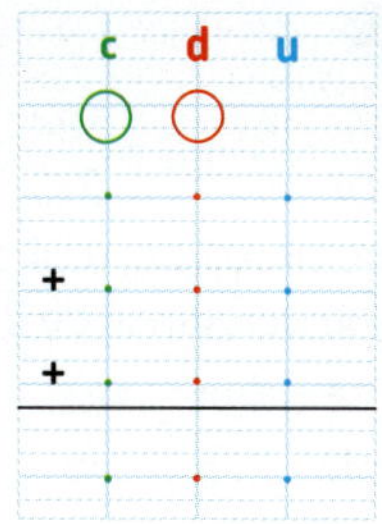

En tout, ... points ont été marqués par les enfants.

Situation 5

*** 1** À l'école de magie, il y a 3 chats, 35 lapins et 71 colombes.
Combien y a-t-il d'animaux en tout ?

Il y a .... animaux en tout.

❼ Quelle(s) remédiation(s) pourrait-on proposer à un élève qui aurait des difficultés à résoudre ce type de situation mathématique ?

CORRIGÉS

EXERCICE 1

❶ $A = \frac{364}{1001} = \frac{4}{11}$ et $B = \frac{384}{275}$ est irréductible avec $275 = 5^2 \times 11$.

Ces deux nombres ne sont pas décimaux, puisque leur dénominateur n'est pas le produit d'une puissance de 2 par une puissance de 5.

❷ $A + B = \frac{4}{11} + \frac{384}{275} = \frac{484}{275} = \frac{44}{25}$ qui est un nombre décimal, puisque $25 = 5^2$.

❸ On en conclut que la somme de deux nombres rationnels non décimaux peut être un nombre rationnel décimal.

EXERCICE 2

❶ Le nombre manquant est $\frac{1}{4} - \left(\frac{1}{10} + \frac{1}{20} + \frac{1}{30} + \frac{1}{40} + \frac{1}{50} + \frac{1}{60}\right)$

soit $\frac{1}{4} - \frac{49}{200} = \frac{1}{200}$.

❷ $\frac{2}{3} - \frac{2}{5} = \frac{10}{15} - \frac{6}{15} = \frac{4}{15}$ et $\frac{2}{3} \times \frac{2}{5} = \frac{4}{15}$ donc $\frac{2}{3} - \frac{2}{5} = \frac{2}{3} \times \frac{2}{5}$

$\frac{4}{7} - \frac{4}{11} = \frac{44}{77} - \frac{28}{77} = \frac{16}{77}$ et $\frac{4}{7} \times \frac{4}{11} = \frac{16}{77}$ donc $\frac{4}{7} - \frac{4}{11} = \frac{4}{7} \times \frac{4}{11}$

Il semble que l'on ait $\frac{a}{b} - \frac{a}{a+b} = \frac{a}{b} \times \frac{a}{a+b}$.

Vérifions cette assertion :

$\frac{a}{b} - \frac{a}{a+b} = \frac{a(a+b) - ab}{b(a+b)} = \frac{a^2 + ab - ab}{b(a+b)} = \frac{a^2}{b(a+b)} = \frac{a}{b} \times \frac{a}{a+b}$

❸ $\frac{2}{5} + \frac{5}{2} = \frac{29}{10} = 2 + \frac{9}{10}$; $\frac{3}{4} + \frac{4}{3} = \frac{25}{12} = 2 + \frac{1}{12}$

$\frac{11}{15} + \frac{15}{11} = \frac{346}{165} = 2 + \frac{16}{165}$; $\frac{83}{62} + \frac{62}{83} = \frac{10\,733}{5\,146} = 2 + \frac{441}{5\,146}$

Tous ces nombres sont supérieurs à 2.

Soit a et b deux nombres entiers strictement positifs.

Alors $\frac{a}{b} + \frac{b}{a} = \frac{a^2 + b^2}{ab}$.

Or $(a - b)^2 = a^2 + b^2 - 2ab$.

Comme un carré est toujours positif et que a est différent de b : $a^2 + b^2 - 2ab > 0$.

C'est-à-dire $a^2 + b^2 > 2ab$ et donc $\frac{a^2 + b^2}{ab} > \frac{2ab}{ab}$ soit $\frac{a}{b} + \frac{b}{a} > 2$.

EXERCICE 3

❶ Conjecture : $79^2 - 78^2 - 77^2 + 76^2 = 4$

Étant donné quatre nombres consécutifs rangés par ordre décroissant, si au carré du premier, on enlève le carré du deuxième, puis le carré du troisième et que l'on ajoute le carré du dernier, le résultat est toujours 4.

❷ Soit $n + 3$; $n + 2$; $n + 1$ et n, quatre nombres entiers consécutifs, avec n entier naturel.
$(n + 3)^2 - (n + 2)^2 - (n + 1)^2 + n^2 = n^2 + 6n + 9 - n^2 - 4n - 4 - n^2 - 2n - 1 + n^2 = 4$.
Cette conjecture est donc vraie.

EXERCICE 4

Affirmation 1 : vraie
Soit a et b deux nombres. D'après l'énoncé, $b = 400 - a$.
Donc $ab = a(400 - a) = 400a - a^2$.
On augmente chaque nombre de 3, a devient $a + 3$ et b devient $b + 3 = 403 - a$.
Le nouveau produit est $(a + 3)(403 - a) = 403a - a^2 + 1\,209 - 3a$,
soit $400a - a^2 + 1\,209$.

Affirmation 2 : fausse
La parenthèse encadre un calcul, il y a cinq possibilités d'opérations :
$(8 \times 7) + 3 \times 5 = 56 + 15 = 71$
$(8 \times 7 + 3) \times 5 = 59 \times 5 = 295$
$8 \times (7 + 3) \times 5 = 8 \times 10 \times 5 = 400$
$8 \times (7 + 3 \times 5) = 8 \times 22 = 176$
$8 \times 7 + (3 \times 5) = 56 + 15 = 71$

EXERCICE 5

Partie A

❶ $\frac{1}{2}+\frac{1}{4}+\frac{1}{8}+\frac{1}{16}+\frac{1}{32}+\frac{1}{64}=\frac{32+16+8+4+2+1}{64}$, donc $\frac{1}{2}+\frac{1}{4}+\frac{1}{8}+\frac{1}{16}+\frac{1}{32}+\frac{1}{64}=\frac{63}{64}$

❷ $\frac{5}{8}=\frac{4}{8}+\frac{1}{8}$ et donc $\frac{5}{8}=\frac{1}{2}+\frac{1}{8}$

Partie B

❶ $\frac{1}{p\left(\frac{p+q}{2}\right)}+\frac{1}{q\left(\frac{p+q}{2}\right)}=\frac{2}{p(p+q)}+\frac{2}{q(p+q)}=\frac{2q+2p}{pq(p+q)}=\frac{2(p+q)}{pq(p+q)}=\frac{2}{pq}$

❷ p et q sont deux nombres entiers impairs, donc leur somme $p + q$ est un nombre entier pair, il est donc divisible par 2, et par conséquent $\frac{p+q}{2}$ est un nombre entier.
Comme la multiplication est interne dans $\mathbb{N}$, le produit de deux nombres entiers naturels est encore un nombre entier naturel, et par conséquent $p\left(\frac{p+q}{2}\right)$ et $q\left(\frac{p+q}{2}\right)$ sont des nombres entiers naturels.

❸ $15 = 3 \times 5$, j'applique donc la formule précédente avec $p = 3$ et $q = 5$.
Ce qui donne $\frac{2}{15}=\frac{1}{3\left(\frac{3+5}{2}\right)}+\frac{1}{5\left(\frac{3+5}{2}\right)}$ et donc $\frac{2}{15}=\frac{1}{12}+\frac{1}{20}$.

$15 = 1 \times 15$, on applique donc la formule précédente avec $p = 1$ et $q = 15$.
Ce qui donne $\frac{2}{15}=\frac{1}{1\left(\frac{1+15}{2}\right)}+\frac{1}{15\left(\frac{1+15}{2}\right)}$ et donc $\frac{2}{15}=\frac{1}{8}+\frac{1}{120}$.

❹ $2n + 1 = 1 \times (2n + 1)$, je peux donc appliquer la formule de la question 1 partie B, puisque 1 et $2n + 1$ sont deux nombres impairs.
On obtient $\frac{2}{2n+1} = \frac{1}{1 \times \left(\frac{1+2n+1}{2}\right)} + \frac{1}{(2n+1)\left(\frac{1+2n+1}{2}\right)} = \frac{1}{n+1} + \frac{1}{2n^2+3n+1}$.

Partie C

❶ Une fraction égyptienne est une fraction de numérateur égal à 1, on cherche donc parmi les fractions égyptiennes inférieures à $\frac{13}{81}$ c'est-à-dire $\frac{1}{81}$; $\frac{1}{80}$; $\frac{1}{79}$... celle qui est la plus grande. À l'aide de la calculatrice, on trouve $\frac{1}{7}$.
$\frac{13}{81} - \frac{1}{7} = \frac{13 \times 7 - 81}{81 \times 7} = \frac{10}{567}$
De même, on trouve que la plus grande fraction égyptienne inférieure à $\frac{10}{567}$ est $\frac{1}{57}$.
$\frac{10}{567} - \frac{1}{57} = \frac{570 - 567}{567 \times 57} = \frac{3}{567 \times 57} = \frac{1}{10\,773}$
On a donc $\frac{13}{81} = \frac{1}{7} + \frac{1}{57} + \frac{1}{10\,773}$.

❷ **a.** $\frac{256}{81} = \frac{243 + 13}{81} = 3 + \frac{13}{81}$

b. D'après la question 1 de la partie C, on a donc $\pi \approx 3 + \frac{1}{7} + \frac{1}{57} + \frac{1}{10\,773}$.

EXERCICE 6

❶ **a.** 3 - 10 - 5 - 16 - 8 - 4 - 2 - 1 - 4 - 2
b. 5 - 16 - 8 - 4 - 2 - 1 - 4 - 2 - 1 - 4
c. 6 - 3 - 10 - 5 - 16 - 8 - 4 - 2 - 1 - 4
d. Conjecture : à partir d'un certain rang, les termes d'une suite de Syracuse sont 4 - 2 - 1, et ainsi de suite.

❷ **a.** La réponse est 20 et 3.
b. Supposons que ce deuxième terme soit n, et appelons p, le premier terme de cette suite. Il y a deux possibilités :
- soit p est pair, alors $n = \frac{p}{2}$ et donc $p = 2n$;
- soit p est impair, alors $n = 3p + 1$ et donc $p = \frac{n-1}{3}$.
Il n'y a donc que deux suites de Syracuse ayant le même deuxième terme.

❸ Soit un terme impair, il est donc du type $2n + 1$, avec n nombre entier naturel.
Le terme qui suit est $3(2n + 1) + 1 = 6n + 4 = 2(3n + 2)$.
Ce nombre est pair, par conséquent, dans une suite de Syracuse, un nombre impair ne peut pas être suivi par un nombre impair.

EXERCICE 7

❶

```
1994 | 4       1995 | 4       1996 | 4       1997 | 4       1998 | 4
 39  |----      39  |----      39  |----      39  |----      39  |----
  34 | 498       35 | 498       36 | 499       37 | 499       38 | 499
   2 |            3 |            0 |            1 |            2 |
```

Soit encore :

Nombre	1994	1995	1996	1997	1998
Quotient	498	498	499	499	499
Reste	2	3	0	1	2

❷

n	0	1	2	3	4	5	6	7	8	9	10	11	12
n^2	0	1	4	9	16	25	36	49	64	81	100	121	144
Reste dans la division euclidienne par 4	0	1	0	1	0	1	0	1	0	1	0	1	0

Conjecture : le reste dans la division euclidienne par 4 du carré d'un nombre pair est 0.
Le reste dans la division euclidienne par 4 du carré d'un nombre impair est 1.

❸ Soit a un nombre pair : il existe n, entier naturel, tel que $a = 2n$.
Alors $a^2 = (2n)^2$ soit $a^2 = 4n^2$, autrement dit, a^2 est un multiple de 4, et donc, le reste dans la division euclidienne par 4 du carré d'un nombre pair est 0.
Soit b un nombre impair : il existe n entier naturel tel que $b = 2n + 1$.
Alors $b^2 = (2n + 1)^2 = 4n^2 + 4n + 1 = 4(n^2 + n) + 1$.
Le reste dans la division euclidienne par 4 du carré d'un nombre impair est 1.

❹

CONSEIL DU FORMATEUR

La question 4 peut sembler difficile. Appliquer une bonne stratégie de recherche donne une piste pour trouver.

Utilisons les pistes proposées dans la partie méthodologie :
- Est-ce que je vois de suite la connaissance à utiliser ? Non.
- Puis-je appliquer un résultat du cours ? Non.
- Puis-je appliquer une technique utilisée dans d'autres problèmes ? Non.

Alors, c'est que le renseignement est dans le problème lui-même, c'est-à-dire qu'il faut que j'utilise le résultat de la question précédente.

Soit a et b deux nombres impairs. D'après la question précédente, les restes dans la division euclidienne par 4 de a^2 et de b^2 sont 1.
C'est-à-dire il existe a' et b' entiers tels que $a^2 = 4a' + 1$ et $b^2 = 4b' + 1$.
Alors $a^2 + b^2 = 4a' + 1 + 4b' + 1$ c'est-à-dire $a^2 + b^2 = 4(a' + b') + 2$
Et donc le reste dans la division euclidienne par 4 de $a^2 + b^2$ est 2, puisque $2 < 4$.
Toujours d'après le résultat de la question 3, on a démontré que le reste dans la division euclidienne par 4 du carré d'un nombre entier est soit 0, soit 1. Comme ici, le reste est 2, on en déduit donc que $a^2 + b^2$ ne peut être le carré d'un nombre entier.

EXERCICE 8

❶ Dans la division euclidienne par 14, il y a 14 restes possibles, ce sont les nombres entiers compris entre 0 et 13. Il y a donc 14 ensembles E_n différents.

❷ x est dans E_n signifie que $x = 14q + n$ avec $0 \leqslant n < 14$, alors $x + 14 = 14q + n + 14$ soit encore $x + 14 = 14(q + 1) + n$ avec $0 \leqslant n < 14$, ce qui signifie que $x + 14$ est dans l'ensemble E_n.

❸ $75 = 14 \times 5 + 5$, soit $75 \in E_5$
$121 = 14 \times 8 + 9$, soit $121 \in E_9$
$280 = 14 \times 20$, soit $280 \in E_0$
$75 + 121 = 14 \times 14$, soit $75 + 121 \in E_0$
$75 \times 121 = 14 \times 648 + 3$, soit $75 \times 121 \in E_3$

❹ x est dans E_{10} signifie $x = 14q + 10$ et y est dans E_4 signifie $y = 14q' + 4$,
d'où $x + y = 14q + 10 + 14q' + 4 = 14(q + q' + 1)$ et donc $x + y$ est dans E_0.

❺ x est dans E_{10} signifie $x = 14q + 10$ et y est dans E_{10} signifie $y = 14q' + 10$.
D'où $x + y = 14q + 10 + 14q' + 10 = 14(q + q' + 1) + 6$, et donc $x + y$ est dans E_6.

EXERCICE 9

❶ On cherche x tel que $-(x - 5)^2 + 3 = 0$, soit $(x - 5)^2 = 3$, c'est-à-dire $x - 5 = \sqrt{3}$ ou $x - 5 = -\sqrt{3}$. Finalement, $x = 5 + \sqrt{3}$ ou $x = 5 - \sqrt{3}$.

❷ Pour tout nombre x, $(x - 5)^2 \geqslant 0$, donc $-(x - 5)^2 \leqslant 0$ et $-(x - 5)^2 + 3 \leqslant 3$.
3 est le maximum de $A(x)$, qui est atteint pour $x = 5$.

EXERCICE 10

❶ Le nombre qu'il faut entrer dans la machine pour obtenir 0 est 3 (lire le schéma de droite à gauche) :

3	⟵	5	⟵	20	⟵	0	⟵	0
	Enlever 2.		Diviser par 4.		Ajouter 20.		Multiplier par 2.	

❷ 1re étape : $x + 2$
2e étape : $4(x + 2) = 4x + 8$
3e étape : $4x + 8 - 20 = 4x - 12$
4e étape : $(4x - 12) \div 2 = 2x - 6$

❸ La formule est : 2*B1-6

❹ On cherche s'il existe un nombre x tel que $2x - 6 = x$, soit $2x - x = 6$, c'est-à-dire $x = 6$. Ce que l'on peut vérifier, car $2 \times 6 - 6 = 12 - 6 = 6$.

❺ Le nombre qui sort de la nouvelle machine est $a(2x - 6) + b = 2ax - 6a + b$.
Et on cherche a et b, tels que, pour tout nombre x, $2ax - 6a + b = x$.
Donc les inconnues sont a et b, alors que x prend toutes les valeurs que l'on veut, autrement dit, x n'est pas une inconnue, mais une variable. Et donc on peut donner à x toutes les valeurs que l'on veut.
Pour $x = 0$: $-6a + b = 0$, soit $b = 6a$. Pour $x = 3$: $b = 3$ et donc $6a = 3$, soit $a = \frac{1}{2}$.
Le nombre obtenu est bien : $2ax - 6a + b = 2 \times \frac{1}{2} \times x - 6 \times \frac{1}{2} + 3 = x$.

VERS L'ORAL

EXERCICE 11

❶ Ces exercices sont à proposer au cycle 2, en CE1.
❷ L'objectif d'apprentissage est de comprendre le sens de l'addition et maitriser la technique opératoire d'un calcul en ligne ou d'un calcul posé avec des nombres entiers.

> **CONSEIL DU FORMATEUR**
> L'exercice C est un problème nécessitant également la compréhension du sens de l'addition mais pas nécessairement la maitrise technique du calcul dans la mesure où celui-ci peut se faire mentalement (variables numériques relativement simples).

❸ Les compétences visées sont :
- connaitre les tables d'addition (exercices A, B et C) ;
- poser et calculer des additions en colonnes (avec des nombres inférieurs à 1 000) (exercice B) : avec des nombres donnés (à un, deux ou trois chiffres, deux ou trois nombres), savoir poser l'addition (unités sous unités, dizaines sous dizaines, centaines sous centaines) et la calculer ;
- calculer en ligne (exercices A et D) ;
- connaitre la numération de position : rangs et classes des nombres (exercices A, B et D).

❹ Les prérequis à cette activité sont :
- connaitre les dizaines et les centaines ;
- comprendre le sens de la numération de position ;
- calculer mentalement des sommes et des différences : des sommes d'un nombre à deux chiffres et d'un nombre à un chiffre, avec franchissement de la dizaine : par exemple, 43 + 7 ;
- comprendre la notion de « plus que », « moins que ».

❺ Les attendus de fin de cycle correspondant à ces exercices sont :
- résoudre des problèmes en utilisant des nombres entiers et le calcul ;
- calculer avec des nombres entiers.

❻ **Piste de leçon**
Phase de découverte : situation 5
Cette situation problème va engager l'élève dans une première recherche autour de l'addition. Elle a pour principal but de **construire le sens de l'opération**.

Phase d'apprentissage (appropriation) : situation 1
Cette situation permet de travailler la technique opératoire (addition) en s'appuyant sur l'analyse d'erreur. L'enseignant s'attachera également à donner du sens à l'opération et à la numération de position (rangs des centaines/dizaines/unités). Plusieurs phases d'appropriation peuvent être nécessaires.

Phase d'institutionnalisation (trace écrite) : situation 2
Cette phase permet de structurer les apprentissages. La trace écrite est construite avec les élèves en s'appuyant sur les phases de découverte et d'appropriation. Elle permettra de garder une trace de la leçon et deviendra un outil référent pour l'élève.

Phase de consolidation : situation 3

Ces exercices permettent à l'élève de s'entrainer et de consolider la pose et le calcul d'une addition de nombres à trois chiffres avec retenues. Ils contribuent également à renforcer la compréhension de la numération de position (rang de chaque nombre : centaine/dizaine/unité).

Phase d'évaluation : situation 4

Cette nouvelle situation problème permet à l'enseignant d'évaluer les compétences des élèves en lien avec l'addition de nombres à trois chiffres avec retenues.

❼ **Remédiations possibles :** il faut revenir sur la manipulation, puis la mise en mots dans le cadre de situations avec des objets concrets. On pourra ensuite réintroduire les symboles. Parallèlement, il faut réactiver chez cet élève certains automatismes en calcul mental, en calcul réfléchi (notamment le principe de groupements par 10 : 1 dizaine = 10 unités) et sur des partages simples. L'élève doit être capable de calculer rapidement des sommes de deux nombres inférieurs à 10. Il est aussi important que les élèves construisent eux-mêmes la table d'addition et apprennent à l'utiliser pour calculer une somme, une différence ou un complément.

Des questions supplémentaires à propos de l'articulation savoirs disciplinaires-savoirs enseignés sont disponibles en ligne sur : www.vuibert.fr/site/210750

4 Arithmétique

AUTOÉVALUATION

Pour chaque question, il peut y avoir plusieurs bonnes réponses.

❶ a, b et c étant des nombres entiers naturels, on considère le nombre entier naturel n défini par $n = (a - b)^2 + (b - c)^2 + (c - a)^2$. Alors ce nombre :

☐ **a.** peut être égal à 1.
☐ **b.** est parfois pair.
☐ **c.** est toujours pair.
☐ **d.** n'est jamais égal à zéro.

❷ Parmi les nombres suivants, combien y a-t-il de multiples de 15 ?
6 825 ; 4 950 ; 7 065 ; 5 785 ; 8 910

☐ **a.** 2 ☐ **b.** 3
☐ **c.** 4 ☐ **d.** aucun

❸ Parmi les nombres suivants, combien y a-t-il de multiples de 5 ?
$1\,025$; $3{,}6 \times 10^2$; 312×10^0 ; 0×10^6 ; $40\,120 \times 10^{-1}$; 19×10^6

☐ **a.** 1 ☐ **b.** 3
☐ **c.** 4 ☐ **d.** 5

❹ Combien de diviseurs le nombre 108 000 possède-t-il ?

☐ **a.** 94 ☐ **b.** 45
☐ **c.** plus que 100 ☐ **d.** 96

❺ On considère le nombre 787 878. Ce nombre est divisible par :

☐ **a.** 1 101 ☐ **b.** 10 101
☐ **c.** 11 ☐ **d.** 1 001

❻ Soit le nombre A tel que $A = 2 \times 3^4 \times 3 \times 15$. Il y a :

☐ **a.** 2 puissances de 3 qui divisent A
☐ **b.** 4 puissances de 3 qui divisent A
☐ **c.** 6 puissances de 3 qui divisent A
☐ **d.** 7 puissances de 3 qui divisent A

❼ Je suis un nombre entier. Lorsqu'on additionne tous mes diviseurs positifs, on trouve mon double. Parmi les nombres suivants, combien y en a-t-il pour qui l'affirmation est vraie ?
6 ; 12 ; 24 ; 28 ; 36

☐ **a.** 1 ☐ **b.** 2
☐ **c.** 3 ☐ **d.** 4

❽ Parmi ces nombres : 27 ; 2 034 ; 2 890 ; 4 018, combien y en a-t-il qui sont divisibles par 18 ?

☐ **a.** 1 ☐ **b.** 2
☐ **c.** 3 ☐ **d.** 4

❾ Combien y a-t-il de nombres premiers parmi les nombres suivants ?
89 ; 149 ; 187 ; 1 081

☐ **a.** 1 ☐ **b.** 2

☐ **c.** 3 ☐ **d.** 4

❿ Dans la division euclidienne de 412 par un entier, le reste obtenu est 17. On cherche la valeur de cet entier. Ce problème :

☐ **a.** n'a pas de solution ☐ **b.** possède 1 solution

☐ **c.** possède 2 solutions ☐ **d.** possède 8 solutions

⓫ Combien y a-t-il de nombres entiers naturels inférieurs à 2 016 et divisibles par 19 ?

☐ **a.** 107 ☐ **b.** 106

☐ **c.** 105 ☐ **d.** On ne peut pas savoir.

CONSEILS

▸ Les connaissances utiles dans ce QCM sont de deux ordres :

- celles qui ne relèvent pas de l'arithmétique, c'est-à-dire :
  - le développement de l'identité remarquable : $(a - b)^2 = a^2 - 2ab + b^2$;
  - les calculs avec des puissances de 10, notamment :

    10^n est un 1 suivi de n zéros ;

    $10^0 = 1$;

    $10^{-n} = \frac{1}{10^n}$ et, par exemple, $10^{-1} = \frac{1}{10} = 0{,}1$.
- celles qui relèvent de l'arithmétique, et toutes sont présentes :
  - les notions de multiple et de diviseur ;
  - la notion de nombre premier ;
  - la définition de la division euclidienne (étudiée dans le chapitre précédent).

▸ Dans la question 2, on rappelle que si un nombre est multiple de a et de b, il n'est pas nécessairement multiple de $a \times b$. Ainsi, 12 est multiple de 4 et 12 est multiple de 6, mais 12 n'est pas multiple de 24.

▸ La question 4 utilise la décomposition du nombre 108 000 en produit de facteurs premiers. Lorsqu'un facteur premier apparait dans cette décomposition sous la forme p^n, avec éventuellement $n = 1$, alors il y a $n + 1$ choix de diviseurs du nombre. Ces diviseurs sont $1, p, p^2, p^3, ..., p^n$ et, lorsqu'il y a plusieurs facteurs premiers distincts dans la décomposition du nombre, les choix de diviseurs se multiplient entre eux.

▸ L'écriture en tranches de 3 chiffres du nombre de la question 5 cache sa structure multiplicative : 787 878. Sans cela, 787878 est beaucoup plus parlant.

▸ La recherche des nombres premiers de la question 9 peut être accélérée par un résultat indiqué dans l'application 8 du cours.

▸ Dès qu'un exercice met en jeu la division euclidienne (questions 10 et 11), il faut utiliser la définition de celle-ci : $a = bq + r$ et $0 \leqslant r < b$. Il n'est pas bon de placer les nombres dans une potence de technique de division pour raisonner.

▸ Enfin, il faut toujours penser aux nombres 0 et 1 qui sont des cas particuliers à ne pas oublier dans de nombreux exercices (dans la question 11, 0 est divisible par 19).

CORRIGÉS

❶ **c.** $(a - b)^2 + (b - c)^2 + (c - a)^2 = 2a^2 + 2b^2 + 2c^2 - 2ab - 2ac - 2bc$
Donc encore égal à $2(a^2 + b^2 + c^2 - ab - ac - bc)$.

❷ **c.** Pour être multiple de 15, il faut être multiple de 3 et de 5. Tous les nombres sont multiples de 5 puisqu'ils se terminent par 0 ou 5. En faisant la somme des chiffres de chaque nombre, on constate que 4 sont également multiples de 3 : ce sont les nombres 6 825 ; 4 950 ; 7 065 et 8 910.

❸ **c.** Un nombre est multiple de 5 s'il se termine par 0 ou 5. Les nombres qui conviennent sont 1 025 ; $3{,}6 \times 10^2 = 360$; $0 \times 10^6 = 0$; $19 \times 10^6 = 19\,000\,000$.

❹ **d.** $108\,000 = 2^5 \times 3^3 \times 5^3$, donc 108 000 possède $6 \times 4 \times 4 = 96$ diviseurs.
En effet, au vu de la décomposition en produit de facteurs premiers de 108 000, tout diviseur de 108 000 est « fabriqué » à l'aide des facteurs 2, 3 et/ou 5. Le facteur 2 peut être choisi 0 fois, ou 1 fois, ou 2 fois, ou 3 fois, ou 4 fois ou 5 fois, soit 6 choix possibles. Avec ce même raisonnement, le facteur 3 peut être choisi de 4 façons différentes et le facteur 5 également.

❺ **b.** $787\,878 = 787878 = 78 \times 10\,101$

❻ **d.** $A = 2 \times 3^6 \times 5$, donc les puissances de 3 qui divisent A vont de 3^0 (= 1) à 3^6.

❼ **b.** Il s'agit des nombres 6 et 28.

❽ **a.** Seul 2 034 convient, car il est divisible par 2 et par 9.

❾ **b.** Il s'agit de 89 et 149 ($187 = 11 \times 17$ et $1\,081 = 23 \times 47$).

❿ **c.** On cherche b tel que $412 = bq + 17$ et $0 \leqslant 17 < b$, soit $bq = 395$ avec $b > 17$.
Comme $395 = 5 \times 79$, les diviseurs de 395 sont 1 ; 5 ; 79 et 395. Les valeurs possibles de b sont 79 et 395.

⓫ **a.** $2\,016 = 106 \times 19 + 2$. Les nombres entiers inférieurs à 2 016 et divisibles par 19 sont : 0×19 ; 1×19 ; 2×19 ; ... ; 106×19.

COURS

Compétence à maitriser pour le concours :

- **Comprendre et utiliser les notions de divisibilité et de nombres premiers** (multiples et diviseurs ; critères de divisibilité par 2, 3, 5 et 9 ; division euclidienne (quotient, reste) ; définition nombre premier et liste des nombres premiers inférieurs ou égaux à 30 ; fractions irréductibles).

L'arithmétique consiste en l'étude des nombres entiers naturels et de leurs propriétés.

Numérations

Numération décimale

↓

Relations entre deux nombres entiers

↓ (à gauche)

a multiple de b ; b diviseur de a
$a = bq$
Diviseurs (critères de divisibilité)

↓

Nombres premiers

↓ (à droite)

a non multiple de b
Division euclidienne
$a = bq + r$ et $0 \leqslant r < b$

Passage « division euclidienne/multiple » : $a = bq + r \Leftrightarrow a - bq = r$

1 Multiples et diviseurs

A. Définitions

- Soit a un nombre entier. On appelle **multiple** de a tout nombre du type na avec n entier naturel.

Les multiples de a sont $0, a, 2a, 3a, 4a, \ldots, na$, avec $n \in \mathbb{N}$.

APPLICATION 1

Donner la liste des multiples de 6, puis de 1 et de 0. Que peut-on remarquer ?

→ Corrigé p. 105

APPLICATION 2

Vrai ou faux ?

1. Si un nombre est multiple de 6 et de 9, alors il est multiple de 54.
2. Si un nombre est multiple de 54, alors il est multiple de 6 et de 9.

→ Corrigé p. 105

ZOOM

Avec $n \in \mathbb{N}$, les multiples de 2 sont du type $2n$, ce sont les nombres pairs.
Tout nombre pair est du type $2n$ et tout nombre impair est du type $2n + 1$.

- Soit deux nombres entiers a et b, b non nul. On dit que b **divise** a, si et seulement si, il existe un nombre entier k tel que $a = kb$.

ZOOM

b divise a signifie que a est un multiple de b. Et dans l'écriture $a = kb$, cela signifie que a est un multiple de b et donc que b divise a, mais aussi que a est un multiple de k et donc que k divise a.

EXEMPLE

6 divise 42, car $42 = 6 \times 7$ (et donc 7 divise aussi 42).

APPLICATION 3

❶ Écrire tous les diviseurs de 36.
❷ Un nombre a-t-il toujours des diviseurs ?
❸ Un nombre a-t-il toujours un nombre fini de diviseurs ?

→ Corrigé p. 106

B. Critères de divisibilité

Un critère de divisibilité est une règle permettant de savoir si un nombre entier donné est divisible par un autre entier sans faire l'opération correspondante.

a. Critères de divisibilité par 2, 5 ou 10

- Un nombre est **divisible par 2** lorsqu'il se termine par 0, 2, 4, 6 ou 8.
- Un nombre est **divisible par 5** lorsqu'il se termine par 0 ou 5.
- Un nombre est **divisible par 10** lorsqu'il se termine par 0.

b. Critères de divisibilité par 4 ou 25

- Un nombre est **divisible par 4** lorsque le nombre formé par ses 2 derniers chiffres est un multiple de 4.
- Un nombre est **divisible par 25** lorsque le nombre formé par ses 2 derniers chiffres est un multiple de 25.

c. Critères de divisibilité par 3 ou 9

- Un nombre est **divisible par 3** lorsque la somme des chiffres de ce nombre est un multiple de 3 (autrement dit se ramène à 3, 6 ou 9).
- Un nombre est **divisible par 9** lorsque la somme des chiffres de ce nombre est un multiple de 9 (autrement dit se ramène à 9).

d. Critère de divisibilité par 11

Un nombre est **divisible par 11** lorsque la différence entre la somme de ses chiffres de rang pair et la somme de ses chiffres de rang impair est un multiple de 11.

APPLICATION 4

Vrai ou faux ? Justifier chaque réponse.

❶ Si un nombre est divisible par 8, alors il est divisible par 2 et par 4.

❷ Si un nombre est divisible par 2 et par 4, alors il est divisible par 8

→Corrigé p. 106

APPLICATION 5

Vrai ou faux ?

❶ Si un nombre est pair et multiple de 6, alors il est divisible par 12.

❷ Si un nombre est multiple de 24, alors il est divisible par 2, par 3, par 4, par 8, par 16 et par 24 ?

❸ Si un nombre est à la fois multiple de 3, de 4 et de 5, alors il est multiple de 12, de 15 de 20 et de 60.

→Corrigé p. 106

APPLICATION 6

❶ Démontrer que si l'un des deux nombres $2^n + 1$ et $2^n - 1$ est divisible par 3, alors nécessairement, l'autre ne l'est pas.

❷ Démontrer que le nombre $2^n + 1$ n'est pas toujours divisible par 3.

→Corrigé p. 106

APPLICATION 7

La fraction $\frac{201\,134\,546\,112}{145\,261\,781\,121}$ est-elle irréductible ?

Rappel : Une fraction est irréductible lorsque son numérateur et son dénominateur n'ont pas de diviseurs communs.

→Corrigé p. 106

2 Nombres premiers

A. Définition

Un nombre premier est un nombre entier qui admet exactement deux diviseurs distincts : 1 et lui-même.

EXEMPLES

0 n'est pas premier, car l'ensemble des diviseurs de 0 est $\mathbb{N}^*$.

1 n'est pas premier, car l'ensemble des diviseurs de 1 est $\{1\}$.

2 est premier, car l'ensemble des diviseurs de 2 est $\{1 ; 2\}$.

3 est premier, car l'ensemble des diviseurs de 3 est $\{1 ; 3\}$.

4 n'est pas premier, car l'ensemble des diviseurs de 4 est $\{1 ; 2 ; 4\}$.

APPLICATION 8

Parmi les nombres suivants, lesquels sont des nombres premiers ?
79 ; 97 ; 101 ; 107 ; 179 ; 911 ; 181 ; 283.

→Corrigé p. 106

B. Nombres premiers inférieurs à 100

Pour déterminer les nombres premiers inférieurs à 100, on peut utiliser la méthode appelée « crible d'Ératosthène » :

- Écrire tous les nombres entiers de 2 à 100 dans un tableau.
- Entourer ou colorier 2 qui est le premier nombre premier. Tous les nombres multiples de 2 suivants sont donc non premiers, puisqu'ils ont au moins 3 diviseurs : 1, 2 et eux-mêmes. Barrer ces nombres.
- Le premier nombre qui suit 2 et qui n'est pas barré est donc premier. C'est 3 : l'entourer ou le colorier. Tous les nombres multiples de 3 suivants sont donc non premiers, puisqu'ils ont au moins 3 diviseurs : 1, 3 et eux-mêmes. Barrer ces nombres. À noter que 6 est déjà barré (car multiple de 2), et que le premier multiple de 3 à barrer est $3^2 = 9$.
- Le premier nombre qui suit 3 et qui n'est pas barré est donc premier. C'est 5 : l'entourer ou le colorier. Tous les nombres multiples de 5 suivants sont donc non premiers, puisqu'ils ont au moins 3 diviseurs : 1, 5 et eux-mêmes. Barrer ces nombres. À noter que 10, 15, 20 sont déjà barrés (car multiples de 2 ou de 3), et que le premier multiple de 5 à barrer est $5^2 = 25$.
- Le premier nombre qui suit 5 et qui n'est pas barré est donc premier. C'est 7 : l'entourer ou le colorier. Tous les nombres multiples de 7 suivants sont donc non premiers, puisqu'ils ont au moins 3 diviseurs : 1, 7 et eux-mêmes. Barrer ces nombres. À noter que 14, 21, 28, 35, 42 sont déjà barrés (car multiples de 2 ou de 3 ou de 5), et que le premier multiple de 7 à barrer est $7^2 = 49$.
- Le premier nombre qui suit 7 et qui n'est pas barré est donc premier. C'est 11 : l'entourer ou le colorier. Tous les nombres multiples de 11 suivants sont donc non premiers, puisqu'ils ont au moins 3 diviseurs : 1, 11 et eux-mêmes. Or, d'après les remarques précédentes, le premier multiple de 11 à barrer est $11^2 = 121$, on a donc fini.

La liste des nombres premiers inférieurs à 100 est :
2 ; 3 ; 5 ; 7 ; 11 ; 13 ; 17 ; 19 ; 23 ; 29 ; 31 ; 37 ; 41 ; 43 ; 47 ; 53 ; 59 ; 61 ; 67 ; 71 ; 73 ; 79 ; 83 ; 89 ; 97.

	2	3	4	5	6	7	8	9	10
11	12	13	14	15	16	17	18	19	20
21	22	23	24	25	26	27	28	29	30
31	32	33	34	35	36	37	38	39	40
41	42	43	44	45	46	47	48	49	50
51	52	53	54	55	56	57	58	59	60
61	62	63	64	65	66	67	68	69	70
71	72	73	74	75	76	77	78	79	80
81	82	83	84	85	86	87	88	89	90
91	92	93	94	95	96	97	98	99	100

C. Théorèmes

- Tout nombre entier supérieur à 2 :
  - soit est premier ;
  - soit s'écrit de façon unique comme produit de nombres premiers.

EXEMPLES

La décomposition en produit de nombres premiers de 4 410 est :

4 410	2
2 205	3
735	3
245	5
49	7
7	7
1	

soit $4\,410 = 2 \times 3^2 \times 5 \times 7^2$

La décomposition en produit de nombres premiers de 250 000 est :

$250\,000 = 25 \times 10\,000$

$250\,000 = 5^2 \times 10^4$

$250\,000 = 5^2 \times 2^4 \times 5^4$

soit $250\,000 = 2^4 \times 5^6$

ZOOM

La conséquence de cette propriété est qu'étant donné un nombre entier supérieur à 2, alors :
- soit ce nombre est premier ;
- soit ce nombre admet au moins un diviseur premier différent de lui-même.

APPLICATION 9

Décomposer en produit de facteurs premiers les nombres suivants :
380 ; 176 ; 605 ; 4 774 ; 2 424 ; 108 × 65 ; 45 000.

→Corrigé p. 107

APPLICATION 10

❶ Décomposer 16 384 et 15 625 en produits de facteurs premiers.
❷ Par combien de zéros se termine le produit de ces deux nombres ?

→Corrigé p. 107

- Il existe une infinité de nombres premiers.

Démonstration

Supposons que l'ensemble des nombres premiers soit fini, alors il existe le plus grand nombre premier. Appelons P ce nombre et p_1, p_2, p_3... les nombres premiers qui le précèdent.

Considérons le nombre $n = p_1 \times p_2 \times p_3 \times ... \times P + 1$

Il y a deux possibilités :
- soit n est premier, et comme il est supérieur à P, c'est que la supposition est fausse, et donc il existe une infinité de nombres premiers ;
- soit n n'est pas premier. Mais alors, il admet un diviseur premier différent de lui-même et autre que $p_1, p_2, p_3,..., P$; il admet donc un diviseur premier supérieur à P. À nouveau, la supposition est fausse, et donc il existe une infinité de nombres premiers.

3 Division euclidienne

Étant donné deux nombres entiers a et b, $b \neq 0$, il existe un unique couple $(q\ ;\ r)$ de nombres entiers tels que $\boldsymbol{a = bq + r}$ et $\boldsymbol{0 \leqslant r < b}$.

On dit que a est le **dividende**, b est le **diviseur**, q est le **quotient**, r est le **reste**.

EXEMPLE

737	15
137	49
2	

Ce résultat s'écrit $737 = 15 \times 49 + 2$.

APPLICATION 11

Quand on divise un nombre entier par 6, le reste de la division est 5. Si l'on divise le même nombre par 8, le quotient diminue de 6 et le reste de la division est toujours 5.
Quel est donc ce nombre ?

→ Corrigé p. 107

APPLICATION 12

❶ Le reste de la division euclidienne d'un entier naturel n par 3 est 1.
Quel est le reste de la division euclidienne par 3 :
a. de l'entier précédant n ?
b. de l'entier suivant n ?

❷ Démontrer que la somme de trois entiers naturels consécutifs est toujours divisible par 3.

❸ La somme des carrés de trois entiers naturels consécutifs est-elle divisible par 3 ? Justifier la réponse.

→ Corrigé p. 107

CORRIGÉS

APPLICATION 1

Multiples de 6 : 0 ; 6 ; 12 ; 18 ; 24 ; 30 ; 36 ; ... ; $6n$, avec $n \in \mathbb{N}$.
Multiples de 1 : 0 ; 1 ; 2 ; 3 ; 4 ; 5 ; 6 ; 7 ; ... ; n, avec $n \in \mathbb{N}$.
Multiples de 0 : 0 (car 0 est l'élément absorbant pour la multiplication).
On peut faire trois remarques :
- 0 ne possède qu'un seul multiple, qui est lui-même ;
- tout nombre entier est multiple de 1 ;
- tout nombre entier non nul possède une infinité de multiples.

APPLICATION 2

❶ Faux. Contre-exemple : 18 est multiple de 6, puisque $18 = 6 \times 3$ et 18 est multiple de 9 puisque $18 = 9 \times 2$, mais 18 n'est pas multiple de 54.

❷ Vrai. Si un nombre n est multiple de 54, alors il existe $a \in \mathbb{N}$ tel que $n = 54a$.
On en déduit que $n = 6 \times 9 \times a$, c'est-à-dire que n est multiple de 6 et de 9.

APPLICATION 3

❶ Diviseurs de 36 : 1 ; 2 ; 3 ; 4 ; 6 ; 9 ; 12 ; 18 ; 36.

❷ Un nombre a toujours au moins un diviseur, qui est 1.

❸ Non, car 0 possède une infinité de diviseurs, qui sont tous les nombres entiers naturels non nuls. En effet, $0 = 0 \times n$, avec $n \neq 0$. Tous les autres nombres non nuls possèdent un nombre fini de diviseurs.

APPLICATION 4

❶ Vrai. Soit $n \in \mathbb{N}$ divisible par 8, alors il existe $a \in \mathbb{N}$ tel que $n = 8a$.
Donc $n = 2 \times 4 \times a$, ce qui prouve que n est divisible par 2 et par 4.

❷ Faux. Contre-exemple : 4 est divisible par 2 et par 4, or 4 n'est pas divisible par 8.

APPLICATION 5

❶ Faux. Contre-exemple : 6 est pair et multiple de 6, mais 6 n'est pas divisible par 12.

❷ Faux. Un nombre multiple de 24 s'écrit $24n$, avec $n \in \mathbb{N}$. Or, 24 n'est pas divisible par 16, puisque $24 = 16 \times 1 + 8$.

❸ Vrai. Un tel nombre s'écrit $n = 3 \times 4 \times 5 \times k$, avec $k \in \mathbb{N}$.

On a donc $n = 12 \times 5k = 15 \times 4k = 20 \times 3k = 60k$.

APPLICATION 6

La difficulté peut être de commencer l'exercice, or, il suffit de traduire l'énoncé par la définition adéquate du cours.

❶ Supposons que $2^n + 1$ est divisible par 3.
Par définition, cela signifie qu'il existe k entier naturel tel que $2^n + 1 = 3k$.
Enlevons 2 aux deux membres de l'égalité : $2^n + 1 - 2 = 3k - 2$, soit $2^n - 1 = 3k - 2$.
Et donc $2^n - 1$ n'est pas divisible par 3.
Par conséquent, si $2^n + 1$ est divisible par 3, alors $2^n - 1$ ne l'est pas.
On montre de la même manière que :
si $2^n - 1$ est divisible par 3, alors $2^n + 1$ ne l'est pas.

❷ Pour $n = 1$, alors $2^n + 1 = 3$ qui est divisible par 3.
Pour $n = 2$, alors $2^n + 1 = 5$, qui n'est pas divisible par 3.
Ainsi, $2^n + 1$ n'est pas toujours divisible par 3.

APPLICATION 7

La fraction proposée n'est pas irréductible, car chacun de ses deux termes est divisible par 3.

APPLICATION 8

Le problème de la primalité d'un nombre entier consiste à déterminer si un nombre entier donné est premier ou non.
La méthode suivante n'est intéressante que pour des nombres inférieurs à 5 000.

Pour savoir si un nombre entier n donné est premier, on effectue la division euclidienne de n par les nombres premiers inférieurs à $\sqrt{n}$. Si une division a un reste nul, alors n n'est pas premier. Sinon, n est premier.

Exemple 1 :
1 081 est-il premier ?
$\sqrt{1\,081} \approx 32...$
1 081 n'est pas divisible par 2, 3, 5, 7, 11, 13, 17, 19, mais la division euclidienne de 1 081 par 23 montre que $1\,081 = 23 \times 47$. Par conséquent, 1 081 n'est pas premier.

Exemple 2 :
911 est-il premier ?
$\sqrt{911} \approx 30...$
911 n'est pas divisible par 2, 3, 5, 7, 11, 13, 17, 19, 23 et 29.
Donc 911 est un nombre premier.

En utilisant cette méthode, on montre que tous les nombres proposés sont des nombres premiers.

APPLICATION 9

$380 = 2^2 \times 5 \times 19$; $176 = 2^4 \times 11$; $605 = 5 \times 11^2$; $4\,774 = 2 \times 7 \times 11 \times 31$;
$2\,424 = 2^3 \times 3 \times 101$; $108 \times 65 = 2^2 \times 3^3 \times 5 \times 13$; $45\,000 = 2^3 \times 3^2 \times 5^4$

APPLICATION 10

❶ $16\,384 = 2^{14}$ et $15\,625 = 5^6$

❷ Le produit de ces deux nombres se termine donc par 6 zéros puisque
$16\,384 \times 15\,625 = 2^8 \times 2^6 \times 5^6 = 2^8 \times 10^6$.

APPLICATION 11

Soit a le nombre cherché. D'après l'énoncé, $a = 6q + 5$ et $a = 8(q - 6) + 5$.
Par conséquent, $8(q - 6) + 5 = 6q + 5$.
Soit $8q - 48 = 6q$ et donc $q = 24$.
Le nombre cherché est $6 \times 24 + 5 = 149$.

APPLICATION 12

❶ D'après l'énoncé, $n = 3q + 1$.

a. $n - 1 = 3q$. Le reste de la division euclidienne par 3 de l'entier précédent n est 0.

b. $n + 1 = 3q + 2$. Le reste de la division euclidienne par 3 de l'entier suivant n est 2.

❷ Soit trois nombres entiers naturels consécutifs : $n - 1$; n et $n + 1$, avec n entier naturel non nul. Alors $n - 1 + n + n + 1 = 3n$, ce qui prouve que la somme de trois nombres entiers naturels consécutifs est toujours divisible par 3.

❸ La somme des carrés de trois entiers naturels consécutifs n'est jamais divisible par 3. En effet, $(n - 1)^2 + n^2 + (n + 1)^2 = n^2 - 2n + 1 + n^2 + n^2 + 2n + 1 = 3n^2 + 2$.

ENTRAINEMENT

EXERCICE 1 — 35 min.

Vrai ou faux ? Justifier chaque réponse.

❶ Affirmation 1 : Pour tout nombre entier naturel n, le nombre $2^n + 2^{n+1} + 2^{n+2}$ est divisible par 7.

❷ Un homme a moins de 100 ans. L'an dernier, son âge était divisible par 11. L'année prochaine, son âge sera divisible par 5.
Affirmation 2 : On est certain que cet homme a 34 ans.

❸ Affirmation 3 : On peut trouver un entier qui ne s'écrit qu'avec des chiffres 9 et qui est multiple de 81.

❹ Affirmation 4 : La somme de cinq nombres entiers consécutifs est un multiple de 5.

❺ Affirmation 5 : Le produit de deux nombres pairs consécutifs est divisible par 8.

EXERCICE 2 — 20 min.

Un supermarché reçoit une livraison de bouteilles. Si l'on compte les bouteilles par 3, 5 ou 7, il en reste toujours 2.
Sachant que le nombre de bouteilles livrées est compris entre 1 500 et 1 600, combien de bouteilles le supermarché a-t-il reçues ?

EXERCICE 3 — 20 min.

Lou propose à son ami Louis de lui donner ses bonbons à la condition qu'il trouve exactement combien elle en a. Lou lui dit qu'elle a moins de 100 bonbons et que lorsqu'elle les regroupe par deux, trois, quatre, cinq ou six, il lui en reste toujours un.

❶ Combien Lou a-t-elle de bonbons ? Justifier la réponse en explicitant la démarche utilisée.

❷ Pour vérifier sa réponse, Louis décide d'utiliser un tableur. Pour cela, il utilise la fonction MOD (nombre ; diviseur), qui donne le reste de la division euclidienne du nombre par le diviseur.
Louis a prévu de calculer en colonne les restes de la division euclidienne des nombres de la colonne A par 2, 3, 4, 5 et 6.

	A	B	C	D	E	F
1		2	3	4	5	6
2	1					
3	2					
4	3					
5	4					
6	5					
7	6					
8	7					
9	8					
10	9					
11	10					
12	11					
13	12					
14	13					
15	14					

a. Parmi les formules suivantes, en choisir une qui pourrait être insérée dans la cellule B2 et qui pourrait, en étant étendue vers le bas, compléter correctement la colonne B.

= MOD(1;2)	= MOD(A2;B1)	= MOD(A2;2)
= MOD(1;B1)	= MOD(A2;B$1)	= MOD(2;1)

b. Louis a rempli de la même façon le reste du tableau. Comment peut-il l'utiliser pour résoudre ce problème ?

EXERCICE 4 — 20 min.

Un commerçant dépose dans son coffre 2 paquets de liasses de billets de banque comportant l'un 320 billets, l'autre 448 billets. Il a composé ses liasses de manière à ce que le nombre de billets contenus dans chaque liasse soit égal et le plus élevé possible. Calculer le nombre de billets de chaque liasse et le nombre de liasses contenues dans chaque paquet.

EXERCICE 5 — 25 min.

❶ En partant de 2 197 et en comptant de 23 en 23, est-il possible d'atteindre le nombre 31 600 ?

❷ D'une façon générale, si a et b sont deux nombres naturels donnés ($a < b$), indiquer un procédé général et rapide permettant de prévoir s'il est possible d'atteindre b à partir de a en comptant de 23 en 23.

❸ Quel est le plus petit entier naturel à partir duquel, en comptant de 23 en 23, on peut atteindre 31 600 ?

EXERCICE 6 — 20 min.

On veut planter le long des bords d'une platebande rectangulaire des rosiers équidistants, de telle sorte que la distance d'un rosier au suivant soit comprise entre 1 m et 2 m, et qu'il y ait un rosier à chaque coin. La longueur est 14,84 m et la largeur est 10,60 m. Trouver le nombre de rosiers.

EXERCICE 7 — 25 min.

Une colonie de vacances qui accueille au maximum cent enfants organise une course d'orientation par équipes. Chaque équipe est constituée d'au moins deux enfants.
Les moniteurs souhaiteraient qu'il y ait le même nombre d'enfants dans chaque équipe, mais s'ils regroupent les enfants par trois, il en restera deux. S'ils les regroupent par quatre, il en restera un et s'ils les regroupent par cinq, il en restera deux. Finalement, ils réussissent à former plusieurs équipes, toutes avec le même nombre d'enfants.

❶ Combien y a-t-il d'enfants dans cette colonie de vacances ?

❷ Combien d'équipes sont ainsi formées ?

EXERCICE 8 — 15 min.

Soit n un nombre entier. On considère le nombre $N = n^5 - n$.
Démontrer que ce nombre a toujours le même chiffre des unités et déterminer la valeur de ce chiffre.

EXERCICE 9 — 25 min.

On se propose d'affecter à chaque mot un poids à partir du tableau ci-dessous en multipliant les valeurs affectées à chaque lettre :

A	B	C	D	E	F	G	H	I	J	K	L	M
N	O	P	Q	R	S	T	U	V	W	X	Y	Z
1	2	3	4	5	6	7	8	9	10	11	12	13

Ainsi le mot BANANE a-t-il un poids égal à : $2 \times 1 \times 1 \times 1 \times 1 \times 5 = 10$, tandis que le mot ORANGE a un poids égal à $2 \times 5 \times 1 \times 1 \times 7 \times 5 = 350$.
Dans la suite de cet exercice, on entend par « mot » tout mot de la langue française, noms propres exclus : adjectifs, pronoms, noms au singulier ou au pluriel, verbes conjugués ou non.

❶ Trouver un mot dont le poids est 18.

❷ Trouver un mot de trois lettres dont le poids est supérieur à 500.

❸ Peut-on trouver un mot dont le poids est 48 ? Si oui, en proposer un, sinon expliquer pourquoi c'est impossible.

❹ Peut-on trouver un mot dont le poids est 47 ? Si oui, en proposer un, sinon expliquer pourquoi c'est impossible.

❺ Peut-on trouver un mot dont le poids est 46 ? Si oui, en proposer un, sinon expliquer pourquoi c'est impossible.

EXERCICE 10 — 25 min.

Soit n un nombre entier naturel non nul.
On appelle f la fonction qui à n associe la somme des diviseurs de n.
Un nombre n est dit parfait lorsque $f(n) = 2n$.
Un nombre n est dit déficient lorsque $f(n) < 2n$.
Un nombre n est dit abondant lorsque $f(n) > 2n$.
Dans l'exercice, on appelle « nature d'un nombre entier naturel non nul » sa classification dans l'une des catégories : nombre parfait, nombre déficient, nombre abondant.

❶ **a.** Vérifier que 28 est un nombre parfait.

b. Quelle est la nature du nombre 12 ?

❷ Trouver le plus petit nombre déficient, le plus petit nombre parfait et le plus petit nombre abondant.

❸ Quelle est la nature d'un nombre premier ?

EXERCICE 11 — 15 min.

En classe de CM2, un professeur propose l'exercice suivant :
« Mathis a effeuillé des fleurs à 5 pétales en disant « j'aime les maths… un peu…, beaucoup…, passionnément…, à la folie ». Il a ôté 83 pétales en tout. Il n'est passé à la fleur suivante que lorsqu'il avait complètement effeuillé la fleur précédente.
Combien de fleurs a-t-il effeuillées en totalité ? Sur la dernière fleur qu'il a effeuillée, reste-t-il des pétales ? »

❶ De quelle opération mathématique ce problème relève-t-il ?

❷ Proposer trois procédures possibles pour répondre à la question posée.

EXERCICE 12 — 15 min.

On rappelle la propriété P suivante : « Un nombre entier naturel et la somme de ses chiffres ont le même reste dans la division euclidienne par 9. »

❶ Quel est le reste de la division de 164 330 258 647 par 9 ?

❷ L'objet de cette question est de démontrer la propriété P pour un nombre entier naturel strictement inférieur à 10 000.
On considère un nombre entier naturel strictement inférieur à 10 000 et on note $\overline{abcd}$ son écriture en base dix.

a. Montrer qu'il existe un nombre entier naturel k tel que $\overline{abcd} = a + b + c + d + 9k$.

b. On note r le reste de la division euclidienne de $\overline{abcd}$ par 9 et r' le reste de la division euclidienne de $a + b + c + d$ par 9. Montrer que $r = r'$.

❸ **a.** Déduire de la propriété P un critère de divisibilité par 9 d'un nombre entier naturel, utilisant la somme de ses chiffres.

b. Déterminer le plus grand diviseur commun de 18 et 164 330 258 643.

EXERCICE 13 — 20 min.

A et B sont deux nombres entiers positifs tels que :
- 111 est un multiple du nombre entier positif A ;
- A – B est un nombre entier positif ou nul divisible par 10 ;
- B est le cube d'un nombre entier.

Trouver toutes les valeurs possibles pour A et B.

VERS L'ORAL

EXERCICE 14

Un enseignant a demandé à ses élèves de cycle 3 d'écrire trois nombres entiers qui se suivent. Tous les élèves ont su répondre à cette question. L'enseignant leur a ensuite proposé l'exercice suivant :
« Je pense à trois nombres entiers qui se suivent.
Lorsque je les additionne, je trouve 51. Quels sont ces nombres ? »

❶ L'annexe comporte trois productions d'élèves.
Décrire les procédures utilisées par les élèves, repérer et analyser les erreurs.

❷ Après une phase collective de mise en commun des productions d'élèves, l'enseignant répète la même consigne avec les nombres 72, 54 et 91 et en autorisant la calculatrice. Citer deux objectifs qui peuvent être visés par le professeur.

❸ L'enseignant demande ensuite aux élèves de chercher, avec l'aide de la calculatrice, pour chacun des nombres 51, 72, 54, 91, si on peut l'écrire comme le produit d'un nombre entier par 3.

a. Quel est l'objectif de cette dernière activité ?

b. Justifier l'emploi de la calculatrice.

❹ Au regard des erreurs commises par ces élèves de cycle 3, quelle séance de remédiation pourrait-on proposer ?

Annexe

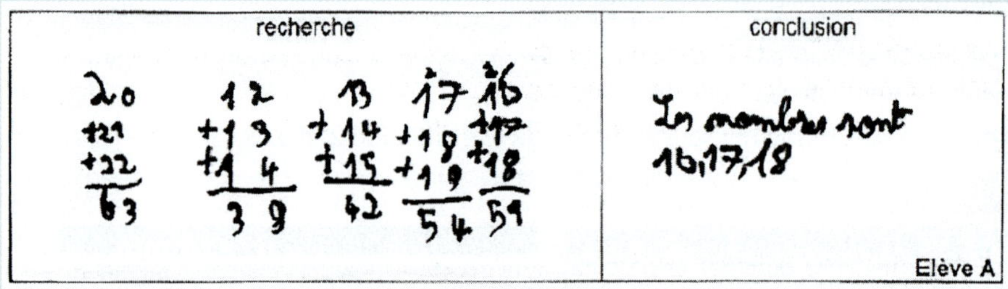

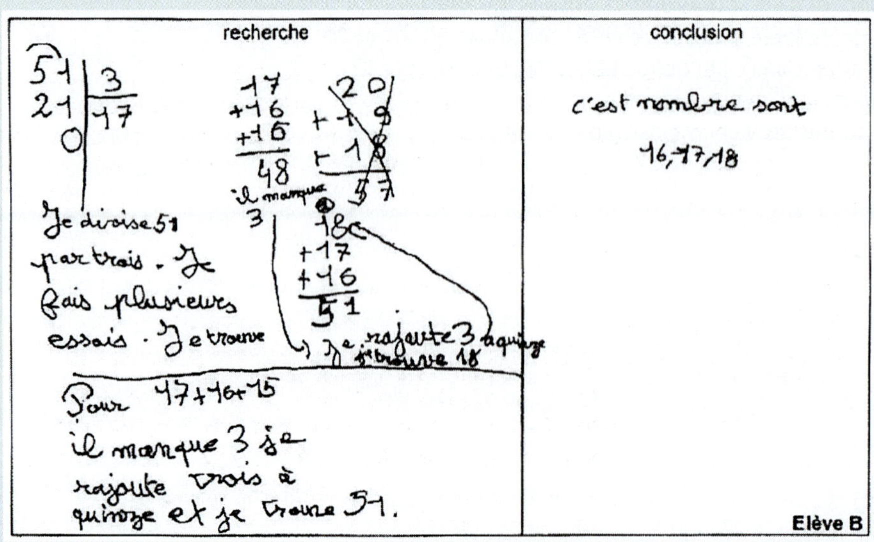

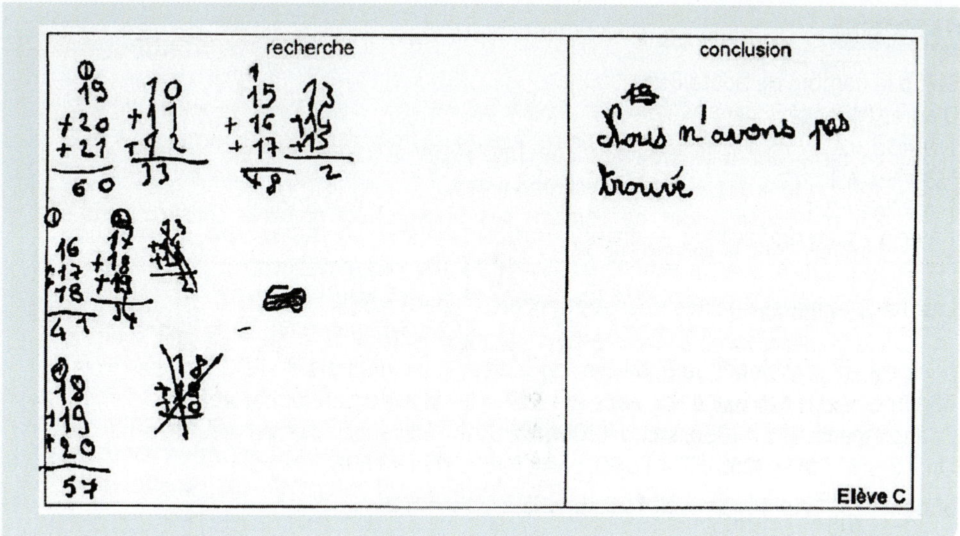

CORRIGÉS

EXERCICE 1

❶ Affirmation 1 : Vrai

En remplaçant n par 0, 1 et 2 on obtient les nombres 7, 14 et 28 qui sont divisibles par 7. L'affirmation semble donc vraie, on cherche à la démontrer :

$2^n + 2^{n+1} + 2^{n+2} = 2^n(1 + 2 + 2^2) = 7 \times 2^n$, qui est un nombre multiple de 7, et donc divisible par 7.

❷ Affirmation 2 : Faux

Cet homme pourrait aussi avoir 89 ans, car 88 est divisible par 11, et 90 est divisible par 5.

❸ Affirmation 3 : Vrai

Un tel nombre est le produit par 9 d'un nombre qui ne s'écrit qu'avec des chiffres 1. Comme il est multiple de 81, il est multiple de 9 × 9. Donc le nombre ne s'écrit qu'avec des chiffres 1 et est multiple de 9 : la somme de ses chiffres est donc multiple de 9. Le plus petit parmi ces nombres est 111 111 111. Donc le nombre 999 999 999 convient.

❹ Affirmation 4 : Vrai

Soit n un nombre entier naturel.

Alors $n + n + 1 + n + 2 + n + 3 + n + 4 = 5n + 10 = 5(n + 2)$

❺ Affirmation 5 : Vrai

Deux nombres pairs consécutifs s'écrivent $2n$ et $2n + 2$, avec n entier naturel non nul. Alors $2n(2n + 2) = 4n^2 + 4n = 4n(n + 1)$. Comme n et $n + 1$ sont deux entiers consécutifs, nécessairement, l'un d'entre eux est pair, c'est-à-dire multiple de 2, et donc les facteurs 4 et 2 sont présents dans le produit, soit le facteur 8.

EXERCICE 2

Soit b le nombre de bouteilles.
D'après l'énoncé :

$$\begin{cases} b = 3q + 2 \\ b = 5q' + 2 \\ b = 7q'' + 2 \\ 1\,500 < b < 1\,600 \end{cases}$$

Les trois premières égalités s'écrivent encore $\begin{cases} b - 2 = 3q \\ b - 2 = 5q' \\ b - 2 = 7q'' \end{cases}$

$b - 2$ est donc multiple de 3, de 5 et de 7, il est donc multiple du PPCM de ces trois nombres, c'est-à-dire que l'on a $b - 2 = 3 \times 5 \times 7 \times n$ avec n entier naturel.
Et finalement $b - 2 = 105n$, soit $b = 105n + 2$.
On a donc $1\,500 < 105n + 2 < 1\,600$, soit $1\,498 < 105n < 1\,598$
et donc $\frac{1\,498}{105} < n < \frac{1\,598}{105}$, soit $14{,}2 < n < 15{,}2$.
Comme n est un entier naturel, on a alors $n = 15$ et finalement $b = 105 \times 15 + 2 = 1\,577$.
Le supermarché a reçu 1 577 bouteilles.

EXERCICE 3

❶ Soit n le nombre de bonbons de Lou. D'après l'énoncé :
$n < 100$ et $n - 1$ est multiple de 2, de 3, de 4, de 5 et de 6.
$n - 1$ est donc multiple du PPCM de ces nombres, donc $n - 1$ est multiple de 60.
Comme $n < 100$, on en conclut que $n - 1 = 60$ et $n = 61$.
Lou possède 61 bonbons.

❷ **a.** La formule =MOD(A2;2) convient.

b. Puisqu'il a rempli de la même façon le reste du tableau, Louis peut agrandir le tableau vers le bas en cherchant une ligne pour laquelle tous les restes sont égaux à 1, ce qu'il obtiendra quand le nombre écrit dans la colonne A sera égal à 61.

EXERCICE 4

Un dessin peut aider à comprendre cet exercice :

Une liasse :

Paquet de 320 billets :

Paquet de 448 billets :

On voit sur ce schéma que le nombre de liasses est un diviseur de 320 et est aussi un diviseur de 448, mais pas nécessairement le même. En revanche, on voit encore que le nombre de billets dans chaque liasse est un diviseur de 320 et de 448, c'est donc un diviseur commun à ces deux nombres, et, comme on veut le plus grand nombre possible de billets dans chaque liasse, le nombre cherché et donc le plus grand diviseur commun à 320 et 448.
Le nombre de billets dans chaque liasse est le PGCD de 320 et 448.
$320 = 32 \times 10 = 2^6 \times 5$
$448 = 4 \times 112 = 2^2 \times 4 \times 28 = 2^6 \times 7$
Le plus grand diviseur commun à 320 et 448 est donc $2^6 = 64$: il y a donc 64 billets par liasse.
Il y a un paquet de 5 liasses et un autre de 7 liasses.

EXERCICE 5

❶ Partir de 2 197 et compter de 23 en 23 donne pour premiers résultats :
2 197
2 197 + 23
2 197 + 2 × 23
2 197 + 3 × 23
2 197 + 4 × 23 et ainsi de suite, donc l'écriture générale des nombres atteints est :
2 197 + 23n, avec n entier naturel.
On cherche donc s'il existe une valeur de n telle que :
2 197 + 23n = 31 600
31 600 – 2 197 = 23n
29 403 = 23n et donc $n = \frac{29\,403}{23}$
Or, $\frac{29\,403}{23}$ n'est pas un nombre entier $\left(\frac{29\,403}{23} \approx 1\,278{,}39\right)$ et, par conséquent, en partant de 2 197 et en comptant de 23 en 23, il n'est pas possible d'atteindre le nombre 31 600.

❷ L'écriture générale des nombres atteints en comptant de 23 en 23 en partant de a est $a + 23q$.
On peut donc atteindre b si et seulement si $b = 23q + a$, soit encore $b - a = 23q$.
Il est possible d'atteindre b à partir de a en comptant de 23 en 23 si et seulement si $b - a$ est multiple de 23.

❸ D'après le résultat de la question précédente, on cherche le nombre a le plus petit possible tel que $31\,600 - a = 23q$, soit encore $31\,600 = 23q + a$.
Or 31 600 = 23 × 1 373 + 21. Donc a = 21.
Le plus petit entier naturel à partir duquel, en comptant de 23 en 23, on peut atteindre 21 600 est donc 21.

EXERCICE 6

14,84 m = 1 484 cm et 10,60 m = 1 060 cm.
Puisque la distance entre chaque rosier est la même, cette distance est un diviseur commun des nombres 1 484 et 1 060.
Après décomposition en produits de facteurs premiers, on obtient :
$1\,484 = 2^2 \times 7 \times 53$ et $1\,060 = 2^2 \times 5 \times 53$.
La distance possible entre 2 rosiers est donc, en cm, 2 × 53 = 106, c'est-à-dire encore 1,06 m.
Un rectangle étant une ligne fermée, il y a autant de rosiers que d'intervalles.
Il faut donc (2 × 1 484 + 2 × 1 060) ÷ 106 = 48 rosiers.

EXERCICE 7

❶ Soit n le nombre d'enfants de la colonie.
Alors :
- $n \leqslant 100$;
- il existe $q \in \mathbb{N}$ tel que $n = 3q + 2$;
- il existe $q' \in \mathbb{N}$ tel que $n = 4q' + 1$;
- il existe $q'' \in \mathbb{N}$ tel que $n = 5q'' + 2$.

Comme $n = 3q + 2$ et $n = 5q'' + 2$, donc $n - 2 = 3q$ et $n - 2 = 5q''$, c'est-à-dire que $n - 2$ est multiple de 3 et de 5, et donc $n - 2$ est multiple de 15.

Il existe donc $k \in \mathbb{N}$ tel que $n - 2 = 15k$, soit $n = 15k + 2$.
La 3e condition indique que le reste dans la division euclidienne de n par 4 est 1, on examine donc les différents cas possibles en tenant compte que $n \leqslant 100$:

Valeur de k	1	2	3	4	5	6	7
Valeur de $n = 15k + 2$	17	32	47	62	77	92	107 trop grand
Reste dans la division euclidienne de n par 4	1	0	3	2	1	0	
Solution	Oui	Non	Non	Non	Oui	Non	Non

Il y a donc deux possibilités : soit il y a 17 enfants, soit il y en a 77.
Mais 17 est un nombre premier, cela ne ferait qu'une équipe de 17, ce qui est impossible. Puisque les moniteurs réussissent à former plusieurs équipes, il y a donc 77 enfants.

❷ $77 = 7 \times 11$
1er cas : 7 équipes de 11 enfants.
2e cas : 11 équipes de 7 enfants.

EXERCICE 8

Chiffre des unités de n	0	1	2	3	4	5	6	7	8	9
Valeur de n^5	0	1	32	243	1 024	3 125	7 776	16 807	32 768	59 049
Chiffre des unités de n^5	0	1	2	3	4	5	6	7	8	9
Chiffre des unités de $n^5 - n$	0	0	0	0	0	0	0	0	0	0

Le chiffre des unités du nombre $n^5 - n$ est toujours 0.

EXERCICE 9

❶ Le mot SAC, par exemple, convient : $1 \times 3 \times 6 = 18$.

❷ Le mot LIT, par exemple, pèse $12 \times 9 \times 7 = 756$.

❸ Le mot NUS, par exemple, convient : $1 \times 6 \times 8 = 48$.

❹ $47 = 1 \times 47$, car 47 est premier. On ne peut donc pas trouver de mot dont le poids est 47 puisqu'aucune lettre ne pèse 47.

❺ $46 = 1 \times 2 \times 23$. Le nombre 23 est premier, donc on ne peut pas trouver de mot dont le poids est 46 puisqu'aucune lettre ne pèse 23.

EXERCICE 10

❶ **a.** La liste des diviseurs de 28 est : 1 ; 2 ; 4 ; 7 ; 14 ; 28.
$1 + 2 + 4 + 7 + 14 + 28 = 56 = 2 \times 28$, donc 28 est un nombre parfait.

b. La liste des diviseurs de 12 est : 1 ; 2 ; 3 ; 4 ; 6 ; 12.
$1 + 2 + 3 + 4 + 6 + 12 = 28$. Le nombre 12 est abondant.

❷ Une recherche systématique s'impose jusqu'à ce que l'on puisse conclure :

n	Diviseurs de n	$f(n)$	$2n$	Nature
1	1	1	2	Déficient
2	1 ; 2	3	4	Déficient
3	1 ; 3	4	6	Déficient
4	1 ; 2 ; 4	7	8	Déficient
5	1 ; 5	6	10	Déficient
6	1 ; 2 ; 3 ; 6	12	12	Parfait
7	1 ; 7	8	14	Déficient
8	1 ; 2 ; 4 ; 8	15	16	Déficient
9	1 ; 3 ; 9	13	18	Déficient
10	1 ; 2 ; 5 ; 10	18	20	Déficient
11	1 ; 11	12	22	Déficient
12	1 ; 2 ; 3 ; 4 ; 6 ; 12	28	24	Abondant

D'après ce tableau et la question 1. b., 1 est le plus petit nombre déficient, 6 est le plus petit nombre parfait et 12 est le plus petit nombre abondant.

❸ Un nombre premier n n'a que deux diviseurs : 1 et lui-même.
La somme de ses diviseurs est donc $n + 1$. Le double du nombre est $2n$.
Comme $n > 1$: $n + n > 1 + n$ soit $2n > n + 1$.
Un nombre premier est donc toujours déficient.

EXERCICE 11

❶ Ce problème relève de la division euclidienne.

❷ **Procédure 1 :** division euclidienne de 83 par 5.
$83 = 5 \times 16 + 3$
Mathis a effeuillé totalement 16 fleurs, et, sur la 17e fleur, il a enlevé 3 pétales, il en reste donc 2.
Procédure 2 : 83 c'est 80 + 3. 80 c'est 8 fois 10, et 10 représentent 2 fleurs. Mathis a donc effeuillé totalement 8 fois 2 fleurs = 16 fleurs, et sur la 17e fleur, il a enlevé 3 pétales, il en reste donc 2.
Procédure 3 : 10 fleurs représentent 50 pétales, 6 fleurs en représentent 30, donc Mathis a effeuillé totalement 10 fleurs + 6 fleurs = 16 fleurs, et sur la 17e fleur, il a enlevé 3 pétales, il en reste donc 2.

EXERCICE 12

❶ La somme des chiffres du nombre est 49 ; $49 = 9 \times 5 + 4$. Donc, d'après la propriété P, le reste de la division de 164 330 258 647 par 9 est 4.

❷ **a.** $\overline{abcd} = 1\,000a + 100b + 10c + d = 999a + a + 99b + b + 9c + c + d$
$\overline{abcd} = 9\,(111a + 11b + c) + a + b + c + d$
En posant $k = 111a + 11b + c$, il vient $\overline{abcd} = a + b + c + d + 9k$.

b. Si r' est le reste de la division euclidienne de $a + b + c + d$ par 9, cela signifie que $a + b + c + d = 9q + r'$.
Donc $\overline{abcd} = 9k + 9q + r' = 9(k + q) + r'$.

Le reste de la division euclidienne de $\overline{abcd}$ par 9 est le même que le reste de la division euclidienne de $a + b + c + d$ par 9.

❸ **a.** D'après ce qui précède, un nombre entier naturel inférieur à 10 000 est divisible par 9 si et seulement si $r' = 0$, c'est-à-dire si et seulement si la somme de ses chiffres est divisible par 9.

b. La somme des chiffres du nombre 164 330 258 643 est 45, donc ce nombre est divisible par 9 (propriété P). 18 est divisible par 2, 3, 6, 9 et 18. Comme le nombre 164 330 258 643 n'est pas divisible par 2, il n'est pas divisible par 18. Par conséquent, le plus grand diviseur commun de 18 et 164 330 258 643 est 9.

EXERCICE 13

D'après l'énoncé, A est un diviseur de 111, donc A = 1 ou 3 ou 37 ou 111.
- 1er cas : A = 1 : alors B = 1 = 1^3 est une solution.
- 2e cas : A = 3, alors B = 3 qui n'est pas le cube d'un entier → pas de solution.
- 3e cas : A = 37, alors B = 7 ou B = 17 ou B = 27 = 3^3 ou B = 37, donc B = 27 est une solution.
- 4e cas : A = 111, alors B = 1 = 1^3 ou 11 ou 21 ou… 111. Parmi les nombres proposés, seul 1 convient.

Le problème a donc trois solutions :
A = 1 et B = 1
A = 37 et B = 27
A = 111 et B = 1

VERS L'ORAL

ZOOM

Les compétences arithmétiques à l'école primaire

Le terme *arithmétique* désigne une partie des mathématiques apprises à l'école primaire. Il s'agit essentiellement de l'étude des nombres et des opérations élémentaires (soustraction, addition, division, multiplication).

À l'école primaire, trois notions d'arithmétique sont abordées :
- la numération décimale ;
- la division euclidienne ;
- la notion de multiple.

Les quatre opérations sont abordées dès le CM1 à partir de problèmes issus de situations étudiées en classe et sont ensuite réinvesties par les élèves dans le cadre de problèmes arithmétiques élémentaires, construisant ainsi la compréhension de chaque opération. À propos de la division euclidienne, il est précisé dans les repères annuels de progression (*BO* n° 22, 29 mai 2019) que dès le CM1, en période 3, les élèves « apprennent l'algorithme de la division euclidienne de deux nombres entiers ».

EXERCICE 14

❶

Élève	Procédure utilisée	Hypothèse sur l'origine de l'erreur commise – Analyse
Élève A	L'élève A procède par tâtonnement ; par essais successifs, cet élève A commence en effet par 20, 21, 22 mais la somme étant trop grande, il réajuste en prenant des nombres entiers plus petits. En poursuivant ainsi son raisonnement, et après plusieurs essais successifs, il parvient à trouver 16, 17 et 18.	Cet élève ne commet pas d'erreur. On peut dire qu'il résout assez bien l'exercice car il s'engage dans un raisonnement logique et bien organisé. Cependant cette procédure sera peu efficace pour de grands nombres.
Élève B	L'élève B utilise directement la technique de la division euclidienne. Il divise 51 par 3 et trouve le quotient 17 avec un reste nul. Puis il décide d'additionner ce résultat aux deux nombres constituant la suite décroissante : 17 + 16 + 15 = 48. Ce résultat s'avérant trop petit de 3 unités, il décide d'augmenter la valeur du quotient de 3 (17 + 3 = 20) et de faire un nouvel essai : 20 + 19 + 18 = 57. Le résultat étant trop grand il poursuit en rajoutant 3 au plus petit nombre de la première suite (15 + 3 = 18) et réitère un essai : 18 + 17 + 16 = 51.	L'élève B utilise une procédure experte en utilisant la division euclidienne. En effet, celle-ci lui permet de limiter sa recherche à des nombres proches de la solution (bonne estimation de l'ordre de grandeur). On peut aussi noter qu'il est assez bien organisé dans sa recherche et ses essais successifs. L'idée de partir de 17 et chercher à combler l'écart pour atteindre 51 en l'additionnant à deux nombres est judicieuse. En revanche, après avoir trouvé 48 lors de son premier essai, il ne fait pas un bon usage de l'écart 3 qui le sépare du résultat attendu.
Élève C	L'élève C procède par de multiples essais successifs (six en tout) mais ne parvient pas à trouver le résultat. Il commence par additionner 19 + 20 + 21 ; le résultat étant trop grand il additionne 10 + 11 + 12 puis 15 + 16 + 17 trouvant pour tous les deux des résultats trop petits. Son raisonnement reste cependant logique jusque-là. Ce qui n'est plus le cas pour son quatrième essai puisqu'il additionne trois nombres plus petits. Après six essais l'élève C abandonne sa recherche.	Son raisonnement est, tout comme l'élève A, logique et organisé sur les trois premiers essais. Mais il perd ce sens logique au quatrième essai en reprenant trois nombres plus petits. Lors de ces quatre premiers essais il ne reprend jamais deux fois le même nombre. Notons également que pour le quatrième essai il ne va pas au bout de son calcul en colonne. Peut-être est-ce parce qu'il trouve 2 unités et conclut donc qu'il ne pourra obtenir 51... mais il n'a pas eu ce raisonnement (pertinent) lorsqu'il a trouvé 60, 33 ou 57. Enfin pour son cinquième essai il additionne bien les 3 nombres 16 + 17 + 18 lui permettant de trouver le résultat mais il commet une erreur de retenue (il retient 1 au lieu de 2). Il obtient par conséquent 41 au lieu de 51.

❷ Deux objectifs qui peuvent être visés par le professeur dans cet exercice sont :
- placer les élèves face à des problèmes pour chercher, en autorisant l'utilisation de la calculatrice, et en leur demandant de réinvestir immédiatement les procédures correctes découvertes lors de la mise en commun ;
- montrer aux élèves que certains nombres entiers naturels (comme 91) ne peuvent pas s'écrire comme la somme de trois entiers consécutifs. Il faut, pour que cela soit possible, que le nombre entier naturel soit un multiple de 3.

❸ **a.** L'objectif est que les élèves perçoivent que les sommes de trois nombres entiers consécutifs donnent toujours pour résultat un nombre multiple de 3. L'intrus 91 permet ici de le confirmer.

b. L'emploi de la calculatrice au cycle 3 est mentionné dans les programmes consolidés de 2018 (*BO* n° 31 du 30 juillet 2020) : « utiliser la calculatrice pour trouver ou vérifier un résultat ».
L'enseignant autorise la calculatrice pour écarter tous les problèmes liés à la maitrise de la technique de calcul. Il souhaite avant tout favoriser la recherche et le tâtonnement. La calculatrice permet également aux élèves de multiplier les essais et les exemples pour vérifier le fait que les sommes de trois nombres entiers consécutifs donnent toujours pour résultat un nombre multiple de 3.

❹ Pour résoudre ce problème « pour chercher », les élèves A et C ont utilisé une méthode logique par tâtonnement. L'élève A a trouvé la bonne solution. L'élève C ne l'a pas trouvée à cause d'une erreur dans le calcul posé de son addition (oubli d'une retenue dans la 5e addition).
Pour ces deux élèves, nous pourrions proposer différentes activités de remédiation. Le plus important est de donner du **sens** à la stratégie experte permettant de calculer la somme de trois entiers consécutifs pour retrouver un nombre entier donné... lorsque cela est possible (il faut que ce soit un multiple de 3). L'objectif est d'amener l'élève à comprendre que, pour construire un nombre à partir de trois entiers consécutifs, il faut nécessairement qu'il soit un multiple de 3.

Exemple de séance de remédiation :
– Commencer par un petit jeu : demander aux élèves d'écrire la suite de nombres de 3 en 3 jusqu'à 60 (vérifier et valider celle-ci).
– Reprendre ensuite ce même exercice en leur demandant cette fois de trouver la somme de trois entiers consécutifs pour trouver la somme de 9 ; on permettra aux élèves de manipuler des jetons.
La manipulation permettra de donner du sens à l'opération et d'élaborer la procédure « experte ». Celle-ci permettra de trouver efficacement la somme de trois entiers consécutifs d'un nombre donné (multiple de 3). Il est important d'expliciter cette stratégie aux élèves afin qu'ils comprennent bien le sens de l'activité proposée. On complexifiera progressivement l'activité en augmentant le nombre à chercher, puis en leur retirant les jetons ; l'idée étant de passer du concret à l'abstrait puis à la conceptualisation.

Phase 1 : réinvestir ses connaissances.
Procédure : 9 est un multiple de 3 ; donc commencer par séparer les 9 jetons en 3 paquets identiques de 3 jetons (9 ÷ 3 = 3).

Phase 2 : manipulation. Pour trouver la suite des trois entiers consécutifs, que faut-il donc faire ?
Procédure : il suffit alors de faire glisser un jeton du premier paquet dans le dernier paquet. On obtient 2 + 3 + 4 = 9 jetons.

Phase 3 : consolidation. C'est la vérification que cette stratégie fonctionne bien pour chaque multiple de trois (réinvestissement).
Procédure : trouver à présent la somme des trois entiers consécutifs permettant de trouver 27 (27 ÷ 3 = 9, ce qui donne 9 + 9 + 9, puis 8 + 9 + 10 = 27).
Demander ensuite aux élèves de choisir un autre multiple de 3 et d'essayer à nouveau (sans les jetons).
On laissera la possibilité d'utiliser la table de Pythagore et/ou la calculatrice, la technique de calcul n'étant pas l'objectif prioritaire.

Phase 4 : conceptualisation. Il faut vérifier, par le biais d'un contre-exemple, si cela est possible avec un nombre qui n'est pas un multiple de 3.
Procédure : dans un premier temps, il est possible de demander à tous les élèves du groupe de tester avec le nombre 10 (en utilisant à nouveau les jetons) ; puis, dans un second temps, de leur demander de refaire un test en choisissant n'importe quel nombre qui ne figure pas dans la liste écrite précédemment (nombre de 3 à 60 qui ne sera donc pas un multiple de trois).

Phase 5 : bilan

CONSEIL DU FORMATEUR

Lors de cette phase de remédiation, l'enseignant adoptera une posture de tissage et d'étayage auprès de ces élèves. Il sera nécessaire, pour chaque étape, lors d'une phase de synthèse, de questionner les élèves et de les inciter à verbaliser leur perception et leur compréhension.

Complexification possible (pour les « champions » comme l'élève B) : pendant cette activité de remédiation, qui ne concerne pas l'élève B, nous pourrions proposer à cet élève de retrouver la somme de cinq entiers consécutifs pour trouver 25.
En prolongement, nous pourrions lui demander d'inventer un autre problème du même type (multiple de 5) pour chercher les sommes de cinq entiers consécutifs afin de trouver trois autres nombres en faisant en sorte que, pour l'un d'eux, cela ne soit pas possible (non multiple de 5).

PARTIE 2
Espace et géométrie

5 Éléments de base de la géométrie plane euclidienne

AUTOÉVALUATION

Pour chaque question, il peut y avoir plusieurs bonnes réponses.

❶ Que représente la notation [AB) ?

☐ **a.** la demi-droite d'origine le point A et passant par le point B

☐ **b.** la droite passant par les points A et B

☐ **c.** le segment d'extrémités A et B

☐ **d.** la distance entre les points A et B

❷ Quel(s) dessin(s) correspond(ent) à la propriété [AB] = [CD] ?

☐ **a.**

☐ **b.**

☐ **c.**

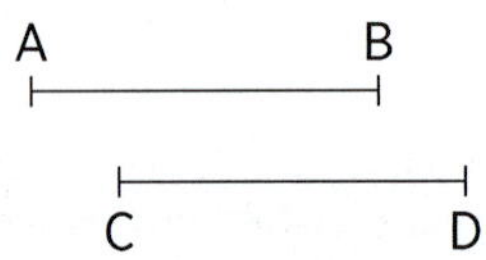

☐ **d.**

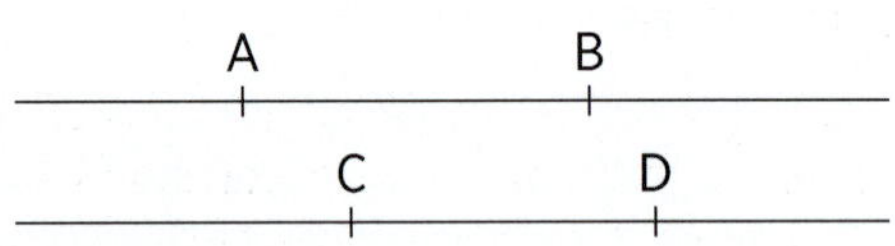

❸ Le triangle 4 ; 8 ; 15 :

☐ **a.** existe dans le plan

☐ **b.** n'existe pas dans le plan

☐ **c.** existe dans l'espace

☐ **d.** n'existe pas dans l'espace

❹ Deux droites parallèles :

☐ **a.** ne se coupent pas

☐ **b.** n'ont pas de point commun

☐ **c.** sont identiques

☐ **d.** ont la même direction

❺ Avec une règle non graduée et un compas, on peut construire :

A. le milieu d'un segment.

B. deux droites parallèles.

C. deux droites perpendiculaires.

Parmi les propositions précédentes, combien sont vraies ?
- ☐ **a.** 0
- ☐ **b.** 1
- ☐ **c.** 2
- ☐ **d.** 3

❻ Dans un triangle ABC, si une droite parallèle à (BC) coupe le côté [AB], alors elle coupe aussi le côté [AC]. Cette proposition :
- ☐ **a.** est un axiome
- ☐ **b.** est un théorème
- ☐ **c.** est une conjecture
- ☐ **d.** n'a pas de statut particulier

CONSEILS

▸ Les éléments de base de la géométrie euclidienne consistent en de nombreux axiomes et définitions dont on déduit les premiers théorèmes, et donc les premières démonstrations. (Les notions d'axiome, de théorème et de conjecture sont rappelées dans le cours.) Comme ils fondent la suite du cours, ils sont à bien connaitre, car ils interviennent très souvent au cœur de problèmes plus complexes mettant en jeu les polygones, essentiellement triangles et quadrilatères mais aussi les angles, et par la suite les solides.

▸ De même, apparaissent avec ces éléments de base les premières constructions géométriques à la règle (non graduée) et au compas, soit en n'utilisant pas la notion de mesure ni l'équerre. Ces constructions, détaillées dans le cours, sont à connaitre et maitriser.

CORRIGÉS

❶ **a.** Par convention des notations.

❷ **a.** et **b.** La notation proposée se lit : « Les segments [AB] et [CD] sont égaux. » Or un segment est un ensemble de points. Dire que deux ensembles sont égaux, c'est dire qu'ils sont constitués des mêmes points.

❸ **b.** et **d.** Un triangle est un objet plat, donc un triangle définit un plan. Et d'après l'axiome de l'inégalité triangulaire, pour tout triangle, la longueur d'un côté est toujours inférieure à la somme des longueurs des deux autres côtés. Ici, comme $15 > 4 + 8$, un tel triangle n'existe pas.

❹ **a.** et **d.** D'après la définition de deux droites parallèles.

❺ **d.** Ces constructions sont présentées dans le cours.

❻ **b.** Voir la démonstration dans le cours.

COURS

Compétence à maitriser pour le concours :
- **Utiliser les notions de géométrie plane pour démontrer** (plan et droites du plan, positions relatives de deux droites du plan, notion de longueur et de distance, repérage d'un point).

1 Plan et droites du plan

A. Axiomes du plan, conséquences

- Le **plan** $\mathcal{P}$ est un ensemble infini de points.
- Une **droite** D est une partie propre du plan $\mathcal{P}$ possédant une infinité de points. Ce qui signifie que tous les points de D sont dans $\mathcal{P}$.
- Par deux points distincts du plan, il passe une droite et une seule, et cette droite est contenue dans le plan.

ZOOM

Un axiome est une propriété que l'on admet et qui ne peut pas se démontrer. Un théorème est une propriété qui admet une démonstration. Une conjecture est une propriété que l'on pense être vraie, et dont on pense qu'il existe une démonstration, mais que l'on n'a pas encore trouvée.

EXEMPLE 1

Soit deux points distincts du plan : A et B. La droite passant par A et B se note (AB).

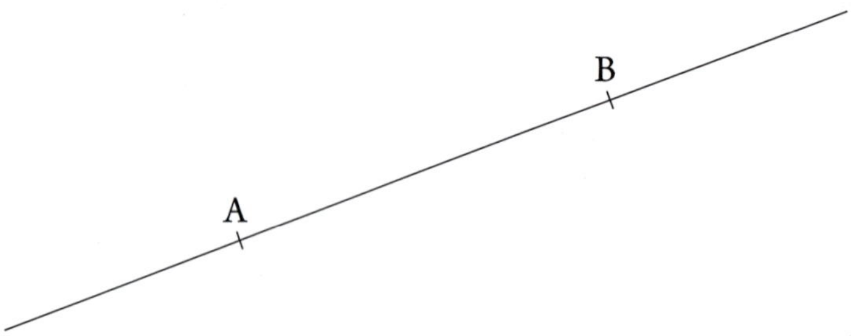

EXEMPLE 2

La droite D

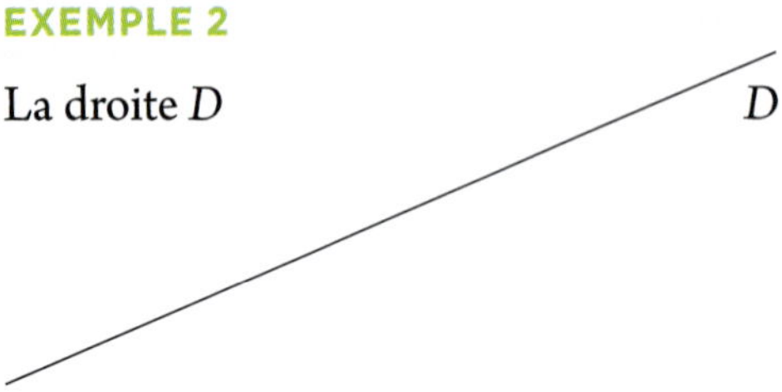

La droite (xy)

◗ **Définition :** Des points appartenant à une même droite sont appelés des **points alignés.**

◗ **Théorème :** Par un point donné du plan, il passe une infinité de droites.

◗ **Définition :** Deux droites distinctes ayant un unique point commun sont appelées des **droites sécantes.**

ZOOM

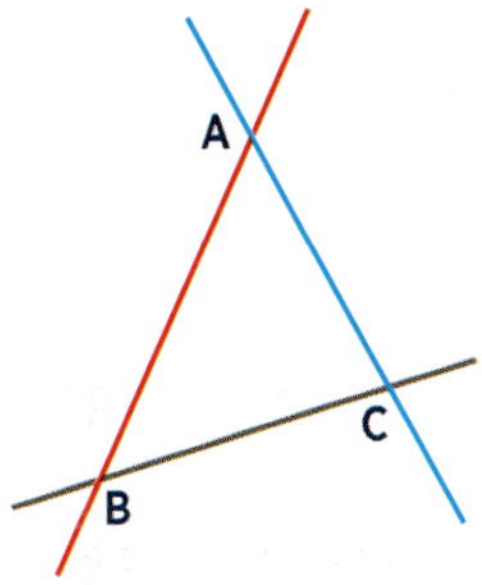

(AB), (AC) et (BC) sont sécantes deux à deux.

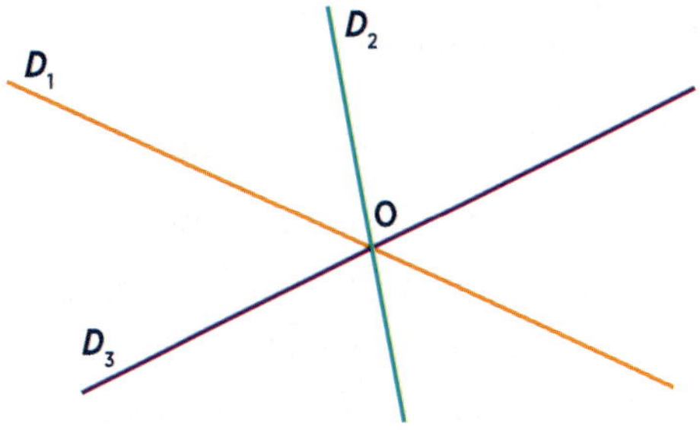

D_1, D_2 et D_3 sont concourantes en O.

B. Parties d'une droite

a. Définition d'un segment

Le **segment** [AB] est l'ensemble des points de la droite (AB) compris entre A et B.

A et B sont les extrémités de [AB].

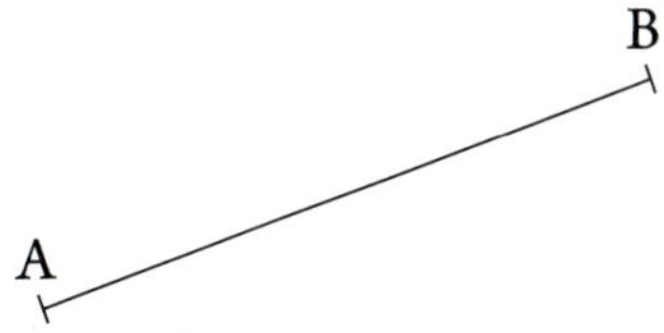

b. Définition d'une demi-droite

La **demi-droite** [AB) est l'ensemble des points de la droite (AB) situés du même côté de A que B.

A est l'origine de [AB).

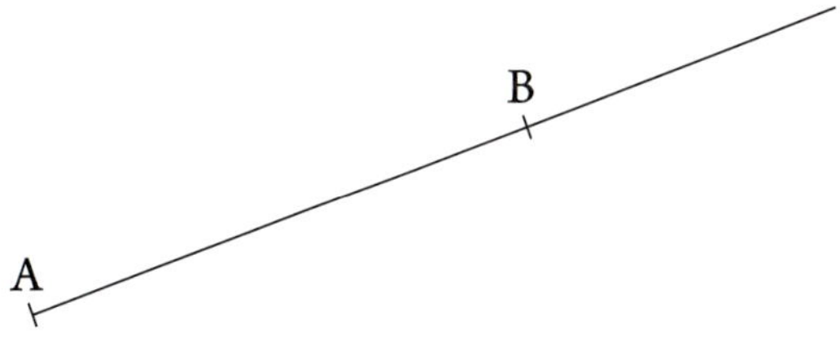

2 Positions relatives de deux droites du plan

A. Définitions

Deux droites du plan peuvent être sécantes ou non.

Si elles ne sont pas sécantes, alors ces deux droites sont soit égales (tous leurs points sont communs) soit disjointes (elles n'ont aucun point commun) : dans ces deux cas, on dit que les deux droites sont **parallèles**.

Deux droites du plan peuvent être :

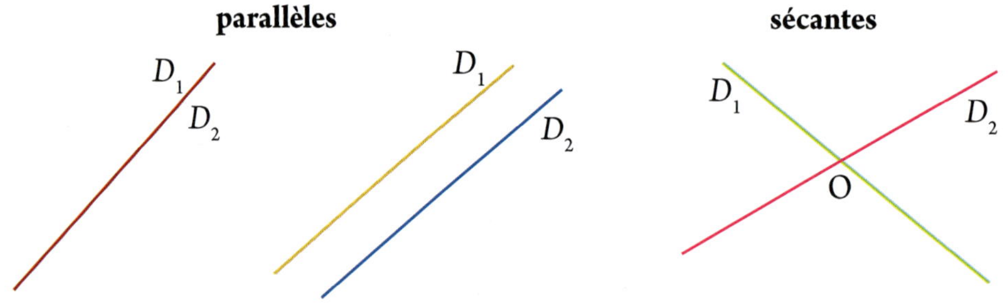

$D_1 = D_2$ droites égales D_1 et D_2 sont disjointes. D_1 et D_2 se coupent en O.

> **ZOOM**
> Toute droite est parallèle à elle-même : $D \,//\, D$.

APPLICATION 1

❶ Tracer une droite D et choisir un point A n'appartenant pas à cette droite.

❷ Construire la droite passant par A et parallèle à D en utilisant uniquement une règle non graduée et un compas. Expliquer la construction.

→Corrigé p. 135

B. Droites perpendiculaires

◗ **Définition :** Deux droites perpendiculaires sont deux droites qui se coupent en formant un **angle droit**. (Pour la notion d'angle, voir le chapitre 6.)

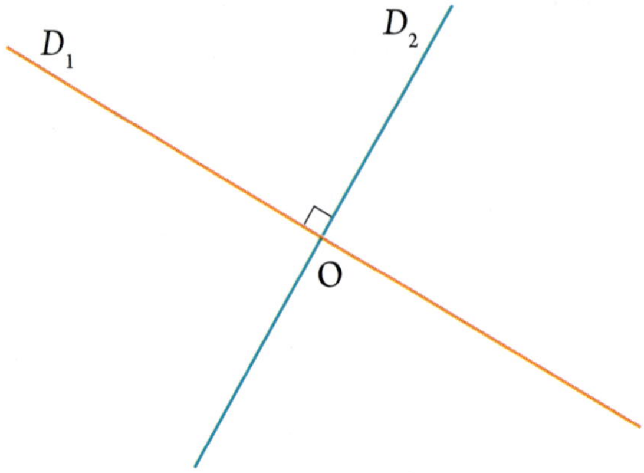

D_1 et D_2 sont perpendiculaires en O. On note $D_1 \perp D_2$.

APPLICATION 2

❶ Tracer une droite *D* et placer un point A n'appartenant pas à cette droite.

❷ Construire la droite passant par A et perpendiculaire à *D* en utilisant uniquement une règle non graduée et un compas. Expliquer la construction.

→Corrigé p. 135

C. Propriétés

a. Axiome

Étant donné un point A et une droite *D*, par A, il passe une unique droite parallèle à *D*.

b. Théorèmes

① Deux droites parallèles à une même droite sont parallèles entre elles.

$\begin{cases} \text{Si } D_1 \,//\, D_2 \\ \text{Si } D_3 \,//\, D_2 \end{cases}$ alors $D_1 \,//\, D_3$.

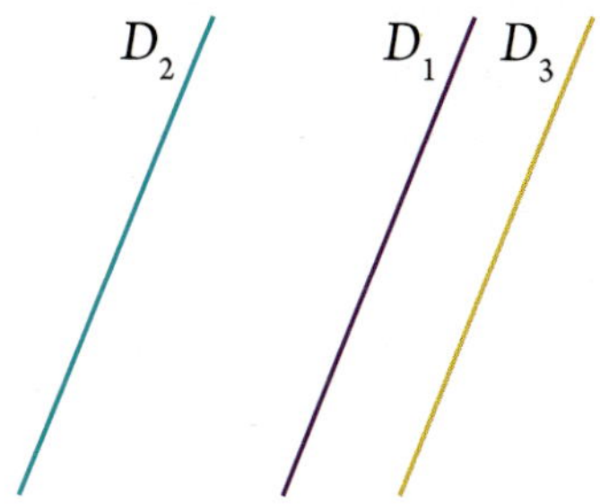

② Quand deux droites sont parallèles, alors toute droite sécante à l'une est sécante à l'autre (on dit encore que toute droite qui coupe l'une coupe l'autre).

$\begin{cases} \text{Si } D_1 \,//\, D_2 \\ \text{Si } D_3 \text{ coupe } D_1 \end{cases}$ alors D_3 coupe D_2.

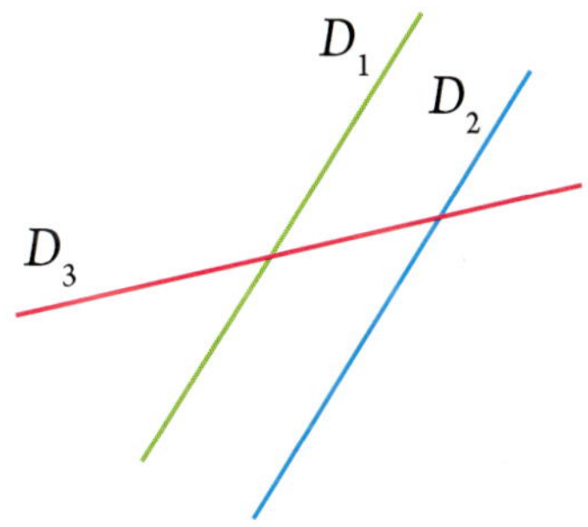

③ Quand deux droites sont parallèles, alors toute droite perpendiculaire à l'une est perpendiculaire à l'autre.

$\begin{cases} \text{Si } D_1 \,//\, D_2 \\ \text{Si } D_3 \perp D_1 \end{cases}$ alors $D_3 \perp D_2$.

④ Quand deux droites sont perpendiculaires à une même droite, alors ces deux droites sont parallèles entre elles.

$\begin{cases} \text{Si } D_1 \perp D_3 \\ \text{Si } D_2 \perp D_3 \end{cases}$ alors $D_1 \,//\, D_2$.

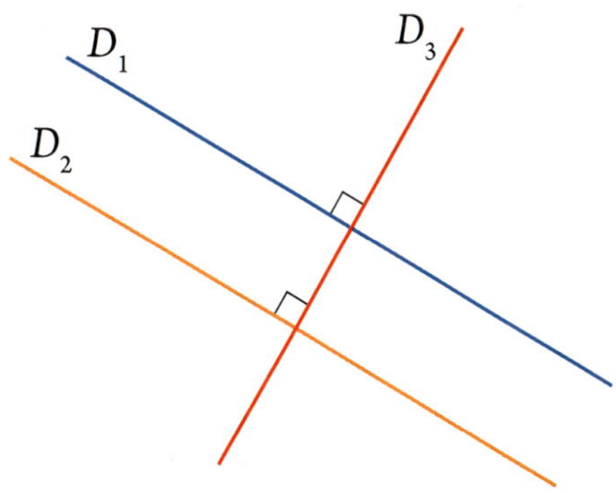

APPLICATION 3

Démontrer que dans un triangle ABC, si une droite parallèle à (BC) coupe le côté [AB], alors elle coupe aussi le côté [AC].

→Corrigé p. 136

D. Direction

▸ **Définition :** L'ensemble de toutes les droites parallèles à une droite donnée s'appelle une **direction**.

> **EXEMPLE**
> L'horizontale est une direction, la verticale est une direction.

3 Notion de longueur et de distance

A. Introduction

L'unité de longueur adoptée par le système international est le **mètre** (m), multiples (dam, hm, km) et sous-multiples (dm, cm, mm).

Mesurer la longueur d'un segment [AB], c'est déterminer le nombre de fois que l'on peut reporter une unité choisie de longueur sur ce segment. On dit « longueur d'un segment » ou « distance entre deux points ».

> **ZOOM**
> On peut choisir d'autres unités de longueur, par exemple, le « carreau » sur une page de cahier.

EXEMPLE

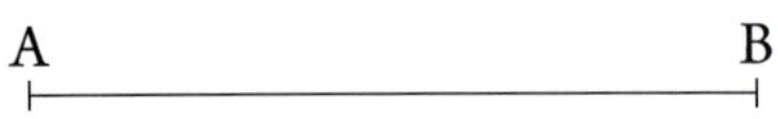

Longueur de [AB] : 5 cm

Distance entre A et B : 5

Ce qui se note AB = 5 cm ou, l'unité étant le cm, AB = 5.

B. Axiomes de distance

▸ Quels que soient les points A et B du plan :

$AB \geqslant 0$

$AB = 0 \Leftrightarrow A = B$

▸ Quels que soient les points A et B du plan :

$AB = BA$

▸ Quels que soient les points A, B et C du plan :

$AC \leqslant AB + BC$ (3')

$AC = AB + BC \Leftrightarrow B \in [AC]$ (3'')

L'axiome (3') s'appelle l'**inégalité triangulaire**. Il exprime le fait que, dans un triangle, tout côté a une longueur inférieure à la somme des longueurs des deux autres côtés.

L'axiome (3'') se lit : « La droite est le plus court chemin pour aller d'un point à un autre. »

> **ZOOM**
> Il ne faut pas confondre (AB), [AB] et AB, qui représentent respectivement la droite passant par les points A et B, le segment d'extrémités A et B et la longueur AB ou la distance entre les points A et B.

APPLICATION 4

On considère trois points A, B et C tels que AB = 6, AC = 4 et BC est un nombre entier.

❶ Déterminer toutes les valeurs possibles de BC.

❷ Faire un dessin pour chacun des cas suivant :

a. BC minimum.
b. BC maximum.
c. BC = 5.

→ Corrigé p. 137

C. Milieu d'un segment

Définition : On appelle milieu d'un segment [AB] le point I de ce segment tel que IA = IB.

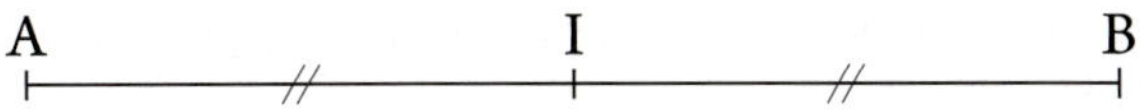

Ce qui s'écrit : I est le milieu de [AB], si et seulement si, I ∈ [AB] et IA = IB.

ZOOM

Si IA = IB, on ne peut pas conclure que I est le milieu de [AB], on peut conclure que le triangle IAB est isocèle en I ou encore que I est sur la médiatrice de [AB].

D. Médiatrice d'un segment

a. Définition

On appelle médiatrice d'un segment [AB] l'ensemble des points du plan situés à la même distance de A et de B (on dit encore équidistants de A et de B).

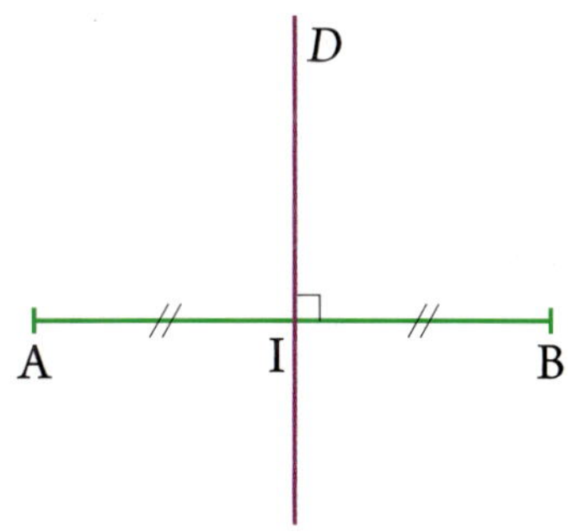

b. Théorème

La médiatrice d'un segment est la droite perpendiculaire au milieu de ce segment.

APPLICATION 5

On donne deux points A et B. Construire la médiatrice du segment [AB] en utilisant uniquement le compas et la règle non graduée. Expliquer la construction.

→ Corrigé p. 137

E. Distance d'un point à une droite

a. Définition

Soit A un point donné du plan et D une droite donnée. Soit H le point où la perpendiculaire à D issue de A coupe D. Alors la distance de A à D est la longueur AH.

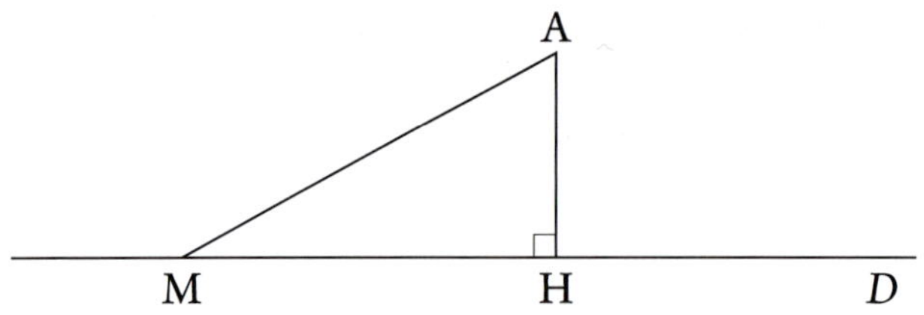

b. Théorème

Quel que soit M, point de D distinct de H, AH < AM.

H est le point de D le plus « proche » de A.

APPLICATION 6

Montrer que, dans un triangle rectangle, chacun des côtés de l'angle droit a une longueur inférieure à la longueur de l'hypoténuse.

→ Corrigé p. 138

F. Notion de cercle

a. Définition

Soit O un point donné du plan et R un nombre donné.

On appelle cercle de centre O et de rayon R l'ensemble des points du plan situés à la distance R du point O.

On note ce cercle : $\mathscr{C}$ (O ; R).

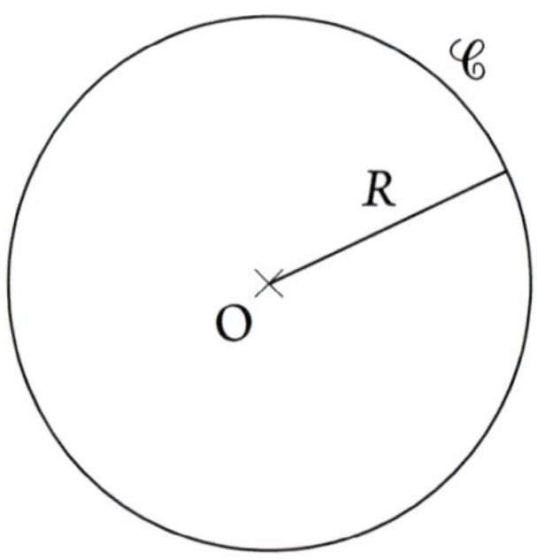

ZOOM

- Si $R = 0$, alors le cercle est réduit au seul point O.
- Le centre d'un cercle n'est pas un point de ce cercle (sauf si $R = 0$).
- De l'égalité AB = R (R nombre réel positif donné), on peut déduire que A (respectivement B) est un point du cercle de centre B (respectivement A) et de rayon R.

b. Vocabulaire

On appelle **corde** tout segment qui relie deux points du cercle.

On appelle **diamètre** toute corde passant par le centre du cercle.

On appelle **arc** toute partie du cercle comprise entre deux points de ce cercle.

On appelle **disque de centre O et de rayon *R*** l'ensemble des points du plan dont la distance à O est inférieure ou égale à *R* (c'est donc encore l'ensemble des points du plan qui sont situés à l'intérieur du cercle).

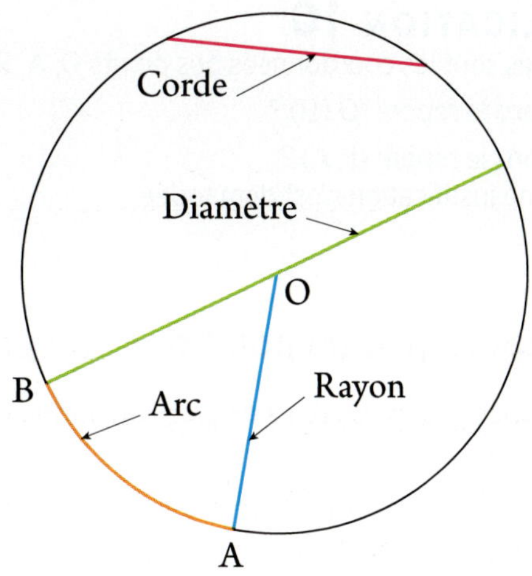

ZOOM

Le mot *rayon* peut se comprendre de deux façons : soit comme la distance OA et dans ce cas, le rayon est unique, soit comme un segment [OA], A étant un point du cercle, et dans ce cas il y a une infinité de rayons. Même remarque en ce qui concerne le mot *diamètre*.

APPLICATION 7

Démontrer que la droite passant par le centre d'un cercle et le milieu d'une de ses cordes non diamétrale est perpendiculaire à cette corde.

→ Corrigé p. 138

APPLICATION 8

On considère un cercle $\mathscr{C}$ et deux cordes [AB] et [CD] de ce cercle, telles que les droites (AB) et (CD) soient parallèles.
Démontrer que les médiatrices de ces deux cordes sont confondues.

→ Corrigé p. 138

APPLICATION 9

Deux cercles $\mathscr{C}$ et $\mathscr{C}'$, de centres O et O′, de rayons r et r' se coupent en deux points A et B.
Démontrer que la droite (OO′) est la médiatrice du segment [AB].

→ Corrigé p. 138

4 Repérage d'un point

A. Repérage d'un point sur une droite

Pour repérer un point sur une droite, on donne un couple (O ; I) de points de cette droite, nommé **repère de la droite**, tel que :

- OI = 1 ;
- le sens de déplacement de O vers I est le sens positif ;
- O est appelé **origine** du repère.

Chaque point est alors déterminé par la donnée du nombre relatif, noté x, indiquant sa distance à l'origine, et sa position par rapport à celle-ci. Ce nombre est appelé **abscisse** du point. Une telle droite munie d'un repère (O ; I) est appelée un **axe**.

EXEMPLE

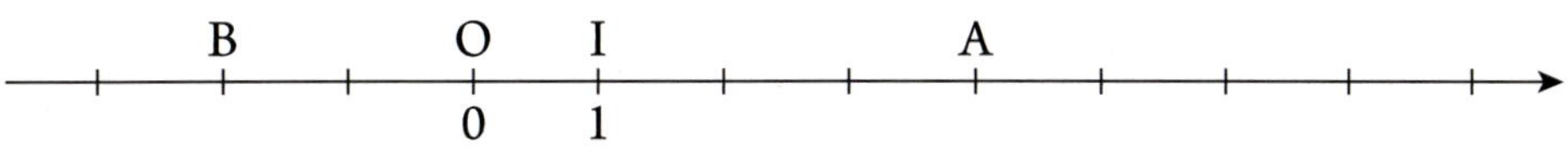

Dans le repère (O ; I) : l'abscisse de A est $x_A = 4$, l'abscisse de B est $x_B = -2$.

APPLICATION 10

Quelles sont les coordonnées des points O, A, B et I de l'exemple précédent :

❶ dans le repère (O ; B) ?

❷ dans le repère (I ; A) ?

Aucune justification n'est demandée.

→ Corrigé p. 139

B. Repérage d'un point dans un plan

Pour repérer un point dans un plan, on donne un triplet de points (O ; I ; J), appelé **repère du plan**, tel que :

- (OI) et (OJ) sont deux droites (généralement perpendiculaires) se coupant en un point O appelé origine du repère ;
- (O ; I) et (O ; J) sont les repères associés à chacune de ces deux droites.

Chaque point est déterminé par la donnée d'un couple de deux nombres, appelé couple des **coordonnées** du point. La première coordonnée est l'**abscisse** du point, notée x, la seconde est l'**ordonnée**, notée y.

EXEMPLE

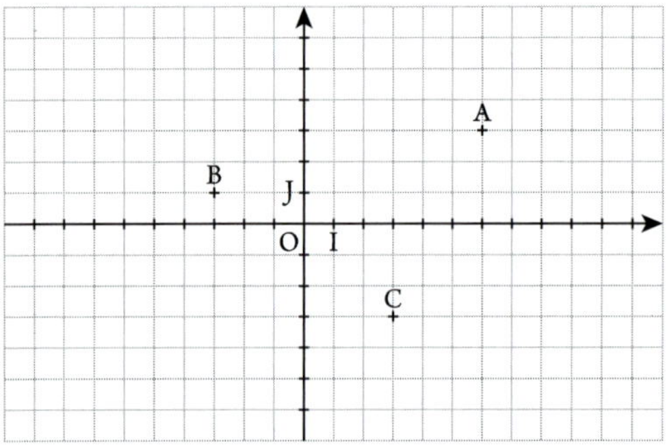

Dans le repère (O ; I ; J), les coordonnées de A sont $x_A = 6$ et $y_A = 3$.
On note : A (6 ; 3).
De même, B (– 3, 1) et C (3 ; – 3).

Les coordonnées d'un point se traduisent concrètement par le chemin que l'on suit pour arriver en ce point en partant de l'origine.

EXEMPLE

Dire que les coordonnées du point A sont (6 ; 3) dans le repère (O ; I ; J) signifie qu'en partant du point O, il suffit de se déplacer de 6 unités horizontalement vers la droite , puis de 3 unités verticalement vers le haut pour arriver au point A.

ZOOM

L'unité de longueur peut être différente sur chacun des deux axes (voir application 11, question 5).

Si (O ; I ; J) est tel que (OI) ⊥ (OJ) et OI et OJ représentent la même unité, on dit que (O ; I ; J) est un repère orthonormé ou orthonormal.

Si (O ; I ; J) est tel que (OI) ⊥ (OJ) et OI et OJ ne représentent pas la même unité, on dit que (O ; I ; J) est un repère orthogonal.

APPLICATION 11

La figure ci-contre représente un tangram. ABCD est un carré, J est le milieu de [CD], F est le milieu de [AD], E le milieu de [AH], I le milieu de [CH], G le milieu de [FJ], H le milieu de [AC], tous les triangles sont isocèles rectangles, EFGH est un carré et CJGI est un parallélogramme.

Déterminer les coordonnées de tous les points de la figure (aucune justification n'est à donner) :

❶ dans le repère (D ; C ; A).

❷ dans le repère (H ; B ; A).

❸ dans le repère (G ; I ; E).

❹ dans le repère (E ; F ; A).

❺ dans le repère (D ; J ; A).

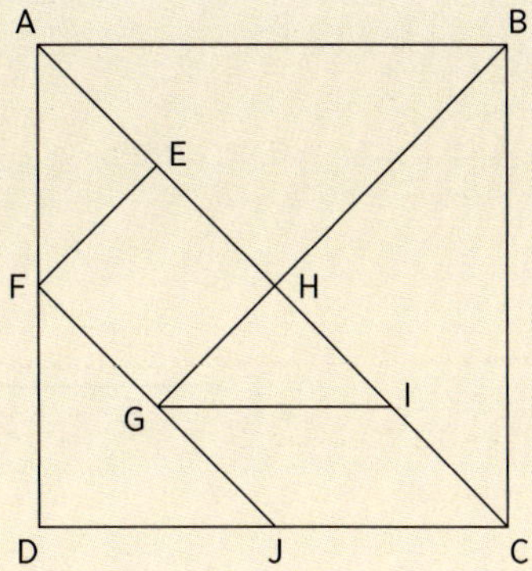

→ Corrigé p. 139

CORRIGÉS

APPLICATION 1

Ce que l'on connait : Une droite *D* et un point A n'appartenant pas à *D*.

Programme de construction :

- Choisir deux points M et N quelconques sur *D*.
- Tracer l'arc de centre N et de rayon MA.
- Tracer l'arc de centre A et de rayon MN.
- Ces deux arcs se coupent en A′.
- La droite (AA′) est la droite cherchée.

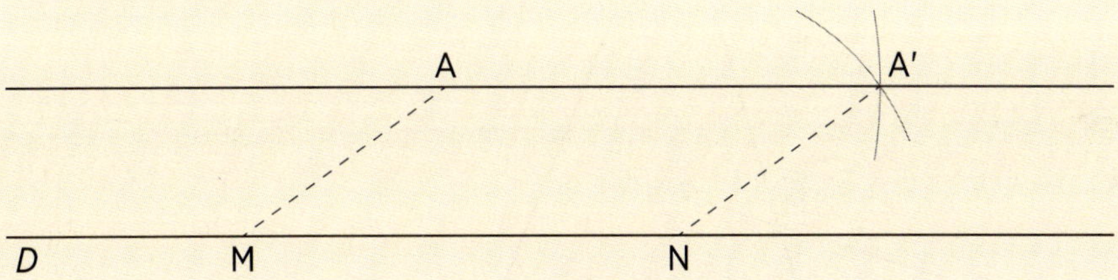

ZOOM

On a construit un parallélogramme AA′NM.

APPLICATION 2

Ce que l'on connait : Une droite *D* et un point A.

Programme de construction :

- Choisir un écartement *R* de compas.
- Tracer un arc de centre A et de rayon *R* qui coupe *D* en deux points B et C.
- Tracer un arc de centre B et de rayon *R′*, un arc de centre C de même rayon *R′*.
- Ces deux arcs se coupent en A′.

– La droite (AA′) est la droite cherchée, perpendiculaire à *D*.

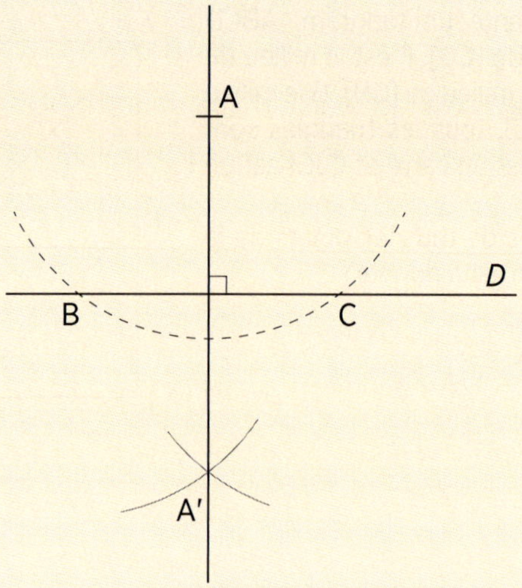

ZOOM

On a construit la médiatrice du segment [BC].

APPLICATION 3

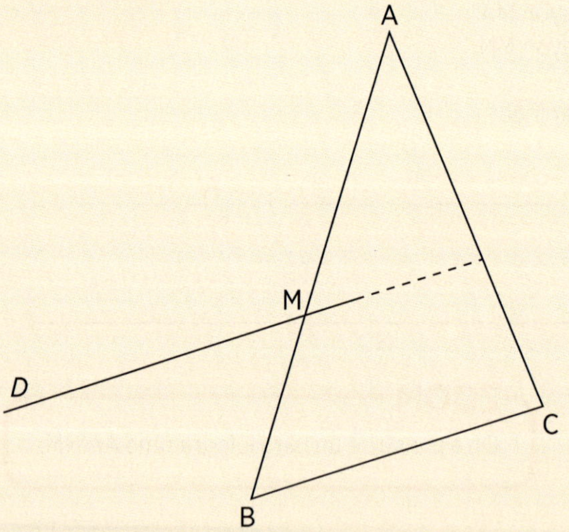

Dans le triangle ABC, soit M un point du côté [AB] et *D* la droite passant par M et parallèle à (BC).
Il n'y a que deux possibilités : soit *D* coupe (AC), soit *D* // (AC).
Supposons *D* // (AC). Comme *D* // (BC), alors (AC) // (BC), et comme ces deux droites ont le point C en commun, elles sont confondues et les points A, B et C sont alignés, ce qui est impossible. Donc la supposition est fausse et *D* coupe (AC).

APPLICATION 4

❶ D'après l'axiome de l'inégalité triangulaire :
$BC \leqslant BA + AC$, soit $BC \leqslant 10$
$AB \leqslant AC + CB$, soit $6 \leqslant 4 + BC$, soit encore $2 \leqslant BC$
Puisque, de plus, BC est un nombre entier, il peut prendre les valeurs entières comprises entre 2 et 10 (2 et 10 comprises).

❷ Les trois cas sont les suivants :

a. 

b. 

c. 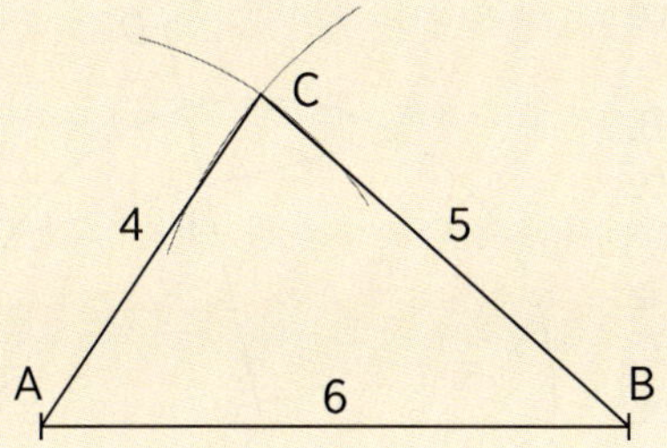

APPLICATION 5

Ce que l'on connait : les points A et B.
Programme de construction :
- Choisir un écartement *R* de compas quelconque dont la mesure de la longueur est supérieure à la moitié de la mesure de la longueur du segment.
- Tracer l'arc de centre A et de rayon *R*, puis l'arc de centre B et de rayon *R*.
- Ces deux arcs se coupent en un point I.
- Recommencer de même pour déterminer un point J (soit avec le même rayon mais placé de l'autre côté du segment, soit avec un autre rayon).
- La médiatrice cherchée est la droite (IJ).

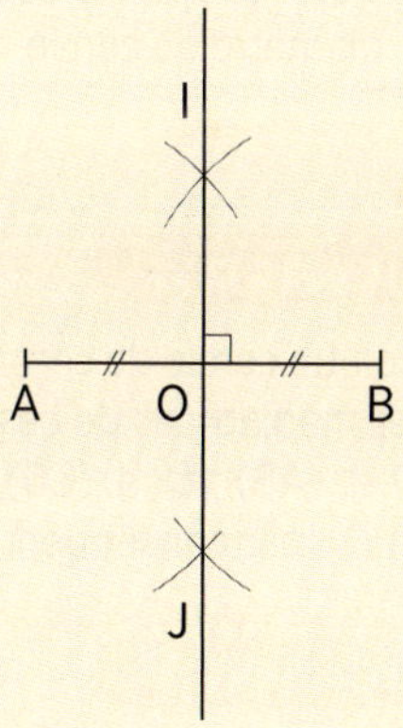

CONSEIL

Cette construction permet également :
- de déterminer le milieu du segment [AB] qui est le point d'intersection de (AB) et (IJ) ;
- de tracer une droite perpendiculaire à (AB) car (IJ) ⊥ (AB).

APPLICATION 6

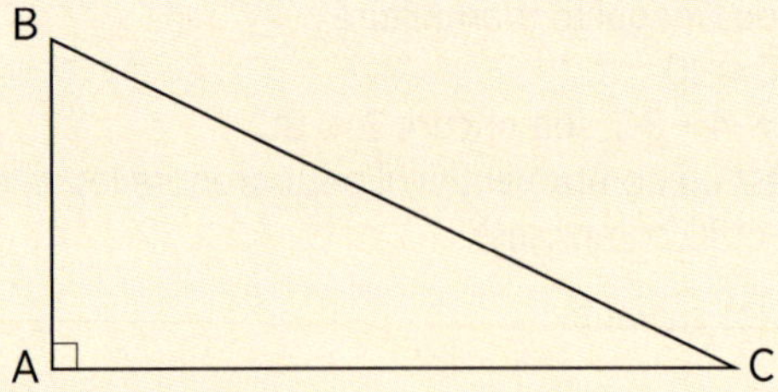

Soit un triangle ABC rectangle en A.
(BA) ⊥ (AC) : la distance du point B à la droite (AC) est donc la longueur BA. Par conséquent, BA < BC. On montre de la même façon que CA < CB.

APPLICATION 7

Soit un cercle de centre O, [AB] une corde de ce cercle, et I le milieu de [AB].
A et B sont des points du cercle, donc OA = OB, c'est-à-dire que O est un point de la médiatrice de [AB].
I est le milieu de [AB], donc I est un point de la médiatrice de [AB].
La médiatrice de [AB] est donc la droite (OI), et, par conséquent, (OI) ⊥ (AB).

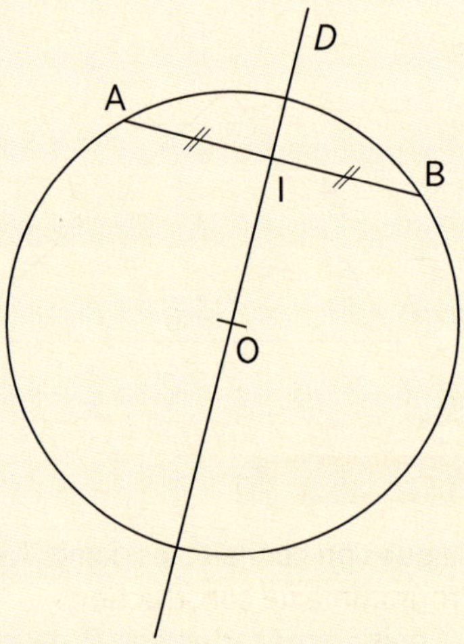

CONSEIL
Cette propriété est vraie si la corde est un diamètre du cercle.

APPLICATION 8

Soit un cercle de centre O, [AB] et [CD] deux cordes parallèles de ce cercle, D_1 et D_2, les médiatrices de ces cordes.
$D_1 \perp$ (AB) ; $D_2 \perp$ (CD), (AB) // (CD), donc $D_1 // D_2$. Or O est un point commun à D_1 et D_2, par conséquent ces deux droites sont confondues.

APPLICATION 9

A ∈ $\mathscr{C}$ et B ∈ $\mathscr{C}$, donc OA = OB (= R), et donc O est un point de la médiatrice de [AB].
A ∈ $\mathscr{C}'$ et B ∈ $\mathscr{C}'$, donc O'A = O'B (= R'), et donc O' est un point de la médiatrice de [AB].

La droite (OO′) est donc la médiatrice de [AB].

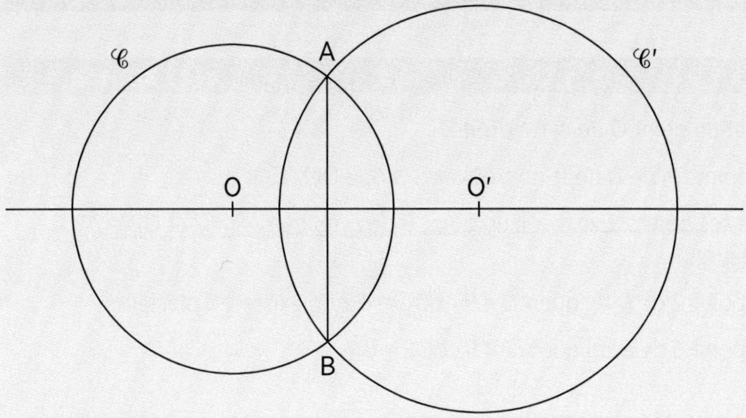

APPLICATION 10

❶ Dans le repère (O ; B) : O(0) ; A(– 2) ; B(1) ; $I\left(-\frac{1}{2}\right)$

❷ Dans le repère (I ; A) : $O\left(-\frac{1}{3}\right)$; A(1) ; B(– 1) ; I(0).

APPLICATION 11

❶ Dans le repère (D ; C ; A) : A(0 ; 1) ; B(1 ; 1) ; C(1 ; 0) ; D(0 ; 0) ; $E\left(\frac{1}{4};\frac{3}{4}\right)$; $F\left(0;\frac{1}{2}\right)$; $G\left(\frac{1}{4};\frac{1}{4}\right)$; $H\left(\frac{1}{2};\frac{1}{2}\right)$; $I\left(\frac{3}{4};\frac{1}{4}\right)$.

❷ Dans le repère (H ; B ; A) : A(0 ; 1) ; B(1 ; 0) ; C(0 ; – 1) ; D(– 1 ; 0) ; $E\left(0;\frac{1}{2}\right)$; $F\left(-\frac{1}{2};\frac{1}{2}\right)$; $G\left(-\frac{1}{2};0\right)$; H(0 ; 0) ; $I\left(0;-\frac{1}{2}\right)$.

❸ Dans le repère (G ; I ; E) : $A\left(-\frac{1}{2};\frac{3}{2}\right)$; $B\left(\frac{3}{2};\frac{3}{2}\right)$; $C\left(\frac{3}{2};-\frac{1}{2}\right)$; $D\left(-\frac{1}{2};-\frac{1}{2}\right)$; E(0 ; 1) ; $F\left(-\frac{1}{2};\frac{1}{2}\right)$; G(0 ; 0) ; $H\left(\frac{1}{2};\frac{1}{2}\right)$; I(1 ; 0).

❹ Dans le repère (E ; F ; A) : A(0 ; 1) ; B(– 2 ; – 1) ; C(0 ; – 3) ; D(2 ; – 1) ; E(0 ; 0) ; F(1 ; 0) ; G(1 ; – 1) ; H(0 ; – 1) ; I(0 ; – 2).

❺ Dans le repère (D ; J ; A) : A(0 ; 1) ; B(2 ; 1) ; C(2 ; 0) ; D(0 ; 0) ; $E\left(\frac{1}{2};\frac{3}{4}\right)$; $F\left(0;\frac{1}{2}\right)$; $G\left(\frac{1}{2};\frac{1}{4}\right)$; $H\left(1;\frac{1}{2}\right)$; $I\left(\frac{3}{2};\frac{1}{4}\right)$.

ENTRAINEMENT

EXERCICE 1 — 30 min.

Soit une droite *D* et un point O de cette droite.

❶ Combien de points M de *D* peut-on trouver tels que OM = 5 ?

❷ Soit A, l'un de ces points. Existe-t-il un point B de *D* tel que AB = 2 et OB = 7 ? En existe-t-il plusieurs ?

❸ Existe-t-il un point C de *D* tel que AC = 9 et OC = 4 ? En existe-t-il plusieurs ?

❹ Existe-t-il un point E de *D* tel que AE = 5 et OE = 8 ?

EXERCICE 2 — 30 min.

Soit A et B deux points tels que AB = 9.
Déterminer l'ensemble des points M de la droite (AB) tels que :

❶ AM + MB = 12 ❷ AM + MB = 9 ❸ AM + MB = 7

EXERCICE 3 — 30 min.

Soit ABCD un quadrilatère convexe. Démontrer que :

❶ 2AC < AB + BC + CD + DA

❷ AC + BD < AB + BC + CD + DA

❸ AD + BC < AC + BD

❹ AB + BC + CD + DA < 2(AC + BD)

❺ Énoncer chacune des propriétés démontrées.

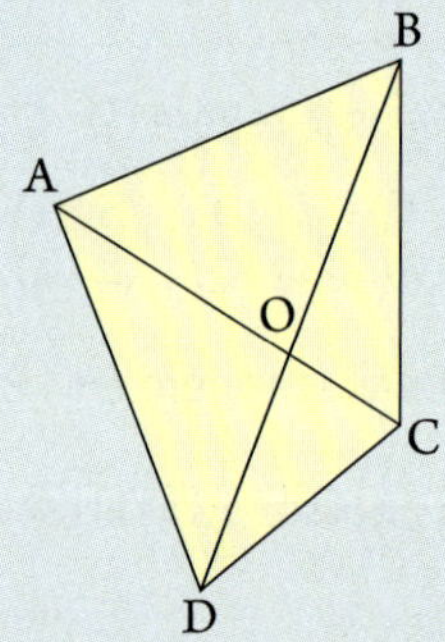

EXERCICE 4 — 15 min.

Soit deux points A et B tels que AB = 3. On veut construire un triangle ABC tel que BC > 3 et AC < 6. Trouver l'ensemble des points C solutions du problème.

EXERCICE 5 — 20 min.

On considère un segment [AB]. La médiatrice *D* de ce segment le coupe au point I. Soit E un point de *D* distinct de I.

❶ Sur la demi-droite [AE), placer le point C tel que AC = 2AE.

❷ Soit F le milieu de [BC]. Que représente la droite (EF) pour le segment [BC] ? Démontrer cette propriété.

❸ Démontrer que le cercle de centre E et de rayon EA passe par les points A, B et C.

VERS L'ORAL

EXERCICE 6

À partir de la page de manuel suivante, répondre aux questions ci-après.

1 **Observe** le code du chemin d'Archi. **Trace en rouge** le chemin que Nino va prendre pour retrouver son chapeau.

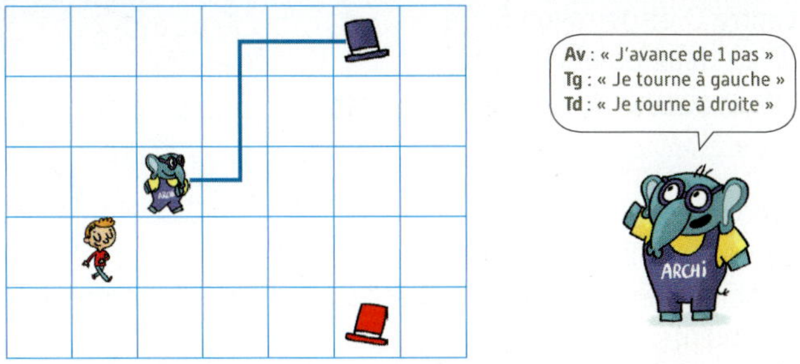

Archi : Av, Tg, Av, Av, Td, Av, Av

Nino : Av, Av, Av, Td, Av, Tg, Av

❶ À quel cycle d'apprentissage pourrait-on proposer cette situation ?
❷ Quel est l'objectif d'apprentissage ?
❸ Quelles sont les compétences visées ?
❹ Quels sont les prérequis à cette activité ?
❺ Pour quelle phase de la leçon l'exercice ci-dessous est-il le plus pertinent ? Justifier la réponse.
Phases : découverte - apprentissage - institutionnalisation du savoir (structuration des apprentissages) - consolidation - réinvestissement - évaluation - remédiation - transfert.

2 **Observe** le plan.

Complète :

La mairie se trouve en (.... ;....).

Le pont se trouve en (.... ;....).

L'école se trouve en (.... ;....).

La cabane se trouve en (.... ;....).

Trace en bleu le chemin le plus court de Nino qui va jusqu'à la piscine.
Code son déplacement :

Av, ..., ..., ..., ..., ..., ..., ..., ..., ..., ..., ...

Trace en jaune le chemin le plus court de Lali qui va à l'école.
Code son déplacement :

Av, ..., ..., ..., ..., ..., ..., ..., ..., ..., ..., ..., ..., ...

❻ Quelle(s) remédiation(s) pourrait-on proposer à un élève qui aurait des difficultés à résoudre ce type de situation mathématique ?
❼ Quelle trace écrite pourrait-on proposer pour institutionnaliser le savoir suite à ces exercices ?

CORRIGÉS

EXERCICE 1

❶ OM = 5 signifie que M appartient au cercle de centre O et de rayon 5. Ce cercle coupe *D* en deux points. Le problème a donc deux solutions.

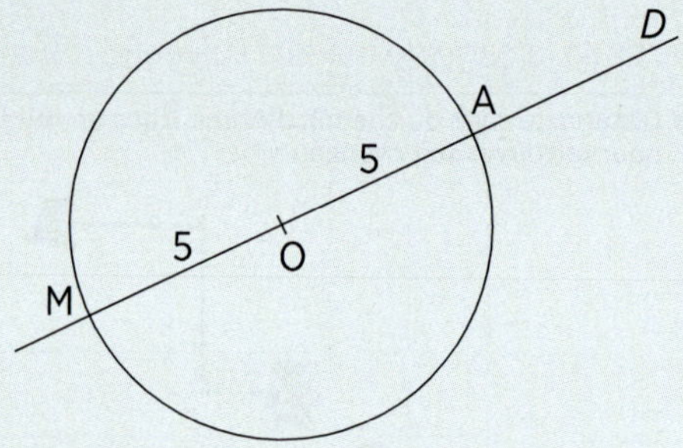

❷ A est solution du problème précédent, donc AM = 5.
Soit B le point cherché. Puisque AB = 2, B est sur le cercle de centre A et de rayon 2, qui coupe *D* en 2 points.
• Soit A ∈ [OB], alors OB = OA + AB, c'est-à-dire OB = 5 + 2 = 7, ce qui est vrai, donc le point B situé sur la demi-droite [OA) et tel que OB = 7 convient.
• Soit B ∈ [OA], alors OA = OB + BA, c'est-à-dire 5 = OB + 2, soit OB = 3 et donc ce point B ne convient pas.
Le problème n'a qu'une solution.

❸ Soit C le point cherché. Puisque AC = 9, C est sur le cercle de centre A et de rayon 9, qui coupe *D* en 2 points.
• Soit A ∈ [OC], alors OC > OA, donc OC > 5, un tel point ne convient pas.
• Soit O ∈ [AC], alors AC = AO + OC, c'est-à-dire 9 = 5 + OC, soit OC = 4, ce point C convient, et le problème possède une solution.

❹ Puisque AE = 5, E est sur le cercle de centre A et de rayon 5, qui coupe *D* en 2 points, dont le point O. E ne peut être en O, car, dans ce cas, OE = 0, ce qui ne convient pas. Dans l'autre cas, A ∈ [OE], donc OE = OA + AE, c'est-à-dire
OE = 5 + 5 = 10, ce qui ne convient pas. Finalement, ce problème n'a pas de solution.

EXERCICE 2

❶ Comme AM + MB > AB, donc M ∉ [AB].
Soit A ∈ [MB], alors MB = MA + AB, soit 12 – AM = AM + 9 et AM = $\frac{3}{2}$: ce point M est une solution.
Soit B ∈ [AM], alors AM = AB + BM, soit AM = 9 + BM
12 – BM = 9 + BM et finalement BM = $\frac{3}{2}$: ce point M est une deuxième solution.

On obtient :

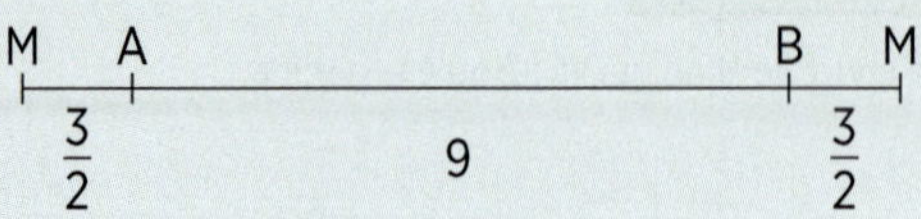

❷ Comme AB = 9, la condition s'écrit AM + MB = AB. Le problème a une infinité de solutions, car tout point du segment [AB] convient.

❸ Soit M ∈ [AB], alors AM + MB = 9 : aucun point de ce segment ne convient.
Soit A ∈ [MB], alors MB = MA + AB, soit MB > 9 : pas de solution.
Soit B ∈ [AM], alors AM = AB + BM, soit AM > 9 : pas de solution.

EXERCICE 3

❶ B ∉ [AC], donc AC < AB + BC. D ∉ [AC], donc AC < AD + DC.
On ajoute membre à membre : 2AC < AB + BC + CD + DA (1).

❷ On montre de la même façon : 2BD < AB + BC + CD + DA (1′).
En ajoutant membre à membre (1) et (1′) :
2AC + 2BD < 2(AB + BC + CD + DA).
D'où AC + BD < AB + BC + CD + DA (2).

❸ O ∉ [AD], donc AD < AO + OD. O ∉ [BC], donc BC < BO + OC.
En ajoutant membre à membre : AD + BC < AO + OD + BO + OC.
Or O ∈ [AC], donc AO + OC = AC, et O ∈ [BD], donc BO + OD = BD.
Finalement, AD + BC < AC + BD (3).

❹ On montre de la même façon : AB + CD < AC + BD (4).
En ajoutant membre à membre (3) et (4) : AB + BC + CD + DA < 2(AC + BD).

❺ Dans un quadrilatère convexe :
(1) La longueur d'une diagonale est inférieure au demi-périmètre de ce quadrilatère.
(2) La somme des longueurs des diagonales est inférieure au périmètre de ce quadrilatère.
(3) La somme des longueurs de deux côtés opposés est inférieure à la somme des longueurs des deux diagonales.
(4) Le demi-périmètre est inférieur à la somme des longueurs des diagonales.

EXERCICE 4

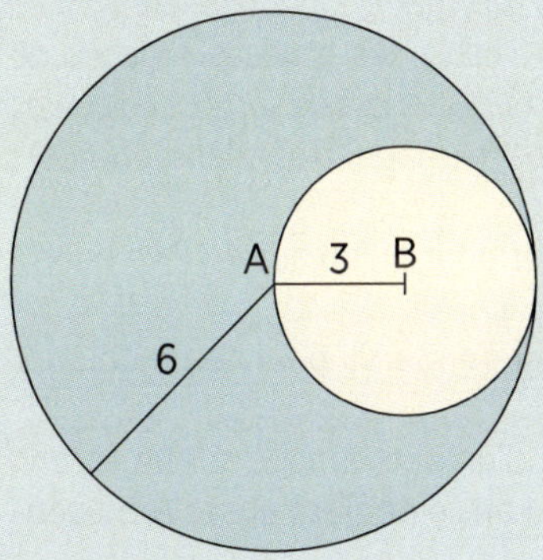

BC > 3 signifie : C est à l'extérieur du cercle de centre B et de rayon 3.
AC < 6 signifie : C est à l'intérieur du cercle de centre A et de rayon 6.
Les points solutions du problème sont les points situés dans la partie bleue du dessin.

EXERCICE 5

❶

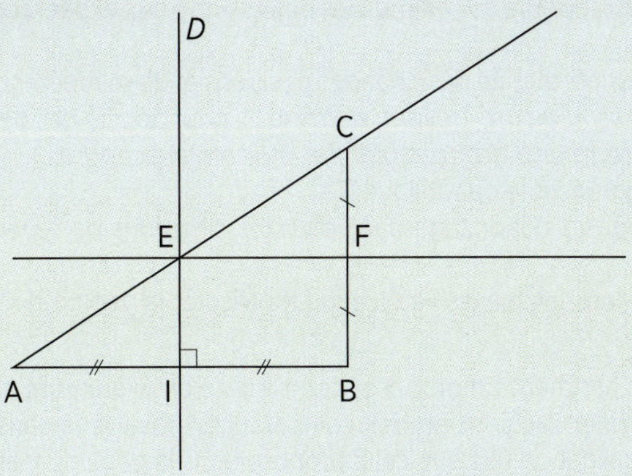

❷ On voit que (EF) est la médiatrice du segment [BC].

Démonstration :
AC = 2AE et C ∈ [AE), donc E milieu de [AC] et donc EA = EC.
Comme E est sur la médiatrice de [AB], donc EA = EB.
On en déduit que EB = EC, c'est-à-dire que E est un point de la médiatrice de [BC].
Puisque F est le milieu de [BC], donc F est un point de la médiatrice de [BC].
La droite (EF) est donc la médiatrice de [BC].

❸ D'après la question précédente : EA = EB = EC, ce qui signifie que le cercle de centre E et de rayon EA passe par les points A, B et C.

VERS L'ORAL

EXERCICE 6

❶ Cette situation est à proposer au cycle 2.

❷ L'objectif d'apprentissage est de coder et réaliser des déplacements.

❸ Les compétences visées sont :
- (se) repérer et (se) déplacer en utilisant des repères et des représentations ;
- se repérer dans son environnement proche ;
- situer des objets ou des personnes les uns par rapport aux autres ou par rapport à d'autres repères : vocabulaire permettant de définir des positions (*gauche, droite, au-dessus, en dessous, sur, sous, devant, derrière, près, loin, premier plan, second plan, nord, sud, est, ouest*, etc.) ; vocabulaire permettant de définir des déplacements (*avancer, reculer, tourner à droite/à gauche, monter, descendre*, etc.) ;
- produire des représentations des espaces familiers (l'école, les espaces proches de l'école, le village, le quartier) et moins familiers (découverts/vécus lors de sorties scolaires) ;
- connaitre quelques modes de représentation de l'espace (maquettes, plans, photos) ;
- s'orienter et se déplacer en utilisant des repères ;
- réaliser des déplacements dans l'espace et les coder pour qu'un autre élève puisse les reproduire ;
- produire des représentations d'un espace restreint et s'en servir pour communiquer des positions ;
- programmer les déplacements d'un robot ou ceux d'un personnage sur un écran : repères spatiaux ; relations entre l'espace dans lequel on se déplace et ses représentations.

❹ Les prérequis à cette activité sont :
- savoir situer des objets par rapport à soi-même, des objets entre eux et par rapport à un objet repère ;
- connaitre le vocabulaire permettant de désigner des positions et de se repérer dans l'espace (*en dessous, au-dessus, à côté, devant, derrière...*), pour décrire des déplacements (*avancer, reculer, tourner à droite, à gauche, monter, descendre...*) ;
- être familiarisé avec le tangram et le quadrillage ;
- avoir été confronté au support quadrillage dans diverses situations de repérage dans l'espace ;
- avoir vécu des situations dans lesquelles l'éducation motrice et la géométrie sont étroitement liées.

❺ **Piste de leçon.** Il serait pertinent de proposer cet exercice en **évaluation sommative** car il permet de vérifier l'acquisition des compétences travaillées dans les différents exercices de consolidation tels que celui proposé dans la page de manuel analysée. En effet, les compétences de repérage, de codification de déplacement et d'orientation doivent être réinvesties pour pouvoir réussir la tâche demandée.

❻ **Remédiations possibles :** pour un élève qui éprouverait des difficultés à réaliser cet exercice, l'enseignant pourrait proposer une situation concrète dans la cour de récréation pour lui permettre de modéliser celle-ci par un vécu.
Point de vigilance : l'élève devra néanmoins effectuer le cheminement réflexif pour passer de ce vécu en 3D à la représentation en 2D de cette même situation.

Exemple :
« Le carré magique » dans la cour de récréation (source : CD-Rom, *Les Chemins de la forme : aménagement des cours d'école cycle 1*, Hervé Ovigeur, Françoise Durnerin et Franky Bianco de l'académie de Lille).

COMPÉTENCES	**ATELIER : LE CARRÉ MAGIQUE**
EPS : se repérer et se déplacer dans l'espace. Décrire ou représenter un parcours simple. **Mathématiques :** découvrir les formes géométriques simples (rond, carré, triangle) et les couleurs.	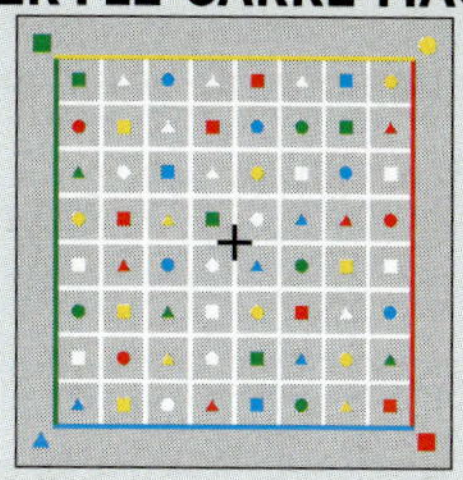

❼ **Trace écrite pour « se repérer sur un quadrillage »**
Pour se repérer sur un quadrillage, il est important de bien observer les **colonnes** (verticales) et les **rangées** (horizontales) formant celui-ci.

Dans ce quadrillage, les colonnes (verticales) sont nommées par des lettres : A, B, C, D, E et F et les rangées (horizontales) sont nommées par des chiffres de 1 à 6.

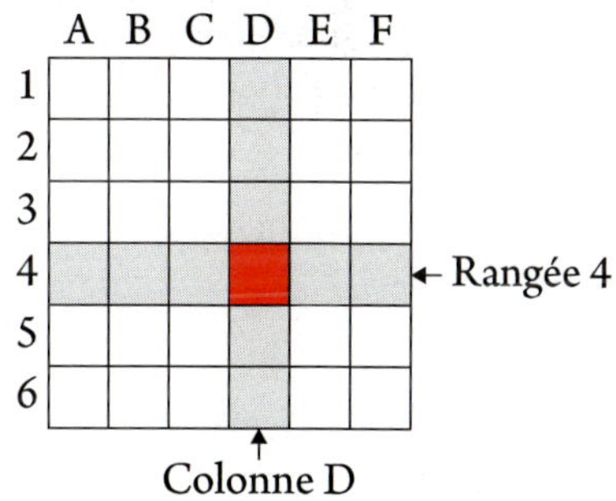

La **case** rouge, correspondant au croisement de la colonne D et de la rangée 4, est donc codée D4.

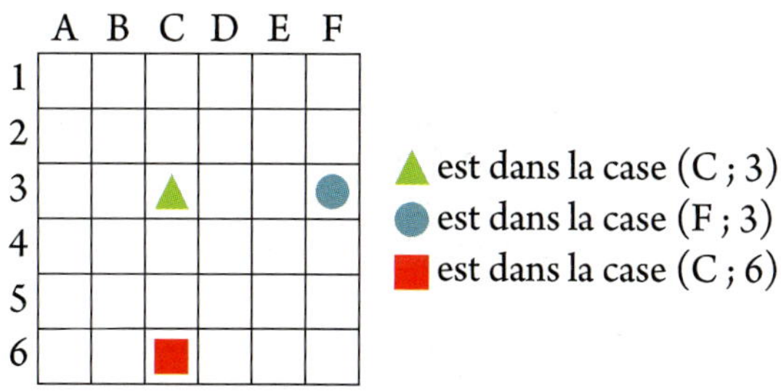

Remarque : ▲ et ● sont alignés,
ces deux figures étant dans la même rangée n°3

CONSEIL DU FORMATEUR

Les rangées du quadrillage peuvent aussi être appelées lignes. Néanmoins, pour éviter les confusions avec les lignes horizontales et les lignes verticales permettant de repérer un nœud dans un quadrillage, on privilégiera le terme « rangées ». Il est cependant conseillé de le dire aux élèves pour qu'ils sachent que les deux termes peuvent être utilisés.

Trace écrite pour « se déplacer dans le quadrillage »

Comme pour le repérage dans un quadrillage, on peut se déplacer de **nœud en nœud** ou de **case en case**. Dans les deux cas, on code le chemin avec des flèches indiquant la direction à prendre.

Pour se déplacer de nœud en nœud

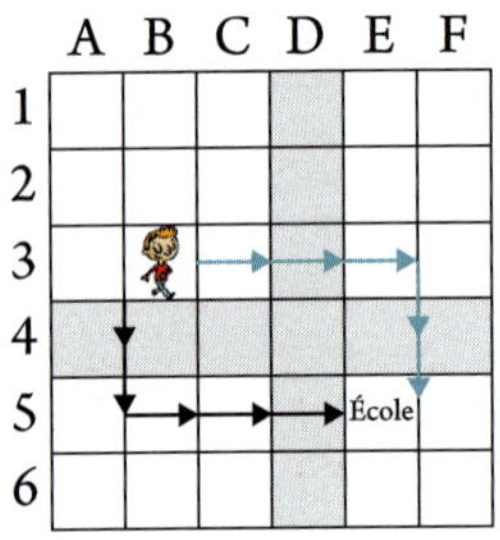

Pour aller à l'école, Nino peut prendre ce chemin :

Ou celui-là

D'autres chemins sont bien sûr possibles.

Pour se déplacer de case en case

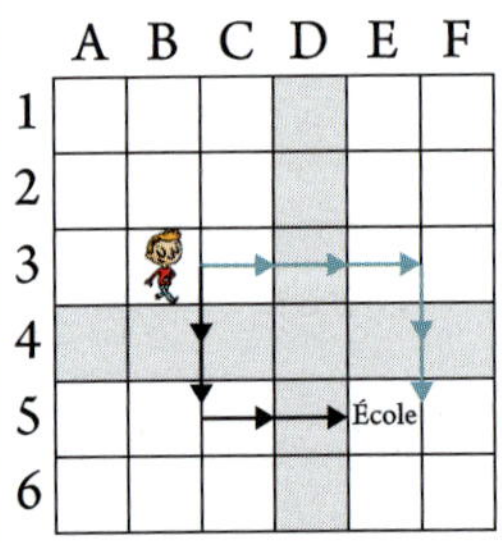

Pour aller à l'école, Nino peut prendre ce chemin :

Trouve un autre chemin.

On peut éventuellement compléter cette trace écrite par l'exemple de codage ci-dessous.

On peut aussi indiquer le chemin à prendre en codant ainsi les directions à suivre :
Av = Avancer droit devant
Td = Tourner à droite
Tg = Tourner à gauche

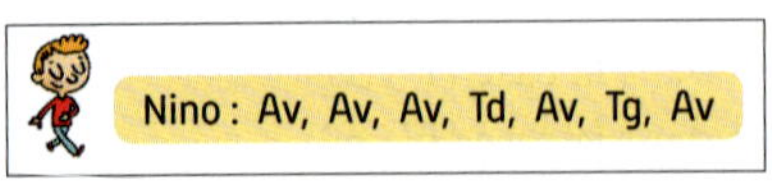

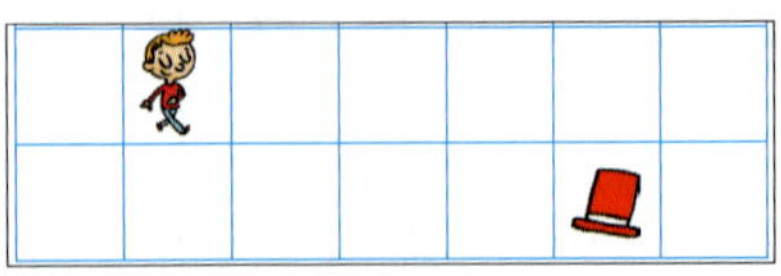

Des questions supplémentaires à propos de l'articulation savoirs disciplinaires-savoirs enseignés sont disponibles en ligne sur : www.vuibert.fr/site/210750

6 Angles

AUTOÉVALUATION

Pour chaque question, il peut y avoir plusieurs bonnes réponses.

❶ D'après le dessin suivant, $\widehat{A1}$ et $\widehat{A4}$ sont :

- ☐ **a.** alternes-internes
- ☐ **b.** correspondants
- ☐ **c.** supplémentaires
- ☐ **d.** quelconques

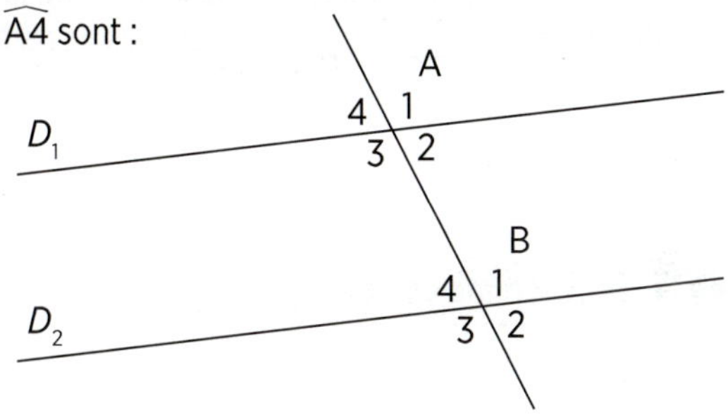

❷ Sachant que sur le dessin précédent, D_1 // D_2 et $\widehat{A3}$ = 110°, alors la mesure de $\widehat{B1}$ est :

- ☐ **a.** 50°
- ☐ **b.** 110°
- ☐ **c.** 230°
- ☐ **d.** On ne peut pas savoir.

❸ Chaque angle au sommet d'un décagone régulier mesure :

- ☐ **a.** 120°
- ☐ **b.** 125°
- ☐ **c.** 130°
- ☐ **d.** 144°

On pourra faire un dessin à main levée et décomposer le décagone à l'aide de triangles.

❹ Dans le carré ci-contre, l'angle $\widehat{a}$ mesure :

- ☐ **a.** 72°
- ☐ **b.** 75°
- ☐ **c.** 70°
- ☐ **d.** 80°

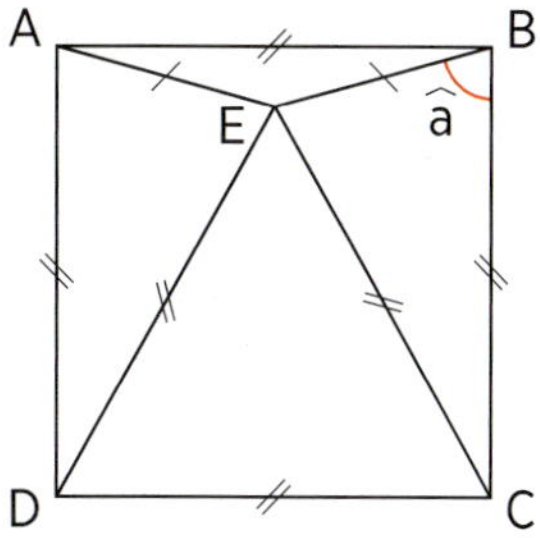

❺ ABC est un triangle isocèle et l'angle $\widehat{A}$ de ce triangle mesure 50°.
L'angle $\widehat{B}$ de ce triangle peut mesurer :

- ☐ **a.** 50°
- ☐ **b.** 80°
- ☐ **c.** 65°
- ☐ **d.** 130°

CONSEILS

Les exercices proposés dans ce QCM nécessitent deux connaissances importantes.

- Première connaissance : les relations entre les angles formés par deux droites parallèles coupées par une sécante, par exemple les angles alternes-internes.
- Deuxième connaissance : la somme des angles d'un triangle est égale à 180°. Le triangle (et particulièrement le triangle rectangle, car tout triangle non rectangle peut se décomposer en deux triangles rectangles) a une grande importance en géométrie, car tout polygone peut se décomposer en triangles (question 3). Autre conséquence de la première connaissance : chaque angle d'un triangle équilatéral vaut 60° (question 4).

Savoir que les réponses aux questions posées ne sont pas toujours « instantanées » est également important (chercher des valeurs d'angle de proche en proche permet de répondre à la question 4).

Enfin, savoir raisonner en distinguant différents cas possibles est une connaissance exigeant à la fois rigueur et créativité (question 5). Résoudre un problème mathématique, c'est aussi trouver toutes les réponses possibles à une question posée.

CORRIGÉS

❶ **c.** Leur somme est 180°.

❷ **b.** Car ce sont deux angles alternes-internes.

❸ **d.** Tout décagone peut se décomposer en 8 triangles. La somme des angles de ces triangles est 8 × 180° = 1 440°. Or, dans un décagone régulier, les 10 angles ont tous la même mesure. Donc, un angle au sommet d'un décagone régulier vaut 144°.

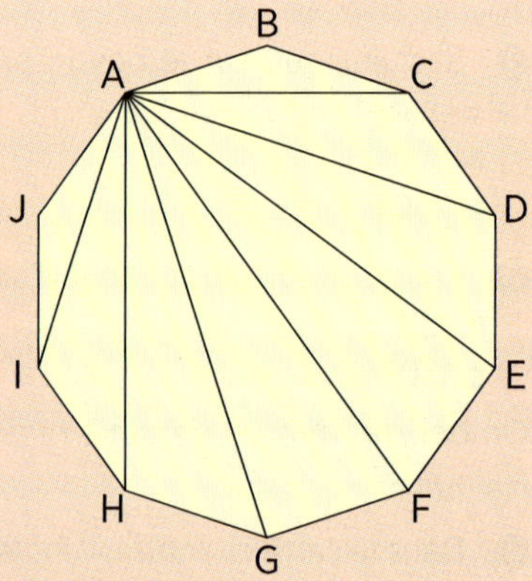

❹ **b.** Le triangle CED est équilatéral, donc $\widehat{ECD} = 60°$. D'où $\widehat{BCE} = 90° - 60° = 30°$.

Le triangle BCE est isocèle en C, donc $\widehat{a} = \frac{1}{2}(180° - 30°)$. Soit $\widehat{a} = 75°$.

❺ **a.**, **b.** et **c.**

Soit ABC est isocèle en A, alors $\widehat{A} = 50°$ et $\widehat{B} = \widehat{C} = \frac{1}{2}(180° - 50°) = 65°$.

Soit ABC est isocèle en B, alors $\widehat{C} = \widehat{A} = 50°$ et $\widehat{B} = 180° - 100° = 80°$.

Soit ABC est isocèle en C, alors $\widehat{B} = \widehat{A} = 50°$.

COURS

Compétence à maitriser pour le concours :

- **Utiliser les notions de géométrie plane pour démontrer** (définition, classification et mesure des angles ; caractérisation angulaire du parallélisme : angles alternes-internes, angles correspondants ; somme des angles d'un triangle ; lignes trigonométriques dans le triangle rectangle : cosinus, sinus, tangente).

1 Définition

Un **angle** est l'ensemble des points du plan compris entre deux demi-droites de même origine.

EXEMPLE

L'angle $\widehat{AOB}$

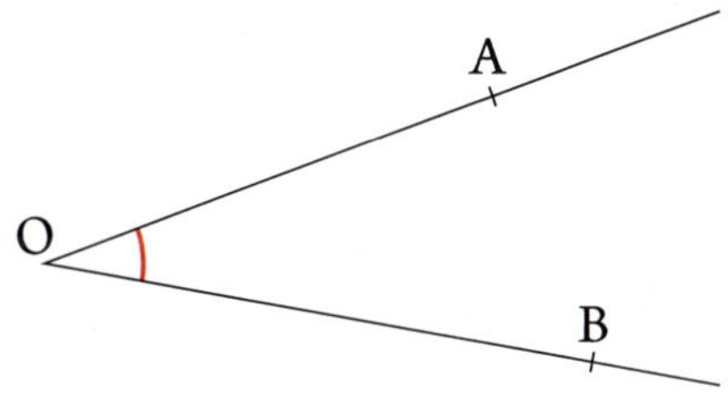

APPLICATION 1

Tracer un angle $\widehat{xOy}$ quelconque. Placer un point A n'appartenant pas à cet angle. Construire un angle de sommet A égal à $\widehat{xOy}$ en utilisant uniquement la règle non graduée et le compas.

→ Corrigé p. 155

2 Classification des angles

Une demi-droite est appelée **angle nul**, un quart de plan est appelé **angle droit**, un demi-plan est appelé **angle plat** et le plan est appelé **angle plein**.

Les principaux angles

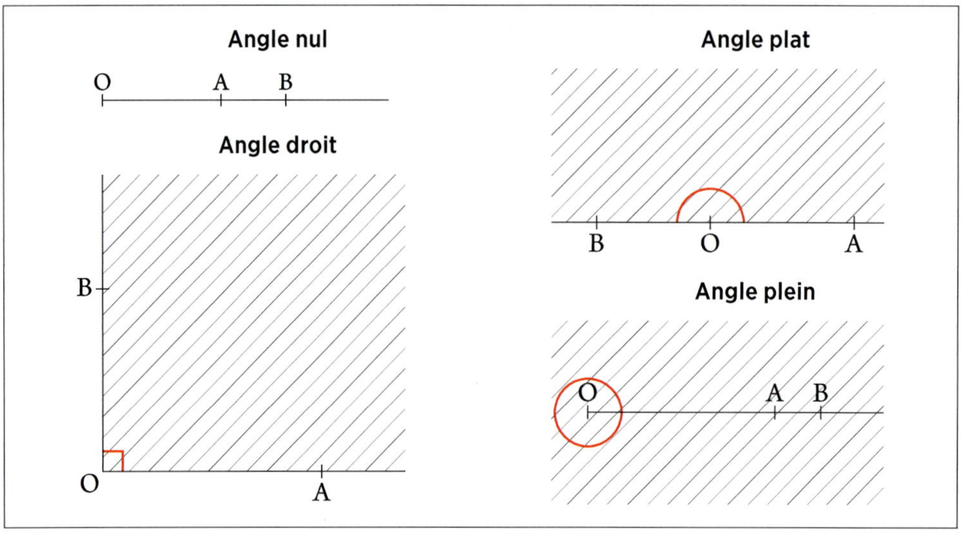

La classification des angles

Angle

- **rentrant** : Plus grand qu'un angle plat
- **saillant** : Plus petit qu'un angle plat
  - **aigu** : Plus petit qu'un angle droit
  - **obtus** : Plus grand qu'un angle droit

3 Mesure d'un angle

L'unité de mesure d'angle est le **degré**. Un degré s'obtient en partageant un angle plein (le plan) en 360 parties égales : un degré est la mesure d'une de ces parties.

Un **angle plat** mesure **180°** et un **angle droit** mesure **90°**.

4 Positions possibles de deux angles

A. Angles adjacents

Deux angles adjacents ont :

- le **même sommet** ;
- un **côté commun**.

Ils sont situés de part et d'autre de ce côté commun.

EXEMPLE

$\widehat{xOy}$ et $\widehat{yOz}$ sont deux angles adjacents.

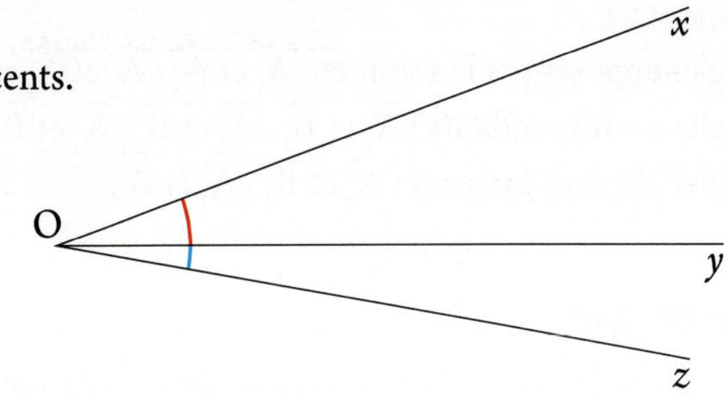

B. Angles opposés (par le sommet)

Deux angles opposés sont deux angles dont les côtés sont dans le prolongement l'un de l'autre. Deux **angles opposés** sont **égaux**.

EXEMPLE

$\widehat{AOB}$ et $\widehat{COD}$ sont opposés par le sommet : $\widehat{AOB} = \widehat{COD}$.

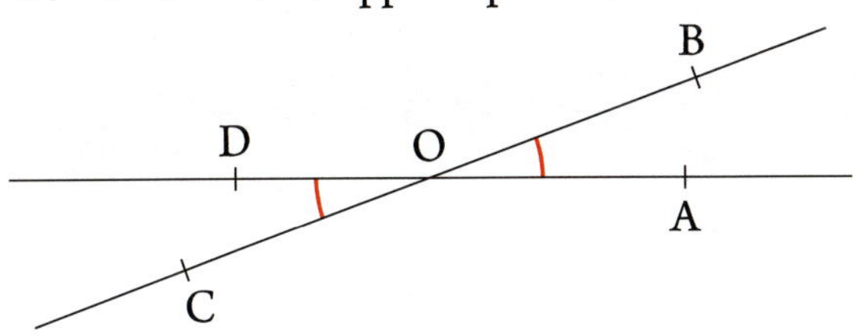

C. Angles complémentaires et supplémentaires

Deux angles **complémentaires** sont **deux angles dont la somme est 90°**.

EXEMPLE

Dans un triangle rectangle, les angles aigus sont complémentaires.

Deux angles **supplémentaires** sont **deux angles dont la somme est 180°**.

5 Droites sécantes, droites parallèles et angles

A. Définitions

Deux droites D_1 et D_2 sont coupées par une sécante D en deux points A et B.

Deux **angles correspondants** sont situés d'un même côté de la sécante, non adjacents, l'un entre les deux droites et l'autre à l'extérieur.

Deux **angles alternes-internes** sont situés de part de d'autre de la sécante, entre les deux droites et non adjacents.

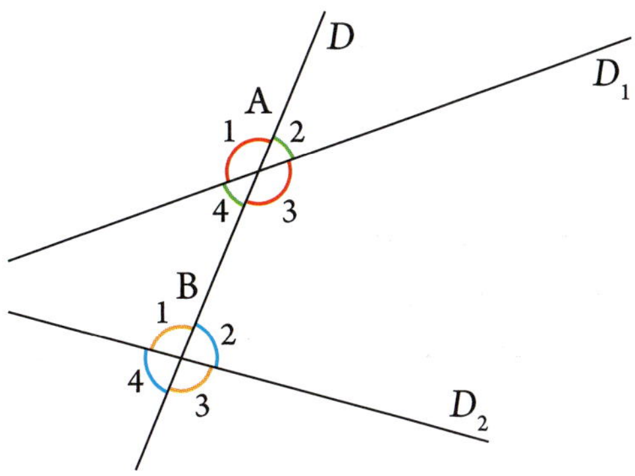

EXEMPLES
Angles opposés par le sommet : $\widehat{A_1}$ et $\widehat{A_3}$; $\widehat{A_2}$ et $\widehat{A_4}$; $\widehat{B_1}$ et $\widehat{B_3}$; $\widehat{B_2}$ et $\widehat{B_4}$.
Angles correspondants : $\widehat{A_1}$ et $\widehat{B_1}$; $\widehat{A_2}$ et $\widehat{B_2}$; $\widehat{A_3}$ et $\widehat{B_3}$; $\widehat{A_4}$ et $\widehat{B_4}$.
Angles alternes-internes : $\widehat{A_4}$ et $\widehat{B_2}$; $\widehat{A_3}$ et $\widehat{B_1}$.

B. Théorème

Lorsqu'une droite coupe deux droites parallèles, elle détermine :
- deux angles alternes-internes égaux ;
- deux angles correspondants égaux.

C. Théorème (réciproque)

Lorsqu'une droite coupe deux droites D_1 et D_2 en formant deux angles alternes-internes (ou correspondants) égaux, alors D_1 et D_2 sont parallèles.

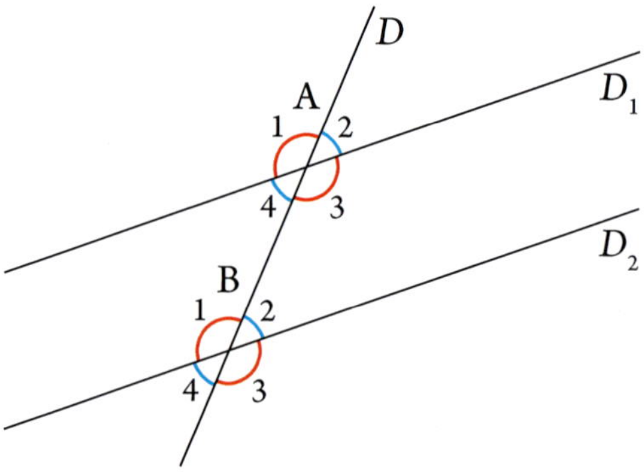

EXEMPLE
Si D_1 // D_2, alors $\widehat{A_1} = \widehat{B_1}$ car ces deux angles sont correspondants.
Si $\widehat{A_1} = \widehat{B_1}$, alors D_1 // D_2.

6 Angles et triangles

A. Théorème 1

La **somme des angles d'un triangle est égale à 180°**.
Dans un triangle ABC : $\widehat{A} + \widehat{B} + \widehat{C} = 180°$.

Conséquences
- Si ABC est un **triangle équilatéral**, alors $\widehat{A} = \widehat{B} = \widehat{C} = 60°$.
  Si dans un triangle ABC, $\widehat{A} = \widehat{B} = \widehat{C}$, alors ABC est équilatéral.
- Si ABC est un **triangle rectangle** en A, alors $\widehat{B}$ et $\widehat{C}$ sont complémentaires.
  La réciproque est vraie.

B. Autres théorèmes

- Les **angles à la base** d'un **triangle isocèle** sont égaux.
  Si ABC est isocèle en A, alors $\widehat{B} = \widehat{C}$.
  Si dans un triangle ABC, $\widehat{B} = \widehat{C}$, alors ce triangle est isocèle en A.
- Si ABC un **triangle rectangle isocèle** en A. Alors $\widehat{B} = \widehat{C} = 45°$.
  La réciproque est vraie.

APPLICATION 2

On donne la figure ci-contre telle que :

- ABF est un triangle rectangle isocèle en A ;
- FCD est un triangle équilatéral ;
- la droite (DE) est perpendiculaire à la droite (AF) ;
- $\widehat{FBC} = 110°$; $\widehat{BCF} = 45°$.

❶ Déterminer la mesure en degrés de l'angle $\widehat{BFA}$.

❷ Montrer que $\widehat{BFC} = 25°$.

❸ Calculer la mesure en degrés des angles $\widehat{DFE}$ et $\widehat{FDE}$.

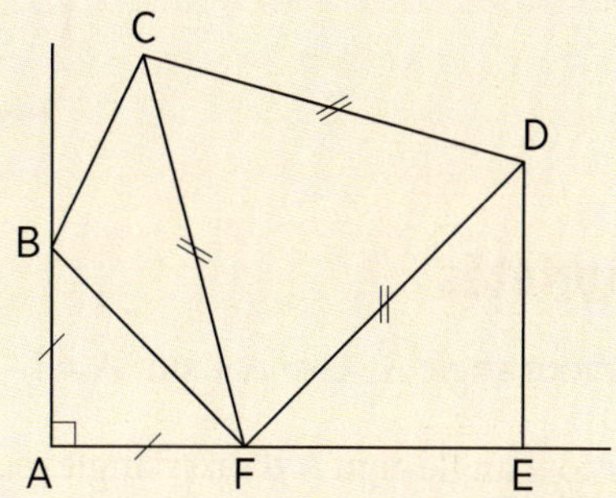

→ Corrigé p. 155

7 Notion de trigonométrie

Le mot *trigonométrie* vient du grec : *tri* signifie « trois », *gonos* « angle » et *metron* « mesure ». La trigonométrie consiste en la mesure des angles d'un triangle et détermine les relations existant entre la mesure des angles d'un triangle et la longueur de ses côtés.

A. Rapports trigonométriques dans un triangle rectangle

Étant donné un angle de mesure x, on peut définir son **cosinus**, noté cos x, son **sinus**, noté sin x, et sa **tangente**, notée tan x.

cos x, sin x et tan x sont des nombres réels (**sans unité**) que l'on appelle rapports trigonométriques de l'angle de mesure x.

Ces trois nombres se définissent et se calculent à partir d'un triangle rectangle.

$$\cos x = \frac{\text{côté adjacent}}{\text{hypoténuse}} \qquad \sin x = \frac{\text{côté opposé}}{\text{hypoténuse}} \qquad \tan x = \frac{\text{côté opposé}}{\text{côté adjacent}}$$

EXEMPLE

Dans le triangle ABC rectangle en A :

$\cos \widehat{B} = \dfrac{BA}{BC}$

$\sin \widehat{B} = \dfrac{AC}{BC}$

$\tan \widehat{B} = \dfrac{AC}{AB}$

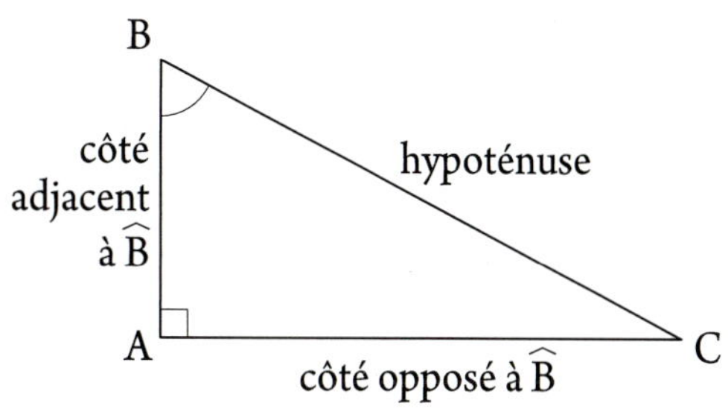

CONSEIL

Il existe un moyen mnémotechnique pour retenir ces trois formules :

SOH CAH TOA

Sinus = $\frac{\text{Opposé}}{\text{Hypoténuse}}$ Cosinus = $\frac{\text{Adjacent}}{\text{Hypoténuse}}$ Tangente = $\frac{\text{Opposé}}{\text{Adjacent}}$

ZOOM

Si $\cos\widehat{A} = x$, alors $\widehat{A} = \cos^{-1} x$.

Si $\sin\widehat{A} = x$, alors $\widehat{A} = \sin^{-1} x$.

Si $\tan\widehat{A} = x$, alors $\widehat{A} = \tan^{-1} x$ (voir exercice 5).

B. Propriétés

- Pour tout angle $\widehat{A}$: $\cos^2\widehat{A} + \sin^2\widehat{A} = 1$.
- Pour tout angle aigu $\widehat{A}$ d'un triangle rectangle : $\tan\widehat{A} = \frac{\sin\widehat{A}}{\cos\widehat{A}}$.

APPLICATION 3

On considère un triangle EFG rectangle en F, tel que EF = 6 cm, FG = 8 cm et EG = 10 cm.

Trouver les rapports trigonométriques des angles $\widehat{E}$ et $\widehat{G}$.

→Corrigé p. 155

APPLICATION 4

❶ Tracer un triangle ABC rectangle en A, tel que AC = 3 cm et BC = 6 cm.

❷ Placer le point D, symétrique du point C par rapport au point A.
Quelle est la nature du triangle BCD ?

❸ Déterminer la mesure en degrés de l'angle $\widehat{ABC}$.

→Corrigé p. 156

APPLICATION 5

On considère un triangle équilatéral ABC, dont le côté mesure *c*, et la hauteur [AH] de ce triangle.

❶ Donner la valeur exacte de $\cos 60°$, et en déduire la valeur exacte de $\sin 60°$.

❷ Donner la valeur exacte de $\sin 30°$, et en déduire la valeur exacte de $\cos 30°$.

→Corrigé p. 156

APPLICATION 6

On considère un angle $\widehat{A}$ tel que $\cos\widehat{A} = \frac{\sqrt{5}}{4}$.

Calculer les valeurs exactes de $\sin\widehat{A}$ et $\tan\widehat{A}$.

→Corrigé p. 156

CORRIGÉS

APPLICATION 1

• Tracer une demi-droite [A*x*′).
• Choisir un nombre *r* quelconque et tracer un arc de centre O et de rayon *r* qui coupe [O*x*) en M et [O*y*) en N.
• Tracer l'arc de centre A et de rayon *r* qui coupe [A*x*′) en B.
• Tracer l'arc de centre B et de rayon MN qui coupe l'arc précédent en C.
L'angle $\widehat{BAC}$ est l'angle cherché.

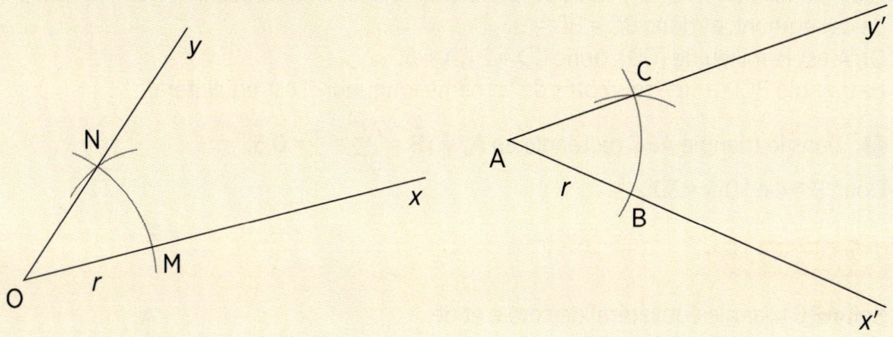

APPLICATION 2

❶ Dans le triangle BAF rectangle isocèle en A : $\widehat{B} = \widehat{F} = \frac{1}{2}(180° - 90°) = 45°$.

❷ Dans le triangle BCF,
$F = 180° - (110° + 45°) = 25°$.

❸ Puisque le triangle CFD est équilatéral, $\widehat{CFD} = \widehat{FCD} = \widehat{FDC} = 60°$, donc $\widehat{DFE} = 180° - (45° + 25° + 60°) = 50°$.
Par conséquent,
$\widehat{FDE} = 180° - (90° + 50°) = 40°$.

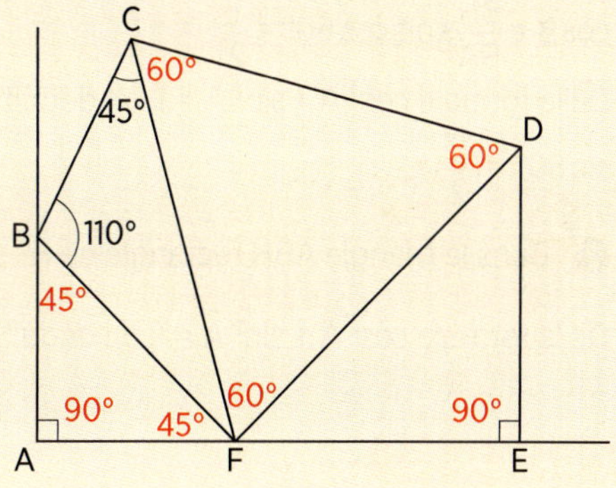

APPLICATION 3

Dans le triangle EFG rectangle en F :

$\cos\widehat{E} = \frac{EF}{EG} = \frac{6}{10} = 0{,}6$ $\cos\widehat{G} = \frac{FG}{EG} = \frac{8}{10} = 0{,}8$

$\sin\widehat{E} = \frac{FG}{EG} = \frac{8}{10} = 0{,}8$ $\sin\widehat{G} = \frac{EF}{EG} = \frac{6}{10} = 0{,}6$

$\tan\widehat{E} = \frac{FG}{EF} = \frac{8}{6} = \frac{4}{3}$ $\tan\widehat{G} = \frac{EF}{FG} = \frac{6}{8} = 0{,}75$

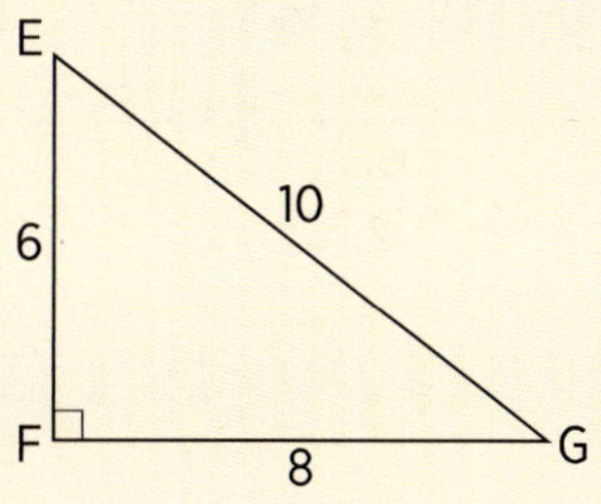

APPLICATION 4

❶ *La figure n'est pas à l'échelle.*

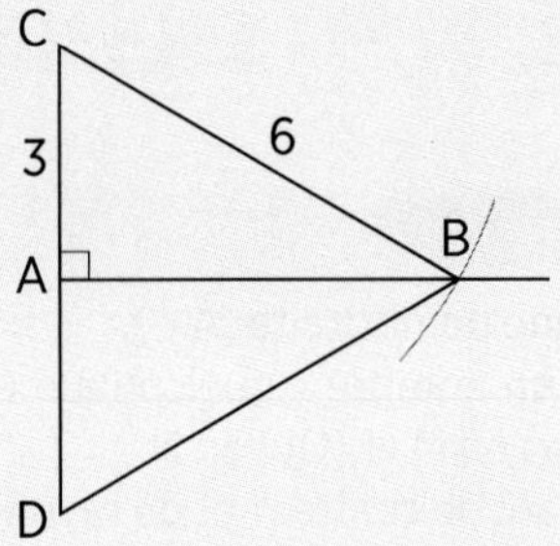

❷ D est le symétrique du point C par rapport au point A, donc A est le milieu de [CD], donc la droite (AB), étant perpendiculaire au milieu de [CD], est la médiatrice de ce segment, et donc BC = BD = 6.
Or, A est le milieu de [CD], donc CD = 2 CA = 6.
Le triangle BCD a ses trois côtés de la même longueur, il est équilatéral.

❸ Dans le triangle ABC rectangle en A, $\sin \widehat{B} = \frac{AC}{BC} = \frac{3}{6} = 0{,}5$.
Donc $\widehat{B} = \sin^{-1} 0{,}5 = 30°$.

APPLICATION 5

Soit ABC triangle équilatéral de côté *c* et de hauteur *h*. On sait que $BH = \frac{c}{2}$.

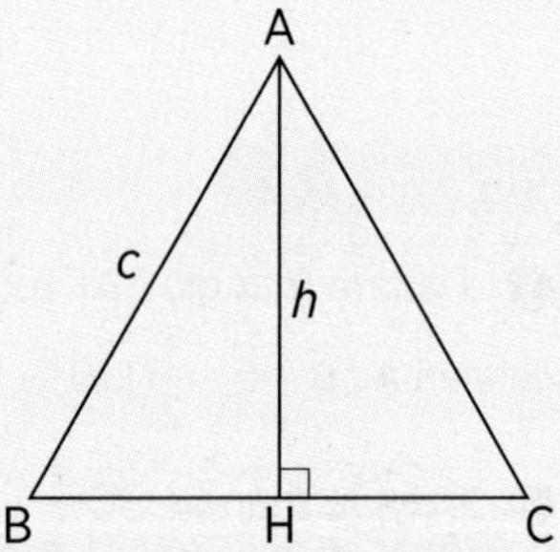

❶ Dans le triangle ABH rectangle en H :
$\cos \widehat{B} = \frac{BH}{BA}$ soit $\cos 60° = \frac{1}{2}$.
De la formule $\cos^2 \widehat{A} + \sin^2 \widehat{A} = 1$, on déduit que $\sin 60° = \frac{\sqrt{3}}{2}$.

❷ Dans le triangle ABH rectangle en H : $\sin \widehat{A} = \frac{BH}{BA}$ soit $\sin 30° = \frac{1}{2}$.
De la formule $\cos^2 \widehat{A} + \sin^2 \widehat{A} = 1$, on déduit que $\cos 30° = \frac{\sqrt{3}}{2}$.

APPLICATION 6

Comme $\cos^2 \widehat{A} + \sin^2 \widehat{A} = 1$, donc $\sin^2 \widehat{A} = 1 - \left(\frac{\sqrt{5}}{4}\right)^2$.

Donc $\sin^2 \widehat{A} = \frac{11}{16}$ soit $\sin \widehat{A} = \frac{\sqrt{11}}{4}$.

$\tan \widehat{A} = \frac{\sin \widehat{A}}{\cos \widehat{A}} = \frac{\sqrt{11}}{\sqrt{5}} = \frac{\sqrt{55}}{5}$.

ENTRAINEMENT

EXERCICE 1 — 30 min.

On veut éclairer une route en ligne droite à l'aide de projecteurs. Chaque projecteur, situé à 9 mètres de hauteur sur l'axe médian de la route, diffuse un cône de lumière dont l'angle au sommet mesure 60°. La largeur de la route est égale à 8 m.
Le but du problème est de trouver quelle distance maximale doit séparer deux projecteurs pour qu'il n'y ait aucune zone d'ombre sur la route.
On appelle D la distance maximale séparant deux projecteurs.
Calculer le rayon r du disque de lumière projeté sur le sol ; en donner la valeur arrondie au dixième.
En déduire la distance D au dixième près.

EXERCICE 2 — 30 min.

❶ Construire un carré ABCD. Placer le point E à l'intérieur du carré et tel que le triangle CDE est équilatéral. Placer le point F à l'extérieur du carré et tel que le triangle BCF est équilatéral.

❷ Démontrer que les points A, E et F sont alignés.

EXERCICE 3 — 40 min.

Soit un triangle ABC rectangle en A. On donne AB = 10 cm, AC = 7,5 cm et BC = 12,5 cm.
Soit E un point du segment [AB]. On appelle F l'intersection de la parallèle à (BC) passant par E avec la droite (AC). On pose AE = x. Les perpendiculaires à (BC) passant par E et F coupent (BC) en H et G.

❶ Comparer les angles $\widehat{AEF}$ et $\widehat{ABC}$. En évaluant les cosinus de ces deux angles de deux façons différentes, en déduire une relation entre EF et x.

❷ Évaluer de deux façons différentes le sinus de l'angle $\widehat{ABC}$. En déduire une relation entre EH et x.

❸ À quelle condition le quadrilatère EFGH est-il un carré ? En déduire alors x, c'est-à-dire la distance du point A au point E. On donnera d'abord la valeur exacte de x, puis une valeur approchée à 0,01 mm près par excès.

❹ Tracer alors la figure en vraie grandeur.

EXERCICE 4 — 5 min.

Vrai ou faux ? Justifier la réponse.
Dans la figure ci-dessous, les points B, C, D et E sont alignés.

Des mesures d'angle sont indiquées.

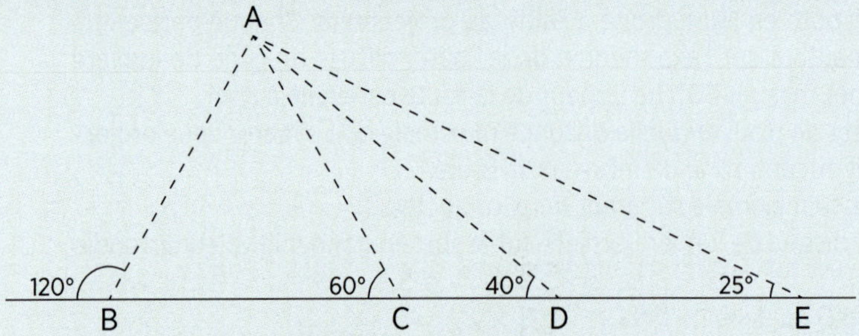

Affirmation : Le triangle ABE est rectangle en A.

EXERCICE 5 — 10 min.

Albert part dans les Alpes autrichiennes, dans la mythique station de ski de Kitzbühel. Sur le dernier tronçon de route montant à la station en ligne droite, Albert a vu un panneau signalant une pente constante de 25 %. La pente est le rapport entre le dénivelé et le déplacement horizontal (théorique).

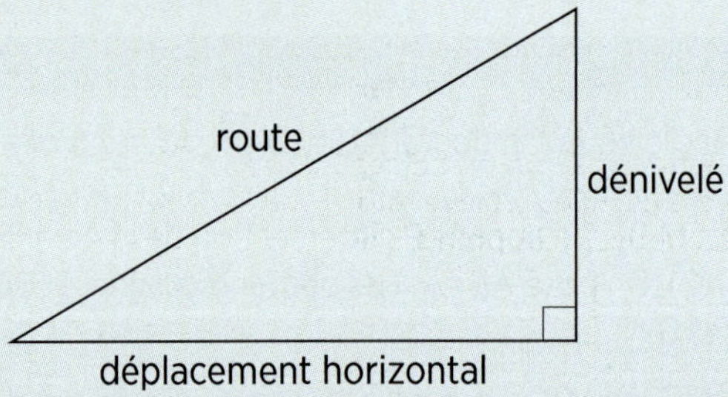

Ainsi une pente de 25 % indique un dénivelé de 25 m pour un déplacement horizontal de 100 m.

La figure n'est pas à l'échelle.

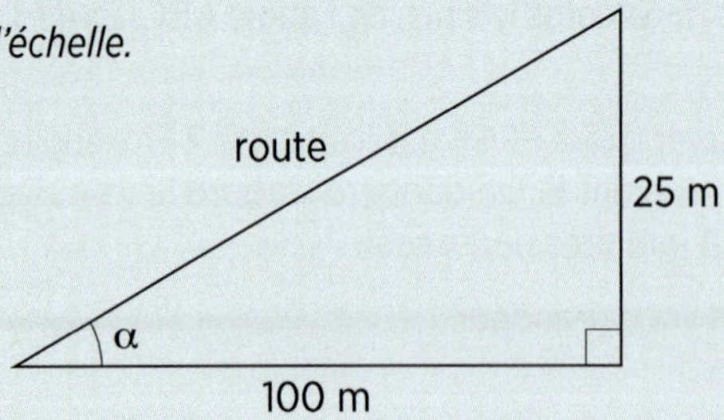

On note α l'angle que la route forme avec l'horizontale. Cet angle est appelé l'inclinaison de la route.

❶ Calculer, au degré près, l'inclinaison du dernier tronçon de la route empruntée par Albert.

❷ Ce tronçon de route permet de s'élever de 145 m. Calculer sa longueur, au mètre près.

EXERCICE 6 — 15 min.

Un observateur voit d'un point O une tour [SH] sous un angle de 50°. Il s'éloigne de 100 m, et d'un point O', il la voit sous un angle de 40°. Quelle est la hauteur de la tour ? Arrondir le résultat au m près.

VERS L'ORAL

EXERCICE 7

Quels sont les savoirs en construction dans les situations proposées ci-dessous ?

Niveau	Situation proposée	Intérêt(s) de la situation
TPS/PS	Jeu des « boites à toucher ». Chaque enfant dispose devant lui d'une « boite à toucher » (boite fermée avec un trou pour pouvoir passer une main) dans laquelle il y a 3 formes (ronde, carrée, triangulaire). L'enseignant montre une forme et demande aux enfants de la retrouver dans la boite en la touchant.	
PS/MS	Jeu de Kim des formes. L'enseignant choisit quelques formes (de 3 à 5). Il en retire une et demande aux enfants de nommer la forme manquante.	
MS	Jeu de Memory des formes. Sur les cartes sont dessinées plusieurs formes (carré, rectangle, triangle, disque) ; il est également possible d'ajouter un critère de taille (exemple : un petit carré / un grand carré). Les cartes sont étalées faces cachées. L'élève retourne deux cartes. Si elles sont identiques, il les prend, sinon il les retourne faces cachées de nouveau sans les déplacer.	
GS	Jeu de « Quelle est la forme ? » Un élève émetteur choisit une forme, la décrit pour que les joueurs la retrouvent parmi d'autres formes. Exemple : « Je suis une forme, j'ai 4 pointes ? Quel est mon nom ? »	
CP	Je construis une équerre en papier et je l'utilise pour reconnaitre des angles droits. **1 Je construis une équerre en papier.** 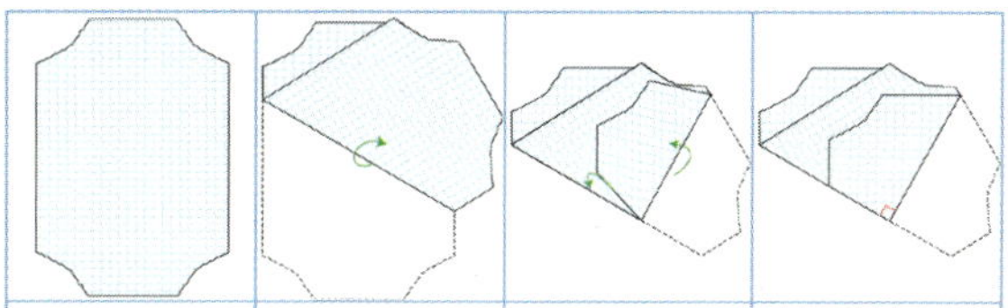 Je déchire les coins de ma feuille de papier. / Je la plie une première fois. / Je la replie en suivant bien le premier pli. / Mon équerre est prête.	

Niveau	Situation proposée	Intérêt(s) de la situation
CP	2 Indique l'angle droit sur les triangles rectangles, barre les autres triangles. 	
CE1	L'élève doit tracer un chemin possible d'un point à un autre en respectant la contrainte. 8 Le robot doit aller se brancher. Attention, il ne peut tourner qu'à angle droit. Trace un chemin possible. 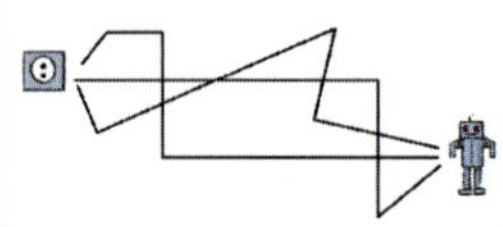	

EXERCICE 8

À partir des exercices suivants, répondre aux questions ci-après.

Exercice A

Reconnaître des angles aigus, obtus et droits

* 1 Vocabulaire

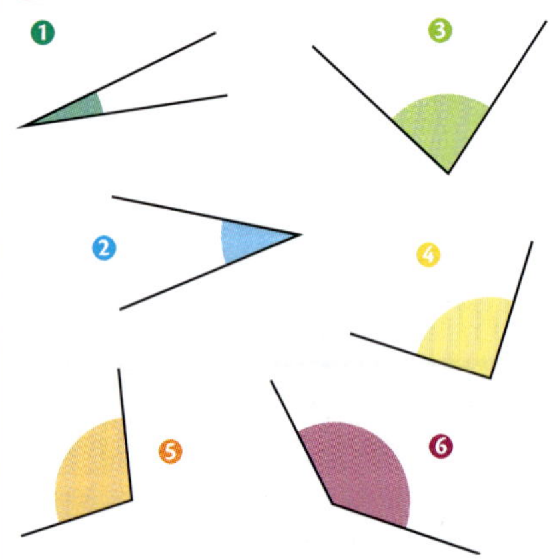

Les angles 1, 2 et 3 sont aigus. L'angle 4 est un angle droit. Les angles 5 et 6 ne sont pas aigus, ils sont obtus.

Donne les définitions d'un angle aigu et d'un angle obtus.

Exercice B

5 Les grandes villes françaises

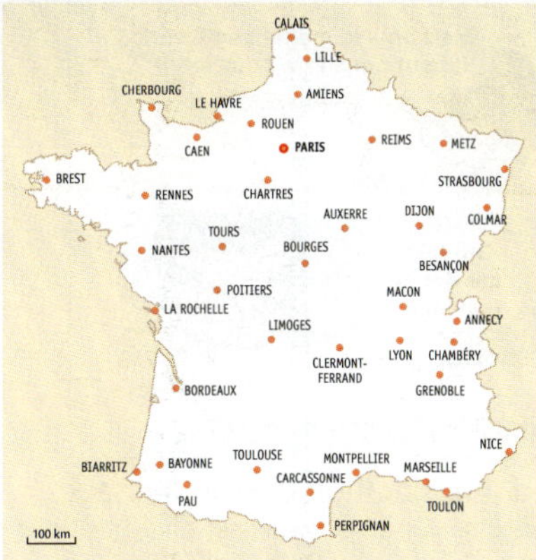

a. Quelle est la mesure de l'angle dont le sommet est Lyon, dont un côté passe par Marseille et un autre par Bourges ?
b. On considère l'angle dont le sommet est Toulouse, dont un côté passe par Montpellier et qui mesure 12 unités. Par quelle ville de France passe approximativement son second côté ?
c. On considère l'angle dont le sommet est Strasbourg, dont un côté passe par Reims et qui mesure 6 unités. Par quelles villes de France passe approximativement son second côté ?

Exercice C

8 À l'aide du demi-cadran ci-dessous, détermine la mesure des angles suivants.

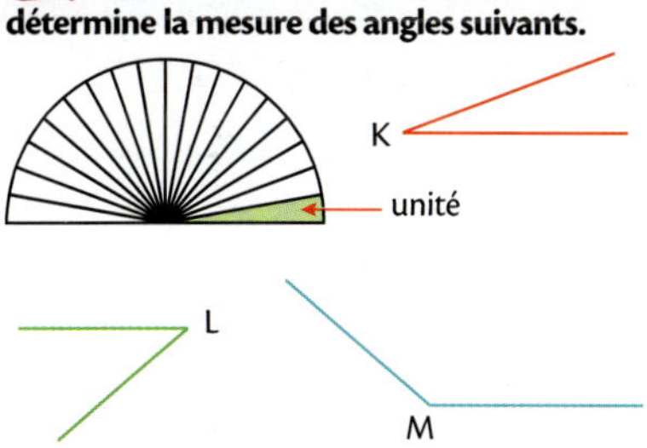

Exercice D

2 À vue d'œil, nomme les angles égaux à l'angle de sommet C. Vérifie ensuite avec du papier calque.

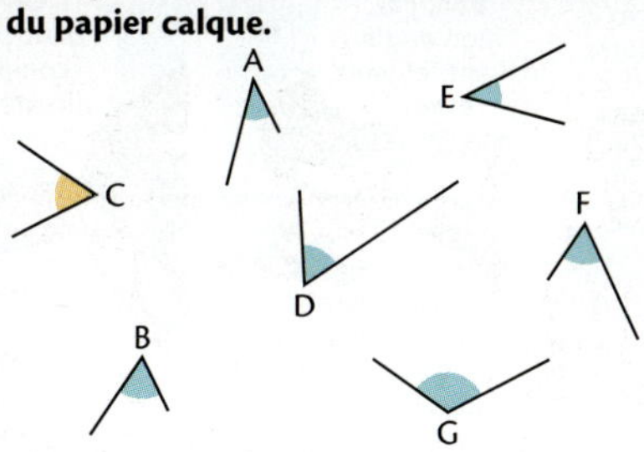

Exercice E

2 Les angles d'un triangle équilatéral

a. Trace un triangle équilatéral DEF. Tu peux prendre les dimensions que tu veux.
b. Compare avec la méthode de ton choix les angles de ce triangle. Que constates-tu ?
c. Refais cet exercice en prenant d'autres dimensions pour le triangle DEF. Constates-tu la même chose ?

Exercice F

9 À l'aide du demi-cadran de l'exercice C, détermine la mesure des angles du triangle MNO et du triangle SQR.

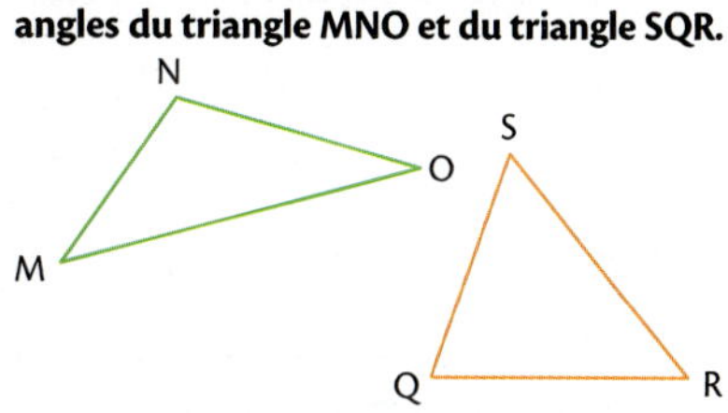

❶ À quel cycle d'apprentissage et à quel niveau pourrait-on proposer les exercices A à F ? Justifier la réponse.
❷ Quel est l'objectif d'apprentissage ?
❸ Quelles sont les compétences visées ?
❹ Quels sont les prérequis à l'activité « commençons à chercher » proposée ci-après ?

Activité

1 Lis le dialogue.

Comment Miyo et Sofian peuvent-ils procéder pour savoir qui a le plus grand angle ?

❺ Quel est l'attendu de fin de cycle qui correspond à la situation d'apprentissage proposée par cette activité : « commençons à chercher » ?

❻ Au regard de l'objectif d'apprentissage, classer les six exercices proposés pour construire la notion d'angle de manière progressive. Justifier la réponse.

❼ Quelle(s) remédiation(s) pourrait-on proposer à un élève qui aurait des difficultés à résoudre ces types de situations mathématiques ?

❽ Quelle organisation pédagogique pourrait-on proposer pour aborder cette situation ?

❾ Quelle trace écrite pourrait-on proposer pour institutionnaliser le savoir suite à ces exercices ?

CORRIGÉS

EXERCICE 1

Représentation du problème :

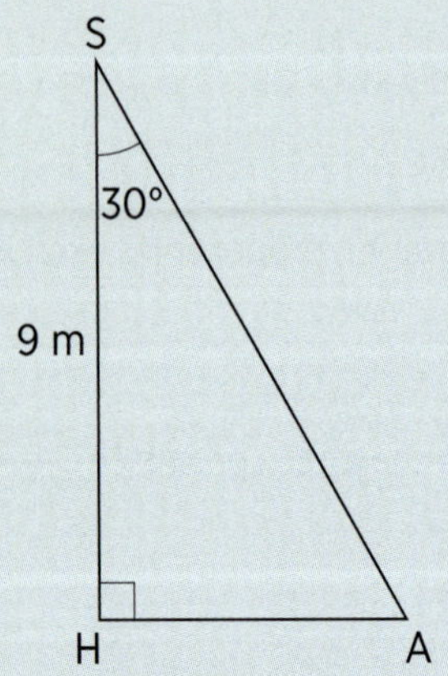

Vue de profil

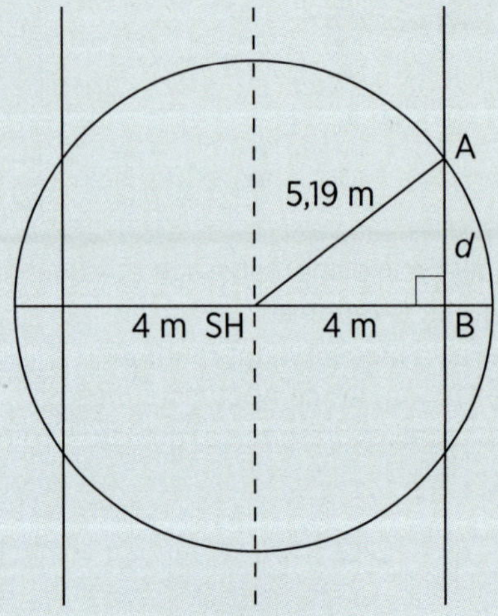

Route
Vue du dessus

Le rayon r du disque est la longueur HA.
Dans le triangle SHA rectangle en H :
$\tan\widehat{S} = \frac{AH}{SH}$ soit $\tan 30° = \frac{r}{9}$
Donc $r = 9\tan 30°$
Soit $r \approx 5{,}2$ m
Dans le triangle BHA rectangle en B : $\cos\widehat{BHA} = \frac{HB}{HA} = \frac{4}{5{,}2} \approx 0{,}7692$
D'où $\widehat{BHA} = \cos^{-1} 0{,}7692 \approx 39{,}72°$
$\sin\widehat{BHA} = \frac{d}{HA}$ soit $d = HA \times \sin\widehat{BHA} = 5{,}2 \times \sin 39{,}72° \approx 3{,}3$
$D = 2d = 6{,}6$
On peut donc placer les projecteurs à environ 6,6 m les uns des autres.

EXERCICE 2

❶

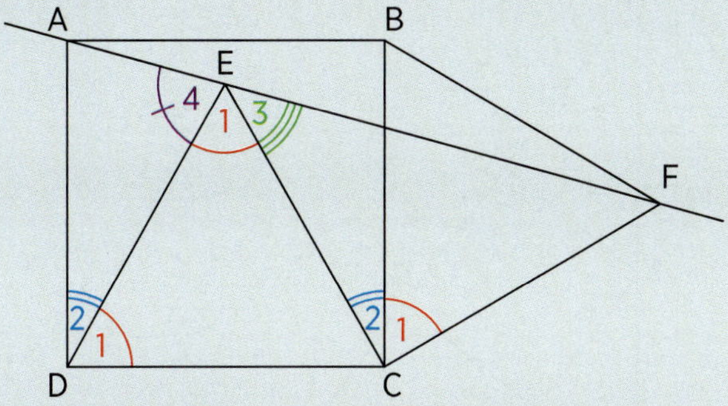

❷ DEC est équilatéral, donc $\widehat{DEC} = 60°$.
DEC est équilatéral, donc $\widehat{EDC} = 60°$.
ABCD est un carré, donc $\widehat{ADC} = 90°$ et donc $\widehat{ADE} = 90° - 60° = 30°$.
DEC est équilatéral, donc DE = DC, donc DE = DA, ABCD est un carré, donc DC = DA, et donc ADE est isocèle en D.
Par conséquent : $\widehat{AED} = \frac{1}{2}(180° - 30°)$ soit $\widehat{AED} = 75°$.
BCF est équilatéral, donc $\widehat{FCB} = 60°$, donc $\widehat{FCB} + \widehat{BCE} = 90°$, et donc ECF est rectangle en C. Comme montré pour $\widehat{ADE}$, $\widehat{BCE} = 30°$.
Or CE = CF et donc ECF est isocèle en C.
Par conséquent, ECF est rectangle isocèle en C et donc $\widehat{CEF} = 45°$.
Finalement : $\widehat{AEF} = \widehat{AED} + \widehat{DEC} + \widehat{CEF}$, soit $\widehat{AEF} = 75° + 60° + 45°$, c'est-à-dire $\widehat{AEF} = 180°$ et donc A, E et F sont alignés.

EXERCICE 3

❶ (BC) // (EF) donc (AB) coupe (BC) et (EF) en formant des angles correspondants égaux, soit $\widehat{ABC} = \widehat{AEF}$.
Dans le triangle AEF rectangle en A : $\cos\widehat{AEF} = \frac{EA}{EF} = \frac{x}{EF}$.
Dans le triangle ABC rectangle en A : $\cos\widehat{ABC} = \frac{BA}{BC} = \frac{10}{12{,}5} = \frac{4}{5}$.
Comme $\widehat{ABC} = \widehat{AEF}$: $\frac{x}{EF} = \frac{4}{5}$ et $EF = \frac{5x}{4}$.

❷ Dans le triangle ABC rectangle en A : $\sin\widehat{ABC} = \frac{AC}{BC} = \frac{7,5}{12,5} = \frac{3}{5}$.

Dans le triangle BEH rectangle en H : $\sin\widehat{ABC} = \frac{EH}{EB} = \frac{EH}{10 - x}$.

D'où $\frac{EH}{10 - x} = \frac{3}{5}$ et donc $EH = \frac{3(10 - x)}{5}$.

❸ D'après l'énoncé, (EF) // (GH). Comme (EH) ⊥ (BC) et (FG) ⊥ (BC), donc (EH) // (FG). Par conséquent, EFGH est un parallélogramme.
Comme (EH) ⊥ (HG), EFGH est un rectangle.
EFGH est un carré si et seulement si EF = EH c'est-à-dire $\frac{5x}{4} = \frac{3(10 - x)}{5}$.

Soit $25x = 120 - 12x$ et $x = \frac{120}{37}$, d'où $x \approx 3,243$ cm.

❹ *La figure n'est pas à l'échelle.*

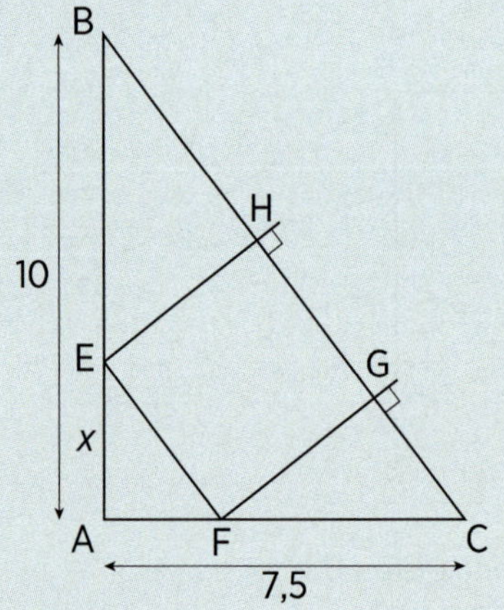

EXERCICE 4

L'affirmation est fausse. En effet $\widehat{ABC} = 180° - 120° = 60°$.
Dans le triangle ABE, $\widehat{BAE} = 180° - (60° + 25°) = 95°$.

EXERCICE 5

❶ $\tan\alpha = \frac{25}{100} = 0,25$, donc $\alpha = \tan^{-1} 0,25$, soit $\alpha \approx 14°$.

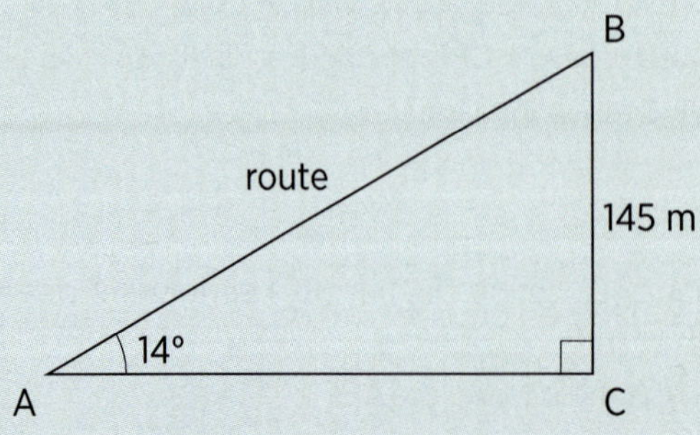

❷ Dans le triangle ABC rectangle en C, $\sin\alpha = \frac{BC}{AB}$, c'est-à-dire $\sin 14° = \frac{145}{AB}$,

soit $AB = \frac{145}{\sin 14°}$.

$AB \approx 599$ m

EXERCICE 6

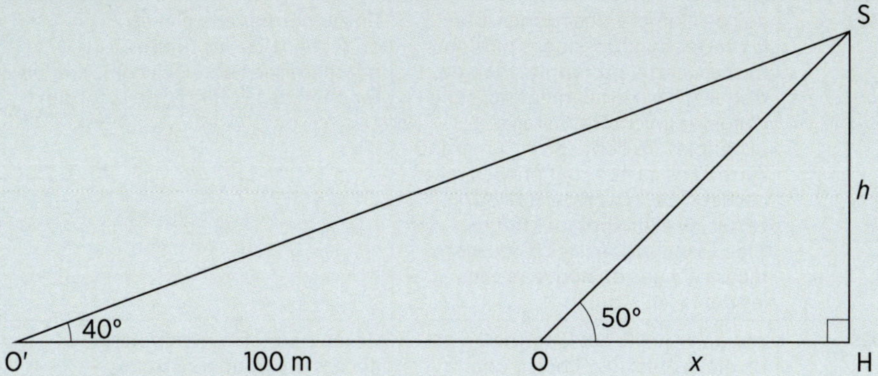

On pose SH = h et OH = x.

Dans le triangle OSH rectangle en H, $\tan\widehat{HOS} = \dfrac{SH}{OH}$ soit $\tan 50° = \dfrac{h}{x}$.

Dans le triangle O'SH rectangle en H, $\tan\widehat{SO'H} = \dfrac{SH}{O'H}$ soit $\tan 40° = \dfrac{h}{x+100}$.

On en déduit :
$h = x\tan 50°$ et $h = (x+100)\tan 40°$
D'où $x\tan 50° = x\tan 40° + 100\tan 40°$
$x(\tan 50° - \tan 40°) = 100\tan 40°$ et $x = \dfrac{100\tan 40°}{\tan 50° - \tan 40°}$

$h = x\tan 50° \approx 284$ m

VERS L'ORAL

EXERCICE 7

Niveau	Situation proposée	Intérêt(s) de la situation
TPS/PS	Jeu des « boites à toucher » Chaque enfant dispose devant lui d'une boite à toucher (boite fermée avec un trou pour pouvoir passer une main) dans laquelle il y a 3 formes différentes (cercle, carré, triangle). L'enseignant montre une forme et demande aux enfants de la retrouver dans la boite en la touchant.	Il s'agit de la première étape de l'apprentissage : l'exploration sensorielle des formes. Les élèves vont se familiariser avec les formes en les touchant.
PS/MS	Jeu de Kim des formes. L'enseignant choisit quelques formes (maximum 5). Il en retire une et demande aux enfants de nommer la forme manquante.	Cette situation permet aux élèves de mémoriser les caractéristiques des formes et de les nommer.

Niveau	Situation proposée	Intérêt(s) de la situation
MS	Jeu de Memory des formes. Sur les cartes sont dessinées plusieurs formes (carré, rectangle, triangle, disque) ; il est également possible d'ajouter un critère de taille (exemple : un petit carré / un grand carré). Les cartes sont étalées faces cachées. L'élève retourne deux cartes. Si elles sont identiques, il les prend, sinon il les retourne faces cachées de nouveau sans les déplacer.	Ce jeu permet aux élèves de reconnaitre les figures géométriques et de les comparer en fonction de la taille et de la forme.
GS	Jeu de « Quelle est la forme ? » Un élève émetteur choisit une forme, la décrit pour que les joueurs la retrouvent parmi d'autres formes. Exemple : «Je suis une forme, j'ai 4 pointes ? Quel est mon nom ? »	Ce jeu permet la manipulation nécessaire pour construire l'apprentissage. Les élèves sont amenés à retrouver une forme, la reconnaitre et la nommer. L'objectif est de dégager les propriétés géométriques des formes.
CP	Je construis une équerre en papier et je l'utilise pour reconnaitre des angles droits.	L'utilisation d'un gabarit est préconisée dans les programmes de 2018 (« Reproduire un angle donné en utilisant un gabarit », page 80 du *BO* n° 30 du 26 juillet 2018). Cet outil permet de familiariser les élèves avec l'angle droit. Cette étape est utile pour la compréhension de la notion d'angle.
CE1	L'élève doit tracer un chemin possible d'un point à un autre en respectant la contrainte.	Il s'agit d'une situation problème qui amène l'élève à manipuler.

EXERCICE 8

❶ Ces situations sont à présenter au cycle 3, en CM. Les exercices de mesure proposés se résolvent par le biais de l'utilisation d'un gabarit (unité de mesure). En 6e, ces mêmes situations auraient été adaptées pour apprendre aux élèves à utiliser le rapporteur.

❷ L'objectif d'apprentissage est de passer d'une étude des angles principalement abordée par une approche perceptive (cycle 2) à une approche instrumentée et raisonnée (cycle 3).

CONSEIL DU FORMATEUR

Au cycle 3, il conviendra dans un premier temps de poursuivre le travail sur l'angle droit (angle particulier, angle référent), plus familier pour les élèves étant souvent rencontré dans le quotidien. Tout au long du cycle 3, on découvrira ensuite qu'il existe d'autres angles (aigus, obtus...).

Aussi, il est nécessaire de comprendre que l'angle représente une surface, contrairement aux droites perpendiculaires.

❸ Au cycle 3 les élèves seront amenés à :
- définir ce qu'est un angle droit, aigu, obtus… ;
- comparer différents angles à l'aide d'un gabarit, de papier-calque ou par superposition ;
- estimer (à 10° près) et vérifier la mesure d'un angle (à partir de la 6ᵉ) ;
- construire et tracer des angles à l'aide de différents instruments : l'équerre, le compas, le gabarit, voire dans certains cas le rapporteur ;
- étudier la particularité des angles des différents polygones particuliers (carré, rectangle, triangle rectangle, mais aussi triangles isocèles et équilatéraux…) ;
- mesurer et tracer un angle à l'aide du rapporteur (à partir de la 6ᵉ) ;
- introduire une unité de mesure des angles (à partir de la 6ᵉ).

❹ Les prérequis nécessaires à cette activité sont donc ceux travaillés et attendus en fin de cycle 2 (d'après le *BO* n° 31 du 30 juillet 2020, p. 63-64), c'est-à-dire **reconnaitre et utiliser la notion d'angle droit** (attendu de fin de cycle 2) ce qui sous-tend, entre autres, de :
- connaitre la propriété des angles et les égalités de longueur des côtés pour les carrés et les rectangles ;
- connaitre le lien entre propriétés géométriques et instruments de tracé (angle droit et équerre) ;
- repérer et produire des angles droits à l'aide d'un gabarit, d'une équerre ;
- connaitre et utiliser un vocabulaire approprié pour décrire les figures planes usuelles (carré, rectangle, triangle, triangle rectangle, polygone, côté, sommet, angle droit ; cercle, disque, rayon, centre ; segment, milieu d'un segment, droite).

❺ Les attendus de fin de cycle (en fin de CM2) qui correspondent à cette situation d'apprentissage sont les suivants (*Les repères annuels de progression cycle 3 – mathématiques, BO* n° 22 du 29 mai 2019) :
- l'élève doit savoir identifier les angles d'une figure plane, puis comparer ces angles par superposition, avec du papier-calque ou en utilisant un gabarit ;
- il doit savoir estimer, puis vérifier en utilisant l'équerre, qu'un angle est droit, aigu ou obtus ;
- il doit savoir construire un angle droit à l'aide de l'équerre.

❻ **Pistes de leçons.**
Exercices A et D : la résolution de ces exercices repose principalement sur la perception.
Exercices C et F : la résolution de ces exercices repose principalement sur la mesure instrumentée d'un angle (utilisation d'un gabarit).
Exercices B et E : la résolution de ces situations problèmes repose principalement sur le raisonnement pour pouvoir tracer des angles différents.
Comme le précisent les programmes du cycle 3, les activités géométriques proposées doivent permettre aux élèves de passer progressivement d'une géométrie où les objets (le carré, la droite, le cube, etc.) et leurs propriétés sont contrôlés par la perception à une géométrie instrumentée et raisonnée.

❼ **Remédiations possibles.** Tant que le concept d'angle n'est pas construit, il est inutile de proposer des situations qui nécessitent d'utiliser des instruments. Il conviendrait donc, dans un premier temps, de revenir à des tris d'angles en faisant appel à la perception. Puis de comparer ces différents angles avec l'angle droit de référence étudié tout au long du cycle 2. Dans un second temps, il est possible d'introduire des situations amenant l'élève à comparer des angles en passant par la superposition pour ensuite les ranger en deux catégories (les angles aigus et les angles obtus), puis les classer du plus petit au plus grand.

CONSEIL DU FORMATEUR

Pour ces élèves, les notions de droite, point, segment, angle droit devront être renforcées à partir de situations concrètes faisant sens. On pourra pour cela s'appuyer notamment sur la géométrie et les activités physiques en EPS. En effet, « apprendre à se repérer et se déplacer dans l'espace » se construit en lien étroit avec le travail dans « questionner le monde » et « éducation physique et sportive ».

Il sera également important de leur proposer des situations problèmes qui les amènent à raisonner et émettre des hypothèses qu'ils vérifieront plus tard à l'aide des instruments.

❽ **Organisation pédagogique** :

1. Recherche individuelle/Problème pour chercher : « Qui fera le plus de parts dans sa pizza ? » (écrit/individuel).
2. Phase de synthèse/Mise en commun : confronter et analyser les différentes procédures des élèves ; les faire argumenter ; valider collectivement la solution experte (oral/collectif).
3. Phase de structuration : construire la trace écrite en s'appuyant sur la mise en commun (*cf.* trace écrite ci-après « pour mesurer un angle ») (écrit/collectif).
Créer une affiche de cette trace écrite : outils référents.
4. Phase de consolidation : proposer les exercices C et F (écrit/individuel).

❾ **Trace écrite pour les angles**

À retenir

On note $\widehat{A}$ l'angle de sommet A.

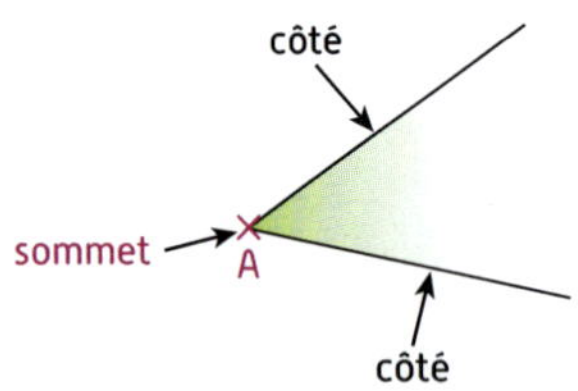

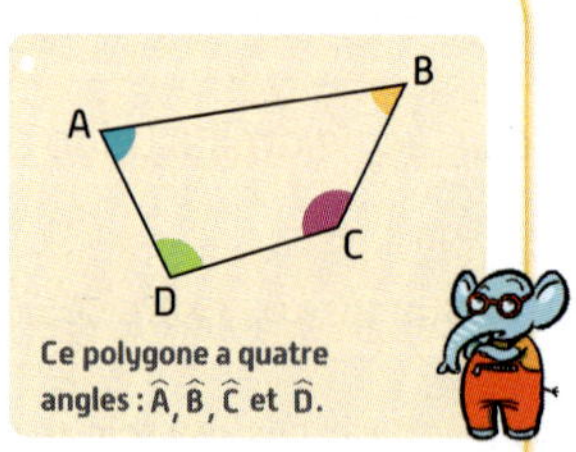

Un angle aigu est un angle plus petit qu'un angle droit.

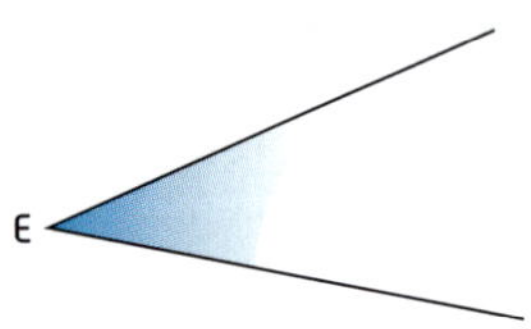

$\widehat{E}$ est un angle aigu.

Un angle obtus est un angle plus grand qu'un angle droit.

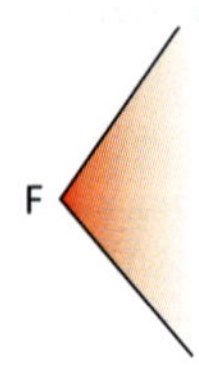

$\widehat{F}$ est un angle obtus.

CONSEIL DU FORMATEUR

Attention ! La taille d'un angle ne dépend pas de la longueur du trait représentant ses côtés.

Un angle est « plus grand » s'il est plus ouvert.

L'angle obtus est plus grand que l'angle aigu.

Trace écrite pour mesurer un angle

Pour mesurer un angle, il faut choisir une unité puis compter le nombre d'unités nécessaire pour recouvrir exactement cet angle.

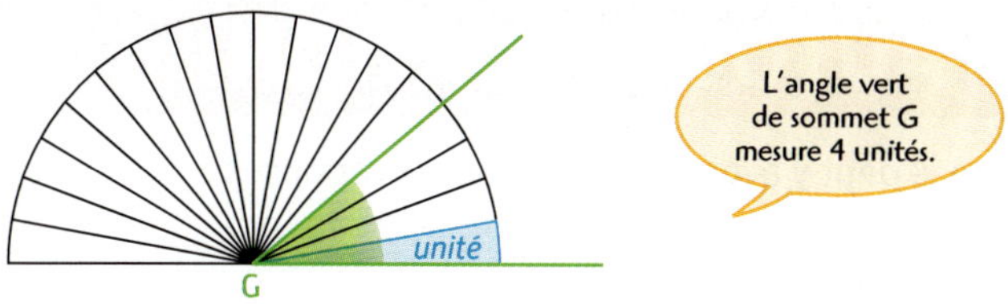

CONSEIL DU FORMATEUR

Au début du cycle 3 (CM1), la trace écrite devra davantage porter sur la comparaison de deux angles : égaux s'ils sont superposables et plus grand pour celui des deux qui est plus ouvert. Au CM2, on complétera la trace écrite avec le vocabulaire spécifique (côtés, sommets, angles : droit, aigu, obtus) et on précisera comment mesurer un angle par le biais notamment de l'unité d'angle (ou gabarit, calque...). Le rapporteur sera quant à lui utilisé en fin de cycle 3 (6e).

Des questions supplémentaires à propos de l'articulation savoirs disciplinaires-savoirs enseignés sont disponibles en ligne sur : www.vuibert.fr/site/210750

7 Polygones

AUTOÉVALUATION

Pour chaque question, il peut y avoir plusieurs bonnes réponses.

❶ Un triangle isocèle :
- ☐ **a.** n'est jamais équilatéral
- ☐ **b.** n'a jamais d'angle obtus
- ☐ **c.** possède un centre de symétrie
- ☐ **d.** possède un axe de symétrie

❷ Si les diagonales d'un quadrilatère sont perpendiculaires, alors ce quadrilatère :
- ☐ **a.** est un losange
- ☐ **b.** n'est jamais un rectangle
- ☐ **c.** admet un centre de symétrie
- ☐ **d.** n'a pas nécessairement de nom particulier

❸ Si un quadrilatère convexe a deux côtés parallèles et deux côtés de la même longueur, alors ce quadrilatère :
- ☐ **a.** est un parallélogramme
- ☐ **b.** est un trapèze isocèle
- ☐ **c.** est un trapèze
- ☐ **d.** a des diagonales de même milieu

❹ Un parallélogramme :
- ☐ **a.** admet deux axes de symétrie
- ☐ **b.** admet un centre de symétrie
- ☐ **c.** ne peut pas avoir d'angle droit
- ☐ **d.** a des angles consécutifs supplémentaires

❺ Quelles sont les phrases vraies ?
- ☐ **a.** Tout carré est un losange.
- ☐ **b.** Tout parallélogramme est un trapèze.
- ☐ **c.** Un rectangle est un parallélogramme.
- ☐ **d.** Certains carrés ne sont pas des rectangles.

Pour les questions 6 et 7, on considère un trapèze ABCD de bases (AB) et (CD), dont les diagonales se coupent en O.

❻ Les triangles AOB et COD sont :
- ☐ **a.** égaux
- ☐ **b.** semblables
- ☐ **c.** homothétiques
- ☐ **d.** quelconques (l'un pour l'autre)

❼ Les triangles AOD et COD sont :
- ☐ **a.** égaux
- ☐ **b.** semblables
- ☐ **c.** homothétiques
- ☐ **d.** quelconques (l'un pour l'autre)

CONSEILS

- Le cours sur les polygones comporte de nombreuses définitions et propriétés mettant en jeu beaucoup de connaissances, soit anciennes, comme les notions de milieux, de parallélisme, de perpendicularité, de longueurs, d'angles, soit nouvelles, comme les diagonales ou les éléments de symétrie.
- Une des difficultés majeure se trouve dans la démonstration de la nature d'un quadrilatère pour laquelle il ne s'agit pas de donner une liste de propriétés, mais d'utiliser une propriété caractéristique. Par exemple, pour démontrer qu'un quadrilatère est un parallélogramme, montrer que les diagonales ont le même milieu est suffisant, invoquer de plus le parallélisme des côtés (qui en est une conséquence) est inutile.

CORRIGÉS

❶ **d.** La médiatrice de la base est axe de symétrie du triangle. La réponse a. est fausse, car tout triangle équilatéral est isocèle en chacun de ses sommets, et donc certains triangles isocèles sont équilatéraux. La réponse b. est fausse, voici un contre-exemple :

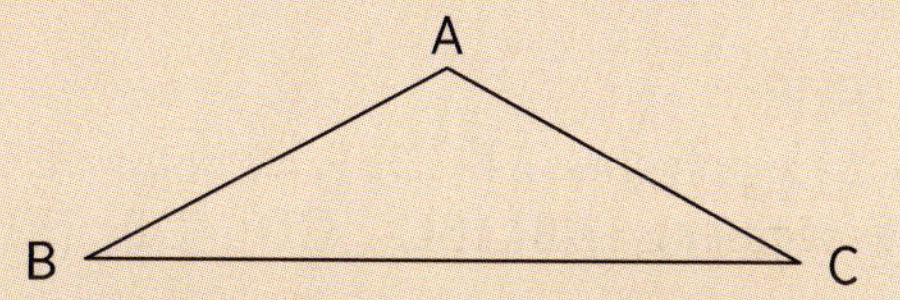

ABC est isocèle en A et l'angle $\widehat{A}$ est obtus.

❷ **d.** Voir le dessin, qui explique aussi que les réponses a. et c. sont fausses. La réponse b. est fausse, car ce quadrilatère peut être un carré, qui est un rectangle particulier.

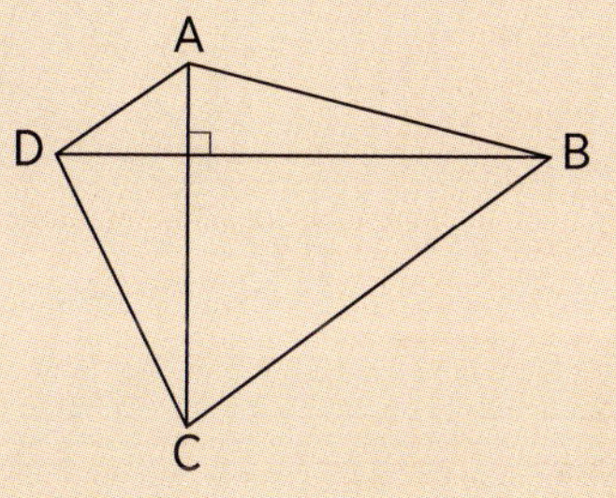

❸ **c.** Puisque le quadrilatère a deux côtés parallèles, c'est un trapèze, non nécessairement isocèle.
(AB) // (DC) et AB = AD

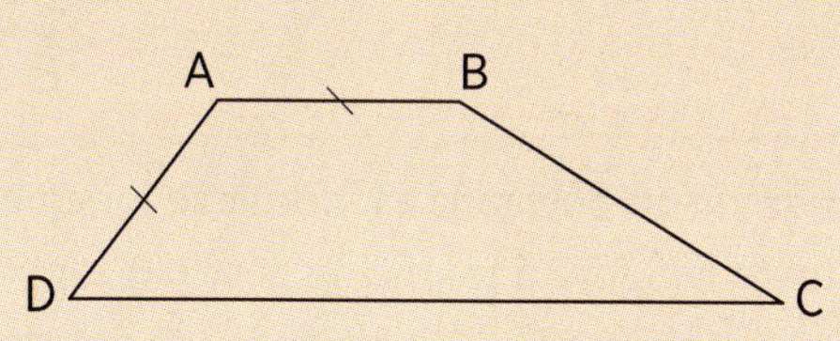

❹ **b.** et **d.** Dans un parallélogramme ABCD :
$\widehat{A} + \widehat{B} + \widehat{C} + \widehat{D} = 360°$. Or $\widehat{A} = \widehat{C}$ et $\widehat{B} = \widehat{D}$, donc $2\widehat{A} + 2\widehat{B} = 360°$, soit $\widehat{A} + \widehat{B} = 180°$.

❺ **a.**, **b.** et **c.** La réponse d. est fausse, car tout carré possède quatre angles droits, et est donc un rectangle.

❻ **b.** et **c.** Les angles des triangles sont égaux deux à deux opposés par le sommet ou alternes-internes.

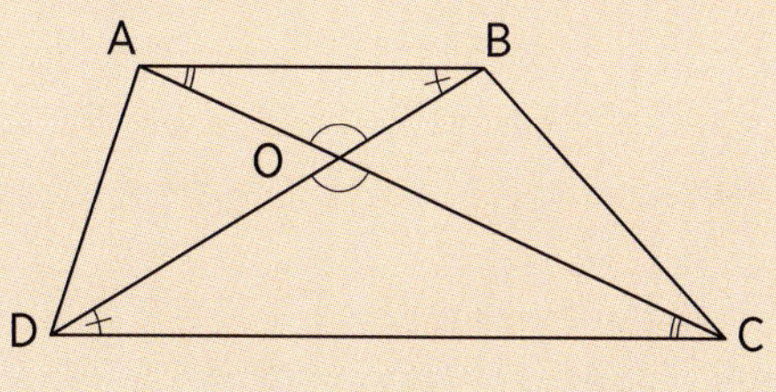

❼ **d.**

COURS

Compétence à maitriser pour le concours :
- **Utiliser les notions de géométrie plane pour démontrer** (définitions et propriétés des polygones, trapèzes, parallélogrammes et triangles ; hauteurs et médiatrices du triangle, égalité et inégalité triangulaires, triangles égaux, triangles semblables).

1 Polygones

A. Définitions

- Un **polygone** est une figure géométrique plane qui a plusieurs côtés et plusieurs angles.

EXEMPLE

Dans le polygone ABCDEF, les points A, B, C, D, E et F sont les **sommets**.
Les segments [AB], [BC], [CD], [DE], [EF] et [AF] sont les **côtés**.

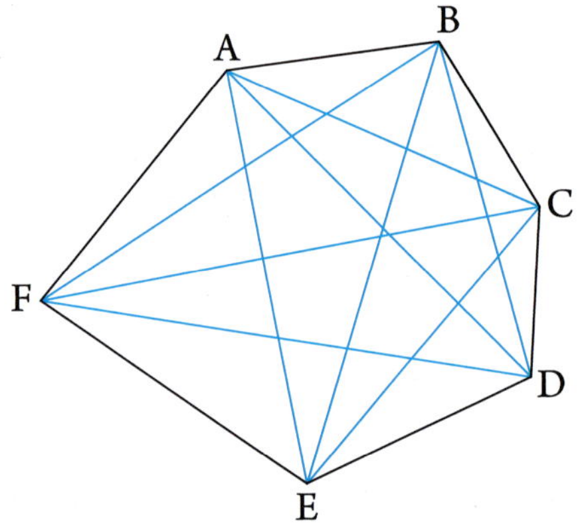

- On dit qu'un polygone est **convexe** lorsque n'importe lequel de ses côtés prolongés laisse toute la figure d'un même côté par rapport à lui, ou encore lorsque tout segment qui joint deux points à « l'intérieur » du polygone est contenu dans « l'intérieur » de ce polygone.

Dans le cas contraire, on dit que le polygone est **non convexe** ou **concave**.

EXEMPLES

ABCDE est convexe.

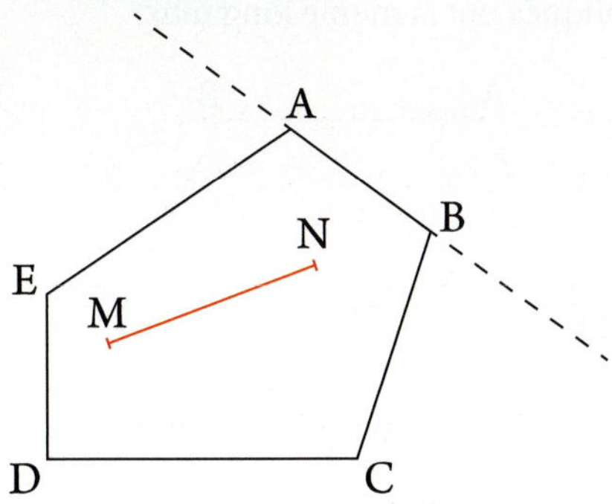

FGHIJ n'est pas convexe.

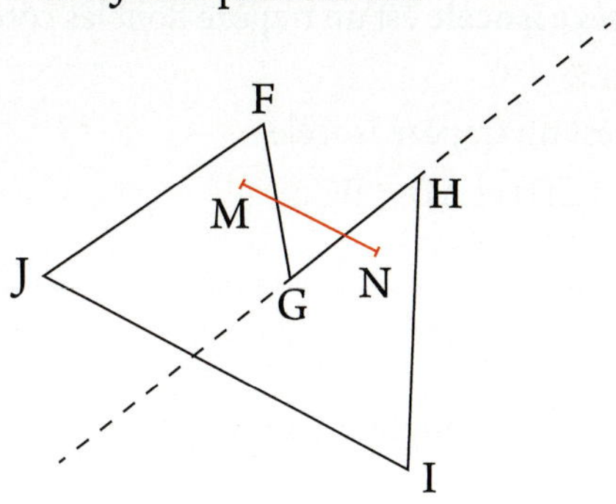

- On appelle **diagonale** tout segment qui joint deux sommets non consécutifs. [AD] est une diagonale du polygone ABCDEF.

B. Polygones réguliers

Un **polygone régulier** est un polygone convexe qui a tous ses côtés de la même longueur et tous ses angles égaux.

ZOOM

Le fait qu'un polygone ait tous ses côtés de la même longueur ne suffit pas pour qu'il soit régulier. Ainsi un losange (sans angles droits) n'est pas un polygone régulier.

EXEMPLE

Un triangle équilatéral et un carré sont des polygones réguliers.

APPLICATION 1

❶ Construire un triangle équilatéral en utilisant uniquement la règle non graduée et le compas.

❷ Construire un carré en utilisant uniquement la règle non graduée et le compas.

→Corrigé p. 183

2 Trapèzes

A. Définition

Un trapèze est un **quadrilatère** qui a **deux côtés parallèles**.

EXEMPLE

Dans le trapèze ABCD, (AB) // (CD).

[AB] et [CD] sont les bases du trapèze. [AB] est la **petite base** et [CD] est la **grande base**.

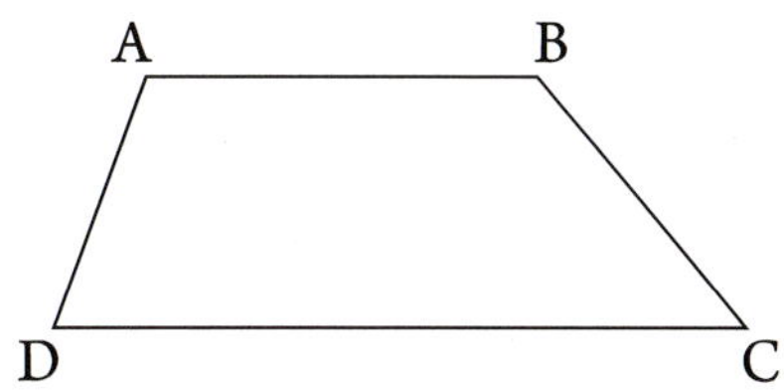

B. Trapèzes particuliers

- Un **trapèze isocèle** est un trapèze dont les côtés obliques ont la même longueur.

EXEMPLE

ABCD est un trapèze isocèle :
(AB) // (CD) et AD = BC.

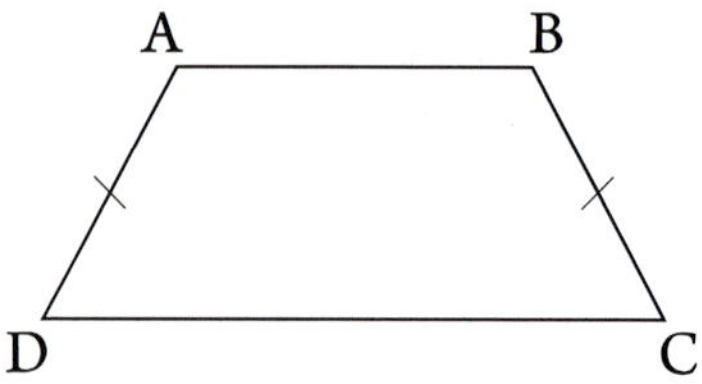

- Un **trapèze rectangle** est un trapèze dont l'un des côtés est perpendiculaire aux bases.

EXEMPLE

ABCD est un trapèze rectangle :
(AB) // (CD) et (AB) ⊥ (AD).

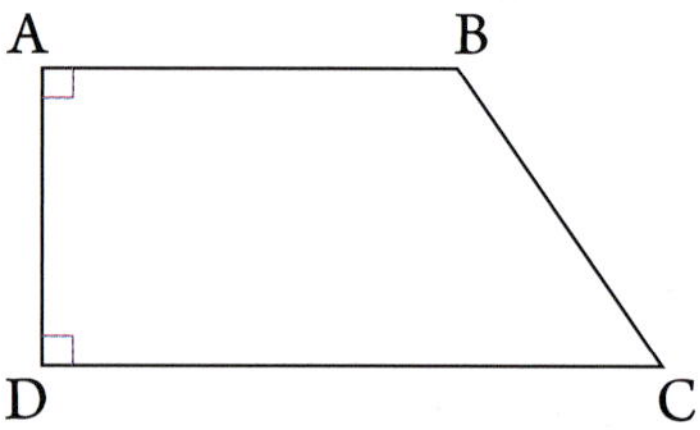

3 Parallélogrammes

A. Définition

Un parallélogramme est un **quadrilatère** dont les **côtés** sont **parallèles deux à deux**.

EXEMPLE

ABCD est un parallélogramme :
(AB) // (CD) et (BC) // (AD).

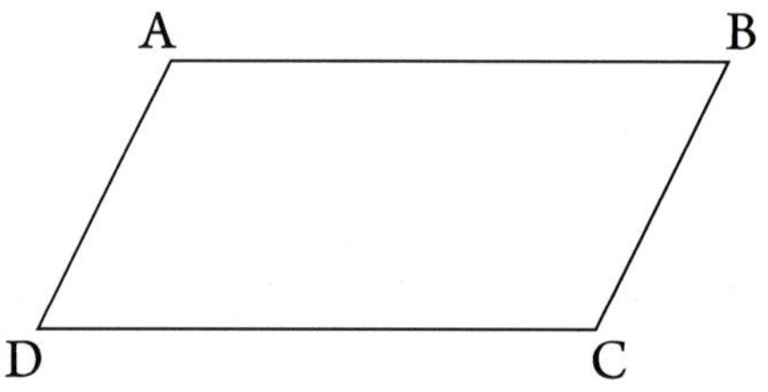

B. Théorèmes

- Si un quadrilatère est un parallélogramme, alors ses côtés opposés ont la même longueur.

EXEMPLE

Si ABCD est un parallélogramme, alors AB = CD et AD = BC.

ZOOM

La réciproque est fausse (car il faut de plus que le quadrilatère soit convexe).

Ainsi, dans le quadrilatère ABCD ci-contre,

AB = CD et AD = BC mais ABCD n'est pas un parallélogramme.

On peut utiliser cette propriété afin de démontrer qu'un quadrilatère est un parallélogramme, il suffit de préciser que ce quadrilatère est convexe.

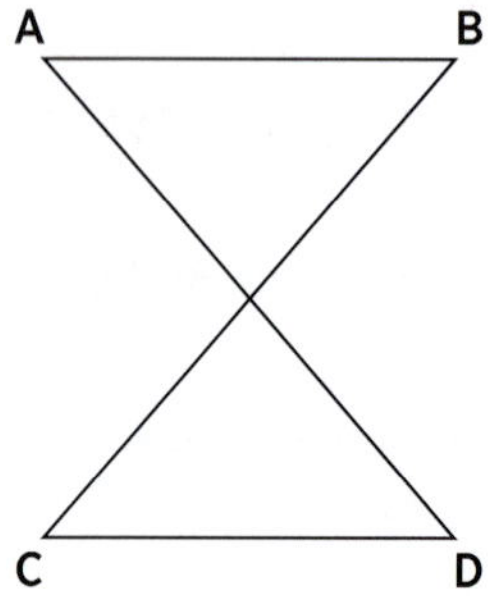

- Les diagonales d'un parallélogramme se coupent en leur milieu.

> **EXEMPLE**
> Si ABCD est un parallélogramme, alors [AC] et [BD] ont le même milieu.
> Dans le quadrilatère ABCD, si [AC] et [BD] ont le même milieu, alors ABCD est un parallélogramme.

Le milieu des diagonales d'un parallélogramme est le **centre de symétrie** du parallélogramme. On dit que le milieu des diagonales est le **centre du parallélogramme**.

- Les angles opposés d'un parallélogramme sont égaux.

Si un quadrilatère est un parallélogramme, alors ses angles opposés sont égaux.

Si dans un quadrilatère convexe, les angles opposés sont égaux, alors ce quadrilatère est un parallélogramme.

APPLICATION 2

On considère un triangle ABC.

❶ Combien de parallélogrammes ayant les points A, B et C pour sommets peut-on construire ?

❷ Construire ces parallélogrammes.

→Corrigé p. 183

APPLICATION 3

Construire un parallélogramme ABCD tel que (AB) et (AC) soient perpendiculaires.

→Corrigé p. 183

C. Parallélogrammes particuliers

a. Rectangle

- **Définition :** Un rectangle est un parallélogramme qui a **deux côtés consécutifs perpendiculaires**.

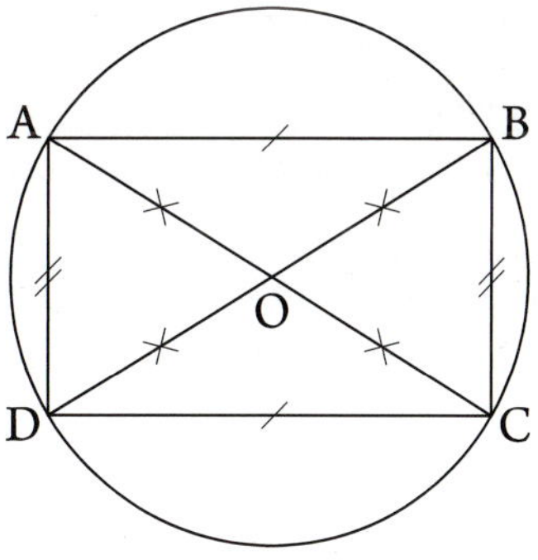

- **Propriétés :**
  - Les quatre angles d'un rectangle sont droits.
  - Les diagonales d'un rectangle ont la même longueur.
  - Tout rectangle est inscriptible dans un cercle ayant pour centre le centre du rectangle et pour diamètre les diagonales du rectangle.
  - Comme un rectangle est un parallélogramme, il a les propriétés du parallélogramme, c'est-à-dire des côtés opposés parallèles et de même longueur, des diagonales se coupant en leur milieu et des angles opposés égaux.

b. Losange

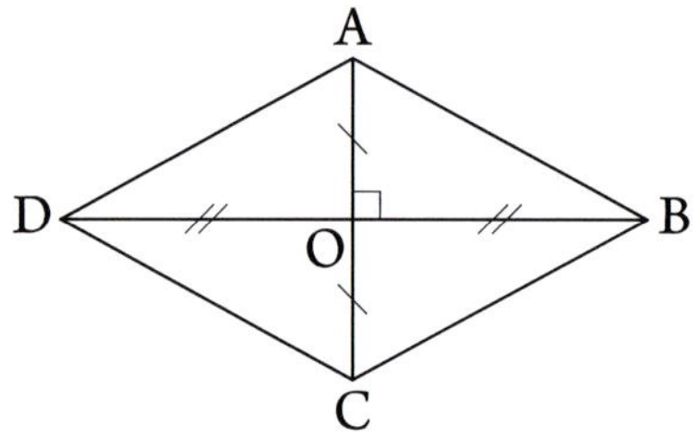

Définition : Un losange est un parallélogramme qui a **deux côtés consécutifs de même longueur**.

Propriétés :

- Les quatre côtés d'un losange ont la même longueur.
- Les diagonales d'un losange sont perpendiculaires.
- Les diagonales d'un losange sont axes de symétrie de ce losange.
- Comme un losange est un parallélogramme, il a les propriétés du parallélogramme, c'est-à-dire des côtés opposés parallèles et de même longueur, des diagonales se coupant en leur milieu et des angles opposés égaux.

APPLICATION 4

Vrai ou faux ? Justifier les réponses.

1. Un rectangle a quatre axes de symétrie.
2. Un polygone qui a au moins 3 angles droits est un rectangle.
3. Un polygone dont les côtés sont parallèles deux à deux est un parallélogramme.
4. Un quadrilatère dont les 4 sommets sont sur un cercle a au moins un angle droit.

→ Corrigé p. 184

c. Carré

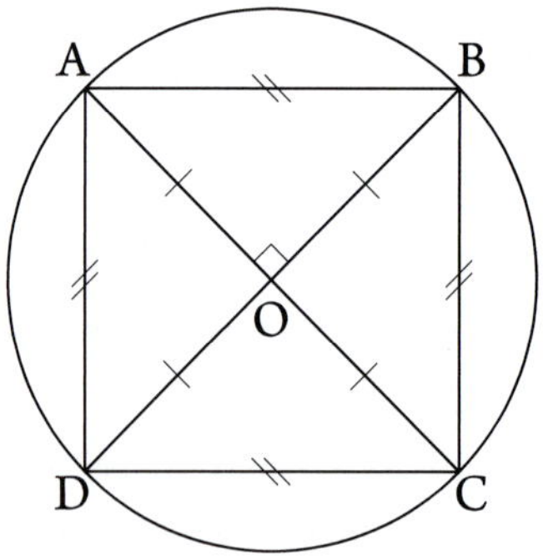

Définition : Un carré est un parallélogramme qui est à la fois **un rectangle et un losange**, c'est-à-dire qui a deux côtés consécutifs perpendiculaires et de la même mesure.

Propriétés : D'après sa définition, un carré a toutes les propriétés du parallélogramme, du rectangle et du losange.

- Les quatre angles d'un carré sont droits.
- Les côtés opposés sont parallèles.
- Les quatre côtés ont la même longueur.
- Deux côtés consécutifs sont perpendiculaires.
- Les diagonales se coupent en leur milieu.
- Les diagonales ont la même longueur.
- Les diagonales sont perpendiculaires.
- Tout carré est inscriptible dans un cercle ayant pour centre le centre du carré et pour diamètre les diagonales du carré.

D. En résumé

Propriétés des parallélogrammes

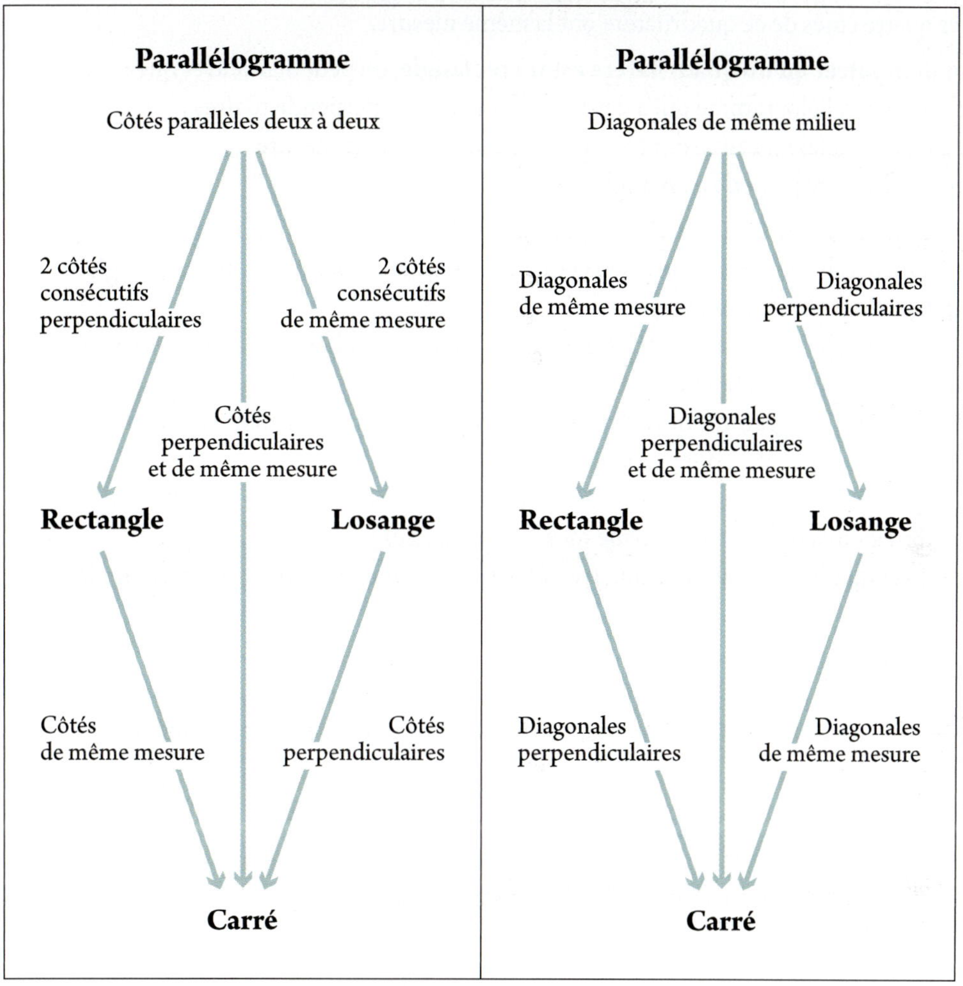

Dans ces schémas, il y a deux types de propriétés : soit des segments de même mesure, soit des segments perpendiculaires. Les segments dont il s'agit ici sont soit des côtés (c'est-à-dire deux côtés consécutifs), soit des diagonales. Et on constate une propriété : si deux côtés consécutifs du parallélogramme ont une des propriétés, alors les diagonales ont l'autre propriété et vice versa. Ainsi, par exemple, avoir deux côtés consécutifs perpendiculaires entraine nécessairement le fait d'avoir des diagonales de même longueur.

Ces schémas donnent également des outils pour démontrer qu'un quadrilatère est l'un des quadrilatères particuliers décrits précédemment.

▶ Pour **démontrer qu'un quadrilatère est un parallélogramme**, on peut démontrer que :

- les côtés opposés de ce quadrilatère sont parallèles deux à deux ;
- les diagonales de ce quadrilatère se coupent en leur milieu ;
- deux côtés de ce quadrilatère sont parallèles et de même longueur et ce quadrilatère est convexe.

- Pour **démontrer qu'un quadrilatère est un losange**, on peut démontrer que :
  - c'est un parallélogramme qui a deux côtés consécutifs de la même mesure ;
  - c'est un parallélogramme dont les diagonales sont perpendiculaires ;
  - les quatre côtés de ce quadrilatère ont la même mesure.
- Pour **démontrer qu'un quadrilatère est un rectangle**, on peut démontrer que :
  - c'est un parallélogramme qui a deux côtés consécutifs perpendiculaires ;
  - c'est un parallélogramme dont les diagonales ont la même mesure ;
  - ce quadrilatère possède trois angles droits.
- Pour **démontrer qu'un quadrilatère est un carré**, on peut démontrer que :
  - c'est un parallélogramme qui a deux côtés consécutifs perpendiculaires (rectangle) et de même mesure (losange) ;
  - c'est un parallélogramme dont les diagonales sont perpendiculaires (losange) et de la même mesure (rectangle) ;
  - c'est un parallélogramme qui a deux côtés consécutifs perpendiculaires (rectangle) et dont les diagonales sont perpendiculaires (losange) ;
  - c'est un parallélogramme qui a deux côtés consécutifs de la même mesure (losange) et dont les diagonales ont la même mesure (rectangle) ;
  - c'est un quadrilatère dont les quatre côtés ont la même mesure et qui a un angle droit.

APPLICATION 5

❶ **a.** Construire un rectangle EFGH tel que la longueur du côté EF soit 7 cm et celle de la diagonale EG soit 9 cm. Justifier la construction en citant la ou les propriétés géométriques utilisées.

b. La construction d'un rectangle dont on impose la longueur d'un côté et celle de la diagonale est-elle toujours réalisable ? Justifier.

❷ Soit les points I, J, K, L, M et N. Construire deux rectangles IJKL et IMKN.

❸ Quelle est la nature du quadrilatère MJNL ? Justifier la réponse.

→ Corrigé p. 184

❹ Triangles

A. Généralités

Un triangle est un **polygone qui a trois côtés**.

Un triangle est encore défini par **trois points non alignés**.

EXEMPLE

3 côtés : [AB], [AC] et [BC]

3 angles : $\widehat{A}$, $\widehat{B}$ et $\widehat{C}$

B. Triangles particuliers

- **ABC est équilatéral.**
  3 côtés de même longueur : AB = AC = BC.
  3 angles égaux : $\widehat{A} = \widehat{B} = \widehat{C} = 60°$.

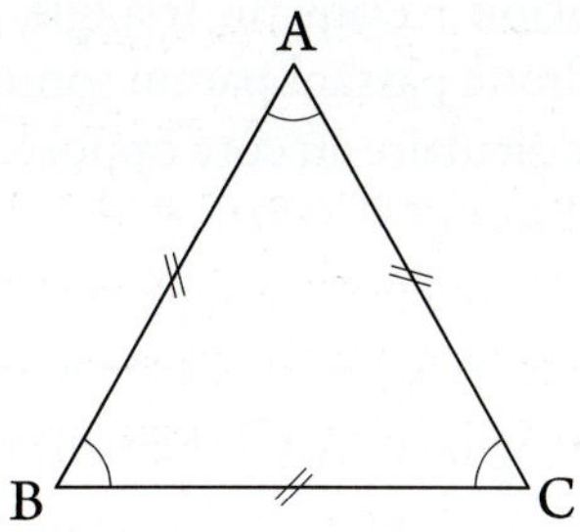

- **ABC est un triangle rectangle en A.**
  (AB) est perpendiculaire à (AC).
  [BC] s'appelle l'hypoténuse du triangle.

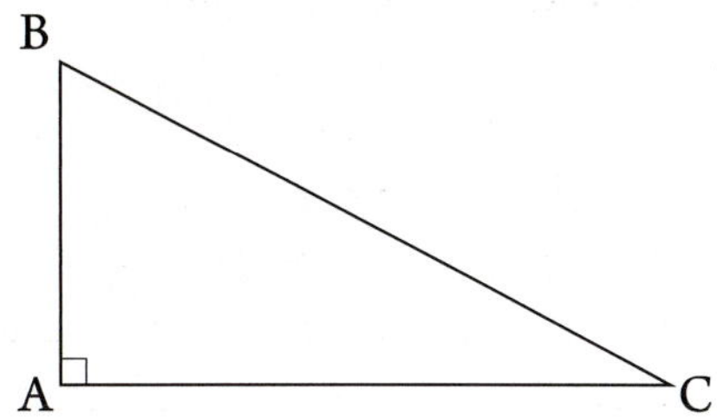

- **ABC est un triangle isocèle en A.**
  AB = AC
  Les angles $\widehat{B}$ et $\widehat{C}$ de la base [BC] ont la même mesure.
  Un triangle isocèle et rectangle en A vérifie
  AB = AC et $\widehat{A} = 90°$.

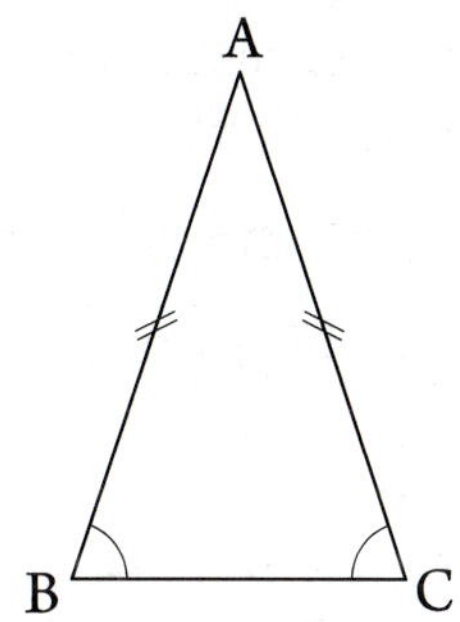

C. Droites remarquables d'un triangle

a. Médiatrices d'un triangle

- **Définition :** On appelle médiatrices d'un triangle, les médiatrices de chacun de ses côtés.
- **Théorème :** Les trois médiatrices d'un triangle sont concourantes en un point O qui est le centre du cercle circonscrit à ce triangle.
- **Conséquence :** Il existe toujours un cercle passant par trois points non alignés, c'est-à-dire que trois points non alignés déterminent un cercle.

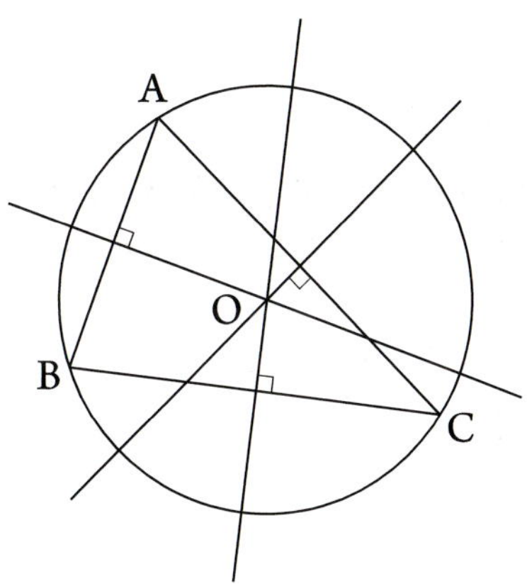

APPLICATION 6

Démontrer que les trois médiatrices d'un triangle sont concourantes.

→ Corrigé p. 185

b. Hauteurs d'un triangle

Définition : Dans un triangle, une hauteur est la droite passant par un sommet et qui est perpendiculaire au côté opposé.

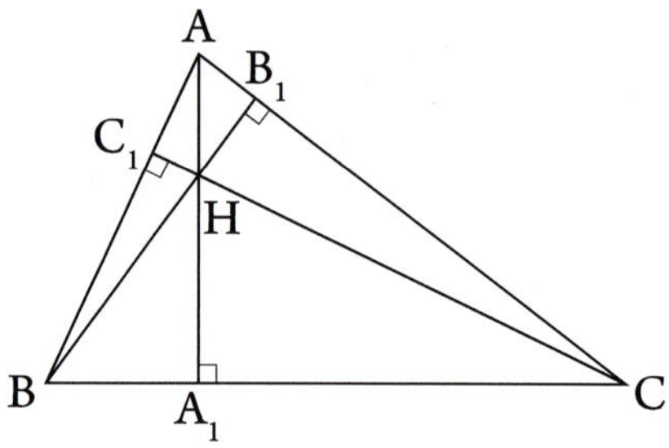

EXEMPLE

Une hauteur du triangle ABC est donc la droite (AA_1). Mais c'est encore :

– le segment [AA_1] (hauteur relative au côté [BC] (idem [BB_1], idem [CC_1]) ;

– la longueur AA_1 (ou BB_1 ou CC_1).

ZOOM

Une hauteur d'un triangle peut être extérieure à ce triangle lorsque celui-ci possède un angle obtus.

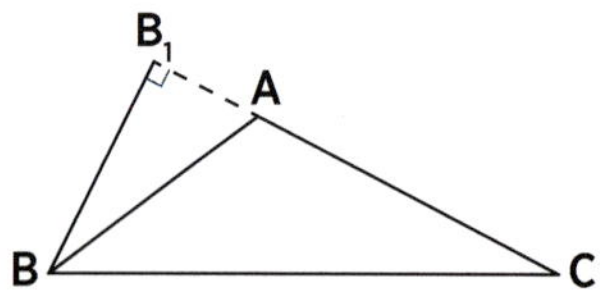

D. Triangles égaux

a. Cas d'égalité des triangles

Définition : Deux triangles sont égaux quand ils sont **superposables.**

Cette superposition peut s'effectuer par glissement du calque de l'un des triangles, par rotation ou après retournement préalable de ce calque. Lorsque deux triangles sont égaux, leurs **côtés ont la même longueur deux à deux**, et leurs **angles sont égaux deux à deux**.

EXEMPLE

ABC et DEF sont égaux, on a :

AB = DE ; AC = DF ; BC = EF ;

$\widehat{A} = \widehat{D}$; $\widehat{B} = \widehat{E}$; $\widehat{C} = \widehat{F}$.

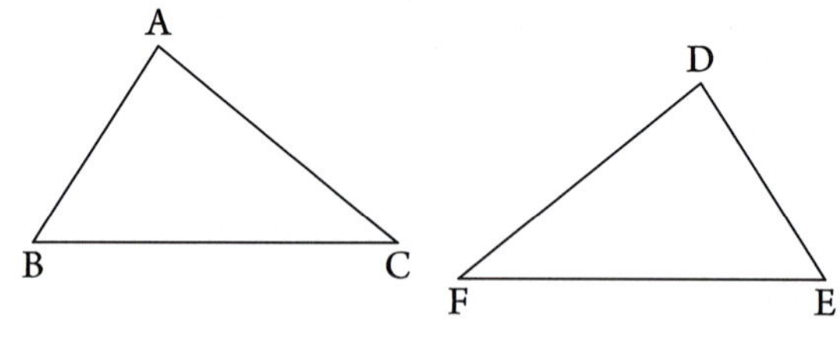

b. Cas d'égalité de deux triangles

1er cas : Lorsque deux triangles ont un côté égal adjacent à deux angles respectivement égaux, alors ils sont égaux.

EXEMPLE

Soit deux triangles ABC et A'B'C' tels que BC = B'C' ; $\widehat{B} = \widehat{B'}$ et $\widehat{C} = \widehat{C'}$.

Alors ces deux triangles sont égaux.

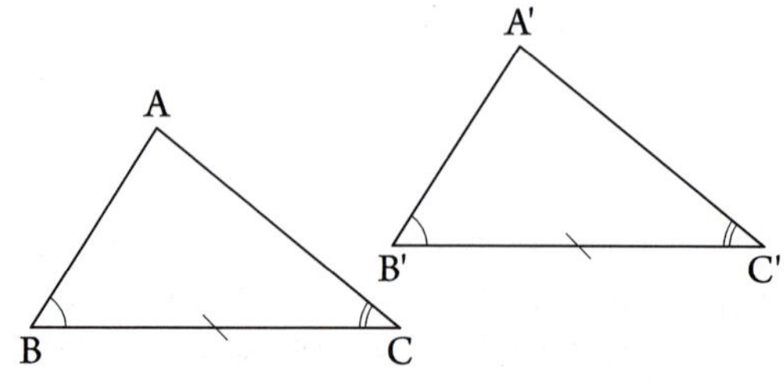

2e cas : Lorsque deux triangles ont un angle égal compris entre deux côtés respectivement égaux, alors ils sont égaux.

EXEMPLE

Soit deux triangles ABC et A'B'C' tels que AB = A'B' ; AC = A'C' et $\widehat{A} = \widehat{A'}$.

Alors ces deux triangles sont égaux.

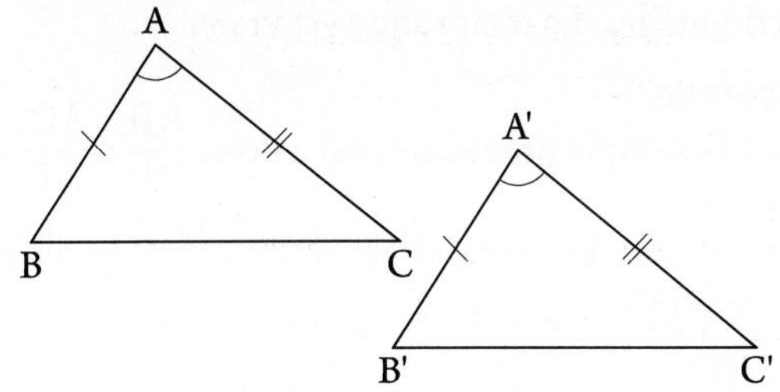

3e cas : Lorsque deux triangles ont leurs trois côtés respectivement égaux, alors ils sont égaux.

EXEMPLE

Soit deux triangles ABC et A'B'C' tels que AB = A'B' ; AC = A'C' et BC = B'C'.

Alors ces deux triangles sont égaux.

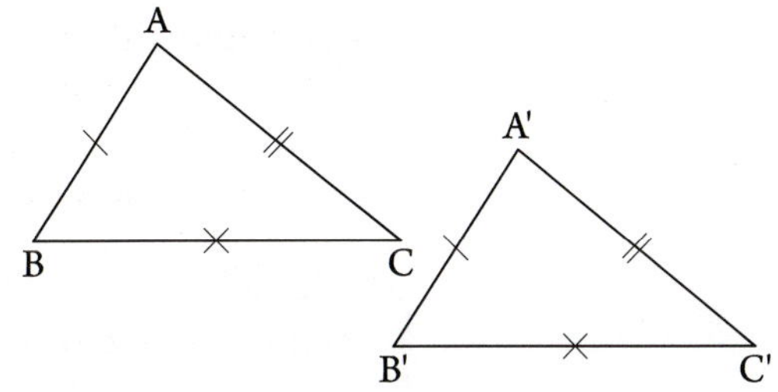

APPLICATION 7

Vrai ou faux ?

Si deux triangles ont leurs trois angles respectivement égaux, alors, ils sont égaux.

→Corrigé p. 185

APPLICATION 8

❶ Démontrer que dans un triangle ABC isocèle en A, les hauteurs [BH] et [CK] ont la même longueur.

❷ La réciproque est-elle vraie, c'est-à-dire si, dans un triangle ABC, deux hauteurs ont la même longueur, ce triangle est-il isocèle ?

→Corrigé p. 185

D. Triangles semblables

a. Définition

Deux triangles sont semblables quand leurs **angles sont égaux deux à deux.**

EXEMPLE

Les deux triangles ABC et DEF sont tels que $\widehat{A} = \widehat{D}$; $\widehat{B} = \widehat{E}$; $\widehat{C} = \widehat{F}$, alors ils sont semblables.

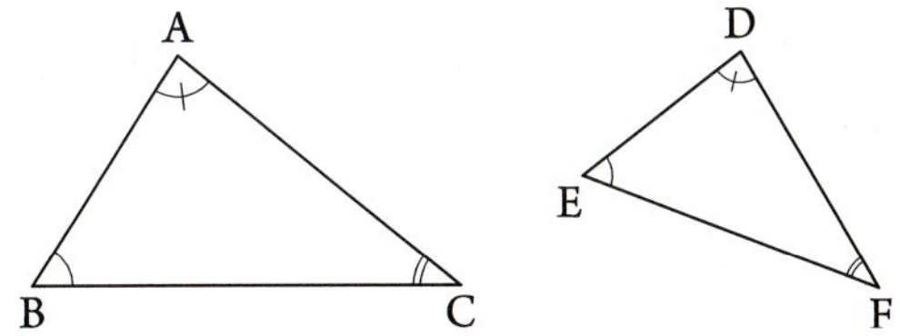

ZOOM

Si deux angles d'un triangle sont égaux à deux angles d'un autre triangle, alors ces deux triangles sont semblables, puisque la somme des angles d'un triangle est 180°, et donc ces deux triangles ont le même troisième angle.

b. Théorèmes

- Si deux triangles sont semblables, alors les longueurs de leurs côtés respectifs sont proportionnelles. La réciproque est vraie.

> **EXEMPLE**
> Dans l'exemple précédent, on a donc $\frac{AB}{DE} = \frac{AC}{DF} = \frac{BC}{EF}$.

- Dans un triangle, toute droite parallèle à l'un de ses côtés détermine un triangle semblable à celui-ci.

> **EXEMPLE**
> Dans ABC, (DE) // (BC), donc les deux triangles ABC et ADE sont semblables (on retrouve la configuration du théorème de Thalès dans le triangle, voir chapitre 8).

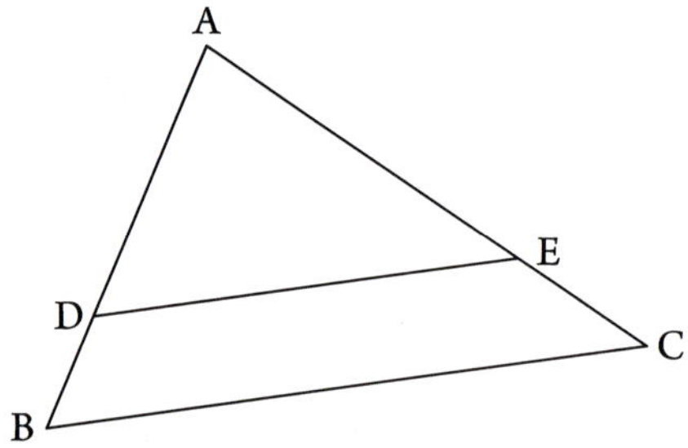

ZOOM

Cette propriété est vraie dans le cas où (DE) est extérieure au triangle, en particulier dans la configuration ci-contre :

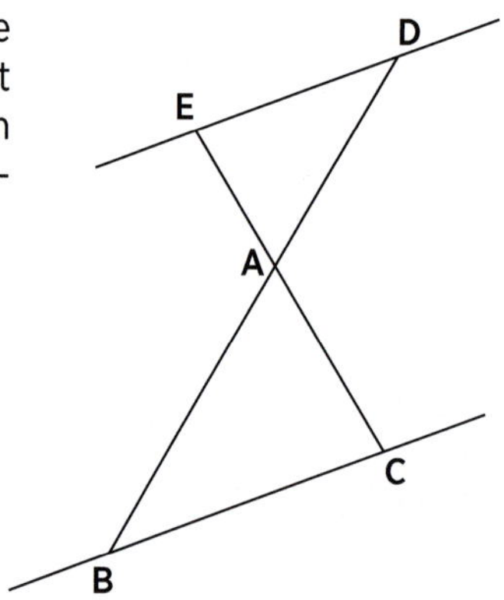

Quand deux triangles sont semblables et ont leurs côtés parallèles deux à deux, on dit qu'ils sont **homothétiques**, c'est-à-dire qu'il existe une homothétie transformant un des triangles en l'autre (voir chapitre 9).

APPLICATION 9

On considère un triangle ABC rectangle en A, et tel que AB = a et AC = $2a$, a nombre donné positif. La droite perpendiculaire à (BC) passant par B coupe (AC) en D

1. Démontrer que les triangles ABC et ADB sont semblables.
2. Calculer AD en fonction de a.

→ Corrigé p. 185

CORRIGÉS

APPLICATION 1

❶ Tracer un cercle 𝒞.
Tracer un diamètre [AB] de 𝒞.
Tracer la médiatrice de [OA] qui coupe 𝒞 en C et D.
BCD est équilatéral.

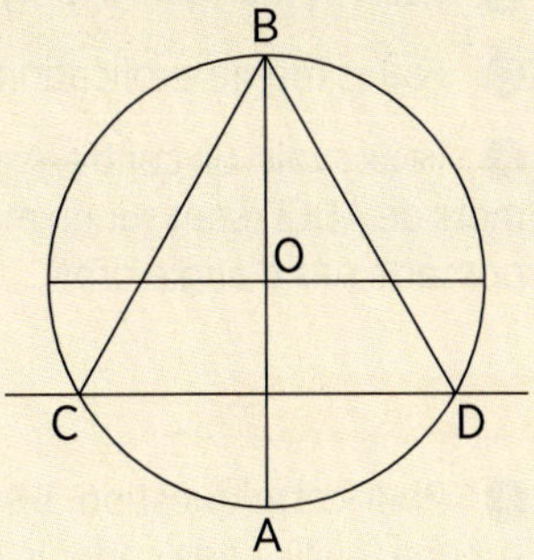

❷ Tracer un cercle 𝒞.
Tracer un diamètre [AB] de ce cercle.
Construire la médiatrice de [AB] qui coupe 𝒞 en C et D.

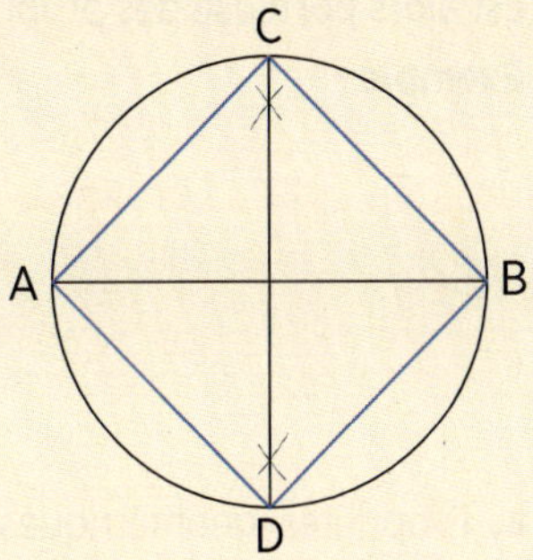

APPLICATION 2

On peut construire trois parallélogrammes : ADCB, ACEB, AFBC.

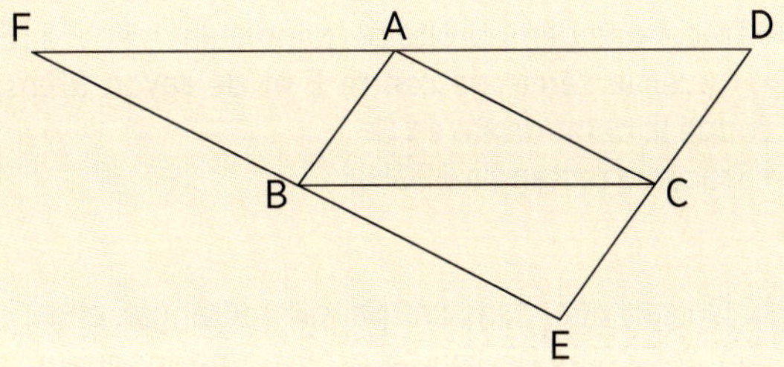

APPLICATION 3

CONSEIL
Faire un dessin à main levée au brouillon afin de déterminer un programme de construction.

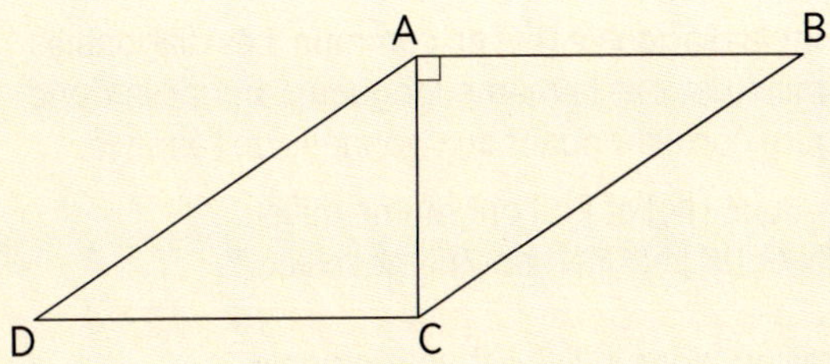

APPLICATION 4

❶ Faux : un rectangle a deux axes de symétrie qui sont les médiatrices de ses côtés.

❷ Faux : il faut que ce polygone ait 4 côtés.

❸ Faux : même explication que précédemment.

❹ Faux : voici un contre-exemple. Les quatre sommets de ABCD sont sur un même cercle, et ABCD ne possède pas d'angle droit.

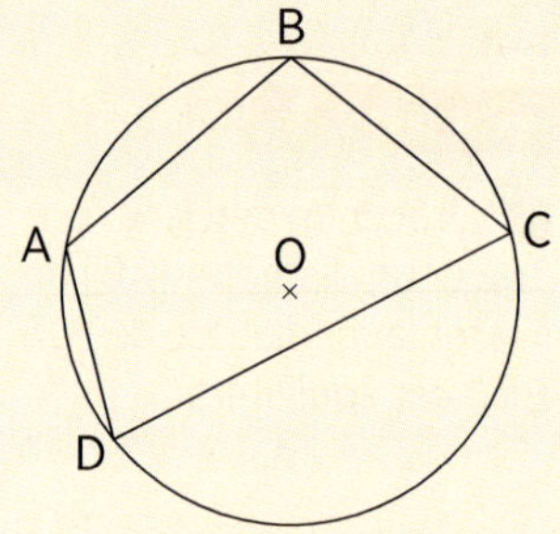

APPLICATION 5

❶ Pour cette question, il suffit encore de tracer un rectangle EFGH à main levée sur une feuille et de coder le dessin en y reportant les données de l'énoncé. La figure est alors porteuse des propriétés à utiliser pour la construire.

Exemple :

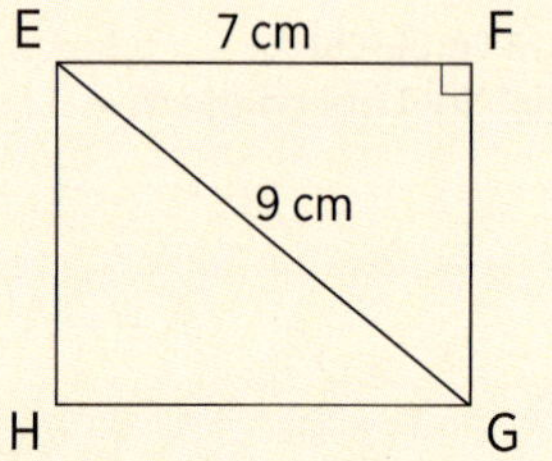

a. Propriétés géométriques utilisées : dans le rectangle EFGH, (EF) ⊥ (GF).
Programme de construction possible :
• Construire un segment [EF] de 7 cm de longueur.
• Tracer une demi-droite perpendiculaire en F à [EF].
• Tracer le cercle de centre E et de rayon 9 cm qui coupe la demi-droite en G.
• Tracer le rectangle EFGH.

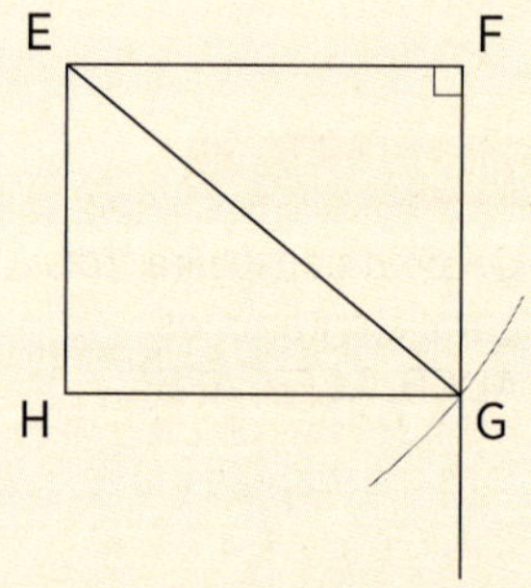

b. On sait que, dans un triangle rectangle, chacun des côtés de l'angle droit a une longueur inférieure à l'hypoténuse (voir chapitre 5). Donc, la construction d'un rectangle dont on impose la longueur d'un côté et celle de la diagonale n'est possible que si la longueur de cette diagonale est strictement supérieure à celle du côté.

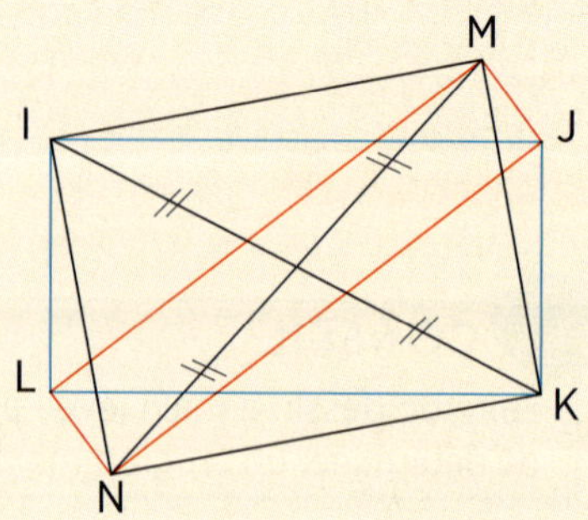

❷ Les deux rectangles proposés ont la diagonale [IK] en commun. Les diagonales d'un rectangle se coupent en leur milieu et ont la même longueur, on utilise donc cette propriété pour réaliser une figure correspondant aux données de l'énoncé.

❸ IJKL est un rectangle, donc IK = JL et [IK] et [JL] ont même milieu.
IMKN est un rectangle, donc IK = MN et [IK] et [MN] ont même milieu.
Par conséquent :
MN = JL et [MN] et [JL] ont même milieu, donc MJNL est un rectangle.

APPLICATION 6

Soit un triangle ABC et D_1, D_2, D_3 les médiatrices des côtés [AB], [AC] et [BC].
Soit O le point commun à D_1 et D_2.
$O \in D_1$, donc OA = OB, $O \in D_2$, donc OA = OC.
Par conséquent, OB = OC, ce qui prouve que $O \in D_3$.

APPLICATION 7

Cette affirmation est fausse, voici un contre-exemple :

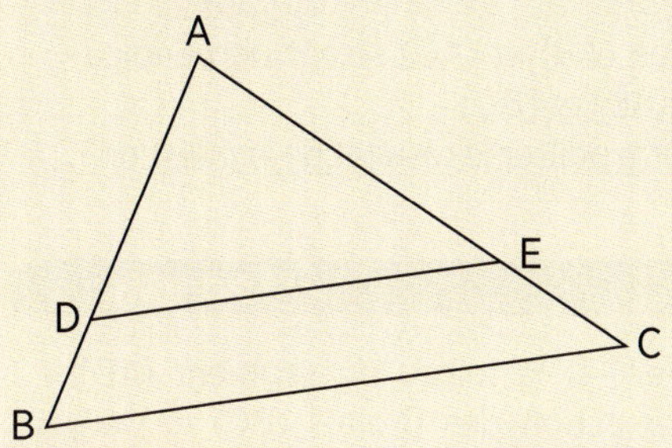

Dans ABC, (DE) // (BC),
alors $\widehat{A}$ est commun.
$\widehat{B} = \widehat{D}$ et $\widehat{C} = \widehat{E}$,
or ABC et ADE ne sont pas égaux.

APPLICATION 8

❶ Considérons les triangles AHB et AKC.
Comme ABC est isocèle en A, AB = AC.
$\widehat{ABH} = 90° - \widehat{BAC}$
$\widehat{ACK} = 90° - \widehat{BAC}$, donc $\widehat{ABH} = \widehat{ACK}$
$\widehat{BAC}$ est commun.
D'après le 1er cas d'égalité des triangles, ces deux triangles sont égaux. Et, par conséquent, BH = CK.

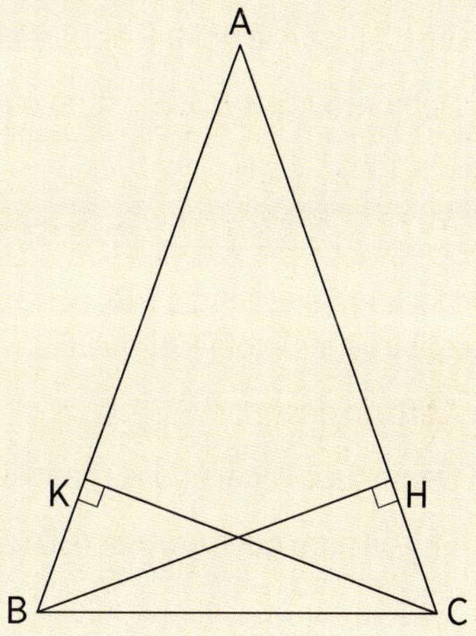

❷ Considérons un triangle ABC tel que les hauteurs [BH] et [CK] ont la même longueur.
Dans les triangles AHB et AKC, BH = CK.
$\widehat{ABH} = 90° - \widehat{BAC}$
$\widehat{ACK} = 90° - \widehat{BAC}$, donc $\widehat{ABH} = \widehat{ACK}$
$\widehat{AHB} = \widehat{AKC} = 90°$
D'après le 1er cas d'égalité des triangles, ces deux triangles sont égaux.
Et, par conséquent, AB = AC.
ABC est donc isocèle en A, c'est-à-dire que la réciproque est vraie.

APPLICATION 9

❶ Les deux triangles ABC et ADB sont tels que $\widehat{BAC} = \widehat{BAD} = 90°$.
Comme (BD) ⊥ (BC) : $\widehat{ABC} = 90° - \widehat{ABD}$.
Comme ABD rectangle en A, $\widehat{BDA} = 90° - \widehat{ABD}$.
Donc $\widehat{ABC} = \widehat{BDA}$.
On en déduit que $\widehat{ABD} = \widehat{ABC} = \widehat{ACB}$.

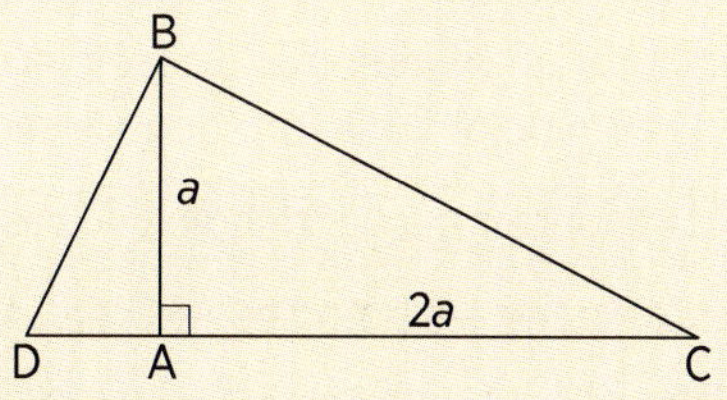

Et donc les deux triangles ABC et ADB sont semblables.

❷ D'après la question précédente, $\frac{AD}{AB} = \frac{AB}{AC}$, soit $AD = \frac{AB^2}{AC} = \frac{a^2}{2a} = \frac{a}{2}$.

ENTRAINEMENT

EXERCICE 1 — 25 min.

❶ Construire un triangle EFG rectangle en E. Placer le point I, milieu du côté [FG].
On veut démontrer que $EI = \frac{1}{2}FG$. Pour cela, placer sur la demi-droite [EI) le point H tel que IE = IH. Quelle est la nature du quadrilatère EFHG ?
Conclure en énonçant la propriété qui vient d'être démontrée.

❷ Construire un parallélogramme ABCD tel que (AB) et (AC) soient perpendiculaires. On appelle I et J, les milieux respectifs de [AD] et [BC].
Quelle est la nature du quadrilatère IAJC ? On pourra utiliser le résultat de la question 1.

EXERCICE 2 — 20 min.

Soit ABC un triangle rectangle en A. On appelle D le milieu du segment [AB], I le milieu du segment [CD], P le point d'intersection des droites (BC) et (AI), et E le point tel que CEDA est un parallélogramme.

❶ Faire un dessin.

❷ Justifier que le point E appartient à la droite (AI).

❸ Démontrer que BDCE est un parallélogramme

EXERCICE 3 — 25 min.

On considère un triangle ABC, on appelle I le milieu du côté [BC].
On construit le point D tel que I est le milieu de [AD].

❶ Faire un dessin.

❷ Démontrer l'égalité des triangles AIB et DIC.

❸ En conclure que la droite (CD) est parallèle à la droite (AB).

❹ Démontrer que les triangles AIC et BID sont égaux.

❺ Démontrer que les triangles ABC et DCB sont égaux.

❻ Démontrer que les triangles ABD et DCA sont égaux.

EXERCICE 4 — 25 min.

❶ Tracer un triangle ABC isocèle en A. La médiatrice du côté [AC] coupe la droite (BC) en un point D. On prolonge le segment [DA] d'une longueur AE = BD.

❷ Démontrer que le triangle CAD est isocèle.

❸ Comparer les triangles ABD et CAE.

❹ Que peut-on dire du triangle CDE ?

EXERCICE 5 — 40 min.

On considère un cercle de centre O et de rayon R, et [AB] un de ses diamètres. On trace un rayon [OC], tel que $\widehat{BOC} = 30°$, puis le rayon [OD] perpendiculaire à (AB) et du même côté que (OC) par rapport à (AB). La droite perpendiculaire en B à (AB) coupe (OC) au point E. La droite perpendiculaire en D à (OD) coupe (OC) au point F. Les droites (AF) et (OD) se coupent en K.

❶ Faire un dessin.

❷ Calculer en fonction de R les longueurs BE, OE, DF et OF. Donner les résultats arrondis au centième.

❸ Démontrer que les deux triangles AOK et DKF sont semblables.

❹ Calculer en fonction de R les longueurs OK et DK.

VERS L'ORAL

EXERCICE 6

À partir des exercices suivants, répondre aux questions ci-après.

Exercice A

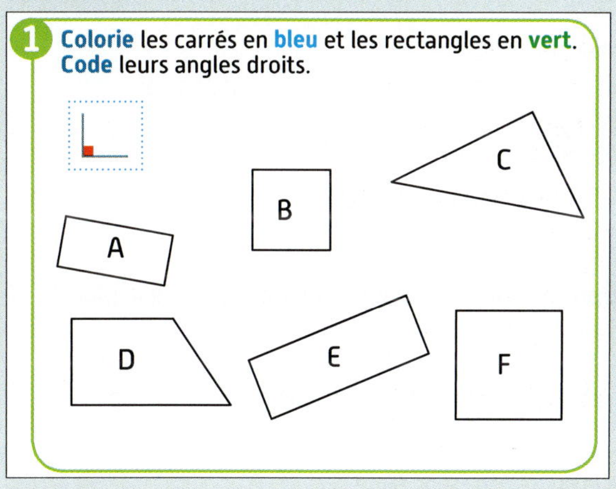

Exercice B

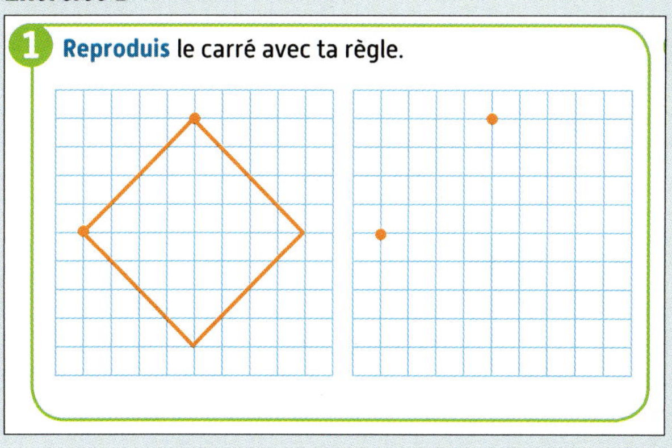

Exercice C

3 Tracer des angles droits.

Termine les tracés du carré et du rectangle avec ton équerre.

Exercice D

2 **Décris** les figures.

Cette figure a .... côtés de même longueur,

.... sommets et .... angles ....

C'est un ....

Cette figure a .... côtés égaux deux à deux,

.... sommets et .... angles ....

C'est un ....

❶ À quel cycle d'apprentissage pourrait-on proposer ces situations ? Justifier la réponse.
❷ Quels sont les objectifs d'apprentissage ?
❸ Quelles sont les principales compétences visées ?
❹ Quels sont les prérequis à cette activité ?
❺ Quels sont les attendus de fin de cycle qui correspondent à ces situations d'apprentissage ?
❻ À quelle phase de la séquence d'apprentissage la situation suivante est-elle la plus appropriée ? Justifier la réponse.
Phases : découverte – apprentissage – institutionnalisation du savoir (structuration des apprentissages) – consolidation – réinvestissement – évaluation – remédiation – transfert.

1 **Aide** Lali à résoudre l'énigme et **colorie** la figure correspondante.

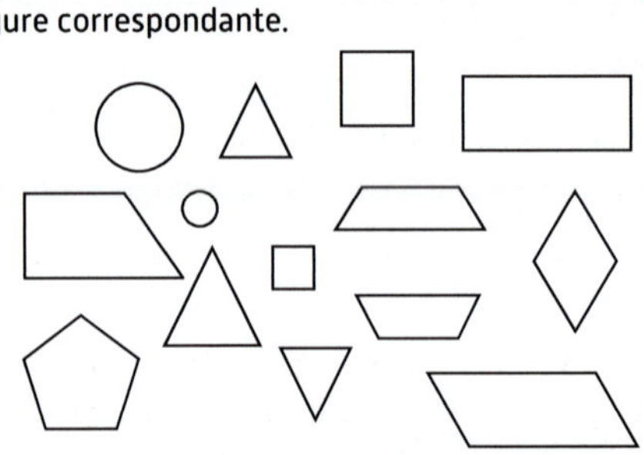

Je suis un ....

❼ Quelle(s) remédiation(s) pourrait-on proposer à un élève qui aurait des difficultés à résoudre ce type de situation mathématique ?
❽ Avant de proposer cette situation (ci-dessus), quelle trace écrite pourrait-on construire avec les élèves pendant la phase d'institutionnalisation du savoir ?

CORRIGÉS

EXERCICE 1

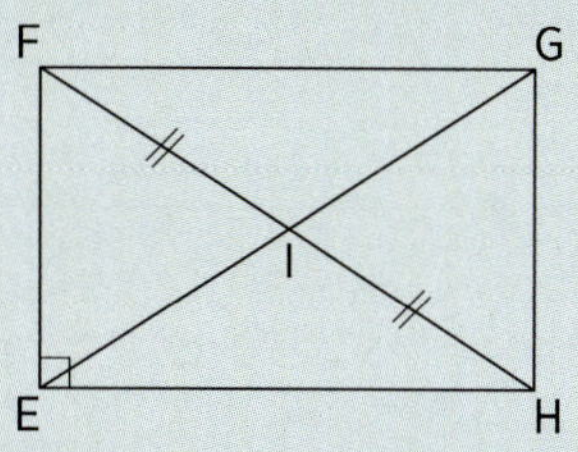

❶ D'après l'énoncé, I est le milieu de [FG] et le milieu de [EH], par conséquent, EFHG est un parallélogramme. Comme EFG est un triangle rectangle en E, $\widehat{E}$ est un angle droit, et donc EFHG est un rectangle. Or, les diagonales d'un rectangle ont la même longueur. Par conséquent, EG = FH, donc EI = $\frac{1}{2}$FG.

On vient de démontrer que, dans un triangle rectangle, le segment ayant pour extrémités le sommet de l'angle droit et le milieu de l'hypoténuse a pour longueur la moitié de l'hypoténuse.

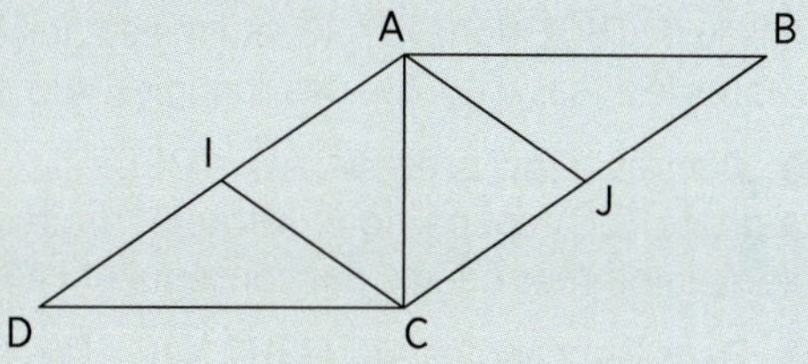

❷ ABCD est un parallélogramme, donc (AD) // (BC) et AD = BC. Comme I et J sont les milieux de [AD] et [BC] : (AI) // (CJ) et AI = CJ. Puisque IAJC est convexe, on en déduit que IAJC est un parallélogramme. D'après l'énoncé, (AB) ⊥ (AC), ce qui signifie que le triangle ABC est rectangle en A et J est le milieu de l'hypoténuse [BC], donc, d'après la question 1., AJ = $\frac{1}{2}$BC = CJ. Le parallélogramme IAJC a deux côtés consécutifs de la même longueur, c'est donc un losange.

EXERCICE 2

❶

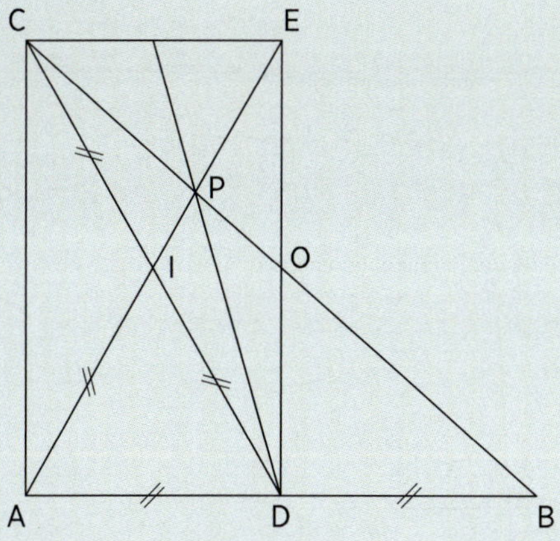

❷ CEDA est un parallélogramme, donc [AE] et [CD] se coupent en leur milieu. Comme I est le milieu de [CD], donc I est le milieu de [AE]. Par conséquent, I appartient à la droite (AE).

❸ CEDA est un parallélogramme, donc CE = AD. Comme D est le milieu de [AB], donc AD = BD, et donc CE = BD.
(CE) // (AD), donc (CE) // (BD).
Comme BDCE est convexe, on en déduit que BDCE est un parallélogramme.

EXERCICE 3

❶

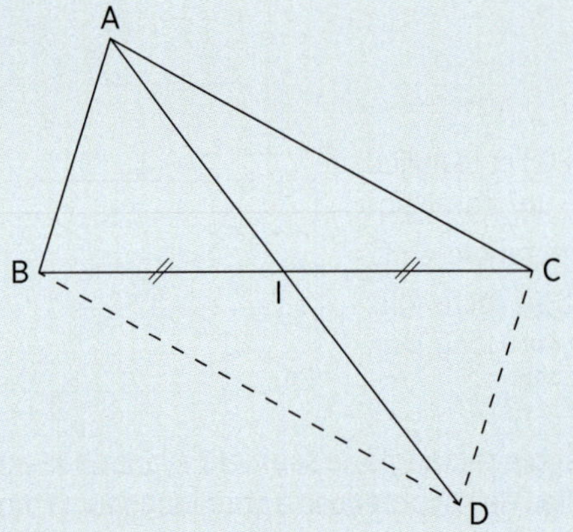

❷ Dans les triangles AIB et CID, $\widehat{AIB} = \widehat{CID}$ (angles opposés par le sommet).
I milieu de [BC], donc IB = IC, et I milieu de [AD], donc IA = ID.
D'après le 2e cas d'égalité des triangles, AIB et DIC sont égaux.

❸ D'après ce qui précède, $\widehat{ABI} = \widehat{DCI}$.
La droite (BC) coupe donc les deux droites (AB) et (CD) en formant deux angles alternes-internes égaux, par conséquent (AB) // (CD).

❹ Dans les triangles AIC et DIB, $\widehat{AIC} = \widehat{DIB}$ (angles opposés par le sommet).
I milieu de [BC], donc IC = IB, et I milieu de [AD], donc IA = ID.
D'après le 2e cas d'égalité des triangles, AIC et DIB sont égaux.

❺ D'après la question 2., AB = CD.
D'après la question 4., AC = BD.
[BC] est commun aux deux triangles.
Donc, d'après le 3e cas d'égalité des triangles, ABC et DCB sont égaux.

❻ D'après la question 2., AB = CD.
D'après la question 4., AC = BD.
[AD] est commun aux deux triangles.
Donc, d'après le 3e cas d'égalité des triangles, ABD et DCA sont égaux.

EXERCICE 4

❶

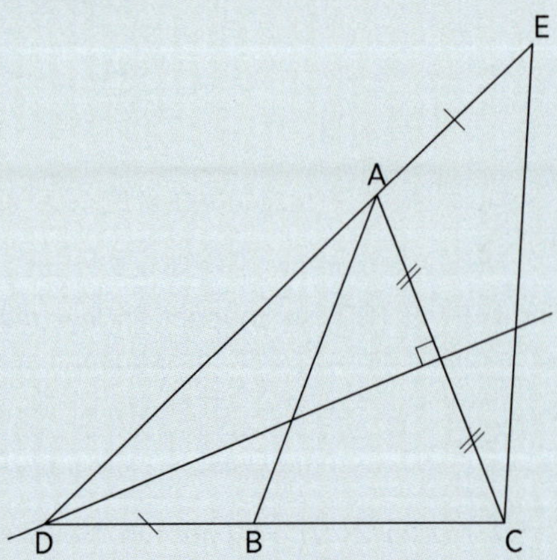

❷ D appartient à la médiatrice du segment [AC], donc DA = DC.
Le triangle ADC est donc isocèle en D.

❸ D'après la question précédente, $\widehat{DAC} = \widehat{DCA}$.
Comme ABC est isocèle en A, $\widehat{ABC} = \widehat{DCA}$.
On en déduit que $\widehat{DAC} = \widehat{ABC}$.
Donc $180° - \widehat{DAC} = 180° - \widehat{ABC}$, c'est-à-dire $\widehat{CAE} = \widehat{ABD}$.
Dans les triangles ABD et CAE, on a donc BD = AE, d'après l'énoncé.
AB = AC, car ABC isocèle en A et $\widehat{CAE} = \widehat{ABD}$.
D'après le 2e cas d'égalité des triangles, ABD et CAE sont égaux.

❹ D'après la question précédente, $\widehat{ADC} = \widehat{AEC}$, et donc le triangle CDE est isocèle en C.

EXERCICE 5

❶

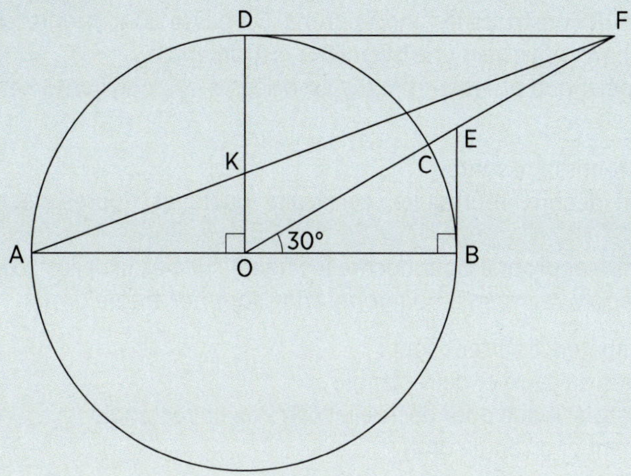

❷ Dans le triangle OBE rectangle en B :

$\tan \widehat{O} = \dfrac{BE}{BO}$, soit BE = BO × tan 30° et donc BE = $R \tan 30°$, soit BE ≈ 0,58R.

$\cos \widehat{O} = \dfrac{OB}{OE}$, soit OE = $\dfrac{OB}{\cos 30°}$ et donc OE ≈ 1,15R.

Dans le triangle ODF rectangle en D, $\widehat{DOF} = 90° - 30° = 60°$.

$\tan \widehat{DOF} = \dfrac{DF}{DO}$, soit DF = DO × tan 60° et donc DF ≈ 1,73R.

$\cos \widehat{DOF} = \dfrac{OD}{OF}$, soit OF = $\dfrac{OD}{\cos 60°}$ et donc OF = 2R.

❸ On sait que (AB) ⊥ (OD) et (DF) ⊥ (OD), par conséquent (AB) // (DF).
Les triangles AOK et FDK sont obtenus en coupant les deux sécantes (AF) et (OD) par les deux parallèles (AB) et (DF), ils sont donc semblables.

❹ Puisque les triangles AOK et FDK sont semblables :

$\dfrac{OK}{DK} = \dfrac{OA}{DF}$, soit $\dfrac{OK}{DK} = \dfrac{R}{1{,}73R} = \dfrac{1}{1{,}73}$.

On en déduit $\dfrac{OK}{1} = \dfrac{DK}{1{,}73} = \dfrac{OK + KD}{2{,}73} = \dfrac{R}{2{,}73}$.

Finalement, OK = $\dfrac{R}{2{,}73}$ et DK = $\dfrac{1{,}73R}{2{,}73}$, soit OK ≈ 0,37R et DK ≈ 0,63R.

VERS L'ORAL

EXERCICE 6

❶ Ces situations sont à proposer au cycle 2.
Le carré, le rectangle et le triangle sont les principales figures géométriques étudiées au cycle 1.
Leurs propriétés géométriques sont néanmoins abordées de manière plus précise au cycle 2.
La résolution de ces situations s'effectuera essentiellement par l'observation des figures et l'estimation perceptive du nombre de côtés, de leurs longueurs et des angles du polygone (angles droits ou pas). Qui plus est, la reproduction ou la construction du carré et du rectangle nécessitera l'utilisation de la règle et de l'équerre pour tracer ou prolonger les segments et construire les angles droits. On passe donc progressivement d'une géométrie perceptive vers une géométrie instrumentée.
Enfin, le vocabulaire spécifique et les propriétés associées à ces polygones seront étudiés.

❷ Les objectifs d'apprentissage sont :
- reconnaitre, nommer, décrire, reproduire, construire quelques figures géométriques ;
- connaitre le vocabulaire approprié pour décrire les figures planes usuelles : *carré, rectangle. triangle, triangle rectangle, polygone, côté, sommet, angle droit.*

❸ Les principales compétences visées sont :
- connaitre les propriétés du carré et du rectangle ;
- utiliser un vocabulaire spécifique pour décrire un carré ou un rectangle ;
- savoir tracer un segment et un angle droit ;
- estimer à vue des rapports très simples de longueur.

❹ Les prérequis à cette activité sont :
- savoir utiliser des outils usuels de géométrie : règle, équerre ;
- reconnaitre l'alignement de points et de sommets ;
- connaitre le vocabulaire spécifique associé aux polygones : *côté, angle droit, sommet.*

❺ Les attendus de fin de cycle qui correspondent à ces situations d'apprentissage sont :
- reconnaitre, nommer, décrire, reproduire, construire quelques figures géométriques ;
- reconnaitre et utiliser les notions d'alignement, d'angle droit, d'égalité de longueurs, de milieu, de symétrie.

❻ **Pistes de leçon.** Ce problème peut être proposé pour un **réinvestissement et/ou une évaluation** en cycle 2 (dès le CE1) pour vérifier la compétence « reconnaitre et nommer une figure géométrique : le rectangle. »
En effet, cette situation problème requiert de l'élève qu'il :
- repère et estime visuellement si les angles sont droits ou non ;
- estime visuellement des rapports simples de longueurs ;
- connaisse le vocabulaire spécifique (*côté, angle droit...*) ;
- mette en place une procédure d'analyse de chaque figure pour sélectionner celle qui correspond aux propriétés énoncées et pouvoir enfin la nommer.

❼ **Première possibilité de remédiation** : donner ce même problème mais en l'adaptant. Voici des variables didactiques possibles (différenciation pédagogique - variables de simplification) :
- moins de figures géométriques à analyser ;
- utilisation d'une équerre ou d'un gabarit d'angle pour vérifier les angles droits ;
- étayage de l'enseignant pour guider l'élève dans sa recherche
- recours possible aux traces écrites dans le cahier de géométrie/mesure ou affichage en classe (outils référents)...

Seconde possibilité de remédiation : revenir sur des situations qui amènent cet élève à décrire des figures géométriques simples, à les tracer et à les reproduire. Lui proposer également des situations pour revoir les notions d'angle droit, d'égalité de longueurs. L'inciter à verbaliser pour qu'il compare et décrive les propriétés du rectangle, du carré, du triangle en réinvestissant le vocabulaire spécifique.

CONSEILS DU FORMATEUR

L'enseignant devra être vigilant et s'assurer que l'énoncé du problème est bien compris. Certains élèves auront peut-être une difficulté pour interpréter correctement cette phrase :

« Deux de mes côtés ont la même longueur mais pas les deux autres. »

Certains élèves pourraient penser que les deux autres côtés (opposés) ne sont pas égaux... alors qu'ils le sont entre eux. En effet, les côtés consécutifs n'ont pas la même longueur mais les côtés opposés sont bien égaux entre eux.

❽ **Proposition de trace écrite pour décrire un carré et un rectangle**

Décrire une figure géométrique, c'est en donner le nombre de **côtés**, de **sommets** et **d'angles**. C'est aussi dire si certains côtés ont la même longueur, et dire s'il y a des angles droits et combien.

- **Le carré** possède **4 angles droits**, **4 sommets**, **4 côtés de même mesure**.

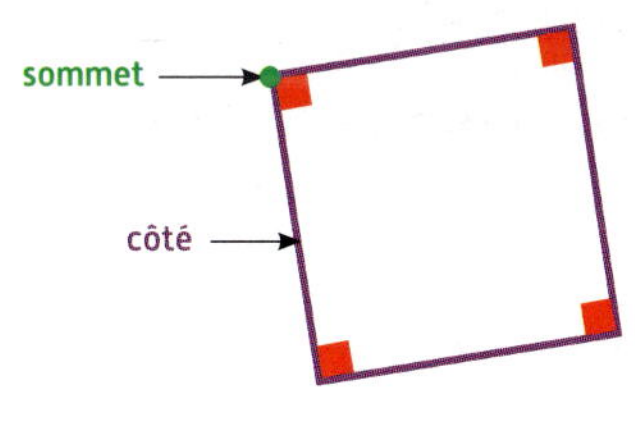

- **Le rectangle** possède **4 angles droits**, **4 sommets**, **4 côtés** dont les **côtés opposés** ont la **même mesure**.

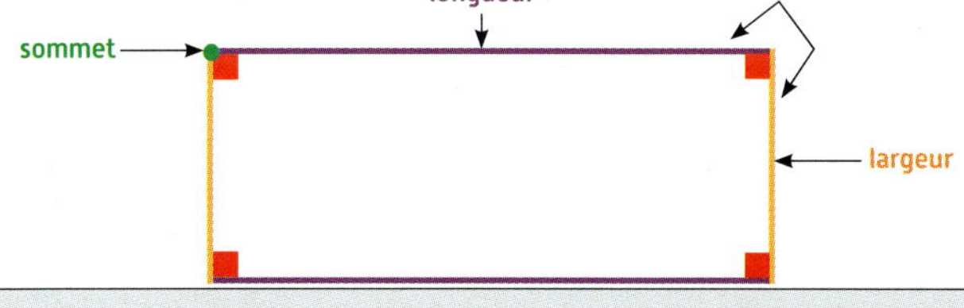

Cette proposition d'outil de mémorisation concernant la notion « d'angle droit » pourrait compléter la première trace écrite :

Reconnaître un angle droit

Si les côtés d'un angle suivent les côtés d'un **gabarit d'angle droit**, alors c'est un angle droit.

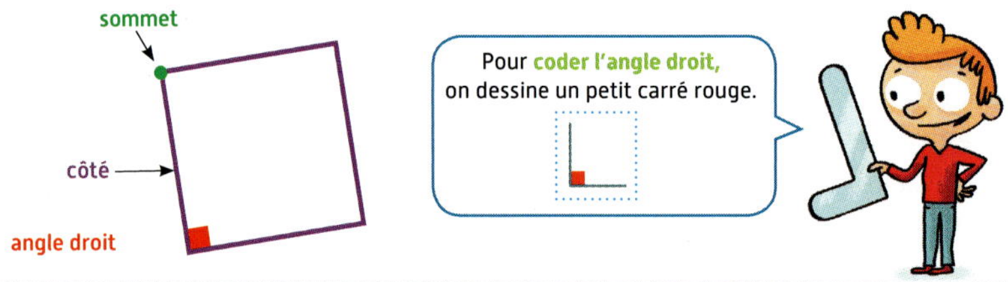

Construire un angle droit

Pour **construire un angle droit**, on utilise **une équerre**.

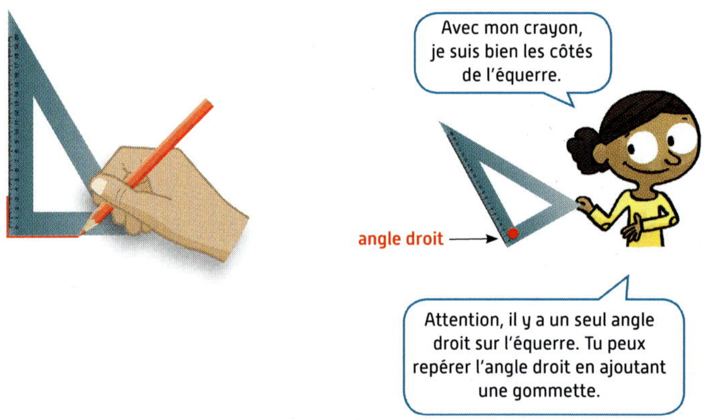

Des questions supplémentaires à propos de l'articulation savoirs disciplinaires-savoirs enseignés sont disponibles en ligne sur : www.vuibert.fr/site/210750

8 Grands théorèmes

AUTOÉVALUATION

Pour chaque question, il peut y avoir plusieurs bonnes réponses.

❶ Le triangle ABC est tel que AB = 6,6 ; AC = 8,8 et BC = 11. Alors :

☐ **a.** ABC est rectangle d'après le théorème de Pythagore
☐ **b.** ABC est rectangle d'après la réciproque du théorème de Pythagore
☐ **c.** ABC est quelconque
☐ **d.** on ne peut rien dire sur la nature de ABC

❷ Sur le dessin ci-contre, (AB) // (CD) :

☐ **a.** CD = 5
☐ **b.** CD = 5,2
☐ **c.** CD = 4,8
☐ **d.** CD = 4,5

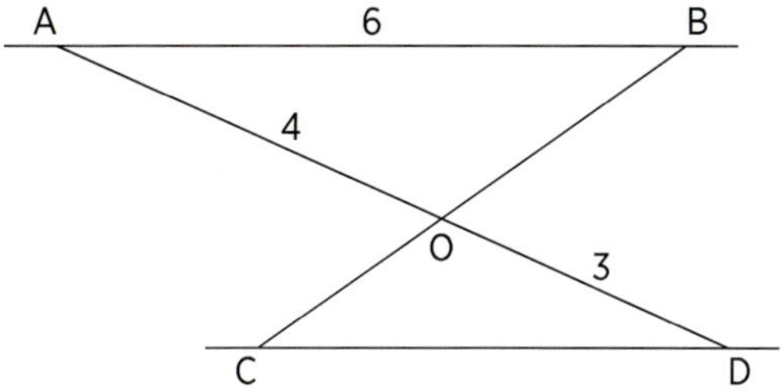

❸ Sur le dessin ci-contre, (AB) // (CD) // (EF).
On donne AC = 1,2 ; CE = 6,84 et BD = 2. Alors la longueur DF vaut :

☐ **a.** 11,4
☐ **b.** 7,64
☐ **c.** 10,4
☐ **d.** On ne peut pas calculer DF.

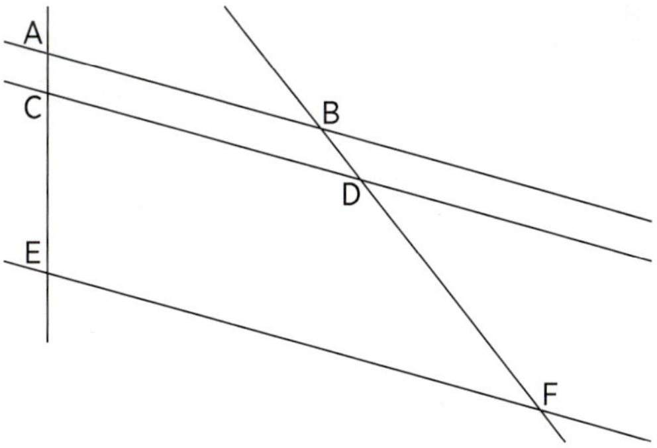

❹ x est tel que (AC) // (BD).

- ☐ **a.** $x = 10{,}8$
- ☐ **b.** $x = 7{,}5$
- ☐ **c.** $x = 9{,}2$
- ☐ **d.** $x = 10$

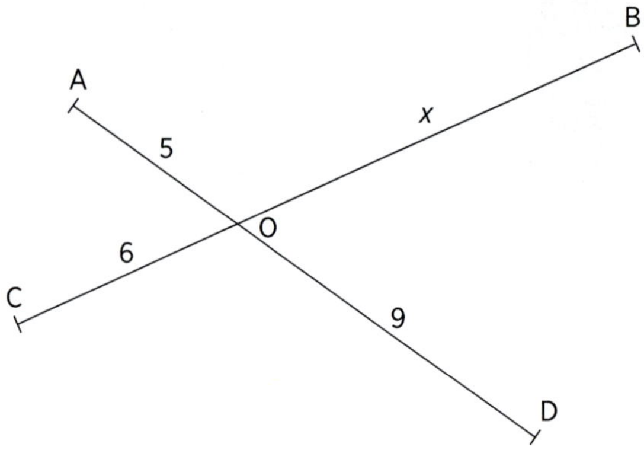

❺ Dans le triangle ABC, (DE) // (BC) et (EF) // (AB). On donne AD = a et AB = b. Alors $\frac{CF}{CB}$ vaut :

- ☐ **a.** $\frac{a}{b}$
- ☐ **b.** $1 - \frac{a}{b}$
- ☐ **c.** $\frac{b-a}{a}$
- ☐ **d.** $\frac{b}{b-a}$

On pourra utiliser le fait que (EF) // (AB) dans le triangle ABC.

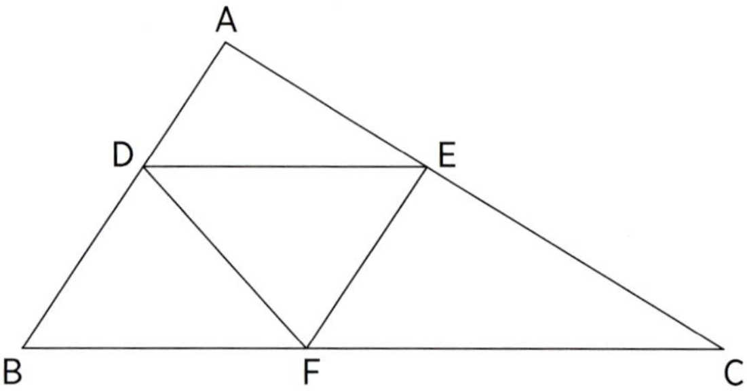

CONSEILS

Il existe deux familles de grands théorèmes : celle du théorème de Pythagore et celle du théorème de Thalès. Les énoncés directs et réciproques sont les plus connus et les plus utilisés. Le théorème de Pythagore ne s'utilise que pour un triangle, celui de Thalès s'utilise soit dans le cadre de deux droites sécantes, soit dans le cadre d'un ou de deux triangles.

CORRIGÉS

❶ **b.** $BC^2 = 121$, $AB^2 + AC^2 = 6{,}6^2 + 8{,}8^2 = 43{,}56 + 77{,}44 = 121$, donc $BC^2 = AB^2 + AC^2$.

❷ **d.** Théorème de Thalès dans les triangles ABO et DOC :
$\frac{DC}{AB} = \frac{OD}{OA}$ soit $\frac{DC}{6} = \frac{3}{4}$ et DC = 4,5.

❸ **a.** Théorème de Thalès : $\frac{DF}{CE} = \frac{BD}{AC}$ soit $\frac{DF}{6{,}84} = \frac{2}{1{,}2}$ et DF = 11,4.

❹ **a.** Théorème de Thalès dans DOB et AOC : $\frac{x}{6} = \frac{9}{5}$ soit $x = \frac{9 \times 6}{5} = 10{,}8$.

❺ **b.** Théorème de Thalès dans ABC avec (EF) // (AB) : $\frac{CF}{CB} = \frac{EF}{AB} = \frac{b-a}{b} = 1 - \frac{a}{b}$.

COURS

Compétence à maitriser pour le concours :
- **Utiliser les notions de géométrie plane pour démontrer** (théorème de Pythagore et sa réciproque, théorème de Thalès et sa réciproque).

1 Théorème de Pythagore

A. Énoncé direct

Dans un triangle rectangle, le carré de l'hypoténuse est égal à la somme des carrés des côtés de l'angle droit.

Si ABC est un triangle rectangle en A, alors $BC^2 = AB^2 + AC^2$.

B. Réciproque du théorème de Pythagore

Si dans un triangle, le carré d'un côté est égal à la somme des carrés des deux autres côtés, alors ce triangle est rectangle et admet le premier côté pour hypoténuse.

Si, dans un triangle ABC, $BC^2 = AB^2 + AC^2$, alors ABC est rectangle en A.

APPLICATION 1

On considère un triangle ABC rectangle en A tel que AB = 5 cm et BC = 10 cm.
Calculer la valeur de AC. On donnera une valeur arrondie au mm près.

→ Corrigé p. 199

APPLICATION 2

On considère un triangle ABC tel que AB = 37 cm, AC = 29,6 cm et BC = 22,2 cm.
Ce triangle est-il rectangle, et, si oui, en quel sommet ?

→ Corrigé p. 199

APPLICATION 3

Soit a un nombre strictement supérieur à 1. On considère un triangle dont les longueurs des côtés d'un triangle sont a, $\frac{1}{2}(a^2 - 1)$ et $\frac{1}{2}(a^2 + 1)$.

Démontrer que ce triangle est toujours rectangle.

→ Corrigé p. 199

2 Théorème de Thalès

A. Énoncé direct du théorème de Thalès appliqué au triangle

Si, dans un triangle ABC,
$I \in (AB)$, $J \in (AC)$ et $(IJ) \parallel (BC)$, alors :

$$\frac{AI}{AB} = \frac{AJ}{AC} = \frac{IJ}{BC} \left(\frac{\text{côtés du petit triangle}}{\text{côtés du grand triangle}}\right)$$

On a aussi :

$$\frac{AB}{AI} = \frac{AC}{AJ} = \frac{BC}{IJ} \left(\frac{\text{côtés du grand triangle}}{\text{côtés du petit triangle}}\right)$$

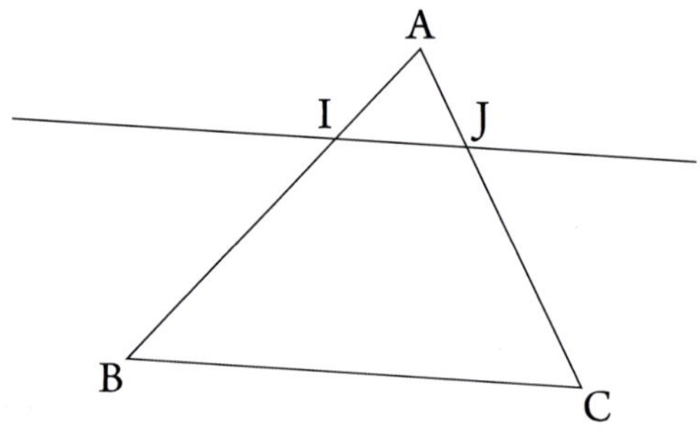

On peut avoir la configuration « papillon » ci-contre.

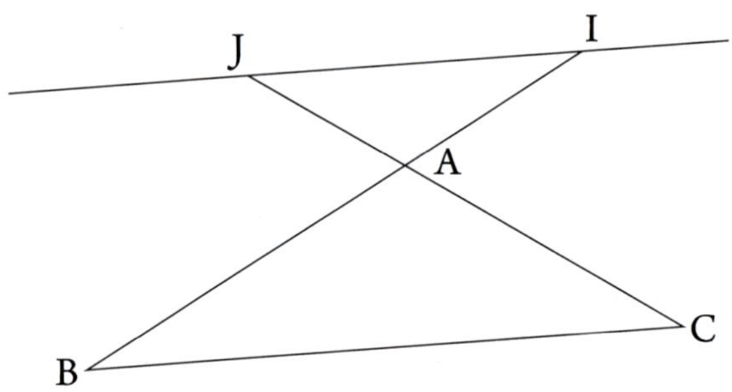

ZOOM
Les triangles AIJ et ABC sont homothétiques.

B. Réciproque du théorème de Thalès dans un triangle

Si, dans un triangle ABC, $I \in (AB)$, $J \in (AC)$, si A, B, I et A, C, J sont dans le même ordre, et si $\frac{AI}{AB} = \frac{AJ}{AC}$, alors $(IJ) \parallel (BC)$.

APPLICATION 4

❶ Construire un triangle RAS tel que RA = 9 cm, RS = 7,2 cm, AS = 5,4 cm.
❷ Quelle est la nature de ce triangle ?
❸ Placer le point M du segment [RS] tel que RM = 3,2 cm et le point N du segment [RA] tel que RN = 4 cm. Les droites (MN) et (AS) sont-elles parallèles, et pourquoi ?
❹ Calculer MN.

→ Corrigé p. 199

CORRIGÉS

APPLICATION 1

Dans le triangle ABC rectangle en A, d'après le théorème de Pythagore :
$BC^2 = BA^2 + AC^2$, soit $100 = 25 + AC^2$
$AC^2 = 75$ et $AC = \sqrt{75} \approx 8{,}7$ cm

APPLICATION 2

$AB^2 = 37^2 = 1\,369$
$AC^2 + BC^2 = 29{,}6^2 + 22{,}2^2 = 876{,}16 + 492{,}84 = 1\,369$
Donc $AB^2 = AC^2 + BC^2$, donc, d'après la réciproque du théorème de Pythagore, le triangle ABC est rectangle en C.

APPLICATION 3

Comme $a > 1$, le plus grand des trois nombres est $\frac{1}{2}(a^2 + 1)$.

$\left[\frac{1}{2}(a^2+1)\right]^2 = \frac{1}{4}a^4 + \frac{1}{2}a^2 + \frac{1}{4}$ et $a^2 + \left[\frac{1}{2}(a^2-1)\right]^2 = \frac{1}{4}a^4 + \frac{1}{2}a^2 + \frac{1}{4}$

On a donc $\left[\frac{1}{2}(a^2+1)\right]^2 = a^2 + \left[\frac{1}{2}(a^2-1)\right]^2$

D'après la réciproque du théorème de Pythagore, le triangle est donc rectangle.

APPLICATION 4

❶

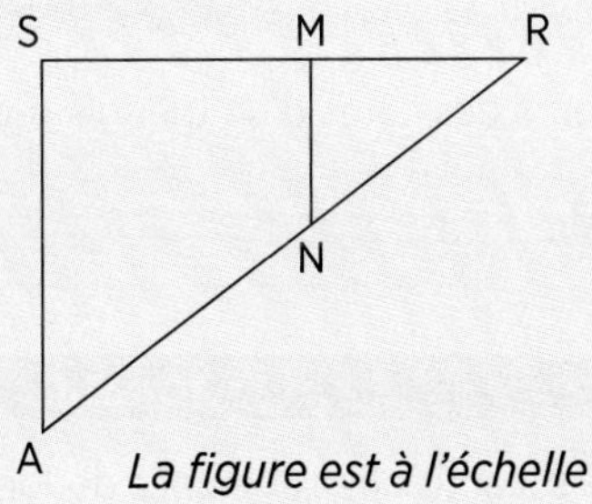

La figure est à l'échelle 1/2.

❷ $RA^2 = 81$
$SR^2 + SA^2 = 51{,}84 + 29{,}16 = 81$
Donc $RA^2 = SR^2 + SA^2$.
D'après le théorème de Pythagore, le triangle RAS est rectangle en S.

❸ Dans le triangle RAS, $M \in [SR]$, $N \in [AR]$.
$\frac{RS}{RM} = \frac{7{,}2}{3{,}2} = 2{,}25$ et $\frac{RA}{RN} = \frac{9}{4} = 2{,}25$

Donc $\frac{RS}{RM} = \frac{RA}{RN}$ et, d'après la réciproque du théorème de Thalès, (MN) // (AS).

❹ D'après ce qui précède : $\frac{RS}{RM} = \frac{SA}{MN}$, d'où $MN = \frac{RM \times AS}{RS}$. Soit MN = 2,4 cm.

ENTRAINEMENT

EXERCICE 1 — 10 min.

Les trois demi-cercles suivants ont pour diamètre les trois côtés du triangle rectangle.

Démontrer que Aire (demi-disque a) = somme des aires des deux demi-disques b et c.

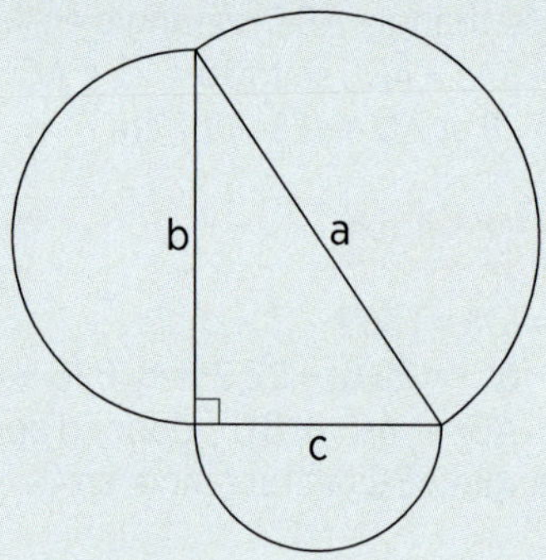

EXERCICE 2 — 30 min.

ABC est un triangle tel que AB = 14, AC = 13 et BC = 15.
Soit H le pied de la hauteur du triangle ABC issue de C.

1. Faire un dessin.
2. Montrer que AH = 5 et CH = 12.

EXERCICE 3 — 25 min.

Les nombres a, b et c sont des nombres entiers tels que $0 < a \leqslant b \leqslant c$.
On suppose que a, b et c sont les mesures des longueurs des côtés d'un triangle rectangle.
Montrer que l'un au moins de ces trois nombres est pair.

EXERCICE 4 — 10 min.

Quatre droites parallèles déterminent sur une droite sécante des segments de longueurs 3 cm, 5 cm et 7 cm. Quelles longueurs déterminent-elles sur un segment de 51 cm de longueur ?

EXERCICE 5 — 15 min.

Un triangle ABC a pour dimensions (exprimées dans la même unité u) :
- AB = 2 469 u ;
- AC = 3 047 980 u ;
- BC = 3 047 981 u.

Le triangle ABC est-il rectangle ?

EXERCICE 6 — 15 min.

Dans un quadrilatère quelconque ABCD, on place un point E sur le côté [AD]. La parallèle à (CD) passant par E coupe [AC] en F. La parallèle à (BC) passant par F coupe [AB] en G.

❶ Faire un dessin.

❷ Démontrer que AE × BG = DE × AG.

❸ Démontrer que les droites (BD) et (EG) sont parallèles.

EXERCICE 7 — 40 min.

❶ On appelle triplet pythagoricien tout triplet (a, b, c) formé de trois entiers positifs non nuls tels que $a^2 + b^2 = c^2$.

a. Vérifier que le triplet (3, 4, 5) est un triplet pythagoricien.

b. Vérifier que, quel que soit l'entier positif n non nul, on a $(3n)^2 + (4n)^2 = (5n)^2$.

c. En déduire un autre triplet pythagoricien composé d'entiers tous supérieurs à 1 000.

❷ On s'intéresse maintenant à des triplets (a, b, c) tels que :
$a = 2xy$; $b = y^2 - x^2$; $c = y^2 + x^2$
où x et y sont deux nombres entiers positifs non nuls, $x < y$.
À l'aide d'un tableur, on a obtenu la feuille de calcul reproduite ci-après.

	A	B	C	D	E	F	G
1	valeur de x	valeur de y	a	b	c	$a^2 + b^2$	c^2
2	1	2	4	3	5	25	25
3	1	3	6	8	10	100	100
4	3	6	36	27	45	2 025	2 025
5	4	15	120	209	241	58 081	58 081
6	8	12	192	80	208	43 264	43 264
7	12	15	360	81	369	136 161	136 161
8	7	8	112	15	113	12 769	12 769
9	2	3	12	5	13	169	169
10	11	13	286	48	290	84 100	84 100
11	7	8	112	15	113	12 769	12 769
12	4	5					

a. Donner une formule qui, entrée dans la cellule D2 puis recopiée vers le bas, permet de compléter la colonne D.

b. Recopier et compléter la ligne 12.

c. Au vu de cette feuille de calcul, quelle conjecture peut-on faire quant à la nature des triplets (a, b, c) ainsi définis ? Prouver cette conjecture.

❸ Le triplet pythagoricien (3, 4, 5) a la particularité d'être constitué de trois nombres entiers consécutifs. Existe-t-il d'autres triplets pythagoriciens ayant cette particularité ? Justifier.

CORRIGÉS

EXERCICE 1

Le triangle est rectangle, donc d'après le théorème de Pythagore $a^2 = b^2 + c^2$.

On en déduit que $\frac{\pi a^2}{8} = \frac{\pi b^2}{8} + \frac{\pi c^2}{8}$.

EXERCICE 2

❶ *La figure n'est pas à l'échelle.*

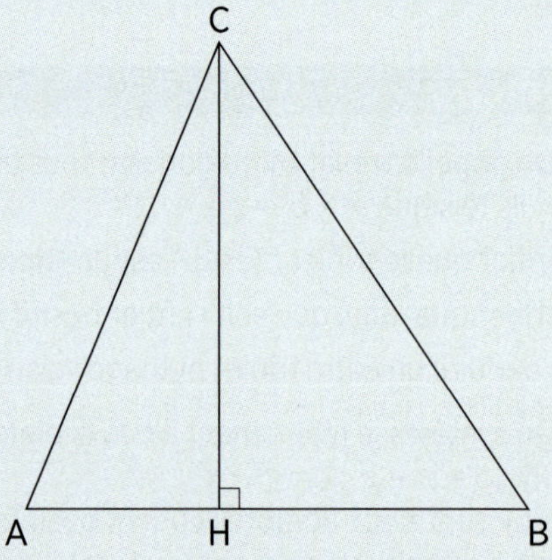

❷ Les triangles ACH et BCH sont rectangles en H, donc, d'après le théorème de Pythagore :

$AC^2 = AH^2 + CH^2$, soit $CH^2 = 169 - AH^2$ (1)

$CB^2 = HC^2 + BH^2$, soit $CH^2 = 225 - BH^2$ (2)

On en déduit que $169 - AH^2 = 225 - BH^2$ (3).

De plus, BH = AB – AH = 14 – AH, donc, en remplaçant dans (3), on obtient :

$169 - AH^2 = 225 - (14 - AH)^2 = 225 - 196 + 28AH - AH^2$.

Soit $169 - AH^2 = 29 + 28AH - AH^2$.

C'est-à-dire $28AH = 140$ et $AH = \frac{140}{28} = 5$.

Alors $CH^2 = 169 - 25 = 144$, c'est-à-dire CH = 12.

EXERCICE 3

Puisque c est le plus grand des trois nombres, il correspond à la longueur de l'hypoténuse du triangle rectangle. Donc, d'après le théorème de Pythagore : $c^2 = a^2 + b^2$.

Si a est pair : le problème est résolu.

Si a est impair, il y a deux cas :

– soit b est pair, et le problème est résolu ;

– soit b est impair, on a alors $a = 2a' + 1$ et $b = 2b' + 1$.

$c^2 = (2a' + 1)^2 + (2b' + 1)^2 = 4a'^2 + 4a' + 1 + 4b'^2 + 4b' + 1$

$c^2 = 4a'^2 + 4a' + 4b'^2 + 4b' + 2 = 2(2a'^2 + 2a' + 2b'^2 + 2b' + 1)$

Ce qui prouve que c^2 est pair.

Il reste à montrer que c est pair.

Si c est impair : $c = 2c' + 1$ et $c^2 = (2c' + 1)^2 = 4c'^2 + 4c' + 1$, c'est-à-dire que c^2 est impair.

Si c est pair : $c = 2c'$ et $c^2 = (2c')^2 = 4c'^2$, c'est-à-dire que c^2 est pair.

Par conséquent : c est pair.

Finalement, l'un au moins des trois nombres a, b ou c est pair.

EXERCICE 4

J'appelle a, b et c, les trois longueurs cherchées.
Puisque les droites sont parallèles, d'après le théorème de Thalès :
$\frac{a}{3} = \frac{b}{5} = \frac{c}{7} = \frac{a+b+c}{3+5+7} = \frac{51}{15}$
On en déduit : $a = \frac{3 \times 51}{15} = 10{,}2$; de même $b = 17$ et $c = 23{,}8$.

EXERCICE 5

Le plus grand côté du triangle ABC est [BC].
$BC = AC + 1$, donc $BC^2 = (AC + 1)^2 = AC^2 + 2AC + 1$.
$AB^2 = 2\,469^2 = 6\,095\,961$
$2AC + 1 = 2 \times 3\,047\,980 + 1 = 6\,095\,961$
Par conséquent, $BC^2 = AB^2 + AC^2$ et, d'après la réciproque du théorème de Pythagore, le triangle ABC est rectangle en A.

EXERCICE 6

❶

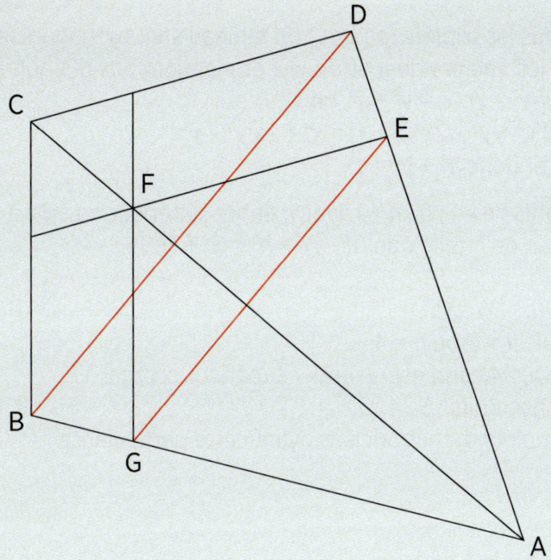

❷ Les deux droites sécantes (AD) et (AC) sont coupées par les parallèles (EF) et (CD), donc, d'après le théorème de Thalès, $\frac{AE}{DE} = \frac{AF}{FC}$.
Les deux droites sécantes (AB) et (AC) sont coupées par les parallèles (GF) et (BC), donc, d'après le théorème de Thalès, $\frac{AG}{BG} = \frac{AF}{FC}$.
Par conséquent, $\frac{AE}{DE} = \frac{AG}{BG}$ et donc $AE \times BG = DE \times AG$.

❸ Les deux droites sécantes (AD) et (AB) sont coupées par les droites (BD) et (GE) de telle sorte que $\frac{AE}{DE} = \frac{AG}{BG}$. Par conséquent, d'après la réciproque du théorème de Thalès, (BD) // (GE).

EXERCICE 7

❶ **a.** $3^2 + 4^2 = 9 + 16 = 25$
$5^2 = 25$
Donc $3^2 + 4^2 = 5^2$.
Le triplet (3 ; 4 ; 5) est donc un triplet pythagoricien.

b. Soit n un entier strictement positif.
$(3n)^2 + (4n)^2 = 9n^2 + 16n^2 = 25n^2$
$(5n)^2 = 25n^2$
Donc $(3n)^2 + (4n)^2 = (5n)^2$, ce qui prouve que pour n entier positif, le triplet $(3n ; 4n ; 5n)$ est un triplet pythagoricien.

c. D'après la question 1. b., tout triplet de la forme $(3n, 4n, 5n)$ avec n entier strictement positif est un triplet pythagoricien.
En particulier, pour $n = 1\,000$: (3 000, 4 000, 5 000) est un triplet pythagoricien composé d'entiers tous supérieurs à 1 000.

❷ **a.** On peut entrer la formule : =B2*B2-A2*A2 ou =B2^2-A2^2.

b. Ligne 12 :

12	4	5	40	9	41	1 681	1 681

c. On peut conjecturer que tous les triplets $(a ; b ; c)$ du tableau sont pythagoriciens.
Démonstration : pour toutes les valeurs de x et de y, x et y entiers positifs non nuls avec $x < y$ et pour $a = 2xy$; $b = y^2 - x^2$; $c = y^2 + x^2$, on a :
$a^2 + b^2 = 4x^2y^2 + (y^2 - x^2)^2 = 4x^2y^2 + y^4 - 2x^2y^2 + x^4 = x^4 + 2x^2y^2 + y^4$
$c^2 = (y^2 + x^2)^2 = x^4 + 2x^2y^2 + y^4$ et donc $a^2 + b^2 = c^2$.

❸ Soit trois entiers consécutifs : $n - 1$; n ; $n + 1$ avec n entier supérieur ou égal à 2.
Je cherche s'il existe une valeur de n telle que $(n - 1)^2 + n^2 = (n + 1)^2$.
Soit $n^2 - 2n + 1 + n^2 = n^2 + 2n + 1$.
Soit $n^2 - 4n = 0$, c'est-à-dire $n(n - 4) = 0$.
D'après la règle du produit nul : $n = 0$ ou $n = 4$.
La seule solution possible est $n = 4$ car n est un entier supérieur ou égal à 2.
On obtient les trois entiers consécutifs : 3 ; 4 ; 5.
Il n'existe donc pas d'autres triplets pythagoriciens ayant cette particularité.

9 Transformations du plan

AUTOÉVALUATION

Pour chaque question, il peut y avoir plusieurs bonnes réponses.

❶ Parmi les figures suivantes, laquelle (ou lesquelles) possède(nt) un centre de symétrie ?

☐ **a.** un triangle rectangle isocèle ☐ **b.** un triangle équilatéral
☐ **c.** un parallélogramme ☐ **d.** un pentagone régulier

❷ Par une symétrie axiale, le symétrique d'une droite *D* est :

☐ **a.** une droite parallèle à *D*
☐ **b.** une droite
☐ **c.** une droite jamais sécante à *D*
☐ **d.** une droite parfois perpendiculaire à *D*

❸ Deux carrés superposables se correspondent :

☐ **a.** toujours par une rotation
☐ **b.** toujours par une symétrie centrale
☐ **c.** toujours par une translation
☐ **d.** parfois par une symétrie axiale

❹ Un triangle peut posséder :

☐ **a.** un centre de symétrie
☐ **b.** un axe de symétrie
☐ **c.** deux axes de symétrie
☐ **d.** trois axes de symétrie

❺ Un parallélogramme possède :

☐ **a.** deux axes de symétrie
☐ **b.** aucun axe de symétrie
☐ **c.** un centre de symétrie
☐ **d.** quatre axes de symétrie

❻ Quand deux droites sont perpendiculaires, il existe :

☐ **a.** une translation transformant l'une en l'autre
☐ **b.** une symétrie centrale transformant l'une en l'autre
☐ **c.** une symétrie axiale transformant l'une en l'autre
☐ **d.** une rotation transformant l'une en l'autre

❼ Par une homothétie, un rectangle peut être transformé en :

☐ **a.** un rectangle de même dimension
☐ **b.** un rectangle de dimensions plus grandes
☐ **c.** un rectangle de dimensions plus petites
☐ **d.** un carré

CONSEILS

Les transformations usuelles du plan sont la traduction mathématique d'actions concrètes, glissement pour la translation, retournement pour la symétrie axiale, action de tourner à 180° pour la symétrie centrale, action de tourner pour la rotation et action d'agrandir ou de réduire pour une homothétie. Il est donc aisé de comprendre que, par les transformations autres que l'homothétie, les propriétés géométriques (relations et grandeurs) sont conservées. L'homothétie, comme rappelé dans le cours, conserve toutes les propriétés des figures, sauf les longueurs. Mais ce n'est pas pour cela que deux figures géométriques superposables se correspondent nécessairement par une transformation, car chacune de ces transformations se définit par une notion mathématique précise, notion qui doit être la même pour chaque couple des points censés se correspondre par cette transformation. Ces notions ont été étudiées dans les chapitres précédents : parallélogramme pour la translation, médiatrice pour la symétrie axiale et milieu pour la symétrie centrale. L'homothétie est en lien avec le théorème de Thalès et la proportionnalité, et la rotation avec les cercles.

CORRIGÉS

❶ **c.** Le centre de symétrie d'un parallélogramme est le milieu commun de ses diagonales.

❷ **b.** et **d.** Exemple pour la réponse d. :

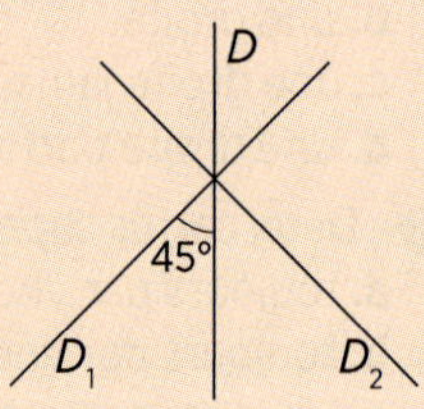

❸ **d.** Pour que les deux carrés se correspondent par une transformation, il faut qu'ils occupent une position particulière l'un par rapport à l'autre.

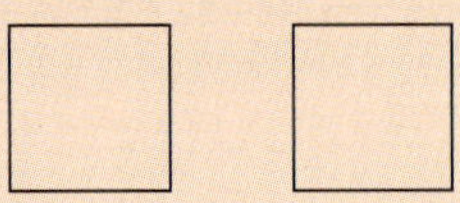

Ces deux carrés se correspondent par une translation, par une symétrie centrale et par une symétrie axiale.

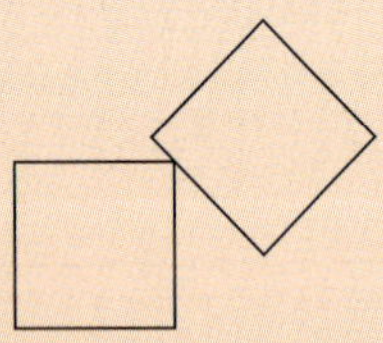

Il n'existe aucune transformation transformant l'un de ces carrés en l'autre.

❹ **b.** (triangle isocèle) et **d.** (triangle équilatéral)

❺ **c.** Voir question 1.

❻ **c.** et **d.** Il existe même deux symétries axiales transformant chaque droite en l'autre droite, les axes de symétries étant les bissectrices des deux droites données.

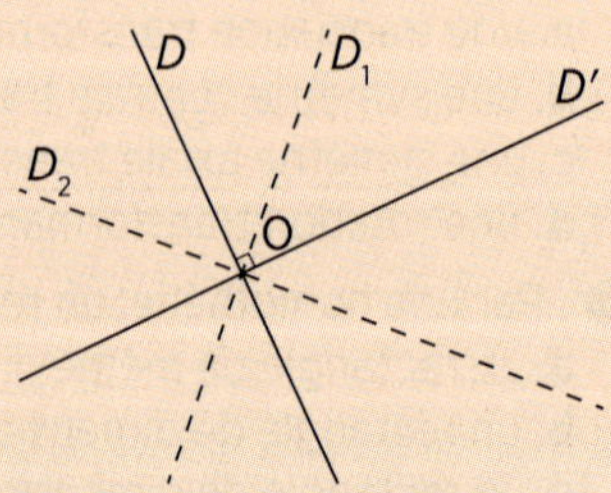

❼ **a.**, **b.** et **c.**, selon que le rapport de l'homothétie est égal, supérieur ou inférieur à 1.

COURS

Compétence à maitriser pour le concours :
- **Utiliser les notions de géométrie plane pour démontrer** (translation, symétrie axiale et centrale, rotation, homothétie).

1 Translation

A. Définition

L'image d'un point M par la translation qui transforme le point A en le point A' est le point M' tel que AA'M'M est un parallélogramme.

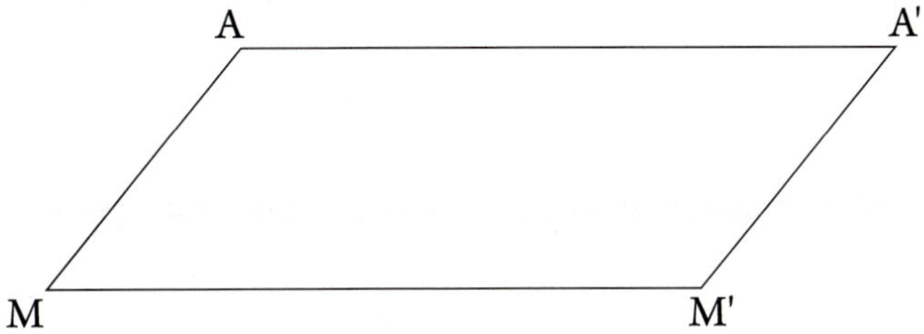

ZOOM

La donnée de deux points est suffisante pour définir une translation, car ils donnent la direction, le sens sur cette direction et la longueur du déplacement.

B. Propriétés

Une translation correspond à un glissement, et, par conséquent, une translation **conserve toutes les propriétés des figures**.

Dire qu'une transformation conserve les propriétés des figures, c'est dire que, par cette transformation :

- l'image d'une droite est une droite ;
- l'image d'un segment est un segment de la même longueur ;
- l'image d'un cercle est un cercle de même rayon ;
- l'image du milieu d'un segment est le milieu de l'image de ce segment ;
- l'image de deux droites parallèles est deux droites parallèles ;
- l'image de deux droites perpendiculaires est deux droites perpendiculaires.

De plus, par une translation, l'image d'une droite est une droite parallèle à celle-ci.

APPLICATION 1

❶ Étant donné un triangle ABC, construire l'image A'B'C' de ce triangle par la translation qui transforme le point B en C.

❷ Démontrer que le point C est le milieu du segment [BC'].

→ Corrigé p. 211

2 Symétrie axiale

A. Définition

L'image d'un point M par la symétrie (axiale) d'axe D est le point M' tel que D est la médiatrice du segment [AA'].

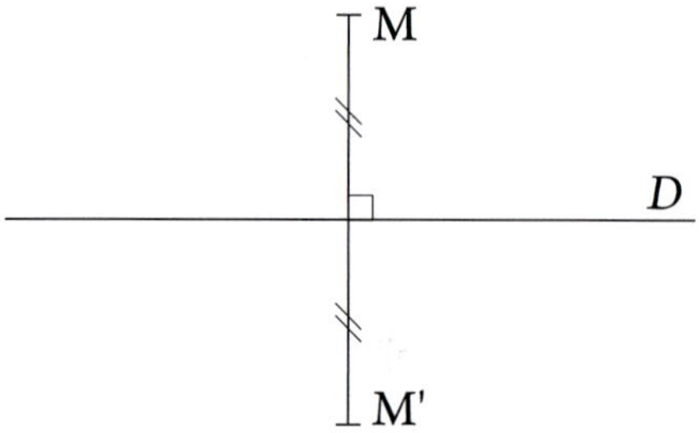

B. Propriétés

- Tout point de l'axe est invariant, c'est-à-dire que tout point de l'axe a pour image lui-même.

  Une symétrie axiale correspond à un retournement, et, par conséquent, une symétrie axiale **conserve toutes les propriétés des figures**.

- Une figure $\mathcal{F}$ possède un axe de symétrie D lorsque le symétrique par rapport à D de tout point de $\mathcal{F}$ est un point de $\mathcal{F}$. Autrement dit, la figure symétrique de $\mathcal{F}$ par rapport à D est $\mathcal{F}$.

APPLICATION 2

Construire le symétrique d'un parallélogramme ABCD par rapport à sa diagonale (AC).

→ Corrigé p. 211

APPLICATION 3

On considère un triangle ABC isocèle en A. Les points E et F sont placés sur les côtés [AB] et [AC] de telle sorte que AE = AF. Démontrer que la médiatrice du segment [BC] est aussi la médiatrice du segment [EF].

→ Corrigé p. 211

3 Symétrie centrale

A. Définition

L'image d'un point M par la symétrie (centrale) de centre O est le point M' tel que O est le milieu du segment [MM'].

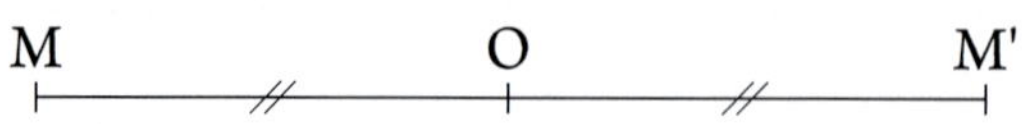

B. Propriétés

- Le point O est invariant, c'est-à-dire que le point O a pour image lui-même. Une symétrie centrale correspond à l'action de tourner à 180° autour de O, et, par conséquent, une symétrie centrale **conserve toutes les propriétés des figures**.

De plus, par une symétrie centrale, l'image d'une droite est une droite parallèle à celle-ci.

- Une figure $\mathcal{F}$ possède un centre de symétrie O lorsque le symétrique par rapport à O de tout point de $\mathcal{F}$ est un point de $\mathcal{F}$. Autrement dit, la figure symétrique de $\mathcal{F}$ par rapport à O est $\mathcal{F}$.

APPLICATION 4

On considère un parallélogramme ABCD, on appelle B', C' et D' les symétriques de B, C et D par rapport à A.

1. Faire un dessin.
2. Quelle est la nature du quadrilatère BCB'C' ? Justifier la réponse.

→ Corrigé p. 212

4 Rotation

- Soit O un point donné et α un angle donné. L'image d'un point M par la rotation de centre O et d'angle α est le point M' tel que $\widehat{MOM'} = \alpha$ et OM = OM'. Le sens de la rotation est soit dans le sens des aiguilles d'une montre (sens rétrograde ou négatif ou indirect), soit dans le sens contraire (sens positif ou direct).

EXEMPLE

ABCD est un carré.

La rotation de centre O, d'angle 90°, de sens positif transforme B en A, le point A a pour image le point D et le point C a pour image le point B.

Le point O a pour image lui-même, on dit qu'il est **invariant**.

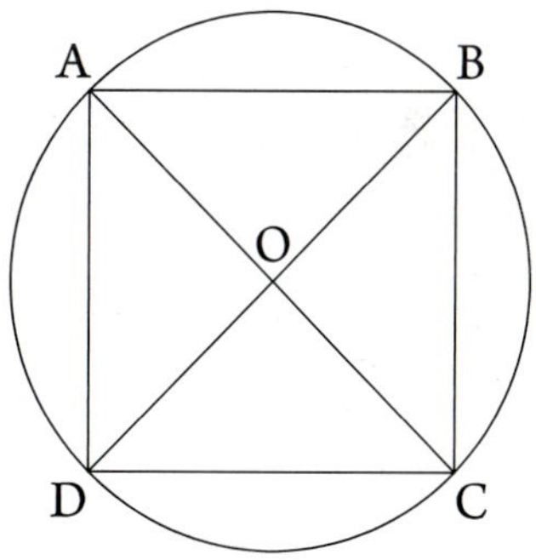

- Une rotation correspond à l'action de tourner dans un certain sens et d'un certain angle autour d'un point, par conséquent, une rotation **conserve toutes les propriétés des figures**.

ZOOM

Quand l'angle d'une rotation de centre O est 180°, alors cette rotation est identique à la symétrie centrale de centre O, quel que soit le sens de cette rotation.

APPLICATION 5

On considère un rectangle ABCD. Construire l'image de ce rectangle par la rotation de centre O et d'angle 90° de sens indirect.

→Corrigé p. 212

5 Homothétie

A. Définition

Soit O un point donné et k un nombre donné non nul. L'image d'un point M par l'homothétie de centre O et de rapport k est le point M' tel que O, M et M' sont alignés et OM' = kOM.

Une homothétie correspond soit à un **agrandissement** ($k > 1$ ou $k < -1$) soit à une **réduction** ($-1 < k < 1$) : par conséquent, toutes les propriétés des figures sont conservées, à l'exception des longueurs et des aires.

Si $k < 0$, les deux figures sont retournées l'une par rapport à l'autre, si $k > 0$, les deux figures ont le même sens.

Deux figures qui se correspondent par une homothétie sont dites **homothétiques**.

EXEMPLE

L'homothétie de centre O et qui transforme A en A' transforme B en B' et C en C'.

Les deux triangles ABC et A'B'C' sont homothétiques.

Par cette homothétie :

OA' = kOA ; OB' = kOB et OC' = kOC.

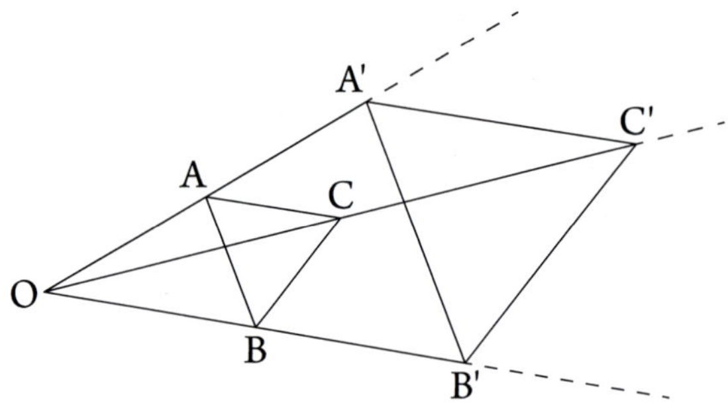

B. Propriétés

- Deux figures homothétiques permettent de retrouver la configuration du **théorème de Thalès** (voir chapitre 8).

Dans l'exemple précédent, les droites sécantes (AA') et (BB') sont coupées par les deux parallèles (AB) et (A'B'), donc $\frac{OA'}{OA} = \frac{OB'}{OB} = k$.

- Il y a **proportionnalité** entre les longueurs de la figure initiale et les longueurs correspondantes de la figure finale.

APPLICATION 6

On considère un trapèze ABCD, de bases [AB] et [CD], et dont les diagonales se coupent en O.

Existe-t-il une homothétie transformant le triangle AOB en triangle COD ?

→Corrigé p. 212

CORRIGÉS

APPLICATION 1

❶

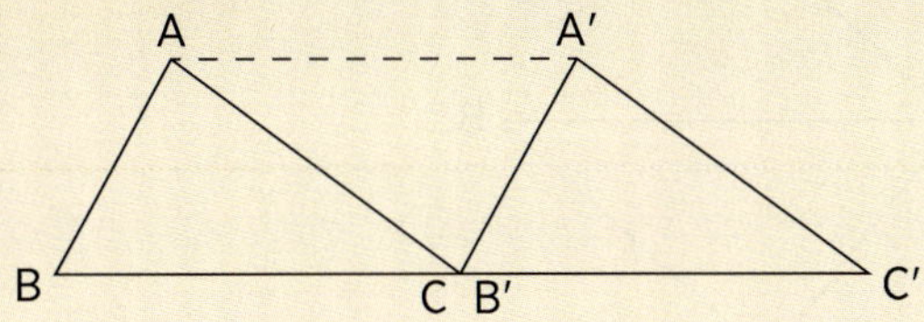

❷ Par la translation qui transforme B en C, B a pour image B′, A a pour image A′ et C a pour image C′. Donc, par définition :

- AA′CB est un parallélogramme, d'où (AA′) // (BC) et AA′ = BC.
- AA′C′C est un parallélogramme, d'où (AA′) // (CC′) et AA′ = CC′.

Par conséquent, (BC) // (CC′), comme C est commun, B, C et C′ sont alignés.
BC = CC′, donc C est le milieu de [BC′].

APPLICATION 2

Par la symétrie d'axe (AC) :

- A a pour image A ;
- B a pour image B′ ;
- C a pour image C ;
- D a pour image D′ ;
- ABCD a pour image AB′CD′.

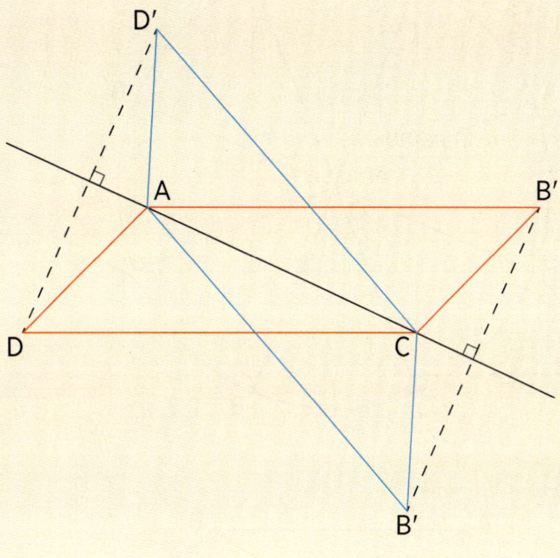

APPLICATION 3

D est la médiatrice de [BC], donc :

- le symétrique par rapport à *D* de B est C ;
- le symétrique par rapport à *D* de A est A (car A est sur *D*) ;
- le symétrique par rapport à *D* de [AB] est donc [AC].

Comme E appartient à [AB], le symétrique E′ de E appartient à [AC] car la symétrie axiale conserve l'appartenance et AE′ = AE car la symétrie axiale conserve les longueurs.
Par conséquent, E′ = F, et donc *D* est la médiatrice de [EF].

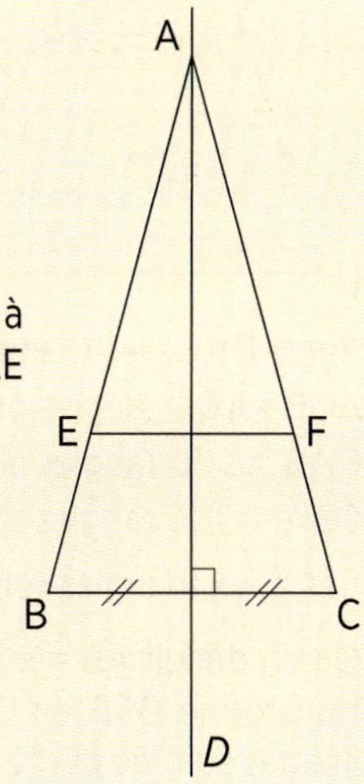

APPLICATION 4

❶

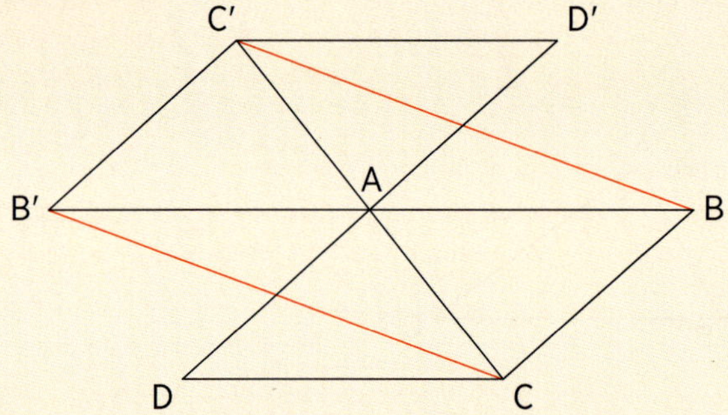

❷ B′ est le symétrique de B par rapport à A, donc A est le milieu de [BB′].
C′ est le symétrique de C par rapport à A, donc A est le milieu de [CC′].
[BB′] et [CC′] ont le même milieu, par conséquent BCB′C′ est un parallélogramme.

APPLICATION 5

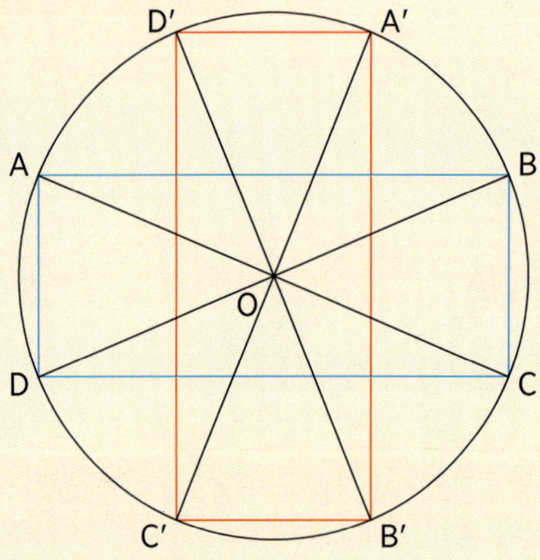

APPLICATION 6

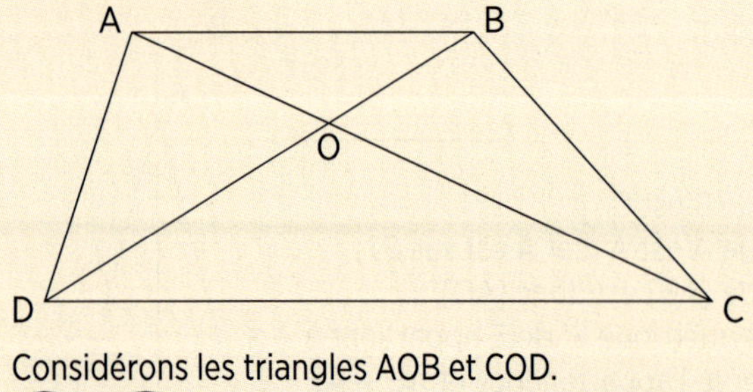

Considérons les triangles AOB et COD.
$\widehat{AOB} = \widehat{COD}$ (angles opposés par le sommet)
$\widehat{OAB} = \widehat{OCD}$ (angles alternes-internes et (AB) // (CD))
$\widehat{OBA} = \widehat{ODC}$ (angles alternes-internes et (AB) // (CD))
Ces deux triangles sont donc semblables, par conséquent $\frac{AB}{CD} = \frac{OA}{OC} = \frac{OB}{OD} = k$.
On en déduit $AB = k CD$; $OA = k OC$ et $OB = k OD$. Le rapport de l'homothétie qui transforme OCD en OAB est $-k$. Ce nombre est négatif, car les points et leurs images sont de part et d'autre de O.

ENTRAINEMENT

EXERCICE 1 — 20 min.

On considère un triangle équilatéral ABC, $\mathscr{C}$ son cercle circonscrit, et on appelle A', B' et C' les symétriques des points A, B et C par rapport aux droites (BC), (AC) et (AB).

❶ Faire un dessin.

❷ Démontrer que les triangles A'BC, AB'C et ABC' sont équilatéraux.

❸ Démontrer que les points A, B et C sont les milieux des côtés du triangle A'B'C'.

EXERCICE 2 — 20 min.

❶ On considère un carré ABCD de centre O, et dont les côtés ont pour longueur 8 cm. Construire le carré EFGH, image de ABCD par l'homothétie de centre O et de rapport $\frac{1}{2}$, puis le carré IJKL image de EFGH par l'homothétie de centre C et de rapport $-\frac{1}{2}$.

❷ Calculer l'aire de ces trois carrés.

❸ Ces trois carrés sont les faces avant de trois cubes C_1, C_2 et C_3.
Calculer les volumes de ces trois cubes.

EXERCICE 3 — 20 min.

Vrai ou faux ? Justifier les réponses.

Affirmation 1 : Quand deux droites sont parallèles, il existe une infinité d'homothéties transformant l'une en l'autre.

Affirmation 2 : Quand deux droites sont parallèles, il n'existe aucune symétrie axiale transformant l'une en l'autre.

Affirmation 3 : Quand deux droites sont parallèles, il existe une infinité de symétries centrales transformant l'une en l'autre.

Affirmation 4 : Quand deux droites sont parallèles, il n'existe aucune rotation transformant l'une en l'autre.

EXERCICE 4 — 30 min.

On considère un triangle équilatéral ABC de côté *a* et son cercle circonscrit de centre O et de rayon *R*, que l'on notera $\mathscr{C}$.

❶ Faire une représentation, à la règle non graduée et au compas, dans laquelle les traits de construction seront apparents.

❷ Démontrer que le symétrique O' de O par rapport à la droite (AC) appartient au cercle de centre A et de rayon OA.

❸ Démontrer que O' est sur le cercle de centre C et de rayon OC.

❹ Construire alors le point O' et montrer que le quadrilatère AOCO' est un losange.

EXERCICE 5 — 40 min.

Dans cet exercice, on prendra le centimètre comme unité de longueur.
On considère un trapèze ABFE rectangle en A et B, c'est-à-dire tel que les droites (AE) et (BF) sont perpendiculaires à la droite (AB), et tel que AB = 14 ; AE = 3 ; BF = 9.
Le point M est un point variable sur le segment [AB]. Le but de cet exercice est de déterminer la position de M pour laquelle la valeur de EM + MF est minimale.

❶ Construire le trapèze ABFE et le point G, symétrique du point F par rapport à la droite (AB).

❷ On appelle P l'intersection des droites (AB) et (EG).
Montrer que pour tout point M de [AB], on a $EM + MG \geqslant EP + PG$.
En déduire que la valeur EM + MF est minimale lorsque M est placé en P.

❸ **a.** Montrer que $\dfrac{AP}{14 - AP} = \dfrac{3}{9}$.

b. Calculer AP.

❹ Calculer la valeur minimale de EM + MF. En donner la valeur exacte, en cm, et la valeur arrondie au dixième.

EXERCICE 6 — 30 min.

On considère un parallélogramme ABCD, et on place un point I sur la diagonale [BD]. La droite (AI) coupe [BC] en J et (CD) en K. On appelle h l'homothétie de centre I et de rapport $-k$ ($k > 0$) qui transforme B en D.

❶ Faire un dessin.

❷ Quelle est l'image par h du point J ?

❸ Démontrer que les triangles AIB et KID sont semblables.
En déduire que l'image du point A par h est le point K.

❹ Déduire des questions précédentes que $IA^2 = IJ \times IK$.

EXERCICE 7 — 45 min.

Un quadrilatère ABCD est appelé isocervolant en A si l'angle A est droit et si la droite (AC) est axe de symétrie.

❶ **a.** Construire un quadrilatère ABCD qui est un isocervolant en A.

b. Construire un quadrilatère ABCD qui admet (AC) pour axe de symétrie et qui n'est pas un isocervolant.

❷ Les affirmations suivantes sont-elles vraies ou fausses ? Justifier les réponses.

a. Tous les carrés sont des isocervolants.

b. Tous les rectangles sont des isocervolants.

c. Tous les isocervolants dont les diagonales se coupent en leur milieu sont des carrés.

❸ Soit A, B et D trois points du plan tels que AB = 4 cm et l'angle $\widehat{BAD}$ est droit. On cherche à placer un point C du plan tel que ABCD est un isocervolant en A et BC = 3 cm.

a. Construire en vraie grandeur les quadrilatères répondant à ces contraintes en laissant les traits de construction.

b. Calculer la valeur exacte de BD.

c. Calculer l'aire du triangle ABD.

d. Calculer la valeur exacte de l'aire de l'isocervolant non convexe puis donner l'arrondi au centième.

VERS L'ORAL

EXERCICE 8

Pour chacun des exercices suivants (en lien avec la symétrie), définir la principale compétence travaillée.

Exercice A

Trace le symétrique de ce dessin par rapport à l'axe en vert.

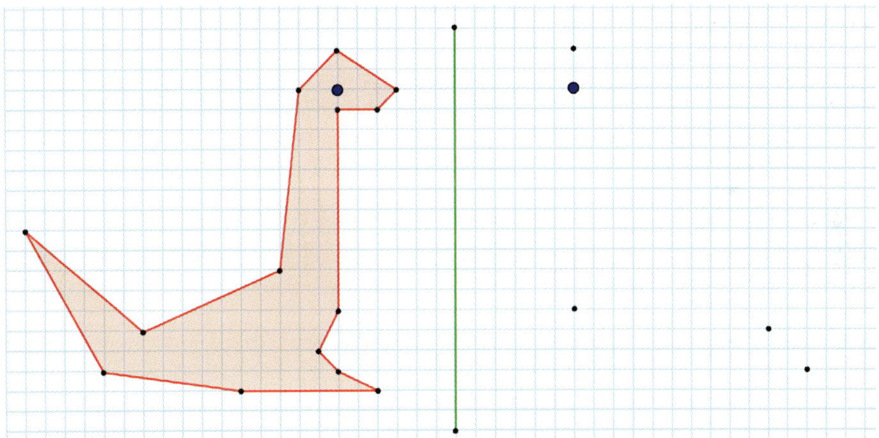

Exercice B

Sur chaque dessin, trouve l'axe de symétrie, puis trace-le.

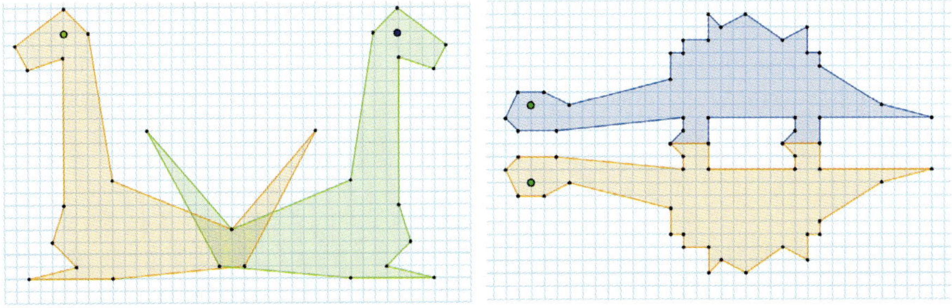

Exercice C

2 **En utilisant tes outils de géométrie, trace la figure symétrique par rapport aux axes rouges.**

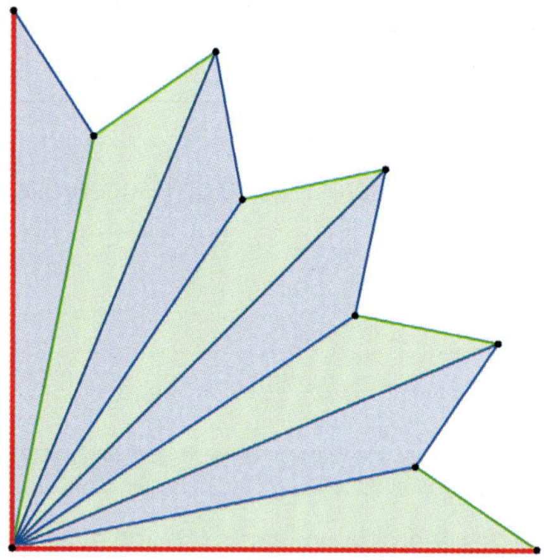

Exercice D

3 **Reproduis la figure à taille réelle.**

(d) est un axe de symétrie.
Les mesures sont en centimètres.

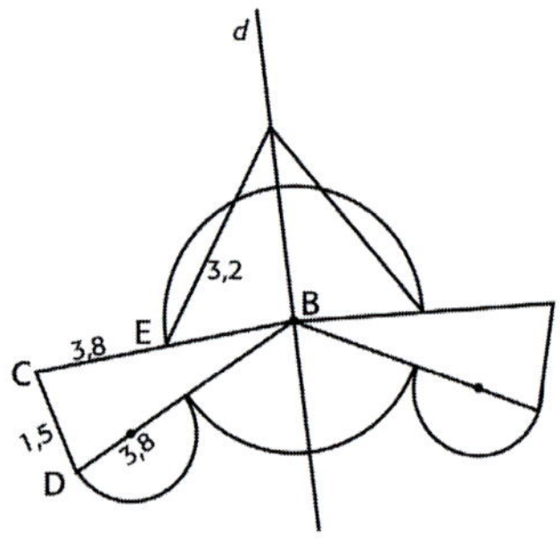

Exercice E

2 Termine les figures pour que les traits rouges soient des axes de symétrie.

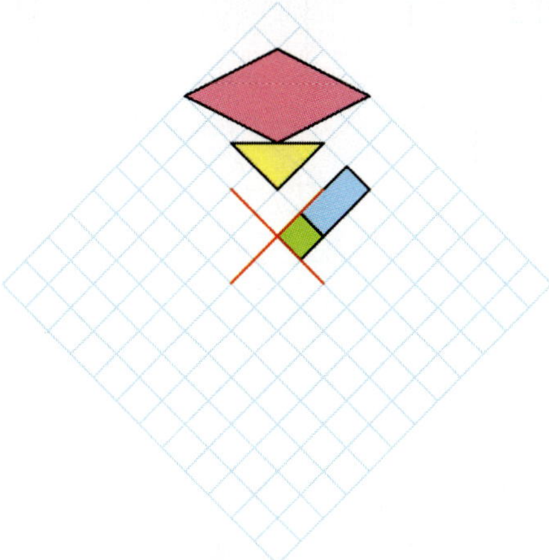

Exercice F

Sans la règle !

Trouver le milieu d'un segment sans utiliser sa règle graduée, c'est possible !

A Observe ces trois étapes.

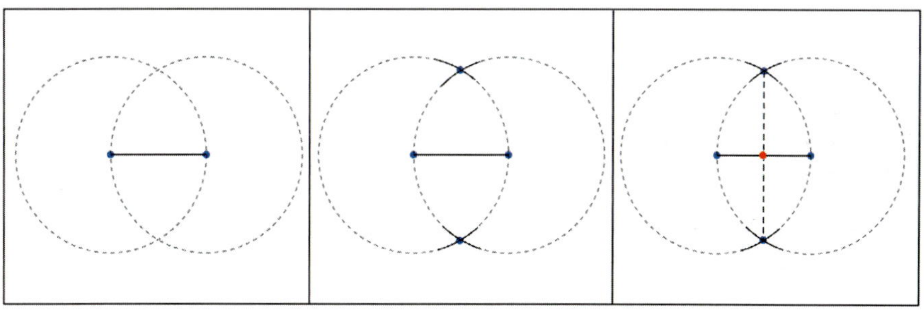

B Utilise ton compas pour chercher le milieu de chaque segment.

N'utilise pas ta règle graduée !

Exercice G

Aidez Chloé à fabriquer une ribambelle de bateaux.

1 Découpez une bande de 16 carreaux de long sur 6 carreaux de haut dans votre cahier. Dessinez un bateau comme sur le modèle :

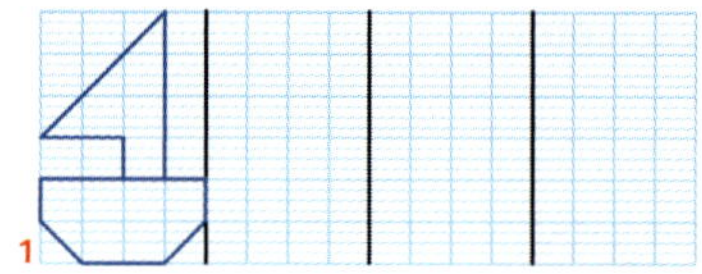

2 Pliez la bande en accordéon en 4 parties.

3 Découpez les parties hachurées.

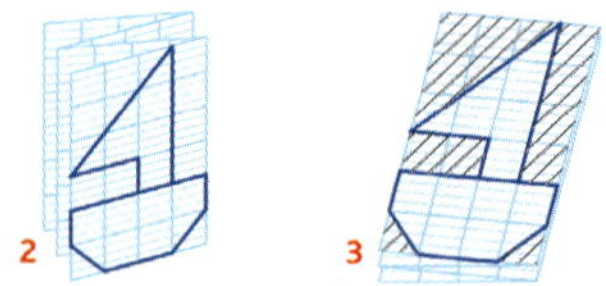

Dépliez la bande. Que remarquez-vous ?

Exercice H

Avant de commencer

Clément veut plier cette carte à jouer pour que les éléments se superposent parfaitement.
Sur quels traits peut-il plier ? Repasse-les en rouge.

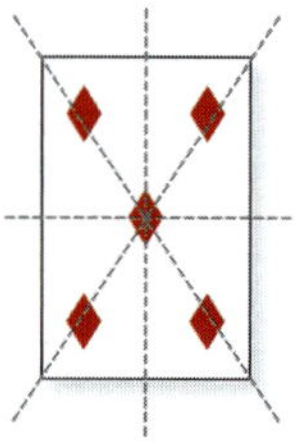

Exercice I

1 Trace le symétrique de la figure par rapport au trait vert.

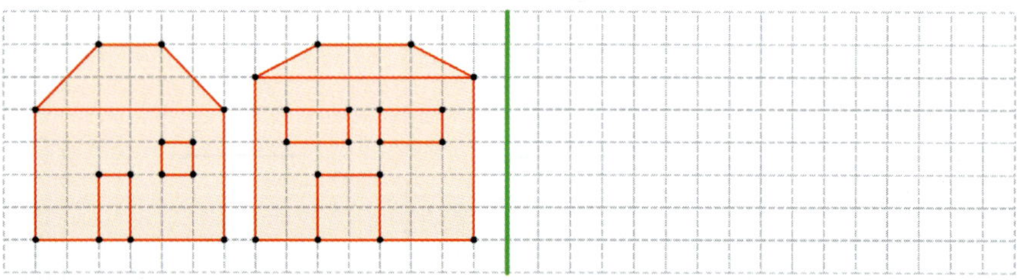

Exercice J

4 Continue ces frises. Elles sont construites par symétrie.

a)

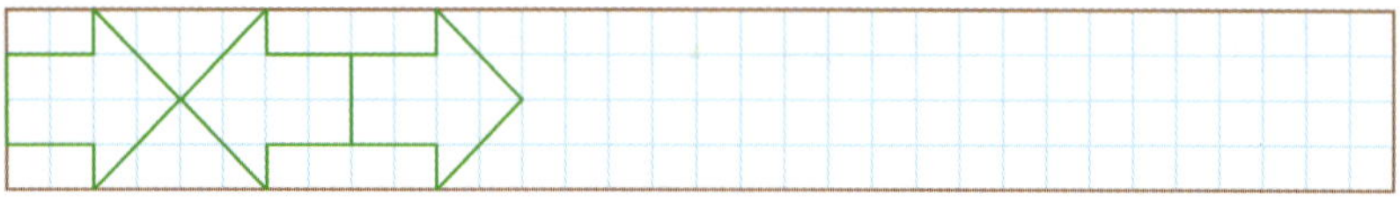

b)

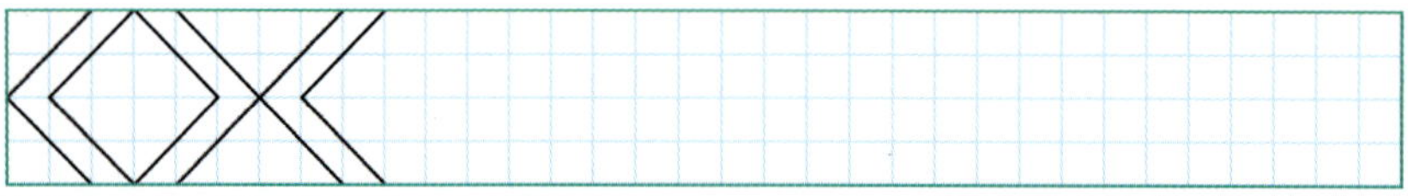

Exercice K

Ces figures ont-elles un axe de symétrie ? Certaines en ont-elles plusieurs ?

Tu peux décalquer les figures.

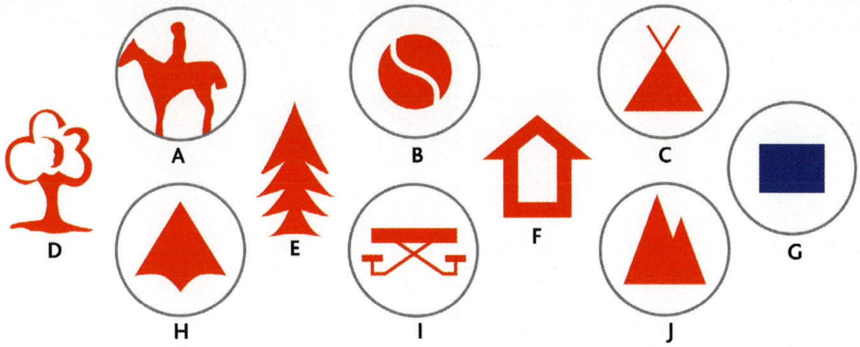

Comment pouvez-vous le vérifier ?

Exercice L

1 **Entoure** le dessin lorsque la ligne rouge est un axe de symétrie.

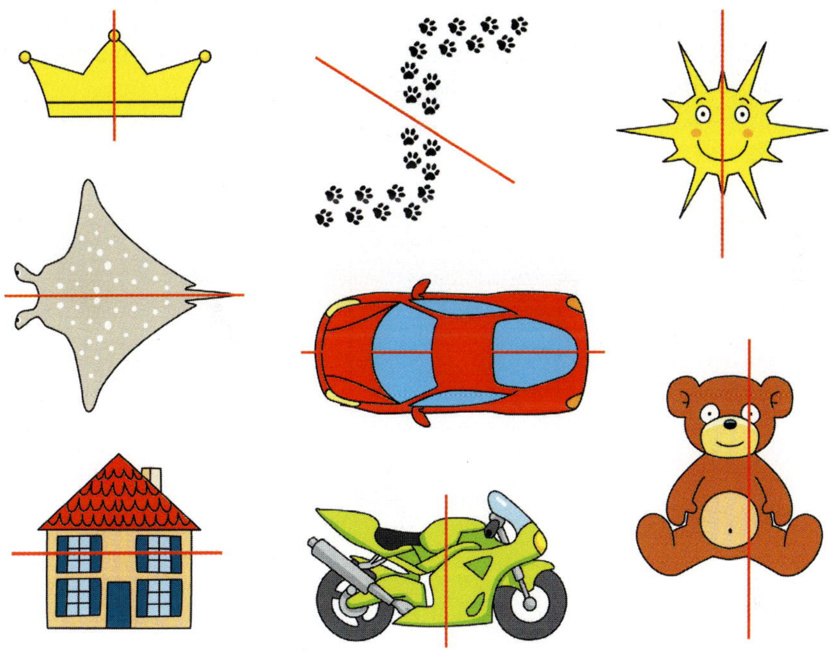

CORRIGÉS

EXERCICE 1

❶

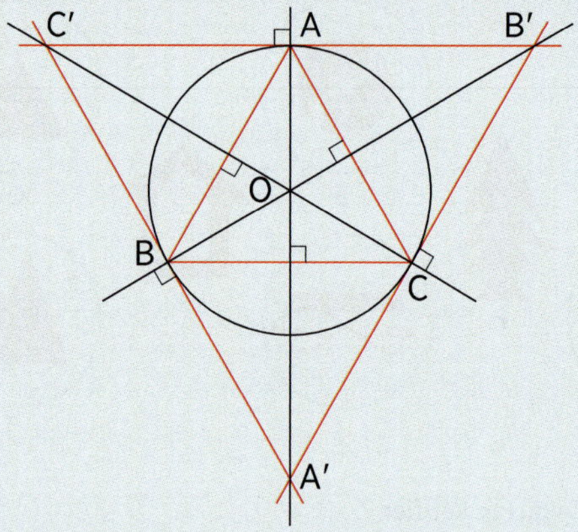

❷ Par la symétrie d'axe (BC), les images de A, B et C sont A′, B et C, donc l'image de ABC est A′BC qui est donc un triangle équilatéral de même dimension que ABC. On montre de la même façon que les triangles AB′C et ABC′ sont équilatéraux et que l'on a AB′ = B′C = CA′ = A′B = BC′ = C′A = AB.

❸ $\widehat{C'AB} = \widehat{BAC} = \widehat{CAB'} = 60°$, donc $\widehat{C'AB'} = 180°$, ce qui prouve que les points C′, A et B′ sont alignés, et comme CA′ = AB′, le point A est le milieu de [B′C′]. On montre de la même façon que B et C sont les milieux de [A′C′] et [A′B′].

EXERCICE 2

❶

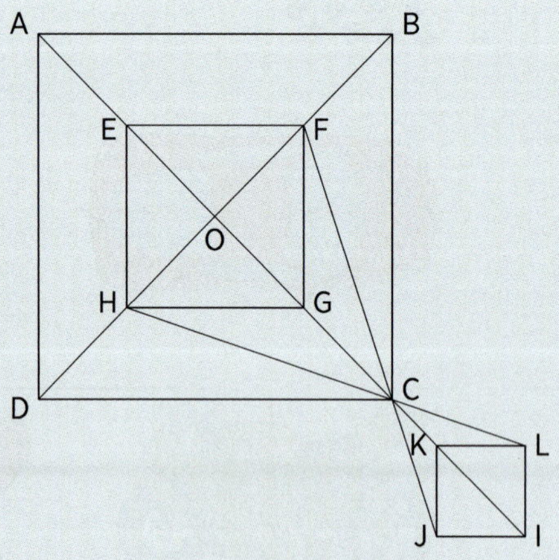

Pour l'homothétie de centre O et de rapport $\frac{1}{2}$, on a par exemple : $OE = \frac{1}{2}OA$ et A et E sont d'un même côté de O.

Pour l'homothétie de centre C et de rapport $-\frac{1}{2}$, on a par exemple $CI = \frac{1}{2}CE$ et E et I sont de part et d'autre de C.

❷ Dans une homothétie de rapport $\frac{1}{2}$ ou $-\frac{1}{2}$, les aires sont multipliées par $\left(\frac{1}{2}\right)^2$, c'est-à-dire par $\frac{1}{4}$.

Aire (ABCD) = 64 cm^2 ; Aire (EFGH) = $\frac{1}{4}$ × 64 cm^2 = 16 cm^2 ;

Aire (IJKL) = $\frac{1}{4}$ × 16 cm^2 = 4 cm^2.

❸ Dans une homothétie de rapport $\frac{1}{2}$ ou $-\frac{1}{2}$, les volumes sont multipliés par $\left(\frac{1}{2}\right)^3$, c'est-à-dire par $\frac{1}{8}$.

Volume C_1 = 512 cm^3 ; Volume C_2 = $\frac{1}{8}$ × 512 cm^3 = 64 cm^3 ;

Volume C_3 = $\frac{1}{8}$ × 64 cm^3 = 8 cm^3.

EXERCICE 3

Affirmation 1 : Vrai.

Tout point O n'appartenant pas à D_1 et D_2 est centre d'une homothétie transformant D_1 en D_2 et de rapport $\frac{OM_2}{OM_1}$ $\left(\text{ou } D_2 \text{ en } D_1 \text{ et de rapport } \frac{OM_1}{OM_2}\right)$.

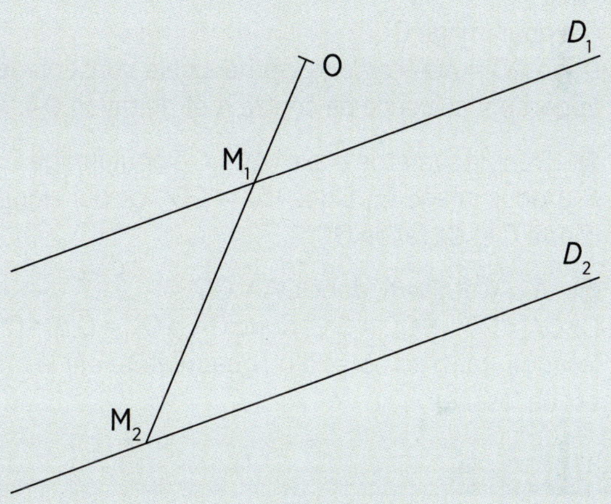

Affirmation 2 : Faux.
La droite parallèle à D_1 et D_2 située à la même distance de D_1 et D_2 est axe de la symétrie axiale transformant D_1 en D_2.

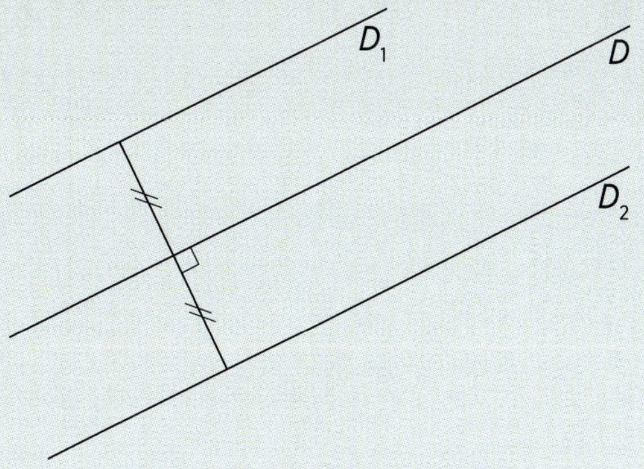

Affirmation 3 : Vrai.
Tout point de la droite D définie précédemment convient comme centre d'une symétrie transformant D_1 en D_2.

Affirmation 4 : Faux.
Une symétrie centrale est une rotation d'angle 180°, donc toutes les symétries définies précédemment conviennent.

EXERCICE 4

❶

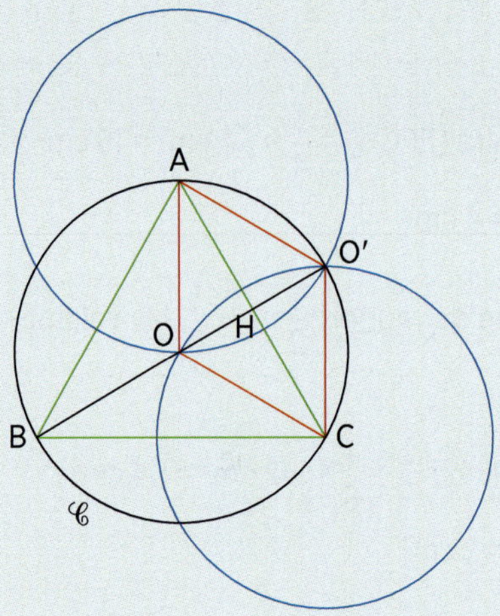

❷ Dans la symétrie d'axe (AC), A a pour image A, car tout point de l'axe est invariant.
O a pour image O′.
Donc AO = AO′, car la symétrie axiale conserve les longueurs, ce qui signifie que O′ appartient au cercle de centre A et de rayon OA.

❸ Dans la symétrie d'axe (AC), C a pour image C car tout point de l'axe est invariant. O a pour image O′. Donc CO = CO′, ce qui signifie que O′ appartient au cercle de centre C et de rayon OC.

❹ A ∈ 𝒞 et C ∈ 𝒞, donc OA = OC.
Or OA = O′A et OC = O′C, donc OA = OC = O′A = O′C, ce qui signifie que AOCO′ est un losange, car si les côtés d'un quadrilatère ont la même longueur, alors ce quadrilatère est un losange.

EXERCICE 5

❶

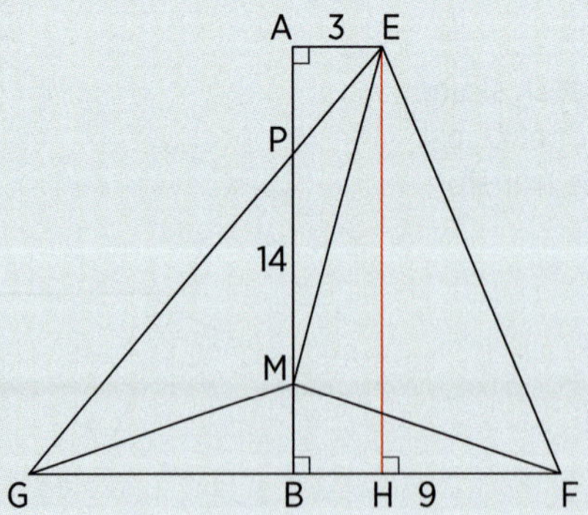

❷ P ∈ [EG], donc EP + PG = EG.
D'après l'axiome de l'inégalité triangulaire, pour tout point M, EM + MG ⩾ EG,
soit EM + MG ⩾ EP + PG (1).
Dans la symétrie d'axe (AB), F a pour image G et M et P sont invariants, donc
MG = MF et PG = PF.
D'où, en remplaçant dans l'inégalité (1), EM + MF ⩾ EP + PF, ce qui prouve que la valeur EM + MF est minimale lorsque M est placé en P.

❸ **a.** Les triangles APE et BPG sont tels que les points A, P, B et E, P G sont alignés dans le même ordre, et (AE) // (BG). Donc, d'après le théorème de Thalès :
$\frac{AP}{BP} = \frac{AE}{BG}$, or, comme la symétrie axiale conserve les longueurs, BG = BF = 9.
Par conséquent : $\frac{AP}{14 - AP} = \frac{3}{9}$.

b. De ce qui précède, $3(14 - AP) = 9AP$, d'où $42 - 3AP = 9AP$ et $AP = \frac{42}{12} = 3{,}5$.

c. On sait que la valeur minimale de EM + MF est EP + PF = EP + PG = EG.
Soit H le point de (BF) tel que (EH) ⊥ (BF).
Dans le triangle EHG rectangle en H, d'après le théorème de Pythagore :
$EG^2 = EH^2 + HG^2 = 14^2 + 12^2 = 340$.
La valeur exacte, en cm, est $\sqrt{340} = 2\sqrt{85}$, la valeur arrondie au dixième est 18,4.

EXERCICE 6

❶

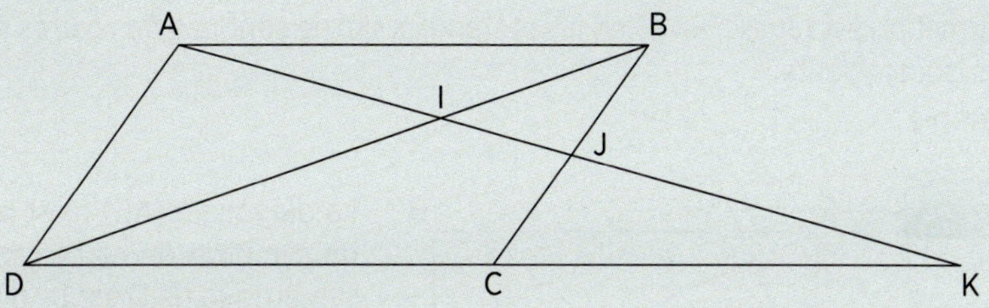

❷ On appelle $-k$ le rapport de l'homothétie de centre I qui transforme B en D.
Donc $ID = kIB$ ou $\frac{ID}{IB} = k$. ABCD est un parallélogramme, donc (AD) // (BC).
Les deux triangles IAD et IJB sont en configuration de Thalès, donc $\frac{IA}{IJ} = \frac{ID}{IB} = k$.
Les points A et J sont de part et d'autre de I, $IA = kIJ$, donc l'image de J par h est A.

❸ Considérons les triangles AIB et KID.
La droite (AK) coupe les droites (AB) et (CD) qui sont parallèles en formant des angles alternes-internes égaux, donc $\widehat{IAB} = \widehat{IKD}$.
De même, la droite (BD) coupe (AB) et (CD). Comme (AB) // (CD), les angles alternes-internes sont égaux, soit $\widehat{ABI} = \widehat{IDK}$.
Les triangles AIB et KID ont deux angles égaux, donc ils sont semblables,
donc $\frac{IK}{IA} = \frac{ID}{IB} = k$.
D'où $IK = kIA$, A et K sont alignés de part et d'autre de I, donc l'image de A par h est K.

❹ On déduit des questions précédentes que $\frac{IA}{IJ} = \frac{IK}{IA}$ et donc $IA^2 = IJ \times IK$.

EXERCICE 7

❶ **a.**

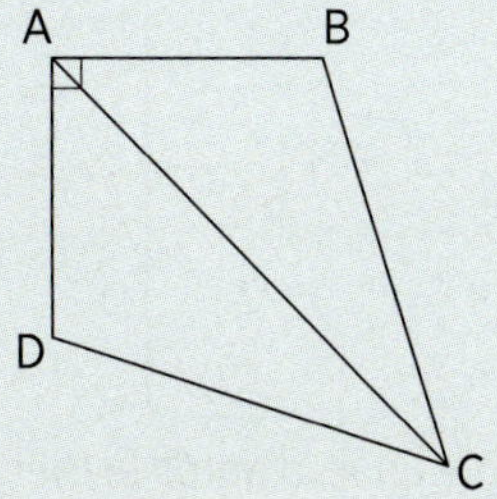

b. Si le quadrilatère ABCD possède (AC) pour axe de symétrie, et qu'il n'est pas un isocervolant, c'est donc que l'angle $\widehat{A}$ n'est pas un angle droit.

Par exemple :

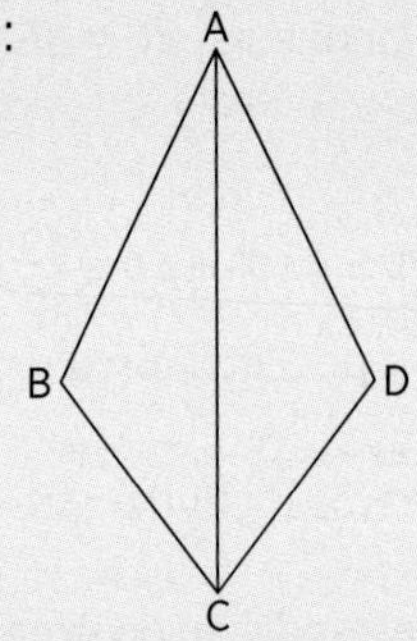

❷ **a.** L'affirmation est vraie. En effet, dans tout carré ABCD, l'angle $\widehat{A}$ est droit et la diagonale [AC] est axe de symétrie.

b. L'affirmation est fausse. En effet, les rectangles qui ne sont pas des carrés ne sont pas des isocervolants.

Par exemple :

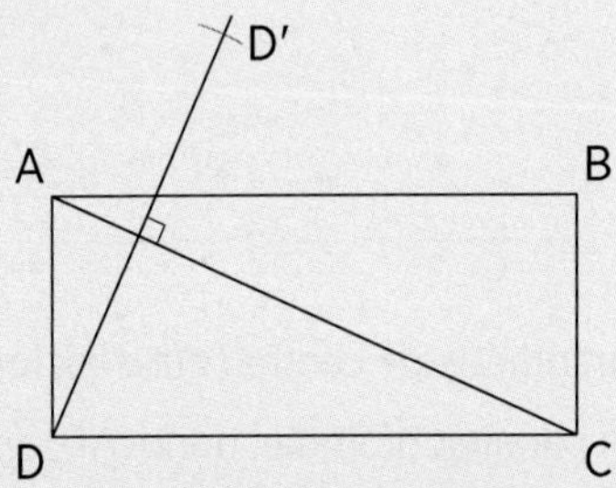

La diagonale (AC) n'est pas axe de symétrie de ce rectangle, le symétrique de D est D', différent de B.

c. L'affirmation est vraie. En effet, considérons ABCD, un isocervolant en A et dont les diagonales se coupent en leur milieu. Puisque ses diagonales se coupent dans leur milieu, ABCD est un parallélogramme. Puisque $\widehat{A}$ est un angle droit, ABCD est un rectangle.

Puisque (AC) est axe de symétrie, AB = AD, et donc ABCD est un carré.

❸ **a.** (AC) est axe de symétrie, donc AD = AB = 4 cm.

BC = 3 cm, le point C est à 3 cm du point B, il est donc sur le cercle de centre B et de rayon 3 cm, ainsi que sur l'axe de symétrie de l'angle $\widehat{A}$, c'est-à-dire la bissectrice de $\widehat{A}$.

Figure 1

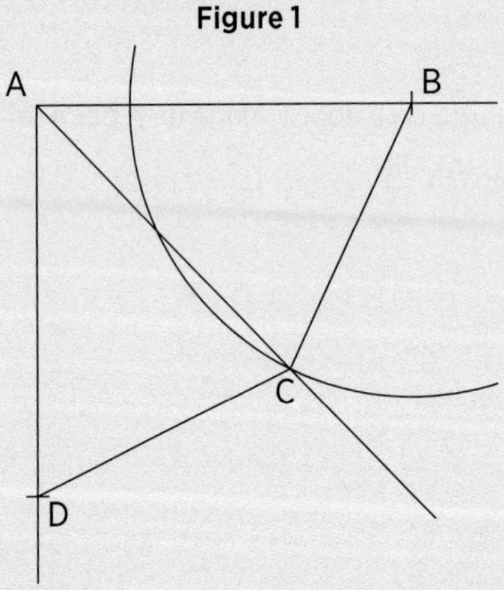

Figure 2

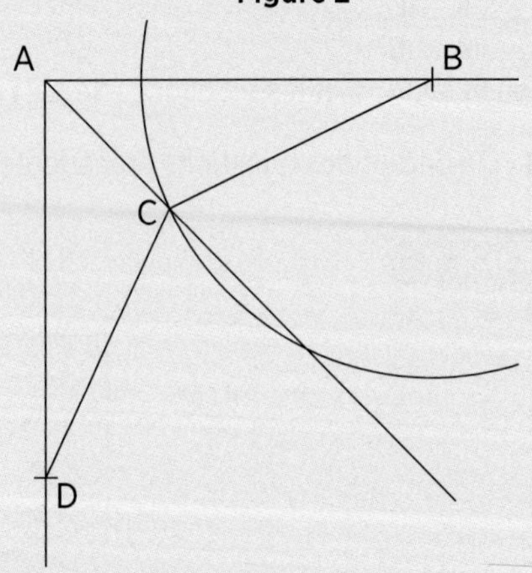

b. Dans le triangle ABD rectangle en A, d'après le théorème de Pythagore :

$BD^2 = AB^2 + AD^2$ soit $BD^2 = 16 + 16$, c'est-à-dire $BD^2 = 32$

Finalement, $BD = \sqrt{32}$, soit encore $BD = 4\sqrt{2}$ cm.

c. $\text{Aire (ABD)} = \dfrac{AB \times AD}{2}$ donc $\text{aire (ABD)} = \dfrac{4 \times 4}{2} = 8$.

L'aire du triangle ABD est 8 cm^2.

d. L'isocervolant non convexe et celui qui est représenté sur la figure 2.
Soit H l'intersection des droites (AC) et (BD).
Puisque (AC) est axe de symétrie :

- H est le milieu de [BD], et donc $BH = \dfrac{1}{2}BD$, soit $BH = 2\sqrt{2}$;
- $(AH) \perp (BD)$ soit BHC rectangle en H.

De plus, BC = 3.
Dans BHC rectangle en H, d'après le théorème de Pythagore :
$BC^2 = HB^2 + HC^2$, soit $HC^2 = 9 - 8 = 1$
et donc HC = 1.
D'où $\text{Aire (BDC)} = \dfrac{BD \times CH}{2}$

$\text{Aire (BDC)} = \dfrac{4\sqrt{2} \times 1}{2} = 2\sqrt{2}$

donc $\text{Aire (ABCD)} = 8 - 2\sqrt{2}$ cm^2
$\text{Aire (ABCD)} \approx 5{,}17$ cm^2

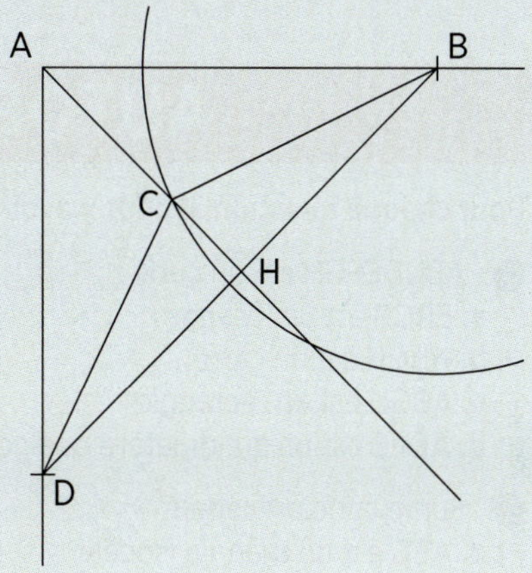

VERS L'ORAL

EXERCICE 8

Exercices	Compétence principale travaillée
Exercice A	Construire la figure symétrique d'une figure donnée par rapport à un axe donné (sur support quadrillé et avec des points repères).
Exercice B	Trouver et tracer un ou des axes de symétries d'une figure (sur support quadrillé et avec des points repères).
Exercice C	Compléter une figure par symétrie axiale (sur papier uni, figure complexe).
Exercice D	Construire une figure complexe en s'appuyant sur les connaissances de la symétrie axiale (sur papier uni, avec instruments de mesure).
Exercice E	Compléter une figure par symétrie axiale (sur papier quadrillé présenté de manière oblique, figure simple).
Exercice F	Construire la médiatrice d'un segment en s'appuyant sur les connaissances de la symétrie axiale (introduction de la notion de médiatrice… qui sera approfondie en 6e).
Exercice G	Percevoir si une figure ou une forme possède un ou plusieurs axes de symétrie (découverte de la symétrie, éducation au regard).
Exercice H	Vérifier, contrôler si une droite est bien un axe de symétrie d'une figure.
Exercice I	Construire la figure symétrique d'une figure donnée par rapport à un axe donné.
Exercice J	Percevoir si une figure ou une forme possède un ou plusieurs axes de symétrie (construire une frise à éducation au regard / symétrie).
Exercice K	Trouver et tracer un ou des axes de symétries d'une figure (formes sur papier uni).
Exercice L	Percevoir si une figure ou une forme possède un ou plusieurs axes de symétrie.

10 Solides

AUTOÉVALUATION

Pour chaque question, il peut y avoir plusieurs bonnes réponses.

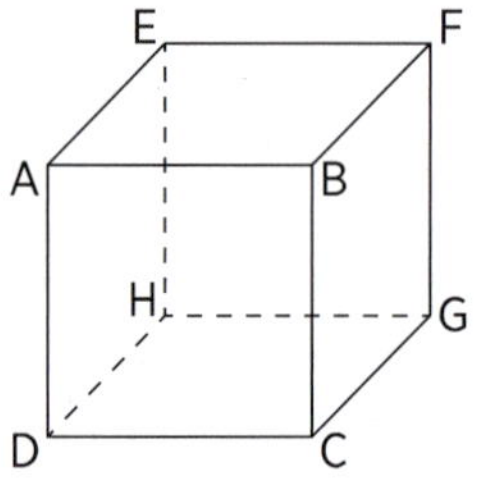

❶ ABCDEFGH est un cube :
☐ **a.** EBCH est un losange
☐ **b.** ABGH est un carré
☐ **c.** ABGH est un rectangle
☐ **d.** ADFE est un quadrilatère quelconque

❷ Sur le cube précédent :
☐ **a.** AEG est un triangle isocèle
☐ **b.** FGD est un triangle rectangle
☐ **c.** EDG est un triangle équilatéral
☐ **d.** EHCF est un quadrilatère quelconque

❸ Sur le cube précédent :
☐ **a.** les droites (CE) et (DF) sont sécantes
☐ **b.** les droites (DF) et (BH) ne sont pas sécantes
☐ **c.** les droites (BF) et (AC) sont perpendiculaires
☐ **d.** les droites (AF) et (AG) sont perpendiculaires

❹ Sur le cube précédent, les points B, D, E et G sont les sommets :
☐ **a.** d'un losange
☐ **b.** d'un carré
☐ **c.** d'un tétraèdre régulier
☐ **d.** d'une pyramide à base carrée

❺ Sur un cube, combien y a-t-il d'arêtes orthogonales à une arête donnée ?
☐ **a.** 4
☐ **b.** 6
☐ **c.** 8
☐ **d.** 10

❻ Sur une sphère, deux points distincts qui sont sur un même méridien :
☐ **a.** ont la même latitude
☐ **b.** ont la même longitude
☐ **c.** peuvent avoir la même latitude
☐ **d.** peuvent avoir la même longitude

❼ Parmi les quatre phrases suivantes, combien y en a-t-il de vraies ?

P_1 : Tous les parallèles ont la même longueur.
P_2 : Tous les méridiens ont la même longueur.
P_3 : Un parallèle est un cercle.
P_4 : Un méridien est un cercle.

□ **a.** 1
□ **b.** 2
□ **c.** 3
□ **d.** 4

CONSEILS

La géométrie dans l'espace consiste essentiellement en l'étude des solides usuels : différents types de polyèdres, cylindres, cônes et boules. Bien que certains résultats sur la position relative de deux droites de l'espace ou d'une droite et d'un plan ne soient pas au programme, ils figurent dans ce cours, car ils donnent une meilleure compréhension de la nature de certaines figures géométriques contenues dans des plans inclus dans les solides, ainsi que les positions particulières deux droites de l'espace, comme pour la question 1 par exemple. Généralement, les résultats utiles dans ce domaine sont donnés dans les énoncés des sujets du concours. Il faut aussi savoir que tous les résultats de la géométrie plane, en particulier les théorèmes de Pythagore et de Thalès, s'appliquent pour toute figure plane contenue dans un plan d'un solide. Le repérage d'un point à la surface d'une sphère, notamment à la surface de la Terre, est redéfini dans le cours.

CORRIGÉS

❶ **c.** Posons la longueur d'une arête égale à c.
Alors $AB = GH = c$; $AH = BG = c\sqrt{2}$.
$(AB) \perp (BCGF)$, donc $(AB) \perp (BG)$.
La réponse d. est fausse, car les deux droites (AD) et (EF) ne sont pas coplanaires.

❷ **b.** et **c.** Pour la réponse b., $(FG) \perp (CDHG)$, donc $(FG) \perp (GD)$.

❸ **a.** et **c.** (DE) // (CF), donc E, C, D et F coplanaires. Ces deux droites ne sont pas parallèles. $(BF) \perp (ABCD)$, donc $(BF) \perp (AC)$.

❹ **c.** B, D, E et G ne sont pas coplanaires, donc ils ne peuvent être les sommets d'un quadrilatère qui est une figure plane. $BD = DE = EG = BG = c\sqrt{2}$.

❺ **c.** Sur le cube ABCDEFGH, les arêtes perpendiculaires à (AB) sont (AE), (BF), (DH), (CG), (AD), (BC), (EH) et (FG).

❻ **b.** Par définition.

❼ **b.** Par définition, les propriétés P_2 et P_3 sont correctes.

COURS

Compétence à maitriser pour le concours :

- **Représenter l'espace** (définition et propriétés des polyèdres, polyèdres réguliers et des solides non polyèdres ; construction et mise en relation des représentations des solides : vues en perspective cavalière, de face, de dessus, sections planes, patrons ; droites et plans de l'espace ; repérage sur et dans un solide ; latitude, longitude).

Les différents solides

- **Solides** — Convexité, Patron
  - Polyèdres — Description : Face, Arête, Sommet
    - Polyèdres réguliers dont cubes et tétraèdres réguliers
    - Quelconques
      - Prismes
        - Pavés droits
        - Autres prismes
      - Pyramides
  - Non polyèdres
    - Cylindres
    - Cônes
    - Sphères

1 Polyèdres

A. Définition

Le mot polyèdre vient du grec *poly* qui signifie « plusieurs » et *hedra* « faces ».

Un polyèdre est un solide de l'espace limité par des faces planes, se rencontrant le long d'arêtes droites.

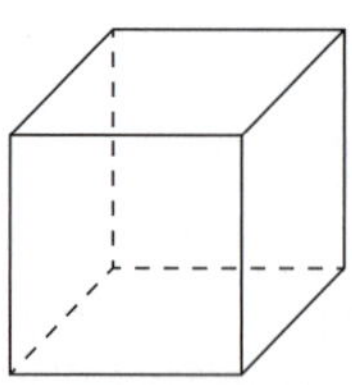

Cube

EXEMPLES

Un cube, un pavé droit et une pyramide sont des polyèdres.

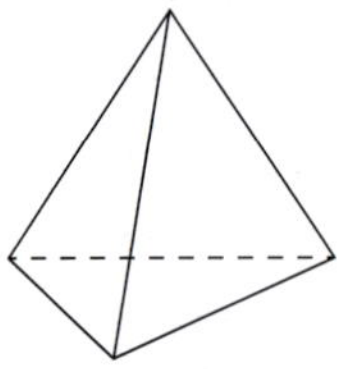

Tétraèdre

Le polyèdre limité par le plus petit nombre de polygones possible est le tétraèdre : c'est une pyramide dont toutes les faces sont des triangles.

Les noms des polyèdres rappellent le nombre de leurs faces : le tétraèdre a quatre faces, le pentaèdre a cinq faces… En particulier, les polyèdres à 4, 6, 8, 12 et 20 faces s'appellent respectivement tétraèdre, hexaèdre, octaèdre, dodécaèdre et icosaèdre.

ZOOM

Les règles de la perspective cavalière

- Dans un dessin en perspective cavalière, les longueurs et les angles ne sont pas conservés. Cependant, toute figure contenue dans un plan parallèle au plan frontal (plan vu de face) est représentée en vraie grandeur.
- Une représentation en perspective cavalière conserve le parallélisme.
- Dans une représentation en perspective cavalière le milieu d'un segment est représenté par le milieu du segment représenté.
- Convention : dans une représentation en perspective cavalière les arêtes « cachées » sont représentées en pointillés.
- Les cercles sont, suivant les cas, représentés par des segments, des cercles ou des ellipses.

B. Description

Pour décrire un polyèdre, on liste certaines de ses caractéristiques : nombre de faces, d'arêtes et de sommets, forme des faces.

Les sommets des polygones sont appelés **sommets** du polyèdre, les côtés des polygones sont appelés **arêtes** du polyèdre, tandis que les polygones sont les **faces** du polyèdre.

On peut encore dire que :

- une arête est l'intersection de deux faces ;
- un sommet est l'intersection de trois faces, ou encore l'intersection de deux arêtes.

EXEMPLE

Le cube est un solide possédant 6 faces carrées de mêmes dimensions. Un tétraèdre est un solide possédant 4 faces triangulaires.

Pour le tétraèdre SABC ci-contre :

S, A, B et C sont les sommets du tétraèdre.

[SA], [SB], [SC], [AB], [AC] et [BC] sont les arêtes du tétraèdre.

SAB, SAC, SBC et ABC sont les faces du tétraèdre.

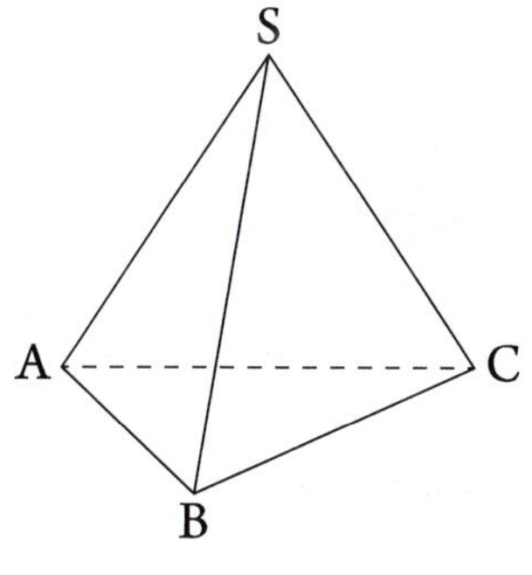

C. Convexité

Il existe plusieurs critères équivalents pour définir la **convexité** d'un polyèdre, en voici deux.

Un polyèdre est convexe si, et seulement si, pour chaque plan de l'espace qui contient une face du polyèdre, le polyèdre est tout entier contenu dans un des demi-espaces délimité par le plan. Autrement dit, le polyèdre est situé entièrement d'un même côté par rapport à l'une quelconque de ses faces.

Un polyèdre est convexe quand tout segment joignant deux points situés à l'intérieur du polyèdre est contenu à l'intérieur de ce polyèdre.

ZOOM

Quand une des propriétés précédentes n'est pas vérifiée, on dit que le polyèdre n'est pas convexe, ou encore qu'il est **concave**.

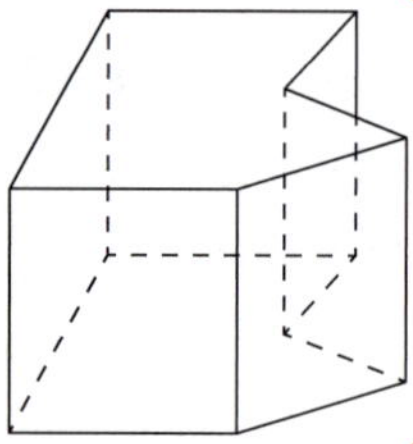

2 Polyèdres réguliers

A. Définition

Un polyèdre régulier est un polyèdre :
- dont toutes les faces sont des polygones réguliers identiques ;
- qui possède un même nombre d'arêtes issues de chaque sommet.

ZOOM

Si toutes les faces d'un polyèdre sont constituées par des polygones réguliers identiques, alors ce polyèdre n'est pas nécessairement régulier.

Le solide représenté ci-contre est constitué par la réunion de 2 tétraèdres réguliers (4 faces qui sont des triangles équilatéraux) collés sur une face commune. Alors, ce solide n'est pas régulier, car il arrive trois arêtes en A et il en arrive quatre en E.

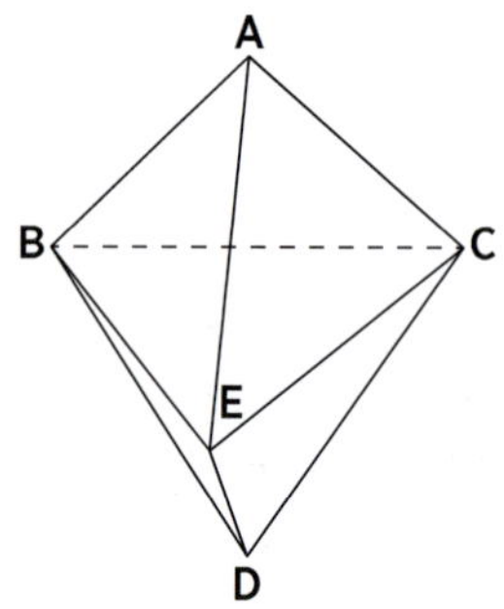

B. Propriété

Tout polyèdre régulier est inscriptible dans une sphère.

C. Description

Il existe cinq types de polyèdres convexes réguliers, encore appelés les **solides de Platon**.

Nom du polyèdre	Forme des faces	Nombre de faces	Nombre de sommets	Nombre d'arêtes
Tétraèdre régulier	Triangle équilatéral	4	4	6
Cube	Carré	6	8	12
Octaèdre régulier	Triangle équilatéral	8	6	12
Dodécaèdre régulier	Pentagone régulier	12	20	30
Icosaèdre régulier	Triangle équilatéral	20	12	30

Pour un polyèdre régulier donné, considérons la somme des angles en l'un de ses sommets. Alors chacune est strictement inférieure à 360° (car un angle de 360° définit un plan, et il n'y a plus de solide possible).

EXEMPLE
Si on considère un cube, la somme des angles en chacun de ses sommets est 270°.

Examinons les types de polygones réguliers qui sont susceptibles d'être les faces d'un polyèdre régulier.

Forme des faces	Somme des angles d'une face	Valeur d'un angle	Somme des angles en l'un des sommets et nombre de faces possibles par sommet	Existence
Triangle équilatéral	180°	60°	3 faces : 180° : possible 4 faces : 240° : possible 5 faces : 300° : possible 6 faces : 360° : impossible	Oui Oui Oui Non
Carré	360°	90°	3 faces : 270° : possible 4 faces : 360° : impossible	Oui Non
Pentagone régulier	540°	108°	3 faces : 315° : possible 4 faces : 420° : impossible	Oui Non
Hexagone régulier	720°	120°	3 faces : 360° : impossible	Non

3 Différents types de polyèdres

A. Prisme

Un **prisme droit** est un polyèdre qui a deux faces polygonales superposables appelées **bases**, les autres faces, appelées **faces latérales**, étant des rectangles.

La hauteur d'un prisme droit est la longueur d'un segment joignant perpendiculairement les deux bases.

EXEMPLE
Le prisme représenté ci-contre possède 2 faces hexagonales, il a 6 faces rectangulaires et sa hauteur est AA'.

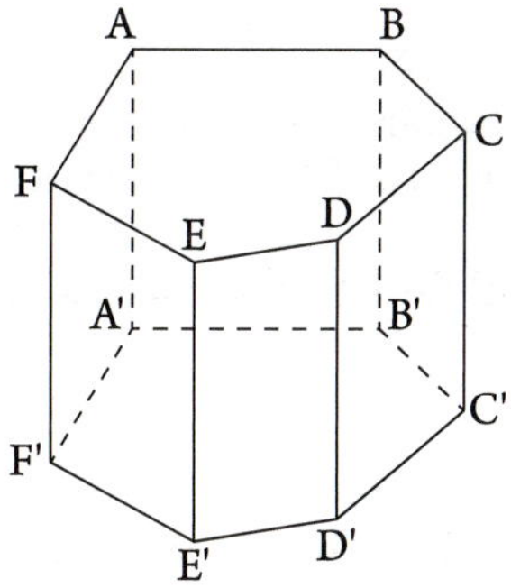

D'après cette définition :
- un cube est un prisme droit à base carrée, dont les autres faces sont des carrés ;
- un pavé droit est un prisme droit à base rectangulaire (un pavé droit possède 6 faces rectangulaires et, éventuellement, deux de ses faces peuvent être des carrés).

APPLICATION 1

Nommer et décrire ce solide.

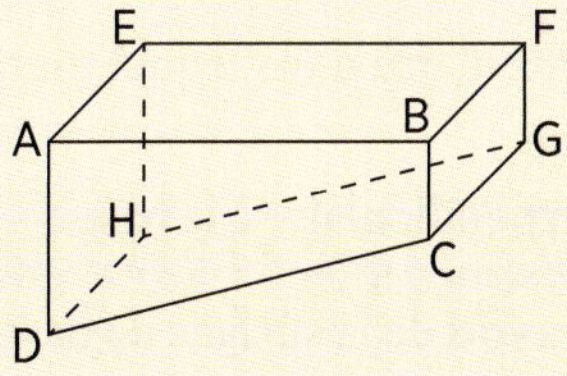

→Corrigé p. 239

APPLICATION 2

Vrai ou faux ?
Tout prisme droit a deux fois plus d'arêtes que de faces.

→Corrigé p. 239

B. Pyramide

Une pyramide est un polyèdre dont une face est un polygone convexe, appelé la **base** de la pyramide, et dont les autres faces, dites **faces latérales**, sont des triangles ayant un sommet commun appelé **sommet** de la pyramide.

La hauteur de la pyramide est la longueur du segment obtenu en projetant perpendiculairement le sommet sur la base.

EXEMPLE

La pyramide SABCDE est une pyramide à base pentagonale.

Sa hauteur est SH.

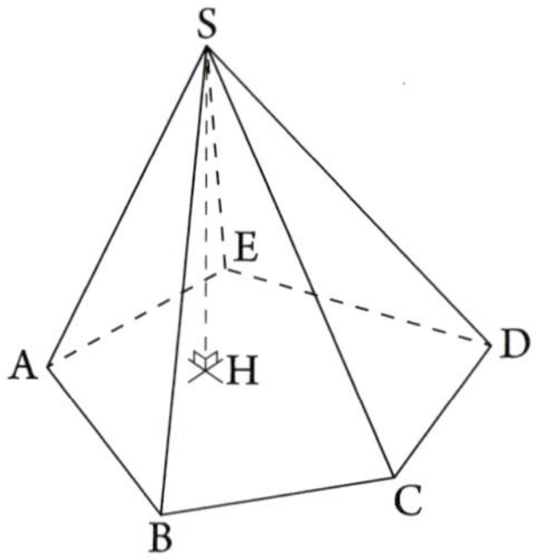

APPLICATION 3

Soit ABCDEFGH un cube de côté 12 cm. On note I le milieu de [AB], J celui de [BC], K celui de [CD], L celui de [AD] et M celui de [AE].

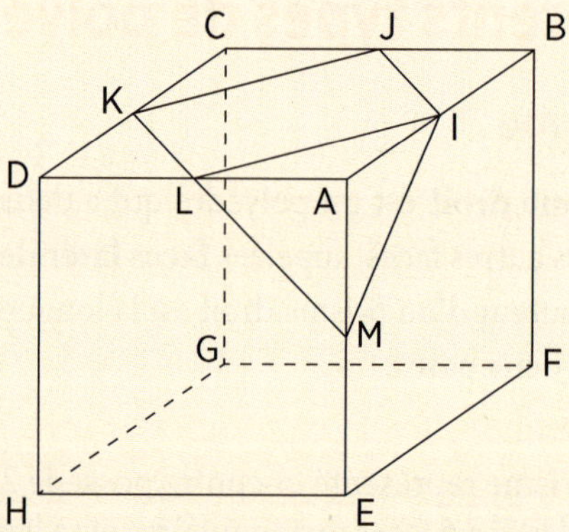

1. Démontrer que IJKL est un carré.
2. Calculer l'aire du carré IJKL (en cm^2).
3. Quelle est la nature du solide AILM ?
4. Calculer le volume de ce solide, en cm^3.
5. Calculer le volume de ce solide en considérant que la longueur de AB en cm est un nombre *a*.
6. On ôte au cube en chacun de ses huit sommets une pyramide identique à AILM pour créer un nouveau solide. On appelle S, A et F le nombre de sommets, d'arêtes et de faces du solide. Vérifier que pour ce nouveau solide : S – A + F = 2. Cette égalité s'appelle la formule d'Euler, qui est vraie pour tous les polyèdres convexes.
7. Calculer, en cm^3, le volume de ce nouveau solide :
a. quand AB = 12 cm **b.** quand AB = *a* cm

→ Corrigé p. 239

4 Solides non polyèdres

A. Cylindre

Un cylindre est un solide à base circulaire dans lequel toutes les sections parallèles à la base sont superposables à cette base.

L'axe d'un cylindre droit est perpendiculaire à la base.

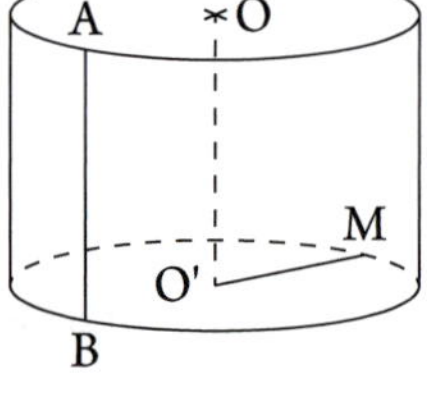

O'M est le **rayon** de la surface de base du cylindre.
OO' est la **hauteur** du cylindre (axe du cylindre).
[AB] est une **génératrice** du cylindre. Ce cylindre est un cylindre droit, encore appelé **cylindre de révolution** (engendré par [AB] lorsque les extrémités de ce segment décrivent les cercles de base).

B. Cône

Le mot *cône* vient du grec *kônos* qui signifie « pomme de pin ».

Un cône est un solide engendré par un triangle rectangle qui tourne autour d'un des côtés de l'angle droit. On dit encore un cône droit ou **cône de révolution**.

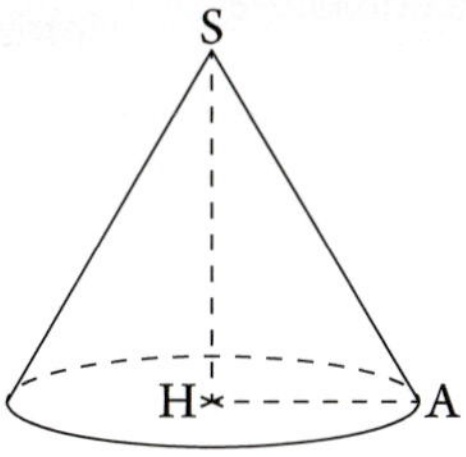

S est le **sommet** du cône.
SH est la **hauteur** du cône.
Le cône est engendré par le triangle SAH lorsqu'il tourne autour de [SH] et que A décrit le cercle de base.

C. Sphère

On appelle **sphère** de centre O et de rayon R l'ensemble des points de l'espace qui sont situés à la distance R de O.

OA est le rayon de la sphère.

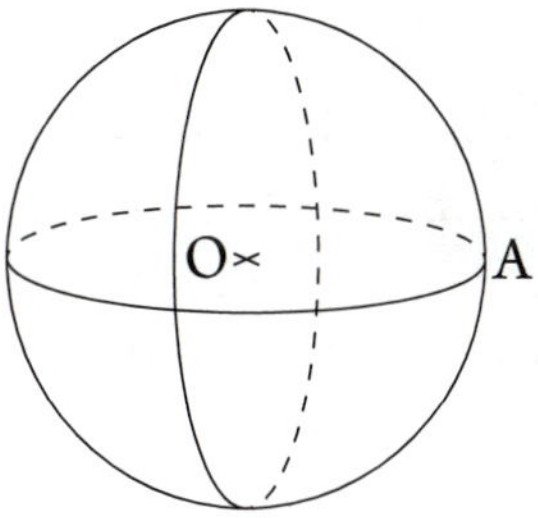

ZOOM

Une **boule** est définie comme l'ensemble des points intérieurs à une sphère ou sur la sphère. Une boule est donc un objet plein et une sphère est une surface.

5 Patron d'un solide

A. Définition

On appelle patron d'un solide toute mise à plat de ce solide permettant de le reconstituer par pliage, sans recouvrement ni trou. On dit encore « développement » d'un solide.

B. Propriétés

- Le patron d'un solide n'est jamais unique.

EXEMPLE

Le cube possède 11 patrons distincts.

◗ Tous les solides n'ont pas nécessairement de patron.

Ainsi, une sphère n'a pas de patron, ce que l'on peut mettre en évidence en essayant d'emballer une sphère, ou en essayant de mettre à plat la pelure d'une orange par exemple.

APPLICATION 4

Dessiner deux patrons distincts d'un prisme droit dont la base est un triangle équilatéral. → Corrigé p. 240

6 Sections planes de solides

A. Définition

On appelle section plane d'un solide la figure plane obtenue en coupant ce solide par un plan.

B. Sections planes usuelles

a. Cube

La section plane d'un cube :

- par un plan parallèle à une face est un carré de mêmes dimensions que cette face. Les deux solides obtenus sont des parallélépipèdes rectangles ;
- par un plan parallèle à une arête (et non parallèle à une face) est un rectangle dont une des dimensions est la longueur de cette arête. On obtient deux prismes droits ;
- par un plan quelconque peut être un rectangle ou un triangle.

EXEMPLES

La section plane du cube ABCDEFGH par le plan (IJK) est le rectangle IJKL. Les deux solides obtenus sont des prismes de bases AIJB et IEFJ.

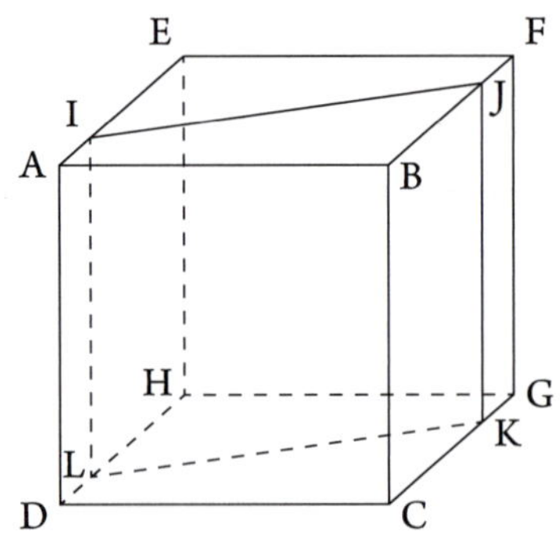

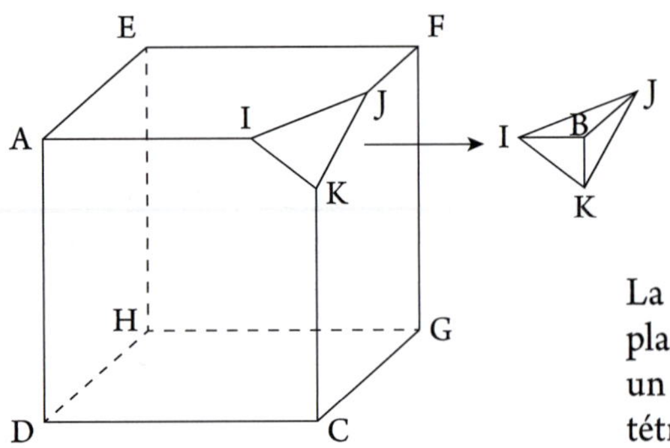

La section plane de ce cube par le plan (IJK) est le triangle IJK, on obtient un cube tronqué AIJKCDHGFE et un tétraèdre BIJK.

b. Parallélépipède rectangle

La section plane d'un parallélépipède rectangle :

- par un plan parallèle à une face est un rectangle de même dimension que cette face. On obtient deux pavés droits ;

- par un plan parallèle à une arête (et non parallèle à une face) est un rectangle dont une des dimensions est la longueur de cette arête. On obtient deux prismes droits ;
- par un plan non parallèle à une face ou une arête est un rectangle ou un triangle.

c. Cylindre

La section plane d'un cylindre :

- par un plan parallèle aux bases est un disque de même rayon que ces bases ;
- par un plan parallèle à l'axe est un rectangle dont une des dimensions est la hauteur de ce cylindre.

d. Sphère et boule

La section plane d'une sphère est un cercle, appelé grand cercle si le plan passe par le centre de la sphère, et la section plane d'une boule est un disque.

e. Pyramide

La section plane d'une pyramide par un plan parallèle à la base est un polygone qui est une réduction du polygone de base de cette pyramide. On obtient un tronc de pyramide et une pyramide.

EXEMPLE

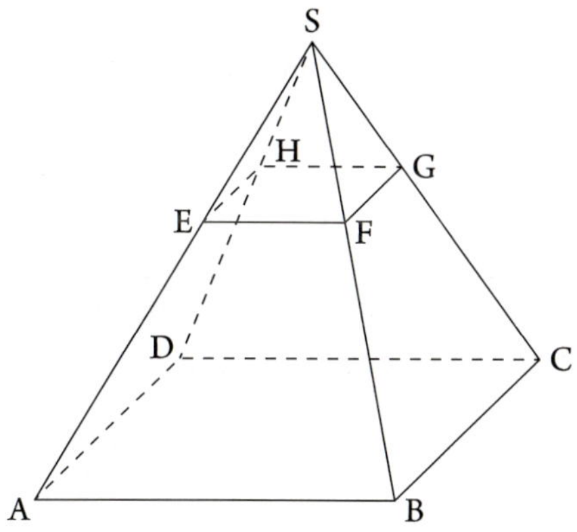

La section plane de la pyramide SABCD par le plan (EFG) est le rectangle EFGH. On obtient un tronc de pyramide ABCDEFGH et une pyramide SEFGH, qui est une réduction de la pyramide SABC. Le rapport de réduction est $\frac{SE}{SA}$ qui est un nombre inférieur à 1.

f. Cône

La section plane d'un cône par un plan parallèle à la base est un cercle ou un disque qui est une réduction du cercle ou du disque de base. On obtient un tronc de cône et un cône.

7 Droites et plans de l'espace

A. Détermination d'un plan

Un plan est parfaitement déterminé par la donnée de :

- trois points non alignés ;
- ou deux droites sécantes ;
- ou deux droites parallèles (strictement).

B. Droites et plans perpendiculaires

a. Définition

Une droite est perpendiculaire à un plan, si et seulement si, elle est perpendiculaire à toutes les droites de ce plan.

b. Conséquence

Si une droite est perpendiculaire à un plan, alors elle est perpendiculaire à toutes les droites de ce plan.

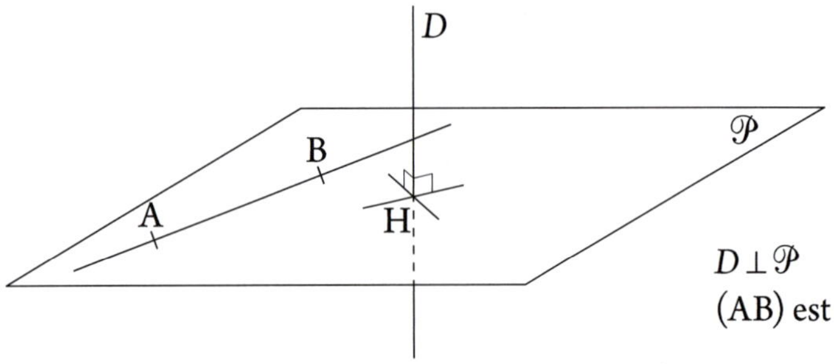

$\left.\begin{array}{l} D \perp \mathcal{P} \\ \text{(AB) est dans } \mathcal{P} \end{array}\right\}$ donc $D \perp$ (AB).

c. Théorème

Une droite est perpendiculaire à un plan si et seulement si elle est perpendiculaire à deux droites sécantes de ce plan.

APPLICATION 5

Sur le cube ci-contre, I, J et K sont les milieux des arêtes [AB], [CD] et [BF]. La longueur d'une arête étant *a*, calculer la longueur de [JK] en fonction de *a*.

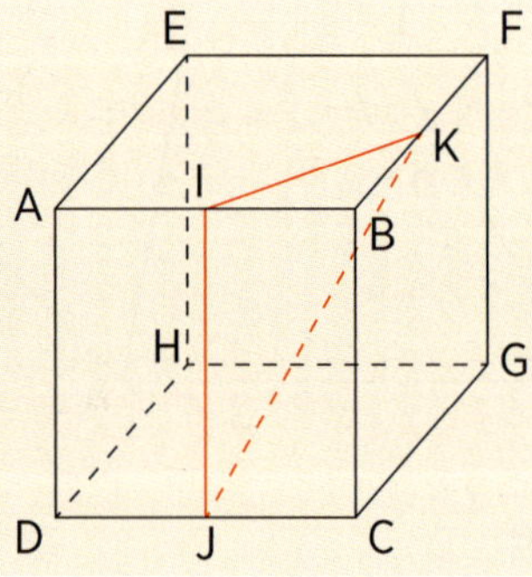

→ Corrigé p. 240

8 Repérage sur/dans un solide

A. Repérage dans un parallélépipède rectangle

Pour se repérer dans un parallélépipède rectangle, on définit un point origine et trois coordonnées : l'abscisse, l'ordonnée et l'altitude, encore appelée cote.

EXEMPLE

Sur le parallélépipède ci-contre, on choisit A comme origine, et les axes pour se repérer sont (AB), (AD) et (AE). On définit une unité de longueur sur chacun des axes (la même ou non), ou on peut décider que AB, AD et AE sont les unités de référence.

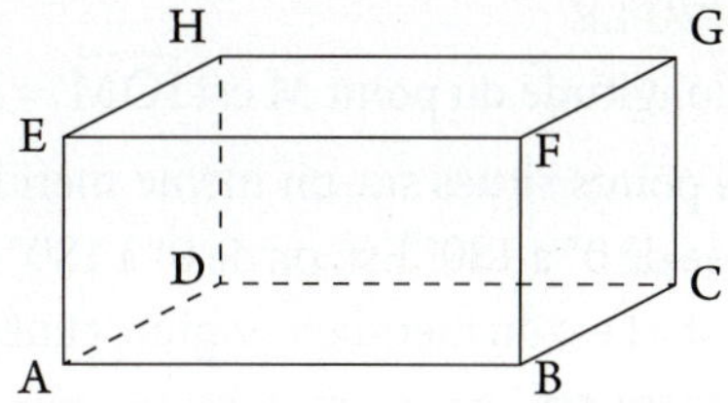

Pour repérer un point, on part de A et on se déplace en suivants des chemins parallèles à ces trois droites, les distances parcourues sont les coordonnées de A, de signe + ou – selon les déplacements. Dans le repère précédent, on a A (0 ; 0 ; 0) ; B (1 ; 0 ; 0) ; D (0 ; 1 ; 0) ; E (0 ; 0 ; 1) ; C (1 ; 1 ; 0).

APPLICATION 6

1. Déterminer les coordonnées des points F, G et H dans le repère de l'exemple précédent.
2. Déterminer les coordonnées du point I, centre du rectangle EFGH.

→ Corrigé p. 240

B. Repérage sur une sphère, coordonnées géographiques

La Terre tourne sur elle-même, dans le sens ouest-est, autour d'un axe imaginaire (axe terrestre) [NS]. N est appelé le **Pôle Nord** et S est le **Pôle Sud**.

Le grand cercle perpendiculaire à cet axe est appelé l'**équateur**. Il partage la terre en deux hémisphères : hémisphère nord et hémisphère sud.

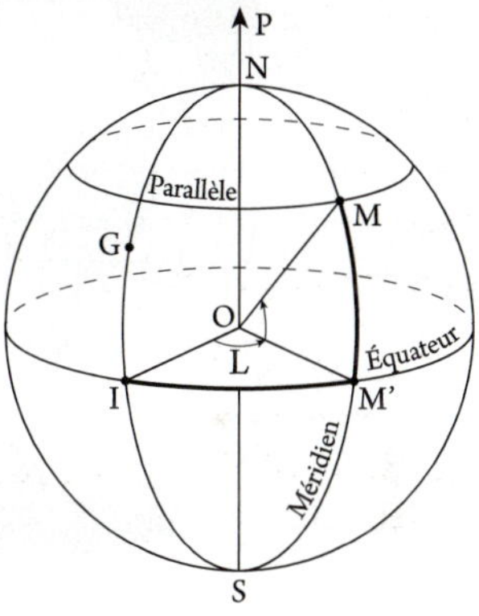

ZOOM

On appelle grand cercle tout cercle tracé sur la surface d'une sphère et ayant le même diamètre qu'elle.

Un **méridien** est un demi-grand cercle limité aux pôles, le méridien d'origine est celui passant par Greenwich, en Angleterre.

Un **parallèle** est un cercle parallèle à l'équateur, c'est donc un cercle dont le plan est perpendiculaire à l'axe terrestre. Le parallèle d'origine est l'équateur.

Pour repérer un point à la surface d'une sphère, en particulier sur le globe terrestre, on définit un couple de deux nombres, la latitude et la longitude, donnés dans cet ordre.

La **latitude** d'un point M est l'angle entre l'équateur et le parallèle passant par ce point.

EXEMPLE

La latitude de M est $\widehat{MOM'}$.

Les points situés un même parallèle ont la même latitude. On indique dans quel hémisphère (Nord ou Sud) se trouve le point. La valeur de l'angle donne le nom du parallèle.

EXEMPLE

Le 42e parallèle fait un angle de 42° avec l'équateur.

La **longitude** d'un point M est l'angle de son méridien avec le méridien origine.

EXEMPLE

La longitude du point M est $\widehat{IOM'} = \widehat{L}$.

Les points situés sur un même méridien ont la même longitude. Une longitude est comptée de 0° à 180° Est, ou de 0° à 180° Ouest. Ou encore, la longitude est positive si le point est à l'est du méridien origine, et négative s'il est à l'ouest de ce méridien.

EXEMPLES

Quelques coordonnées géographiques

L'observatoire de Paris : latitude : 48° 50' Nord – longitude : 2° 20' Est (ou + 2° 20').
On écrit encore : observatoire de Paris (48° 50' N ; 2° 20 E).

Los Angeles : latitude : 34° 3' Nord – longitude : – 118° 14'.

Buenos Aires : latitude : 34° 36' Sud – longitude : – 58° 22'.

APPLICATION 7

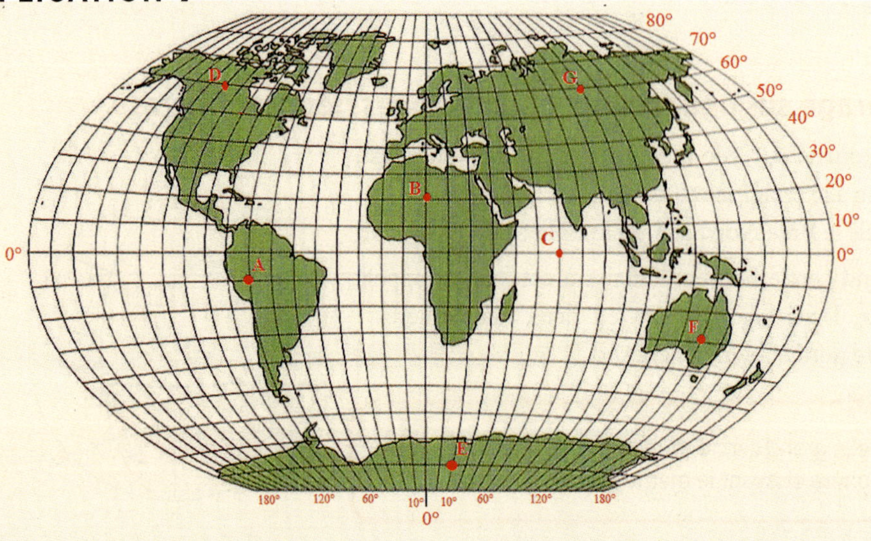

Donner les coordonnées géographiques des points indiqués sur le dessin ci-dessus.

→ Corrigé p. 240

APPLICATION 8

Pour répondre aux questions suivantes, on prendra pour π la valeur approchée 3,14 et on arrondira les résultats au km près.

❶ Le rayon de la Terre mesure environ 6 400 km.

a. Quelle est la longueur L0 de l'équateur ?

b. Quelle est la longueur L52 du 52e parallèle ?

❷ On donne les coordonnées géographiques suivantes :
Cardiff (52° N ; 3° O) et Québec (52° N ; 73° O).
Calculer la distance séparant ces deux villes quand on se déplace sur le 52e parallèle.

→ Corrigé p. 240

CORRIGÉS

APPLICATION 1

Ce solide est un prisme droit dont la base est un trapèze rectangle ABCD.

APPLICATION 2

L'affirmation est fausse, voici un contre-exemple :

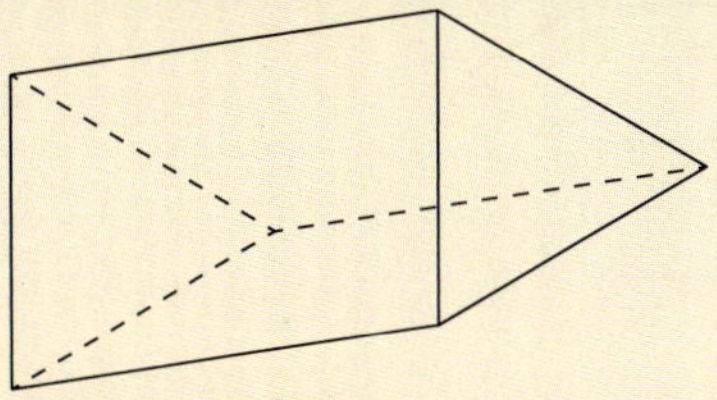

Ce prisme droit à base triangulaire possède 5 faces et 9 arêtes.

APPLICATION 3

❶ Dans le triangle ABC, I et J sont les milieux respectifs de [AB] et [BC], donc $\frac{BI}{BA} = \frac{BJ}{BC}$ et donc, d'après la réciproque du théorème de Thalès, (IJ) // (AC).
Par conséquent, les triangles BAC et BIJ sont homothétiques et finalement $IJ = \frac{1}{2}AC$.
On montre de la même façon, en considérant les triangles BCD, ACD et ABD que $JK = \frac{1}{2}BD$; $KL = \frac{1}{2}AC$ et $IL = \frac{1}{2}BD$.
Comme ABCD est un carré, ses diagonales ont la même longueur : AC = BD.
Donc IJ = JK = KL = IL : le quadrilatère IJKL est un losange.
On a montré précédemment que (IJ) // (AC).
Les diagonales d'un carré sont perpendiculaires, donc (BD) ⊥ (AC).
Par conséquent, (IJ) ⊥ (BD).
On montre de la même façon que (JK) // (BD). D'où (IJ) ⊥ (JK).
Le quadrilatère IJKL est donc un carré.

❷ Aire (IJKL) = Aire (ABCD) – 4 Aire (AIL)
Aire (IJKL) $= 12^2 - 4 \times \frac{6 \times 6}{2} = 72$ cm²

❸ AILM est un tétraèdre, de base AMI et de hauteur AL.

❹ $V = \frac{1}{3}B \times h$, soit $V = \frac{1}{3} \times \frac{AL \times AM}{2} \times AL$; $V = \frac{1}{3} \times \frac{6 \times 6}{2} \times 6 = 36$ cm³

❺ $V = \frac{1}{3}B \times h$, soit $V = \frac{1}{3} \times \frac{AL \times AM}{2} \times AL$
$V = \frac{1}{3} \times \frac{a}{2} \times \frac{a}{2} \times \frac{1}{2} \times \frac{a}{2} = \frac{a^3}{48}$ cm³

❻ Comme on sectionne chaque coin du cube par un plan, cela rajoute 8 faces puisque le cube possède 8 sommets. Or, le cube possède 6 faces.
Le nouveau solide possède donc 6 + 8 = 14 faces, soit F = 14.
Le cube possède 8 sommets. Les sections proposées remplacent chaque sommet par 3 sommets. Le nouveau solide possède donc 8 × 3 = 24 sommets, soit S = 24.
On crée 3 nouvelles arêtes sur chaque « coin » du cube, ce qui donne 8 × 3 = 24 nouvelles arêtes. Le cube possède 12 arêtes.
Le nouveau solide possède donc 12 + 24 = 36 arêtes, soit A = 36.

On a alors S – A + F = 24 – 36 + 14, c'est-à-dire S – A + F = 2.

❼ **a.** $V = V(\text{cube}) - 8 \times V(\text{AMIL}) = 12^3 - 8 \times 36 = 1\,440$ cm³

b. $V = a^3 - 8 \times \dfrac{a^3}{48} = \dfrac{5a^3}{6}$ cm³

APPLICATION 4

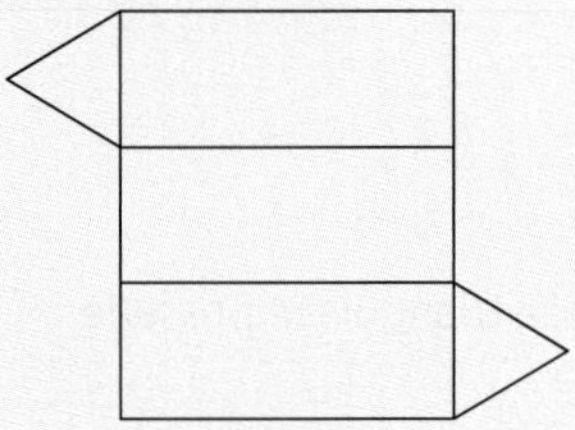

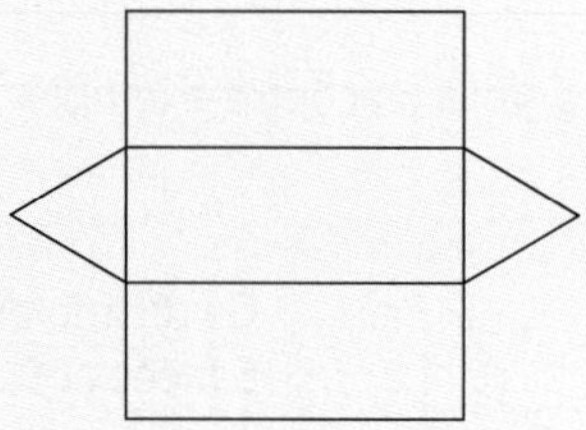

APPLICATION 5

Dans le triangle BIK rectangle en B, d'après le théorème de Pythagore :

$IK^2 = BI^2 + BK^2 = \dfrac{a^2}{4} + \dfrac{a^2}{4} = \dfrac{a^2}{2}$

(IJ) ⊥ (ABFE) et (IK) est dans (ABFE), donc (IJ) ⊥ (IK).

Dans le triangle IJK rectangle en I, d'après le théorème de Pythagore :

$JK^2 = IJ^2 + IK^2 = a^2 + \dfrac{a^2}{2} = \dfrac{3a^2}{2}$, donc $JK = a\sqrt{\dfrac{3}{2}}$.

APPLICATION 6

❶ On obtient F(1 ; 0 ; 1) ; G(1 ; 1 ; 1) ; H(0 ; 1 ; 1).

❷ On obtient $I\left(\dfrac{1}{2} ; \dfrac{1}{2} ; 1\right)$.

APPLICATION 7

A(10°S ; 80°O) ; B(20°N ; 0°) ; C(0° ; 60°E) ; D(60°N ; 120°O) ; E(80°S ; 10°E) ; F(30°S ; 130°E) ; G(60°N ; 90°E).

APPLICATION 8

❶ **a.** L'équateur est un grand cercle, donc LO = 2 × π × 6 400 km. LO ≈ 40 192 km

b.

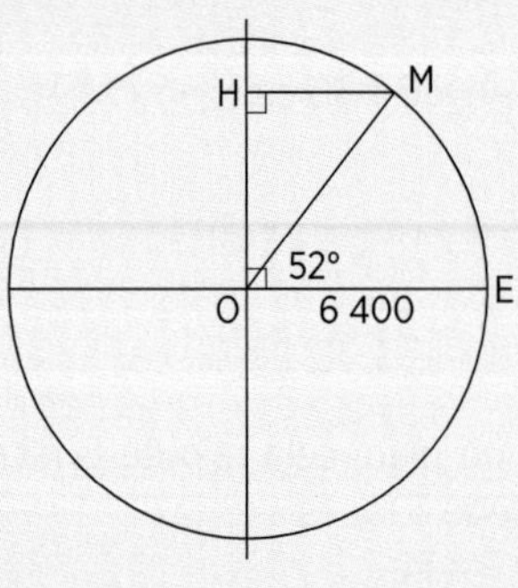

L'équateur est le cercle de diamètre 6 400 km.
Le 52e parallèle est le cercle de rayon HM.
Dans le triangle OHM rectangle en H :
$\widehat{HOM} = 90° - 52° = 38°$ et $\sin\widehat{HOM} = \dfrac{HM}{OM}$,
soit $HM = OM \times \sin\widehat{HOM} = 6\,400 \times \sin 38°$ (environ 3 940 km).
On obtient L52 = 2 × π × 6 400 × sin 38° et L52 ≈ 24 744 km.

❷ Ces deux villes sont situées sur le même parallèle. Elles forment entre elles un angle de 70°. Leur distance sur le 52e parallèle est la longueur de l'arc de rayon 3 940 km et d'angle 70°, soit $\dfrac{2 \times \pi \times 3\,940 \times 70}{360} \approx 4\,811$ km. (Voir dans le chapitre 11, longueur d'un arc de cercle quand on connait son rayon et son angle.)

ENTRAINEMENT

EXERCICE 1 — 35 min.

On s'intéresse à la fabrication d'emballages ayant la forme d'un parallélépipède rectangle, appelés « bricks ». On néglige l'épaisseur de la matière utilisée pour ces emballages.

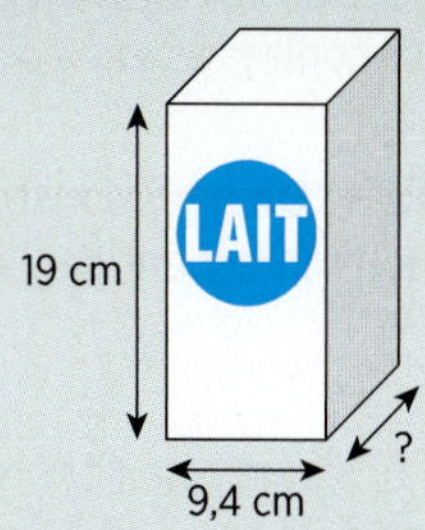

❶ Une des faces rectangulaires d'un « brick » de 1 litre de lait a pour dimensions 19 cm et 9,4 cm. Calculer la troisième dimension du brick et en donner une valeur approchée par excès au millimètre près.

❷ **a.** La hauteur d'un « brick » à base carrée de 1 litre de jus d'orange mesure 20 cm. Calculer la longueur du côté du carré. En donner une valeur approchée par excès au millimètre près.

b. On souhaite modifier la hauteur du brick précédent pour que, en conservant la même base, il contienne 20 % de jus d'orange en plus. Déterminer la nouvelle hauteur.

❸ On considère les « bricks » de volume 1 dm^3 dont les mesures en centimètre des arêtes sont des entiers supérieurs à 3. Déterminer toutes les possibilités. Justifier.

❹ Dessiner deux patrons différents d'un même parallélépipède rectangle, dont les trois dimensions sont distinctes, en indiquant clairement par un codage les côtés de même longueur.

EXERCICE 2 — 45 min.

On considère le cube ABCDEFGH ci-contre, de côté 4 cm.

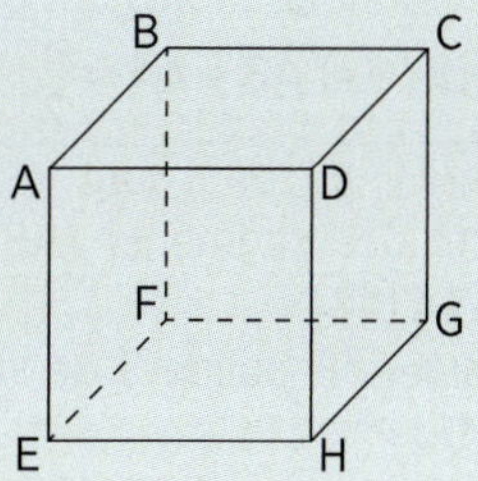

❶ Placer les points I, J, K et L, milieux respectifs des segments [BC], [EH], [AD] et [FG].

❷ Le point D appartient-il au segment [IG] ? Expliquer.

❸ Justifier que AC = CH = HF = FA. Peut-on en déduire que ACHF est un losange ? Expliquer.

❹ Démontrer que les quadrilatères AICK, CKJG et AIGJ sont des parallélogrammes.

❺ Démontrer que le quadrilatère AIGJ est un losange.

❻ Le quadrilatère AIGJ est-il un carré ? Justifier.

❼ Construire à la règle et au compas, le losange AIGJ en vraie grandeur en laissant visibles tous les traits de construction. La description de la procédure de construction n'est pas demandée.

EXERCICE 3 — 20 min.

Vrai ou faux ?

❶ On considère un solide constitué d'un empilement de cubes identiques.
On voit ci-contre les vues de droite, de face et de dessus.

Affirmation : On peut construire un tel solide à l'aide d'un empilement de 7 cubes.

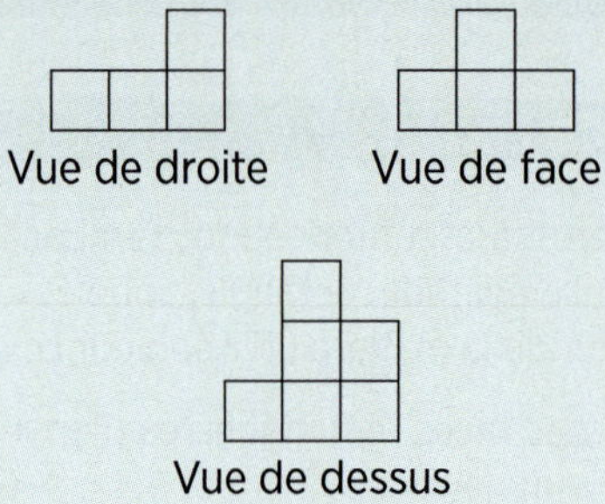

❷ On considère une sphère de centre O et de rayon OA.

Un octaèdre SABCDT est inscrit dans cette sphère.
Le quadrilatère ABCD est un carré de centre O. Les sommets S et T des pyramides SABCD et TABCD sont situés sur la droite perpendiculaire en O au plan contenant le carré ABCD.

Affirmation : Toutes les arêtes de l'octaèdre sont de même longueur.

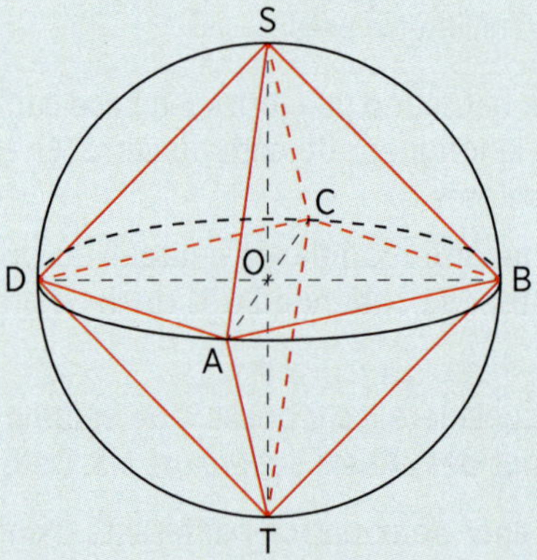

EXERCICE 4 — 40 min.

ABCDA'B'C'D' est un parallélépipède rectangle dont les arêtes ont pour longueur AD = a et AB = AA' = $\frac{a}{2}$.

Les points I, J, I' et J' sont les milieux respectifs des segments [AB], [AD], [A'B'] et [A'D'].
On considère le solide S de sommets BDJII'B'D'J'.
On admet que les quadrilatères BDD'B' et IJJ'I' sont des rectangles.

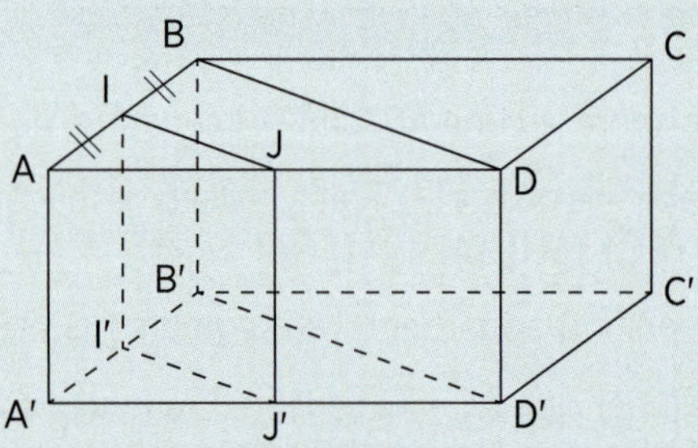

❶ Quelle est la nature du solide S ? (On ne demande pas de justifier.)

❷ **a.** Construire le quadrilatère BDJI à la règle non graduée et au compas. On prendra pour a une longueur quelconque.

b. Indiquer et justifier la nature du quadrilatère BDJI.

❸ Dans cette question, a = 8 cm. Construire sur feuille blanche un patron du solide S. les instruments autorisés sont la règle graduée, l'équerre et le compas.

❹ Exprimer en fonction de a l'aire du quadrilatère BDJI, puis l'aire totale du solide S.

VERS L'ORAL

EXERCICE 5

À partir des exercices suivants, répondre aux questions ci-après.

Situation 1

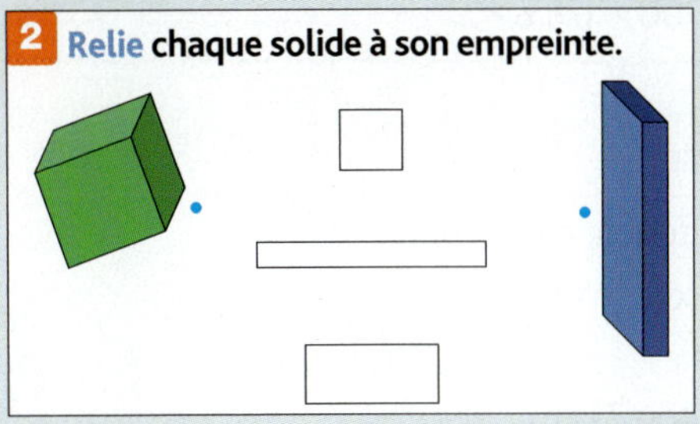

Situation 2

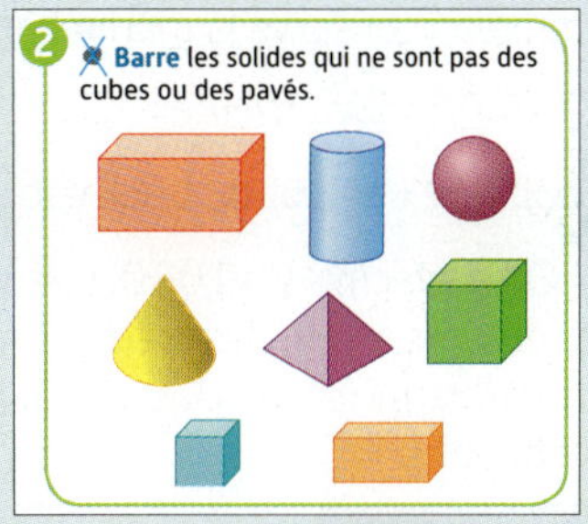

❶ À quel cycle d'apprentissage pourrait-on proposer ces deux situations ?
❷ Quels sont les objectifs d'apprentissage ?
❸ Quelles sont les compétences visées ?
❹ Quels sont les prérequis à cette activité ?
❺ Quels sont les attendus de fin de cycle 2 qui correspondent à ces situations d'apprentissage ?
❻ Pour quelle phase de la leçon cet exercice est-il le plus pertinent ? Justifier la réponse. Phases : découverte - apprentissage - consolidation - réinvestissement - évaluation - remédiation
❼ Quelle(s) remédiation(s) pourrait-on proposer à un élève qui aurait des difficultés à résoudre ce type de situation mathématique ?
❽ Quelle trace écrite pourrait-on proposer pour institutionnaliser le savoir suite à ces exercices ?

CORRIGÉS

EXERCICE 1

❶ 1 L = 1 000 cm^3

$V = L \times l \times h$, donc ici 1 000 = 19 × 9,4 × l soit 1 000 = 178,6 × l.

Donc $l = \frac{1\,000}{178{,}6}$ et $l \approx 5{,}599$.

La 3e dimension du brick est donc environ 5,6 cm.

❷ **a.** La base du brick est un carré de côté c, donc $V = c^2 \times h$.

Ce qui donne $1\,000 = 20c^2$ et donc $c^2 = \frac{1\,000}{20}$, soit $c^2 = 50$.

$\sqrt{50} \approx 7{,}07$

Par conséquent, la hauteur de ce brick est environ 7,1 cm.

b. Quantité de jus d'orange contenue dans le brick, en cm^3 : 1,2 × 1 000 = 1 200.

Comme on conserve la même base : $V = 50 \times h$ soit $1\,200 = 50h$

et donc $h = \frac{1\,200}{50} = 24$.

La nouvelle hauteur du brick est donc 24 cm.

❸ On a, en cm^3, $V = 1\,000$, soit $V = 2 \times 2 \times 2 \times 5 \times 5 \times 5$.

Les mesures en cm des arêtes sont des nombres composés d'un ou plusieurs facteurs à choisir parmi les trois facteurs « 2 » et les trois facteurs « 5 » de cette décomposition.

On obtient :

Dimension 1	4	4	10	8	5	5
Dimension 2	5	10	10	5	10	5
Dimension 3	50	25	10	25	20	40

❹ Par exemple :

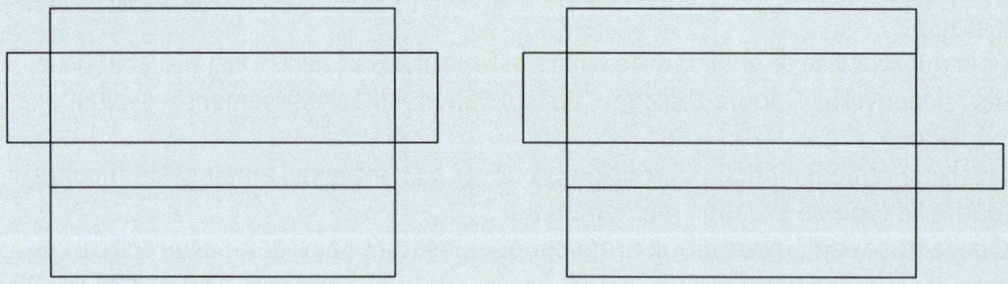

EXERCICE 2

❶

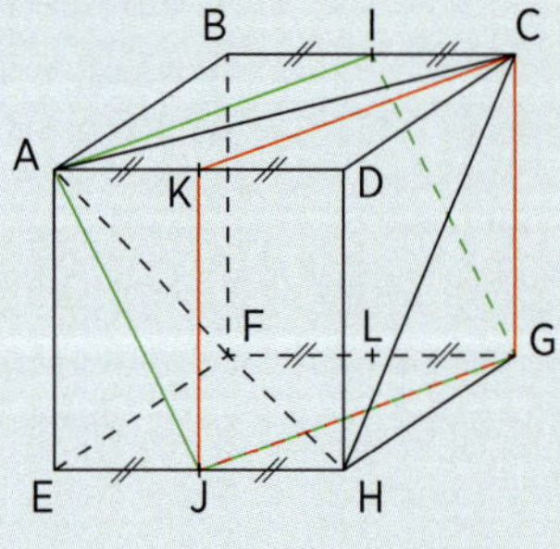

❷ Le point D appartient à la face avant ADHE du cube. Le segment [IG] est inclus dans la face arrière du cube. Ces deux faces sont strictement parallèles, par conséquent le point D ne peut pas appartenir au segment [IG].

❸ Les faces d'un cube sont des carrés de même dimension. Les quatre longueurs proposées sont quatre longueurs de différentes diagonales de ces carrés, par conséquent : AC = CH = HF = FA.
On ne peut pas en déduire que ACHF est un losange, car il faut que la figure obtenue soit plane, or les points A, C, H et F ne sont pas coplanaires. En effet, les deux droites (AC) et (HF) sont perpendiculaires placées dans deux plans strictement parallèles.

❹ ABCD est un carré, donc :
- (AD) // (BC) et donc (IC) // (KD) ;
- AD = BC et comme K et I sont les milieux respectifs de [AD] et [BC], donc IC = KD ;
- AICK est convexe.

Par conséquent, AICK est un parallélogramme.
On montre de la même façon que KDHJ est un parallélogramme, d'où (KJ) // (DH) et KJ = DH.
Or CDHG est un carré, donc (CG) // (DH) et CG = DH.
On en déduit que (KJ) // (CG) et KJ = CG.
De plus, CKJG est convexe, par conséquent, CKJG est un parallélogramme.
AICK est un parallélogramme, donc (AI) // (CK) et AI = CK.
CKJG est un parallélogramme, donc (CK) // (JG) et CK = JG.
Par conséquent, (AI) // (JG) et AI = JG.
De plus, AIGJ est convexe, donc AIGJ est un parallélogramme.

❺ On appelle a la longueur du côté des carrés, faces du cube.
Dans le triangle ABI rectangle en I, d'après le théorème de Pythagore :
$AI^2 = AB^2 + BI^2$, soit $AI^2 = \dfrac{5a^2}{4}$.
Dans le triangle AEJ rectangle en E, d'après le théorème de Pythagore :
$AJ^2 = AE^2 + EJ^2$, soit $AJ^2 = \dfrac{5a^2}{4}$.
D'où AI = AJ, donc le parallélogramme AIGJ est un losange.

❻ On montre, comme à la question 4., que (IC)//(JH) et IC = JH et comme ICHJ convexe, donc ICHJ est un parallélogramme.
Par conséquent, IJ = CH, soit $IJ = a\sqrt{2}$.
Dans le triangle AIJ :
$IJ^2 = 2a^2$ et $AI^2 + AJ^2 = \dfrac{5a^2}{4} + \dfrac{5a^2}{4}$ soit $AI^2 + AJ^2 = \dfrac{5a^2}{2} = 2{,}5a^2$.
$IJ^2 \neq AI^2 + AJ^2$, donc le théorème de Pythagore n'est pas vérifié, AIJ n'est pas rectangle en A, et donc AIGJ est un losange non carré.

❼

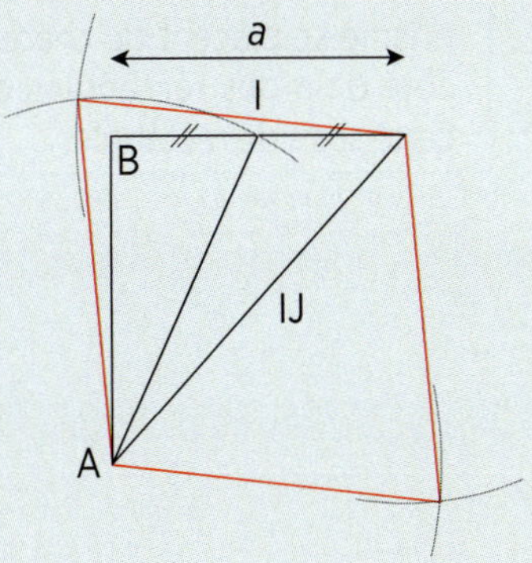

EXERCICE 3

❶ Cette affirmation est vraie. Il suffit par exemple de poser un 7ᵉ cube sur le cube rouge de la vue de dessus.

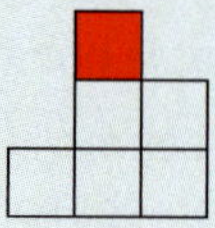

Vue de dessus

❷ Cette affirmation est vraie.
Les diagonales du quadrilatère SBTD ont la même longueur et se coupent en leur milieu (comme diamètres de la sphère), elles sont perpendiculaires car la droite (SO) est perpendiculaire au plan ABCD, donc perpendiculaire à (BD) qui est une droite de ce plan. Donc SBTD est un carré et SB = BT = TD = SD. Or, ABCD est un carré de même dimension que SBTD car ces deux carrés ont la diagonale [SD] en commun.
D'où SB = BT = TD = SD = AB = BC = CD = AD.
On montre de la même façon l'égalité avec les longueurs des côtés du carré SCTA.

EXERCICE 4

❶ Le solide S est un prisme droit dont les bases sont IBDJ et I'B'D'J'.

❷ **a.** Construction du quadrilatère BDJI :

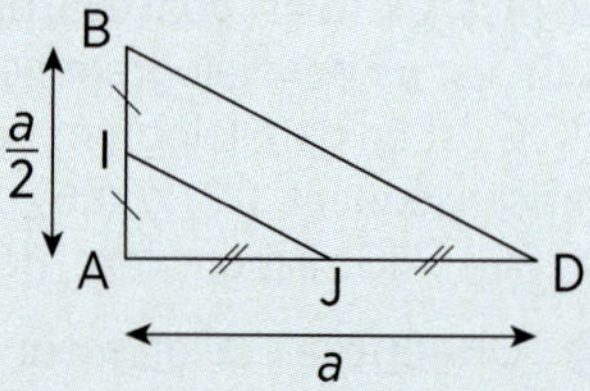

b. Le quadrilatère BDJI est un trapèze de bases [BD] et [IJ]. En effet, dans le triangle ABD :
$\frac{AI}{AB}=\frac{1}{2}$; $\frac{AJ}{AD}=\frac{1}{2}$, donc $\frac{AI}{AB}=\frac{AJ}{AD}$ et comme les points A, I, B et A, J, D sont alignés dans le même ordre, alors (IJ) // (BD) d'après la réciproque du théorème de Thalès.

❸

Le patron n'est pas à l'échelle.

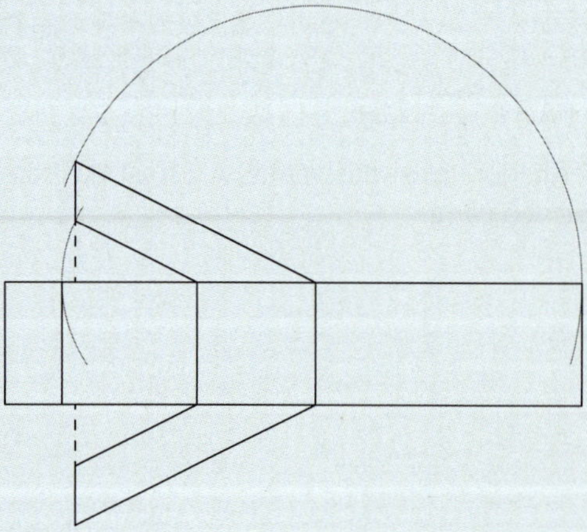

CONSEIL

Lorsque l'on réalise le patron d'un prisme, la mise à plat de la partie du prisme ne contenant pas les bases est une suite de rectangles juxtaposés, et les deux bases du prisme se placent de chaque côté d'un des rectangles de cette suite de rectangles.

❹ Aire (BDJI) = Aire (ABD) – Aire (AIJ)

$$\text{Aire (BDJI)} = \frac{1}{2} \times a \times \frac{a}{2} - \frac{1}{2} \times \frac{a}{2} \times \frac{a}{4} = \frac{3a^2}{16}$$

Aire (S) = 2Aire (BDJI) + Aire (BDD'B') + Aire (DD'J'J) + Aire (IJJ'I') + Aire (BB'I'I)

$$\text{Aire (S)} = \frac{3a^2}{8} + \frac{a^2\sqrt{5}}{4} + \frac{a^2}{4} + \frac{a^2\sqrt{5}}{8} + \frac{a^2}{8} = \frac{6a^2 + 3a^2\sqrt{5}}{8}$$

VERS L'ORAL

EXERCICE 5

❶ Ces situations sont à proposer au cycle 2.
La situation 1 est intéressante au cycle 2 car elle est un prolongement des nombreuses manipulations proposées à l'école maternelle. Elle permet de passer d'une situation concrète (ex : faire des empreintes de solides à la peinture) à une situation abstraite.
La situation 2 illustre bien la nécessaire progressivité de l'apprentissage des solides de la maternelle au cycle 2, en manipulant, en explorant et en observant d'abord les objets de la vie quotidienne. Il s'agit d'utiliser un matériel riche et varié afin de permettre aux élèves de reconnaitre et d'apprendre à désigner les solides usuels. L'enseignant utilise un vocabulaire précis pour les désigner : *cube*, *boule*, *pyramide*, *cylindre* même si la maitrise de ce vocabulaire n'est pas l'objectif prioritaire de l'école maternelle. Par ailleurs, l'enseignant utilise les termes *cercles* ou *disques* plutôt que le terme *rond*.
Au cycle 2, prenant appui sur cette première approche des solides à l'école maternelle, les élèves vont apprendre à reconnaitre et à trier les solides usuels : boule, cylindre, cône, cube, pavé droit et pyramide. Ils utilisent le vocabulaire spécifique pour les nommer et pour les décrire (*face*, *sommet*, *arête*).

❷ Les objectifs d'apprentissage sont :
- explorer des formes, des grandeurs, des suites organisées ;
- construire des connaissances et des repères sur quelques formes ;
- reconnaitre des solides au sein d'un ensemble de solides.

❸ Les compétences visées sont :
- passer d'une géométrie 3D (solide) à une géométrie 2D (figures planes) – situation 1 ;
- reconnaitre des solides variés : cube, pavé droit, boule, cône, cylindre, pyramide ;
- décrire le cube et le pavé droit.

CONSEILS DU FORMATEUR

Les polydrons sont des jeux de construction géométrique. C'est un matériel très intéressant dans la mesure où il permet aux élèves d'effectuer de nombreuses constructions de solides permettant de découvrir la géométrie en trois dimensions. On peut l'utiliser de la maternelle jusqu'au cycle 3 tant les possibilités sont innombrables. Les polydrons permettent des constructions des plus simples aux plus complexes.

❹ Les prérequis de cette activité sont :
- avoir découvert les solides de manière perceptive en les observant et en les manipulant. Le matériel de motricité (comme celui que l'on peut trouver chez Asco & Celda®) en miniature constitue à ce titre un outil intéressant. Les élèves peuvent par exemple construire un parcours avec les miniatures qui sera ensuite reproduit en taille réelle dans la séance de motricité. Les élèves seront amenés à nommer les solides (cône, cylindre, cube...) ;
- être familiarisé avec la géométrie plane grâce au travail sur les formes : on apprend la forme carrée, la forme ronde, la forme triangulaire... et ce dès la petite section. Cet apprentissage s'appuie sur la manipulation de jetons (forme ronde) ou d'autres formes découpées suffisamment planes pour éviter les confusions ;
- avoir découvert les solides lors de manipulations diverses et notamment des boules, des cubes, des cylindres ;
- être capable de dire que la boule est ronde, que le cube laisse des empreintes carrées et, dans l'autre sens, que ce sont des carrés et des rectangles qui permettent de construire un pavé... sans nécessairement avoir mémorisé tous les noms.

CONSEIL DU FORMATEUR

À l'école maternelle et au début du cycle 2, le « sac à formes » ou la « boite à toucher » sont également des vecteurs d'apprentissage intéressants, car ils permettent l'exploration tactile des solides et la découverte de leurs propriétés : le nombre de faces, les faces planes, les faces arrondies, les angles...

❺ Les attendus de fin de cycle 2 qui correspondent à cette situation d'apprentissage sont :
- reconnaitre, nommer, décrire, reproduire quelques solides ;

- reconnaitre, nommer, décrire, reproduire, construire quelques figures géométriques ;
- reconnaitre et utiliser les notions d'alignement, d'angle droit, d'égalité de longueurs, de milieu, de symétrie.

❻ **Piste de leçon.** Cet exercice est plus pertinent dans le cadre d'un **réinvestissement**.

En maternelle, les enfants auront déjà découvert ces solides de manière perceptive en les observant et en les manipulant. Des situations de tri et de classement d'objets ont déjà été menées pour catégoriser les objets en fonction de leurs caractéristiques (exemple : ceux qui roulent/ceux qui ne roulent pas).

Au cycle 2, les objets de la vie quotidienne sont un point de départ de l'apprentissage motivant. Dans la situation proposée, les élèves pourront observer différentes boites qu'ils utilisent au quotidien : boites de lait, boite de mouchoirs, canettes de soda, dé, chapeau pointu, boite à chaussures, petite balle... mais sans pouvoir les manipuler.

❼ **Remédiations possibles** : repasser par la manipulation de solides différents pour se réapproprier les caractéristiques qui les définissent ; soutenir l'élève par la verbalisation (étayage de l'enseignant), effectuer des exercices de tri, de classement, de reconnaissance tactile...

❽ **Piste de trace écrite.** La création d'un jeu de cartes (jeu du portrait ou jeu de devinettes) construit avec les élèves peut faire l'objet d'un outil référent reprenant les caractéristiques des solides.

Exemple d'une carte recto verso

J'AI :

12 arêtes
8 sommets
6 faces carrées

QUI SUIS-JE ?

Recto

LE CUBE

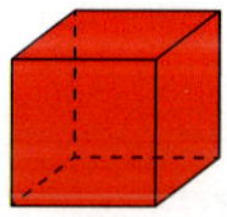

Verso

Proposition de trace écrite que l'on pourrait utiliser comme outil référent (affichage) en fin de cycle 2 (CE2)

Connaître le nom et les propriétés de quelques solides

- Les solides dont les faces sont des carrés ou des rectangles :

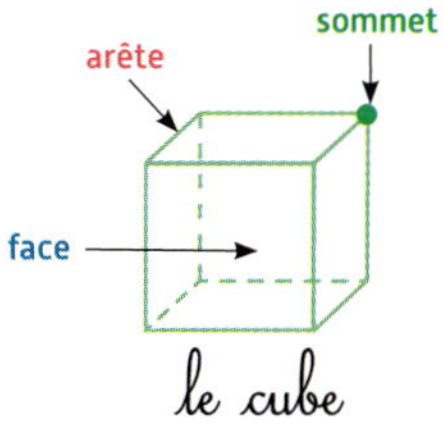

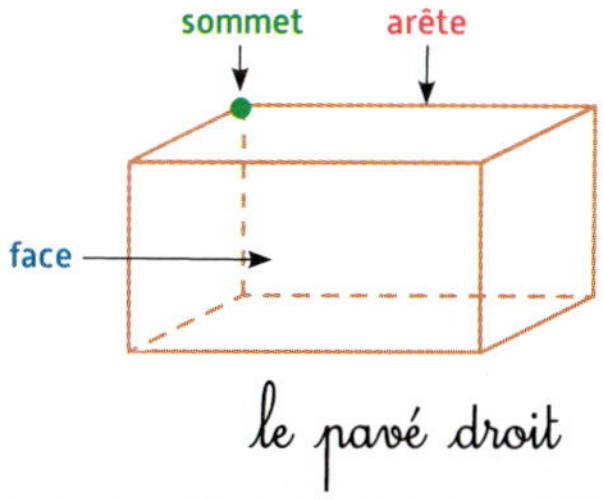

PARTIE 3
Grandeurs et mesures

11 Grandeurs, grandeurs de la géométrie et formules de mesures

AUTOÉVALUATION

Pour chaque question, il peut y avoir plusieurs bonnes réponses.

❶ 4 120 389,2 dm^2 valent :

☐ **a.** 412,03892 a
☐ **b.** 4 120,3892 m^2
☐ **c.** environ 4 ha
☐ **d.** environ 41 dam^2

❷ L'aire d'un triangle est 27 cm^2. La longueur d'un de ses côtés est 9 cm. La hauteur correspondant à ce côté est :

☐ **a.** 3 cm
☐ **b.** 13,5 cm
☐ **c.** 6 cm
☐ **d.** Il manque une donnée pour répondre.

❸ En 2013, à Alès, il est tombé 1 673 mm d'eau par m^2.
Sur une surface de 100 m^2, cela représente :

☐ **a.** 1,673 t
☐ **b.** 16 730 kg
☐ **c.** 167,3 t
☐ **d.** 16,73 t

❹ Quand on augmente le périmètre d'un rectangle, alors :

☐ **a.** l'aire de ce rectangle augmente
☐ **b.** l'aire de ce rectangle diminue
☐ **c.** l'aire de ce rectangle peut rester la même
☐ **d.** On ne peut pas savoir comment varie l'aire de ce rectangle.

❺ On considère un carré ABCD de côté *c*, ainsi que les cercles inscrit (1) et circonscrit (2) à ce carré. Alors :

☐ **a.** Aire disque (2) = 2 Aire disque (1)
☐ **b.** Aire disque (2) = $\sqrt{2}$ Aire disque (1)
☐ **c.** Aire disque (2) = 1,5 Aire disque (1)
☐ **d.** Aire disque (2) = π Aire disque (1)

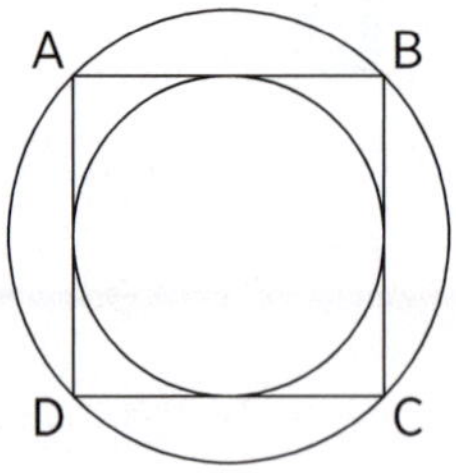

❻ On considère les affirmations suivantes.

A. Un robinet qui permet de remplir un récipient de 125 litres en 2 minutes et 30 secondes a un débit de 3 mètres cube par heure.

B. On augmente de 50 % la longueur *L* d'un pavé droit, on double sa hauteur *h* et on conserve sa largeur *l*, alors le volume *V* de ce pavé droit est multiplié par 4.

C. On considère la figure ci-contre dans laquelle le quadrilatère BADC est un trapèze rectangle : le triangle ABD a la même aire que le triangle ABC.

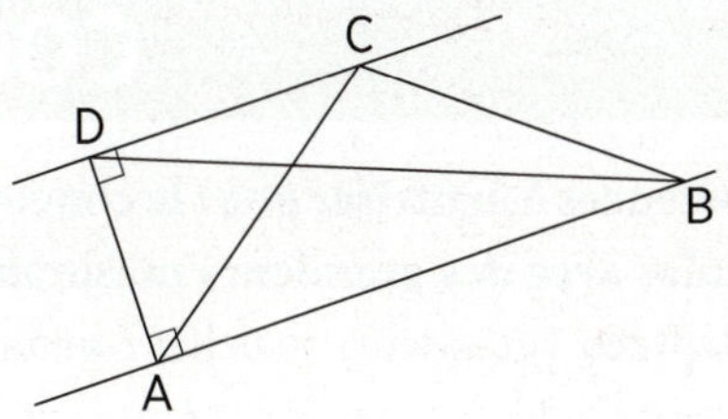

Le nombre d'affirmations exactes est :

□ **a.** 0
□ **b.** 1
□ **c.** 2
□ **d.** 3

CONSEILS

▸ Les grandeurs sont des caractéristiques associées à des objets géométriques ou physiques, et les mesures sont des nombres associés à ces grandeurs. La question 3 met en jeu des masses et le dernier exercice un débit, qui est une grandeur composée.

▸ Pour les grandeurs de la géométrie, certaines formules apprises par cœur permettent de gagner du temps dans certains exercices (expression de la longueur de la diagonale d'un carré en fonction de la longueur de son côté, ou de la hauteur d'un triangle équilatéral en fonction de celle de son côté). Beaucoup de formules d'aires se déduisent de celles du rectangle et du triangle, la décomposition des figures concernées est présentée dans le cours. Il n'y a pas de lien entre le périmètre et l'aire d'une figure plane donnée, ce qui est l'objet de la question 4 de ce QCM, dont la correction présente différents cas. De même, on peut montrer qu'il existe des rectangles de même périmètre et d'aires différentes ($L = 20$; $l = 10$ et $L = 16$; $l = 14$) : voir aussi l'exercice 6 des exercices d'entrainement en fin de chapitre.

CORRIGÉS

1 **a.** et **c.**

2 **c.** Aire = $\frac{\text{côté} \times \text{hauteur}}{2}$. Soit $27 = \frac{9 \times h}{2}$, $9h = 54$ et $h = 6$.

3 **c.** 1 673 mm = 1,673 m. Volume d'eau sur la surface donnée : $100 \times 1{,}673$ m^3.
Soit $V = 167{,}3$ m^3, ce qui correspond à 167,3 t.

4 **c.** et **d.**

	Rectangle 1 initial	Rectangle 2	Rectangle 3	Rectangle 5
L	10	16	20	11
l	8	5	1	9
P	36	42	42	40
A	80	80	20	99

5 **a.** Le rayon du disque inscrit (1) est $\frac{c}{2}$ et celui du cercle circonscrit (2) est $\frac{c\sqrt{2}}{2}$.

Donc Aire disque (1) = $\pi\frac{c^2}{4}$. Aire disque (2) = $\pi \times \frac{c^2}{2}$

Soit Aire disque (2) = 2 Aire disque (1)

6 **c.** Affirmation A : $\frac{125 \times 60}{2{,}5} = 3\,000$ L, le débit est 3 m^3/h.

Affirmation B : $V_{\text{initial}} = L \times l \times h$, donc $V_{\text{final}} = 1{,}5L \times l \times 2h = 3V_{\text{initial}}$.

Affirmation C : Les deux triangles ont la même hauteur [AD] relativement au côté [AB].

COURS

Compétences à maitriser pour le concours :

• **Calculer avec des grandeurs mesurables ; exprimer les résultats dans les unités adaptées** (grandeurs usuelles : géométrie, physique ou vie courante, mesures agraires ; grandeurs composées (produit et quotient) ; formules usuelles : longueurs, périmètres, aires, volumes, correspondance volume-capacité).

1 Définitions

- Une **grandeur** est un **caractère quantitatif** associé à un objet.

  On distingue deux types de grandeurs :

  – les grandeurs **discontinues** ou **discrètes**. Pour les quantifier, on a recours au comptage. En général, le résultat obtenu est un nombre entier, mais il peut parfois être décimal ;

EXEMPLE

Le nombre de faces d'un cube est une grandeur discrète : le cube possède 6 faces.

– les grandeurs **continues**. Le recours au comptage est alors impossible.

EXEMPLE

La longueur d'une arête d'un cube est une grandeur continue.

Dans ce cas, on examine le nombre de fois qu'une grandeur unitaire (appelée grandeur étalon) de la même nature y est contenue. Le nombre de fois que la grandeur unitaire est contenue dans l'objet s'appelle la **mesure** de cette grandeur.

Dans la pratique, c'est-à-dire lorsque l'on réalise effectivement ces reports ou lorsque l'on utilise un instrument de mesure, le résultat est un nombre le plus souvent décimal, parfois entier.

Mais l'utilisation d'un instrument de mesure n'est pas toujours possible.

EXEMPLE

Il n'existe pas d'instrument de mesure de l'aire d'une surface, ou du volume d'un solide.

Dans ces cas, on a recours à un calcul à l'aide d'une formule.

EXEMPLE

La diagonale d'un carré dont le côté mesure 1 cm a pour longueur $\sqrt{2}$ cm (théorème de Pythagore), qui est un nombre irrationnel. Si on pose une règle graduée pour mesurer la longueur de cette diagonale, on lit 1,4 cm, qui est un nombre décimal. Ce nombre décimal est une valeur approchée de la longueur exacte de la diagonale.

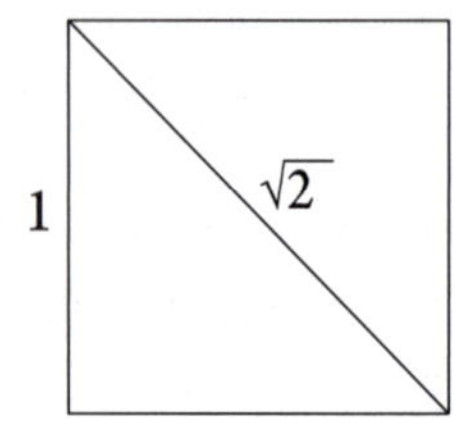

- Une **mesure** est donc un **nombre sans unité** qui exprime le rapport entre la grandeur considérée de l'objet et l'unité choisie.

EXEMPLE
Dire que la longueur de l'arête est 23 cm, c'est dire que la mesure de la longueur en centimètre de l'arête est 23.

- En résumé, à tout objet, on peut associer une grandeur et une mesure.

EXEMPLE

Objet	Grandeur discrète associée	Dénombrement de cette grandeur
Cube	Nombre d'arêtes	12
Objet	**Grandeur continue associée**	**Mesure de cette grandeur**
Cube	Longueur de l'arête	En cm : 23 (mesuré avec une règle) En m : 0,23
	Masse	En g : 72 (mesuré à l'aide d'une balance)
	Volume	En cm^3 : 12 167 (calculé à l'aide d'une formule)

2 Grandeurs usuelles

A. Grandeurs de la géométrie

Grandeur	Unité	Symbole	Exemple
Longueur	Mètre	m	45,3 m
Aire	Mètre carré	m^2	7 m^2
Volume	Mètre cube	m^3	48,3 m^3
Angle	Degré	°	68°

B. Grandeurs de la physique ou de la vie courante

Grandeur	Unité	Symbole	Exemple
Capacité	Litre	L	15,4 L
Masse	Kilogramme	kg	753 kg
Temps	Seconde	s	29 s
Monnaie	Euro	€	25 €
Température	Degré Celsius	°C	18 °C

C. Unités de mesures agraires

- Le passage d'une unité d'aire à la suivante se fait à l'aide de 2 chiffres. En effet, par exemple, l'aire d'un carré de 1 m de côté est 1 m × 1 m = 1 m^2, ce qui donne en dm^2 : 10 dm × 10 dm = 100 dm^2. Donc 1 m^2 = 100 dm^2.
- Les unités de mesures agraires sont utilisées pour mesurer des terrains.
  Ce sont l'**hectare** (ha), l'**are** (a) et le **centiare** (ca).
  Un hectare est l'aire d'un carré de 100 m de côté : **1 ha = 10 000 m^2**.
  Elle correspond en gros à l'aire d'un terrain de football.
  Un are est l'aire d'un carré de 10 m de côté : **1 a = 100 m^2**.

Elle correspond à l'aire de base d'une maison moyenne ou d'un potager familial.
Un centiare est l'aire d'un carré de 1 m de côté : **1 ca = 1 m²**.

- **Conversions** : 1 ha = 100 a = 1 hm² et 1 a = 100 ca.

EXEMPLE

km²		hm²		dam²		m²		dm²		cm²		mm²	
		ha		a		ca							
	1	2	3	4									
			4	5	6								
		7	8	9									
					2								

123,4 ha = 12 340 a = 123 400 000 dm² ; 456 dam² = 45 600 m²;
78,9 hm² = 7 890 dam² = 0,789 km² ; 2 a = 20 000 dm² = 0,02 hm²

En pratique, les cases vides contiennent des 0 et la virgule se place sur la ligne verticale en gras.

D. Volumes et capacités

- L'unité de volume est le mètre cube, symbole m³, et l'unité de capacité est le litre, symbole L.

  Par définition, **1 L = 1 dm³**.

- Le passage d'une unité à la suivante se fait à l'aide de 3 chiffres. En effet, par exemple, le volume d'un cube de 1 m de côté est 1 m × 1 m × 1 m = 1 m³, ce qui donne en dm³ :

  10 dm × 10 dm × 10 dm = 1 000 dm³. Donc 1 m³ = 1 000 dm³.

EXEMPLES

km³			hm³			dam³			m³			dm³			cm³			mm³		
												hL	daL	L	dL	cL	mL			
0	0	0	0	0	0	0	0	0	0	2	8	5	0	0	0	0	0	0	0	0
												4	2	9						
															7					
														1	0	5	4			

Les cases vides contiennent des 0, comme présenté sur la première ligne.
28,5 m³ = 0,0285 dam³ = 28 500 dm³ = 2 850 daL ; 429 L = 0,429 m³ = 0,000429 dam³
7 dL = 0,7 dm³ = 700 mL ; 1 054 cm³ = 0,01054 hL = 0,001054 m³

E. Grandeurs composées

Les grandeurs composées sont des grandeurs qui s'expriment à l'aide de deux grandeurs simples (ou plus). Elles sont de deux types :

- les **grandeurs produit**, produit de deux (ou plus) grandeurs simples ;

EXEMPLES

L'aire d'une surface qui peut s'exprimer en m^2 ($1\ m^2 = 1\ m \times 1\ m$) ; le volume d'un solide qui peut s'exprimer en m^3 ($1\ m^3 = 1\ m \times 1m \times 1\ m$) ; l'énergie électrique, qui peut s'exprimer en kWh (1 kWh = 1 kW × 1 h)…

– les **grandeurs quotient**, quotient de deux grandeurs simples.

EXEMPLES

Nom	Définition	Unité usuelle
Vitesse	$\frac{\text{Distance parcourue}}{\text{Durée de parcours}}$	km/h ou m/s
Débit	$\frac{\text{Volume}}{\text{Durée}}$	L/min ou m^3/s
Densité de population	$\frac{\text{Nombre d'habitants}}{\text{Surface}}$	hab/km^2
Consommation de carburant	$\frac{\text{Volume de carburant consommé}}{\text{Distance parcourue}}$	L/100 km
Masse volumique	$\frac{\text{Masse}}{\text{Volume}}$	g/cm^3
Rendement d'un terrain	$\frac{\text{Masse de céréales}}{\text{Aire}}$	q/ha
Consommation d'un appareil électrique	$\frac{\text{Puissance électrique}}{\text{Durée}}$	kW/h

ZOOM

Le quintal, noté q, est utilisé principalement pour exprimer la mesure des rendements agricoles. Par définition : 1 q = 100 kg.

3 Formules usuelles

A. Longueurs, périmètres

a. Longueurs

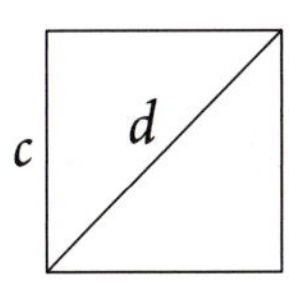

Carré

$d = c\sqrt{2}$

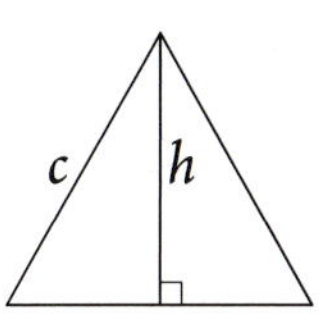

Triangle équilatéral

$h = \frac{c\sqrt{3}}{2}$

b. Périmètre

Le **périmètre** p d'une figure plane est la longueur de son « tour ».

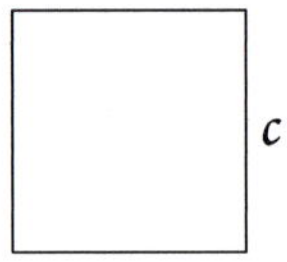

Carré
$p = 4c$

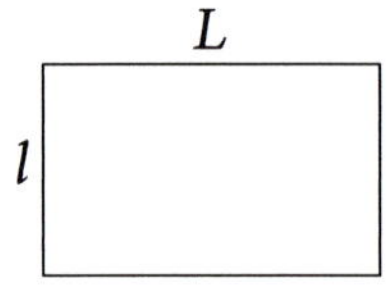

Rectangle
$p = 2(L + l)$

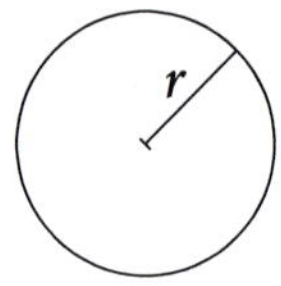

Cercle
$L = 2\pi r$

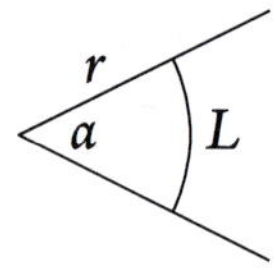

Arc
$L = \dfrac{2\pi r \times \alpha}{360}$ (α en degrés)

B. Aires

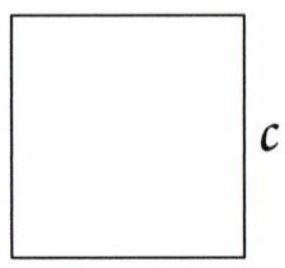

Carré
$\mathcal{A} = c^2$

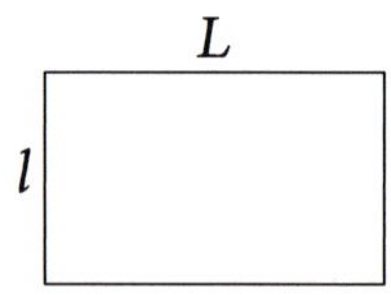

Rectangle
$\mathcal{A} = L \times l$

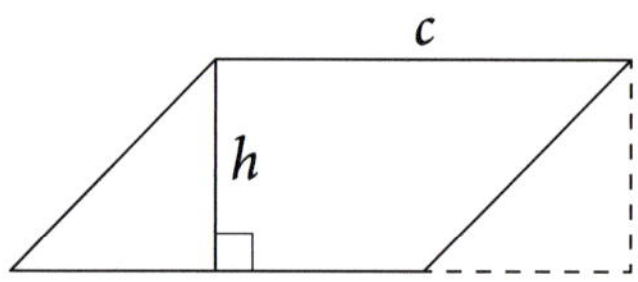

Parallélogramme
$\mathcal{A} = c \times h$

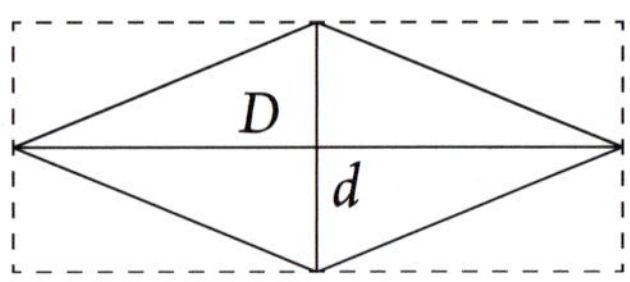

Losange
$\mathcal{A} = \dfrac{D \times d}{2}$

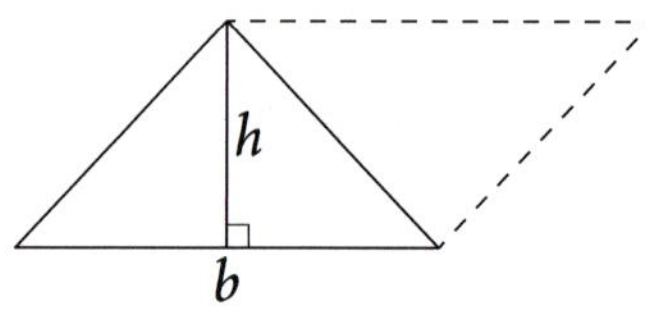

Triangle
$\mathcal{A} = \dfrac{b \times h}{2}$

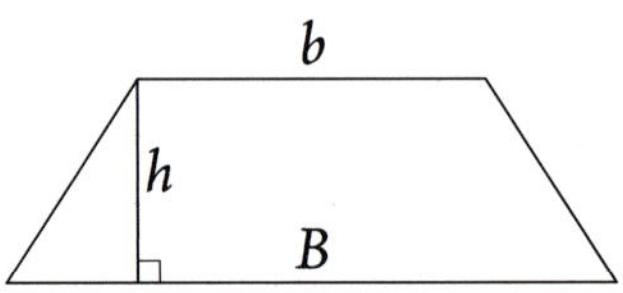

Trapèze
$\mathcal{A} = \dfrac{(B + b) \times h}{2}$

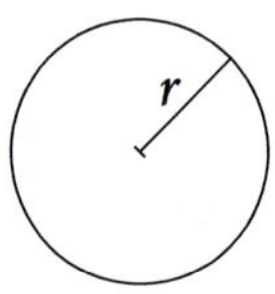

Disque
$\mathcal{A} = \pi \times r^2$

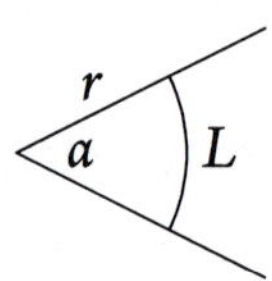

Secteur circulaire
$\mathcal{A} = \dfrac{\pi r^2 \times \alpha}{360}$ (α en degrés)

APPLICATION 1

Déterminer la mesure de l'aire des figures tramées ci-dessous.
Les dessins ne sont pas à l'échelle, les dimensions sont en mètres.
Les « cadres » des figures 1 et 2 sont des rectangles, celui de la figure 3 est un triangle rectangle isocèle.

→ Corrigé p. 261

APPLICATION 2

On considère un pentagone convexe ABCDE tel que $\widehat{ABC} = \widehat{BCD} = \widehat{DEA} = 90°$.
On pose AB = x ; BC = y ; CD = z ; DE = u et EA = v.

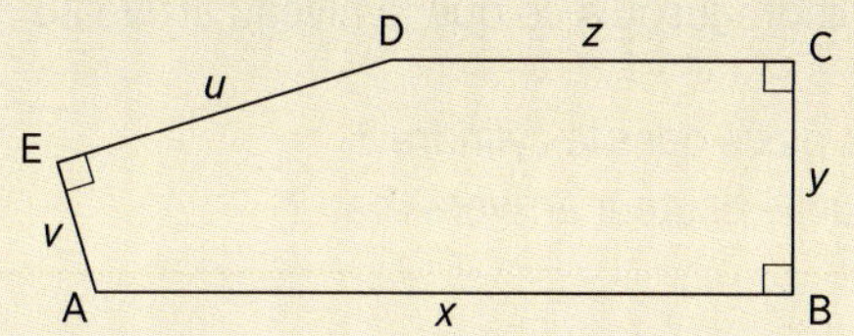

Montrer que l'aire S de ce pentagone peut s'écrire $S = \dfrac{xy + yz + uv}{2}$.

→Corrigé p. 261

C. Volumes

a. Polyèdres droits et cylindre droit

$$V = \text{Aire de la surface de base} \times \text{Hauteur}$$

Cas particuliers :

Cube : $V = c^2 \times c = c^3$
Pavé droit : $V = L \times l \times h$
Cylindre : $V = \pi \times r^2 \times h$

b. Pyramide et cône

$$V = \frac{\text{Aire de la surface de base} \times \text{Hauteur}}{3}$$

Cas particuliers :

Pyramide à base rectangulaire : $V = \dfrac{L \times l \times h}{3}$

Cône : $V = \dfrac{\pi r^2 \times h}{3}$

c. Boule

$$V = \frac{4\pi r^3}{3}$$

Grandeurs et mesures

APPLICATION 3

On place une sphère dans un cylindre de 4 cm de diamètre, le diamètre de la sphère étant égal à celui du cylindre.
On verse de l'eau dans le cylindre jusqu'à ce que le niveau arrive au sommet de la sphère.

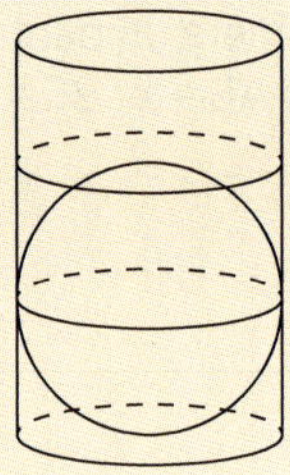

❶ Quel volume d'eau a-t-on placé dans le cylindre ?

❷ Si on retire la sphère, à quelle hauteur arrivera l'eau ?

→Corrigé p. 261

APPLICATION 4

On se propose de fabriquer un cylindre en roulant une feuille de carton rectangulaire dont les dimensions sont 21 cm de largeur et 30 cm de longueur.
Il existe deux façons de rouler la feuille pour obtenir un cylindre.
Tous les résultats seront arrondis au cm^3 près ou au cm^2 près.

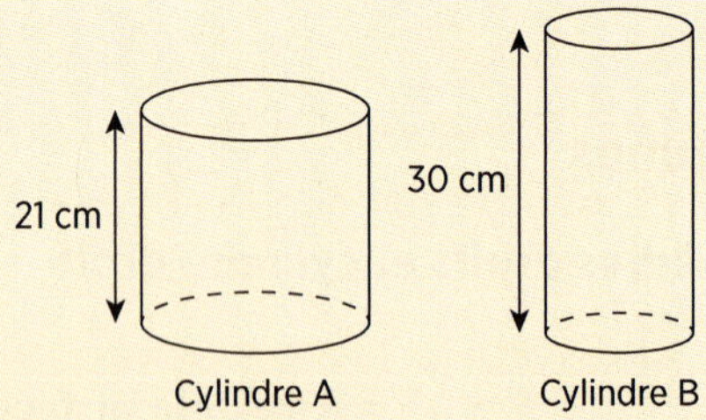

❶ **a.** Quel est le périmètre de la base du cylindre A ?
b. Calculer, en cm^3, le volume du cylindre A.

❷ Calculer de la même façon le volume du cylindre B.
Quel cylindre a le plus grand volume ?

❸ Calculer l'aire latérale de chaque cylindre.

→Corrigé p. 261

CORRIGÉS

APPLICATION 1

L'aire, en m^2, de ces figures est :

Figure 1 : $20 \times 100 = 2\,000$

Figure 2 : $(35 + 15)(15 + 20) - \left(\frac{10 \times 15}{2} + \frac{20 \times 15}{2} + \frac{35 \times 40}{2}\right) = 825$

Figure 3 : $\frac{1}{4}\pi \times 5^2 - \frac{1}{2}\pi \times 2{,}5^2 = 3{,}125\pi$

APPLICATION 2

Aire (ABCDE) = Aire (BCDH) + Aire (ADH) + Aire (AED)

Aire (ABCDE) $= yz + \frac{(x - z) \times y}{2} + \frac{u \times v}{2} = \frac{xy + yz + uv}{2}$

APPLICATION 3

❶ Volume d'eau : $\pi \times 2^2 \times 4 - \frac{4}{3}\pi \times 2^3 = \frac{16}{3}\pi$ (environ 16,75 cm^3)

❷ $V = \pi R^2 h$, soit $\frac{16}{3}\pi = 4\pi h$, ce qui donne $h = \frac{4}{3}$ (environ 1,33 cm)

APPLICATION 4

❶ **a.** Le périmètre p de la base du cylindre A est 30 cm.

b. Comme $p = 2\pi R$, donc $R = \frac{30}{2\pi} = \frac{15}{\pi}$.

Donc V(cylindre A) $= \pi \times \left(\frac{15}{\pi}\right)^2 \times 21$ soit V(cylindre A) $\approx 1\,505$ cm^3.

❷ Le périmètre p' de la base du cylindre B est 21 cm.

Comme $p' = 2\pi R$, donc $R = \frac{21}{2\pi}$.

Donc V(cylindre B) $= \pi \times \left(\frac{21}{2\pi}\right)^2 \times 30$ soit V(cylindre B) $\approx 1\,053$ cm^3.

Le cylindre A a le plus grand volume.

❸ Les deux cylindres ont la même aire latérale, qui est l'aire de la surface enroulée, et qui vaut 21 cm × 30 cm = 630 cm^2. Il n'y a donc pas de lien entre l'aire latérale d'un cylindre et son volume.

ENTRAINEMENT

EXERCICE 1 — 20 min.

Soit un rectangle ABCD.
On note F le milieu du segment [CD], E le milieu de [AD] et G l'intersection des droites (EC) et (FB).

❶ Faire un dessin.

❷ Démontrer que l'aire du triangle DEC est le quart de l'aire du rectangle ABCD.

❸ Démontrer que l'aire du quadrilatère EDFG est égale à celle du triangle BCG.

EXERCICE 2 — 20 min.

Sur la figure ci-contre, les points A, B et C sont les centres de trois cercles, de même rayon, ayant un point commun deux à deux.
Soit r le rayon de ces cercles.
Calculer, en fonction de r, l'aire de la partie (P) intérieure au triangle et située à l'extérieur de chacun des trois cercles.

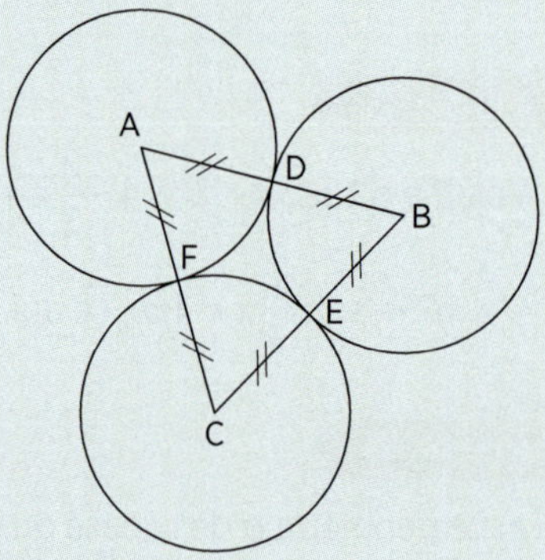

EXERCICE 3 — 15 min.

En accolant 3 rectangles superposables numérotés (1), (2) et (3) comme indiqué sur la figure ci-contre, on obtient un rectangle ABCD dont le périmètre est égal à 55 cm.

❶ Calculer l'aire du rectangle (1).

❷ Calculer l'aire du rectangle ABCD.

❸ Le périmètre du rectangle (1) est égal à un certain pourcentage du périmètre du rectangle ABCD. Calculer ce pourcentage.

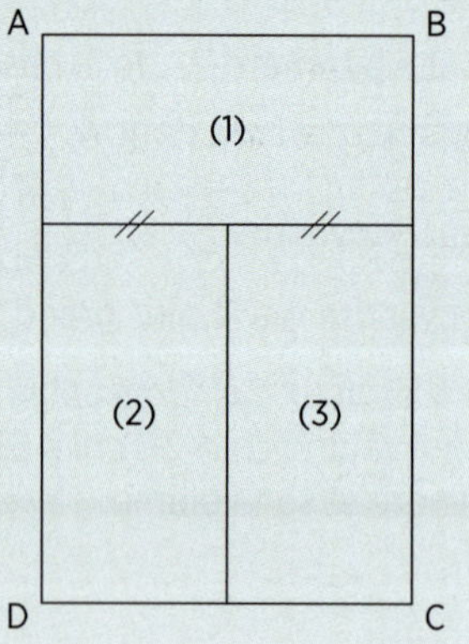

EXERCICE 4 — 25 min.

Une statuette métallique a une masse de 340 g. On dispose d'un vase, dont la masse est 500 g. On remplit à ras bord le vase d'eau, l'ensemble pèse 2 300 g. Si on immerge la statue dans le vase plein, on trouve après débordement que le vase pèse 2 600 g.

❶ Calculer le volume de la statue.

❷ Calculer la masse volumique de la statue en g/cm^3, puis en kg/L.

❸ On vide le vase de l'eau et de la statue, puis on le remplit à ras bord d'un nouveau liquide. L'ensemble pèse 1 940 g. Quelle est la masse volumique de ce liquide ?

EXERCICE 5 — 25 min.

Je dispose d'une quantité d'un minerai A qui pèse 11 kg et dont le volume est de 2,5 dm^3. Je dispose aussi d'un minerai B dont la densité est de 8 (c'est-à-dire qu'il pèse 8 kg par dm^3).

❶ Quelle est la densité du minerai A ?

❷ Je voudrais fabriquer un mélange de ces deux minerais pour obtenir un minerai C dont la densité soit égale à 7. Je voudrais fabriquer aussi la plus grosse quantité possible de minerai C et vais donc utiliser les 11 kg de minerai A.

a. Trouver la masse de minerai B que je vais utiliser.

b. Si je ne voulais utiliser que 6,6 kg du minerai A pour obtenir un mélange C dont la densité soit encore égale à 7, quelle quantité de minerai B devrais-je utiliser ?

EXERCICE 6 — 45 min.

Dans ce problème, on s'intéresse à différentes méthodes de calcul ou d'estimation de l'aire de certains quadrilatères.

A. Chez les Mayas

Les civilisations anciennes utilisaient divers procédés pour estimer les aires des champs. Les Mayas, par exemple, estimaient l'aire d'un quadrilatère en calculant le demi-produit des longueurs des diagonales.

$$\text{Aire} \approx \frac{D \times d}{2}$$

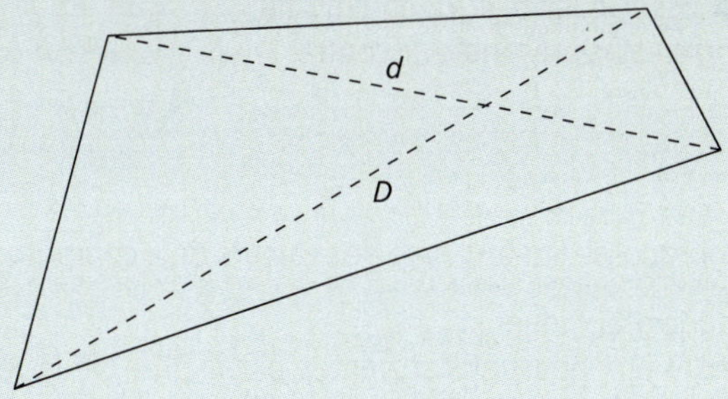

❶ Justifier que cette estimation Maya donne la valeur exacte de l'aire d'un carré de côté a.

❷ On considère un rectangle de longueur 4 cm et de largeur 3 cm.
La formule Maya donne-t-elle la valeur exacte de l'aire de ce rectangle ?

B. Chez les Indiens

On dit qu'un quadrilatère est inscriptible dans un cercle si ses quatre sommets sont des points de ce cercle. C'est le cas du quadrilatère ci-contre.

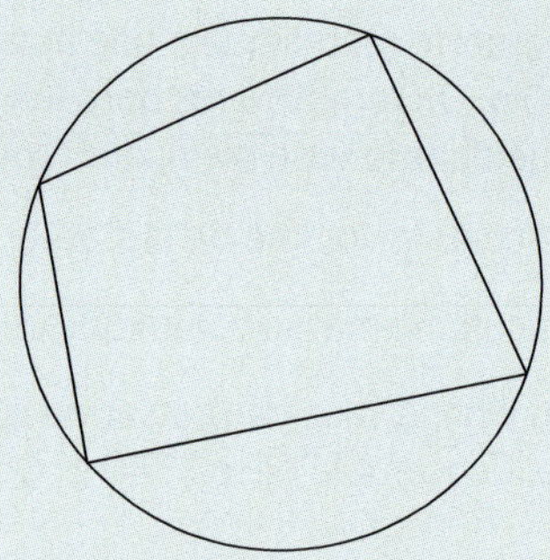

Brahmagupta, mathématicien indien du VIIe siècle, a établi une formule donnant l'aire d'un tel quadrilatère lorsqu'il est non croisé :

$S = \sqrt{(p - a)(p - b)(p - c)(p - d)}$

où a, b, c et d sont les longueurs des côtés du quadrilatère et p est son demi-périmètre.

❶ Étude d'une configuration particulière

a. Construire un cercle Γ et deux points A et C diamétralement opposés sur ce cercle. Placer un point B sur le cercle Γ distinct des points A et C. Construire le point D, symétrique du point B par rapport à la droite (AC). Laisser apparents les traits de construction.

b. Justifier que le quadrilatère ABCD est inscriptible dans le cercle Γ.

c. Exprimer l'aire du quadrilatère ABCD en fonction des longueurs AB et BC en utilisant la formule de Brahmagupta. On admettra que le quadrilatère ABCD est non croisé.

❷ Étude d'une autre configuration particulière : le rectangle

a. Justifier qu'un rectangle est inscriptible dans un cercle.

b. À l'aide de la formule de Brahmagupta, retrouver l'expression usuelle de l'aire d'un rectangle de longueur et de largeur.

C. À l'ère du tableur

On s'intéresse à l'aire des rectangles dont le périmètre est 14 cm.
On note x la mesure, en cm, d'un des côtés d'un tel rectangle. La fonction A qui à x associe l'aire $A(x)$, en cm^2, du rectangle est représentée ci-contre.

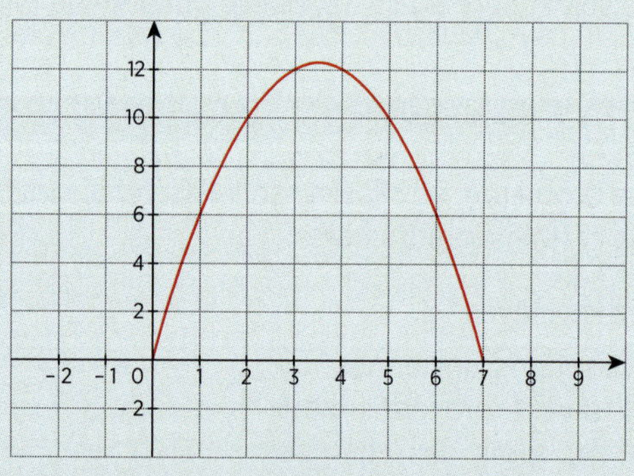

❶ Pourquoi se limite-t-on à des valeurs de x comprises entre 0 et 7 ?

❷ Étude graphique
Répondre aux questions suivantes par lecture de la représentation graphique de la fonction A.

a. Quelles sont les dimensions d'un rectangle de périmètre 14 cm et d'aire 10 cm^2 ?

b. Encadrer par deux nombres entiers consécutifs la valeur de x pour laquelle l'aire du rectangle semble maximale.

c. Encadrer par deux nombres entiers consécutifs la valeur de l'aire maximale du rectangle.

❸ Poursuite de l'étude à l'aide d'un tableur

	A	B	C	D	E	F	G	H	I	J	K	L
1	x	3	3,1	3,2	3,3	3,4	3,5	3,6	3,7	3,8	3,9	4
2	$A(x)$	12	12,09	12,16	12,21	12,24	12,25	12,24	12,21	12,16	12,09	12

a. Proposer une formule qui, entrée dans la cellule B2 et recopiée vers la droite, a permis d'obtenir les valeurs de $A(x)$ sur la ligne 2.

b. À partir du tableau ci-dessus, améliorer l'encadrement de la valeur de x obtenu par lecture graphique à la question 2. b.
Donner alors une estimation de la valeur de l'aire maximale.

❹ Détermination des valeurs exactes

a. Justifier que pour tout x de l'intervalle [0 ; 7], on a $A(x) = \frac{49}{4} - \left(x - \frac{7}{2}\right)^2$.

b. Pour quelle valeur de x l'aire $A(x)$ est-elle maximale ? Justifier.
Quelle est la valeur maximale de $A(x)$?

c. Que peut-on dire du rectangle de périmètre 14 cm et d'aire maximale ?

VERS L'ORAL

EXERCICE 7

À partir de la séquence suivante, répondre aux questions ci-après.

Séquence « Explorer les longueurs »
Chaque enfant va construire une tour avec des petits cubes et va ensuite mesurer sa tour à l'aide d'une bande découpée dans du carton. Les enfants compareront les tours pour les ranger de la plus grande à la plus petite.

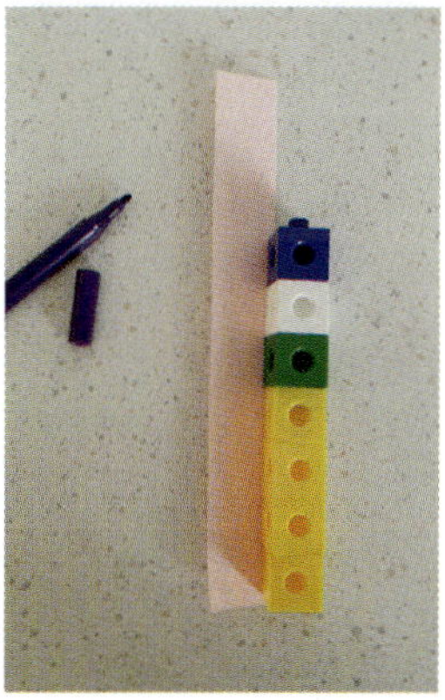

❶ Remettre dans l'ordre les 3 séances suivantes de la séquence « Explorer les longueurs » pour garantir la progressivité des apprentissages.
A) Ranger quatre tours selon leur longueur.
B) Construire une tour plus grande ou plus petite qu'une tour témoin.
C) Construire une tour plus grande ou plus petite que soi.

❷ Pour chacune des situations suivantes, quelle est la modalité de comparaison des longueurs : directe ou indirecte ?

Situations	Modalités de comparaison
Dans la salle de motricité, avec des gros cubes, l'enfant doit construire une tour plus grande ou plus petite que lui.	
L'enfant dispose d'une tour de référence. Il doit construire une tour plus petite ou plus grande que cette tour de référence.	
Situation en groupes de 4 enfants. Chaque enfant va construire une tour avec des petits cubes et va ensuite mesurer sa tour à l'aide d'une bande découpée dans du carton. Les enfants compareront les tours pour les ranger de la plus grande à la plus petite en les posant debout sur une table (même origine).	

❸ Quel est l'objectif d'apprentissage ?

❹ Quelle est la compétence visée ?

❺ Quels sont les prérequis à cette activité ?

❻ Pour quelle phase de la leçon cet exercice est-il le plus pertinent ? Justifier la réponse.
Phases : découverte – apprentissage – consolidation – réinvestissement – évaluation – remédiation – transfert

CORRIGÉS

EXERCICE 1

❶

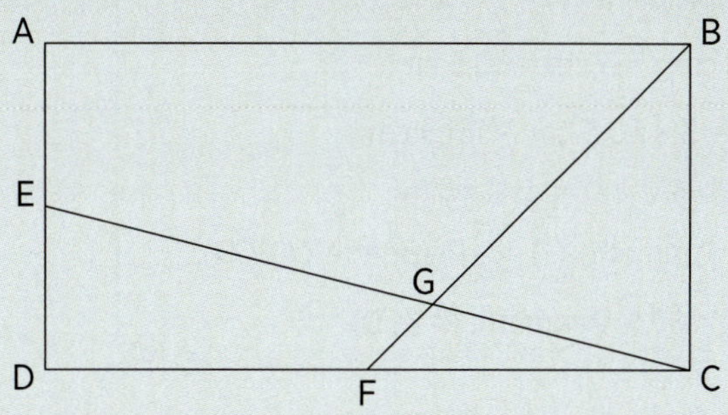

❷ Aire (DEC) = $\dfrac{DE \times DC}{2} = \dfrac{\frac{1}{2}AD \times DC}{2}$ et donc Aire (DEC) = $\dfrac{1}{4}$AD × DC

c'est-à-dire Aire (DEC) = $\dfrac{1}{4}$Aire (ABCD).

❸ Aire (EDFG) = Aire (ECD) – Aire (CFG) = $\dfrac{1}{4}$Aire (ABCD) – Aire (CFG)

Aire (BCG) = Aire (BCF) – Aire (CFG)

Or Aire (BCF) = $\dfrac{BC \times BF}{2} = \dfrac{BC \times \frac{1}{2}CD}{2}$ et donc Aire (BCF) = $\dfrac{1}{4}$BC × CD

c'est-à-dire Aire (BCF) = $\dfrac{1}{4}$Aire (ABCD).

Finalement Aire (BCG) = $\dfrac{1}{4}$Aire (ABCD) – Aire (CFG)

c'est-à-dire que l'aire du quadrilatère EDFG est égale à celle du triangle BCG.

EXERCICE 2

L'aire de (P) est égale à la différence entre l'aire du triangle ABC et l'aire des trois secteurs circulaires AFD, BDE et CEF.

AC = AB et EC = EB, donc (AE) est la médiatrice de [BC], c'est donc aussi la hauteur du triangle ABC. On sait que la hauteur d'un triangle équilatéral vaut $\dfrac{\text{côté} \times \sqrt{3}}{2}$.

Par conséquent, Aire (ABC) = $\dfrac{BC \times AE}{2}$ soit $\dfrac{2r \times \frac{2r\sqrt{3}}{2}}{2} = r^2\sqrt{3}$.

Les trois secteurs ont la même aire.

Puisque ABC est équilatéral : $\widehat{A} = 60°$

Aire (secteur ADF) = $\dfrac{\pi r^2 \times 60}{360} = \dfrac{\pi r^2}{6}$

Donc Aire (P) = $r^2\sqrt{3} - 3 \times \dfrac{\pi r^2}{6} = \left(\sqrt{3} - \dfrac{\pi}{2}\right)r^2$.

EXERCICE 3

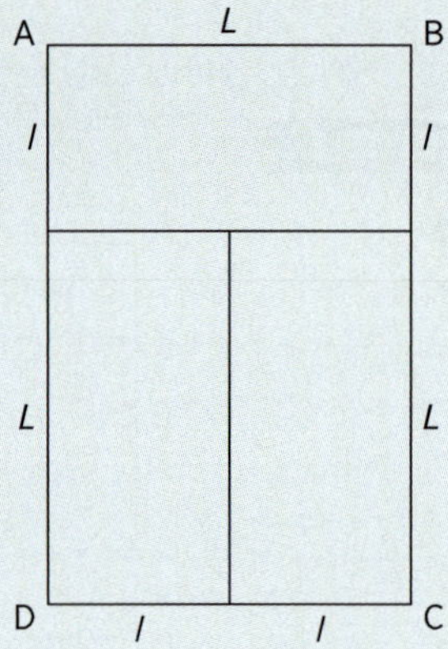

❶ En appelant L la longueur du rectangle (1) et l sa largeur, il vient $L = 2l$.
D'où $5L = 55$ et donc $L = 11$ et $l = \frac{11}{2} = 5{,}5$.
Donc Aire (1) = 11 cm × 5,5 cm = 60,5 cm^2.

❷ Aire (ABCD) = 3 × 60,5 cm^2 = 181,5 cm^2.

❸ Périmètre (1) = 2 × (11 + 5,5) = 33 cm.
Par conséquent, Périmètre (1) = $\frac{3}{5}$Périmètre (ABCD),
soit Périmètre (1) = 60 % Périmètre (ABCD).

EXERCICE 4

❶ On schématise la situation proposée.

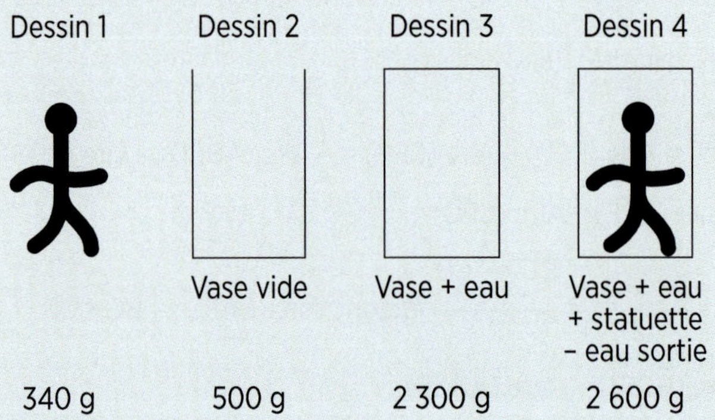

En comparant les dessins 1, 3 et 4, on a donc :
masse d'eau sortie : 2 300 + 340 – 2 600 = 40 g.
40 g d'eau occupent un volume de 40 cm^3.
Donc la statuette a un volume de 40 cm^3.

CONSEIL

On connait la correspondance entre volume d'eau et masse d'eau.
Par définition, 1 dm^3 d'eau pèse 1 kg. Or 1 dm^3 = 1 000 cm^3 et 1 kg = 1 000 g.
Donc 1 000 cm^3 d'eau pèsent 1 000 g, et, par conséquent, 1 cm^3 d'eau pèse 1 g.

❷ Masse volumique de la statuette : $\frac{M}{V} = \frac{340}{40}$, soit encore $\frac{M}{V} = 8{,}5$ g/cm^3
Comme 1 000 g = 1 kg et 1 000 cm^3 = 1 dm^3 = 1 L, on a donc $\frac{M}{V} = 8{,}5$ kg/L.

❸ Masse de liquide : 1 940 – 500 = 1 440 g.
Le volume de liquide correspond au volume du vase, qui correspond au volume d'eau de la première expérience.
On sait de plus que 1 g d'eau occupe un volume de 1 cm^3.
Masse d'eau : 2 300 – 500 = 1 800 g
Volume d'eau : 1 800 cm^3
Donc la masse volumique du liquide est $\frac{M}{V} = \frac{1\,440}{1\,800}$ g/cm^3. Soit encore $\frac{M}{V} = 0{,}8$ g/cm^3.

EXERCICE 5

❶ Densité du minerai A : $\frac{11}{2,5} = 4,4$ kg/dm³.

❷ Par définition, $d = \frac{m}{V}$, donc on a $7 = \frac{11 + m_B}{2,5 + v_B}$ car $m_T = 11 + m_B$ et $v_T = 2,5 + v_B$.

Et donc $7 \times (2,5 + v_B) = 11 + m_B$.

Or $8 = \frac{m_B}{v_B}$ ce qui donne $m_B = 8 \times v_B$.

On a alors $7 \times (2,5 + v_B) = 11 + 8v_B$.

Soit $17,5 + 7\,v_B = 11 + 8v_B$.

Et donc $v_B = 6,5$ dm³.

Comme $m_B = 8 \times v_B$, donc $m_B = 52$ kg.

❸ Pour 11 kg de minerai A, il faut 52 kg de minerai B.

Donc, pour 6,6 kg de minerai A, il faut $\frac{52 \times 6,6}{11} = 31,2$ kg.

EXERCICE 6

A. Chez les Mayas

❶ Considérons le carré ABCD tel que AB = a. D'après le théorème de Pythagore dans le triangle ABC rectangle en B : $AC^2 = AB^2 + BC^2 = 2AB^2 = 2a^2$. Et comme les diagonales d'un carré ont la même longueur : AC = BD.

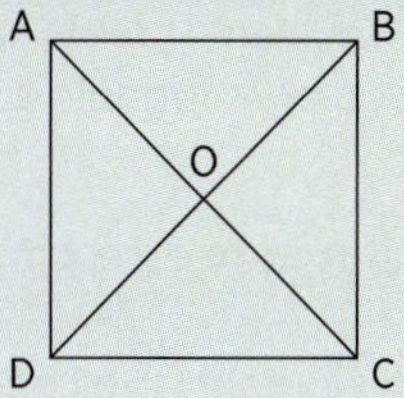

D'après la formule Maya :

Aire (ABCD) $= \frac{AC \times BD}{2} = \frac{AC^2}{2} = \frac{2a^2}{2} = a^2$.

L'estimation Maya donne donc la valeur exacte de l'aire d'un carré de côté a.

❷ L'aire de ce rectangle est 4 cm × 3 cm = 12 cm².

Chaque diagonale de ce rectangle a pour longueur 5 cm (longueur de l'hypoténuse d'un triangle rectangle dont les côtés de l'angle droit mesurent 3 cm et 4 cm calculée à l'aide du théorème de Pythagore). La formule Maya donne une aire égale à :

$\frac{5 \times 5}{2} = 12,5$ cm², ce qui n'est pas la valeur exacte de cette aire.

B. Chez les Indiens

❶

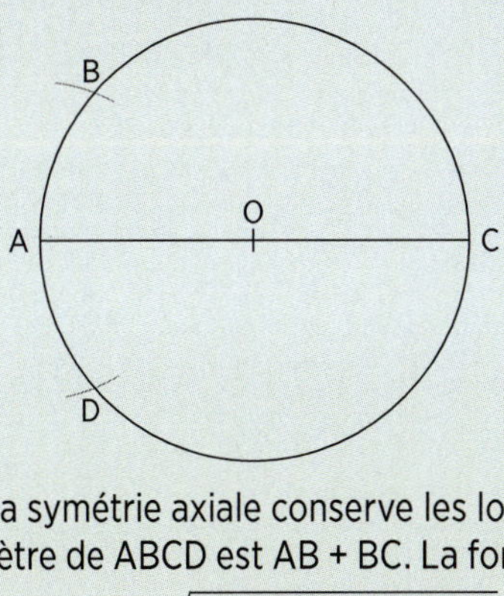

a. Dans la symétrie d'axe (AC), le cercle Γ a pour image lui-même. Comme B appartient au cercle Γ, son image appartient aussi au cercle, et AD = AB (conservation des longueurs) d'où la construction : D est l'intersection du cercle Γ avec l'arc de centre A et de rayon AB.

b. D'après ce qui précède, ABCD est inscriptible dans le cercle Γ.

c. La symétrie axiale conserve les longueurs, donc AB = AD et BC = CD. Le demi-périmètre de ABCD est AB + BC. La formule de Brahagupta donne :

Aire (ABCD) $= \sqrt{AB \times BC \times AB \times BC} = AB \times BC$

❷ **a.** Les diagonales d'un rectangle ont la même longueur et se coupent en leur milieu O, donc tout rectangle est inscriptible dans un cercle de centre O.

b. Le demi-périmètre d'un rectangle vaut $L + l$, la formule de Brahmagupta donne pour aire : $\sqrt{L \times l \times L \times l} = L \times l$.

C. À l'ère du tableur

❶ Une longueur étant positive, donc x est positif, et comme la longueur est comptée deux fois dans le périmètre d'un rectangle, celle-ci ne peut être supérieure à 7.

❷ **a.** La lecture graphique montre que les dimensions d'un tel rectangle sont $L = 5$ et $l = 2$.

b. L'aire semble maximale pour $3 < x < 4$.

c. Cette aire $A(x)$ vérifie $12 < A(x) < 13$.

❸ **a.** Formule : =B1*(7-B1)

b. On peut affirmer : $3{,}4 < x < 3{,}6$. La valeur maximale de $A(x)$ est supérieure ou égale à 12,25.

❹ **a.** $\frac{49}{4} - \left(x - \frac{7}{2}\right)^2 = \frac{49}{4} - \left(x^2 - 7x + \frac{49}{4}\right) = -x^2 + 7x = x(7 - x)$. Comme le périmètre du rectangle est 14, son demi-périmètre est 7, donc, si la mesure de l'un de ses côtés est x, la mesure de son autre côté est $7 - x$, ce qui prouve que l'expression proposée est bien la formule donnant l'aire du rectangle en fonction de la mesure de l'un de ses côtés.

b. Un carré est toujours positif. On a donc $\left(x - \frac{7}{2}\right)^2 \geqslant 0$, donc $-\left(x - \frac{7}{2}\right)^2 \leqslant 0$.

En ajoutant $\frac{49}{4}$ à chaque membre : $\frac{49}{4} - \left(x - \frac{7}{2}\right)^2 \leqslant \frac{49}{4}$, soit $A(x) \leqslant \frac{49}{4}$.

La valeur maximale de $A(x)$ est donc atteinte lorsque $x - \frac{7}{2} = 0$, c'est-à-dire $x = 3{,}5$ et l'aire vaut alors $\frac{49}{4} = 12{,}25$.

c. La longueur du rectangle est 3,5, sa largeur vaut de même 3,5, c'est donc un carré.

VERS L'ORAL

EXERCICE 7

❶ Les séances de la séquence « Explorer les longueurs » sont à réaliser dans l'ordre suivant : C – B – A.

❷

Situations	Modalités de comparaison
Dans la salle de motricité, avec des gros cubes, l'enfant doit construire une tour plus grande ou plus petite que lui.	**Comparaison directe** : l'élève se place à côté de la tour pour la comparer.
L'enfant dispose d'une tour de référence. Il doit construire une tour plus petite ou plus grande que cette tour de référence.	**Comparaison directe** : mettre côte à côte les deux tours.
Situation en groupes de 4 enfants. Chaque enfant va construire une tour avec des petits cubes et va ensuite mesurer sa tour à l'aide d'une bande découpée dans du carton. Les enfants compareront les tours pour les ranger de la plus grande à la plus petite en les posant debout sur une table (même origine).	**Comparaison indirecte** : utilisation d'un objet intermédiaire (un étalon).

❸ L'objectif d'apprentissage est de comparer des longueurs et d'utiliser un vocabulaire mathématique (*petit, grand, plus petit que, plus grand que, de la même taille...*).

❹ La compétence visée est de classer ou de ranger des objets selon un critère de longueur ou de masse ou de contenance.

❺ Les prérequis sont donc :
- avoir construit le sens de la grandeur indépendamment de la mesure et avant même que celle-ci n'intervienne ;
- construire des tours plus grandes ou plus petites que soi dans la salle de motricité avec des gros cubes ;
- savoir résoudre des problèmes de comparaisons posés à partir de situations vécues.

❻ **Piste de leçon.** Cet exercice est plus pertinent dans le cadre de la phase de **consolidation**.
Cette situation est proposée suite à celle vécue en salle de motricité pendant laquelle l'enfant doit construire une tour plus grande ou plus petite que lui ; et ensuite une tour plus grande ou plus petite qu'une tour de référence. On consolide donc cette première approche vécue des grandeurs en introduisant un objet intermédiaire (bande de référence). La progression s'établit de la façon suivante : vécu – perçu – conçu.

CONSEIL DU FORMATEUR

Pendant le rangement des tours, l'étayage de l'enseignant est parfois nécessaire pour accompagner les enfants dans l'organisation du rangement. Grâce à la verbalisation, il les aide à expliciter leurs stratégies. Lors de la recherche individuelle, l'enseignant se pose en observateur attentif afin de repérer les enfants qui éprouvent des difficultés à résoudre la situation problème.

Le tableau suivant propose une progressivité possible de cet apprentissage.

N°	Descriptif de la situation	Procédure de l'élève	Différence par rapport à l'étape précédente
1	L'élève doit comparer la longueur de deux ficelles : l'une des ficelles est bien plus courte que l'autre.	Utiliser la perception.	
2	L'élève dispose de deux ficelles : il doit comparer leur longueur.	Comparaison directe. Mettre bout à bout les deux ficelles.	La perception ne suffit plus.
3	L'élève doit comparer la longueur de deux ficelles accrochées au mur. Il dispose d'une troisième ficelle encore plus longue. (Variante : comparer deux lignes courbes ou brisées.)	Comparaison indirecte. Utilisation d'un objet intermédiaire, par exemple, une ficelle plus longue. Faire coïncider cette ficelle avec l'une des deux ficelles ; faire une marque, comparer avec l'autre ficelle.	L'éloignement des deux ficelles rend la comparaison directe impossible.
4	L'élève doit comparer la longueur de deux ficelles accrochées au mur à l'aide de plusieurs carrés de papier autocollant plus courts que chacune des deux ficelles.	Juxtaposer les carrés de papier autocollant le long de la première ficelle : on obtient un nombre. Juxtaposer des carrés de papier autocollant le long de la deuxième ficelle : on obtient un autre nombre. Comparer les nombres obtenus.	L'objet intermédiaire utilisé étant plus court, il devient nécessaire de le reporter un certain nombre de fois. On obtient donc un nombre (une mesure). La comparaison se fait dans l'ensemble des nombres pour ensuite en déduire quelle est la ficelle la plus longue.
5	L'élève doit comparer la longueur de deux ficelles accrochées au mur à l'aide d'un seul carré de papier autocollant plus court que chacune des deux ficelles.	Reporter un seul carré de papier autocollant ou un autre objet le long de chacune des deux ficelles.	Reporter un certain nombre de fois un seul et même objet nécessite d'organiser le mesurage (positionner, faire une marque, reporter, recommencer).
6	L'élève doit mesurer un segment avec une bande graduée mais non numérotée.	Numéroter les intervalles (chaque intervalle correspond à une unité).	Inutile de reporter l'étalon.
7	L'élève doit mesurer un segment avec un double décimètre.	Faire coïncider la graduation 0 avec l'extrémité du segment, lire la mesure à l'autre extrémité du segment.	Les graduations sont numérotées (au lieu des intervalles).
8	L'élève doit mesurer un segment avec une bande graduée mais non numérotée.	Dénombrer les intervalles (par comptage ou en utilisant le calcul).	Revenir à la définition même de la mesure (compter combien de fois on peut reporter l'étalon unité le long du segment).

Des questions supplémentaires à propos de l'articulation savoirs disciplinaires-savoirs enseignés sont disponibles en ligne sur : www.vuibert.fr/site/210750

PARTIE 4

Organisation et gestion de données, fonctions

12 Proportionnalité

AUTOÉVALUATION

Pour chaque question, il peut y avoir plusieurs bonnes réponses.

❶ On considère les propositions suivantes.

A. Si on triple le côté d'un carré, alors le périmètre de ce carré augmente dans la même proportion.

B. Si on double le côté d'un carré, alors l'aire de ce carré augmente dans la même proportion.

C. Si on diminue le diamètre d'un cercle de moitié, alors la circonférence de ce cercle diminue aussi de moitié.

D. Si on triple la longueur et la largeur d'un rectangle, alors l'aire de ce rectangle triple également.

Parmi ces propositions, combien sont vraies ?

☐ **a.** 1 ☐ **b.** 2
☐ **c.** 3 ☐ **d.** 4

❷ On considère les propositions suivantes.

A. Le périmètre d'un losange est proportionnel à la longueur de son côté.

B. L'aire d'un disque est proportionnelle à son rayon.

C. Le volume d'un cylindre est proportionnel à sa hauteur.

D. Le volume d'un cylindre est proportionnel à son rayon.

Parmi ces propositions, combien sont vraies ?

☐ **a.** aucune ☐ **b.** 1
☐ **c.** 2 ☐ **d.** 3

❸ L'aire d'un disque est proportionnelle au carré de sa circonférence. Le coefficient de proportionnalité est :

☐ **a.** $\frac{1}{4\pi}$ ☐ **b.** $4\pi^2$
☐ **c.** $\frac{\pi^2}{4}$ ☐ **d.** 2π

❹ Une voiture consomme 5 L aux 100 km. Si le litre d'essence coute 1,44 €, quelle distance parcourt-on avec 36 € ?

☐ **a.** environ 480 km ☐ **b.** 500 km
☐ **c.** 645 km ☐ **d.** 700 km

❺ Pour bruler complètement 16 g de soufre, il faut 11,2 L d'oxygène.
Le volume d'oxygène étant proportionnel à la masse de soufre à bruler, quelle masse de soufre peut-on bruler avec 280 L d'oxygène ?

- ☐ **a.** 400 g
- ☐ **b.** environ 1,6 kg
- ☐ **c.** 320 g
- ☐ **d.** 275,2 g

❻ Trois ouvriers ont mis 8 jours pour réaliser un travail.
Combien de jours auraient mis 4 ouvriers ?

- ☐ **a.** 10
- ☐ **b.** 9
- ☐ **c.** 6
- ☐ **d.** 5

CONSEILS

La proportionnalité se résume simplement en deux grands thèmes :

– la connaissance de la définition, comprenant également la notion importante de coefficient de proportionnalité, que l'on retrouve dans les questions 1, 2 et 3 de ce QCM ;

– la connaissance des deux grandes propriétés de la proportionnalité : celle de la linéarité (non présentée dans ce QCM, mais détaillée dans le cours au point 2. A.), et celle dite de la « règle de trois » ou « recherche de la quatrième proportionnelle », pouvant concerner deux suites (questions 4 et 5) ou davantage (Point 2. E. du cours). En présentant les données d'un énoncé dans un tableau, on peut appliquer cette règle de façon automatique grâce au produit en croix, mais il est important de comprendre le raisonnement par le passage à l'unité sous-jacent, plus long à mettre en œuvre (voir le point 2. D. du cours).

À ces connaissances s'ajoute celle de la proportionnalité inverse, dans laquelle lorsqu'une quantité varie dans un sens, la quantité correspondante varie dans le sens contraire. Par exemple, pour parcourir une distance donnée entre deux villes, plus la vitesse de déplacement est grande, et moins le temps de parcours est important (voir la question 6 de ce QCM).

CORRIGÉS

❶ **b.** Les propositions A et C sont correctes, les deux autres sont fausses.
Proposition A : $p = 4c$ et $P = 4 \times 3C = 12c = 3 \times 4c = 3p$.
Proposition B : $a = c^2$ et $A = (2c)^2 = 4c^2 = 4a$.
Proposition C : $p = \pi d$ et $P = \pi\frac{d}{2} = \frac{1}{2}\pi d = \frac{1}{2}p$.
Proposition D : $a = l \times L$ et $A = 3l \times 3L = 9l \times L = 9a$.

❷ **c.** Seules les propositions A et C sont correctes.

❸ **a.** $A = \pi R^2$ et $L = 2\pi R$, donc $L^2 = 4\pi^2 R^2$, d'où $A = \frac{1}{4\pi}L^2$.

❹ **b.** Avec 36 €, on obtient $\frac{36}{1{,}44} = 25$ L d'essence, soit 5 × 5 L, on peut parcourir 500 km.

❺ **a.** Règle de trois : $m = \frac{280 \times 16}{11{,}2} = 400$.

❻ **c.** Il faut 8 × 3 j = 24 jours pour réaliser ce travail. 4 ouvriers le feront en 6 jours.

COURS

Compétence à maitriser pour le concours :

- **Résoudre des problèmes de proportionnalité** (suites proportionnelles, inversement proportionnelles ; propriété de linéarité ; règle de trois composée ; quatrième proportionnelle ; représentation graphique de deux suites proportionnelles).

1 Définitions

A. Suites proportionnelles

Définition : Deux suites de nombres possédant le même nombre de termes sont proportionnelles si et seulement si chaque terme de l'une peut être obtenu en multipliant le terme correspondant de l'autre par un même nombre non nul.

Ce nombre est appelé **coefficient de proportionnalité**.

EXEMPLE 1

Suite S_1	2	3,5	8	10,3	12
Suite S_2	6	10,5	24	30,9	36

Les deux suites S_1 et S_2 sont proportionnelles car chaque terme de S_2 est le triple du terme correspondant de S_1.

On voit encore que $\frac{6}{2} = \frac{10,5}{3,5} = \frac{24}{8} = \frac{30,9}{10,3} = \frac{36}{12} = 3$.

EXEMPLE 2

À vitesse constante, la distance parcourue est proportionnelle au temps de parcours :

$$v = \frac{d}{t} \text{ et } d = vt$$

Le coefficient de proportionnalité a un nom, il s'appelle vitesse.

EXEMPLE 3

Suite S_1	x_1	x_2	x_3	...	x_i	...	x_n
Suite S_2	y_1	y_2	y_3	...	y_i	...	y_n

S_1 et S_2 sont proportionnelles si et seulement si $\frac{y_1}{x_1} = \frac{y_2}{x_2} = \frac{y_3}{x_3} = \ldots = \frac{y_i}{x_i} = \frac{y_n}{x_n} = a$.

Plus généralement, si on désigne par x les valeurs prises par la première suite et y les valeurs prises par la deuxième suite, on a $\frac{y}{x} = a$, soit $y = ax$.

EXEMPLE 4

Suite S_1	2	3,5	5	12	9	10
Suite S_2	6	10,5	18	36	27	52

$\frac{6}{2} = 3$ et $\frac{18}{5} = 3{,}6$; $\frac{6}{2} \neq \frac{18}{5}$, donc les deux suites ne sont pas proportionnelles.

APPLICATION 1

Les suites proposées sont-elles proportionnelles ? Justifier les réponses.

Tableau 1

S_1	25	3,7	41	5,4
S_2	100,5	14,874	164,82	21,708

Tableau 2

S_1	2,3	5,2	18
S_2	11,73	26,52	93,6

Tableau 3

S_1	$\frac{4}{7}$	5,9	17,42
S_2	$\frac{32}{35}$	9,44	27,872

Tableau 4

S_1	$5\sqrt{2}$	2,5
S_2	4	$\sqrt{2}$

→Corrigé p. 283

APPLICATION 2

Déterminer à quelle grandeur est proportionnelle chacune des grandeurs proposées.

❶ la hauteur d'un triangle équilatéral
❷ le périmètre d'un cercle
❸ l'aire d'un carré
❹ le volume d'une boule
❺ l'énergie cinétique E d'un corps de masse m et de vitesse v $\left(E = \frac{1}{2}mv^2\right)$

→Corrigé p. 283

B. Suites inversement proportionnelles

Définition : Deux suites de nombres possédant le même nombre de termes sont inversement proportionnelles si et seulement si les produits de leurs termes correspondants sont égaux entre eux.

EXEMPLE 1

S_1	1	2	3	4	6
S_2	36	18	12	9	6

Les deux suites S_1 et S_2 sont inversement proportionnelles car les produits de leurs termes correspondants sont égaux : $1 \times 36 = 2 \times 18 = 3 \times 12 = 4 \times 9 = 6 \times 6$.

EXEMPLE 2

Pour une distance donnée, le temps de parcours est inversement proportionnel à la vitesse à laquelle on se déplace : plus on roule vite et moins on met de temps pour parcourir une distance donnée. Ce que l'on retrouve dans la formule $v = \frac{d}{t}$, et donc $vt = d$ (c'est-à-dire que vt est égal à une constante, ce qui correspond à la définition des suites inversement proportionnelles).

EXEMPLE 3

S_1	x_1	x_2	x_3	...	x_i	...	x_n
S_2	y_1	y_2	y_3	...	y_i	...	y_n

S_1 et S_2 sont inversement proportionnelles si et seulement si :

$x_1y_1 = x_2y_2 = x_3y_3 = \ldots = x_iy_i = \ldots = x_ny_n = a$

Plus généralement, si on désigne par x les valeurs prises par la première suite et y les valeurs prises par la deuxième suite, on a $y = \frac{a}{x}$, et donc $xy = a$.

- Deux suites peuvent n'être ni proportionnelles ni inversement proportionnelles entre elles. Dans ce cas, elles peuvent être liées par un autre type de relation ou alors ne pas être liées du tout.

EXEMPLE 1

S_1	1	2	3	4	6	x
S_2	10	13	16	19	25	y

Ces deux suites ne sont pas proportionnelles, car $\frac{10}{1} \neq \frac{13}{2}$.

On peut constater que chaque terme de la S_2 est obtenu en multipliant le terme correspondant de S_1 par 3 et en ajoutant 7 au résultat, ce qui s'écrit encore, en désignant ces termes respectivement par y et x, $y = 3x + 7$.

EXEMPLE 2

S_1	1	2	13	24	5
S_2	36	7	5	3	18

Ces deux suites ne sont pas proportionnelles, car $\frac{36}{1} \neq \frac{7}{2}$; il semble difficile de trouver un lien arithmétique entre elles.

APPLICATION 3

❶ 7 ouvriers ont réalisé un travail en 25 jours. En combien de jours ce même travail aurait-il été réalisé par une équipe de 5 ouvriers ?

❷ 17 ouvriers ont réalisé un travail en 12 jours. En combien de jours ce même travail aurait-il été réalisé par une équipe de 12 ouvriers ?

→ Corrigé p. 283

2 Propriétés des suites proportionnelles

A. Propriété de linéarité

Quand deux suites sont proportionnelles, alors :

- À la somme de deux termes de l'une est associée la somme des deux termes correspondants de l'autre.

EXEMPLES

S_1	2	3,5	5,5 (= 2 + 3,5)
S_2	6	10,5	16,5 (= 6 + 10,5)

S_1	x_1	x_2	$x_1 + x_2$
S_2	y_1	y_2	$y_1 + y_2$

Démonstration

Les deux suites étant proportionnelles, il existe a réel tel que $y_1 = ax_1$ et $y_2 = ax_2$.
On a alors $y_1 + y_2 = ax_1 + ax_2$, soit $y_1 + y_2 = a(x_1 + x_2)$.

- Au produit d'un terme de l'une par un nombre est associé le produit du terme correspondant de l'autre par ce même nombre.

EXEMPLES

S_1	2	3,5	14 (= 7 × 2)
S_2	6	10,5	42 (= 7 × 6)

S_1	x_1	x_2	kx_1	x_1x_2
S_2	y_1	y_2	ky_1	$x_1y_2 = x_2y_1$

Dans cette propriété, le nombre qui multiplie chacun des deux termes correspondant des deux suites n'est pas un terme de ces suites, on l'appelle encore un scalaire et c'est un nombre sans unité.

Démonstration

Les deux suites sont proportionnelles, il existe a réel tel que $y_1 = ax_1$.
Soit alors k un nombre réel.
On peut multiplier les deux membres d'une égalité par un même nombre non nul, on obtient une égalité équivalente, on a donc $ky_1 = k(ax_1)$, soit $ky_1 = a(kx_1)$.

Considérons deux suites proportionnelles définies par :

S_1	a	b
S_2	c	d

Alors $\frac{a}{c} = \frac{b}{d} = \frac{a+b}{c+d}$.

ZOOM

- La deuxième propriété de la linéarité est différente de la première. Dans le premier cas, on ajoute deux termes de la suite. Dans le deuxième cas, on ne multiplie pas deux termes de la suite entre eux, mais on multiplie un terme de la suite par un nombre qui n'est pas un terme de la suite.
- Quand on parle de propriété « additive » ou « multiplicative » de la linéarité (par exemple en page 79 des programmes 2018, *BO* n° 30 du 26 juillet 2018), il faut bien avoir en tête cette différence importante entre les deux propriétés.
- Dans la dernière colonne du tableau, on retrouve la propriété : « Quand deux fractions sont égales, leurs produits en croix sont égaux » :

$\frac{a}{b} = \frac{c}{d}$ si et seulement si $ad = bc$ (a, b, c et d non nuls).

APPLICATION 4

On reprend les deux suites du tableau 4 de l'exercice 1.

S_1	$5\sqrt{2}$	2,5
S_2	4	$\sqrt{2}$

Montrer que ces deux suites sont proportionnelles en utilisant la propriété de linéarité.

→Corrigé p. 283

APPLICATION 5

5 objets identiques coutent 16 € et 8 de ces mêmes objets coutent 25,6 €.
Quel est le prix de :

❶ 13 de ces objets ?
❷ 16 de ces objets ?
❸ 29 de ces objets ?
❹ 18 de ces objets ?

→Corrigé p. 283

APPLICATION 6

Les mises de trois associés sont égales. Elles sont restées dans la société 3, 5 et 7 mois. Le bénéfice réalisé ayant été de 45 000 €, combien revient-il à chacun ?

→Corrigé p. 284

B. Recherche de la quatrième proportionnelle

Étant donné trois termes de deux suites proportionnelles (en fait deux de l'une et un correspondant de l'autre), on cherche à trouver le quatrième terme manquant.

EXEMPLE

Sachant que 8 litres d'huile d'olive coutent 46,4 €, on cherche à déterminer le prix de 5 litres de cette même huile.

• **Méthode 1 :** 8 L coutent 46,4 €.

1 L coute $\frac{46,4}{8}$ € (ceci s'appelle la réduction ou le passage à l'unité)

5 L coutent $\frac{46,4 \times 5}{8}$ €, c'est-à-dire 5 L coutent 29 €.

• **Méthode 2 :**

Quantité, en L	8	5
Prix, en €	46,4	P

$P = \frac{5 \times 46,4}{8}$, soit encore $P = 29$ €

Dans tous les cas, le nombre inconnu est égal au produit des nombres situés sur la diagonale divisé par le nombre restant.

$a = \frac{bc}{d}$; $b = \frac{ad}{c}$; $c = \frac{ad}{b}$; $d = \frac{bc}{a}$.

S_1	a	b
S_2	c	d

APPLICATION 7

Un flacon de 18 cL de colorant permet de teindre 50 m² de tissu.

❶ Quelle quantité de colorant, exprimée en litres, faut-il pour teindre 5 400 m² de ce tissu ?
❷ Quelle superficie de ce tissu peut-on teindre avec 5 L de ce colorant ?

→Corrigé p. 284

APPLICATION 8

Dans une épreuve notée sur 30, un candidat obtient 18 points.
Quelle est sa note sur 20 ?

→Corrigé p. 284

APPLICATION 9

En une demi-heure, Charlie réalise les $\frac{5}{8}$ d'un ouvrage.

Combien de temps mettra-t-il pour le faire dans sa totalité ?

→Corrigé p. 284

C. Règle de trois composée

Cette règle intervient quand trois suites ou plus sont en relation de proportionnalité (la règle précédente étant un cas particulier de cette règle).

EXEMPLE

6 bucherons ayant travaillé chacun 32 heures ont gagné ensemble 2 457,6 €.

Combien gagnent ensemble 11 bucherons travaillant chacun 58 heures (dans les mêmes conditions de salaire) ?

6 bucherons travaillant chacun 32 h gagnent ensemble 2 457,6 €.

1 bucheron travaillant 32 h gagne donc $\frac{2\,457{,}6}{6}$ € (passage à l'unité).

11 bucherons travaillant chacun 32 h gagnent alors ensemble $\frac{2\,457{,}6 \times 11}{6}$ €.

11 bucherons travaillant chacun 1 h gagnent ensemble $\frac{2\,457{,}6 \times 11}{6 \times 32}$ € (2e passage à l'unité).

11 bucherons travaillant chacun 58 h gagnent ensemble $\frac{2\,457{,}6 \times 11 \times 58}{6 \times 32}$ €, soit 8 166,4 €.

APPLICATION 10

Macha désire obtenir 10 kg de confiture. Elle sait qu'avec 2,7 kg de fruits, elle obtient 1,5 kg de jus ; et qu'avec 5 kg de jus, on obtient 8 kg de confiture après addition de sucre.
Quelle quantité de fruits devra-t-elle acheter ?

→Corrigé p. 284

APPLICATION 11

Extrait d'un livre de l'école primaire de 1958

Jean a payé 250 F au camionneur pour le transport d'un chargement de 520 kg à 28 km. Son voisin André, d'après ces données, voudrait savoir ce que lui couterait le transport, au même tarif, d'un chargement de 560 kg à 32 km ? Renseignez-le.

→Corrigé p. 285

D. Représentation graphique de deux suites proportionnelles

Le plan étant rapporté à un repère orthonormé ou orthogonal (O ; I ; J), la représentation graphique de deux suites proportionnelles est :

- soit un ensemble de points alignés sur une droite passant par l'origine (et réciproquement) (cas de grandeurs discrètes) ;
- soit une droite passant par l'origine (et réciproquement) (cas de grandeurs continues).

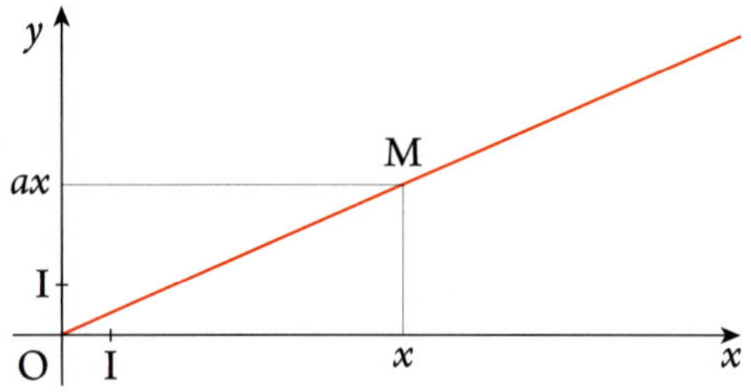

ZOOM

Une grandeur discrète est une grandeur qui prend des valeurs ponctuelles ou qui peut se dénombrer, par exemple un prix ou le nombre d'éléments d'une collection. Une grandeur continue est une grandeur qui prend ses valeurs dans un intervalle ou qui peut se mesurer ou se calculer, par exemple une durée ou une aire.

D'après ce qui précède, la fonction qui modélise une situation de proportionnalité est une **fonction linéaire**.

APPLICATION 12

L'eau en gelant augmente de volume. Le segment de droite ci-dessous représente le volume de glace (en litre), en fonction du volume d'eau liquide (en litre).

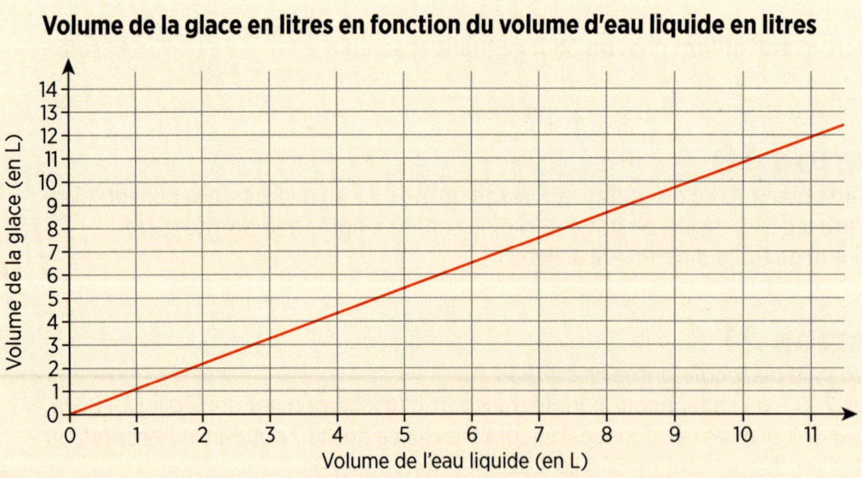

On répondra aux questions 1, 2 et 3 en utilisant le graphique ci-dessus.

❶ Quel est le volume de glace obtenu avec 7 litres de liquide ?

❷ Quel volume d'eau liquide faut-il mettre à geler pour obtenir 9 litres de glace ?

❸ Le volume de glace est-il proportionnel au volume d'eau liquide ? Justifier la réponse.

→ Corrigé p. 285

CORRIGÉS

APPLICATION 1

Les suites du tableau 1 sont proportionnelles, le coefficient est 4,02.

Les suites du tableau 2 ne sont pas proportionnelles : $\frac{11,73}{2,3} = 5,1$ et $\frac{93,6}{18} = 5,2$.

Les suites du tableau 3 sont proportionnelles, le coefficient est 1,6.

Les suites du tableau 4 sont proportionnelles : $\frac{2,5}{\sqrt{2}} = \frac{2,5\sqrt{2}}{2} = \frac{5\sqrt{2}}{4}$.

APPLICATION 2

❶ La hauteur h d'un triangle équilatéral est proportionnelle à la longueur c de son côté, puisque $h = \frac{\sqrt{3}}{2} \times c$.

❷ Le périmètre L d'un cercle est proportionnel à son rayon r puisque l'on a $L = 2\pi \times r$.

❸ L'aire A d'un carré est proportionnelle au carré de la longueur c de son côté puisque $A = c^2$.

❹ Le volume V d'une boule est proportionnel au cube de son rayon r car $V = \frac{4}{3}\pi \times r^3$.

❺ Pour une vitesse donnée, E est proportionnelle à la masse, et pour une masse donnée, E est proportionnelle au carré de la vitesse.

APPLICATION 3

❶ Le nombre de personnes et le nombre de jours forment deux suites inversement proportionnelles. Il faut 7 × 25 = 175 jours pour réaliser ce travail.

Donc, avec 5 ouvriers, le nombre de jours sera $\frac{175}{5} = 35$.

❷ Les deux suites étant inversement proportionnelles, le nombre de jours sera 17.

APPLICATION 4

$5\sqrt{2} \times \frac{\sqrt{2}}{4} = \frac{10}{4} = 2,5$

$4 \times \frac{\sqrt{2}}{4} = \sqrt{2}$

S_1	$5\sqrt{2}$	2,5
S_2	4	$\sqrt{2}$

Donc S_1 et S_2 sont proportionnelles.

APPLICATION 5

❶ 13 objets coutent 16 € + 25,60 € = 41,60 €.

❷ 16 objets coutent 2 × 25,60 € = 51,20 €.

❸ 29 objets coutent 41,60 € + 51,20 € = 92,80 €.

❹ 18 objets coutent 41,60 € + 16 € = 57,60 €.

APPLICATION 6

Durée de la mise, en mois	3	5	7	15
Bénéfice, en euros	B_1	B_2	B_3	45 000

Durée totale des mises des trois associés, en mois : 3 + 5 + 7 = 15.

$$B_1 = \frac{3 \times 45\,000}{15} = 9\,000\text{ €}$$

$$B_2 = \frac{5 \times 45\,000}{15} = 15\,000\text{ €}$$

$$B_3 = \frac{7 \times 45\,000}{15} = 21\,000\text{ €}$$

APPLICATION 7

❶ Quantité de colorant pour teindre 5 400 m² de tissu :

$$\frac{18 \times 5\,400}{50} = 1\,944 \text{ cL} = 19{,}44 \text{ L}.$$

❷ Superficie de tissu que l'on peut teindre avec 5 L de colorant : $\frac{500 \times 50}{18} \approx 1\,389 \text{ m}^2$.

APPLICATION 8

$$N = \frac{18 \times 20}{30} = 12.$$

La note est 12/20.

APPLICATION 9

On résume les données dans un tableau de proportionnalité.

Temps, en min.	30	T
Quantité d'ouvrage	$\frac{5}{8}$	1

$T = \dfrac{1 \times 30}{\frac{5}{8}}$, soit $T = \dfrac{30 \times 8}{5}$, soit $T = 48$

Charlie mettra donc 48 minutes pour réaliser la totalité de l'ouvrage.

APPLICATION 10

Poids de jus, en kg	5	p
Poids de confiture, en kg	8	10

Poids de jus nécessaire pour 10 kg de confiture :

$$\frac{5 \times 10}{8} = 6{,}25 \text{ kg}$$

Poids de jus, en kg	1,5	6,25
Poids de fruit, en kg	2,7	m

Poids de fruit nécessaire pour 10 kg de confiture :

$$\frac{6{,}25 \times 2{,}7}{1{,}5} = 11{,}25 \text{ kg}$$

APPLICATION 11

Pour 520 kg à 28 km, Jean a payé 250 F.

Pour 1 kg à 28 km, il a donc payé $\frac{250}{520}$ F.

Pour 560 kg à 28 km, il aurait payé $\frac{250 \times 560}{520}$ F.

Pour 560 kg à 1 km, il aurait payé $\frac{250 \times 560}{520 \times 28}$ F.

Pour 560 kg à 32 km, André paiera donc $\frac{250 \times 560 \times 32}{520 \times 28}$ F, soit environ 308 F.

APPLICATION 12

❶ Avec 7 L d'eau liquide, on obtient 7,5 L de glace.

❷ Pour obtenir 9 L de glace, il faut environ 8,4 L d'eau liquide.

❸ Le graphique représentant le volume de glace obtenu en fonction du volume d'eau liquide est un segment de droite passant par l'origine du repère, par conséquent le volume de glace est proportionnel au volume d'eau liquide.

ENTRAINEMENT

EXERCICE 1 — 5 min.

Vrai ou faux ? Justifier la réponse.
En période de sécheresse, un agriculteur a des réserves pour alimenter ses 8 vaches pendant 20 jours. Il accepte de prendre en charge 2 vaches de plus pour rendre service à son voisin.

Affirmation : Avec ces mêmes réserves, il pourra nourrir toutes les vaches pendant 18 jours.

EXERCICE 2 — 10 min.

25 ouvriers, travaillant 10 h par jour pendant 17 jours, ont creusé un fossé de 238 m de longueur. On demande combien il a fallu d'ouvriers pour creuser un fossé de 0,686 km de longueur en 25 jours de 7 h.

EXERCICE 3 — 15 min.

Pour réaliser une boisson sucrée, on mélange 3 parts de sirop à 5 parts d'eau.
Quelle quantité de sirop et d'eau faut-il pour réaliser 1 litre de cette boisson ?

EXERCICE 4 — 15 min.

Dans un immeuble, les charges sont réparties proportionnellement aux surfaces des logements. L'immeuble comporte trois studios de 35 m² chacun, deux F2 de 60 m² chacun, deux F3 de 75 m² chacun et trois F4 de 100 m² chacun.
Le montant annuel des charges pour tout l'immeuble est de 131 450 F.
Calculer le montant annuel (arrondi au centième près) des charges pour chaque type d'appartement.

EXERCICE 5 — 15 min.

Reproduire et compléter ce tableau de proportionnalité, ainsi que les opérateurs manquants.

÷ … (de 100 cm vers 50 cm) ÷ … (de 150 cm vers 75 cm)

Largeur \ Longueur	50 cm	75 cm	100 cm	150 cm
30 cm			54 gouttes	
40 cm				

× … (de 30 cm vers 40 cm)

× … (de 50 cm vers 150 cm)

EXERCICE 6 — 20 min.

On a demandé à 1 000 personnes ayant un téléphone portable quel opérateur ils utilisent parmi les sociétés A, B ou C. Les résultats sont consignés dans le tableau ci-dessous.

	Société A	Société B	Société C	Total
Effectif	400			1 000
Angle		198°		

On veut construire le diagramme circulaire (de rayon 5 cm) représentant la situation présentée dans le tableau.

❶ Recopier et compléter ce tableau. Préciser le détail des calculs des deux cases grisées.

❷ Dresser le diagramme circulaire, ainsi que sa légende.

Les exercices 7 à 11 sont extraits d'un manuel d'arithmétique de 1932.

EXERCICE 7 — 10 min.

Un entrepreneur devait faire paver une route en 14 jours par 44 ouvriers. Mais on veut qu'il la fasse paver en 11 jours. Combien devra-t-il prendre d'ouvriers en plus ?

EXERCICE 8 — 10 min.

En 20 jours, 15 ouvriers ont fait la moitié d'un travail de déblaiement. À ce moment, 3 d'entre eux quittent l'atelier. Combien les autres mettront-ils de jours pour faire le reste du travail ?

EXERCICE 9 — 10 min.

Pour tapisser un appartement, on a employé 25 rouleaux d'un papier qui a 50 cm de large. Combien aurait-on employé de rouleaux si le papier n'avait eu que 40 cm de large ?

EXERCICE 10 — 10 min.

Trois machines identiques tournant à plein régime permettent de fabriquer 21 000 bouteilles en 5 jours. Combien de jours faudrait-il pour que 7 machines identiques travaillant dans les mêmes conditions fabriquent 88 200 bouteilles ?

EXERCICE 11 — 10 min.

Un entrepreneur devait établir une ligne électrique dans un délai de 27 jours. Il estime qu'il doit alors employer 48 ouvriers travaillant 6 heures par jour. L'administration lui demande d'effectuer le travail en 12 jours. Pour cela, il décide de porter à 8 heures la journée de travail et de compléter son équipe d'ouvriers. Combien d'ouvriers devra-t-il employer pour terminer le travail dans le délai voulu ?

VERS L'ORAL

EXERCICE 12

À partir des exercices suivants, répondre aux questions ci-après.

Exercice A

2 Dans la même boulangerie, Miyo a acheté 4 tartelettes et elle a payé 8 €.
Combien d'euros coutent 7 tartelettes ?

Exercice B

CALCUL

11 **Calculs de pâtissier**

Voici le tableau qu'un pâtissier a fait pour savoir combien de farine utiliser pour son gâteau selon le nombre de personnes. La quantité de farine est proportionnelle au nombre de personnes.

a. Complète le tableau.
b. Trace la courbe de la quantité de farine en fonction du nombre de personnes.
c. Que peut-on dire des points ?

Nombre de personnes	1	3	4	5	7	8	12
Quantité de farine	....	....	160 g	....	....	....	....

Exercice C

4 Un magasin vend un tissu au mètre.
6 mètres coûtent 34 €.
a. Calcule le prix de 3 mètres de ce tissu.
b. Calcule le prix de 9 mètres de ce tissu.
c. Calcule le prix de 15 mètres de ce tissu.

1. À quel cycle d'apprentissage ces situations peuvent-elles être proposées ?
2. Quels sont les objectifs d'apprentissage ?
3. Quelles sont les compétences visées ?
4. Quels sont les prérequis à cette activité ?

❺ Quels sont les attendus de fin de cycle qui correspondent à cette situation d'apprentissage ?

❻ Pour quelle phase de la leçon l'exercice C est-il le plus pertinent ?
Justifier la réponse.
Phases : découverte - apprentissage - institutionnalisation du savoir (structuration des apprentissages) - consolidation - réinvestissement - évaluation - remédiation - transfert.

❼ Quelle(s) remédiation(s) pourrait-on proposer à un élève qui aurait des difficultés à résoudre ce type de situation mathématique ?
8. Quelle organisation pédagogique pourrait-on proposer pour aborder la situation présentée dans l'exercice C ?

❾ Quelle trace écrite pourrait-on proposer pour institutionnaliser le savoir suite à ces exercices ?

CORRIGÉS

EXERCICE 1

Cette affirmation est fausse. Le nombre de jours de nourriture est inversement proportionnel au nombre de vaches. Si on appelle x le nombre de jours nécessaire pour nourrir 10 vaches, alors $10x = 8 \times 20$, d'où $x = 16$.

EXERCICE 2

25 ouvriers travaillant 10 h par jour pendant 17 jours cela fait $25 \times 10 \times 17 = 4\,250$ h de travail.
0,686 km = 686 m
Pour 238 m de fossé, il faut 4 250 h de travail.
Pour 686 m de fossé, il faut donc $\frac{686 \times 4\,250}{238} = 12\,250$ h de travail.
Chaque ouvrier donne 25×7 h = 175 h de travail.
Il faudra donc $12\,250 \div 175 = 70$ ouvriers.

EXERCICE 3

3 parts de sirop mélangées à 5 parts d'eau font 8 parts de boisson.
Pour réaliser 1 L de cette boisson, il faut donc $\frac{3}{8}$ L = 0,375 L de sirop et $\frac{5}{8}$ L = 0,625 L d'eau.

EXERCICE 4

Aire de la surface totale de tous les logements de l'immeuble, en m^2 :
$3 \times 35 + 2 \times 60 + 2 \times 75 + 3 \times 100 = 675$

Comme le montant des charges annuelles est proportionnel aux surfaces des logements, on en déduit le montant, en francs, de celles-ci pour :
- un studio : $(131\,450 \div 675) \times 35 \approx 6\,815{,}93$
- un F2 : $(131\,450 \div 675) \times 60 \approx 11\,684{,}44$
- un F3 : $(131\,450 \div 675) \times 75 \approx 14\,605{,}56$
- un F4 : $(131\,450 \div 675) \times 100 \approx 19\,474{,}07$

EXERCICE 5

Longueur / Largeur	50 cm	75 cm	100 cm	150 cm
30 cm	27 gouttes	40,5 gouttes	54 gouttes	81 gouttes
40 cm	36 gouttes	54 gouttes	72 gouttes	108 gouttes

EXERCICE 6

❶ On obtient :

	Société A	Société B	Société C	Total
Effectif	400	550	50	1 000
Angle	144°	198°	18°	360°

Calcul pour la case grise B : $\dfrac{1\,000 \times 198}{360} = 550$

Calcul pour la case grise A : $\dfrac{400 \times 198}{550} = 144$

❷ Effectifs des trois sociétés

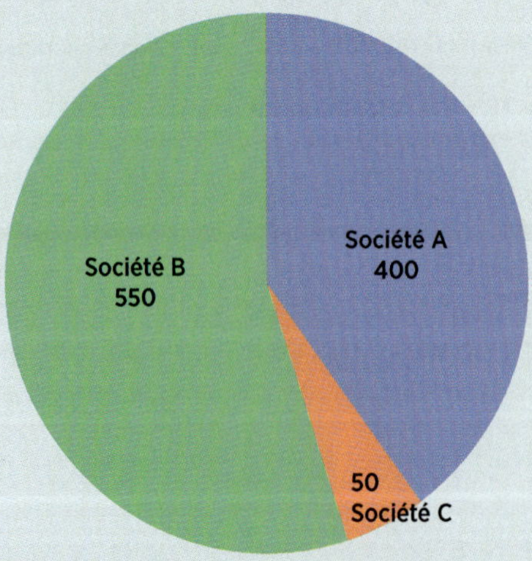

EXERCICE 7

Nombre de jours nécessaires pour réaliser ce travail : $44 \times 14 = 616$.

Nombre d'ouvriers nécessaires : $\frac{616}{11} = 56$.

L'entrepreneur doit embaucher 12 ouvriers supplémentaires.

EXERCICE 8

Nombre de jours nécessaires pour réaliser la moitié du travail : $15 \times 20 = 300$.
Il reste 12 ouvriers pour réaliser 300 jours de travail.

Nombre de jours nécessaires pour finir le travail : $\frac{300}{12} = 25$.

EXERCICE 9

Longueur de papier nécessaire : 25×50 cm = 1 250 cm.

Nombre de rouleaux de 40 cm de large : $\frac{1\,250}{40} = 31{,}25$ soit 32.

EXERCICE 10

D'après l'énoncé, avec 1 machine, il faut 15 jours pour fabriquer 21 000 bouteilles. Pour en fabriquer 88 200, le nombre de jours avec une machine est donc de $\frac{15 \times 88\,200}{21\,000} = 63$.

Avec 7 machines, il faudra donc 9 jours pour fabriquer 88 200 bouteilles.

EXERCICE 11

48 ouvriers travaillant 6 h par jour pendant 27 jours, cela fait $48 \times 27 \times 6$ h = 7 776 h de travail.
12 jours de 8 h de travail, cela fait 96 h de travail par jour.
Le nombre d'ouvriers nécessaires est donc $7\,776 \div 96 = 81$.

VERS L'ORAL

EXERCICE 12

❶ Ces situations sont à proposer au cycle 3.
Comme le stipulent les programmes de l'Éducation nationale, la proportionnalité doit être traitée dans le cadre de chacun des trois domaines mathématiques : « Nombres et calculs », « Grandeurs et mesures » et « Espace et géométrie ».

❷ Les objectifs d'apprentissage sont :
- identifier et résoudre des problèmes de proportionnalité ;
- calculer avec des nombres entiers et des nombres décimaux.

❸ Les compétences visées sont :
- reconnaitre une situation de proportionnalité ;
- vérifier la proportionnalité d'une situation par la propriété de linéarité (points reportés alignés et demi-droite qui passe par le point d'origine du graphique) ;

- établir des rapports entre les nombres ;
- adapter les procédures de résolution au regard de la situation.

❹ Les prérequis à cette activité sont :
- comprendre les rapports entre les nombres (6 est le double de 3 ; 25 est le quart de 100…) ;
- lire et compléter un tableau à double entrée (organisation et gestion de données) ;
- se repérer dans un graphique pour y reporter des données (report de points) ;
- tracer un segment passant par plusieurs points alignés.

❺ Les attendus de fin de cycle qui correspondent à cette situation d'apprentissage sont :
- reconnaitre et résoudre des problèmes relevant de la proportionnalité en utilisant une procédure adaptée : propriétés de linéarité (additive et multiplicative), passage à l'unité, coefficient de proportionnalité ;
- appliquer un pourcentage (à partir de la 6e).

❻ Cet exercice est plus pertinent dans le cadre de la phase d'**apprentissage**. Cette situation est idéale pour s'approprier la notion de proportionnalité dans la mesure où les procédures de résolution sont multiples. La phase de mise en commun (synthèse collective) qui va s'en suivre permettra de confronter celles-ci, d'argumenter et de structurer l'apprentissage en construisant une première trace institutionnelle (trace écrite).

CONSEIL DU FORMATEUR

Dans l'étude de la notion de proportionnalité, il est nécessaire de varier les situations (notions d'échelle, de vitesse constante, coefficient de proportionnalité, retour à l'unité…) afin que les élèves ne se focalisent pas sur une seule procédure, mais qu'au contraire, ils puissent changer et adapter leur stratégie de résolution suivant la situation problème et les nombres en jeu.

❼ **Remédiation possible :** proposer à cet élève des situations l'amenant à travailler sur des rapports simples entre les nombres. Revenir à des exercices sur « le double de » ; « la moitié de ». Utiliser des données numériques simples (2 - 4 - 8 ; 5 - 10 - 20…). Ne pas hésiter si nécessaire à passer par la manipulation.
Puis lui proposer des situations plus simples du type :

Utiliser la proportionnalité

3 À la boulangerie, Ethan voit les affiches :

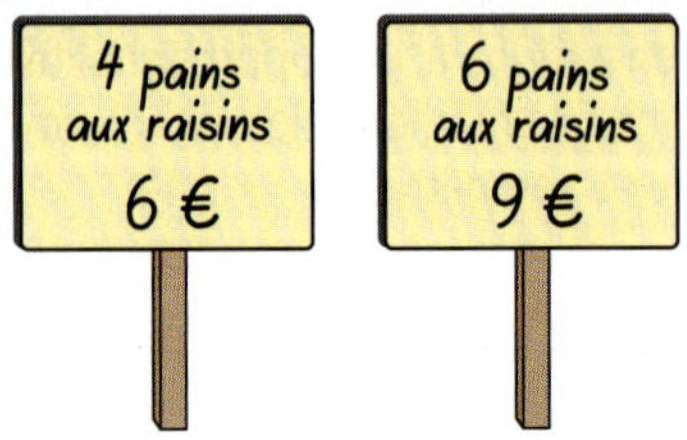

a. Combien paiera-t-il pour 12 pains aux raisins ?
b. Combien paiera-t-il pour 10 pains aux raisins ?

8 Organisation pédagogique :

1. Phase de recherche individuelle – 10 min (différenciations pédagogiques : trouver d'autres procédures)

2. Phase de correction/mise en commun – 15 min : après avoir observé et sélectionné 3 ou 4 procédures pertinentes (pas forcément justes – statut de l'erreur) l'enseignant fait passer ses élèves au tableau pour confronter leurs idées et leur demander de verbaliser leur procédure en argumentant leur choix, puis en débattre collectivement.

3. Phase de structuration des apprentissages – 15 min : après la validation collective des procédures pertinentes, l'enseignant fait récapituler les stratégies de résolution et construit progressivement, pendant cette synthèse collective, la trace écrite qui résume les différentes procédures utilisées.

4. Phase de réinvestissement individuel – 15 min : proposer des exercices similaires (consolidation). Travail individuel (ramasser les cahiers d'exercices pour une correction individuelle).

9 Trace écrite pour résoudre des situations de proportionnalité

Méthode 1 : par la propriété multiplicative de la linéarité
3 m de tissu coûtent 12 €, donc 6 m de ce même tissu coûtent 24 € (2 fois plus de tissu coûte 2 fois plus cher).

Longueur de tissu, en m	3	3 × 2 = 6
Prix, en €	12	12 × 2 = 24

Méthode 2 : ppar le retour à l'unit
3 m de tissu coûtent 12 €
1 m de ce même tissu coûte 12 ÷ 3 = 4 € (3 fois moins de tissu coûte 3 fois moins cher)
5 m coûtent donc : 5 × 4 = 20 €

Longueur de tissu, en m	3	6	3 + 6 = 9
Prix, en €	12	24	12 + 24 = 36

Méthode 3 : par la propriété additive de la linéarité
3 m de tissu coûtent 12 €, 6 m de ce même tissu coûtent 24 €, donc 9 m de ce tissu coûtent 36 €.

Longueur de tissu, en m	3	9	15
Prix, en €	12	36	60

Exemple de tableau de proportionnalité

Longueur de tissu, en m	3	9	15
Prix, en €	12	36	60

× 4

Exemple de représentation graphique

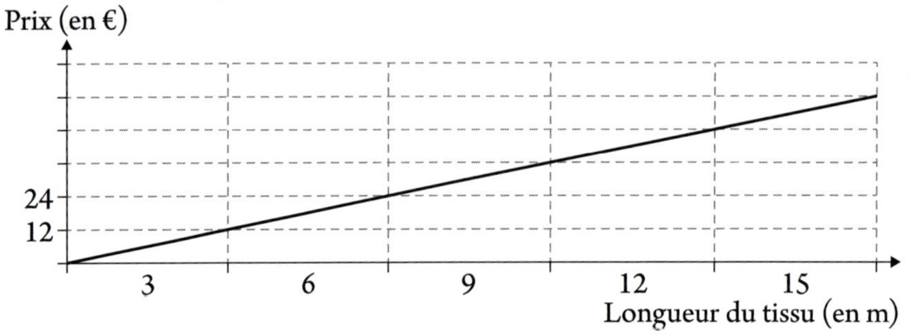

CONSEIL DU FORMATEUR

Dans l'apprentissage de la proportionnalité, le principal écueil à éviter est de vouloir le cloisonner et l'aborder en regroupant l'ensemble des éléments sur une ou deux périodes. Celui-ci doit en effet faire l'objet d'un enseignement en spirale, réparti tout au long du cycle 3 et travaillé lors des cinq périodes de l'année scolaire à travers des situations variées telles que :

- lire, interpréter et construire un tableau de proportionnalité ;
- résoudre des problèmes de proportionnalité variés en utilisant notamment le passage à l'unité (recherche de la quatrième proportionnelle) ;
- construire, lire et interpréter un graphique.

Il est donc nécessaire d'établir à la fois une programmation de cycle (du CM1 à la 6e), mais également une progression dans chaque niveau de sorte que la proportionnalité soit étudiée de manière spiralée tout au long de l'année scolaire.

Pour approcher la proportionnalité avec des élèves de CM1, il convient de leur proposer le plus tôt possible des situations de proportionnalité et de non-proportionnalité afin de les amener à observer les rapports qui peuvent exister entre des nombres. Ils seront amenés à observer des tableaux de nombres (de proportionnalité et de non-proportionnalité), à les comparer pour en trouver les particularités, leurs points communs et leurs différences. L'objectif de la confrontation de ces types de situations de proportionnalité et de non-proportionnalité est de créer du sens pour la notion elle-même. On met alors progressivement en évidence la propriété de linéarité sous ses deux aspects afin de résoudre les problèmes proposés.

Attention ! Concernant le coefficient multiplicateur, il faut veiller à choisir un type de nombre maitrisé par les élèves : un entier qui ne soit pas trop grand convient ; si c'est un décimal, cela se complique rapidement... Et quand on arrive à un coefficient de 4/3, la situation s'avère alors particulièrement complexe pour des élèves de CM.

Des questions supplémentaires à propos de l'articulation savoirs disciplinaires-savoirs enseignés sont disponibles en ligne sur : www.vuibert.fr/site/210750

13 Applications usuelles de la proportionnalité

AUTOÉVALUATION

Pour chaque question, il peut y avoir plusieurs bonnes réponses.

❶ Dans une école, le nombre total d'étudiants inscrits au test d'entrée a diminué de 10 % entre 2014 et 2015. Cependant le pourcentage d'étudiantes par rapport au nombre total d'inscrits est passé de 75 % à 80 %. Que peut-on conclure sur l'évolution du nombre de filles inscrites à ce test, entre 2014 et 2015 ?

☐ **a.** Le nombre de filles inscrites a augmenté entre 2014 et 2015.
☐ **b.** L'évolution est positive pour les filles et l'augmentation est de 0,5 %.
☐ **c.** L'évolution est négative pour les filles et la diminution est de 0,5 %.
☐ **d.** Le nombre de filles inscrites a diminué de 4 %.

❷ On considère le produit de deux nombres. Comment ce produit évolue-t-il lorsque le premier facteur augmente de 10 % et le second diminue de 10 % ?

☐ **a.** Le produit reste inchangé.
☐ **b.** Tout dépend des tailles relatives des deux facteurs du produit.
☐ **c.** Le produit augmente de 1 %.
☐ **d.** Le produit diminue de 1 %.

❸ En gelant, l'eau augmente son volume de 7,5 %. Un cube de glace a 21 cm d'arête. Le volume d'eau qu'on obtiendrait en le faisant fondre :

☐ **a.** est obtenu en multipliant le volume du glaçon dans la même unité par 0,925
☐ **b.** est obtenu en multipliant le volume du glaçon dans la même unité par 1,075
☐ **c.** est compris entre 8 L et 9 L
☐ **d.** est supérieur à 8 000 cm^3

❹ Un mélange de café se compose de 45 % d'arabica et de 55 % de robusta.
L'arabica coute 2 € les 250 grammes et le robusta coute 1,8 € les 250 grammes.
Le prix de 250 grammes de mélange est :

☐ **a.** 1,90 €
☐ **b.** 1,89 €
☐ **c.** 1,88 €
☐ **d.** le résultat n'est pas exact en centimes d'euro

❺ Lorsque la TVA passe de 18,6 % à 20,6 % :

☐ **a.** le prix de tous les produits augmente de 2 %
☐ **b.** le pourcentage d'augmentation dépend des produits
☐ **c.** le prix de tous les produits augmente de plus de 2 %
☐ **d.** le prix de tous les produits augmente de moins de 2 %

❻ Pour diminuer un nombre de 8 %, on le multiplie par :
☐ **a.** 0,08
☐ **b.** $\frac{8}{100}$
☐ **c.** 0,92
☐ **d.** 0,2

❼ Pour augmenter un nombre de 40 %, on le multiplie par :
☐ **a.** 0,4
☐ **b.** $\frac{40}{100}$
☐ **c.** 0,6
☐ **d.** 1,4

❽ Sur un plan à l'échelle 1/500, un terrain a une aire de 25 cm^2.
L'aire réelle de ce terrain est :
☐ **a.** 12 500 cm^2
☐ **b.** 125 m^2
☐ **c.** 6 250 000 cm^2
☐ **d.** 6 250 m^2

❾ Un automobiliste roule à une vitesse moyenne de 80 km/h entre deux villes A et B. Au retour, par la même route, sa vitesse moyenne est 60 km/h.
Alors sa vitesse moyenne sur l'ensemble du parcours est :
☐ **a.** 70 km/h
☐ **b.** environ 68,57 km/h
☐ **c.** un peu plus de 69 km/h
☐ **d.** Il n'y a pas assez de données pour déterminer cette vitesse moyenne.

CONSEILS

Les applications usuelles de la proportionnalité concernent essentiellement trois domaines : les opérations et les pourcentages, les agrandissements (ou les réductions) et les grandeurs associées aux figures, et les calculs de vitesse moyenne ou de durées. Chacun de ces domaines met en œuvre des techniques spécifiques, peu nombreuses, qu'il faut bien maitriser, car le « bon sens » est très souvent de mauvais conseil dans ces problèmes. Par exemple, les transformations successives de quantités avec des pourcentages, les calculs d'aires ou de volumes pour une échelle donnée, ou les calculs de vitesses moyennes. En cas de difficultés dans les questions de ce QCM, n'hésitez pas à vous reporter au cours qui donne et explique en détail ces différentes techniques.

CORRIGÉS

❶ **d.** Pour 100 étudiants en 2014, il y en a 90 en 2015. Par rapport au nombre d'inscrits, pour 100 étudiants, il y avait 75 filles en 2014 et 72 (80 % × 90) en 2015.
Le nombre de filles inscrites a donc diminué, de 3 pour 75, c'est-à-dire de 4 %.

❷ **d.** Soit a et b les deux nombres. $1{,}1a \times 0{,}9b = 0{,}99ab$ et $0{,}99 = 1 - 0{,}01$.

❸ **c.** et **d.** Je porte les données de l'énoncé sur un schéma :

$$\text{V(eau)} \xrightarrow[\times 1{,}075]{+7{,}5\ \%} \text{V(glace)}$$

Volume du cube de glace : 21 × 21 × 21 = 9 261 cm^3.

Le volume d'eau obtenu est $\frac{9\,261}{1{,}075} \approx 8\,615$ cm^3, soit environ 8,6 L.

❹ **b.** 250 g de ce mélange coutent 0,45 × 2 € + 0,55 × 1,80 € = 1,89 €.

❺ **d.** Soit un prix HT de 100 €. Ce prix passe de 118,6 € TTC à 120,6 € TTC, soit une augmentation de 2 € pour 118,6 € (environ 1,7 %).

❻ **c.** Car on multiplie le nombre par 1 – 0,08 = 0,92.

❼ **d.** Car on multiplie le nombre par 1 + 0,40 = 1,4.

❽ **c.** Dans un agrandissement de rapport k, les aires sont multipliées par k^2, donc aire = $500^2 \times 25\ cm^2 = 6\,250\,000\ cm^2$.

❾ **b.** Soit v la vitesse moyenne sur l'ensemble du trajet, et d la distance entre les deux villes.

Pour l'aller, la durée du parcours est $t_1 = \frac{d}{80}$.

Pour le retour, la durée du parcours est $t_2 = \frac{d}{60}$.

Alors, en km/h, $v = \frac{\text{distance totale parcourue}}{\text{durée totale de parcours}} = \frac{2d}{\frac{d}{80} + \frac{d}{60}} = \frac{2d}{\frac{7d}{240}} = \frac{2d \times 240}{7d} \approx 68{,}57$.

COURS

Compétence à maitriser pour le concours :
- **Résoudre des problèmes de proportionnalité** (pourcentages, échelles, agrandissement réduction ; vitesse, distance et temps).

1 Pourcentages

A. Définition

Un pourcentage est un coefficient de proportionnalité exprimé à l'aide d'une fraction dont le dénominateur est 100. On le note généralement *t* %.

Dans la vie courante, un pourcentage prend son sens en se rapportant à une quantité donnée. On dit « *t* % de quelque chose ».

EXEMPLE

Masse de blé	360	420	720	680
Masse de farine	306	357	612	578

On peut vérifier que les deux suites de nombres sont proportionnelles, et que 100 kg de blé donnent 85 kg de farine. On dit encore que le blé donne 85 % de sa masse en farine, et chacun des deux nombres 85 et 100 se rapporte à une donnée.

B. Pourcentage de variation

- Quand une quantité varie, elle passe d'une valeur initiale à une valeur finale.
Le pourcentage de variation de valeur de cette quantité est défini par :

$$\frac{\text{valeur finale} - \text{valeur initiale}}{\text{valeur initiale}} \text{ soit } \frac{\text{variation}}{\text{valeur initiale}}$$

APPLICATION 1

❶ Un article qui coutait 45 € est vendu maintenant 51,75 €.
Quel est le pourcentage d'augmentation du prix de cet article ?

❷ Un article qui coutait 45 € est vendu maintenant 38,25 €.
Quel est le pourcentage de diminution du prix de cet article ?

❸ Aujourd'hui, la température était de 12° C le matin et 35° C l'après-midi.
Exprimer cette hausse en pourcentage.

→ Corrigé p. 303

- Pour **augmenter une quantité de *t* %**, on la **multiplie par 1 + *t* %.**

EXEMPLE

Un article coute 135 € et son prix subit une hausse de 7 %.

Le nouveau prix, en euros, est : $135 + 7\,\% \times 135 = (1 + 7\,\%) \times 135$
$= 1{,}07 \times 135 = 144{,}45$

Présentation possible du problème : 135 € $\xrightarrow{+7\,\%}$ P ; 135 € $\xrightarrow{\times 1{,}07}$ P

- Pour **diminuer une quantité de *t* %**, on la **multiplie par 1 – *t* %.**

EXEMPLE

Un article coute 135 € et son prix baisse de 15 %.

Le nouveau prix, en euros, est : $135 - 15\,\% \times 135 = (1 - 15\,\%) \times 135$
$= 0{,}85 \times 135 = 114{,}75$

Présentation possible du problème : 135 € $\xrightarrow{-15\,\%}$ P ; 135 € $\xrightarrow{\times 0{,}85}$ P

APPLICATION 2

❶ Par combien multiplie-t-on un nombre pour l'augmenter de 5 % ; 8,5 % ; 15 % ; 20 % ; 50 % ; 100 % ; 150 % ?

❷ Par combien multiplie-t-on un nombre pour le diminuer de 5 % ; 10 % ; 45 % ; 60 % ?

❸ Une quantité ayant été multipliée par un des nombres suivants, indiquer s'il s'agit d'une augmentation ou d'une diminution et de quel pourcentage :
1,75 ; 1,02 ; 0,56 ; 0,08 ; 3 ; 1,455.

→ Corrigé p. 303

ZOOM

En général, on ne peut pas ajouter ou soustraire des pourcentages successifs.

EXEMPLE

Le prix d'un article subit deux hausses successives, la première de 10 %, la deuxième de 10 % également.

Quel est le pourcentage d'augmentation final de ce produit ?

Soit 100 € le prix de ce produit.

Après la première augmentation, le produit coute $100 \times 1{,}1 = 110$ €, et, après la deuxième augmentation, il coute $110 \times 1{,}1 = 121$ €.

L'augmentation est donc de 21 €, autrement dit le prix de ce produit a augmenté de 21 % (et non pas 10 % + 10 % = 20 %).

Présentation possible du problème :

Q1 $\xrightarrow[\times 1{,}1]{+10\,\%}$ Q2 $\xrightarrow[\times 1{,}1]{+10\,\%}$ Q3 ; Q1 $\xrightarrow{\times 1{,}1 \times 1{,}1 = 1{,}21}$ Q3

$$V1 \xrightarrow[\times(1+a\,\%)]{+a\,\%} V2 \xrightarrow[\times(1+b\,\%)]{+b\,\%} V3$$

$$V1 \xrightarrow{\times(1+a\,\%)(1+b\,\%)} V3$$

- Étant donné un capital C_0 placé à intérêts composés au taux de t %, alors le capital C_n obtenu au bout de n années est $\mathbf{C_n = (1 + t\,\%)^n \times C_0}$.

EXEMPLES

• On place 1 500 € à 4 % pendant 20 ans. Quel est le montant du capital au bout de 20 ans ?

$1\,500 \times 1{,}04^{20} \approx 3\,286{,}68$ €

ZOOM

Un pourcentage étant donné, toute lecture « à l'envers » est impossible car fausse.

• Le prix d'un article ayant augmenté de 20 %, de quel pourcentage doit-on diminuer le nouveau prix pour obtenir le prix initial ?

Soit 100 €, le prix de l'article. Après l'augmentation, cet article vaut donc 120 €. Pour revenir au prix initial, il faut donc diminuer ce nouveau prix de 20 €.

C'est donc une diminution de 20 € pour 120 €, c'est-à-dire $\frac{20}{120} \times 100$, soit encore environ 16 % (et donc, une augmentation de 20 % correspond à une diminution d'environ 16 % « dans l'autre sens »).

Présentation possible du problème :

$$P1 \xrightarrow[\times 1{,}2]{+20\,\%} P2 \qquad P2 \xrightarrow{\div 1{,}2} P1$$

APPLICATION 3

Sur un sachet de fromage, on peut lire :

« Poids net : 0,217 kg, 45 % de matière grasse sur le produit sec, soit 10 % sur le poids du fromage. »

❶ Quel est le poids de matière grasse contenu dans le sachet ?

❷ Quel est le poids d'eau contenu dans le sachet ?

→Corrigé p. 303

APPLICATION 4

❶ Un article a augmenté de 5 % en 2014 et de 6 % en 2015.
Quel est le pourcentage d'augmentation de cet article sur les deux années ?

❷ Le prix d'un article augmente de 25 %.
De quel pourcentage doit-il diminuer pour revenir à son prix initial ?

❸ Le prix d'un article diminue de 25 %.
De quel pourcentage doit-il augmenter pour revenir à son prix initial ? On arrondira le résultat au taux de pourcentage entier.

❹ Les bonnes années, les traitements des fonctionnaires étaient revalorisés de 0,5 % au 1er mars et encore de 0,5 % au 1er octobre.
Quelle augmentation au premier janvier de « ces bonnes années » permet le même gain annuel. Le résultat sera arrondi au 1/100e.

→Corrigé p. 303

APPLICATION 5

Dans un lycée, il y a 52 % de filles et 48 % de garçons. Il y a 30 % des filles et 40 % des garçons qui ont un ordinateur.
Quel est le pourcentage des élèves qui ont un ordinateur ?

→ Corrigé p. 304

2 Échelles

A. Définition

L'échelle d'une représentation est le **rapport entre la mesure sur cette représentation et la mesure réelle** de l'objet représenté, les deux distances étant exprimées dans la même unité.

$$\textbf{échelle} = \frac{\textbf{mesure représentée}}{\textbf{mesure réelle}}$$

ZOOM

L'unité choisie est celle que l'on veut, en cohérence avec le contexte.

EXEMPLES

- Une carte est à l'échelle $\frac{1}{1\,000\,000}$ signifie qu'1 cm sur la carte représente 1 000 000 cm dans la réalité, c'est-à-dire encore qu'1 cm sur la carte représente 10 km dans la réalité.
- Une photographie est à l'échelle 200 $\left(\text{soit } \frac{200}{1}\right)$ signifie que 200 cm sur la photographie représentent 1 cm dans la réalité, soit encore qu'1 cm sur la photographie représente 0,005 cm (0,05 mm) dans la réalité.

ZOOM

Une échelle peut exprimer une réduction mais aussi un agrandissement.

B. Proportionnalité et agrandissement

Soit un nombre $a > 0$.

Dans un agrandissement ou une réduction de rapport a :
- le périmètre des figures est multiplié par a (il y a proportionnalité entre ces deux quantités) ;
- l'aire est multipliée par a^2 ;
- le volume est multiplié par a^3.

Si $a < 1$, il s'agit d'une réduction ; si $a > 1$, il s'agit d'un agrandissement.

CONSEIL

Lorsqu'une figure est un agrandissement d'une l'autre, on dit qu'elles sont semblables (et, sous certaines conditions, homothétiques ; voir les chapitres 7 et 9). On peut alors appliquer la propriété de Thalès (voir chapitre 8).

EXEMPLES

• Si on triple les dimensions d'un cube, l'aire de chacune de ses faces est multipliée par 9 et son volume est multiplié par 27.

• La Terre a un diamètre de 12 356 km (à l'équateur), le Soleil a un diamètre de 1 392 000 km, soit environ 100 fois celui de la Terre.

Donc le volume du Soleil est environ $100^3 = 1\,000\,000$ de fois celui de la Terre.

APPLICATION 6

❶ Une distance de 36 km est représentée sur une carte par 9 cm.
Quelle est l'échelle de cette représentation ?

❷ Sur un plan à l'échelle 1/1 000, on a dessiné une pelouse sur 9 cm^2.
Quelle est la superficie réelle de cette pelouse ?

❸ Charlie a dessiné un cube à l'échelle 1/50. L'arête de ce cube mesure 4 cm sur sa représentation.
Quel est le volume du cube réel ?

→Corrigé p. 304

❸ Vitesse, distance et temps

◗ **Définition :** La vitesse d'un mobile est le nombre exprimant la distance parcourue par ce mobile pendant un temps donné.

$$\textbf{vitesse} = \frac{\textbf{distance parcourue}}{\textbf{durée du parcours}}$$

APPLICATION 7

❶ Un automobiliste parcourt 100 km à une vitesse moyenne de 80 km/h, puis 250 km à une vitesse moyenne de 120 km/h.
Calculer sa vitesse moyenne sur l'ensemble du parcours.

❷ Un automobiliste roule pendant 1 h à 80 km/h, puis pendant 1 h à 120 km/h. Calculer sa vitesse moyenne sur l'ensemble du parcours.

❸ Un automobiliste parcourt 200 km à une vitesse moyenne de 80 km/h, puis 200 km à une vitesse moyenne de 120 km/h.
Calculer sa vitesse moyenne sur l'ensemble du parcours.

→Corrigé p. 304

◗ **Quelques vitesses et distances usuelles à connaitre**

- Vitesse du son : environ 340 m/s, soit environ 1 224 km/h
- Vitesse de la Lumière : environ 300 000 km/s
- Distance Terre-Soleil : environ 150 000 000 km
- Distance Terre-Lune : environ 400 000 km

CORRIGÉS

APPLICATION 1

❶ Le prix de cet article a augmenté de 15 % : $\dfrac{51{,}75 - 45}{45} = 0{,}15$.

❷ Le prix de cet article a diminué de 15 % : $\dfrac{38{,}25 - 45}{45} = -\,0{,}15$.

❸ La température a augmenté d'environ 192 % : $\dfrac{35 - 12}{12} \approx 1{,}92$.

APPLICATION 2

❶ On multiplie le nombre respectivement par 1,05 ; 1,085 ; 1,15 ; 1,2 ; 1,5 ; 2 ; 2,5.

❷ On multiplie le nombre respectivement par 0,95 ; 0,9 ; 0,55 ; 0,4.

❸ Les quantités ont été respectivement :
- augmentées de 75 % (car 1,75 = 1 + 0,75) ;
- augmentées de 2 % ;
- diminuées de 44 % (car 0,56 = 1 − 0,44) ;
- diminuées de 92 % ;
- augmentées de 200 % ;
- augmentées de 45,5 %.

APPLICATION 3

❶ 0,217 kg = 217 g
Poids de matière grasse contenue dans le sachet : 10 % × 217 = 21,7 g.

❷ Ce poids représente les 45 % du poids du produit sec, donc, si on appelle *ps* le poids du produit sec, on a 21,7 = 45 % × *ps*.

D'où $21{,}7 = \dfrac{45}{100} \times ps$, et donc $ps = 21{,}7 \times \dfrac{100}{45}$, soit $ps \approx 48{,}22$ g.

Poids d'eau contenue dans ce fromage : 217 − 48,22 = 168,78 g.

APPLICATION 4

❶ $P(\text{final}) = 1{,}05 \times 1{,}06 \times P(\text{initial}) = 1{,}113 \times P(\text{initial})$
Le prix initial a augmenté de 11,3 %.

❷ $P(\text{final}) = 1{,}25P(\text{initial})$, donc $P(\text{initial}) = \dfrac{1}{1{,}25}P(\text{final}) = 0{,}8P(\text{final})$

0,8 = 1 − 0,2 : il faut baisser le prix final de 20 % pour revenir au prix initial.

❸ $P(\text{final}) = 0{,}75P(\text{initial})$, donc $P(\text{initial}) = \dfrac{1}{0{,}75}P(\text{final}) \approx 1{,}33_{P}(\text{final})$

Il faut augmenter le prix final d'environ 33 % pour revenir au prix initial.

❹ Soit *T* le traitement mensuel d'un fonctionnaire en janvier. En tenant compte des différentes augmentations, le salaire mensuel moyen sur l'année est :

$$\frac{2T + 7 \times 1{,}005T + 3 \times 1{,}005^2T}{12} \approx 1{,}005423T$$

L'augmentation mensuelle moyenne est d'environ 0,54 %.

APPLICATION 5

Les 30 % de filles qui possèdent un ordinateur représentent 30 % × 52 % des élèves.
Les 40 % de garçons qui possèdent un ordinateur représentent 40 % × 48 % des élèves.
Le pourcentage des élèves qui possèdent un ordinateur est donc :
30 % × 52 % + 40 % × 48 % = 0,3 × 0,52 + 0,4 × 0,48 = 0,348 = 34,8 %.

APPLICATION 6

❶ 36 km = 3 600 000 cm, donc l'échelle est $\frac{9}{3\,600\,000} = \frac{1}{400\,000}$.

❷ Si on multiplie les dimensions d'une figure par k, alors l'aire de cette figure est multipliée par k^2, donc la superficie réelle de cette pelouse est :
1 000 000 × 9 cm^2 = 9 000 000 cm^2, soit encore 900 m^2.

❸ Le volume du cube représenté est :
4^3 cm^3 = 64 cm^3. Or, si on multiplie les dimensions d'un solide par k, alors le volume de ce solide est multiplié par k^3, donc le volume du cube réel est :
50^3 × 64 cm^3 = 8 000 000 cm^3, soit encore 8 m^3.

APPLICATION 7

❶ Distance totale parcourue, en km : 100 + 250 = 350.
Temps total de parcours :

$T_1 = \frac{60 \times 100}{80}$, soit T_1 = 75 min.

Distance, en km	80	100
Temps, en min	60	T_1

$T_2 = \frac{60 \times 250}{120}$, soit T_2 = 125 min.

Distance, en km	120	250
Temps, en min	60	T_2

Finalement, $V = \frac{350}{200} \times 60$, soit V = 105 km/h.

❷ L'automobiliste a parcouru 80 km + 120 km = 200 km en 2 h ; par conséquent, sa vitesse moyenne est 100 km/h.

CONSEIL

Dans ce cas, la vitesse moyenne est la moyenne arithmétique des deux vitesses.

❸ De même que précédemment :
Distance totale parcourue, en km : 200 + 200 = 400.

Temps total de parcours :

$T_1 = \frac{60 \times 200}{80}$, soit T_1 = 150 min.

Distance, en km	80	200
Temps, en min	60	T_1

T_2 = 200 ÷ 2 = 100, soit T_2 = 100 min.

Distance, en km	120	200
Temps, en min	60	T_2

Finalement, $V = \frac{400}{250} \times 60$, soit V = 96 km/h.

ENTRAINEMENT

EXERCICE 1 — 15 min.

Vrai ou faux ? Justifier les réponses.

La figure ci-contre représente trois carrés construits sur les trois côtés d'un triangle rectangle. Dans chacun des carrés est indiquée son aire.

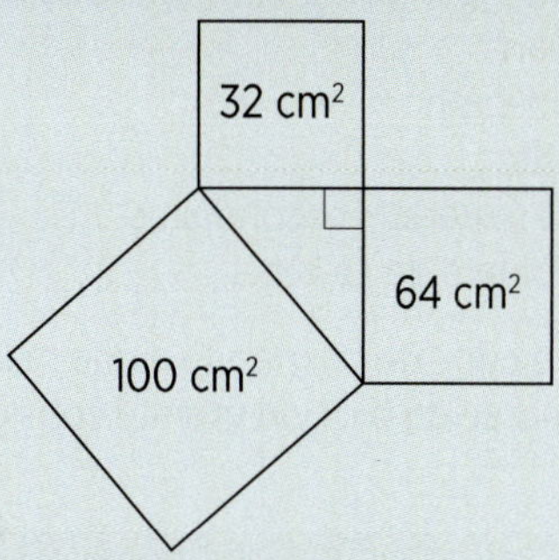

Affirmation 1 : La construction à l'échelle de cette figure est possible.

Léa et Lou discutent de la façon dont deux commerçants calculent un prix.
Le premier applique une remise de 20 % sur le prix marqué, qui est suivie d'une augmentation de 10%. Le deuxième applique une augmentation de 10 % sur le prix marqué, suivie d'une remise de 20 %.
Lou affirme que le prix proposé par le second commerçant est plus intéressant pour un acheteur.

Affirmation 2 : Lou a raison.

EXERCICE 2 — 25 min.

Lors d'une élection, 3 candidats A, B et C sont en lice. Il y a 5 000 électeurs inscrits et seulement 3 500 votants. Il n'y a pas de bulletins blancs, ni de bulletins nuls.
Le candidat A obtient 1 652 voix.
Le candidat B obtient 29,4 % des suffrages exprimés.

❶ Quel est le taux de participation (pourcentage de votants par rapport au nombre d'inscrits) ?

❷ Quel est le taux d'abstention (pourcentage de non-votants par rapport au nombre d'inscrits) ?

❸ Pour chacun des candidats A, B et C, quel est le nombre de voix obtenues et le pourcentage de voix obtenues par rapport aux suffrages exprimés ?

❹ Pour chacun des candidats A, B et C, quel est le pourcentage de voix obtenues par rapport au nombre d'électeurs inscrits ?

❺ Lors d'une autre élection dans une autre population, le taux d'abstention est de 10 %. Il n'y a pas de bulletins blancs, ni de bulletins nuls. L'un des candidats obtient 40 % des suffrages exprimés. Si le taux de participation avait été de 72 % et si ce candidat avait obtenu le même nombre de voix, quel aurait été son score (pourcentage de voix obtenues par rapport aux suffrages exprimés) ?

EXERCICE 3 — 20 min.

Le granite est une roche cristalline formée d'un mélange hétérogène de quatre éléments : quartz, feldspath, biotite et minéraux secondaires.

❶ Un bloc de granite est composé de :
- 28 % de quartz ;
- 53 % de feldspath ;
- 11 % de biotite ;
- 19,2 dm^3 de minéraux secondaires.

Calculer le volume de ce bloc.

❷ Un mètre cube de ce granite a une masse de 2,6 tonnes.
Calculer la masse du bloc de granite considéré dans la question 1.

EXERCICE 4 — 25 min.

Un couple travaille dans une entreprise. Dominique gagne 50 % de plus que Claude.

On posera x le salaire mensuel de Dominique, et y le salaire mensuel de Claude.
Le salaire de Claude est augmenté de 12,5 % et celui de Dominique de 5 %.

❶ Sachant que le salaire mensuel de Claude était de 1 800 €, quel est le nouveau revenu mensuel du couple ?

❷ Exprimer le nouveau revenu mensuel du couple en fonction de y.

❸ En partant d'un salaire initial pour Claude de 1 800 €, calculer le pourcentage d'augmentation des revenus du couple.

❹ Plus généralement, montrer que l'augmentation des revenus du ménage en pourcentage est constante, quelle que soit la valeur de y.

EXERCICE 5 — 25 min.

De la session 2014 à la session 2015, le nombre de reçus à un examen a augmenté de 20 % et le taux de réussite de 50 %.
Indiquer si le nombre de candidats a augmenté ou baissé et dans quel pourcentage.

EXERCICE 6 — 10 min.

Un cargo de 76 mètres de long et navigant à 25 km/h dépasse un bateau de plaisance de 15 mètres de long se déplaçant à 12 km/h.
Calculer la durée du dépassement.
(Le moment initial du dépassement correspond au moment où l'avant du cargo est à la hauteur de l'arrière du bateau de plaisance. Le moment final du dépassement correspond au moment où l'arrière du cargo est à la hauteur de l'avant du bateau de plaisance.)

EXERCICE 7 — 25 min.

Vous faites un voyage aller-retour en voiture entre deux villes distantes de 1 000 kilomètres.
À l'aller, vous roulez à la vitesse moyenne de 120 km/h et vous consommez 10 litres de carburant aux 100 km.
Au retour, les conditions de circulations sont telles que vous roulez à la vitesse moyenne de 60 km/h et vous consommez 8 litres aux 100 kilomètres.
Les distances parcourues à l'aller et au retour sont les mêmes.

❶ Quelle est la consommation moyenne sur l'ensemble du parcours ?

❷ Quelle est la vitesse moyenne sur l'ensemble du parcours ?

EXERCICE 8 — 25 min.

Deux trains vont à la rencontre l'un de l'autre. Le 1er a une vitesse moyenne de 50 km/h et le 2e de 37 km/h. La distance qui les sépare est 895 km.
Au bout de combien de temps se rencontreront-ils ?

EXERCICE 9 — 25 min.

Les données de cet exercice sont issues de la « Note d'information » du ministère de l'Éducation nationale de mars 2003.

Les évaluations en lecture dans le cadre de la journée d'appel de préparation à la défense (JAPD) – Année 2001-2002

Pourcentage de lecteurs en grave difficulté selon le niveau de lecture (en %)

	Niveaux de scolarité				Ensemble
	1 Études n'ayant pas dépassé le collège	2 Études de niveau CAP ou BEP	3 Études supérieures et techniques supérieures au BEP	4 Études générales à partir du lycée	
Garçons	27,6	12,9	3,6	1,6	8,0
Filles	20,1	8,4	2,8	1,2	3,9
Garçons et filles	25,3	11,1	3,2	1,4	6,0
Répartition de l'ensemble par niveau	6,7	29,1	11,7	52,5	100,0

Lecture :
- 27,6 % des garçons de niveau scolaire 1 sont en grave difficulté de lecture. Ce taux est de 8 % sur l'ensemble des garçons dont les résultats à la JAPD 2001-2002 sont connus.
- 6,7 % de l'ensemble de la population présente à la JAPD n'ont pas dépassé le collège.

❶ Peut-on parler de situation de proportionnalité entre garçons et filles pour décrire la situation des lecteurs en grave difficulté ?
Si oui, pourquoi ? Si non, pourquoi ?

❷ Le nombre de jeunes participant à la JAPD est de 522 148. Calculer le nombre de jeunes qui ont une scolarité de niveau 1 ; puis, parmi cette population dont la scolarité est de niveau 1, calculer le nombre de jeunes (garçons et filles confondus), en grave difficulté. Faire de même pour les niveaux 2, 3 et 4.

❸ Calculer le pourcentage de jeunes (garçons et filles confondus) en grave difficulté par rapport à la population totale, pour chaque niveau de scolarité.

EXERCICE 10 — 20 min.

On estime l'âge de la planète Terre à environ 4,5 milliards d'années. L'homme serait apparu sur Terre il y a trois millions d'années. Si on représente la succession des évènements de l'histoire de la Terre par une année (le 1er janvier à 0 h représente le début de l'histoire de la terre il y a 4,5 milliards d'années, et le 31 décembre à minuit l'époque actuelle), de quand peut-on dater l'apparition de l'homme ?

VERS L'ORAL

EXERCICE 11

Compléter ce tableau en classant les exercices proposés ci-après.

Principale compétence travaillée	Exercice(s)
Je sais reconnaitre une situation de proportionnalité.	
Je sais respecter des proportions ou retrouver des données qui respectent des proportions connues.	
Je sais calculer une longueur à l'échelle.	
Je sais calculer des moyennes.	
Je découvre les pourcentages.	
Je sais utiliser la règle de trois.	

Exercice A

6 Jules et Armelle effectuent le même trajet, mais en sens inverse : Jules part de Bordeaux à 7 heures et roule à une moyenne de 66 km/h. Armelle part de Périgueux à 6 heures 50 et roule à une moyenne de 55 km/h. La distance entre les deux villes est de 110 km.

Qui a terminé en premier son parcours ?

Exercice B

Avant de commencer

La longueur de la voiture est de 3,60 m ;
celle de ce modèle réduit est de 12 cm.
Pour construire le modèle réduit a-t-on multiplié ou divisé les mesures de la voiture ?
Par combien ?

Exercice C

4 Cynthia a observé que, sur une carte, 100 m sont représentés par 1 cm.

a) **Combien de mètres 7,4 cm représentent-ils ?**

b) **Sur la carte, par quelle distance (en cm) sont représentés 428 m ?**

Exercice D

Entraînement

1 Un jardinier a réalisé un graphique pour suivre la croissance d'un plant de bambou.

Représente ces données sous la forme d'un tableau, puis cherche quelle pourrait être la taille du bambou au bout de 10 jours.

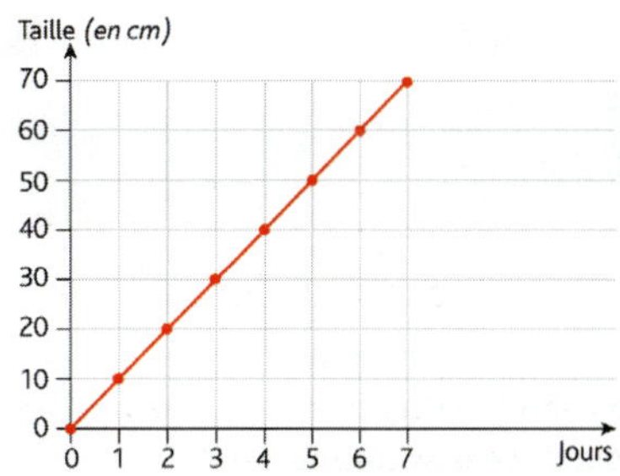

Exercice E

Dans une recette, Hugo a lu que, pour 2 personnes, il fallait 14 g de sel.
Il a décidé de préparer un tableau.

0	2	7	9	6	9 + 7	3	7 − 3	....	9 × 3	9 − 2 × 2	2 × 3 + 5	54
....	14	49	....	42	....	....	....	42 − 14	....	....	....	378

Recopie et continue cette suite de nombres. Que signifie-t-elle ?

Exercice F

3 **Trouve les calculs intermédiaires pour calculer le « quatrième mousquetaire » sans poser d'opérations.**

100	9
50	....
....	....
350	....

100	16,6
25	....
....	....
175	....

100	4,35
500	....
....	....
510	....

Exercice G

Avant de commencer

Solen et sa classe de CM2 ont fait une enquête auprès des 175 élèves de leur école au sujet de leur émission de télévision préférée. Chaque élève ne pouvait donner qu'une seule réponse. Ils ont obtenu les résultats suivants.

Dessin animé	Émission sportive	Documentaire	Film d'aventure	Émission musicale
21	35	63	42	14

Quels diagrammes représentent ces données ?

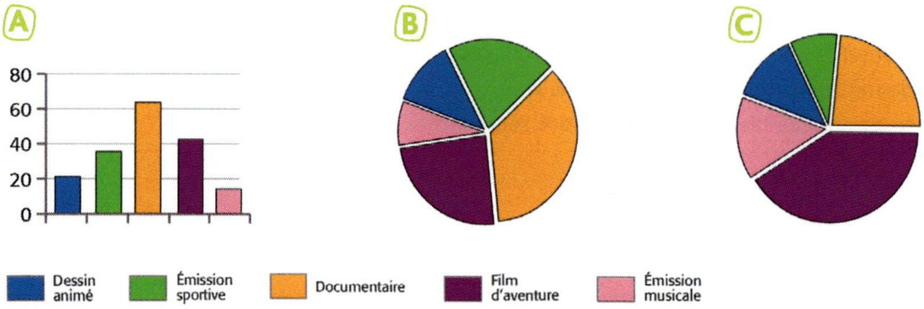

Exercice H

5 Utilise le tableau de ton choix pour trouver les réductions, puis calcule les nouveaux prix des vêtements.

Exercice I

3 Younès a trouvé la recette d'un gâteau roulé à la fraise. Il veut réaliser cette recette pour son anniversaire ; 10 personnes seront présentes.

Complète le tableau qu'il a commencé pour faire la liste de courses.

Pour 8 personnes
- 4 œufs
- 120 g de farine
- 120 g de sucre en poudre
- 150 g de confiture de fraises

	Pour 8 personnes	Pour	Pour ....
Œufs	4	$\frac{1}{2}$	....
Farine	120 g	15	150 g
Sucre	120 g	15	150 g
Confiture	150 g	....	....

CORRIGÉS

EXERCICE 1

❶ L'affirmation est fausse. Le dessin est faux. Le triangle central est un triangle rectangle, donc, d'après le théorème de Pythagore, on doit vérifier que 100 = 64 + 32, ce qui est faux.

❷ L'affirmation est fausse. Les prix chez les deux commerçants sont les mêmes, car la multiplication est commutative.
Pour le premier : $P(\text{final}) = 1{,}10 \times 0{,}80 \times P(\text{initial})$
Pour le second : $P(\text{final}) = 0{,}80 \times 1{,}10 \times P(\text{initial})$

EXERCICE 2

❶ Taux de participation : $\frac{3\,500}{5\,000} = 0{,}7$, c'est-à-dire un taux de participation de 70 %.

❷ Taux d'abstention : 100 % – 70 % = 30 %.

❸ Candidat A : il a obtenu 1 652 voix, soit $\frac{1\,652}{3\,500} = 0{,}472$, c'est-à-dire 47,2 % des suffrages exprimés.
Candidat B : il a obtenu 0,294 × 3 500 = 1 029 voix, et 29,4 % des suffrages exprimés.
Candidat C : il a obtenu 3 500 – 1 652 – 1 029 = 819 voix, ce qui représente :
100 – 47,2 – 29,4 = 23,4 % des suffrages exprimés.

❹ Candidat A : $\frac{1\,652}{5\,000} = 0{,}3304$, c'est-à-dire 33,04 % du nombre d'électeurs inscrits.
On trouve de même candidat B : 20,58 %. ; candidat C : 16,38 %.

❺ On résume les données dans un tableau.

	Abstention	Participation	Voix
En %	10 %	90 %	40 %
Données brutes	10	90	36
En %	28 %	72 %	x
Données brutes	28	72	36

On trouve 40 % × 90 = 36.
Puis $\frac{36}{72} = 0{,}5$, soit un score de 50 %.

EXERCICE 3

❶ On résume les données de l'énoncé dans un tableau.

	Répartition en pourcentage	Répartition en volume
Quartz	28 %	
Feldspath	53 %	
Biotite	11 %	
Minéraux secondaires		19,2 dm^3

La répartition en pourcentage des minéraux secondaires est donc de :
100 - (28 + 53 + 11) = 100 - 92 = 8.
8 % du volume du bloc représente donc 19,2 dm^3.
Soit V le volume du bloc, on a alors :
8 % × V = 19,2 et donc $V = \frac{19,2}{8\ \%}$, soit V = 240 dm^3.

❷ 240 dm^3 = 0,240 m^3
Masse du bloc de granite : 0,240 × 2,6 t = 0,624 t = 624 kg

EXERCICE 4

❶ Le salaire mensuel de Claude était de 1 800 €, par conséquent celui de Dominique était de 1,5 × 1 800 = 2 700 €.
Maintenant, Claude gagne (1 + 0,125) × 1 800 = 1,125 × 1 800 = 2 025 € et Dominique gagne (1 + 0,05) × 2 700 = 1,05 × 2 700 = 2 835 €. Le nouveau revenu mensuel du couple est donc : 2 025 € + 2 835 € = 4 860 €.

❷ Le salaire mensuel de Claude était de y €, donc celui de Dominique était de 1,5y €.
Maintenant, le salaire de Claude est de 1,125y €, et par conséquent celui de Dominique est de 1,05 × 1,5y € = 1,575y €.
Le revenu mensuel du couple en euros est donc de 1,125y + 1,575y = 2,7y.

❸ D'après la question 1, le revenu mensuel du couple est passé de
1 800 € + 2 700 € = 4 500 € à 4 860 €, soit une augmentation de 360 €.
Ce qui donne en pourcentage : $\frac{360}{4\,500}$ = 0,08, soit 8 %.

❹ De façon générale, le salaire mensuel du couple est passé de $y + 1,5y = 2,5y$ à 2,7y.
Soit une augmentation de 0,2y : $\frac{0,2y}{2,5y}$ = 0,08, soit 8 %.
Le pourcentage d'augmentation ne dépend donc pas des revenus du couple.

EXERCICE 5

Soit n le nombre de candidats et r le nombre de candidats reçus.
Le taux de réussite est $t = \frac{r}{n}$, d'où $n = \frac{r}{t}$.
On appelle n_1, r_1 et t_1 le nombre de candidats, le nombre de candidats reçus et le taux de réussite en 2014.
On appelle n_2, r_2 et t_2 le nombre de candidats, le nombre de candidats reçus et le taux de réussite en 2015.
D'après l'énoncé, $t_2 = \frac{r_2}{n_2} = \frac{1,20r_1}{n_2} = 1,50t_1 = \frac{1,50r_1}{n_1}$.
On a donc $\frac{1,20r_1}{n_2} = \frac{1,50r_1}{n_1}$, soit $\frac{1,20}{n_2} = \frac{1,50}{n_1}$.
Finalement, $\frac{n_2}{n_1} = \frac{1,20}{1,50}$, ce qui donne $n_2 = 0,8n_1$.
Le nombre de candidats a donc diminué.

EXERCICE 6

La distance totale à parcourir par le cargo est de 76 m + 15 m = 91 m.
Lors du dépassement, la vitesse relative du cargo est 25 km/h – 12 km/h, soit 13 km/h.
Le cargo doit parcourir 91 m à la vitesse de 13 km/h.

Distance, en m	13 000	91
Temps, en s	3 600	t

Soit $t = \frac{91 \times 3\,600}{13\,000} = 25{,}2$ s.

EXERCICE 7

❶ À l'aller, la consommation est de 10 × 10 L = 100 L.
Au retour, la consommation est de 10 × 8 L = 80 L.
On consomme donc 180 litres pour parcourir 2 000 km, soit une consommation moyenne de $\frac{180}{20} = 9$ litres pour 100 km.

❷ La vitesse moyenne est obtenue en faisant le quotient de la distance totale parcourue par le temps total de parcours.
Trajet aller :

Distance, en km	120	1 000
Temps, en min	60	T_A

Soit $T_A = \frac{60 \times 1\,000}{120} = 500$ min.
Trajet retour :

Distance, en km	60	1 000
Temps, en min	60	T_R

Le temps retour est donc $T_R = 1\,000$ min.
Le temps total de parcours est donc de 1 500 min.
La vitesse moyenne sur l'ensemble du parcours est donc de $V = \frac{2\,000 \times 60}{1\,500}$,
soit $V = 80$ km/h.

EXERCICE 8

Quand les deux trains se rencontrent, ils ont parcouru respectivement une distance d_1 et une distance d_2 durant le même temps t.
Comme $v = \frac{d}{t}$ alors on en déduit que $t = \frac{d_1}{v_1} = \frac{d_2}{v_2}$, d'où $\frac{d_1}{50} = \frac{d_2}{37}$, soit encore $d_2 = \frac{37}{50}d_1$.
De plus, $d_1 + d_2 = 895$.
Par substitution, $d_1 + \frac{37}{50}d_1 = 895$, c'est-à-dire encore $\frac{87}{50}d_1 = 895$.
On obtient $d_1 \approx 514$ km.
À ce moment de rencontre, la durée de parcours, en h, de chaque train est $\frac{514}{50} = 10{,}28$.
Et 10,28 h = 10 h 16 min 48 s (0,1 h = 6 min et 0,01 h = 36 s).

EXERCICE 9

❶ On ne peut pas parler de situation de proportionnalité entre les garçons et les filles, car on a par exemple :

$\frac{12{,}9}{8{,}4} \approx 1{,}535$ et $\frac{1{,}6}{1{,}2} \approx 1{,}333$, donc $\frac{12{,}9}{8{,}4} \neq \frac{1{,}6}{1{,}2}$.

❷ Nombre de jeunes qui ont une scolarité de niveau 1 : 6,7 % × 522 148 ≈ 34 984.
Nombre de jeunes (garçons et filles) de niveau 1 en grave difficulté de lecture :
25,3 % × 34 984 ≈ 8 851.
On obtient de la même façon :

Niveau	**1**	**2**	**3**	**4**
Nombre de jeunes	34 984	151 945	61 091	274 128
Nombre de jeunes en grave difficulté de lecture	8 851	16 866	1 955	3 838

❸ Pourcentage de jeunes de niveau 1 en grave difficulté de lecture par rapport à la population totale : $\frac{8\,851}{522\,148} \approx 0\ 017$, soit 1,7 %.
On obtient de la même façon :

Niveau	**1**	**2**	**3**	**4**
Pourcentage de jeunes en grave difficulté par rapport à la population totale	1,7	3,2	0,4	0,7

CONSEIL

La difficulté de cet exercice tient à ce qu'il faut bien comprendre le tableau, et prendre les bonnes références pour calculer les pourcentages.

Voici une autre façon de modéliser les données de l'énoncé :

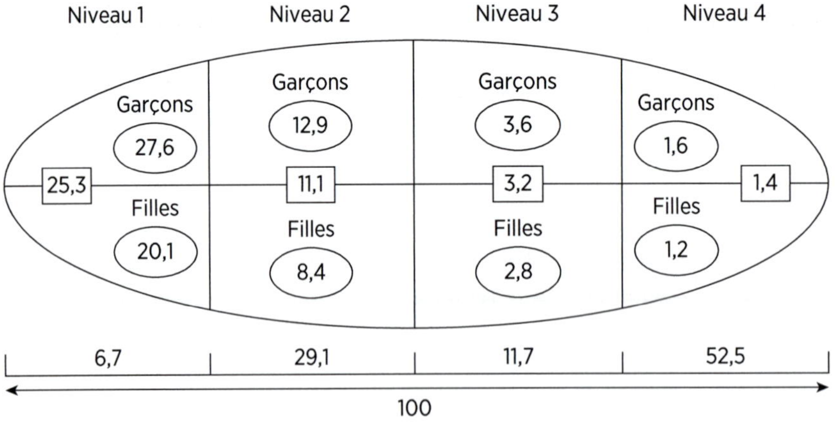

Par exemple, on voit que :

- pour 100 garçons de niveau 1, 27,6 sont en grave difficulté de lecture ;
- pour 100 filles de niveau 1, 20,1 sont en grave difficulté de lecture ;
- pour 100 jeunes de niveau 1, 25,3 sont en grave difficulté de lecture.

EXERCICE 10

Temps en j	365	T
Temps réel, en années	4 500 000 000	3 000 000

On a donc $T = \frac{3\,000\,000 \times 365}{4\,500\,000\,000}\text{ j} = \frac{3 \times 365}{4\,500}\text{ j}$

365 j = 365 × 24 h

donc 365 j = 365 × 24 × 60 × 60 s

$$T = \frac{3 \times 5 \times 73 \times 3 \times 8 \times 6 \times 10 \times 6 \times 10}{3 \times 3 \times 5 \times 10 \times 10}$$

$T = 73 \times 8 \times 6 \times 6$

$T = 21\,024$ s

Soit T = 5 h 50 min 24 s

Finalement, l'homme est donc apparu le 31 décembre à :
24 h – 5 h 50 min 24 s = 18 h 09 min 36 s.

VERS L'ORAL

EXERCICE 11

Principale compétence travaillée	Exercice(s)
Je sais reconnaitre une situation de proportionnalité.	Exercice E
Je sais respecter des proportions ou retrouver des données qui respectent des proportions connues.	Exercices D, G et I
Je sais calculer une longueur à l'échelle.	Exercices B et C question b)
Je sais calculer des moyennes.	Exercice A
Je découvre les pourcentages.	Exercices F et H
Je sais utiliser la règle de trois.	Exercice C question a)

14 Fonctions

AUTOÉVALUATION

Pour chaque question, il peut y avoir plusieurs bonnes réponses.

❶ Combien y a-t-il de fonctions affines parmi les fonctions suivantes ?

$f(x) = 4x^2 - 3$ $\quad g(x) = \dfrac{15 + x}{\pi}$ $\quad h(x) = \sqrt{3}x + 5$

$i(x) = \dfrac{x + 6}{x}$ $\quad j(x) = 5x$

☐ **a.** 1 ☐ **b.** 2
☐ **c.** 3 ☐ **d.** 4

❷ La représentation graphique de la fonction f définie par $f(x) = \dfrac{1}{2}x$ est :

☐ **a.** une courbe
☐ **b.** une droite passant par le point $(\dfrac{1}{2} ; 0)$
☐ **c.** une droite passant par O
☐ **d.** un point

❸ La droite passant par O et par le point (2 ; 6) est la représentation graphique de la fonction f définie par :

☐ **a.** $f(x) = 2x + 6$ ☐ **b.** $f(x) = 6x + 2$
☐ **c.** $f(x) = 3x$ ☐ **d.** $f(x) = x + 8$

❹ On considère la fonction f définie par $f(x) = (x - 1)(2x - 5)$.
On considère les quatre affirmations suivantes :

- $f(2) = 3$
- $f(11) = 170$
- f est linéaire.
- 0 est un antécédent de 5 par f.

Le nombre d'affirmations vraies est :

☐ **a.** 1 ☐ **b.** 2
☐ **c.** 3 ☐ **d.** 4

❺ Une augmentation de 20 % se traduit par la fonction :

☐ **a.** $f(x) = \dfrac{100}{20}x$ ☐ **b.** $f(x) = 20x$
☐ **c.** $f(x) = \dfrac{20}{100}x$ ☐ **d.** $f(x) = \dfrac{120}{100}x$

❻ La fonction définie par $f(x) = 0{,}6x$ traduit :

☐ **a.** une diminution de 60 % ☐ **b.** une diminution de 40 %
☐ **c.** une augmentation de 40 % ☐ **d.** une augmentation de 60 %

7 Une agence de location de camping-car propose la formule suivante : forfait journalier de 70 € et 0,30 € par kilomètre parcouru. On désigne par x le nombre de kilomètres parcourus pour une semaine de location. La fonction f qui exprime le prix y à payer en fonction de x est :

☐ **a.** $f(x) = 0{,}30x + 490$ ☐ **b.** $f(x) = 0{,}30x + 70$

☐ **c.** $f(x) = 490{,}30x$ ☐ **d.** $f(x) = 0{,}30(490 + x)$

CONSEILS

- Les fonctions à connaitre sont les fonctions affines et les fonctions linéaires. Ces dernières traduisent une situation de proportionnalité entre deux quantités.
- Il est important de :
  - connaitre le vocabulaire associé aux fonctions ;
  - savoir travailler sur une fonction donnée, connue par son expression algébrique ;
  - traduire les données d'un problème à l'aide d'une ou de plusieurs fonctions ;
  - savoir lire les coordonnées de points sur un graphique donné.
- Les valeurs particulières prises par les deux variables d'une fonction sont toujours représentées dans un tableau. Ce dernier peut être créé et complété à la main, ou obtenu à l'aide d'un tableur. Les formules associées sont l'écriture en langage informatique des formules algébriques définissant ces fonctions. Savoir que la multiplication s'écrit « * » suffit souvent à écrire de telles formules, les cas particuliers d'autres opérations étant donnés dans les énoncés. Enfin, les fonctions sont utiles dans tous les domaines des mathématiques : arithmétique, géométrie...

CORRIGÉS

1 **c.** Les fonctions g, h et j sont affines.

2 **a.** et **c.** Une droite est une courbe particulière.

3 **c.** Puisque la droite passe par O, elle est la courbe représentative d'une fonction linéaire $f(x) = ax$; $f(2) = 6$ se traduit par $2a = 6$, soit $a = 3$.

4 **b.** $f(2) = 1 \times (-1) = -1$; $f(11) = 10 \times 17$; $f(x) = 2x^2 - 7x + 5$; $f(0) = (-1) \times (-5) = 5$

5 **d.** Pour augmenter une quantité de 20 %, on la multiplie par $1 + 20\ \% = \frac{120}{100}$.

6 **b.** $0{,}6 = 1 - 0{,}4 = 1 - \frac{40}{100}$

7 **a.** 7×70 représente le forfait pour 7 jours et $0{,}30x$ le prix à payer pour x km parcourus.

COURS

Compétence à maitriser pour le concours :
- **Comprendre et utiliser la notion de fonction** (définitions et notations, fonctions usuelles, représentation graphique d'une fonction).

1 Définitions et notations

On appelle **fonction** tout procédé formé d'une suite d'opérations, et qui à un nombre donné associe un nombre. Une fonction est notée le plus souvent f (ou g, ou h) et est représentée comme suit :

$$f : x \longmapsto f(x)$$

x est la **variable**, qui prend les valeurs que l'on veut.

$f(x)$ s'appelle l'**image** de x par f, et x est l'**antécédent** de $f(x)$.

ZOOM

Il ne faut pas confondre f, qui est une fonction, avec $f(x)$, qui est un nombre.

EXEMPLE

Soit la fonction f définie par : $f : x \longmapsto -2x + 3$.

Calcul de l'image de 3 par cette fonction :

$f(3) = -2 \times 3 + 3$ soit $f(3) = -3$

Recherche de l'antécédent de 5 :

Cela revient à chercher s'il existe un nombre x tel que $f(x) = 5$.

Soit encore $-2x + 3 = 5$, c'est-à-dire $-2x = 2$ et donc $x = -1$.

Existe-t-il un nombre ayant pour image lui-même ?

Cela revient à chercher s'il existe un nombre x tel que $f(x) = x$.

Soit encore $-2x + 3 = x$, c'est-à-dire $3x = 3$ et donc $x = 1$.

L'image par f de x est encore notée y et on a donc $y = -2x + 3$ dans le cas particulier de cet exemple.

2 Fonctions usuelles

A. Fonctions affines

On appelle **fonction affine** toute fonction définie par $\boldsymbol{f(x) = ax + b}$.

a et b étant deux nombres donnés.

EXEMPLE

La fonction de l'exemple précédent est une fonction affine pour laquelle $a = -2$ et $b = 3$.

B. Fonctions linéaires

On appelle **fonction linéaire** toute fonction définie par $\boldsymbol{f(x) = ax}$.
a étant un nombre donné.

EXEMPLE
Soit la fonction définie par : $f : x \longmapsto \frac{1}{2}x$

f est une fonction linéaire pour laquelle $a = \frac{1}{2}$.

ZOOM
Toute fonction linéaire traduit une situation de proportionnalité entre la variable et son image.

APPLICATION 1

On considère la machine à nombres suivante.

Étape 1	Enlever 5.
Étape 2	Multiplier par 6.
Étape 3	Ajouter 6.
Étape 4	Diviser par 2.

❶ Quel nombre faut-il entrer dans la machine afin d'obtenir un zéro à l'issue de l'étape 4 ?
❷ On fait entrer un nombre x dans la machine, exprimer en fonction de x les nombres obtenus à chacune des étapes. Quelle est la nature de la fonction f obtenue ?
❸ Existe-t-il un nombre qui ressort inchangé après avoir traversé la machine ?

→ Corrigé p. 322

3 Représentation graphique d'une fonction

A. Définition

On appelle **courbe représentative** de la fonction f l'ensemble des points M du plan dont le couple de coordonnées est $(x\,;f(x))$.

EXEMPLE
La courbe ci-contre est la courbe représentative de la fonction f définie par $f(x) = -0{,}5x^2 + 20x$.

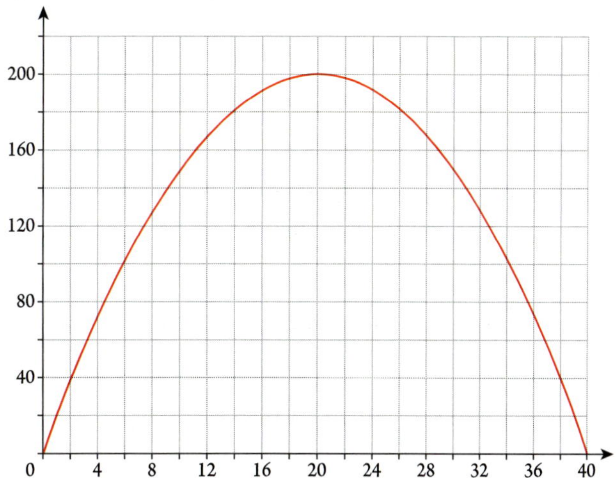

B. Théorème

La courbe représentative :
- d'une fonction affine est une droite coupant l'axe des ordonnées ;
- d'une fonction linéaire est une droite en passant par O.

CONSEIL

Deux points distincts déterminent une droite. Cependant, il est conseillé de placer un troisième point pour tracer une telle droite. Ce troisième point a deux avantages :
- si l'ordonnée d'un des trois points a été mal calculée, cela se verra car les trois points obtenus ne seront pas alignés ;
- le dessin obtenu est beaucoup plus précis et permet alors des lectures graphiques.

EXEMPLE

Tracé de la droite représentative de la fonction f définie par $f(x) = -2x + 3$.

Tableau de valeurs :

x	0	2	4
$f(x)$	3	-1	-5

La courbe représentative de f est alors la droite ci-contre.

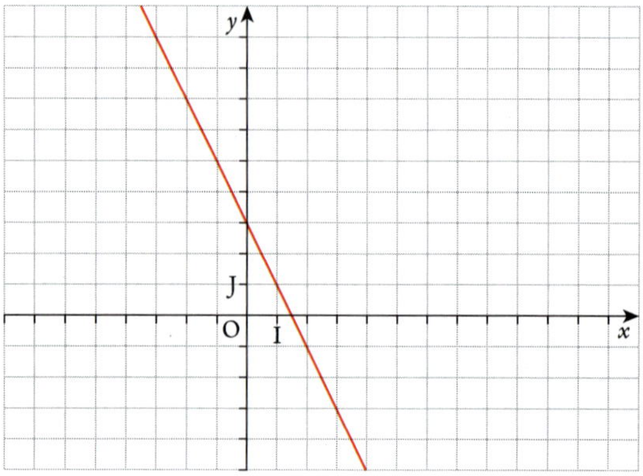

APPLICATION 2

Présenter trois tableaux de valeurs permettant de tracer les courbes représentatives des fonctions définies par :

$f(x) = \frac{1}{2}x - 1$ $g(x) = x - 4$ $h(x) = 2x + 3$

→ Corrigé p. 322

APPLICATION 3

Le graphique ci-dessous représente l'évolution de la vitesse d'un parachutiste lors d'un saut.

Évolution de la vitesse du parachutiste en fonction du temps

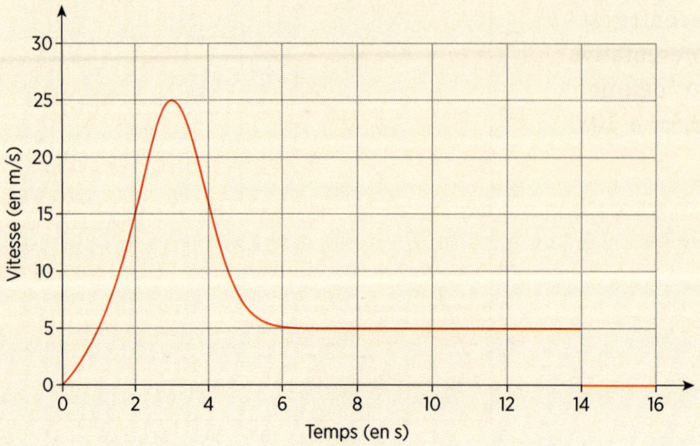

❶ Pendant la chute, sur quel intervalle de temps la vitesse du parachutiste est-elle constante ?

❷ Quelles sont les coordonnées du point correspondant à l'ouverture du parachute ?

❸ Décrire l'évolution de la vitesse du parachutiste entre les points d'abscisse 3 s et 6 s.

❹ Quelle distance le parachutiste parcourt-il pendant la 2e moitié du temps de sa chute ?

❺ Sachant que la distance totale parcourue par le parachutiste est de 115 m, donner une valeur arrondie au centième de sa vitesse moyenne de chute exprimée en km/h.

→Corrigé p. 322

APPLICATION 4

L'eau en gelant augmente de volume. Le segment de droite ci-dessous représente le volume de glace (en litre), en fonction du volume d'eau liquide (en litre).

Volume de la glace en litres en fonction du volume d'eau liquide en litres

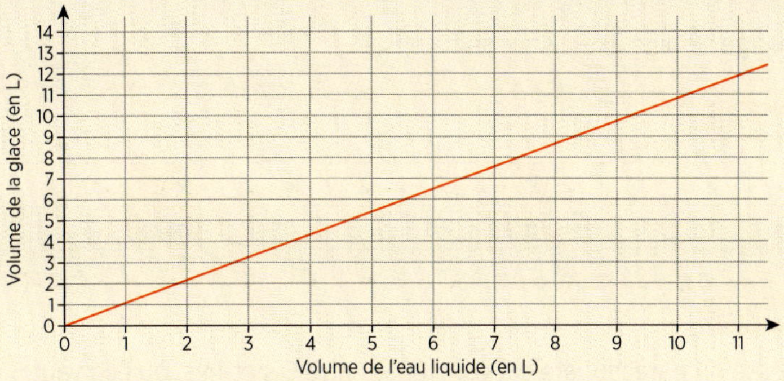

On répondra aux questions 1, 2 et 3 en utilisant le graphique ci-dessus.

❶ Quel est le volume de glace obtenu avec 7 litres de liquide ?

❷ Quel volume d'eau liquide faut-il mettre à geler pour obtenir 9 litres de glace ?

❸ Le volume de glace est-il proportionnel au volume d'eau liquide ?
Justifier la réponse.

❹ On admet que 10 litres d'eau liquide donnent 10,8 litres de glace.
De quel pourcentage ce volume d'eau augmente-t-il en gelant ?

❺ Dans un souci de préservation de la ressource en eau, la ville de Lyon a imaginé un dispositif de recyclage. Cette ville fournit un volume de 20 m^3 d'eau par jour aux engins de nettoiement grâce à l'eau récupérée de la fonte de la glace de la patinoire de Baraban.
À combien de litres de glace correspond le volume d'eau fourni par la ville de Lyon pour 30 jours de nettoyage ?

(Source : article du 03/12/2013 – http://blogs.grandlyon.com)

→Corrigé p. 322

CORRIGÉS

APPLICATION 1

❶ On remonte les étapes en considérant les opérations contraires :
$0 \times 2 = 0$; $0 - 6 = -6$; $-6 \div 6 = -1$; $-1 + 5 = 4$.
Le nombre 4 a pour image 0.

❷ Étape 1 : $x - 5$
Étape 2 : $6(x - 5) = 6x - 30$;
Étape 3 : $6x - 30 + 6 = 6x - 24$
Étape 4 : $(6x - 24) \div 2 = 3x - 12$.
$f(x) = 3x - 12$: f est une fonction affine.

❸ x inchangé signifie $3x - 12 = x$, soit $x = 6$.

APPLICATION 2

x	0	2	4
$f(x)$	−1	1	3

x	0	2	4
$g(x)$	−4	−2	0

x	0	1	2
$h(x)$	3	5	7

APPLICATION 3

❶ La vitesse du parachutiste est constante entre 6 s et 14 s, où elle vaut 5 m/s, et entre 14 s et 16 s, où elle est nulle.

❷ Les coordonnées du point correspondant à l'ouverture du parachute sont (3 ; 25).

❸ Entre 3 s et 6 s, la vitesse du parachutiste diminue et passe de 25 m/s à 5 m/s.

❹ Le temps de chute est de 14 s, donc la deuxième moitié de la chute dure 7 s, durant laquelle la vitesse est constante égale à 5 m/s. Il parcourt donc 35 m.

❺ Le parachutiste a parcouru 115 m en 14 s, sa vitesse moyenne en km/h est donc :
$\frac{0,115}{14} \times 3\,600 \approx 29,57$ km/h.

APPLICATION 4

❶ Avec 7 L d'eau, on obtient 7,5 L de glace.

❷ Pour obtenir 9 L de glace, il faut faire geler environ 8,3 L d'eau.

❸ Le volume de glace est proportionnel au volume d'eau, car la courbe représentative est une droite passant par O.

❹ 10 L d'eau donnent 10,8 L de glace, soit une augmentation de volume de 0,8 L. Donc, 100 L d'eau donnent une augmentation de volume de 8 L. En gelant, l'eau augmente de volume de 8 %.

❺ En 30 jours, la ville de Lyon fournit 30×20 m^3 = 600 m^3 d'eau aux engins de nettoiement, ce qui nécessite $1,08 \times 600$ m^3 = 648 m^3 de glace, c'est-à-dire 648 000 L de glace.

ENTRAINEMENT

EXERCICE 1 — 40 min.

On considère un demi-cercle de centre O, de rayon 5 cm et de diamètre le segment [AB] (le dessin ci-dessous n'est pas en vraie grandeur).

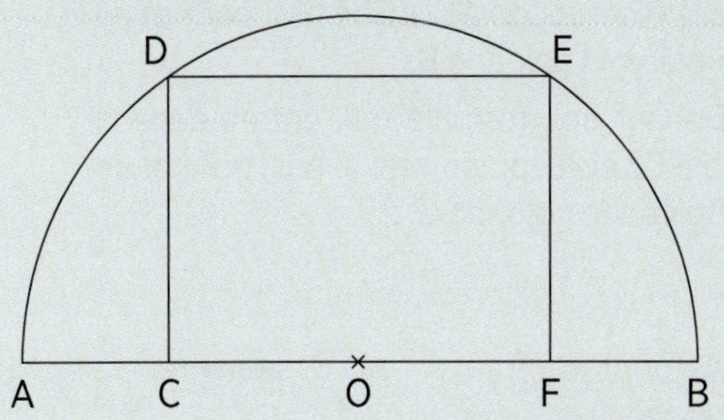

On étudie le rectangle CDEF tel que le point C appartient au segment [AO], le point F au segment [OB] et les points D et E appartiennent au demi-cercle.
Le rectangle CDEF peut, dans certains cas particuliers, être aplati. Son aire est alors nulle et son périmètre est égal au double de sa longueur.

❶ Montrer que les longueurs OC et OF sont égales.

❷ Quelles sont la plus petite valeur et la plus grande valeur possible de OC ?

❸ Calculer l'aire et le périmètre du rectangle CDEF avec OC = 3 cm.
On note désormais OC = x cm.

❹ Dans cette question, on suppose que le point C est distinct du point A et du point O.

a. Montrer que $CD^2 = 25 - x^2$ cm.

b. Calculer en fonction de x le périmètre et l'aire du rectangle CDEF.

c. Existe-t-il des valeurs de x telles que le rectangle CDEF soit un carré ? Si oui, calculer l'aire et le périmètre de celui-ci.

❺ On a représenté les variations en fonction de x de l'aire et du périmètre du rectangle CDEF.

a. Laquelle de ces deux courbes $\mathscr{C}_1$ et $\mathscr{C}_2$ représente les variations du périmètre ? Laquelle représente les variations de l'aire ? Justifier.

b. Peut-on affirmer que l'aire du rectangle CDEF augmente lorsque son périmètre augmente ? Justifier la réponse.

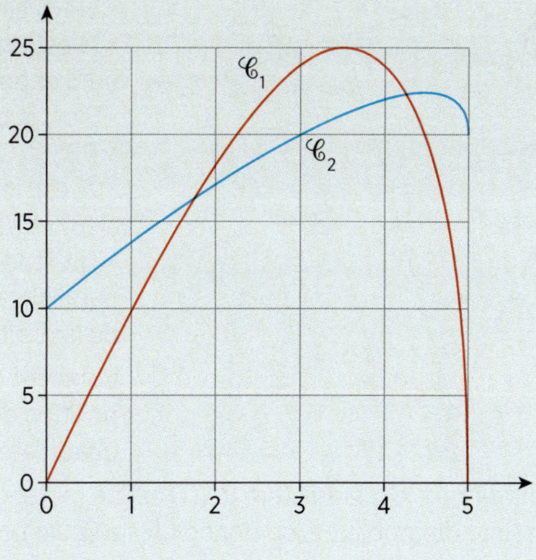

❻ On appelle x_1 la valeur de x qui permet d'obtenir le rectangle CDEF de périmètre maximal et x_2 la valeur de x qui permet d'obtenir le rectangle CDEF d'aire maximale. Afin de déterminer x_1 et x_2 on a construit, à l'aide d'un tableur, le tableau suivant.

	A	B	C
1	*x*	**périmètre**	**aire**
2	0	10	0
3	0,5	11,94987437	4,974937186
4	1	13,79795897	9,797958971
5	1,5	15,53939201	14,30908802
6	2	17,16515139	18,33030278
7	2,5	18,66025404	21,65063509
8	3	20	24
9	3,5	21,14142843	24,9949995
10	4	22	24
11	4,5	22,35889894	19,61504525
12	5	20	0

Dans ce tableur la fonction racine carrée se note RACINE( ).

a. Donner une formule qui, entrée dans la cellule B2 et recopiée vers le bas, permet de compléter la colonne B.

b. Donner une formule qui, entrée dans la cellule C2 et recopiée vers le bas, permet de compléter la colonne C.

c. Pour obtenir un résultat encore plus précis pour x_1 on complète le précédent tableau avec le tableau suivant. Donner l'encadrement de x que permet d'obtenir ce tableau.

x	**périmètre**
4	22
4,1	22,12363521
4,2	22,22586399
4,3	22,30294033
4,4	22,34973683
4,5	22,35889894
4,6	22,31918359
4,7	22,21174442
4,8	22
4,9	21,58997487
5	20

EXERCICE 2 — 45 min.

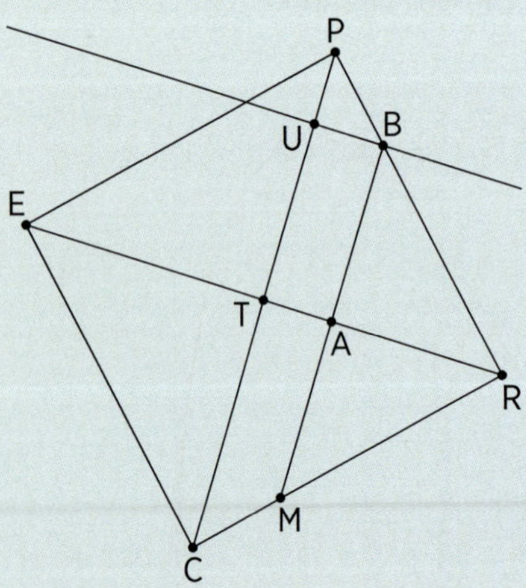

On considère la figure ci-contre, dans laquelle :

- EPRC est un carré de centre T ;
- M est un point du segment [CR], distinct de C et de R ;
- B est le point du segment [PR] tel que CM = PB ;
- A est le point d'intersection des droites (MB) et (ER) ;
- U est le point d'intersection de la droite parallèle à la droite (ER) passant par B et de la droite (PC).

L'objectif de l'exercice est de déterminer la position du point M permettant d'obtenir le quadrilatère BATU d'aire maximale.

❶ Montrer que le quadrilatère BATU est un rectangle.
Dans la suite du problème, on donne CR = 40. On pose CM = x.

❷ **a.** Dans quel intervalle x varie-t-il ?

b. Exprimer UB en fonction de x.

c. Exprimer TU en fonction de x.

d. Montrer que la mesure de l'aire du rectangle BATU s'exprime en fonction de x par $A(x) = \dfrac{x(40 - x)}{2}$.

❸ À l'aide d'un logiciel, on a tracé la courbe représentative de la fonction A.

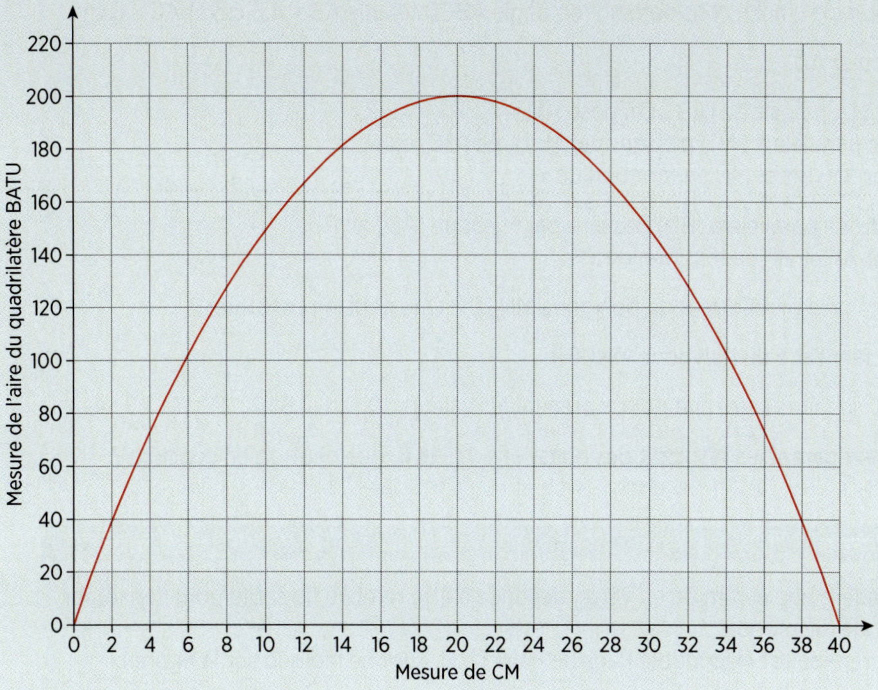

Lire sur le graphique la valeur de x pour laquelle l'aire du rectangle est maximale. Quelle est la mesure de cette aire ?

❹ Résolution algébrique

a. Montrer que $A(x) = \dfrac{-(x-20)^2}{2} + 200$.

b. En déduire que l'aire maximale est atteinte pour $x = 20$.

c. Montrer que, lorsque l'aire est maximale, le quadrilatère BATU est un carré.

EXERCICE 3 — 10 min.

❶ ABCD et EFGH sont deux carrés. Exprimer en fonction de x l'aire $A(x)$ du polygone colorié.

❷ En refermant les quatre rectangles colorés, on obtient une boite parallélépipédique sans couvercle. Exprimer en fonction de x le volume $V(x)$ de cette boite.

❸ Si l'aire du polygone coloré est 156, déterminer :

a. l'aire du carré EFGH.

b. la longueur x du côté du carré ABCD.

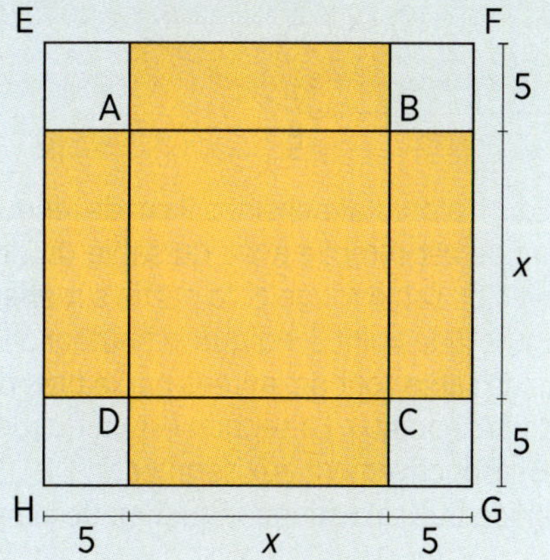

EXERCICE 4 — 45 min.

L'unité étant le cm, on considère un rectangle ABCD tel que AB = 4,8 cm et AC = 6 cm.

1. Calculer AD.

2. Soit M, un point de [AB]. On pose AM = x.
La droite parallèle à (AC) passant par M coupe [BC] en N.
Exprimer BM, BN et MN en fonction de x.

3. La droite parallèle à (BD) passant par M coupe [AD] en P.
Exprimer AP et MP en fonction de x.

4. Calculer le périmètre p du polygone MNCDP. Que peut-on constater ?

5. Calculer l'aire du polygone MNCDP.

6. Calculer alors cette aire pour x prenant les valeurs : 0,5 ; 1 ; 1,5 ; 2 ; 2,5 ; 3 ; 3,5 ; 4.

7. En comparant les résultats des questions 4, 5 et 6, que peut-on en conclure ?

EXERCICE 5 — 25 min.

On considère une pyramide en verre, destinée à être remplie de sable pour constituer un objet de décoration.
Cette pyramide est inscriptible dans un pavé droit, comme indiqué sur la figure 1.

Figure 1 Figure 2

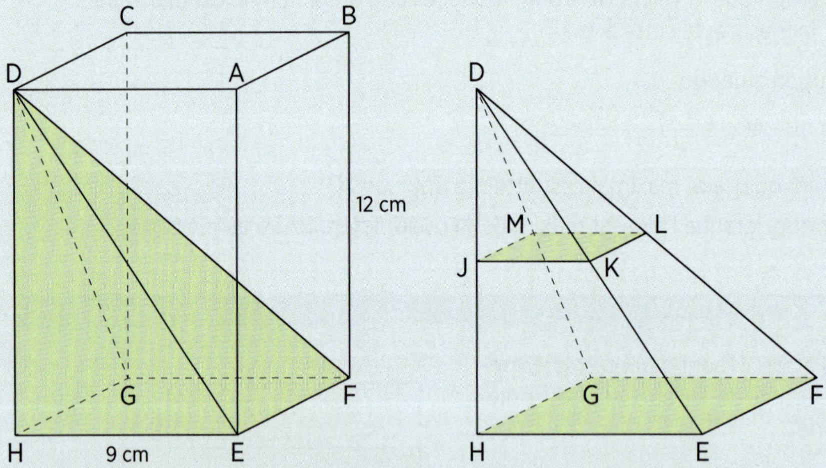

Le pavé droit a pour dimensions 9 cm de longueur, 9 cm de largeur et 12 cm de hauteur.
La pyramide est remplie avec du sable de deux couleurs différentes : la partie inférieure avec du sable rouge et la partie supérieure avec du sable blanc.
Sur la figure 2, le point J indique la hauteur à laquelle s'arrête le sable rouge ; les deux couleurs de sable sont délimitées par le plan parallèle à la base de la pyramide DEFGH passant par le point J. La section est un quadrilatère JKLM où les points K, L, M appartiennent respectivement aux segments [DE], [DF] et [DG].
La pyramide DJKLM est une réduction de la pyramide DEFGH.

La hauteur JH de sable rouge est variable. On note x cette hauteur, exprimée en centimètres, et respectivement $B(x)$ et $R(x)$ les volumes de sable blanc et de sable rouge contenus dans la pyramide, exprimés en fonction de x et en centimètres cube.

❶ Quelles sont les valeurs possibles pour x ?

❷ On a tracé sur la figure 3 les représentations graphiques des fonctions B et R dans un repère du plan.
En utilisant ce graphique, répondre aux questions suivantes.

Figure 3

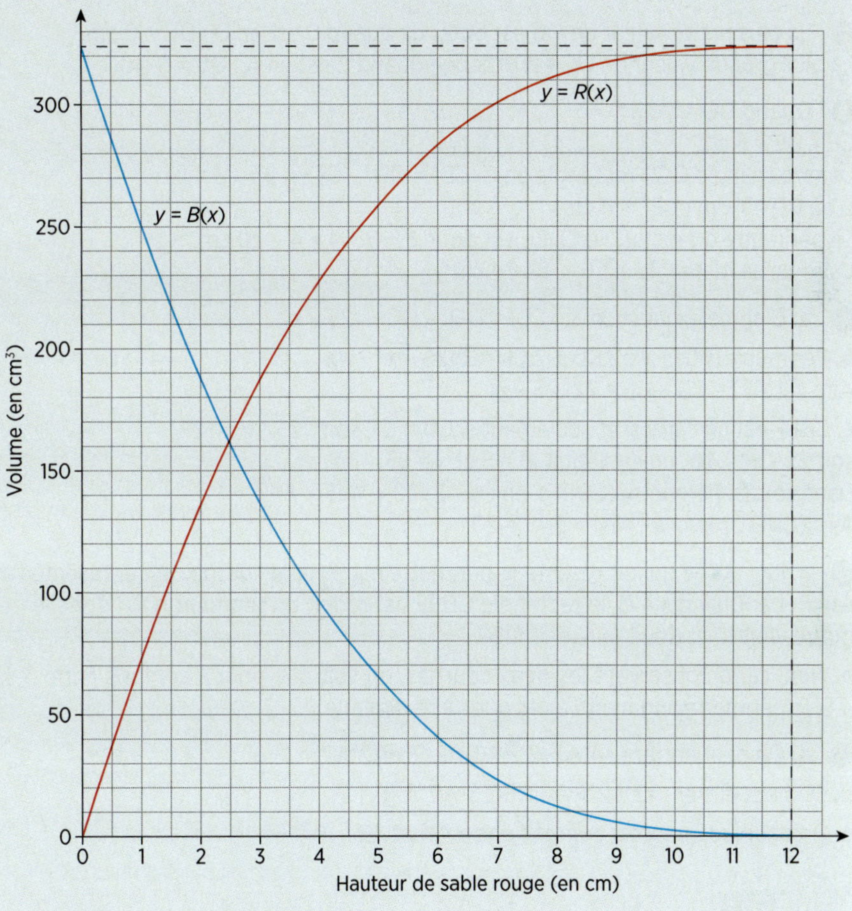

a. Si la hauteur de sable rouge est 5 cm, quels sont les volumes respectifs de sable blanc et de sable rouge dans la pyramide ?

b. Si la hauteur de sable blanc est 5 cm, quels sont les volumes de sable blanc et de sable rouge dans la pyramide ?

c. Donner un encadrement au centimètre près de la hauteur de sable rouge pour laquelle les volumes des deux sables sont égaux.

❸ **a.** Montrer que $B(x) = 0{,}1875(12 - x)^3$.

b. En déduire les valeurs exactes des réponses à la question 2. a.

CORRIGÉS

EXERCICE 1

❶ CDEF est un rectangle, donc CD = EF
OD et OE sont des rayons du demi-cercle, donc OD = OE.
Dans le triangle OCD rectangle en C, d'après le théorème de Pythagore :
$OC^2 = OD^2 - CD^2$
Dans le triangle OFE rectangle en F, $OF^2 = OE^2 - EF^2$.
Par conséquent, OC = OF.

❷ La plus petite valeur de OC est obtenue quand C est en O : OC = 0 cm.
La plus grande valeur de OC est obtenue quand C est en A : OC = 5 cm.

❸ Quand OC = 3 cm :
CF = DE = 6 cm
Dans le triangle OCD rectangle en C, $CD^2 = OD^2 - OC^2 = 25 - 9 = 16$.
D'où CD = 4 cm et EF = 4 cm.
Le périmètre du rectangle CDEF est donc 6 + 6 + 4 + 4 = 20 cm.
L'aire de ce rectangle est $6 \times 4 = 24$ cm².

❹ **a.** D'après la question 3. : $CD^2 = OD^2 - OC^2 = 25 - x^2$.

b. Périmètre (CDEF) = 2 CD + 2 CF = $2\sqrt{25 - x^2} + 4x$
Aire (CDEF) = CD × CF = $2x\sqrt{25 - x^2}$

c. CDEF est un carré si et seulement si CD = CF, soit $\sqrt{25 - x^2} = 2x$,
soit $25 - x^2 = 4x^2$, on en déduit $x^2 = 5$ et $x = \sqrt{5}$.
Dans ce cas, Périmètre (CDEF), en cm : $2\sqrt{20} + 4\sqrt{5} = 8\sqrt{5}$.
Aire (CDEF), en cm² : $\sqrt{20} \times 2\sqrt{5} = 20$.

❺ **a.** La courbe qui représente le périmètre est $\mathscr{C}_2$ et la courbe qui représente l'aire est $\mathscr{C}_1$, car quand $x = 0$, le rectangle CDEF est réduit au segment [OD] donc le périmètre vaut 10 et donc l'aire est nulle.

b. Non, car en observant les deux courbes, on voit que pour x compris entre 3,5 et 4,5, le périmètre augmente alors que l'aire diminue.

❻ **a.** On peut entrer : =4*A2+2*RACINE(25-A2*A2)

b. On peut entrer : =2*A2*RACINE(25-A2*A2)

c. On peut lire que x est compris entre 4,4 et 4,6.

EXERCICE 2

❶ M ∈ [CR], donc MR = CR − CM.
B ∈ [PR], donc BR = PR − BP.
Puisque EPRC est un carré, CR = PR et, d'après l'énoncé, CM = BP, donc MR = BR.
Dans les triangles CPR et MBR, les points C, M, R et P, B, R sont alignés dans le même ordre et $\frac{RC}{RM} = \frac{RP}{RB}$.
Donc d'après la réciproque du théorème de Thalès, (CP) // (MB), soit (TU) // (AB).
D'après l'énoncé, (AT) // (BU).
Donc le quadrilatère BATU est un parallélogramme.
Puisque EPRC est un carré : (ER) ⊥ (CP), soit (AT) ⊥ (TU). Le quadrilatère BATU est donc un rectangle.

❷ **a.** x varie de 0, obtenu quand M est en C, à 40, quand M est en R. Ces deux valeurs ne sont pas prises par x, car M est distinct de C et de R. Donc $x \in]0\,;40[$.

b. D'après la question 1., BUP est un triangle rectangle en U.
Puisque EPRC est un carré, $\widehat{BPU} = 45°$.
Le triangle BUP est donc rectangle isocèle en U, et d'après le théorème de Pythagore :
$BP^2 = UB^2 + UP^2$, soit $2\,UB^2 = x^2$, et $UB = x\dfrac{\sqrt{2}}{2}$.

c. Dans le carré EPRC : $CP = 40\sqrt{2}$, donc $PT = 20\sqrt{2}$ et $TU = 20\sqrt{2} - x\dfrac{\sqrt{2}}{2}$.

d. $\text{Aire (BATU)} = BU \times TU = x\dfrac{\sqrt{2}}{2} \times \left(20 - x\dfrac{\sqrt{2}}{2}\right) = \dfrac{x\sqrt{2} \times 20\sqrt{2} - x^2}{2}$

Soit $\text{Aire (BATU)} = \dfrac{x(40 - x)}{2} = A(x)$.

❸ Par lecture sur le graphique, l'aire du rectangle est maximale pour $x = 20$, elle vaut alors 200.

❹ **a.** $\dfrac{-(x - 20)^2}{2} + 200 = \dfrac{-x^2 + 40x - 400}{2} + 200 = \dfrac{-x^2 + 40x}{2} = A(x)$

b. Pour tout x, $\dfrac{-(x - 20)^2}{2} \leqslant 0$, donc $\dfrac{-(x - 20)^2}{2} + 200 \leqslant 200$

En particulier, pour $x = 20$, $\dfrac{-(x - 20)^2}{2} + 200 = 200$ qui est la valeur maximale de $A(x)$.

c. Pour $x = 20$:
$UB = 20\dfrac{\sqrt{2}}{2} = 10\sqrt{2}$ et $TU = 20\sqrt{2} - 20\dfrac{\sqrt{2}}{2} = 10\sqrt{2}$.
Le rectangle BATU ayant deux côtés consécutifs de la même longueur est donc un carré.

EXERCICE 3

❶ $A(x) = 4 \times 5 \times x + x^2 = 20x + x^2$

❷ $V(x) = \text{Aire (ABCD)} \times 5 = 5x^2$

❸ **a.** $A(\text{EFGH}) = 156 + 4 \times 25 = 256$
b. $A(\text{EFGH}) = EF^2$, donc $EF = \sqrt{256} = 16$.
Par conséquent, $x = 16 - 10 = 6$.

EXERCICE 4

❶ Dans le triangle ACD rectangle en A, d'après le théorème de Pythagore :
$AD^2 + DC^2 = AC^2$, d'où $AD^2 = AC^2 - DC^2 = 36 - 23{,}04 = 12{,}96$.
$AD = \sqrt{12{,}96} = 3{,}6$ cm.

❷ $M \in [AB]$, donc $BM = BA - AM = 4{,}8 - x$
Dans le triangle ABC, $M \in (AB)$, $N \in (BC)$, et $(MN) \,//\, (AC)$, donc, d'après le théorème de Thalès :
$\dfrac{BN}{BC} = \dfrac{BM}{BA}$ soit $BN = BC \times \dfrac{BM}{BA}$.
$BN = \dfrac{3{,}6(4{,}8 - x)}{4{,}8} = 3{,}6 - 0{,}75x$

De même, $\frac{MN}{AC} = \frac{BM}{BA}$, d'où $MN = AC \times \frac{BM}{BA}$.

Soit $MN = \frac{6(4{,}8 - x)}{4{,}8} = 6 - 1{,}25x$.

❸ Dans le triangle ABD, M ∈ (AB), P ∈ (AD), et (MP) // (BD), donc, d'après le théorème de Thalès :

$\frac{AP}{AD} = \frac{AM}{AB}$ soit $AP = AD \times \frac{AM}{AB}$

On obtient $AP = \frac{3{,}6x}{4{,}8} = 0{,}75x$.

De même, $\frac{MP}{BD} = \frac{AM}{AB}$, d'où $MP = BD \times \frac{AM}{AB}$, soit $MP = \frac{6x}{4{,}8} = 1{,}25x$.

❹ $p = MN + NC + CD + DP + PM$

$p = 6 - 1{,}25x + 3{,}6 - 3{,}6 + 0{,}75x + 4{,}8 + 3{,}6 - 0{,}75x + 1{,}25x$

Soit $p = 14{,}4$.

Le périmètre de MNCDP ne dépend pas de la position de M sur [AB].

❺ $\mathcal{A}(MNCDP) = \mathcal{A}(ABCD) - \mathcal{A}(AMP) - \mathcal{A}(BMN)$. On obtient alors :

$\text{Aire}(MNCDP) = -0{,}75x^2 + 3{,}6x + 8{,}64$

❻ On obtient :

x	0,5	1	1,5	2	2,5	3	3,5	4
Aire	10,25	11,49	12,35	12,84	12,95	12,69	12,05	11,04

❼ L'aire de MNCDP dépend donc de la valeur de x, c'est-à-dire de la position du point M sur le côté [AB]. Ce résultat prouve qu'il n'y a pas de lien entre le périmètre et l'aire d'une figure plane.

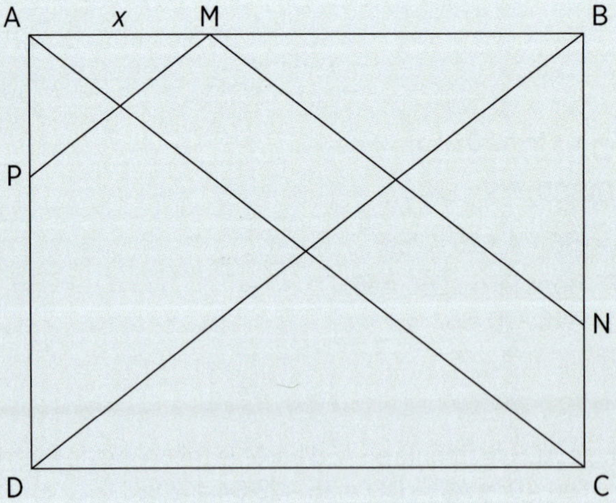

EXERCICE 5

❶ Quand J est en H, alors $x = 0$: la pyramide ne contient que du sable blanc.
Quand J est en D, alors $x = 12$: la pyramide ne contient que du sable rouge.
x peut prendre toutes les valeurs entre 0 et 12.

❷ Par lecture graphique :

a. Si $x = \text{JH} = 5$, alors $\text{B}(5) = 64\ \text{cm}^3$ et $\text{R}(5) = 260\ \text{cm}^3$.

b. Si $\text{JD} = 5$, alors $x = \text{JH} = 7$, et $B(7) = 24\ \text{cm}^3$ et $R(7) = 300\ \text{cm}^3$.

c. La valeur de x pour laquelle $B(x) = R(x)$ est l'abscisse du point commun aux deux courbes. On lit que x est compris entre 2 cm et 3 cm.

❸ **a.** $\text{J} \in [\text{DH}]$, donc $\text{DJ} = \text{DH} - \text{JH} = 12 - x$. Le coefficient de réduction permettant de passer de la pyramide DEFGH à la pyramide DJKLM est $\frac{12 - x}{12}$.

En cm^3 : Volume (DEFGH) $= \frac{\text{EF} \times \text{EH} \times \text{HD}}{3} = 324$

Dans une réduction de rapport k, les volumes sont multipliés par k^3, donc :

$B(x) = \left(\frac{12 - x}{12}\right)^3 \times 324 = \frac{324}{1\,728}(12 - x)^3 = 0{,}1875(12 - x)^3$.

b. Par calcul, $B(5) = 0{,}1875 \times 7^3 = 64{,}3125$ et $R(5) = 324 - 64{,}3125 = 259{,}6875$.

Organisation et gestion de données, fonctions

15 Statistiques

AUTOÉVALUATION

Pour chaque question, il peut y avoir plusieurs bonnes réponses.

❶ On considère les six affirmations suivantes :

A. Dans un diagramme circulaire, les aires des secteurs sont proportionnelles aux effectifs de la série représentée.

B. S'il y a le même nombre de valeurs négatives et de valeurs positives, la moyenne est nulle.

C. Si la moyenne à un devoir est 12, il y a autant de notes au-dessus de 12 que de notes en-dessous de 12.

D. Si toutes les valeurs augmentent de 15, la moyenne augmente de 15.

E. Si deux nombres ont pour moyenne 5, et si trois autres nombres ont pour moyenne 7, la moyenne des cinq nombres est 6.

F. Si cinq nombres ont pour moyenne 4 et dix autres nombres ont pour moyenne 4, la moyenne des quinze nombres est 4.

Le nombre d'affirmations vraies est :

☐ **a.** 2 ☐ **b.** 3

☐ **c.** 4 ☐ **d.** 5

❷ La moyenne d'un élève après avoir effectué cinq devoirs est 8. Quelle note doit-il obtenir au devoir suivant afin que cette moyenne passe à 10 ?

☐ **a.** 12

☐ **b.** 14

☐ **c.** 20

☐ **d.** Il ne pourra pas remonter cette moyenne à 10.

Pour les questions 3 à 5, on considère la série de données suivante :
2 ; 3 ; 5 ; 6 ; 7 ; 8 ; 8 ; 8 ; 8 ; 11 ; 11 ; 12 ; 12 ; 13 ; 15 ; 16 ; 17 ; 18.

❸ La moyenne de cette série est :

☐ **a.** 10 ☐ **b.** 9

☐ **c.** 9,5 ☐ **d.** 10,5

❹ La médiane de cette série est :

☐ **a.** 12 ☐ **b.** 7

☐ **c.** 9,5 ☐ **d.** 11,5

❺ L'étendue de cette série est :

☐ **a.** 18 ☐ **b.** 16

☐ **c.** 9 ☐ **d.** 10

❻ On considère les nombres 7 ; 4 ; 8 ; 9 ; 2 ; x. La moyenne de ces nombres est 7. La valeur de x est :

- ☐ **a.** 7
- ☐ **b.** 10
- ☐ **c.** 12
- ☐ **d.** 14

❼ On considère les nombres 7 ; 4 ; 9 ; 2 ; 12 ; 8 ; x. La médiane de cette série de nombres est 7. La valeur de x est :

- ☐ **a.** 5
- ☐ **b.** 7
- ☐ **c.** 9
- ☐ **d.** Toute valeur inférieure à 7 convient.

❽ Le prix moyen d'un livre est 14,50 € signifie que :

- ☐ **a.** la moitié des livres coute 14,50 €
- ☐ **b.** au moins la moitié des livres coute 14,50 €
- ☐ **c.** si tous les livres étaient au même prix, ils couteraient 14,50 €
- ☐ **d.** il faut connaitre le nombre de livres pour conclure

CONSEILS

Comme pour l'ensemble des mathématiques, les statistiques exigent de bien connaitre les définitions du cours, bien connaitre les techniques de calcul et savoir donner les interprétations des différents résultats que sont la moyenne et la médiane. Ce QCM porte essentiellement sur ces définitions et techniques, qui sont expliquées et détaillées dans le cours qui suit.

CORRIGÉS

❶ **b. A.** Vrai, on sait que l'aire d'un secteur d'angle α est $A = \frac{\pi R^2 \alpha}{360}$ et donc cette aire est proportionnelle à l'angle α.

Or, les angles des secteurs sont proportionnels aux effectifs.

B. Faux, pour les 4 valeurs -2 ; -8 ; 12 et 18, la moyenne est 10.

C. Faux, cela signifie que si tous les élèves avaient la même note, celle-ci serait 12.

D. Vrai, car s'il y a n valeurs, alors la somme de ces valeurs augmente de $15n$ et $\frac{15n}{n} = 15$.

E. Faux, la moyenne est $\frac{2 \times 5 + 3 \times 7}{5} = 6{,}2$.

F. Vrai, puisque $\frac{5 \times 4 + 10 \times 4}{15} = 4$.

❷ **c.** La moyenne aux cinq premiers devoirs est 8, donc la somme des notes est 40. Soit n la note du 6ᵉ devoir. On cherche n tel que $\frac{40 + n}{6} = 10$, soit $40 + n = 60$ et $n = 20$.

❸ **a.** La somme des données est 180 et il y a 18 données.

❹ **c.** La médiane est la valeur moyenne des valeurs des 9ᵉ et 10ᵉ données quand celles-ci sont rangées par ordre croissant.

❺ **b.** D'après la définition, $18 - 2 = 16$.

❻ **c.**

❼ **a.**, **b.** et **d.** On range les nombres par ordre croissant : 2 ; 4 ; 7 ; 8 ; 9 ; 12.

❽ **a.** Par définition de la moyenne.

COURS

Compétence à maitriser pour le concours :

- **Interpréter, représenter et traiter des données** (définition population, caractère, effectif, fréquence, série statistique ; éléments caractéristiques d'une série statistique : étendue, médiane, moyenne).

1 Vocabulaire

A. Population

Le but de la statistique (ou des statistiques) est d'étudier une ou plusieurs caractéristiques sur un ensemble d'êtres vivants (personnes, animaux, plantes…) ou d'objets. Cet ensemble porte le nom de **population.** Les résultats chiffrés sont présentés sous la forme de tableaux ou de graphiques. Une étude fine de ces résultats permet de faire des prévisions et/ou de prendre des décisions.

EXEMPLES

La taille d'une population d'enfants, la couleur de leurs cheveux, le prix d'une machine à laver dans différents magasins…

B. Caractère (noté x_i)

La caractéristique que l'on étudie s'appelle un **caractère.**

Ce caractère peut être :

- **qualitatif** : dans ce cas, on ne peut le quantifier. La couleur est un caractère qualitatif ;
- **quantitatif** : on peut alors le quantifier, par exemple la taille, la durée de vie d'un objet ou le prix sont des caractères quantitatifs.

Quand le caractère est quantitatif, il peut encore être de deux sortes :

- **discret :** il prend alors certaines valeurs données, notées x_i ;

EXEMPLE

L'âge, en années, d'une population donnée est un caractère discret.

- **continu :** il prend alors des valeurs dans des intervalles donnés, appelés classes, notées $[a\,;b[$.

EXEMPLE

Le diamètre de cylindres à l'issue d'une chaine de fabrication est un caractère continu.

C. Effectif (noté n_i ou N)

L'effectif est le nombre d'éléments de la population totale (N) ou le nombre d'éléments n_i de la partie de cette population correspondant à une valeur donnée x_i du caractère.

D. Effectif cumulé croissant ou décroissant (noté $n_i k$ ou ECC ou $n_i m$ ou ECD)

- L'**effectif cumulé croissant** associé à une valeur donnée du caractère est la somme des effectifs associés aux valeurs inférieures ou égales à cette valeur donnée du caractère. Il permet donc de déterminer le nombre d'unités statistiques prenant des valeurs inférieures ou égales à cette valeur donnée du caractère.
- L'**effectif cumulé décroissant** associé à une valeur donnée du caractère est la somme des effectifs associés aux valeurs supérieures ou égales à cette valeur donnée du caractère. Il permet donc de déterminer le nombre d'unités statistiques prenant des valeurs supérieures ou égales à cette valeur donnée du caractère.

E. Fréquence (notée f_i)

La fréquence permet de ramener la population à 100, fi = $\frac{n_i}{N}$, et est généralement exprimée en pourcentage.

F. Fréquence cumulée croissante ou décroissante (notée $f_i k$ ou $f_i m$)

La fréquence cumulée croissante (décroissante) se définit comme pour les effectifs cumulés croissants (décroissants).

G. Série statistique

On appelle série statistique la donnée :
- d'une **population** ;
- du **caractère étudié** sur cette population ;
- de l'**effectif** ou de la **fréquence** de la chaque valeur (ou classe) du caractère étudié.

H. Présentation des résultats

Les résultats peuvent être présentés :
- dans un tableau statistique à simple entrée ;
- sous la forme d'un diagramme en bâtons ;
- sous la forme d'un histogramme ;
- à l'aide d'un graphique à secteurs circulaires (type « camembert ») ou diagramme circulaire.

APPLICATION 1

Voici le diagramme en bâtons des notes obtenues sur 20 par une classe de 25 élèves au dernier devoir de mathématiques.

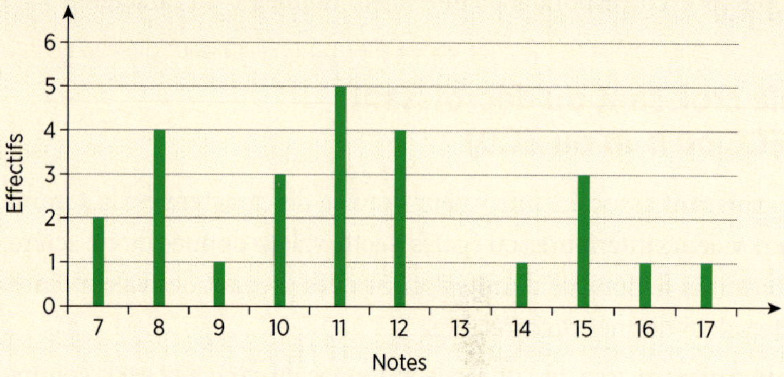

❶ Définir la population étudiée, le caractère étudié.

❷ De quel type est ce caractère ?

❸ Représenter les données proposées sur ce diagramme en bâtons dans un tableau.

Notes	7	8	9	10	11	12	13	14	15	16	17
Effectifs											

→ Corrigé p. 340

APPLICATION 2

L'histogramme ci-contre donne les âges des 150 employés d'une entreprise.

❶ Définir la population et le caractère étudié.

❷ De quel type est le caractère ?

❸ Représenter les données proposées dans un tableau.

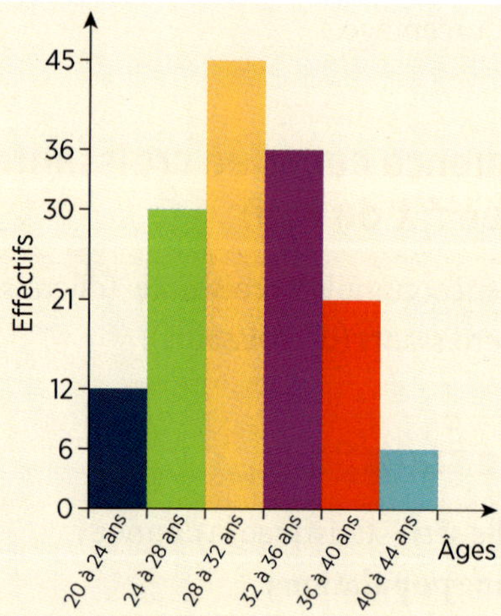

→ Corrigé p. 340

APPLICATION 3

On effectue un sondage auprès d'une population de 800 personnes concernant leur moyen de transport pour se rendre à leur travail. Les résultats sont donnés dans le tableau ci-dessous.

Moyen	Voiture	Bus	Vélo	À pied
Effectif	360	200	160	80

❶ Définir la population et le caractère étudié.

❷ De quel type est le caractère ?

❸ Compléter ce tableau en faisant figurer la ligne des fréquences, et celle des angles permettant de représenter les données sur un diagramme circulaire.

❹ Construire ce diagramme.

→ Corrigé p. 340

APPLICATION 4

La ville A compte 60 000 voitures et la ville B compte 18 000 voitures.
Les diagrammes circulaires ci-dessous représentent la répartition des voitures selon leurs couleurs, dans les villes A et B.
On demande à un élève ce qu'il constate. Voici ce qu'il a répondu : « On peut dire qu'il y a plus de voitures blanches dans la ville B que dans la ville A. »
A-t-il raison ?

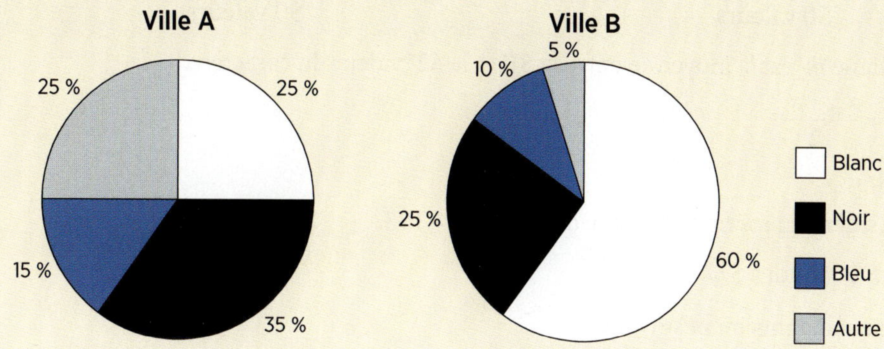

→ Corrigé p. 341

2 Éléments caractéristiques d'une série statistique

Si le caractère est continu, donc prend des valeurs du type $[a\,;b[$, on détermine x_i comme le centre de chacun des intervalles, soit $x_i = \dfrac{a+b}{2}$.

Les éléments caractéristiques d'une série statistique sont des valeurs particulières à associer au caractère. Mise à part l'étendue, elles sont déterminées en tenant compte de l'effectif de la série.

A. Étendue

L'étendue est la différence entre la plus grande valeur du caractère et la plus petite valeur du caractère.

B. Médiane (m_e)

- La médiane est la valeur du caractère qui partage la série en deux séries de même effectif. Au moins 50 % des termes de la série ont une valeur inférieure ou égale à m_e et au moins 50 % des termes de la série ont une valeur supérieure ou égale à m_e.
- Pour déterminer la médiane, on range les valeurs x_i du caractère par ordre croissant. Il y a deux cas, selon que l'effectif est pair ou impair.

EXEMPLE 1

On considère une série statistique d'effectif $N = 102$.

$\frac{N}{2} = 51$

On obtient le rangement suivant :

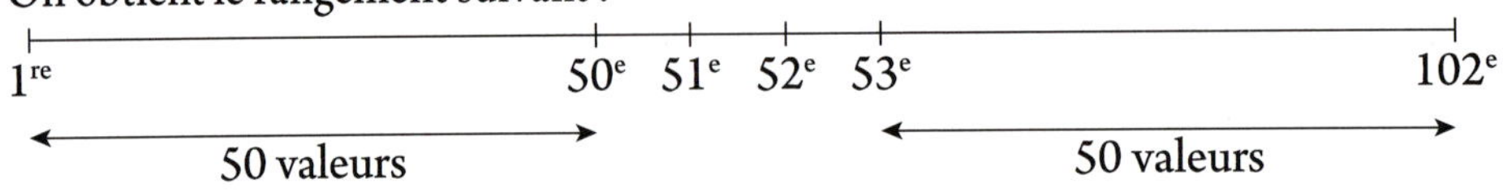

La médiane m_e est la moyenne entre la 51e et la 52e valeur du caractère.

Soit $m_e = \frac{x_{51} + x_{52}}{2}$

EXEMPLE 2

On considère une série statistique d'effectif $N = 103$.

$\frac{N}{2} = 51{,}5$ (arrondi à 52)

On obtient le rangement suivant :

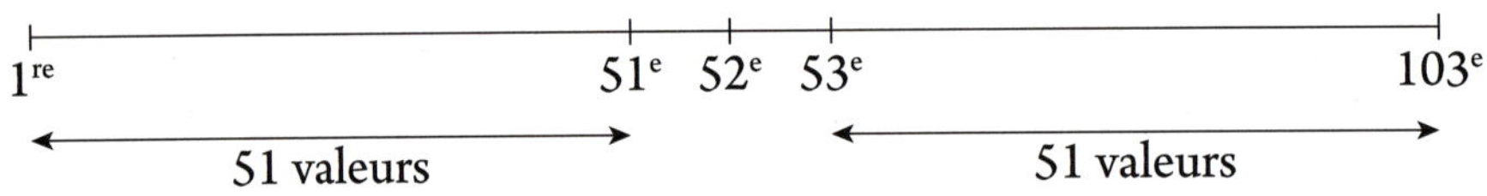

La médiane m_e est la 52e valeur du caractère, soit $m_e = x_{52}$.

C. Moyenne pondérée ($\bar{x}$)

On appelle moyenne pondérée la valeur du caractère qu'aurait chaque unité statistique si chacune avait la même valeur.

Par définition, $\bar{x} = \frac{n_1x_1 + n_2x_2 + n_3x_3 + \ldots + n_kx_k}{N}$.

APPLICATION 5

Un élève a obtenu les notes suivantes : 13 ; 9 ; 10 ; 16.

1. Calculer sa moyenne.
2. Quelle note supplémentaire lui faudrait-il obtenir pour que sa moyenne soit égale à 13 ?
3. Quelle serait alors sa note médiane ?

→ Corrigé p. 341

APPLICATION 6

Une classe de 24 élèves est composée de 14 filles et 10 garçons. La taille moyenne des garçons est 174 cm et celle des filles 162 cm.

Calculer la taille moyenne des élèves de la classe.

→ Corrigé p. 341

APPLICATION 7

Dans une maternité, les masses en kg de 16 nouveau-nés ont été : 3,3 ; 3,2 ; 3 ; 4,2 ; 3,2 ; 4 ; 3,1 ; 3,7 ; 3,5 ; 4 ; 3,1 ; 3,1 ; 4,3 ; 2,9 ; 3,6 ; 3.

1. Calculer la moyenne de ces masses.
2. Après l'arrivée d'un 17e nouveau-né, la moyenne devient 3,5 kg.

Déterminer la masse de ce 17e nouveau-né.

→ Corrigé p. 341

APPLICATION 8

Le tableau ci-dessous représente les notes des 25 élèves d'une classe donnée (*cf.* exercice 1)

Notes	7	8	9	10	11	12	13	14	15	16	17
Effectifs	2	4	1	3	5	4	0	1	3	1	1

❶ Calculer l'étendue des notes.

❷ Compléter ce tableau en faisant apparaitre les effectifs cumulés croissants ainsi que la ligne des $n_i x_i$.

❸ Calculer la moyenne des notes. Interpréter le résultat.

❹ Déterminer la médiane des notes. Que représente cette note ?

❺ Calculer le pourcentage d'élèves ayant eu une note inférieure ou égale à 14.

→Corrigé p. 341

APPLICATION 9

❶ Reprendre le tableau construit à l'exercice 2 et le compléter en faisant apparaitre les effectifs cumulés croissant, le centre des classes, les fréquences en pourcentage, les fréquences cumulées croissantes ainsi que la ligne des $n_i x_i$.

❷ Quel est le pourcentage d'employés qui ont moins de 36 ans ?

❸ Calculer l'âge moyen d'un employé de cette entreprise, et interpréter le résultat obtenu.

❹ Déterminer la médiane de cette série et l'interpréter.

→Corrigé p. 342

CORRIGÉS

APPLICATION 1

❶ La population étudiée est constituée par les 25 élèves d'une classe. Le caractère est la note obtenue au dernier devoir de mathématiques.

❷ La note est un caractère quantitatif discret.

❸ On obtient :

Notes	7	8	9	10	11	12	13	14	15	16	17
Effectifs	2	4	1	3	5	4	0	1	3	1	1

APPLICATION 2

❶ La population est constituée par les employés d'une entreprise et le caractère retenu est l'âge de ces employés.

❷ Le caractère est quantitatif continu, puisqu'il est présenté sous la forme d'intervalles.

❸

Âge	[20 ; 24[	[24 ; 28[	[28 ; 32[	[32 ; 36[	[36 ; 40[	[40 ; 44[
Effectif	12	30	45	36	21	6

APPLICATION 3

❶ La population est constituée par des personnes, le caractère étudié est leur mode de transport pour se rendre au travail.

❷ C'est un caractère qualitatif, donc non quantifiable.

❸

Moyen	Voiture	Bus	Vélo	À pied
Effectif	360	200	160	80
Fréquence	0,45	0,25	0,20	0,10
Angle	162°	90°	72°	36°

Calcul des fréquences : par exemple, $\frac{360}{800} = 0{,}45$

Calcul des angles : par exemple, $0{,}45 \times 360° = 162°$

❹

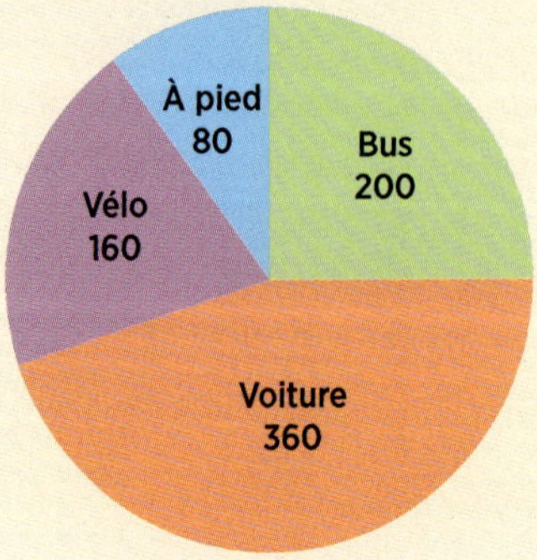

APPLICATION 4

Nombre de voitures blanches dans :
- la ville A : 25 % × 60 000 = 15 000
- la ville B : 60 % × 18 000 = 10 800

Cet élève n'a pas raison, il y a plus de voitures blanches dans la ville A que dans la ville B.

APPLICATION 5

❶ Sa moyenne est $\frac{13+9+10+16}{4}=\frac{48}{4}=12$.

❷ On cherche la note n telle que $\frac{48+n}{5}=13$, soit $48+n=65$ et donc $n=17$.

❸ L'ensemble des notes de cet élève, rangées par ordre croissant, est :
9 ; 10 ; 13 ; 16 ; 17.
On voit que la note médiane est 13.

APPLICATION 6

La taille moyenne d'un élève de cette classe est $\frac{10\times 174+14\times 162}{24}=167$.

La taille moyenne des élèves de la classe est 167 cm.

APPLICATION 7

❶ On obtient $\frac{55{,}2}{16}=3{,}45$ kg.

❷ Soit m la masse de ce nouveau-né. Alors $\frac{55{,}2+m}{17}=3{,}5$.

Soit $m=17\times 3{,}5-55{,}2=4{,}3$.
Le nouveau-né pèse 4,3 kg.

APPLICATION 8

❶ L'étendue d'une série statistique est la différence entre sa valeur la plus haute et sa valeur la plus basse. Donc, ici on a $e=17-7=10$.

❷

Notes	7	8	9	10	11	12	14	15	16	17
Effectifs	2	4	1	3	5	4	1	3	1	1
ECC	2	6	7	10	15	19	20	23	24	25
$n_i x_i$	14	32	9	30	55	48	14	45	16	17

❸ Calcul de la moyenne des notes :

$$\overline{x}=\frac{14+32+9+30+55+48+14+45+16+17}{25}$$

Soit $\overline{x}=\frac{280}{25}=11{,}2$.

Si tous les élèves avaient la même note à ce devoir, ils auraient chacun 11,2.

❹ La médiane est la 13e note, elle vaut donc 11. Il y a au moins autant d'élèves dont la note est inférieure à 11 que d'élèves dont la note est supérieure à 11.

Organisation et gestion de données, fonctions

❺ 20 élèves ont eu une note inférieure ou égale à 14 soit $\frac{20}{25} = 0{,}8 = 80\ \%$.

Autrement dit, 80 % des élèves ont eu une note inférieure ou égale à 14.

APPLICATION 9

❶

Âge	[20 ; 24[	[24 ; 28[	[28 ; 32[	[32 ; 36[	[36 ; 40[	[40 ; 44[
Effectif n_i	12	30	45	36	21	6
ECC	12	42	87	123	144	150
Centres x_i	22	26	30	34	38	42
Fréquences en %	8	20	30	24	14	4
$f_i\nearrow$	8	28	58	82	96	100
n_ix_i	264	780	1 350	1 224	798	252

❷ Par lecture de la ligne des fréquences cumulées croissantes, 82 % des employés ont moins de 36 ans.

❸ L'âge moyen d'un employé est $\frac{264 + 780 + 1\,350 + 1\,224 + 798 + 252}{150} = 31{,}12$.

Si tous les employés avaient le même âge, celui-ci serait de 31,12 ans.

❹ $\frac{150}{2} = 75$: La médiane est la moyenne des 75ᵉ et 76ᵉ valeurs, soit 30 ans.

Il y a au moins autant d'employés qui ont moins de 30 ans que d'employés qui ont plus de 30 ans.

ENTRAINEMENT

EXERCICE 1 — 15 min.

Une entreprise artisanale fait le bilan des sommes facturées durant l'année 2015.
Elle obtient le résultat suivant.

Sommes, en €	Nombre n_i
[0 ; 100[	52
[100 ; 200[	134
[200 ; 300[	160
[300 ; 400[	121
[400 ; 500[	33

❶ Déterminer et interpréter la moyenne de cette série.

❷ Déterminer et interpréter la médiane de cette série.

EXERCICE 2 — 15 min.

Le salaire moyen d'une entreprise de vingt salariés est 1 800 €.

❶ Calculer le salaire d'un employé supplémentaire pour que le salaire moyen augmente de 3 %.

❷ Calculer le salaire d'un employé supplémentaire pour que le salaire moyen diminue de 1 %.

❸ Le salaire moyen augmente de t % lorsque l'on emploie un salarié supplémentaire.
Déterminer le salaire du nouvel employé en fonction de t.

EXERCICE 3 — 15 min.

Après cinq contrôles en mathématiques, Charlie et Louis ont respectivement 13 et 11 de moyenne.

❶ Charlie obtient 10 au sixième contrôle et Louis 14. Calculer leurs nouvelles moyennes.

❷ Au septième contrôle, Charlie a 16.
Déterminer la note que Louis devrait obtenir au 7e contrôle afin qu'il ait la même moyenne que Charlie. Conclure.

EXERCICE 4 — 15 min.

Le cross du collège a eu lieu. 200 élèves de troisième ont franchi la ligne d'arrivée.
Voici les indicateurs des performances réalisées en minutes.

Minimum	Médiane	Moyenne	Étendue
12,5	15,7	15,4	4,2

Répondre aux questions suivantes en justifiant.

❶ Quelle est la performance en minutes du dernier arrivé ?

❷ Quelle est la somme des 200 performances en minutes ?

❸ Ariane est arrivée treizième. Donner l'encadrement le plus précis possible de sa performance en minutes.

❹ L'affirmation suivante est-elle vraie ?

Affirmation : Plus de 50 % des élèves ont mis un temps supérieur au temps moyen.

EXERCICE 5 — 10 min.

Une petite entreprise emploie 7 personnes, dont 3 femmes.
Voici quelques informations sur le salaire mensuel des personnels.
Salaires des hommes : 1 250 € ; 1 400 € ; 1 600 € ; 3 200 €.
Salaires des femmes : salaire médian : 1 875 € ; salaire moyen: 1 700 € ; étendue des salaires : 1 000 €.
Le patron de l'entreprise veut embaucher une femme supplémentaire pour respecter la parité.
Calculer le salaire qu'il doit verser à cette nouvelle recrue pour que les salaires moyens des hommes et des femmes soient égaux.

EXERCICE 6 — 20 min.

Une usine teste des ampoules électriques sur un échantillon, en étudiant leur durée de vie, en heures.
On obtient le résultat suivant.

Durée de vie, en heures	[1000 ; 1200[	[1200 ; 1400[	[1400 ; 1600[	[1600 ; 1800[	[1800 ; 2000[
ECC	550	2 010	3 930	5 570	6 000

❶ Combien d'ampoules ont une durée de vie inférieure à 1 400 h ?

❷ Calculer la durée de vie moyenne d'une ampoule.

EXERCICE 7 — 25 min.

Dans deux entreprises E_1 et E_2 on considère les salaires mensuels de deux catégories d'employés : ouvriers et techniciens. Les deux tableaux qui suivent donnent les résultats obtenus, en centaines d'euros.

Entreprise E_1

	$15 \leqslant S < 20$	$20 \leqslant S < 25$	$25 \leqslant S < 30$
Ouvriers	170	100	0
Techniciens	0	10	20

Entreprise E_2

	$15 \leqslant S < 20$	$20 \leqslant S < 25$	$25 \leqslant S < 30$
Ouvriers	280	140	0
Techniciens	0	40	40

Dans les calculs qui suivent, les sommes seront exprimées en euros et arrondies à l'euro inférieur, et on utilisera les centres des classes.

❶ Calculer la moyenne des salaires m_1 et m_2 dans les entreprises E_1 et E_2.

❷ Calculer la moyenne des salaires des ouvriers m'_1 et m'_2 dans les entreprises E_1 et E_2.

❸ Calculer la moyenne des salaires des techniciens m''_1 et m''_2 dans les entreprises E_1 et E_2.

❹ Donner pour chaque entreprise la proportion de techniciens parmi les employés (résultats en pourcentage).

❺ Le patron de l'entreprise E_2 dit à celui de l'entreprise E_1 : « Mes employés sont mieux payés que les vôtres. » « Faux, répond ce dernier, mes ouvriers sont mieux payés et mes techniciens également. »
Expliquer ce paradoxe.

CORRIGÉS

EXERCICE 1

❶ Comme le caractère est continu, on remplace chaque classe par son centre :

Sommes, en €	Nombre n_i	$n_i x_i$	ECC
50	52	2 600	52
150	134	20 100	186
250	160	40 000	346
350	121	42 350	467
450	33	14 850	500

$$\bar{x} = \frac{2\,600 + 20\,100 + 40\,000 + 42\,350 + 14\,850}{500} = \frac{119\,900}{500} = 239{,}80\ €$$

Le montant moyen d'une facture est de 239,80 €.
Si toutes les factures avaient le même montant, celui-ci serait de 239,80 €.

❷ $\frac{500}{2} = 250$: la médiane est donc la moyenne entre la 250e facture et la 251e facture.

La médiane vaut donc $\frac{250 + 250}{2} = 250$.

Au moins la moitié des factures ont un montant inférieur ou égal à 250 €, et au moins la moitié des factures ont un montant supérieur ou égal à 250 €.

EXERCICE 2

❶ Salaire moyen = $\frac{\text{somme des salaires}}{20}$

Donc somme des salaires = $20 \times 1\,800$ €
Soit s le salaire du nouvel employé.

On veut que $\frac{20 \times 1\,800 + s}{21} = 1{,}03 \times 1\,800$.

D'où $s = 21 \times 1{,}03 \times 1\,800 - 20 \times 1\,800$
$s = 2\,934$ €

❷ On obtient de même $\frac{20 \times 1\,800 + s}{21} = 0{,}99 \times 1\,800$.

D'où $s = 21 \times 0{,}99 \times 1\,800 - 20 \times 1\,800$
$s = 1\,422$ €

❸ Soit s le salaire du nouvel employé, alors d'après l'énoncé :

$\frac{20 \times 1\,800 + s}{21} = (1 + t\,\%) \times 1\,800$

$s = 21 \times (1 + t\,\%) \times 1\,800 - 20 \times 1\,800$
$s = 1\,800 + 378t$

EXERCICE 3

❶ Moyenne de Charlie : $\frac{5 \times 13 + 10}{6} = 12{,}5$.

Moyenne de Louis : $\frac{5 \times 11 + 14}{6} = 11{,}5$.

❷ Moyenne de Charlie : $\frac{6 \times 12{,}5 + 16}{7} = 13$.

Soit n la note que Louis devrait obtenir.

$\frac{6 \times 11{,}5 + n}{7} = 13$

D'où $n = 7 \times 13 - 6 \times 11{,}5 = 22$, ce qui n'est pas possible.

EXERCICE 4

❶ L'étendue est la différence entre les valeurs maximum et minimum du caractère, donc le temps du dernier arrivé est : 12,5 min + 4,2 min = 16,7 min.

❷ La moyenne est le temps que chaque élève réaliserait si chacun d'entre eux mettait le même temps, donc la somme des 200 performances est :
200 × 15,4 min = 3 080 min.

❸ Ariane est arrivée 13e, son temps est supérieur au temps minimum qui est 12,5 min. La médiane est la moyenne du temps réalisé par les 100e et 101e élèves : le temps d'Ariane est meilleur que ce temps, donc inférieur à 15,4 min.

❹ Cette affirmation est vraie. La médiane est 15,7, ce qui signifie qu'au moins la moitié des élèves ont mis un temps supérieur à 15,7 min, donc supérieur au temps moyen qui est 15,4 min.

EXERCICE 5

En euros, le salaire moyen des hommes est :

$\frac{1\,250 + 1\,400 + 1\,600 + 3\,200}{4} = \frac{7\,450}{4} = 1\,862{,}50$

Soit s le salaire en euros de la femme nouvellement embauchée.

On veut que $\frac{3 \times 1\,700 + s}{4} = 1\,862{,}50$.

$5\,100 + s = 7\,450$, soit $s = 2\,350$

Le patron devra payer 2 350 € à la nouvelle recrue.

CONSEIL

• Les données du salaire médian des femmes et de son étendue sont des données inutiles.

• Après l'embauche de la nouvelle recrue, il y aura autant d'hommes que de femmes dans cette entreprise, donc pour que les salaires moyens des hommes et des femmes soient égaux, il suffit que les sommes des salaires des hommes et des femmes soient égaux (autre raisonnement).

EXERCICE 6

❶ Par lecture dans le tableau, 2 010 ampoules ont une durée de vie inférieure à 1 400 h.

❷ Pour calculer la durée de vie moyenne d'une ampoule, on remplace chaque classe par sa valeur centrale et on déduit les effectifs correspondants de la ligne des ECC. On obtient le tableau suivant.

Durée de vie, en heures	[1000 ; 1200[	[1200 ; 1400[	[1400 ; 1600[	[1600 ; 1800[	[1800 ; 2000[
ECC	550	2 010	3 930	5 570	6 000
x_i	1 100	1 300	1 500	1 700	1 900
n_i	550	1 460	1 920	1 640	430
$n_i x_i$	605 000	1 898 000	2 880 000	2 788 000	817 000

$$\bar{x} = \frac{605\,000 + 1\,898\,000 + 2\,880\,000 + 2\,788\,000 + 817\,000}{6\,000} = 1\,498$$

La durée de vie moyenne d'une ampoule est de 1 498 h.

EXERCICE 7

❶ $m_1 = \frac{170 \times 17{,}5 + 110 \times 22{,}5 + 20 \times 27{,}5}{300} = 20$

Le salaire moyen d'un employé dans l'entreprise E_1 est 2 000 €.

$m_2 = \frac{280 \times 17{,}5 + 180 \times 22{,}5 + 40 \times 27{,}5}{500} = 20{,}10$

Le salaire moyen d'un employé dans l'entreprise E_2 est 2 010 €.

❷ $m'_1 = \frac{170 \times 17{,}5 + 100 \times 22{,}5}{270} = 19{,}35$

Le salaire moyen d'un ouvrier dans l'entreprise E_1 est 1 935 €.

$m'_2 = \frac{280 \times 17{,}5 + 140 \times 22{,}5}{420} = 19{,}16$

Le salaire moyen d'un ouvrier dans l'entreprise E_2 est 1 916 €.

❸ $m''_1 = \frac{10 \times 22{,}5 + 20 \times 27{,}5}{30} = 25{,}83$

Le salaire moyen d'un technicien dans l'entreprise E_1 est 2 583 €.

$m''_2 = \frac{40 \times 22{,}5 + 40 \times 27{,}5}{80} = 25$

Le salaire moyen d'un technicien dans l'entreprise E_2 est 2 500 €.

❹ Pour l'entreprise E_1, il y a $\frac{30}{300} = 10\ \%$ de techniciens.

Pour l'entreprise E_2, il y a $\frac{80}{500} = 16\ \%$ de techniciens.

❺ Les deux patrons ont raison. Le problème est que, d'une part, ils comparent des nombres qui n'ont pas les mêmes références (employés pour le premier, ouvriers et techniciens pour le second) et que, d'autre part, le « poids » des techniciens est plus important dans la deuxième entreprise, et tend donc à relever les chiffres liés aux salaires.

16 Probabilités

AUTOÉVALUATION

Pour chaque question, il peut y avoir plusieurs bonnes réponses.

❶ On lance un dé à 6 faces numérotées de 1 à 6 tel que :
- chaque face portant un nombre pair a la même probabilité d'apparition ;
- chaque face portant un nombre impair a la même probabilité d'apparition ;
- la probabilité d'apparition d'une face impaire est le double de la probabilité d'apparition d'une face paire.

La probabilité d'obtenir une face impaire est :

☐ **a.** 2

☐ **b.** $\frac{2}{3}$

☐ **c.** $\frac{1}{2}$ ☐ **d.** $\frac{3}{4}$

Questions 2 à 5 : Suite à l'envoi de bons de réduction par Internet, le service marketing d'un magasin de prêt-à-porter effectue une enquête sur les 6 000 clients du magasin.

Cette enquête a montré que :
- 40 % des clients possédaient un bon de réduction ;
- 80 % des clients qui possédaient un bon de réduction ont acheté un vêtement ;
- 30 % des clients ne possédant pas de bon de réduction ont acheté un vêtement.

On interroge au hasard un client sortant du magasin.
On considère les évènements suivants :
- R : le client possédait un bon de réduction ;
- A : le client a acheté un vêtement.

❷ La probabilité de l'évènement « Le client possédait un bon de réduction et a acheté un vêtement » est :

☐ **a.** 0,32 ☐ **b.** 0,8

☐ **c.** 0,4 ☐ **d.** 1,2

❸ La probabilité de l'évènement A est égale à :

☐ **a.** 0,8 ☐ **b.** 1,1

☐ **c.** 0,05 ☐ **d.** 0,5

❹ On sait que le client n'avait pas de bon de réduction.
Quelle est la probabilité qu'il n'ait pas acheté de vêtement ?

☐ **a.** 0,42 ☐ **b.** 0,7

☐ **c.** 0,6 ☐ **d.** 0,9

5 On sait que le client a acheté un vêtement.
Quelle est la probabilité qu'il ait un bon de réduction ?

□ **a.** 0,3 □ **b.** 0,64
□ **c.** 0,25 □ **d.** 1,5

Questions 6 et 7 : Aujourd'hui, Martin n'a pas appris sa leçon. Le professeur donne un contrôle dans lequel figure un QCM qui comporte 3 questions. À chacune des questions, il y a 3 choix possibles dont une seule bonne réponse. Martin répond au hasard à chaque question.

6 La probabilité que toutes les réponses soient justes est :

□ **a.** $\frac{1}{27}$ □ **b.** $\frac{1}{3}$
□ **c.** $\frac{1}{9}$ □ **d.** 3

7 La probabilité pour qu'aucune réponse ne soit juste est :

□ **a.** $\frac{1}{27}$ □ **b.** $\frac{1}{3}$
□ **c.** $\frac{1}{9}$ □ **d.** $\frac{8}{27}$

CONSEILS

Il y a plusieurs catégories de problèmes mettant en jeu les probabilités.

- Le calcul dans des univers équiprobables, très souvent associé à des calculs de fréquences. C'est le cas des questions 6 et 7 de ce QCM. Raisonner par choix pour déterminer des nombres d'éléments peut être intéressant.
- Le calcul à l'aide de quelques propriétés des probabilités.
- Le calcul dans des univers non équiprobables. Alors, la technique repose sur le fait que, dans un univers donné, la somme des probabilités des évènements élémentaires est égale à 1. C'est ce cas que l'on met en œuvre dans la question 1.

Dans les calculs de probabilités par fréquences, il faut toujours prendre garde à la référence grâce à laquelle on fait ce calcul. C'est souvent l'ensemble des résultats possibles de l'expérience, mais ce peut être une partie de l'univers. Il s'agit alors, sans qu'on le dise, de probabilités conditionnelles. Voir les questions 4 et 5.

CORRIGÉS

❶ **b.** Soit p la probabilité d'apparition d'une face portant un numéro pair, alors la probabilité d'apparition d'une face portant un numéro impair est $2p$.
On sait que $p(1) + p(2) + p(3) + p(4) + p(5) + p(6) = 1$, soit encore :
$2p + p + 2p + p + 2p + p = 1$, d'où $9p = 1$ et $p = \frac{1}{9}$.
La probabilité d'obtenir une face portant un numéro impair est alors :
$p(1) + p(3) + p(5) = 3 \times 2p = \frac{6}{9} = \frac{2}{3}$.

❷ **a.** On représente la situation dans un tableau :

	A	$\overline{A}$	Total
R	1 920	480	2 400
$\overline{R}$	1 080	2 520	3 600
Total	3 000	3 000	6 000

Par lecture de ce tableau (et il en sera de même pour les questions suivantes) :
$p = \frac{1\,920}{6\,000} = 0{,}32$

❸ **d.** $p(A) = \frac{3\,000}{6\,000} = 0{,}5$

❹ **b.** $p = \frac{2\,520}{3\,600} = 0{,}7$

❺ **b.** $p = \frac{1\,920}{3\,000} = 0{,}64$

❻ **a.** Il y a 27 réponses possibles à ce QCM. En effet, Martin a 3 choix de réponses pour la première question, 3 choix pour la deuxième question et 3 choix pour la troisième question, donc il y a $3 \times 3 \times 3 = 27$ réponses distinctes possibles. Et il n'y a qu'une façon d'avoir la réponse correcte à chaque question.

❼ **d.** Aucune réponse n'est juste signifie que Martin répond faux à chacune des questions, et il a 2 chances de se tromper pour chaque question, soit $2 \times 2 \times 2 = 8$ façons de se tromper à toutes les questions.

COURS

Compétence à maitriser pour le concours

- **Comprendre et utiliser des notions élémentaires de probabilités** (vocabulaire des probabilités ; notion de probabilité ; probabilité d'événements certains, impossibles, contraires).

1 Langage des probabilités

A. Présentation

Les probabilités consistent en l'étude des phénomènes aléatoires, c'est-à-dire des phénomènes dont on ne peut prédire à l'avance si un résultat donné se réalisera.

> **EXEMPLE**
> Jet d'un ou de plusieurs dés, tirage de cartes dans un jeu, loto, tiercé, problèmes des tests en médecine ou dans l'industrie…

Les probabilités sont nées de l'étude par les mathématiciens des jeux de hasard dès le XVIIe siècle. D'ailleurs, le mot *hasard* provient du mot arabe *az-zahr* signifiant « dé à jouer ». De même, le mot *aléatoire* provient du latin *alea* et signifie « les dés ». Notez que ce que nous appelons « calcul des probabilités » s'appelait au XVIIe siècle la « géométrie des chances ». Les probabilités ont connu un très grand développement à partir des années 1930.

B. Expérience aléatoire

Une expérience aléatoire est une expérience dont on connait l'ensemble des résultats qu'elle peut produire, mais dont on ne peut prédire à l'avance lequel de ces résultats se produira.

> **EXEMPLE**
> On s'intéresse à l'expérience aléatoire consistant à jeter 3 fois de suite une pièce de monnaie bien équilibrée et on s'intéresse à la suite des piles et faces obtenue.
>
> Cette expérience est une expérience aléatoire, car on peut décrire l'ensemble des résultats possibles, mais on ne peut savoir à l'avance laquelle des suites se produira.

C. Univers

On appelle univers l'ensemble des résultats ou issues possibles d'une expérience aléatoire donnée. Cet ensemble est noté Ω.

> **EXEMPLE**
> Pour l'expérience précédente, l'ensemble des issues possibles est :
> {PPP, PPF, PFP, PFF, FPP, FPF, FFP, FFF}.

D. Évènement

On appelle évènement toute partie de l'univers, c'est-à-dire un certain nombre d'issues. Un évènement se note en général par une lettre majuscule d'imprimerie.

EXEMPLE

L'évènement « Les trois côtés sont identiques » est A = {PPP, FFF}.

L'évènement « Le côté face apparait une seule fois » est B = {PPF, PFP, FPP}.

a. Évènement élémentaire

Un évènement élémentaire est un évènement qui possède un seul élément.

EXEMPLE

{PPP} est un évènement élémentaire.

b. Évènement certain

L'évènement certain est l'évènement qui contient tous les résultats possibles de l'expérience, c'est donc Ω.

EXEMPLE

« Obtenir une succession de 3 côtés » est un évènement certain.

c. Évènement impossible

Un évènement impossible est un évènement qui ne peut pas se réaliser. On le note $\varnothing$.

EXEMPLE

« Obtenir 4 piles » est un évènement impossible.

APPLICATION 1

On jette deux dés ordinaires parfaitement équilibrés et on s'intéresse aux couples de nombres inscrits sur les faces visibles.

❶ Citer quelques résultats possibles de cette expérience.

❷ Compléter le tableau proposé.

Combien y a-t-il d'issues possibles à cette expérience ?

Dé 1 / Dé 2	1	2	3	4	5	6
1						
2						
3						
4						
5						
6						

→ Corrigé p. 357

APPLICATION 2

Sur le ticket d'un jeu de grattage figurent trois cases à gratter. Pour chacune des deux premières cases, on peut obtenir les lettres A, B ou C. Pour la dernière case, on peut obtenir les lettres A ou B.
Décrire l'ensemble des résultats possibles de cette expérience.

→ Corrigé p. 357

d. Évènements contraires

On appelle contraire d'un évènement E l'évènement qui se réalise lorsque E ne se réalise pas. Le contraire de E se note $\overline{E}$. (On dit aussi évènements complémentaires.)

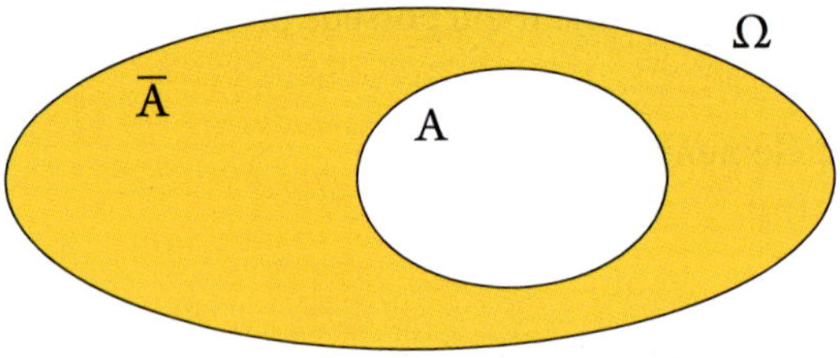

e. Autre représentation

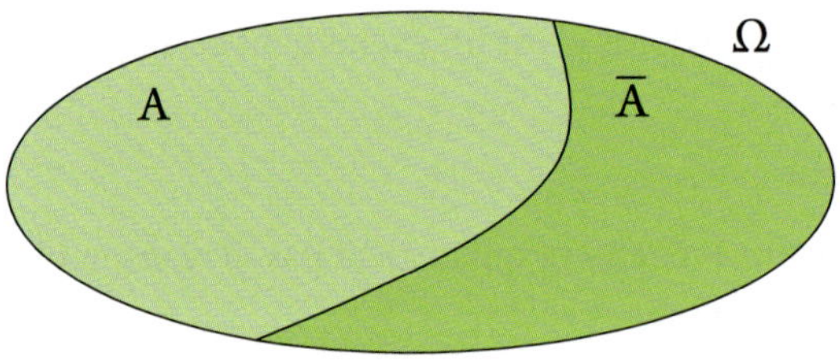

EXEMPLE

Avec la même expérience, $\overline{A}$ = {PPF ; PFP ; FPP ; FFP ; FPF ; PFF}.

ZOOM

Il ne faut pas confondre les deux notions suivantes : évènements incompatibles et évènements contraires (ou complémentaires).

EXEMPLE

On considère l'expérience aléatoire suivante : « Tirer un jeton dans une urne contenant : 4 jetons jaunes numérotés « 1, 2, 3 et 4 », 3 jetons bleus numérotés « 1, 2 et 3 » et 5 jetons rouges numérotés « 1, 2, 3, 4 et 5 ».

E : « Tirer un jeton rouge »	E : « Tirer un jeton pair »
F : « Tirer un jeton bleu »	F : « Tirer un jeton impair »

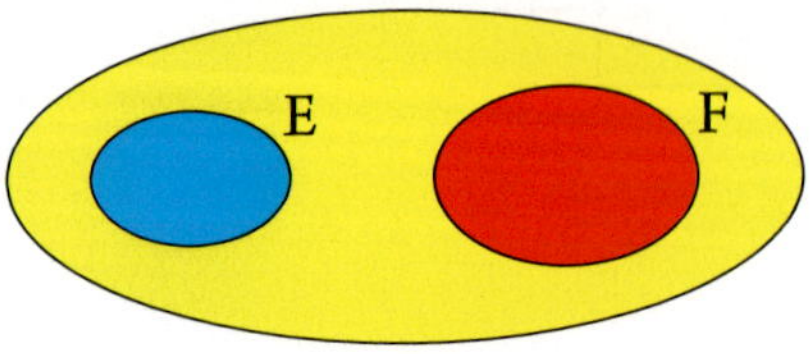

E et F sont incompatibles.

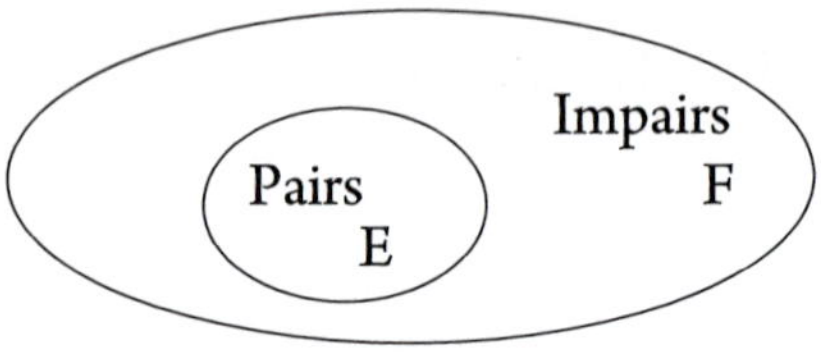

E et F sont complémentaires.

2 Calcul des probabilités

On considère un univers Ω, ainsi que A et B, deux évènements associés à cet univers.

Définir une probabilité p sur cet univers, c'est associer un nombre à chaque évènement A de Ω vérifiant :

- $p(A) \geqslant 0$;
- $p(\Omega) = 1$.

A. Cas fréquent

Parfois les caractéristiques physiques d'une expérience suggèrent que l'on attribue des probabilités égales aux différents évènements élémentaires de l'univers. Un tel univers, où chaque évènement élémentaire a la même probabilité de se réaliser, est appelé univers équiprobable. Dans ce cas, pour tout évènement E, on a :

$$p(\mathrm{E}) = \frac{\textbf{nombre d'issues favorables à E}}{\textbf{nombre d'issues possibles}}$$

EXEMPLE

On s'intéresse à l'expérience aléatoire consistant à jeter trois fois de suite une pièce de monnaie bien équilibrée et on s'intéresse à la suite des piles et faces obtenue.

Déterminer la probabilité de chacun des évènements suivants :

E : « Pile apparait exactement deux fois. »

F : « Pile apparait au moins une fois. »

Comme la pièce de monnaie est bien équilibrée, l'hypothèse d'équiprobabilité est vérifiée.

Par conséquent, $p(\mathrm{E}) = \frac{3}{8}$ et $\mathrm{P(F)} = \frac{7}{8}$.

APPLICATION 3

On dispose d'un dé en bois de 3 cm d'arête. On le peint en rouge puis on le découpe en petits cubes de 1 cm d'arête, parallèlement aux faces. On place ces petits cubes dans un sac.

❶ Combien de petits cubes a-t-on placé dans le sac ?

❷ Combien y en a-t-il ayant : zéro face peinte, une face peinte, deux faces peintes, trois faces peintes ?

❸ On pioche au hasard un petit cube du sac.
Calculer la probabilité de chacun des événements suivants.

a. Le cube a zéro face peinte.
b. Le cube a une face peinte.
c. Le cube a deux faces peintes.
d. Le cube a trois faces peintes

→ Corrigé p. 358

APPLICATION 4

En étudiant une population, on a remarqué que sur une période donnée, 60 % des personnes ont fait de la marche à pied, 35 % ont fait du VTT et 20 % ont pratiqué ces deux activités. Calculer la probabilité pour que durant cette période, une personne :

1. pratique la marche ou le VTT.
2. ne pratique pas la marche.
3. ne pratique ni la marche, ni le VTT.
4. pratique la marche mais pas le VTT.
5. pratique la marche sachant qu'elle pratique le VTT.
6. ne pratique pas la marche sachant qu'elle ne pratique pas le VTT.

→Corrigé p. 358

APPLICATION 5

Je tire au hasard successivement 4 cartes d'un jeu de 52 cartes.
Quelle est la probabilité de tirer les 4 rois ?

→Corrigé p. 359

B. Cas particulier

La somme des probabilités des événements élémentaires associés à une expérience aléatoire donnée est 1.

EXEMPLE

Les 6 faces d'un dé truqué sont numérotées de 1 à 6. On sait que :

$p_1 = p_3 = p_5 \,;\, p_1 = 2p_6 \,;\, p_2 = 2p_4 = \frac{7}{4}p_1.$

1. Déterminer la probabilité de chaque évènement élémentaire.

2. Déterminer la probabilité de chacun des évènements suivants :

A : « le nombre obtenu est pair ».

B : « le nombre obtenu est impair ».

C : « le nombre obtenu est divisible par trois ».

1. On sait que $p_1 + p_2 + p_3 + p_4 + p_5 + p_6 = 1$.

On exprime chaque probabilité en fonction de p_1 :

$p_1 + \frac{7}{4}p_1 + p_1 + \frac{7}{8}p_1 + p_1 + \frac{1}{2}p_1 = 1$ soit $\frac{49}{8}p_1 = 1$ et donc $p_1 = \frac{8}{49}$.

On en déduit que $p_1 = \frac{8}{49} \,;\, p_2 = \frac{2}{7} \,;\, p_3 = \frac{8}{49} \,;\, p_4 = \frac{1}{7} \,;\, p_5 = \frac{8}{49} \,;\, p_6 = \frac{4}{49}$.

2. $p(\text{A}) = p_2 + p_4 + p_6 = \frac{25}{49}$ $\qquad p(\text{B}) = 1 - p(\text{A}) = \frac{24}{49}$ $\qquad p(\text{C}) = p_3 + p_6 = \frac{12}{49}$

APPLICATION 6

Lors d'une course entre trois chevaux, le cheval A a deux fois plus de chances de gagner que le cheval B, et le cheval B a deux fois plus de chances de gagner que le cheval C. Calculer la probabilité de gagner de chacun de ces trois chevaux.

→Corrigé p. 359

CORRIGÉS

APPLICATION 1

❶ (1 ; 2) ; (4 ; 4) ; (5 ; 3) sont des résultats possibles de cette expérience.

❷

Dé 2 \ Dé 1	1	2	3	4	5	6
1	(1 ; 1)	(2 ; 1)	(3 ; 1)	(4 ; 1)	(5 ; 1)	(6 ; 1)
2	(1 ; 2)	(2 ; 2)	(3 ; 2)	(4 ; 2)	(5 ; 2)	(6 ; 2)
3	(1 ; 3)	(2 ; 3)	(3 ; 3)	(4 ; 3)	(5 ; 3)	(6 ; 3)
4	(1 ; 4)	(2 ; 4)	(3 ; 4)	(4 ; 4)	(5 ; 4)	(6 ; 4)
5	(1 ; 5)	(2 ; 5)	(3 ; 5)	(4 ; 5)	(5 ; 5)	(6 ; 5)
6	(1 ; 6)	(2 ; 6)	(3 ; 6)	(4 ; 6)	(5 ; 6)	(6 ; 6)

Il y a donc 36 résultats possibles.

APPLICATION 2

Description de l'univers sur un arbre de probabilités :

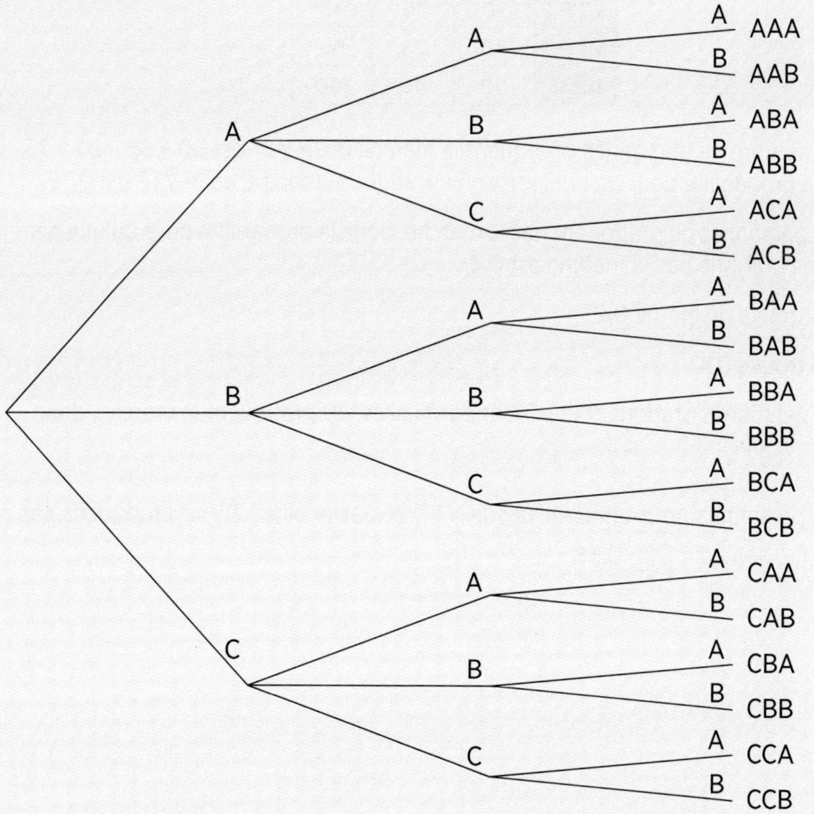

APPLICATION 3

❶ Il y a trois tranches de 9 cubes, soit 27 petits cubes en tout.

❷ Le cube situé au centre n'est pas colorié, cela fait 1 cube non peint.
Les petits cubes situés au centre de chaque face du grand cube n'ont qu'une face peinte, cela fait 6 petits cubes avec une seule face peinte.
Les petits cubes jouxtant ces petits cubes au centre ont 2 faces peintes, cela fait 12 petits cubes avec 2 faces peintes.
Enfin, les petits cubes situés au sommet du grand cube ont 3 faces peintes, ce qui fait 8 petits cubes avec 3 faces peintes.

❸ Chaque petit cube ayant la même probabilité d'être choisi, on en déduit :

a. $p(0) = \frac{1}{27}$ **b.** $p(1) = \frac{6}{27} = \frac{2}{9}$ **c.** $p(2) = \frac{12}{27} = \frac{4}{9}$ **d.** $p(3) = \frac{8}{27}$

APPLICATION 4

D'après l'énoncé, la probabilité pour qu'une personne pratique la marche est 0,6, pratique le VTT est 0,35 et pratique les deux activités est 0,2.
On peut représenter ces données dans un tableau à double-entrée en prenant pour référence 100 personnes :

	M	**$\overline{\text{M}}$**	**Total**
VTT	20	15	35
$\overline{\text{VTT}}$	40	25	65
Total	60	40	100

❶ Le nombre de personnes pratiquant le marche ou le VTT est 60 + 35 – 20 = 75.
Donc, la probabilité pour qu'une personne pratique la marche ou le VTT est 0,75.

❷ 40 personnes ne pratiquent pas la marche, donc la probabilité pour qu'une personne ne pratique pas la marche est 0,4.

❸ On trouve de même 0,25.

❹ On trouve 0,4.

❺ 35 personnes pratiquent le VTT, et parmi elles, 20 pratiquent la marche, donc $p = \frac{20}{35} \approx 0,57$.

❻ 65 personnes ne pratiquent pas le VTT, et parmi elles, 25 ne pratiquent pas la marche, donc $p = \frac{25}{65} \approx 0,38$.

APPLICATION 5

Nombre de choix pour la première carte : 52
Nombre de choix pour la deuxième carte : 51
Nombre de choix pour la troisième carte : 50
Nombre de choix pour la quatrième carte : 49

Nombre total d'issues : $52 \times 51 \times 50 \times 49 = 6\,497\,400$

Nombre de choix pour le premier roi : 4
Nombre de choix pour le deuxième roi : 3
Nombre de choix pour le troisième roi : 2
Nombre de choix pour le quatrième roi : 1

On en déduit : nombre de choix pour tirer 4 rois : $4 \times 3 \times 2 \times 1 = 24$

Les cartes étant tirées a hasard, l'hypothèse d'équiprobabilité est vérifiée, donc

$$p = \frac{24}{6\,497\,400} \approx 0{,}0000037$$

APPLICATION 6

On appelle $p(\mathrm{A})$, $p(\mathrm{B})$ et $p(\mathrm{C})$ la probabilité de gagner de chacun des trois chevaux.
D'après l'énoncé, $p(\mathrm{A}) = 2p(\mathrm{B})$ et $p(\mathrm{B}) = 2p(\mathrm{C})$, d'où $p(\mathrm{A}) = 4p(\mathrm{C})$.
On sait de plus que $p(\mathrm{A}) + p(\mathrm{B}) + p(\mathrm{C}) = 1$.

Par conséquent, $4p(\mathrm{C}) + 2p(\mathrm{C}) + p(\mathrm{C}) = 1$, soit $7p(\mathrm{C}) = 1$ et $p(\mathrm{C}) = \frac{1}{7}$.

Finalement, $p(\mathrm{A}) = \frac{4}{7}$, $p(\mathrm{B}) = \frac{2}{7}$ et $p(\mathrm{C}) = \frac{1}{7}$.

ENTRAINEMENT

EXERCICE 1 — 20 min.

Les trois questions sont indépendantes.

❶ Dans un sachet opaque, on a mélangé 42 bonbons au miel et 30 bonbons au chocolat. On suppose que ces bonbons sont indiscernables au toucher.

a. On prend au hasard un bonbon dans le sachet.
Quelle est la probabilité de l'événement E : « Le bonbon extrait est au chocolat » ?

b. On prend au hasard l'un après l'autre deux bonbons dans le sachet.
Quelle est la probabilité de l'évènement F : « Ces deux bonbons extraits sont au chocolat » ?

❷ On lance trois fois de suite une pièce de monnaie parfaitement équilibrée.
Quelle est la probabilité d'obtenir un « pile » et deux « face » ?

❸ On lance deux dés bien équilibrés, et on s'intéresse à la somme des points obtenus. Quelle est la probabilité d'obtenir la somme « 5 » ?

❹ On utilise une roulette de type casino avec cinq cases numérotées 1 ; 2 ; 3 ; 4 et 5. Cette roulette est truquée. Le tableau ci-dessous précise la probabilité d'obtenir chacun des numéros (p est un nombre positif).

Nombre obtenu	1	2	3	4	5
Probabilité	$\frac{1}{4}$	p	p	$\frac{3}{8}$	p

Quelle est la probabilité de l'évènement E : « Obtenir un numéro pair » ?

EXERCICE 2 — 20 min.

Vrai ou faux ? Justifier chaque réponse.

❶ Dans une certaine région du monde, on utilise le modèle ci-dessous pour prévoir le temps, en se limitant aux deux cas possibles « le temps est sec » et « le temps est humide » :

- si le temps est sec un jour, alors il sera sec le lendemain avec une probabilité de $\frac{5}{6}$;
- si le temps est humide un jour, alors il sera humide le lendemain avec une probabilité de $\frac{2}{3}$.

Aujourd'hui, le temps est sec.

Affirmation 1 : La probabilité que le temps soit humide après-demain est 0,25.

❷ On lance simultanément deux dés cubiques équilibrés, dont les faces sont numérotées de 1 à 6. On calcule la somme des deux numéros obtenus.

Affirmation 2 : Les probabilités d'obtenir un résultat pair ou un résultat impair sont égales.

❸ Dans un tiroir, il y a des chaussettes unicolores. En ouvrant le tiroir, on s'aperçoit qu'elles sont toutes rouges sauf deux, toutes vertes sauf deux, toutes bleues sauf deux.

Affirmation 3 : Il y a six chaussettes dans le tiroir.

❹ Un sac contient des billes indiscernables au toucher. 11 billes sont rouges et les autres sont noires. On tire une bille au hasard dans le sac. La probabilité de tirer une bille noire est 0,3125.

Affirmation 4 : Il y a dans le sac exactement quatre billes noires.

❺ Simon lance deux dés équilibrés à six faces, numérotées 1, 2, 3, 4, 5 et 6, puis il additionne les deux nombres obtenus. Il prétend qu'il a autant de chances d'obtenir une somme égale à 7, qu'une somme égale à 5.

Affirmation 5 : Simon a raison.

EXERCICE 3 — 10 min.

On considère un dé à quatre faces en forme de tétraèdre régulier. Ses quatre faces sont numérotées de 1 à 4. Le résultat d'un lancer est le nombre indiqué sur la face sur laquelle repose le dé. Le dé est supposé équilibré.

❶ On a lancé le dé six fois et obtenu la série de résultats : 1 ; 2 ; 4 ; 1 ; 1 ; 2.
Au 7e lancer, la probabilité d'obtenir le nombre 1 et celle d'obtenir le nombre 3 sont-elles différentes ?

❷ On lance le dé deux fois de suite.

a. Quelle est la probabilité de l'évènement A : « Obtenir une seule fois le nombre 1 lors de ces deux lancers » ?

b. Quelle est la probabilité de l'évènement B : « Le nombre obtenu au deuxième lancer est strictement supérieur au nombre obtenu au premier lancer » ?

EXERCICE 4 — 15 min.

Albert observe un entrainement au tir à la carabine sur une cible.
La cible est constituée de trois disques concentriques de rayons respectifs 5 cm, 10 cm et 15 cm, comme schématisé ci-contre.

Les mesures sont données en cm.

Un débutant touche la cible une fois sur deux. Lorsqu'il atteint la cible, la probabilité qu'il atteigne une zone donnée est proportionnelle à l'aire de cette zone.

❶ Un tireur débutant touche la cible.
Quelle probabilité a-t-il d'atteindre la couronne extérieure (partie bleue) ?

❷ Un tireur débutant va appuyer sur la détente.
Quelle probabilité a-t-il de toucher la cible et d'atteindre son cœur (partie jaune) ?

EXERCICE 5 — 10 min.

❶ On suppose qu'un nouveau-né sur deux est un garçon.
Calculer la probabilité d'avoir deux garçons dans une famille ayant deux enfants.

❷ Une étude statistique de suivi des naissances a été menée dans une ville.
On en a extrait le document suivant.
Quels liens peut-on faire entre ce graphique et la réponse obtenue à la question 1 ?

Fréquence en % des familles ayant deux garçons parmi les familles de deux enfants

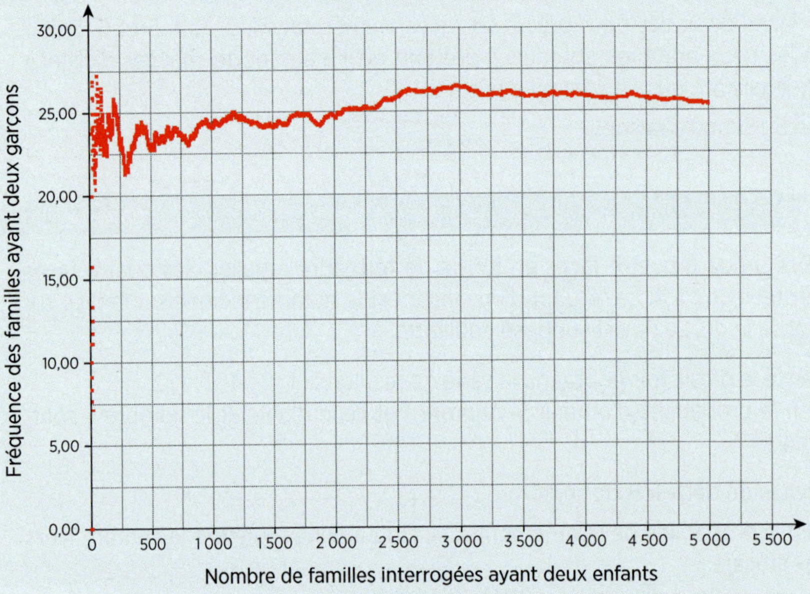

EXERCICE 6 — 15 min.

Le personnel d'un hôpital est réparti en trois catégories : les médecins, le personnel soignant, le personnel administratif et technique.
Parmi les 350 membres du personnel de cet hôpital, 70 sont des hommes.
Parmi les hommes, 28 sont médecins. De plus, il y a deux fois moins de femmes médecins que d'hommes médecins.

❶ Dans le tableau suivant des informations sont déjà placées.

Catégorie \ Sexe	Nombre d'hommes	Nombre de femmes	Total
Médecins			
Personnel soignant		230	250
Personnel administratif et technique			
Total			350

a. Compléter ce tableau après l'avoir reproduit.

b. Est-il vrai que l'ensemble des médecins représente 12 % de l'ensemble du personnel de cet hôpital ? Justifier la réponse.

c. Parmi les 250 soignants, quel est le pourcentage de femmes ?

❷ Dans cette question les résultats seront donnés avec deux décimales.
On choisit, au hasard, une personne parmi les 350 membres du personnel.
Calculer la probabilité de chacun des évènements suivants :
A : « Il s'agit d'un soignant. »
B : « Il s'agit d'une femme médecin. »
C : « Il s'agit d'une femme ou d'un médecin. »

EXERCICE 7

15 min.

Dans un club cycliste, qui compte en tout 120 membres, il y a 30 membres licenciés à la Fédération française de cyclisme (FFC), 36 membres licenciés à la Fédération française de cyclotourisme (FFCT), les autres membres étant non licenciés.
Sur les 30 membres licenciés FFC, 12 font des courses de vélo tout terrain (VTT), les 18 autres des courses sur route. Parmi les 36 membres FFCT, 15 font des randonnées de VTT, les autres des sorties sur route. En tout, le club comporte 50 adeptes du VTT sur ses 120 membres.
Un membre de ce club n'a pas plus d'une licence et chacun participe à un seul type de compétition (VTT ou course sur route).

❶ Cette situation est analysée dans le tableau d'effectifs ci-dessous.

	FFC	FFCT	Non licenciés	Total
Route	18	21		
VTT			23	
Total				120

Recopier ce tableau et le compléter.

❷ Dans quelle catégorie (FFC, FFCT, non licenciés) y a-t-il proportionnellement le plus d'adeptes du VTT ? (Calculer les 3 pourcentages correspondants.)

❸ Lors de l'assemblée générale du club, on choisit au hasard l'un des membres du club.
Calculer la probabilité de chacun des évènements suivants :
A : « Il est licencié FFC. »
B : « C'est un adepte du VTT. »
C : « Il est licencié FFCT et fait du vélo de route. »

CORRIGÉS

EXERCICE 1

❶ **a.** Comme les bonbons sont indiscernables au toucher, l'hypothèse d'équiprobabilité est vérifiée, donc :

$p(\text{E}) = \dfrac{30}{72} = \dfrac{5}{12}$

b. De même, $p(\text{F}) = \dfrac{30 \times 29}{72 \times 71} = \dfrac{145}{852}$

❷ Les résultats possibles de cette expérience sont {PPP ; PPF ; PFP ; PFF ; FPP ; FPF ; FFP ; FFF}.
Comme la pièce est bien équilibrée, l'hypothèse d'équiprobabilité est vérifiée, et donc $p(\text{E}) = \dfrac{3}{8}$.

❸ On peut représenter l'ensemble des résultats de cette expérience dans un tableau.

	1	2	3	4	5	6
1	2	3	4	5	6	7
2	3	4	5	6	7	8
3	4	5	6	7	8	9
4	5	6	7	8	9	10
5	6	7	8	9	10	11
6	7	8	9	10	11	12

Comme les deux dés sont bien équilibrés, l'hypothèse d'équiprobabilité est vérifiée, et donc $p(\text{S} = 5) = \dfrac{4}{36} = \dfrac{1}{9}$.

❹ On sait que $\dfrac{1}{4} + p + p + \dfrac{3}{8} + p = 1$, d'où $\dfrac{5}{8} + 3p = 1$, soit $p = \dfrac{1}{8}$.

$p(\text{E}) = p(2) + p(4) = \dfrac{1}{8} + \dfrac{3}{8} = \dfrac{4}{8} = \dfrac{1}{2}$

EXERCICE 2

❶ Affirmation vraie, on peut raisonner sur un arbre de probabilités.

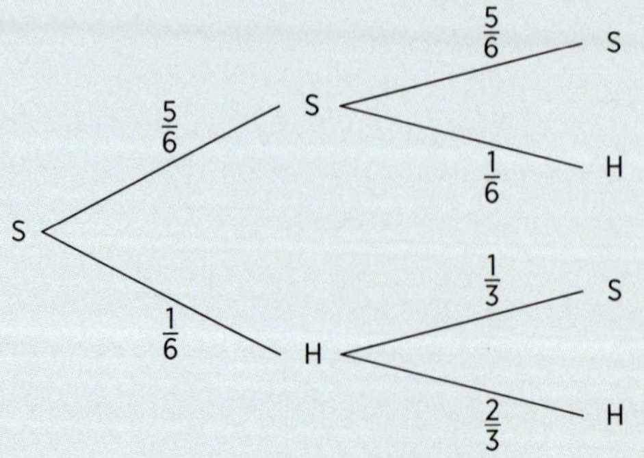

Aujourd'hui, le temps est sec, donc la probabilité pour qu'il soit humide après-demain est, d'après cet arbre :

$\frac{5}{6} \times \frac{1}{6} + \frac{1}{6} \times \frac{2}{3} = \frac{9}{36} = 0{,}25$.

❷ Affirmation vraie : si on reprend le tableau de la question 3, exercice 1, on voit que la moitié des résultats sont des nombres pairs, l'autre moitié des nombres impairs.

❸ Affirmation fausse : s'il y a 6 chaussettes et que toutes sont rouges sauf 2, c'est qu'il y a 4 chaussettes rouges. Pour la même raison, il y a 4 chaussettes vertes et 4 chaussettes bleues, ce qui fait 12 chaussettes : c'est donc impossible.

❹ Affirmation fausse : soit n le nombre de billes noires. D'après l'énoncé :

$p(\mathrm{N}) = \frac{n}{11+n} = 0{,}3125$, d'où $n = 0{,}3125(11+n)$, soit $n = 0{,}3125 \times 11 + 0{,}3125n$

$0{,}6875n = 3{,}4375$, d'où $n = \frac{3{,}4375}{0{,}6875} = 5$. Il y a 5 billes noires.

On peut aussi calculer $p(\mathrm{N})$ en supposant $n = 4$, et on trouve $p(\mathrm{N}) \approx 0{,}26$.

❺ Affirmation fausse : reprenant le tableau de l'exercice 1, question 3, on voit qu'il y a 6 tirages donnant la somme 7 et 4 tirages donnant la somme 5.

EXERCICE 3

❶ Puisque le dé est équilibré, l'hypothèse d'équiprobabilité est vérifiée. Au 7e lancer, la probabilité d'obtenir le nombre 1 est la même que celle d'obtenir le nombre 3, chacune vaut $\frac{1}{4}$.

❷ On représente l'ensemble des résultats de cette expérience dans un tableau :

	1	2	3	4
1	(1 ; 1)	(1 ; 2)	(1 ; 3)	(1 ; 4)
2	(2 ; 1)	(2 ; 2)	(2 ; 3)	(2 ; 4)
3	(3 ; 1)	(3 ; 2)	(3 ; 3)	(3 ; 4)
4	(4 ; 1)	(4 ; 2)	(4 ; 3)	(4 ; 4)

a. Par simple lecture de ce tableau, $p(\mathrm{A}) = \frac{6}{16} = \frac{3}{8}$.

b. De la même façon, $p(\mathrm{B}) = \frac{6}{16} = \frac{3}{8}$.

EXERCICE 4

❶ D'après l'énoncé, on sait que le tireur touche la cible. Puisque la probabilité qu'il atteigne une zone donnée est proportionnelle à l'aire de cette zone, on en déduit que $p = \frac{\pi \times 15^2 - \pi \times 10^2}{\pi \times 15^2} = \frac{125}{225} = \frac{5}{9}$, soit environ 0,56.

❷ On ne sait pas si le tireur va atteindre la cible, la probabilité que cela survienne est $\frac{1}{2}$. Et la probabilité d'atteindre le cœur de la cible est alors de $\frac{\pi \times 5^2}{\pi \times 15^2}$.

On en déduit que $p = \frac{1}{2} \times \frac{\pi \times 5^2}{\pi \times 15^2} = \frac{1}{2} \times \frac{1}{9} = \frac{1}{18}$ soit environ 0,056.

EXERCICE 5

❶ Il y a quatre répartitions possibles du sexe des enfants dans une telle famille : GG, GF, FG, FF.
Avec l'hypothèse qu'un nouveau-né sur deux est un garçon, la probabilité d'avoir deux garçons dans une famille de deux enfants est $\frac{1}{4} = 0{,}25$.

❷ L'observation de ce graphique montre que quand le nombre de familles sur laquelle porte l'étude est suffisamment grand, alors la fréquence d'observation de familles à deux garçons est proche de la prévision théorique.

EXERCICE 6

❶ **a.**

Sexe / Catégorie	Nombre d'hommes	Nombre de femmes	Total
Médecins	28	14	42
Personnel soignant	20	230	250
Personnel administratif et technique	22	36	58
Total	70	280	350

b. La réponse est oui.
Il y a 42 médecins parmi les 350 membres du personnel, soit $\frac{42}{350} = 12\ \%$.

c. Il y a 230 femmes parmi les 250 personnes soignantes, soit $\frac{230}{350} = 92\ \%$.

❷ La personne étant choisie au hasard, l'hypothèse d'équiprobabilité est vérifiée.
On en déduit $p(\mathrm{A}) = \frac{250}{350} \approx 0{,}71$; $p(\mathrm{B}) = \frac{14}{350} = 0{,}04$.
Il y a 280 + 28 = 308 femmes ou médecins, la probabilité de cet événement est $\frac{308}{350} = 0{,}88$.

EXERCICE 7

❶

	FFC	FFCT	Non licenciés	Total
Route	18	21	31	70
VTT	12	15	23	50
Total	30	36	54	120

❷ Dans la catégorie FFC : $\frac{12}{30} = 40\ \%$

Dans la catégorie FFCT : $\frac{15}{36} \approx 42\ \%$

Dans la catégorie non licenciés : $\frac{23}{54} \approx 43\ \%$, c'est donc dans cette dernière catégorie qu'il y a proportionnellement le plus d'adeptes du VTT.

❸ Puisque le membre du club est choisi au hasard, l'hypothèse d'équiprobabilité est vérifiée. Donc $p(\mathrm{A}) = \frac{30}{120} = 0{,}25$; $p(\mathrm{B}) = \frac{50}{120} \approx 0{,}42$ et $p(\mathrm{C}) = \frac{21}{120} = 0{,}175$.

PARTIE 5
Problèmes

17 Problèmes résolus par l'arithmétique ou par l'algèbre

AUTOÉVALUATION

Pour chaque question, il peut y avoir plusieurs bonnes réponses.

❶ Parmi les équations suivantes, combien y en a-t-il qui n'ont pas de solution ?

E1 : $3(2x - 1) + 3x = 10x - (x + 3)$
E2 : $2x^2 + 5 = 0$
E3 : $2x^2 - 3 = 2x^2 + 5x$
E4 : $2(x - 3) = x - (5 - x)$

☐ **a.** 0
☐ **b.** 1
☐ **c.** 2
☐ **d.** 3

❷ On considère le problème suivant :

« Je pense à un nombre. Je lui soustrais 9. J'élève le tout au carré. Je soustrais au résultat le carré du nombre auquel j'ai pensé. J'obtiens alors – 45. Trouve le nombre auquel j'ai pensé. »

La mise en équation de ce problème est :

☐ **a.** $x - 9^2 - x^2 = -45$
☐ **b.** $(x - 9)^2 - x = -45$
☐ **c.** $(x - 9)^2 - x^2 = -45$
☐ **d.** $(x - 9)^2 - x^2 - 9 = -45$

❸ La solution du problème précédent est :

☐ **a.** 7
☐ **b.** – 7
☐ **c.** 6,5
☐ **d.** – 45

CONSEILS

- Certains problèmes peuvent se résoudre par l'algèbre (c'est-à-dire par une mise en équation) ou par l'arithmétique, c'est-à-dire par un raisonnement n'utilisant pas de langage symbolique.

La méthode algébrique est la plus connue des étudiants, car c'est celle que l'on travaille principalement au collège, puis au lycée. Les systèmes d'équations ne sont plus au programme, mais les types de problèmes qu'ils permettent de résoudre demeurent. Dans ce cas, soit la méthode est explicitée dans les questions liées au problème (voir cours 1. C. exercice 2), soit on exprime une des inconnues en fonction de l'autre (voir l'exercice d'entrainement 1).

- Les méthodes de l'arithmétique, non proposées dans ce QCM d'autoévaluation, sont moins courantes car moins travaillées au niveau des cycles 3 et 4 du collège, et pas du tout au niveau du lycée. Le cours vous les présente avec des exemples et des exercices d'application, puis dans certains exercices d'entrainement. Ces méthodes sont parfois plus simples et tout aussi efficaces que la méthode algébrique.

CORRIGÉS

❶ **c.** E2 et E4 n'ont pas de solution. E1 en a une infinité. E3 en possède une.

❷ **c.**

❸ **a.** L'équation se ramène à $x^2 - 18x + 81 - x^2 = -45$, soit $18x = 126$ et $x = 7$.

COURS

Compétence à maitriser pour le concours :

• **Résoudre des problèmes impliquant des grandeurs variées (géométriques, physiques, économiques)** (résolution par la méthode algébrique : équation du premier degré à une inconnue, équation produit ; résolution par une méthode arithmétique : raisonnement par compréhension directe, à partir d'un schéma, par essai-ajustement, par fausse supposition).

Certains problèmes mettant en jeu des nombres peuvent être résolus soit par une méthode arithmétique, soit par une méthode algébrique, soit par les deux méthodes.

1 Résolution par la méthode algébrique

L'algèbre consiste à traduire un problème par une ou plusieurs équations ou inéquations que l'on résout. Pour cela, on choisit une ou plusieurs inconnues et on traduit chaque donnée de l'énoncé par une égalité conditionnelle, c'est-à-dire par une équation. On peut prendre des inconnues « parlantes » plutôt que les habituelles lettres x, y ou z.

EXEMPLE

Un nombre de billets peut être noté b, un nombre de garçons g.

Ce choix du nom des inconnues n'est pas important en soi. Si le problème met en jeu des unités physiques, on ne les écrit pas dans les équations.

Il est également possible de résoudre certaines équations à l'aide d'un tableur.

A. Résolution d'une équation du premier degré à une inconnue

On ne change pas une équation en effectuant une même opération dans chacun de ses deux membres (par exemple : ajouter ou soustraire un même nombre aux deux membres, ou multiplier ou diviser par un même nombre non nul chacun des deux membres). Pour résoudre une équation du premier degré à une inconnue, on cherche à isoler l'inconnue (voir chapitre 3).

EXEMPLES

E1 : $x + 7 = 5$; E2 : $x - 14 = 58$; E3 : $9x = 17$; E4 : $\frac{x}{19} = 4$; E5 : $-6x + 7 = 2$

E1 : $x = 5 - 7 = -2$

E2 : $x = 58 + 14 = 72$

E3 : $x = \frac{17}{9}$

E4 : $x = 4 \times 19 = 76$

E5 : $-6x = -5$ et $x = \frac{-5}{-6} = \frac{5}{6}$

B. Résolution d'une équation produit

On utilise la règle suivante : un produit de facteurs est nul si et seulement si un au moins de ses facteurs est nul.

EXEMPLES

E1 : $(2x + 7)(-x + 5) = 0$

E1 : $2x + 7 = 0$ ou $-x + 5 = 0$ soit $x = -\frac{7}{2}$ ou $x = 5$.

E2 : $3x^2 + 5x = 0$

E2 : On se ramène à une équation produit en factorisant le premier membre :

$x(3x + 5) = 0$.

D'où $x = 0$ ou $3x + 5 = 0$, soit $x = 0$ ou $x = -\frac{5}{3}$.

E3 : $(2x + 9)^2 = (5x - 7)^2$

E3 : On se ramène à une équation produit en regroupant les termes dans un seul membre et en factorisant l'expression obtenue : $(2x + 9)^2 - (5x - 7)^2 = 0$.

$(2x + 9 - 5x + 7)(2x + 9 + 5x - 7) = 0$

$(-3x + 16)(7x + 2) = 0$, soit $-3x + 16 = 0$ ou $7x + 2 = 0$, c'est-à-dire $x = \frac{16}{3}$ ou $x = -\frac{2}{7}$.

C. Exemples de résolution de problèmes

EXEMPLE 1

Vanessa dépense les $\frac{3}{5}$ de ce qu'elle possédait, et 17,85 € de plus. Il lui reste 477,75 €.

Quelle somme possédait-elle initialement ?

Soit S la somme que possédait Vanessa. D'après l'énoncé :

$S - \frac{3}{5}S - 17{,}85 = 477{,}75$

D'où $S - \frac{3}{5}S = 459{,}90$, soit $\frac{2}{5}S = 495{,}60$ et $S = \frac{5 \times 495{,}60}{2} = 1\,239$

Vanessa possédait 1 239 €.

EXEMPLE 2

Dans un garage, il y a des voitures et des motos, en tout 98 véhicules. On dénombre 308 roues. On appelle v le nombre de voitures et m le nombre de motos.

1. Écrire une équation donnant la contrainte sur le nombre de véhicules.

2. Écrire une équation donnant la contrainte sur le nombre de roues.

3. Dans la première équation, exprimer v en fonction de m.

4. Utiliser cette expression pour résoudre l'équation de la question 2.

5. En déduire le nombre de véhicules de chaque sorte.

1. D'après l'énoncé, $v + m = 98$.

2. On obtient $4v + 2m = 308$.

3. $v = 98 - m$

4. En remplaçant dans l'équation de la question 2. : $4(98 - m) + 2m = 308$

$392 - 2m = 308$, soit $2m = 84$ et $m = 42$.

5. Donc $v = 98 - 42 = 56$.

Dans ce garage, il y a 56 voitures et 42 motos.

EXEMPLE 3

Un éleveur possède des agneaux et des cochons. Il a 8 fois plus de cochons que d'agneaux, et s'il vendait 200 cochons, il aurait plus d'agneaux que de cochons. Combien de bêtes de chaque sorte possède-t-il ? On appellera a le nombre d'agneaux, c le nombre de cochons, et on exprimera c en fonction de a.

On appelle a le nombre d'agneaux et c le nombre de cochons.

D'après l'énoncé :

$c = 8a$; $c \geqslant 200$ et $c - 200 \leqslant a$.

Soit $8a \geqslant 200$, c'est-à-dire $a \geqslant \frac{200}{8}$, ce qui donne $a \geqslant 25$.

$c - 200 \leqslant a$ s'écrit $8a - 200 \leqslant a$, soit $7a \leqslant 200$ et donc $a \leqslant \frac{200}{7}$; $a \leqslant 28{,}5$.

L'ensemble des solutions est donc :

Nombre d'agneaux	25	26	27	28
Nombre de cochons	200	208	216	224

APPLICATION 1

Un groupe de 13 personnes et un groupe de 31 personnes arrivent au restaurant. Tout le monde prend le même menu. Le groupe de 31 personnes paie 378 € de plus que l'autre groupe.

Quel est le prix du menu ? (Résoudre par la méthode algébrique.)

→ Corrigé p. 375

APPLICATION 2

François et Mathieu vont à la piscine. François a une carte d'abonnement payée 20 € pour l'année, et paie chaque entrée 4,50 €. Sans carte d'abonnement, Mathieu paie 6 €. À partir de combien d'entrées la carte d'abonnement est-elle rentable ?

→ Corrigé p. 375

2 Résolution par une méthode arithmétique

L'arithmétique utilise différentes méthodes nécessitant souvent une rédaction plus développée que lorsque l'on utilise la méthode algébrique.

Les méthodes usuelles de l'arithmétique sont les suivantes.

A. Raisonnement par compréhension directe

Dans ce cas, chaque opération est précédée par une phrase explicative.

EXEMPLE

On reprend l'exemple 1 précédent.

Avant de dépenser les 17,85 €, Vanessa possédait 477,75 € + 17,85 € = 495,60 €. Comme cette somme représente les $\frac{2}{5}$ de ce qu'elle possédait, la moitié de cette somme est 495,60 € ÷ 2 = 247,80 €, et elle possédait donc 5 × 247,80 € = 1 239 €.

APPLICATION 3

Résoudre l'application 1 précédente par un raisonnement de compréhension directe.

→Corrigé p. 375

B. Recherche à partir d'un schéma

Le schéma devient source de raisonnement. Des phrases explicatives ne sont alors pas nécessaires.

EXEMPLE 1

Résolution de l'exemple 1 (point 1. A.) à l'aide d'un schéma.

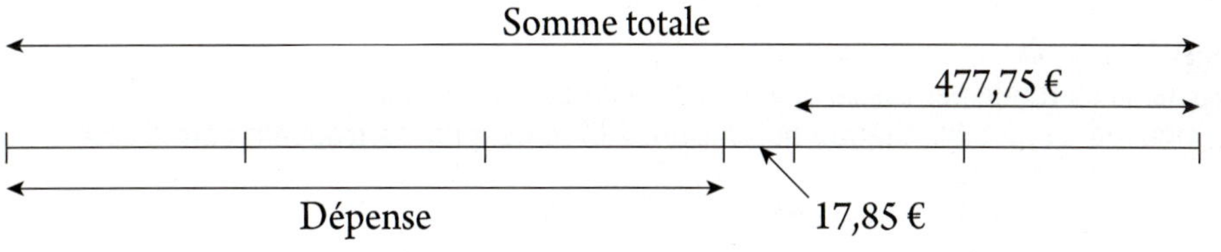

On voit sur ce schéma que la somme initiale possédée par Vanessa est, en euros :
[(477,75 + 17,85) ÷ 2] × 5 = 1 239

EXEMPLE 2

Il y a trois tas de cailloux. Il y a trois fois plus de cailloux augmenté de 5 dans le premier tas que dans le troisième. Le deuxième tas contient 15 cailloux de plus que le double du nombre de cailloux du premier tas. Sachant qu'il y a 180 cailloux en tout, combien chaque tas contient-il de cailloux ?

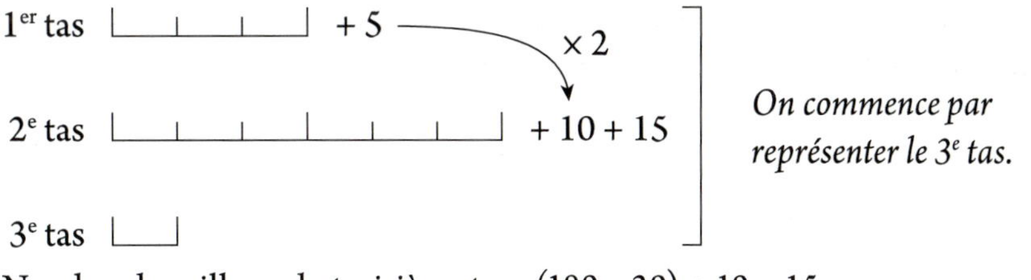

Nombre de cailloux du troisième tas : (180 – 30) ÷ 10 = 15

Nombre de cailloux du premier tas : 15 × 3 + 5 = 50

Nombre de cailloux du deuxième tas : 6 × 15 + 25 = 115

APPLICATION 4

Résoudre l'application 1 en utilisant un schéma.

→Corrigé p. 375

C. Méthode par essai-ajustement

Dans cette méthode, un raisonnement est toujours sous-jacent, ce n'est donc pas une méthode « au hasard ».

EXEMPLE

On résout le problème de l'exemple 2 (point 1. C.) en utilisant la méthode par essai-ajustement.

Nombre de voitures	49	55	56
Nombre de motos	49	43	42
Nombre de roues	294	306	308
Solution	Non	Non	Oui

En supposant qu'il y a 49 voitures, on constate que le nombre de roues est inférieur au nombre réel, il faut donc augmenter ce nombre de voitures.

C'est ici que le raisonnement intervient.

APPLICATION 5

Résoudre par la méthode par essais-ajustement le problème suivant.

Sur le rayonnage d'une bibliothèque qui mesure 2,13 m de long, se trouvent côte à côte 141 livres d'épaisseurs respectives 1,30 cm et 1,75 cm.

Combien y a-t-il de livres de chaque sorte ?

→Corrigé p. 375

D. Raisonnement par fausse supposition

Cette méthode consiste à partir d'une hypothèse fausse pour trouver le résultat correct.

EXEMPLE

On résout le problème de l'exemple 2 (point 1. C.) en utilisant un raisonnement par fausse supposition.

Je suppose qu'il n'y a que des voitures, cela fait $4 \times 98 = 392$ roues.

Il y a donc $392 - 308 = 84$ roues de trop. En remplaçant une voiture par une moto, cela baisse ce nombre de 2. Il y a donc $84 \div 2 = 42$ motos.

Et, par conséquent, il y a $98 - 42 = 56$ voitures.

APPLICATION 6

Résoudre par la méthode de fausse supposition l'application 5 précédente.

→Corrigé p. 375

CORRIGÉS

APPLICATION 1

Soit p le prix d'un menu, alors, d'après l'énoncé, $31p = 13p + 378$.
Soit $31p - 13p = 378$; $18p = 378$ et donc $p = 21$.
Un menu coute 21 €.

APPLICATION 2

On appelle x le nombre d'entrées cherché. D'après l'énoncé, on cherche x tel que :
$20 + 4{,}50x \leqslant 6x$, soit $20 \leqslant 1{,}50x$ et donc $x \geqslant \dfrac{20}{1{,}50}$.
Ce qui donne $x \geqslant 13{,}3$.
La carte d'abonnement est rentable si l'on va au moins 14 fois à la piscine dans l'année.

APPLICATION 3

Les 378 € payés en supplément par les 31 personnes représentent le prix de
31 – 13 = 18 repas. Un repas coute donc 378 € ÷ 18 = 21 €.

APPLICATION 4

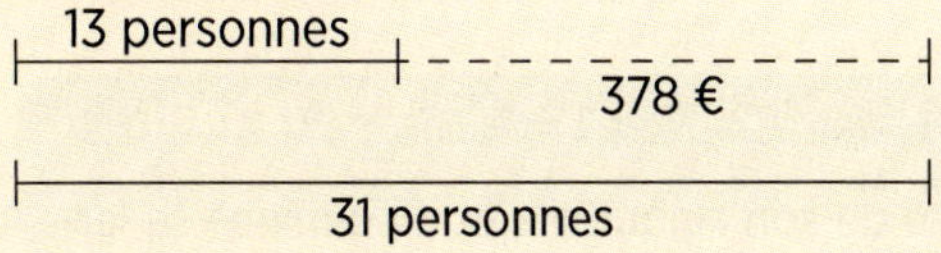

D'après ce schéma, le prix d'un menu en euros est : 378 ÷ (31 – 13) = 21.

APPLICATION 5

Nombre de livres de 1,30 cm	70	72	74	75
Nombre de livres de 1,75 cm	71	69	67	66
Épaisseur totale en m	2,1525	2,1435	2,1345	2,13
Solution	Non	Non	Non	Oui

APPLICATION 6

On suppose qu'il n'y a que des livres de 1,30 cm d'épaisseur. Cela fait une épaisseur totale de 141 × 1,30 cm = 183,30 cm = 1,833 m.
Il manque donc 2,13 m – 1,833 m = 0,297 m, soit 29,7 cm. Chaque fois qu'on remplace un livre de 1,30 cm d'épaisseur par un livre de 1,75 cm d'épaisseur, cela augmente l'épaisseur totale de 1,75 cm – 1,30 cm = 0,45 cm.
Il y a donc 29,7 ÷ 0,45 = 66 livres de 1,75 cm d'épaisseur et 141 – 66 = 75 livres de 1,30 cm d'épaisseur.

ENTRAINEMENT

EXERCICE 1 — 15 min.

Un restaurateur possède des carafes de contenances différentes. Les grandes contiennent 25 cL de plus que les petites. Avec un décalitre de vin, il peut remplir exactement 5 petites carafes et 10 grandes.
Déterminer la contenance des carafes :

❶ par une méthode algébrique.
On appellera g la contenance d'une grande carafe, p la contenance d'une petite carafe, et on exprimera g en fonction de p.

❷ par une méthode arithmétique.

EXERCICE 2 — 10 min.

Dans un massif de tulipes, il y en a $\frac{1}{3}$ de jaunes, $\frac{1}{4}$ de rouges, $\frac{1}{5}$ de mauves, $\frac{1}{6}$ de blanches et 6 noires.
Combien y a-t-il de tulipes ?

EXERCICE 3 — 15 min.

❶ On augmente la longueur d'un rectangle de son cinquième et on diminue sa largeur de moitié.
Par quelle fraction est multipliée l'aire du rectangle ?
Cette aire a-t-elle augmenté ou diminué ?
De quel pourcentage ?

❷ On augmente la longueur d'un rectangle de son quart et on diminue la largeur de son quart.
L'aire du rectangle est-elle modifiée ? Justifier la réponse.

EXERCICE 4 — 20 min.

Un groupe de vingt-sept personnes va au théâtre. Les adultes paient 45 € et les enfants paient moitié prix. Leur dépense totale s'élève à 877,50 €.
On veut connaitre le nombre d'adultes et le nombre d'enfants de ce groupe.

❶ Utilisation d'un tableur

a. En observant la feuille de calcul ci-dessous, donner la solution du problème.

	A	B	C	D	E
1	prix d'une place adulte	45			
2					
3	**Nombre d'adultes**	**Nombre d'enfants**	**Prix payé par les adultes**	**Prix payé par les enfants**	**Somme totale dépensée**
4	0	27	0	607,50	607,50
5	1	26	45	585	630
6	2	25	90	562,50	652,50
7	3	24	135	540	675
8	4	23	180	517,50	697,50
9	5	22	225	495	720
10	6	21	270	472,50	742,50
11	7	20	315	450	765
12	8	19	360	427,50	787,50
13	9	18	405	405	810
14	10	17	450	382,50	832,50
15	11	16	495	360	855
16	12	15	540	337,50	877,50
17	13	14	585	315	900
18	14	13	630	292,50	922,50
19	15	12	675	270	945
20	16	11	720	247,50	967,50
21	17				
22		9			
23	19	8	855	180	1 035
24	20	7	900	157,50	1 057,50
25	21	6	945	135	1 080
26	22	5	990	112,50	1 102,50
27	23	4	1 035	90	1 125
28					
29	25	2	1 125	45	1 170
30	26	1	1 170	22,50	1 192,50
31	27	0	1 215	0	1 215

b. Recopier et compléter la ligne 21.

c. Sachant que la formule entrée dans la cellule B4 est : =27-A4, quelles formules ont pu être écrites dans les cellules C4, D4 et E4 afin d'obtenir les valeurs de la feuille de calcul ?

❷ Résoudre ce problème :

a. en utilisant une méthode algébrique.

b. en faisant appel à une démarche arithmétique.

EXERCICE 5 — 20 min.

❶ Déterminer toutes les façons possibles de compter 74 € avec des pièces de 2 € et des billets de 5 €. La solution avec uniquement des pièces ne devra pas être conservée.

❷ Peut-on payer cette somme avec 18 pièces et billets en tout ? avec 31 pièces et billets en tout ?

❸ Quelle est la solution qui nécessite le plus de pièces et billets ?

❹ Quelle est la solution qui nécessite le moins de pièces et billets ?

EXERCICE 6 — 15 min.

Le chiffre des dizaines d'un nombre de 2 chiffres est le quadruple du chiffre des unités.
Si on intervertit l'ordre des chiffres, la différence entre le nombre donné et le nombre obtenu est 54.
Trouver le nombre initial :

❶ en résolvant une équation.

❷ en examinant *a priori* toutes les valeurs possibles pour le chiffre des unités et en éliminant ce qui ne convient pas.

EXERCICE 7 — 25 min.

Dans une caisse, il y a 3 fois plus de pommes que de poires.
Je retire 225 pommes, il y a alors 2 fois plus de poires que de pommes.
Déterminer le nombre de fruits de chaque sorte :

❶ par une méthode algébrique. On appellera x le nombre de pommes, y le nombre de poires, et on exprimera x en fonction de y.

❷ par une méthode arithmétique.

EXERCICE 8 — 15 min.

Dans un concours hippique, un cavalier est pénalisé quand le cheval refuse de sauter un obstacle et quand le cheval fait tomber une barre.
Le cheval de Pierre a fait 2 refus et a fait tomber 3 barres pour un total de 18 points de pénalité.
Le cheval de Jean a fait 1 refus et a fait tomber 4 barres pour un total de 19 points de pénalité.
Combien de points coute un refus ? Combien de points coute la chute d'une barre ?

EXERCICE 9 — 25 min.

Pour la fête de l'école, des parents d'élèves ont confectionné des flans pâtissiers et des tartes aux pommes.

❶ Une part de flan pâtissier est vendue 1,50 € et une part de tarte aux pommes 2,00 €.
Dans l'après-midi, 72 parts de gâteaux ont été vendues pour une recette totale de 122 €.
Déterminer le nombre de parts de chaque sorte qui ont été vendues :

a. par une méthode algébrique.

b. par un raisonnement de type arithmétique.

❷ À la fin de l'après-midi, il reste une tarte aux pommes entière. Quatre enfants se partagent ce gâteau de la façon suivante : Charlie se sert en premier et en prend un tiers, Macha prend les trois huitièmes de ce qu'a laissé Charlie, enfin Léa et Lou se partagent le reste de façon équitable.
À quelle fraction de tarte correspond la portion de chaque enfant ?

EXERCICE 10 — 20 min.

« Le matin, au réveil, le nez de Pinocchio mesure 5 cm de long. Quand, au cours de la journée Pinocchio dit un mensonge, la fée aux cheveux bleus l'allonge de 3 cm, mais, quand il dit la vérité, la Fée le raccourcit de 2 cm. »

❶ À la fin de la journée, Pinocchio a dit 7 mensonges et son nez a 20 cm de long. On cherche combien de fois Pinocchio a dit la vérité à la Fée au cours de la journée.

a. On désigne par x le nombre de fois que Pinocchio dit la vérité. Résoudre algébriquement le problème.

b. Donner une solution arithmétique accessible à un élève de cycle 3 d'école primaire (c'est-à-dire n'utilisant pas de mise en équation).

❷ En fin de journée, le nez de Pinocchio mesure 5 cm. Pourtant, au cours de la journée, il a dit des mensonges et des vérités.
Sachant que dans une journée, Pinocchio dit entre 1 et 15 mensonges et entre 1 et 15 vérités, donner toutes les possibilités de nombres de mensonges et de nombres de vérités permettant de revenir à un nez de 5 cm de longueur.

EXERCICE 11 — 30 min.

ABCD est un trapèze rectangle (en C et D), tel que AD = 2 cm, DC = 8 cm et BC = 5 cm. On appelle O le milieu du segment [AB].

La figure suivante respecte les proportions.

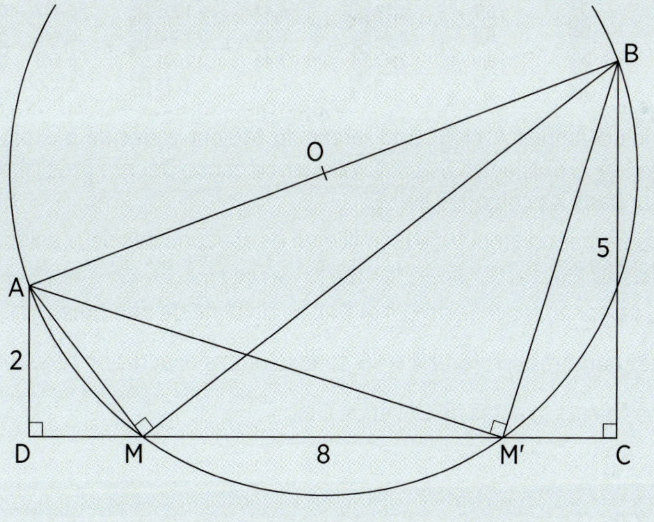

❶ On admet qu'il existe deux points M et M′ du segment [DC] tels que les triangles ABM et ABM′ sont rectangles respectivement en M et M′. Reproduire ce dessin en respectant les proportions et de telle façon que l'on ait CD = 10 cm.
Dans tout ce qui suit, les dimensions sont celles indiquées sur la figure de l'énoncé.

❷ **a.** Calculer AB.

b. On appelle *a* la mesure de DM, l'unité étant le centimètre.
Exprimer AM^2 et BM^2 en fonction de *a*.

c. Démontrer que *a* est solution de l'équation : $x^2 - 8x + 10 = 0$.
On pose $a' = DM'$. On admettra que a' est une autre solution de la même équation.

❸ Pour approcher les deux solutions de cette équation, on a utilisé un tableur dont voici une copie d'écran :

	A	B	C	D	E	F	G	H	I	J	K
1	valeur de x	valeur de $x^2-8x+10$		valeur de x	valeur de $x^2-8x+10$		valeur de x	valeur de $x^2-8x+10$		valeur de x	valeur de $x^2-8x+10$
2	0	10		1	3		1,50	0,25		1,550	0,0025
3	1	3		1,1	2,41		1,51	0,2001		1,551	−0,002399
4	2	−2		1,2	1,84		1,52	0,1504		1,552	−0,007296
5	3	−5		1,3	1,29		1,53	0,1009		1,553	−0,012191
6	4	−6		1,4	0,76		1,54	0,0516		1,554	−0,017084
7	5	−5		1,5	0,25		1,55	0,0025		1,555	−0,021975
8	6	−2		1,6	−0,24		1,56	−0,0464		1,556	−0,026864
9	7	3		1,7	−0,71		1,57	−0,0951		1,557	−0,031751
10	8	10		1,8	−1,16		1,58	−0,1436		1,558	−0,036636
11				1,9	−1,59		1,59	−0,1919		1,559	−0,041519
12				2	−2		1,60	−0,24		1,560	−0,0464
13				6	−2		6,40	−0,24		6,440	−0,0464
14				6,1	−1,59		6,41	−0,1919		6,441	−0,041519
15				6,2	−1,16		6,42	−0,1436		6,442	−0,036636
16				6,3	−0,71		6,43	−0,0951		6,443	−0,031751
17				6,4	−0,24		6,44	−0,0464		6,444	−0,026864
18				6,5	0,25		6,45	0,0025		6,445	−0,021975
19				6,6	0,76		6,46	0,0516		6,446	−0,017084
20				6,7	1,29		6,47	0,1009		6,447	−0,012191
21				6,8	1,84		6,48	0,1504		6,448	−0,007296
22				6,9	2,41		6,49	0,2001		6,449	−0,002399
23				7	3		6,50	0,25		6,450	0,0025

a. En observant les colonnes A et B, l'utilisateur du tableur a décidé d'explorer les valeurs de *x* entre 1 et 2, puis entre 6 et 7. Expliquer ce choix. Décrire précisément ce que fait l'utilisateur dans les colonnes D et E.

b. Donner un encadrement d'amplitude un millième de chacune des deux solutions de l'équation : $x^2 - 8x + 10 = 0$.

c. En déduire une valeur approchée de DM et DM' au dixième de mm près.

❹ Vérifier que les nombres $4 - \sqrt{6}$ et $4 + \sqrt{6}$ sont solutions exactes de l'équation.

❺ En déduire les valeurs exactes de DM et de DM'.

EXERCICE 12 — 30 min.

Le rectangle ci-contre a été partagé en 5 carrés.
Son périmètre est 130.
Quelle est son aire ?
On appellera *a*, *b* et *c* les longueurs des côtés des carrés (du plus grand au plus petit) et on exprimera *a* et *b* en fonction de *c*.

VERS L'ORAL

EXERCICE 13

❶ Doit-on consacrer une plage horaire spécifique dans l'emploi du temps pour la résolution de problèmes ?
❷ À quel moment de l'apprentissage peut-on proposer une résolution de problème aux élèves ?
❸ Quelles sont les compétences méthodologiques mobilisées par l'élève lorsqu'il se trouve face à un problème ? Préciser quels sont les attendus de fin de cycle 2 et de cycle 3 concernant la résolution de problèmes.
❹ La résolution de problèmes démarre-t-elle dès l'école maternelle ?

EXERCICE 14

Un enseignant propose le problème suivant à ses 25 élèves de CE2 : « Dans notre classe les élèves écrivent une lettre à leur correspondant chaque mois de septembre à juin. Pour chaque lettre, il faut un timbre à 80 centimes d'euro. Combien de timbres seront utilisés pendant l'année ? »

❶ Citer trois erreurs de types différents pouvant être commises par les élèves de cette classe de CE2 lors de la résolution du problème.

❷ Pour les élèves ne réussissant pas à résoudre le problème, l'enseignant propose les aides suivantes :
- aide 1 : donner un calendrier présentant tous les mois de l'année sur une même page ;
- aide 2 : demander aux élèves si les affirmations suivantes sont vraies ou fausses :
  - on te demande combien vont couter les timbres ;
  - la classe envoie 25 lettres en un mois ;
  - un élève envoie deux lettres par an.

Pour chaque aide, analyser les effets possibles sur les élèves en difficultés.

❸ Plusieurs élèves pensent que la classe n'envoie qu'une lettre par mois. Comment faudrait-il alors reformuler l'énoncé du problème pour éviter cette interprétation ?

CORRIGÉS

EXERCICE 1

❶ Méthode algébrique

1 daL = 1 000 cL

Soit p la contenance d'une petite carafe et g la contenance d'une grande.

D'après l'énoncé, $g = p + 25$ et $5p + 10g = 1\,000$.

Soit $5p + 10(p + 25) = 1\,000$.

C'est-à-dire $5p + 10p + 250 = 1\,000$.

$15p + 250 = 1\,000$

$15p = 1\,000 - 250$

$15p = 750$

$p = \frac{750}{15}$ soit $p = 50$ et donc $g = 75$.

Une petite carafe contient 50 cL et une grande carafe contient 75 cL.

❷ Méthode arithmétique

Une grande carafe contient 25 cL de plus qu'une petite carafe, donc les 10 grandes carafes pleines représentent 10 × 25 cL = 250 cL de plus.

Il reste donc 1 000 cL – 250 cL = 750 cL à répartir de façon équitable entre les petites et les grandes carafes, c'est-à-dire que l'on va mettre 750 cL ÷ 15 = 50 cL dans chaque carafe.

Par conséquent, une petite carafe contient 50 cL et une grande carafe contient 75 cL.

EXERCICE 2

Soit t le nombre de tulipes dans le massif.

Alors, d'après les données de l'énoncé, $\frac{1}{3}t + \frac{1}{4}t + \frac{1}{5}t + \frac{1}{6}t + 6 = t$.

$\frac{57}{60}t + 6 = t$, soit $t - \frac{57}{60}t = 6$, et donc $\frac{3}{60}t = 6$, c'est-à-dire $t = \frac{6 \times 60}{3}$

$t = 2 \times 60 = 120$

Il y a donc 120 tulipes dans le massif.

EXERCICE 3

❶ $A_i = L \times l$.

$A_f = \left(1 + \frac{1}{5}\right)L \times \left(1 - \frac{1}{2}\right)l = \frac{6}{5} \times \frac{1}{2} \times L \times l$.

$A_f = \frac{3}{5}A_i$.

L'aire du rectangle est donc multipliée par $\frac{3}{5}$, donc elle a diminué de $\frac{2}{5}$ de sa valeur initiale, soit de 40 % de sa valeur initiale.

❷ $A_i = L \times l$

$A_f = \left(1 + \frac{1}{4}\right)L \times \left(1 - \frac{1}{4}\right)l$, soit $A_f = \frac{5}{4} \times \frac{3}{4} \times L \times l$.

$A_f = \frac{15}{16}A_i$.

L'aire du rectangle est donc modifiée, elle a diminué de $\frac{1}{16}$ de sa valeur.

EXERCICE 4

❶ **a.** La ligne 16 donne comme solution 12 adultes et 15 enfants.

b.

Nombre d'adultes	Nombre d'enfants	Prix payé par les adultes	Prix payé par les enfants	Somme totale dépensée
17	10	765	225	990

c. On a écrit en C4 : =A4*45 ; en C4 : =B4*22,5 ; en E4 : =C4+D4.

❷ **a.** On appelle a le nombre d'adultes et e le nombre d'enfants. Alors $e = 27 - a$. La contrainte sur le prix s'écrit $45a + 22{,}50e = 877{,}50$, soit $45a + 22{,}50(27 - a) = 877{,}50$, c'est-à-dire $22{,}5a = 270$, d'où $a = 270 \div 22{,}5 = 12$, et donc $e = 27 - 12 = 15$.
Il y a 12 adultes et 15 enfants.

b. Je suppose qu'il n'y a que des adultes, la somme payée est de 27 × 45 € = 1 215 €. Il y a donc 1 215 € - 877,50 € = 337,50 € de trop. Chaque fois que je remplace un adulte par un enfant, cette somme baisse de 22,50 €. Le nombre d'enfants est donc de 337,50 ÷ 22,50 = 15. Et il y a donc 12 adultes.

EXERCICE 5

❶ On cherche a et b entiers tels que $74 = 2a + 5b$, soit encore $5b = 74 - 2a$.
Comme b est entier, il faut que $74 - 2a$ soit multiple de 5.

a	2	7	12	17	22	27	32
$74 - 2a$	70	60	50	40	30	20	10
b	14	12	10	8	6	4	2

❷ Par lecture de ce tableau, il n'est pas possible de payer 74 € en utilisant 18 pièces de 2 € et billets de 5 €, mais il est possible de le faire avec 31 pièces et billets (27 pièces de 2 € et 4 billets de 5 €).

❸ La solution qui nécessite le plus de pièces et billets est la dernière du tableau : 32 pièces de 2 € et 2 billets de 5 €, soit 34 pièces et billets.

❹ La solution qui nécessite le moins de pièces et billets est la première du tableau : 2 pièces de 2 € et 14 billets de 5 €, soit 16 pièces et billets.

EXERCICE 6

❶ Soit $\overline{ab}$ le nombre cherché.
Alors $a = 4b$ et $\overline{ab} - \overline{ba} = 54$.
Soit $10a + b - 10b - a = 54$.
Autrement dit, $9a - 9b = 54$, $a - b = 6$ (j'ai divisé les deux membres par 9),
et comme $a = 4b$; $4b - b = 6$ et donc $3b = 6$; $b = 2$ et donc $a = 8$.
Le nombre cherché est donc le nombre 82.

❷ Le chiffre des unités peut être 1 ou 2, car à partir de 3, le chiffre des dizaines est 12 ou plus, ce qui est impossible.
Le nombre est donc 41 ou 82.
41 - 14 = 27, donc 41 ne convient pas.
82 - 28 = 54, donc le nombre cherché est 82.

EXERCICE 7

❶ **Méthode algébrique**

Soit x le nombre de pommes et y le nombre de poires.
Alors $x = 3y$ et $y = 2(x - 225)$
Soit $y = 2(3y - 225)$, c'est-à-dire $5y = 450$
On obtient $y = 90$ et $x = 270$.
Il y a donc 270 pommes et 90 poires.

❷ **Méthode arithmétique**

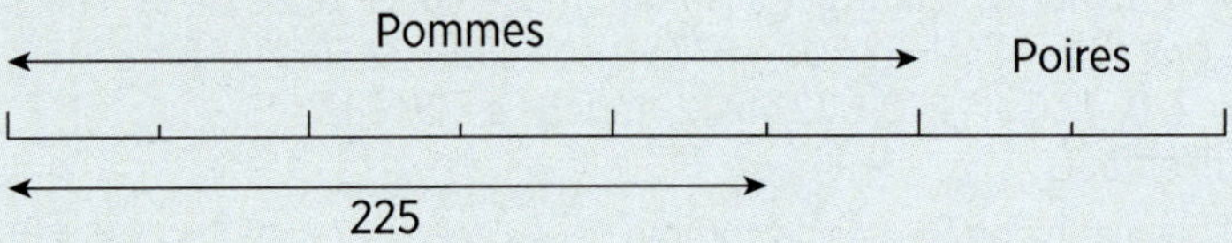

Nombre de pommes : $\frac{225}{5} \times 6 = 270$ et nombre de poires : $270 \div 3 = 90$.

EXERCICE 8

Méthode arithmétique

Je tiens compte des données de Pierre. Je donne des valeurs possibles à un refus pour que 18 moins 2 fois la valeur de ce refus soit un nombre entier multiple de 3.

Cout d'un refus	3	6	9
Cout d'une chute	4	2	0
Pénalités de Pierre	18	18	Non
Pénalités de Jean	19	14	
Solution	Oui	Non	

La chute d'une barre coute donc 4 points et le refus coute 3 points.

EXERCICE 9

❶ **a.** Soit x le nombre de parts vendues à 1,50 € et y le nombre de parts vendues à 2 €.
Alors $x = 72 - y$ et $1{,}5x + 2y = 122$
Soit $1{,}5(72 - y) + 2y = 122$, c'est-à-dire $0{,}5y = 14$ et donc $y = 28$, d'où $x = 44$.
On a donc vendu 44 parts à 1,50 € et 28 parts à 2 €.

b. Raisonnement par fausse supposition : si je vends toutes les parts à 2 €, alors la recette est de 72 × 2 € = 144 €. Il y a donc 22 € de trop (144 € – 122 €). Chaque fois que je remplace une part à 2 € par une part à 1,50 €, la recette baisse de 2 € – 1,50 € = 0,50 €.
Le nombre de parts à 1,50 € à mettre est donc de 22 ÷ 0,50 = 44. Et le nombre de parts à 2 € est donc de 72 – 44 = 28.

❷ La part de Charlie est de $\frac{1}{3}$ de la tarte.

Il reste donc $\frac{2}{3}$ de cette tarte, et donc, la part de Macha est de $\frac{3}{8} \times \frac{2}{3} = \frac{1}{4}$ de la tarte.

Il reste alors $1 - \left(\frac{1}{3} + \frac{1}{4}\right) = \frac{5}{12}$ de la tarte.

Léa et Lou prennent donc chacune $\frac{5}{12} \times \frac{1}{2} = \frac{5}{24}$ de la tarte.

EXERCICE 10

❶ **a.** D'après l'énoncé : $5 + 7 \times 3 - 2x = 20$ (car 7 mensonges donnent un allongement de 7×3 cm, et x vérités raccourcissent le nez de $x \times 2$ cm, soit $2x$ cm).
D'où $5 + 21 - 20 = 2x$, soit $2x = 6$ et donc $x = 3$.
Pinocchio a dit 3 fois la vérité.

b. Pinocchio a dit sept mensonges, donc son nez se rallonge de 7×3 cm = 21 cm. Il mesure donc 5 cm + 21 cm = 26 cm. Puisqu'à la fin de journée, son nez mesure 20 cm, il a perdu 26 cm − 20 cm = 6 cm. Donc Pinocchio a dit trois fois la vérité.

❷ On appelle m le nombre de mensonges et v le nombre de vérités que dit Pinocchio dans la journée. Alors $5 + 3m - 2v = 5$, soit $3m - 2v = 0$, soit encore $m = \frac{2}{3}v$.

Étant donné que m et v sont des nombres entiers, il faut donc d'après l'égalité précédente que v soit multiple de 3. On obtient donc :

Nombre de vérités	3	6	9	12	15
Nombre de mensonges	2	4	6	8	10

EXERCICE 11

❶ Le coefficient permettant de passer de 8 à 10 est $\frac{10}{8} = 1{,}25$.
La longueur 2 devient $2 \times 1{,}25 = 2{,}50$ et la longueur 5 devient $5 \times 1{,}25 = 6{,}25$.

❷ **a.** *La figure est à l'échelle 1/2.*

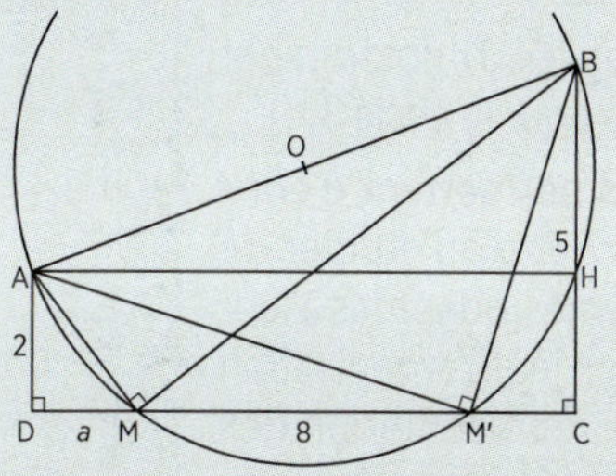

Dans le triangle AHB rectangle en H, d'après le théorème de Pythagore : $AB^2 = AH^2 + BH^2$, soit $AB^2 = 64 + 9 = 73$ et donc $AB = \sqrt{73}$.

b. Dans le triangle ADM rectangle en D, d'après le théorème de Pythagore : $AM^2 = AD^2 + DM^2 = 4 + a^2$.
De même, dans le triangle BCM rectangle en C : $BM^2 = MC^2 + BC^2 = (8 - a)^2 + 25$,
soit $BM^2 = 64 - 16a + a^2 + 25 = 89 - 16a + a^2$.

c. Dans le triangle AMB rectangle en M, d'après le théorème de Pythagore :
$AB^2 = AM^2 + BM^2$, soit $73 = 4 + a^2 + 89 - 16a + a^2$, ce qui donne $2a^2 - 16a + 20 = 0$.
On divise les deux membres de la relation obtenue par 2 : $a^2 - 8a + 10 = 0$.
a est donc solution de l'équation $x^2 - 8x + 10 = 0$.

❸ **a.** Pour x compris entre 1 et 2, $x^2 - 8x + 10$ passe d'une valeur positive à une valeur négative, on peut donc penser qu'il prendra la valeur 0 pour x compris entre 1 et 2. Même explication pour x compris entre 6 et 7. Dans la colonne D, l'utilisateur donne à x des valeurs plus précises de x entre 1 et 2 (valeurs au dixième) et la colonne E fait apparaitre les valeurs de $x^2 - 8x + 10$ correspondantes. De même pour les valeurs de x comprises entre 6 et 7.

b. La lecture des colonnes J et K montre $1{,}550 < x < 1{,}551$ et $6{,}449 < x < 6{,}450$.

c. D'après ce qui précède : $DM \approx 1{,}55$ cm et $DM' \approx 6{,}45$ cm.

❹ Pour $x = 4 - \sqrt{6}$: $x^2 - 8x + 10 = (4 - \sqrt{6})^2 - 8(4 - \sqrt{6}) + 10$.
$x^2 - 8x + 10 = 16 - 8\sqrt{6} + 6 - 32 + 8\sqrt{6} + 10 = 0$, donc $4 - \sqrt{6}$ est solution de l'équation.
Pour $x = 4 + \sqrt{6}$: $x^2 - 8x + 10 = (4 + \sqrt{6})^2 - 8(4 + \sqrt{6}) + 10$.
$x^2 - 8x + 10 = 16 + 8\sqrt{6} + 6 - 32 - 8\sqrt{6} + 10 = 0$, donc $4 + \sqrt{6}$ est solution de l'équation.

❺ D'après ce qui précède, $DM = (4 - \sqrt{6})$ cm et $DM' = (4 + \sqrt{6})$ cm.

EXERCICE 12

On appelle a, b et c les longueurs des côtés des trois carrés.
Les côtés opposés d'un rectangle ont la même longueur, donc :
AD = BC, soit $2b = a + c$ (E1)
Les côtes d'un carré ont la même longueur, donc :
AE = FD, soit $a = 2c$ (E2)
Le périmètre du rectangle est 130, donc :
$2a + 4b + 3c = 130$ (E3)
D'après (E2), $a = 2c$, donc en remplaçant dans (E1), on a $2b = 2c + c$, soit $2b = 3c$.
Je remplace alors a et $2b$ par leurs expressions en fonction de c dans (E3) :

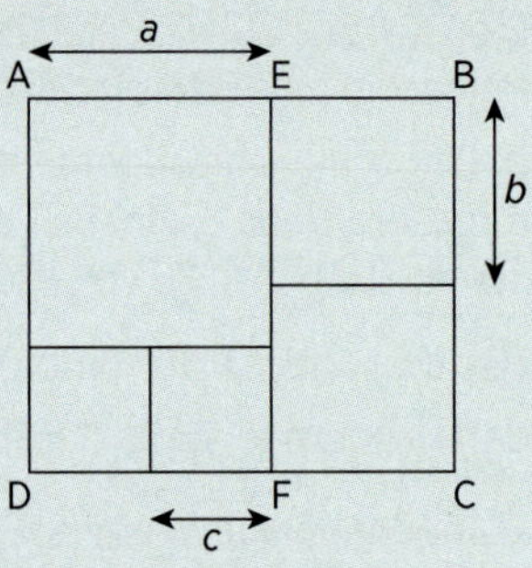

$2 \times 2c + 2 \times 3c + 3c = 130$, soit $13c = 130$ et donc $c = 10$.
D'où $a = 2 \times 10$ c'est-à-dire $a = 20$ et $2b = 3 \times 10 = 30$, c'est-à-dire $b = 15$.
On en déduit que AB = $a + b = 35$ et AD = $a + c = 30$.
L'aire du rectangle est donc AB × AD = 35 × 30, soit une aire de 1 050 unités d'aire.

VERS L'ORAL

EXERCICE 13

CONSEIL DU FORMATEUR

Consultez les programmes 2020 (*BO* n° 31 du 30 juillet 2020), notamment les pages 55 à 64 pour le cycle 2 et les pages 89 à 98 pour le cycle 3.

« Les problèmes arithmétiques proposés au cycle 3 permettent d'enrichir le sens des opérations déjà abordées au cycle 2 et d'en étudier de nouvelles. Les procédures de traitement de ces problèmes, adaptées à leur structure, peuvent évoluer en fonction des nombres en jeu. L'organisation des calculs et leur réalisation contribuant aussi à la représentation des problèmes, il s'agit de développer simultanément chez les élèves des aptitudes de calcul et des aptitudes de résolution de problèmes arithmétiques (le travail sur la technique et sur le sens devant se nourrir l'un l'autre). »

❶ Non, la résolution de problèmes ne doit pas être inscrite dans l'emploi du temps car il ne s'agit pas d'un domaine d'apprentissage mais d'un objet transversal. Dès le début du cycle 2, la résolution de problèmes occupe une place centrale dans tous les domaines mathématiques. C'est un outil, un dispositif, une méthode au service des apprentissages. Elle a pour objectif de donner du sens aux activités mathématiques.

❷ La résolution d'un problème peut être proposée à toutes les étapes de l'apprentissage :
- lors de la phase de découverte pour engager l'élève dans la construction de nouvelles connaissances ;
- lors de la phase de réinvestissement, d'application, d'entrainement pour permettre à l'élève de réinvestir les connaissances précédemment acquises ;
- lors de la phase d'évaluation pour faire le point sur les acquis de l'élève.

« Les problèmes permettent d'aborder de nouvelles notions, de consolider des acquisitions, de provoquer des questionnements. Ils peuvent être issus de situations de vie de classe ou de situations rencontrées dans d'autres enseignements, notamment

"Questionner le monde", ce qui contribue à renforcer le lien entre les mathématiques et les autres disciplines. Ils ont le plus souvent possible un caractère ludique. » (*BO* n° 31 du 30 juillet 2020 – cycle 2)

❸ Lorsqu'un élève doit résoudre un problème, il doit d'abord se représenter mentalement la situation pour comprendre. Il peut ensuite faire des essais, tâtonner, faire des erreurs, des ratures sur son écrit, recommencer plusieurs fois. L'essentiel n'est pas tant qu'il trouve la bonne réponse mais surtout qu'il soit capable d'expliquer son cheminement réflexif. L'enseignant organisera un temps de confrontation pour permettre les échanges entre élèves. Ce retour sur l'activité a pour objectif de faire progresser le raisonnement et de faire émerger les solutions expertes.
« Dans la continuité des cycles précédents, le cycle 3 assure la poursuite du développement des six compétences majeures des mathématiques : **chercher, modéliser, représenter, calculer, raisonner et communiquer.**
La résolution de problèmes constitue le critère principal de la maitrise des connaissances dans tous les domaines des mathématiques, mais elle est également le moyen d'en assurer une appropriation qui en garantit le sens. Si la modélisation algébrique relève avant tout du cycle 4 et du lycée, la résolution de problèmes permet déjà de montrer comment des notions mathématiques peuvent être des outils pertinents pour résoudre certaines situations. » (*BO* n° 31 du 30 juillet 2020 – cycle 3)
Les attendus de fin de cycle 2 sont :
– résoudre des problèmes en utilisant des nombres entiers et le calcul.
– résoudre des problèmes impliquant des longueurs, des masses, des contenances, des durées, des prix.

Les attendus de fin de cycle 3 sont :
– résoudre des problèmes en utilisant des fractions simples, les nombres décimaux et le calcul.
– résoudre des problèmes impliquant des grandeurs (géométriques, physiques, économiques) en utilisant des nombres entiers et des nombres décimaux.

❹ Dès le plus jeune âge, les enfants doivent être confrontés à des situations problèmes. Apprendre en réfléchissant et en résolvant des problèmes est une modalité spécifique d'apprentissage à l'école maternelle au même titre qu'ils apprendront en manipulant et en tâtonnant.
« Pour provoquer la réflexion des enfants, l'enseignant les met face à des problèmes à leur portée. Quels que soient le domaine d'apprentissage et le moment de vie de classe, il cible des situations, pose des questions ouvertes pour lesquelles les enfants n'ont pas alors de réponse directement disponible. Mentalement, ils recoupent des situations, ils font appel à leurs connaissances, ils font l'inventaire de possibles, ils sélectionnent. Ils tâtonnent et font des essais de réponses. L'enseignant est attentif aux cheminements qui se manifestent par le langage ou en action ; il valorise les essais et suscite des discussions. Ces activités cognitives de haut niveau sont fondamentales pour donner aux enfants l'envie d'apprendre et les rendre autonomes intellectuellement. » (*BO* n° 31 du 30 juillet 2020)

EXERCICE 14

❶ Les élèves peuvent être tentés de calculer le coût des envois. Une deuxième erreur peut être commise dans le calcul du nombre de mois à prendre en considération. Enfin, on peut penser qu'ils estimeront qu'une seule lettre est envoyée chaque mois.

❷ L'aide 1 va permettre de dénombrer correctement le nombre de mois bien que le calendrier fourni ne permette pas de faire la différence entre années civile et scolaire. L'aide 2 va permettre aux élèves en difficultés de comprendre la question posée.

❸ L'énoncé pourrait être reformulé ainsi : « Dans notre classe chaque élève écrit une lettre à son correspondant chaque mois de septembre à juin. »

CONSEILS DU FORMATEUR

Consignes à éviter avec les élèves

– Donner un texte et demander à l'élève s'il s'agit d'un problème : le travail de l'élève est de résoudre le problème posé par le professeur.

– Chercher les données utiles ou inutiles. C'est lorsque le problème sera résolu que l'élève pourra remarquer que des données étaient inutiles.

– Chercher les informations manquantes dans un problème. Cela ne fait qu'accroitre l'inquiétude de l'élève face aux problèmes de mathématiques en général.

– Laisser croire à l'élève qu'il n'y a qu'une méthode de résolution possible du problème.

PARTIE 6
Algorithmique et programmation

18 Tableur informatique et logiciel Scratch

AUTOÉVALUATION

Pour chaque question, il peut y avoir plusieurs bonnes réponses.

❶ Comment écrit-on le produit de 5 par A1 dans un tableur ?

☐ **a.** =5A1
☐ **b.** =5.A1
☐ **c.** =5 × A1
☐ **d.** =5*A1

❷ Quelle formule doit-on écrire en B1 pour obtenir les nombres de la colonne B ?

	A	B
1	x	
2	0	15
3	1	20
4	2	25
5	3	30
6	4	35

☐ **a.** 5.A3+3
☐ **b.** =5*A3+3
☐ **c.** =5(A3+3)
☐ **d.** =5*(A3+3)

❸ Une association propose diverses activités pour occuper les enfants pendant les vacances scolaires. Plusieurs tarifs sont proposés : tarif A : 8 € par demi-journée ; tarif B : une adhésion de 30 € donnant droit à un tarif préférentiel de 5 € par demi-journée. Un fichier sur tableur a été préparé pour calculer le coût à payer en fonction du nombre de demi-journées d'activités pour chacun des tarifs proposés :

	A	B	C	D	E	F
1	Nombre de demi-journées	1	2	3	4	5
2	Tarif A	8	16			
3	Tarif B	35	40			

Quelle est la formule qui a été saisie dans la cellule B3 avant de l'étirer vers la droite ?

☐ **a.** =8*B1
☐ **b.** =30*B1+5
☐ **c.** =5*B1+30*B1
☐ **d.** =30+5*B1

❹ Pour lancer un programme sur Scratch :

☐ **a.** Il est nécessaire de placer une instruction telle que la suivante en début de programme.

☐ **b.** Il n'est pas nécessaire de placer l'instruction précédente en début de programme.
☐ **c.** Il suffit de cliquer sur le bloc de programmation.
☐ **d.** Il suffit de double-cliquer sur le bloc de programmation.

❺ La couleur des blocs de mouvement est :

☐ **a.** bleue. ☐ **b.** rouge.

☐ **c.** verte. ☐ **d.** jaune.

❻ Les personnages ou objets sur Scratch sont habituellement appelés en français :

☐ **a.** des *sprite*. ☐ **b.** des lutins.

☐ **c.** des stars. ☐ **d.** ne portent pas de nom particulier.

❼ Le chat indique la position de départ. On considère le script suivant.

Le côté d'un carreau mesure 20 unités, quel est le motif obtenu ?

☐ **a.**

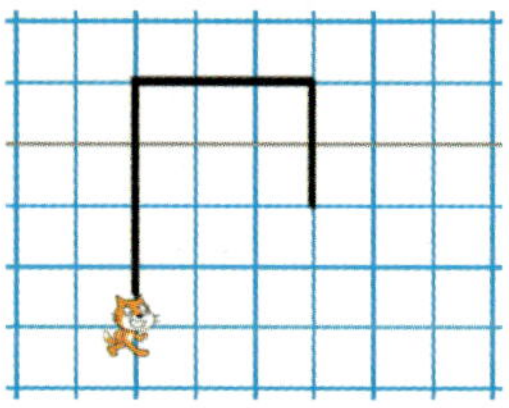

☐ **b**

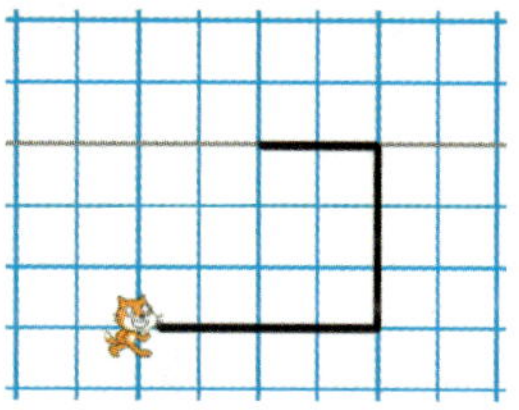

☐ **c.**

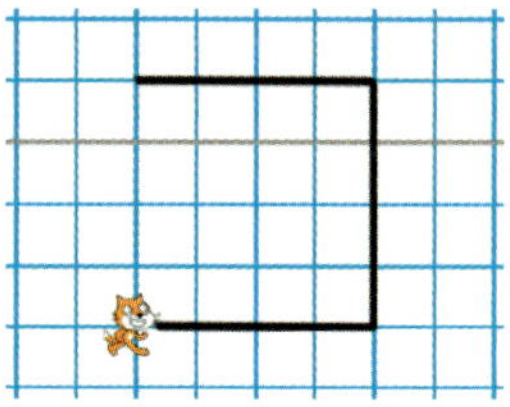

☐ **d**

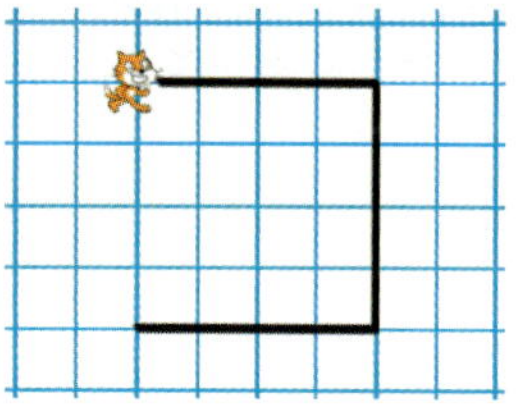

❽ On considère le programme suivant :
Que calcule ce programme si x est le nombre de départ ?

☐ **a.** $x - 4 \times x - 4 - 16$

☐ **b.** $(x - 4) \times (x - 4) - 16$

☐ **c.** $(x - 4)^2 - 16$

☐ **d.** $x^2 - 20$

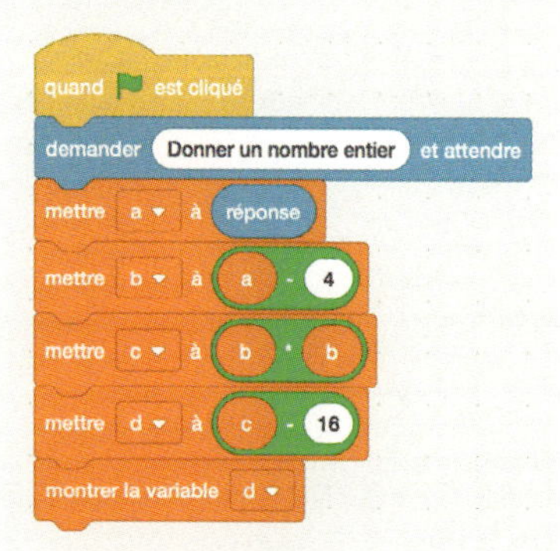

CONSEILS

L'informatique possède son propre langage (mots, symboles mathématiques) de programmation qu'il convient d'apprendre. Par exemple dans un tableur, une variable porte le nom de la colonne (lettre) et de la ligne (nombre) correspondante, par exemple E5, ou une multiplication se note *, par exemple 3×5 s'écrit 3*5, sans espace entre les caractères.

On trouve de nombreux tutoriels et exercices sur Internet concernant la prise en main du logiciel Scratch. Si nécessaire, ne pas hésiter à faire une recherche.

CORRIGÉS

❶ **d.**

❷ **d.** Il suffit de tester les deux réponses possibles b et d.

❸ **d.** On commence par écrire la formule correspondant au tarif B, à savoir $30 + 5x$.

❹ **b.** et **d.**

❺ **a.**

❻ **b.** On peut donner le nom que l'on veut, mais le nom le plus courant en français est le « lutin ».

❼ **b.** S'orienter à 90° signifie se déplacer horizontalement vers la droite.

❽ **b.** et **c.** $a = x$; $b = x - 4$; $c = b \times b = (x - 4)^2$ et $d = c - 16 = (x - 4)^2 - 16$

COURS

Compétence à maitriser pour le concours :
• **Écrire, mettre au point, exécuter un programme** (notions d'algorithme et de programme ; notion de variable informatique ; déclenchement d'une action par un événement ; séquences d'instructions, boucles, instructions conditionnelles).

1 Vocabulaire

A. Définitions

◗ **Algorithme :** un algorithme est un ensemble d'instructions ou d'actions à réaliser dans un ordre donné.

Par exemple, la liste ordonnée des actes à accomplir pour s'habiller le matin est un algorithme.

APPLICATION 1

Écrire un algorithme de recette de crème au chocolat.

→ Corrigé p. 404

◗ **Programme :** un programme est un algorithme rédigé dans un langage compréhensible par un ordinateur, c'est-à-dire tel que celui-ci va pouvoir exécuter le programme.

◗ **Tableur :** c'est un programme informatique capable de créer et de manipuler des feuilles de calcul. Il se présente sous la forme d'un tableau.

EXEMPLE

	A	B	C	D	E	F	G
1	distance AM	0	10	20	30	40	50
2	Aire du potager (en m2)	1 800	1 500	1 200	900	600	300
3	Aire de l'espace de plantation florales (en m2)	0	39,27	157,08	353,43	628,32	981,75
4	Aire de la partie engazonnée (en m2)	0	260,73	442,92	546,57	571,68	518,25

◗ **Cellule :** une case dans un tableur s'appelle une cellule. Elle est désignée par la lettre repérant la colonne et le nombre repérant la ligne. Une variable porte le nom de la cellule dans laquelle elle se trouve.

EXEMPLE

Sur la feuille de calcul précédente, on lit dans la cellule E2 : 900 m^2 ; on lit dans la cellule F4 : 571,68 m^2.

B. Notations

◗ Une multiplication s'écrit à l'aide du symbole « * ».

EXEMPLE

3*A4 signifie $3 \times A4$.

- Une division s'écrit à l'aide du symbole « / ».

EXEMPLE
A4/2 signifie A4 : 2.

- Une élévation à la puissance s'écrit à l'aide du symbole « ^ ».

EXEMPLE
67^2 signifie 67^2.

- Pour calculer la somme de plusieurs cellules situées sur une même ligne ou une même colonne, on écrit = SOMME(nom de la première cellule : nom de la dernière cellule).

ZOOM
Les notations particulières sont données dans les énoncés si nécessaire. Par exemple : « PI() désigne le nombre π » est donné dans l'énoncé de l'exercice d'entrainement 11.

APPLICATION 2

Une feuille de calcul d'un tableur est représentée ci-dessous. Pour chaque question, une seule réponse est exacte. Indiquer le numéro de la bonne réponse en justifiant la proposition choisie.

	A	B	C	D
1	35	21	18	
2				
3				
4				
5				

Propositions	Réponses		
	A	**B**	**C**
1. Dans la cellule A3, lorsqu'on écrit : =A1 * B1 + C1 on obtient alors :	1 365	74	753
2. Dans la cellule B3, lorsqu'on écrit : =MAX(A1 ; C1) on obtient alors :	35	21	18
3. Dans la cellule C3, lorsqu'on écrit : =SOMME(A1 : C1) on obtient alors :	35	74	56

→Corrigé p. 404

APPLICATION 3

Durant un parcours sur le canal du Midi partant de l'écluse de Renneville jusqu'à l'écluse de Gay, on a relevé les hauteurs de chaque écluse franchie depuis le départ dans la feuille de calcul donnée ci-dessous.

	A	B	C	D	E	F	G	H	I	J	K	L	M
1	Écluse	de Renne-ville	d'Encassan	d'Emborrel	de l'Océan	de la Méditerranée	du Roc	de Laurens	de la Domergue	de la Planque	de Saint-Roch	de Gay	
2													
3	Hauteur (m)	2,44	4,85	3,08	2,62	−2,58	−5,58	−6,78	−2,24	−2,63	−9,42	−5,23	
4													
5													

Les hauteurs franchies de manière ascendante sont notées positivement, celles de manière descendante négativement.

❶ Quelle formule doit-on saisir dans la cellule M5 pour obtenir la valeur du dénivelé du parcours ? (Le dénivelé du parcours représente la différence de niveau (hauteur) entre les écluses.)

❷ Quelle est la valeur du dénivelé du parcours ?

❸ Le parcours est-il, globalement, ascendant ou descendant ?

→Corrigé p. 404

APPLICATION 4

Voici un programme de calcul :

Choisir un nombre.
Ajouter 1.
Calculer le carré de cette somme.
Soustraire 9 au résultat.

❶ Vérifier qu'en choisissant 7 comme nombre de départ, le résultat obtenu avec ce programme est 55.

❷ Lorsque le nombre choisi est −6, quel résultat obtient-on ?

❸ Jim utilise un tableur pour essayer le programme de calcul avec plusieurs nombres. Il fait apparaitre les résultats obtenus à chaque étape. Il obtient la feuille de calcul ci-après.

	A	B	C	D
1	Nombre de départ	Résultat de la 1re étape	Résultat de la 2e étape	Résultat final
2	−0,4	0,6	0,36	−8,64
3	−0,2	0,8	0,64	−8,36
4	0	1	1	−8
5	0,2	1,2	1,44	−7,56
6	0,4	1,4	1,96	−7,04
7	0,6	1,6	2,56	−6,44
8	0,8	1,8	3,24	−5,76
9	1	2	4	−5
10	1,2	2,2	4,84	−4,16
11	1,4	2,4	5,76	−3,24
12	1,6	2,6	6,76	−2,24
13	1,8	2,8	7,84	−1,16
14	2	3	9	0
15	2,2	3,2	10,24	1,24
16	2,4	3,4	11,56	2,56

La colonne B est obtenue à partir d'une formule écrite en B2, puis recopiée vers le bas. Quelle formule Jim a-t-il saisie dans la cellule B2 ? et dans les cellules C2 et D2 ?

→Corrigé p. 404

2 Le logiciel Scratch

Scratch est un langage de programmation permettant d'écrire des programmes à l'aide d'instructions prêtes à l'emploi. Scratch permet également d'exécuter ces programmes.
L'espace de travail de Scratch se présente sous la forme suivante :

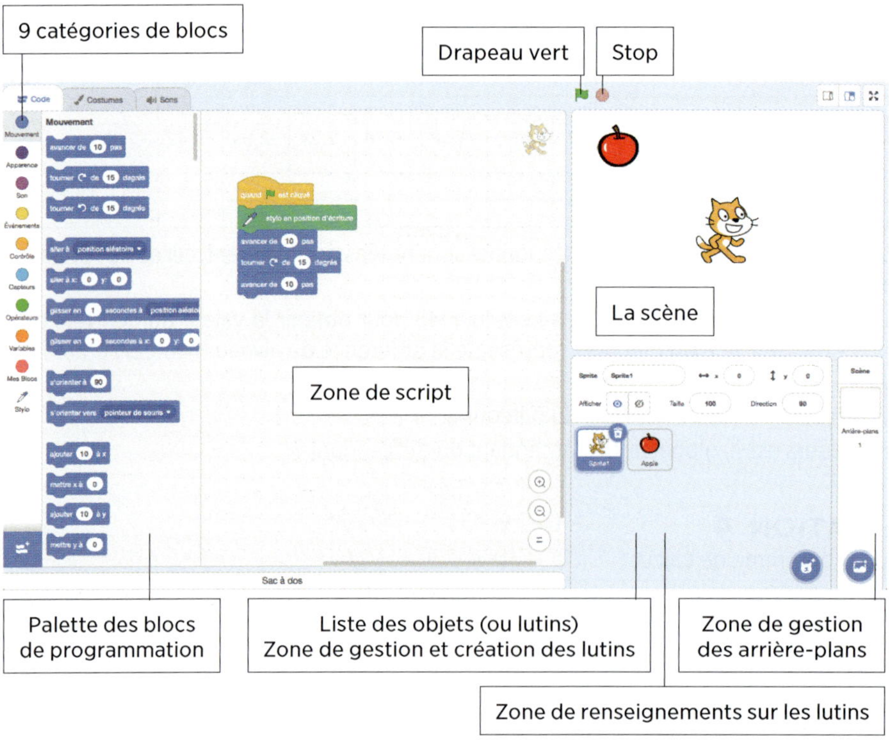

EXEMPLE

Voici un exemple de programme Scratch se présentant sous la forme d'un bloc d'instructions :

- **Le drapeau vert :** on clique sur ce drapeau vert pour lancer un programme si ce programme commence par le bloc « drapeau vert » :

Sinon, pour lancer un programme, il suffit de double-cliquer sur le bloc de programmation ou de presser une touche donnée si on choisit le bloc correspondant, ou encore de cliquer sur le lutin…

Par exemple, le bloc de programmation précédent contient 8 instructions.

◗ **La palette des blocs de programmation :** cette zone (les 8 premières catégories de blocs) contient les instructions permettant d'écrire les programmes. Ces instructions sont à faire glisser dans la zone de script. Elles se présentent sous la forme de blocs de commande qui s'emboitent comme les pièces d'un puzzle. Il y a 8 familles d'instructions, possédant chacune leur couleur. Elles se nomment : mouvement, apparence, son, évènements, contrôle, capteurs, opérateurs et variables.

EXEMPLE

Voici par exemple trois instructions de mouvement :

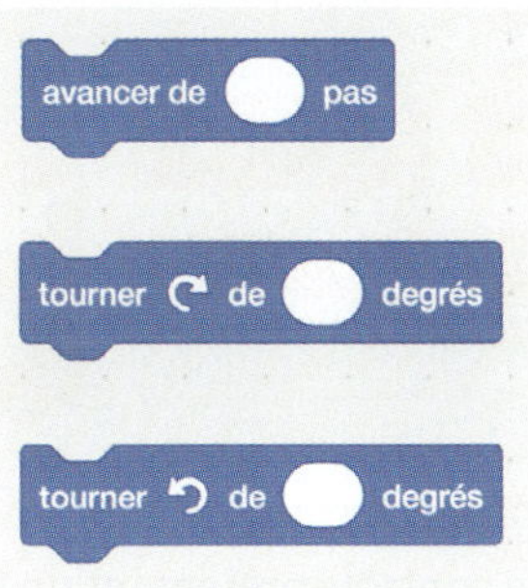

L'espace blanc à l'intérieur d'un bloc est une zone de saisie, c'est-à-dire un champ de texte modifiable.

EXEMPLE

On a modifié ici la valeur de l'angle :

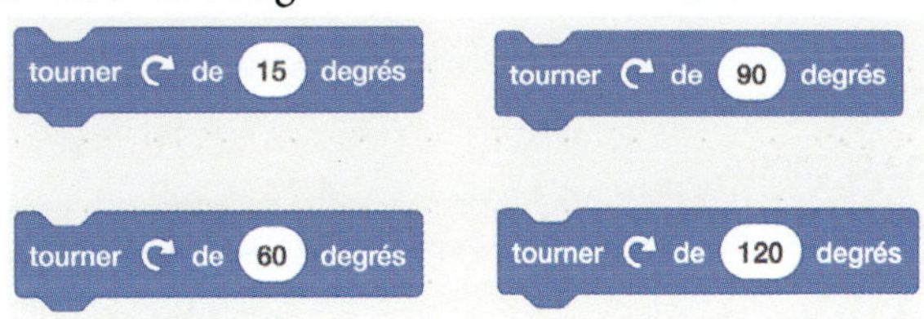

On peut ajouter d'autres blocs, notamment le bloc « stylo » à l'aide de la commande « ajouter une extension » située en dessous des 9 blocs :

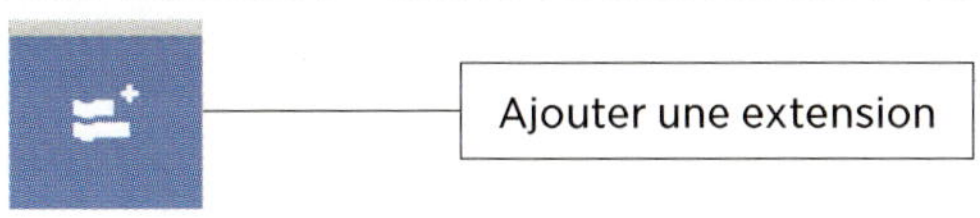

◗ **Les blocs de valeurs :** ils ont une forme de rectangle arrondi et représentent des valeurs, c'est-à-dire des nombres. On les insère à l'intérieur des ronds blancs ou des rectangles arrondis blancs à l'intérieur de certains blocs.

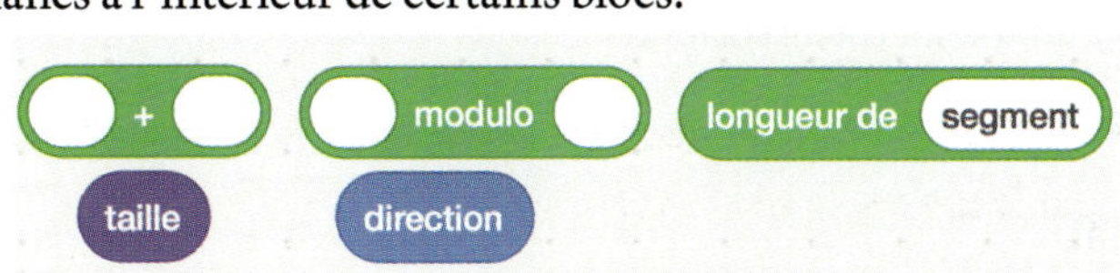

EXEMPLE

Le bloc « modulo » donne le reste de la division euclidienne du nombre entier a par le nombre entier b (par exemple, 17 modulo 3 est égal à 2, car $17 = 3 \times 5 + 2$) :

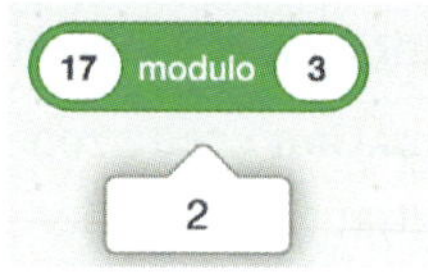

Exemple d'insertion :

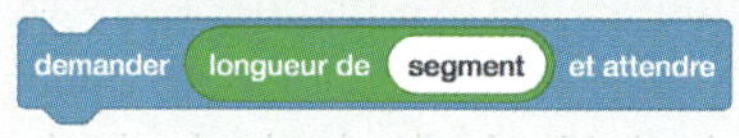

◗ **Les blocs de contrôle :** ils ont une forme de C et expriment une répétition ou une condition.

EXEMPLE

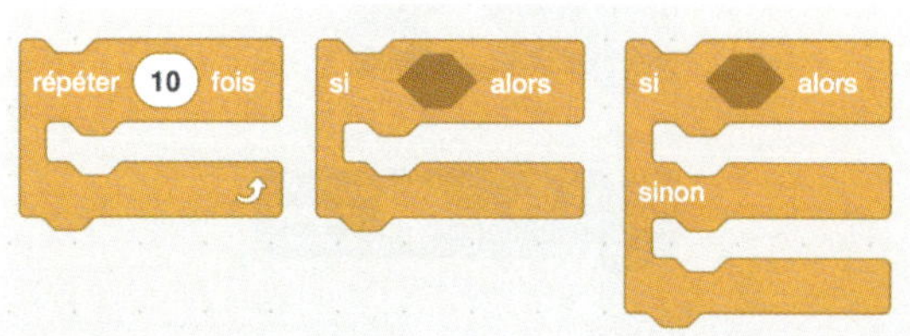

◗ **Les blocs hexagonaux :** ils expriment si une condition est remplie ou non. On ne peut les placer que dans des blocs de contrôle présentant un trou de forme hexagonale.

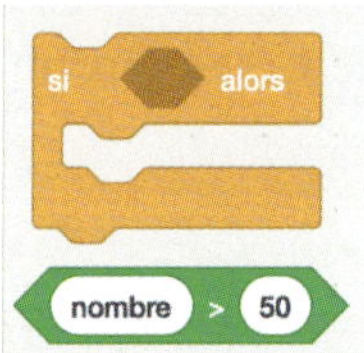

donne

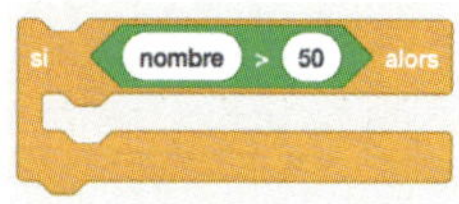

APPLICATION 5

On utilise le programme ci-contre.

❶ Quel résultat s'affiche si l'on choisit d'entrer le nombre 7 ?

❷ Quel résultat s'affiche si l'on choisit d'entrer le nombre 12,7 ?

❸ Quel résultat s'affiche si l'on choisit d'entrer le nombre -6 ?

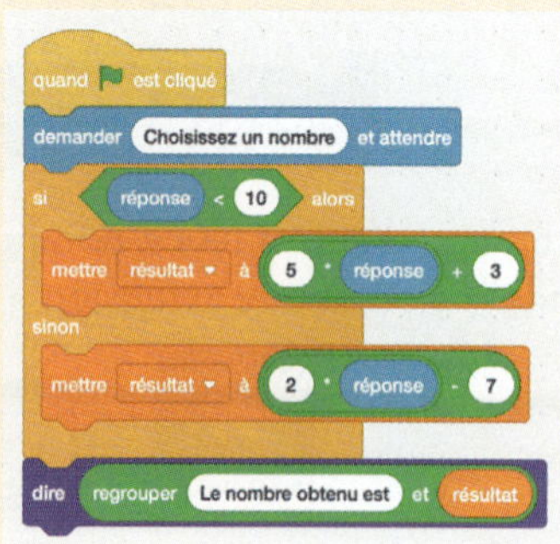

→Corrigé p. 404

APPLICATION 6

On considère le programme de calcul suivant.

Choisir un nombre. Le multiplier par −4. Ajouter 5 au résultat.

❶ Vérifier que lorsque l'on choisit −2 avec ce programme, on obtient 13.

❷ Quel nombre faut-il choisir au départ pour obtenir −3 ?

❸ Salomé fait exécuter le script suivant.

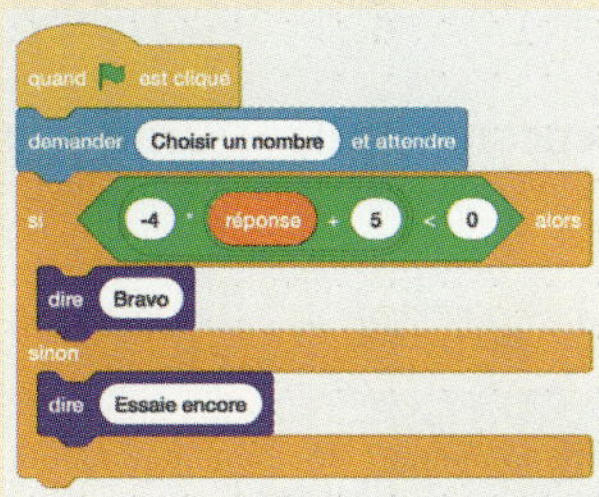

a. Quelle sera la réponse du lutin si elle choisit le nombre 12 ?

b. Quelle sera la réponse du lutin si elle choisit le nombre −5 ?

❹ Traduire le programme de calcul par une expression littérale.

→ Corrigé p. 404

APPLICATION 7

On dispose des deux programmes de calcul ci-dessous.

Programme A

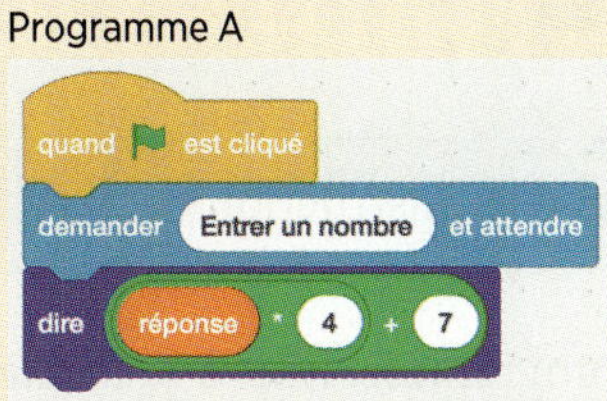

Programme B

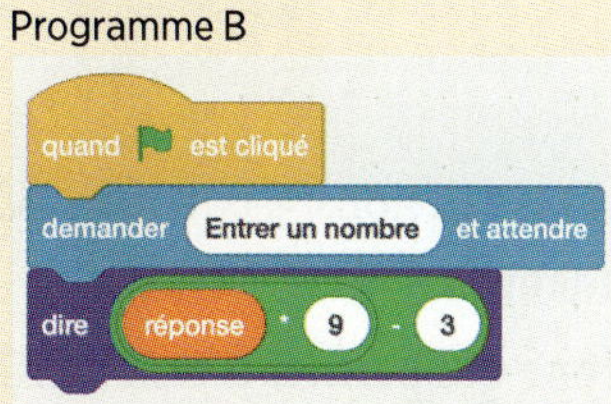

❶ Différents nombres sont entrés dans le programme A.

a. Montrer que quand on entre le nombre 5, la réponse obtenue est le nombre 27.

b. Quel nombre est obtenu quand on entre le nombre $\frac{7}{10}$? Justifier la réponse.

❷ Quel nombre faut-il entrer dans le programme B pour que le résultat affiché soit égal à 0,69 ?

❸ Prouver que quand on entre un nombre impair dans le programme B, le nombre obtenu est toujours un multiple de 6.

❹ Existe-t-il des nombres qui permettent d'avoir le même résultat affiché avec les deux programmes ? Si oui, déterminer tous ces nombres.

→ Corrigé p. 405

APPLICATION 8

Un élève utilise le programme ci-dessous.

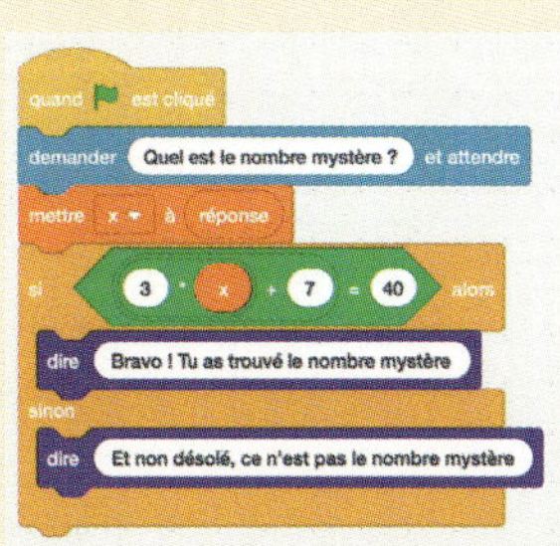

❶ Quelle réponse le logiciel va-t-il afficher si l'élève entre la valeur 5 ? Expliquer pourquoi.

❷ Quel nombre l'élève doit-il rentrer pour obtenir en retour le message « Bravo ! Tu as trouvé le nombre mystère. » ?

→ Corrigé p. 405

- **La zone de script :** c'est la zone où l'on assemble les instructions qui vont former le programme.

> **EXEMPLE**
> Le programme présenté ci-après, encore appelé « script », permet de tracer un hexagone régulier :
>
> 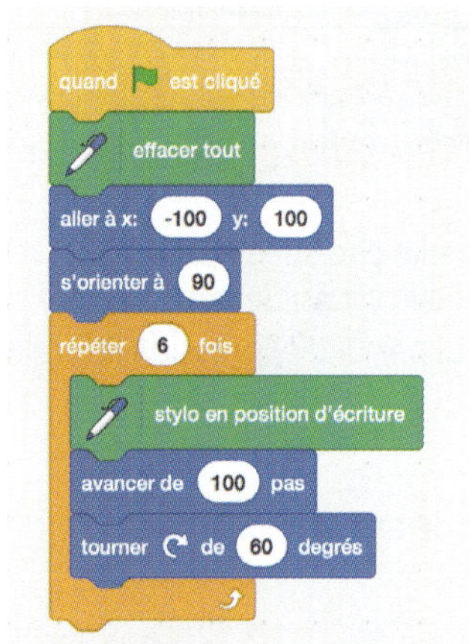
>

Le script est la liste des instructions « collées ». Quand les instructions ne sont pas collées, elles sont indépendantes.

- **La scène :** c'est la zone qui permet d'exécuter le programme. Elle se présente sous la forme d'un rectangle muni d'un repère qui n'est pas affiché. Le centre de ce repère est le centre du rectangle. L'axe des abscisses est gradué de –240 à + 240, l'axe des ordonnées est gradué de –180 à + 180. L'unité est le pixel, aussi appelé « pas ».

> **EXEMPLE**
> Le programme précédent permet d'obtenir le tracé suivant.
>
> 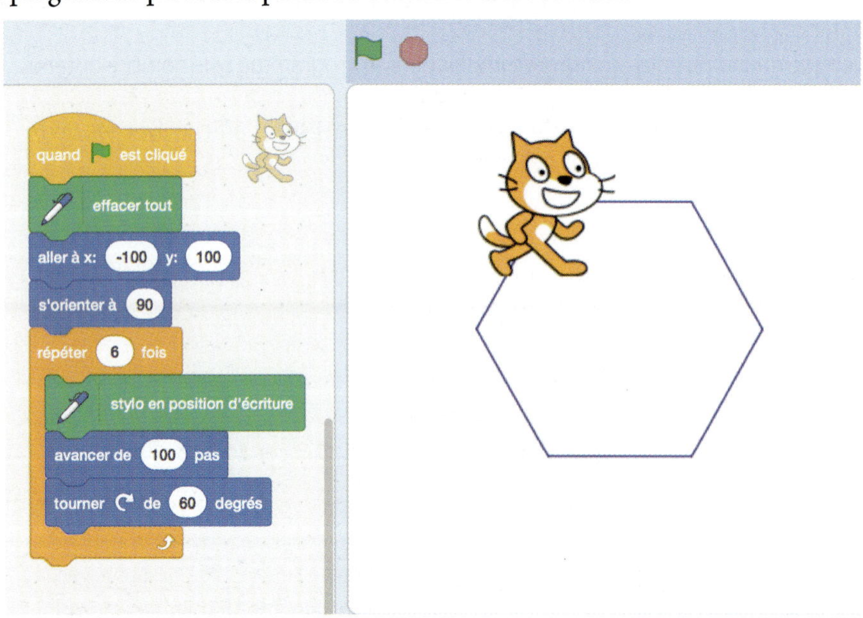
>

Remarque 1 : Si la scène est déjà occupée par différents objets, tels que figures, calculs, etc., on peut effacer ces objets à l'aide de l'instruction « effacer tout » qui se trouve dans le bloc « stylo » :

Remarque 2 : « S'orienter à 90 » signifie « se diriger vers la droite ».

APPLICATION 9

Quelle est la figure tracée par ce programme ?

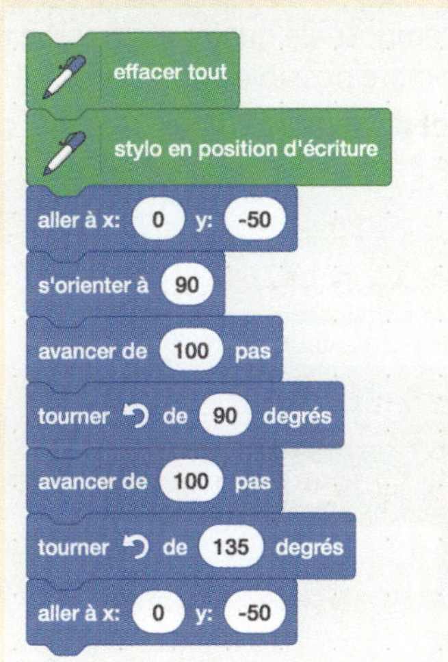

→Corrigé p. 405

APPLICATION 10

Ouvrir le logiciel Scratch et écrire un script permettant d'effacer les objets de la scène et de tracer un rectangle de côtés 150 et 50.

→Corrigé p. 406

◗ **Variable :** Dans un programme, une variable est un bloc de valeur qui a un nom (une lettre, un mot ou une expression) et qui prend une valeur pouvant changer lorsque le programme se déroule. On crée une variable à l'aide du bloc « variable », par exemple :

On peut également garder le nom « ma variable » proposé par défaut. Pour donner une valeur à la variable, on utilise le bloc « mettre... à... » :

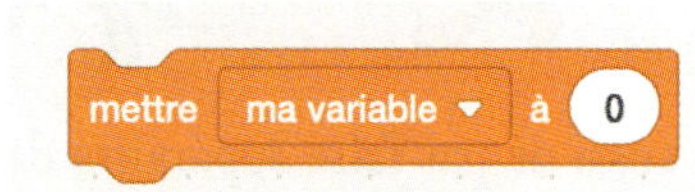

On peut ensuite écrire différents programmes de calcul.

EXEMPLE

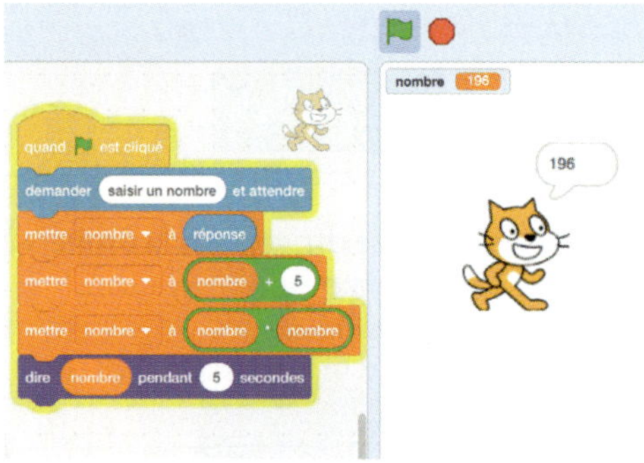

Pour le nombre entré 9, le lutin affiche « 196 » pendant 5 secondes. ($9 + 5 = 14$ et $14^2 = 196$)

APPLICATION 11

❶ Le programme ci-dessous répond à une question par oui ou par non. Quelle est cette question ?

❷ Quelle est la réponse lorsque l'on rentre le nombre 32 192 ? Justifier la réponse.

❸ Juliette entre un nombre impair composé de quatre chiffres. La réponse donnée par le programme est « oui ». Donner un nombre possible entré par Juliette.

❹ Juliette souhaite entrer le plus petit nombre impair de cinq chiffres pour lequel la réponse sera oui. Quel est ce nombre ?

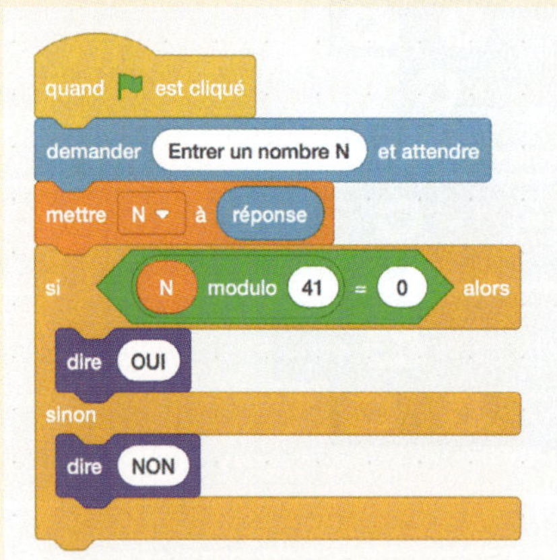

→Corrigé p. 406

▶ **Le lutin :** le « lutin » est un objet quelconque qui est la traduction du mot anglais *sprite*. Par défaut, il se présente sous la forme d'un chat, mais on peut modifier cette forme.

EXEMPLES

Voici quelques exemples de lutins :

On peut aussi ne pas faire apparaitre de lutin, par exemple si le programme consiste à effectuer des calculs ou à tracer des figures géométriques.

◗ **La zone de gestion et création des lutins :** comme son nom l'indique, cette zone permet de créer et de gérer différents lutins.

◗ **La zone de renseignements sur les lutins :** La zone rectangulaire au-dessus de la zone précédente affiche les coordonnées du lutin, et permet de modifier la taille et l'orientation du lutin. Elle permet également de le rendre invisible.

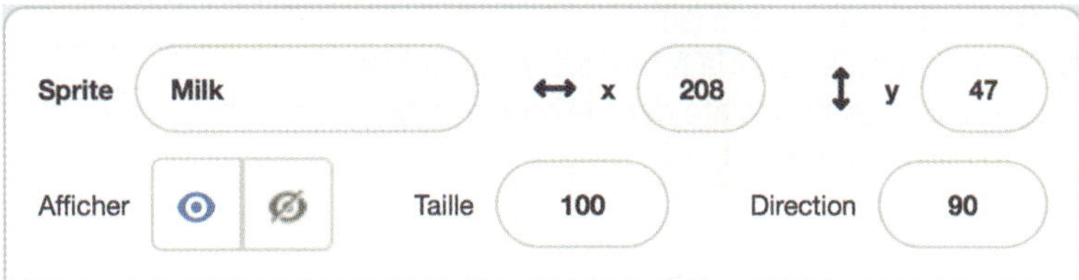

◗ **La zone de gestion des arrière-plans :** cette zone permet de créer toutes sortes d'arrière-plans. Grâce à cette zone, il est possible de faire apparaitre les axes de coordonnées :

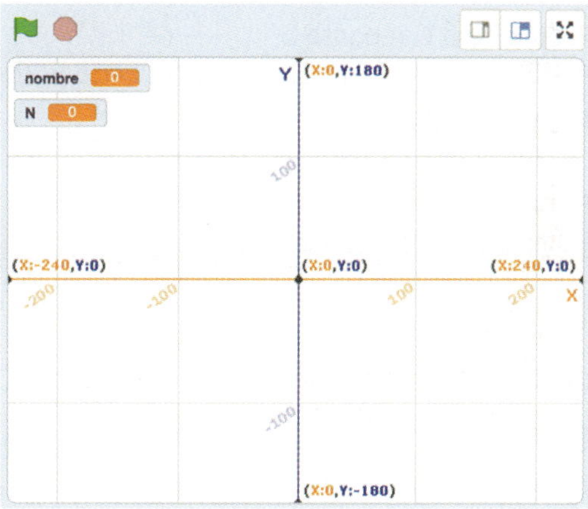

On peut également faire apparaitre un fond quadrillé (autre arrière-plan proposé) :

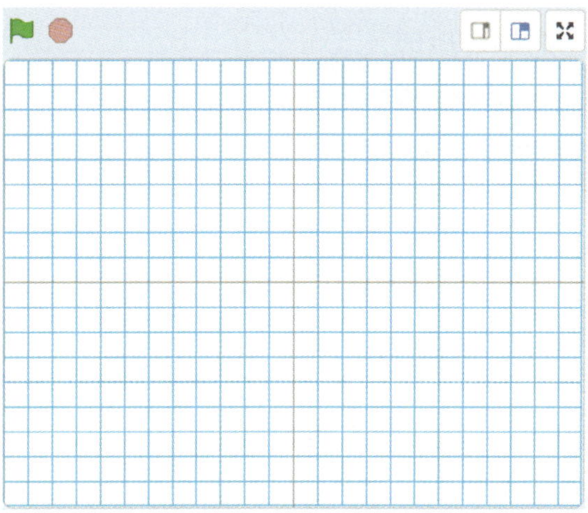

Voir une utilisation de ce quadrillage avec l'exercice 6 des exercices d'entrainement.

CONSEIL

Pour plus de détails, concernant notamment les différents blocs de programmation, vous pouvez télécharger et consulter le guide de référence Scratch sur Internet. Tapez « guide de référence Scratch » sur un moteur de recherche.

CORRIGÉS

APPLICATION 1

Préparer 1 L de lait, 6 barres de chocolat noir, 90 g de beurre et 90 g de farine.
Faire fondre le chocolat dans le lait.
Faire fondre le beurre, ajouter la farine en remuant bien.
Verser peu à peu le lait chocolaté dans le mélange beurre-farine.
Faire cuire 10 min en remuant bien.
Servir frais.

APPLICATION 2

Proposition 1 : réponse C
A1 = 35 ; B1 = 21 et C1 = 18, et A1*B1+C1 = $35 \times 21 + 18 = 753$

Proposition 2 : réponse A
Le plus grand des deux nombres 35 et 18 est 35.

Proposition 3 : réponse B
SOMME(A1 : C1) = $35 + 21 + 18 = 74$

APPLICATION 3

❶ La formule saisie dans la cellule M5 est : =SOMME(B3 : L3)

❷ La valeur du dénivelé du parcours est égale à −21,47 m.

❸ Le parcours est globalement descendant puisque le dénivelé est négatif.

APPLICATION 4

❶ $7 + 1 = 8$; $8^2 = 64$; $64 - 9 = 55$

❷ $-6 + 1 = -5$; $(-5)^2 = 25$; $25 - 9 = 16$

❸ Formule copiée en B2 : =A2+1
Formule copiée en C2 : =B2^2
Formule copiée en D2 : =C2-9

APPLICATION 5

On appelle x un nombre quelconque.
Si $x < 10$, le résultat affiché est $5x + 3$ et si $x \geqslant 10$, le résultat affiché est $2x - 7$.

❶ $7 < 10$, donc le résultat affiché est $7 \times 5 + 3 = 38$.

❷ $12{,}7 \geqslant 10$, donc le résultat affiché est $12{,}7 \times 2 - 7 = 18{,}4$.

❸ $-6 < 10$, donc le résultat affiché est $-6 \times 5 + 3 = -27$.

APPLICATION 6

❶ $-2 \times (-4) = 8$ et $8 + 5 = 13$

❷ On remonte la chaine des opérations : $-3 - 5 = -8$ et $-8 : (-4) = 2$.
Pour obtenir « −3 », il faut choisir 2 comme nombre de départ.

❸ **a.** Le script exécute : $-4 \times 12 + 5 = -43$. La réponse du lutin est « Bravo ».
b. Le script exécute : $-4 \times (-5) + 5 = 25$. La réponse du lutin est « Essaie encore ».

❹ On appelle x le nombre de départ. Le programme se traduit par $-4x + 5$.

APPLICATION 7

❶ **a.** Le programme A multiplie le nombre par 4, puis ajoute 7 au produit obtenu. Si le nombre entré est 5, on obtient le nombre 27. En effet, $5 \times 4 = 20$ et $20 + 7 = 27$.

b. De même, si on entre le nombre $\frac{7}{10}$, on obtient :

$$4 \times \frac{7}{10} = \frac{28}{10} = \frac{14}{5} \text{ et } \frac{14}{5} + 7 = \frac{14+35}{5} = \frac{49}{5}$$

❷ Le programme B multiplie le nombre par 9 puis soustrait 3 au produit obtenu. Donc, si le nombre entré est x, le nombre obtenu est $9x - 3$. On cherche donc x tel que :

$9x - 3 = 0{,}69$, soit $9x = 3{,}69$ c'est-à-dire $x = \frac{3{,}69}{9} = 0{,}41$.
Si on entre 0,41, le résultat affiché est 0,69.

❸ Un nombre impair est du type $2n + 1$, avec n nombre entier. Si on entre un tel nombre avec le programme B, le résultat obtenu est : $9(2n + 1) - 3 = 18n + 9 - 3 = 18n + 6$, c'est-à-dire encore $6(3n + 1)$. Ce qui démontre que ce résultat obtenu est un multiple de 6.

❹ Je cherche un nombre x tel que le résultat affiché par les deux programmes est le même. Ce qui signifie : $4x + 7 = 9x - 3$, soit $7 + 3 = 9x - 4x$, c'est-à-dire $5x = 10$ et $x = 2$. Si on entre le nombre 2 dans chacun des deux programmes, le résultat affiché est le même.

APPLICATION 8

❶ Quand l'élève entre le nombre 5, le programme calcule $3 \times 5 + 7 = 15 + 7 = 22$, donc le logiciel affiche : « Et non, désolé, ce n'est pas le nombre mystère. Essaie encore ! »

❷ L'élève doit entrer le nombre x tel que $3x + 7 = 40$, soit : $3x = 40 - 7 = 33$. On en déduit $x = 11$.

APPLICATION 9

Ce programme permet de tracer un triangle rectangle isocèle dont les côtés de l'angle droit mesurent 100 pixels.

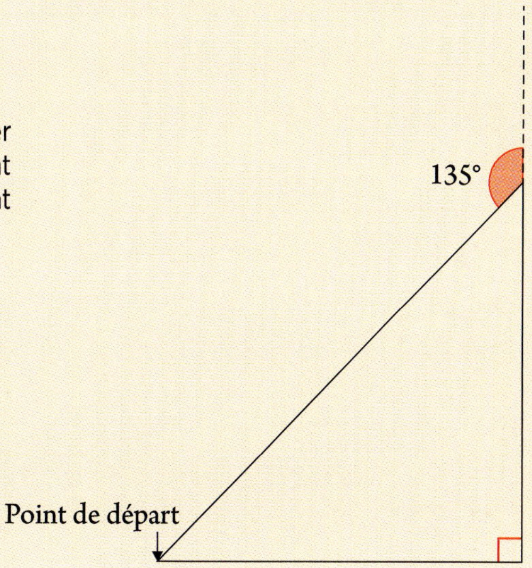

APPLICATION 10

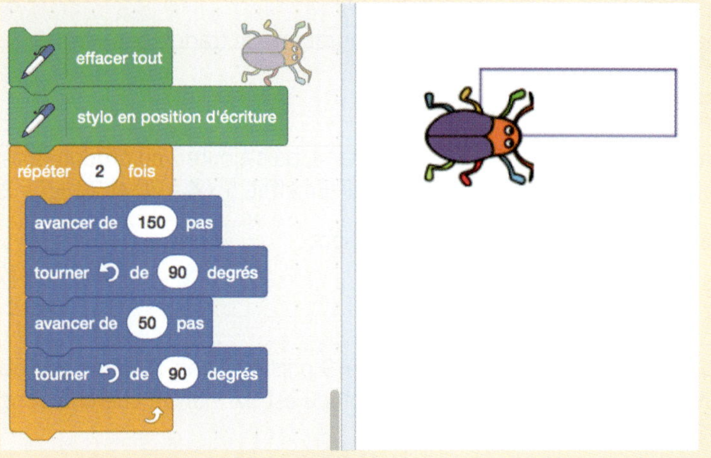

D'autres programmes sont possibles : on peut, par exemple, placer l'instruction « s'orienter à 90° » juste après l'instruction « stylo en position d'écriture ».

APPLICATION 11

❶ Dire que N modulo 41 = 0 signifie que N est divisible par 41, ou que N est multiple de 41. La question est : N est-il divisible par 41 ? (ou : N est-il un multiple de 41 ?)

❷ 32 192 = 785 × 41 + 7. La réponse est donc « NON ».

❸ Juliette a pu par exemple entrer le nombre 2 378 (= 41 × 58).

❹ On cherche par approximations successives, et on trouve le nombre 10 045 (= 41 × 245).

ENTRAINEMENT

EXERCICE 1 — 5 min.

Déterminer, sans justifier, quelle figure géométrique est tracée lorsque l'on exécute chacun des programmes suivants.

Programme A

Programme B

EXERCICE 2 — 30 min.

Un polygone régulier est un polygone convexe dont tous les côtés ont la même longueur et tous les angles ont la même mesure. On admet que la somme des mesures en degrés des angles d'un polygone régulier à n côtés vaut $180n - 360$.

❶ Déterminer, sans justifier, la nature des deux figures tracées lorsqu'on exécute le programme A et le programme B.

Programme A

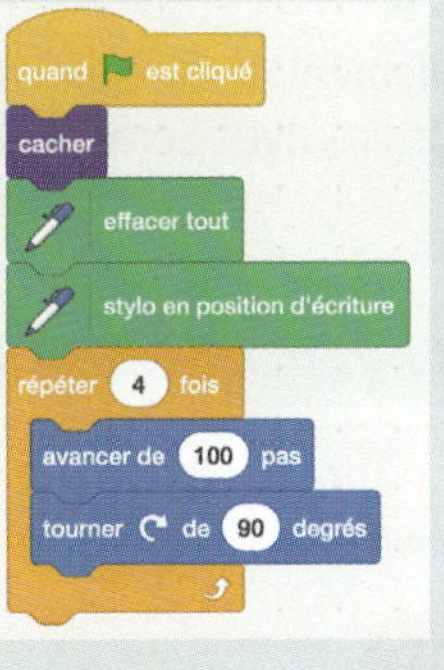

Programme B

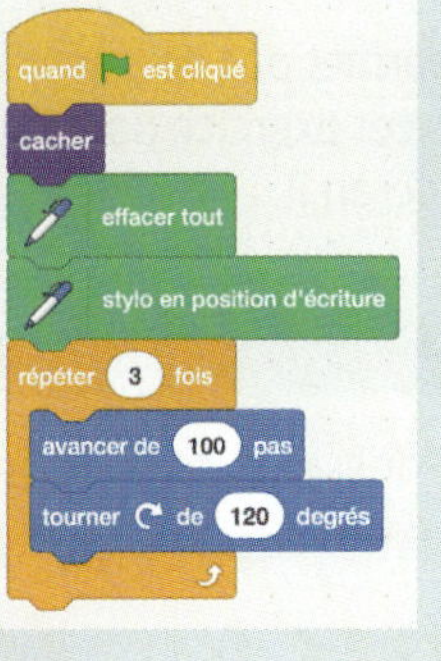

❷ On considère le pentagone régulier ABCDE ci-dessous. F est un point de la droite (AB) n'appartenant pas à la demi-droite [BA).

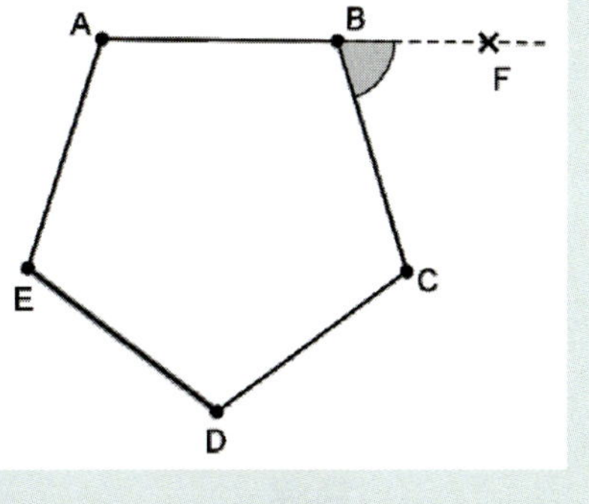

a. Démontrer que $\widehat{FBC} = 72°$.

b. En déduire les modifications à apporter au programme A pour que la figure tracée soit un pentagone régulier.

Pour la suite de l'exercice, on admet que, pour tout polygone régulier, l'angle $\widehat{FBC}$ est égal à 360° divisés par le nombre de côtés de ce polygone.

❸ On souhaite maintenant réaliser un programme qui, lorsqu'on l'exécute, permet d'obtenir le tracé d'un polygone régulier dont le nombre de côtés est choisi par l'utilisateur. Voici les programmes élaborés par quatre élèves. Lequel de ces quatre programmes permet de réaliser le tracé souhaité ? Préciser pourquoi les autres ne conviennent pas.

Programme 1

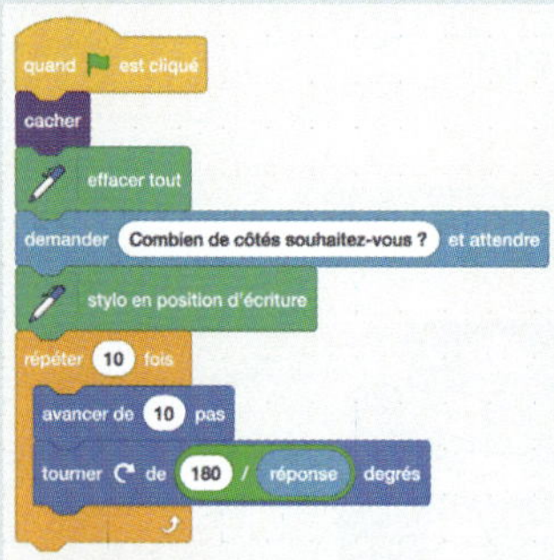

Programme 2

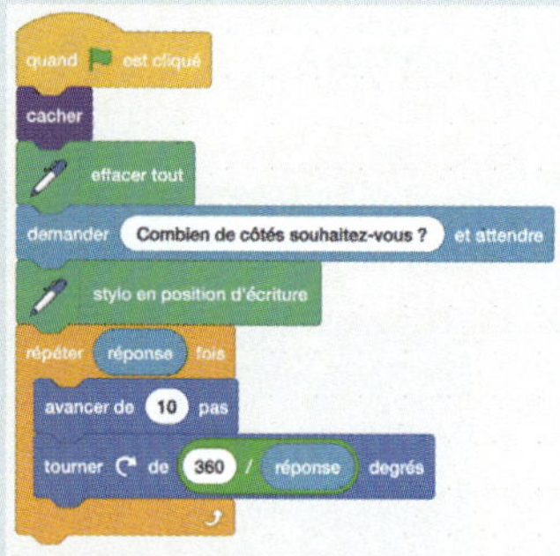

Programme 3

Programme 4

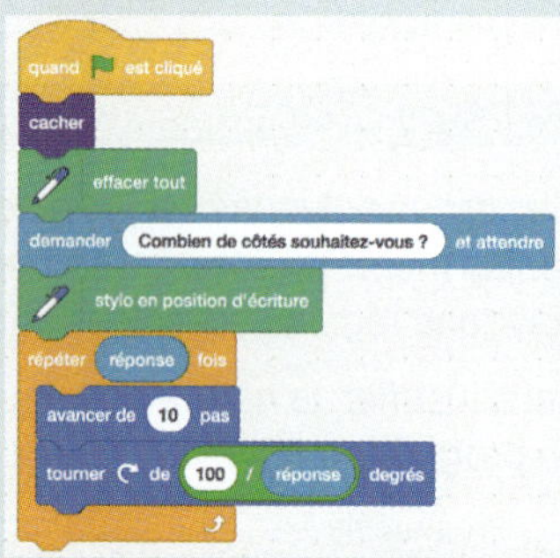

❹ Le logiciel Scratch ne permet pas de tracer facilement un cercle. Comment peut-on utiliser le travail mené dans cet exercice pour construire, avec Scratch, une figure ayant l'apparence d'un cercle à l'écran ?

EXERCICE 3 — 30 min.

Pour réaliser la rosace ci-dessous, on a défini un motif « Carré » et on a utilisé le programme ci-dessous.

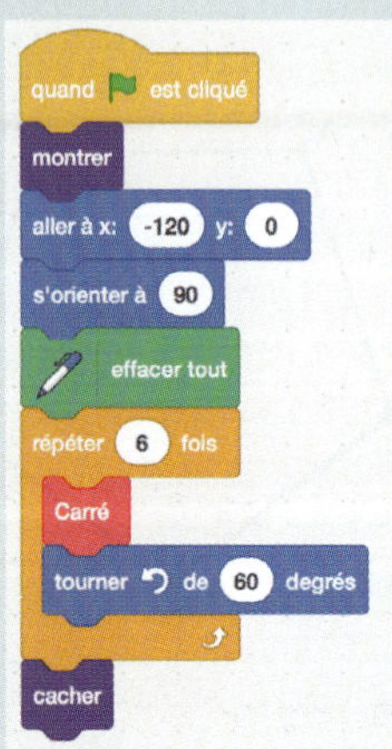

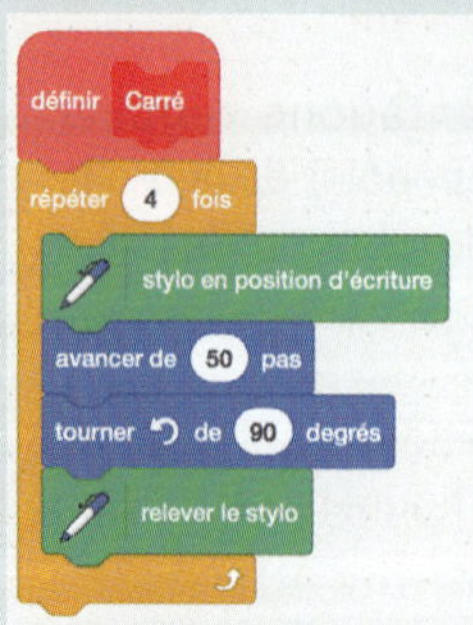

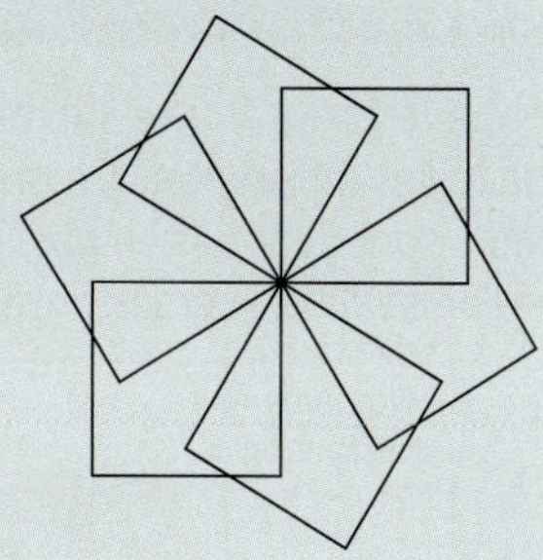

❶ Combien de motifs « Carré » composent la rosace ?

❷ Quelle transformation géométrique permet de passer d'un motif « Carré » au motif « Carré » suivant ?

❸ Clément souhaite modifier le programme pour que la rosace soit composée de 10 motifs comme ci-dessous.

Quelles modifications doit-il apporter au programme ?

❹ Iness souhaite obtenir la figure ci-dessous où chaque motif est espacé de 10 pixels.

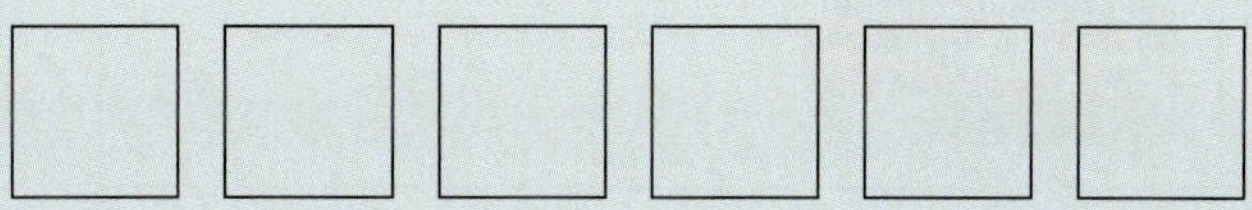

Par quelle instruction doit-elle remplacer l'instruction [tourner ↺ de 60 degrés] pour obtenir cette nouvelle figure ?

EXERCICE 4 — 20 min.

Le programme ci-dessous a été écrit avec le logiciel Scratch pour tracer une figure. Il utilise une variable appelée « longueur ». L'unité de longueur est le pixel.

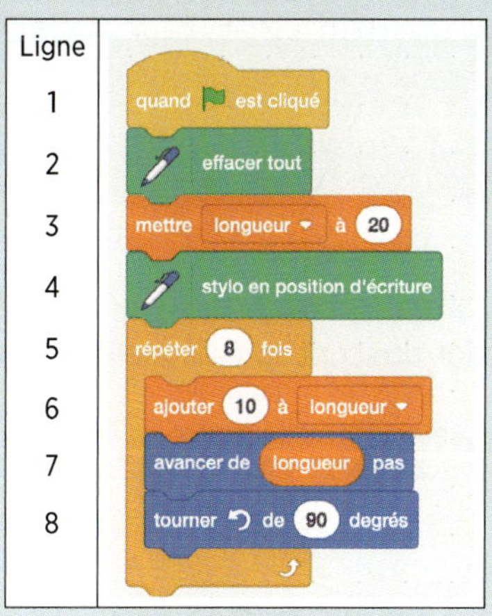

On suppose que le premier tracé se fait horizontalement vers la droite.

❶ Construire sur la copie la figure obtenue en lançant le programme, en prenant 1 cm pour 10 pixels.

❷ Quelle figure obtient-on si on supprime la ligne 6 du programme ?

❸ Que doit-on modifier dans le programme précédent pour construire un octogone régulier ayant des côtés de longueur 40 pixels.

EXERCICE 5 — 20 min.

On donne le programme suivant qui permet de tracer plusieurs triangles équilatéraux de tailles différentes. Ce programme comporte une variable nommée «côté». Les longueurs sont données en pixels. On rappelle que l'instruction « s'orienter à 90 » signifie que l'on se dirige vers la droite.

Numéros d'insruction	Script	Le bloc triangle
1	quand 🏴 est cliqué	définir triangle
2	effacer tout	stylo en position d'écriture
3	aller à x: -200 y: -100	répéter 3 fois
4	s'orienter à 90	avancer de côté pas
5	mettre côté à 100	tourner ↺ de 120 degrés
6	répéter 5 fois	relever le stylo
7	triangle	
8	avancer de côté pas	
9	ajouter -20 à côté	

❶ Quelles sont les coordonnées du point de départ du tracé ?

❷ Combien de triangles sont dessinés par le script ?

❸ **a.** Quelle est la longueur (en pixels) du côté du deuxième triangle tracé ?

b. Tracer à main levée l'allure de la figure obtenue quand on exécute ce script.

❹ On modifie le script initial pour obtenir la figure ci-dessous :

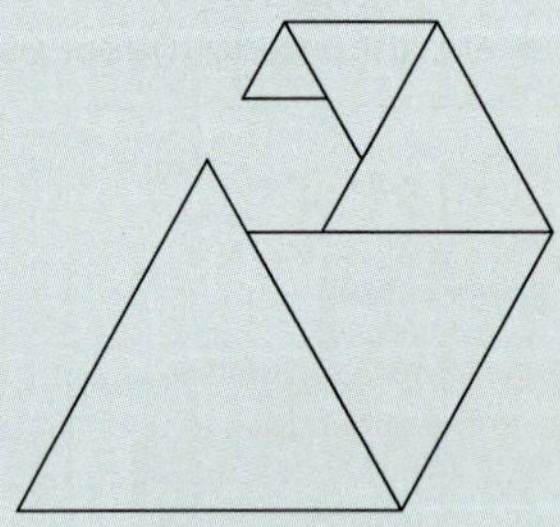

Indiquer le numéro d'une instruction du script après laquelle on peut placer l'instruction tourner ↺ de 60 degrés pour obtenir cette nouvelle figure.

EXERCICE 6

15 min.

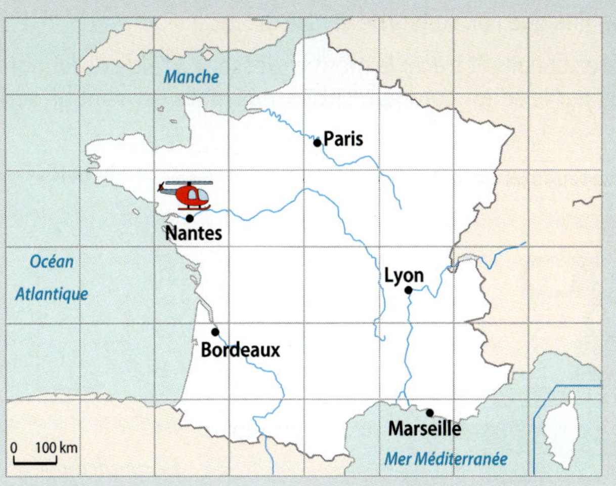

Le programme ci-dessous a été écrit avec le logiciel Scratch pour faire se déplacer le lutin « hélicoptère » de la case « Nantes » à la case « Paris » sur l'arrière-plan ci-dessus, c'est-à-dire pour « avancer » de deux cases et « monter » d'une case.

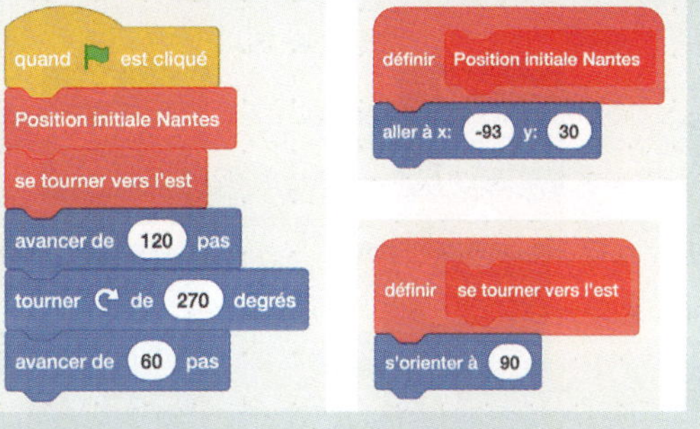

Un élève souhaite modifier le programme pour que l'hélicoptère se déplace de la case « Nantes » à la case « Lyon ». Par quels nombres doit-il remplacer « 120 », « 270 » et « 60 » ? Justifier votre réponse.

EXERCICE 7 — 25 min.

« S'orienter à 90 » signifie que l'on se tourne vers la droite.

Mathieu, Pierre et Élise souhaitent tracer le motif ci-dessous à l'aide de leur ordinateur. Ils commencent tous par le script commun ci-dessous, mais écrivent un script Motif différent.

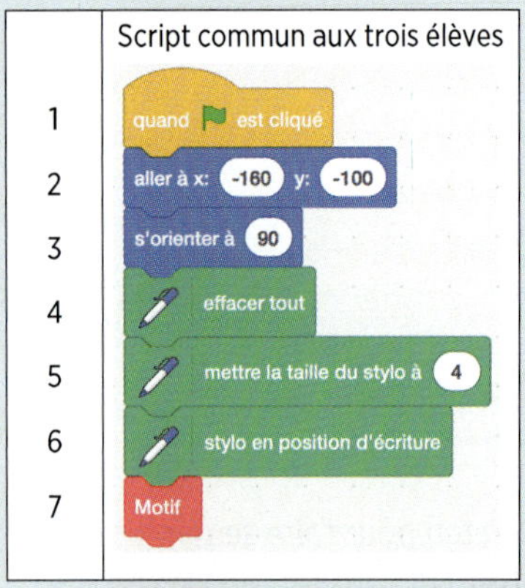

Motif

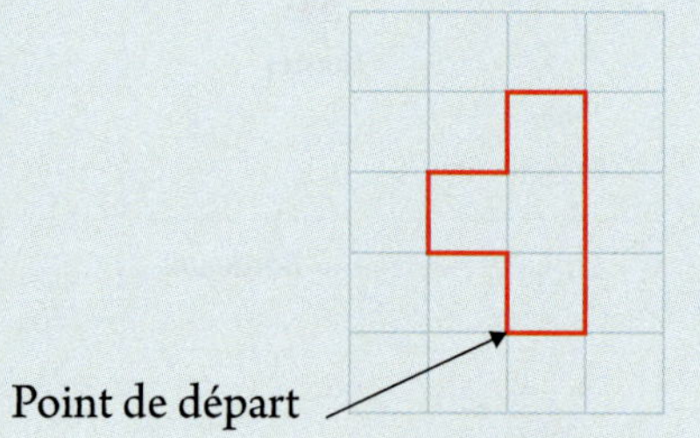

Le quadrillage a des carreaux qui mesurent 10 pixels de côté

Motif de Mathieu

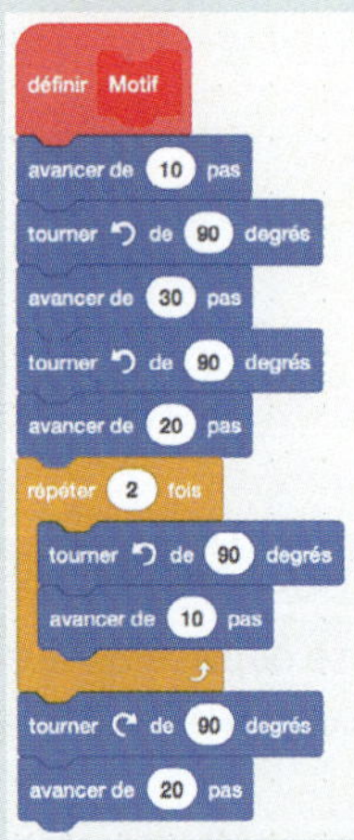

Motif de Pierre

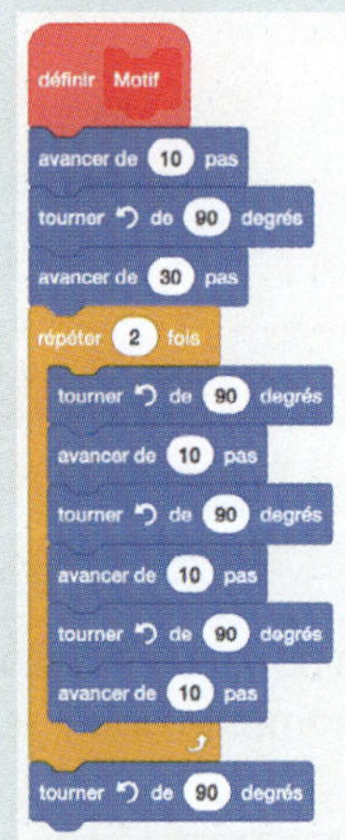

Motif d'Élise

❶ Tracer le motif de Mathieu en prenant comme échelle : 1 cm pour 10 pixels.

❷ Quel élève a un script permettant d'obtenir le motif souhaité ? On ne demande pas de justifier.

❸ **a.** On utilise ce motif pour obtenir la figure suivante :

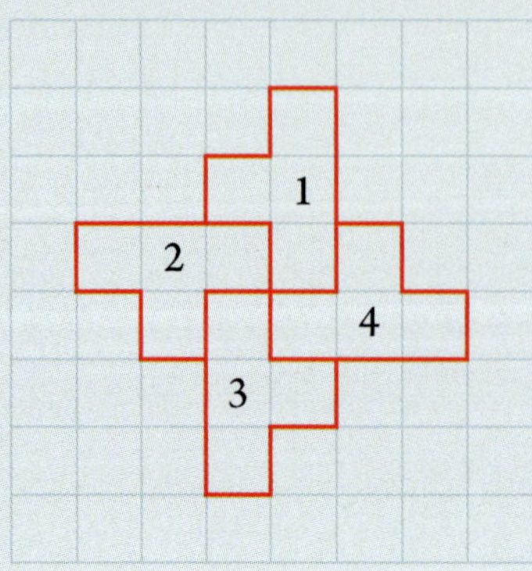

Quelle transformation du plan permet de passer à la fois du motif 1 au motif 2, du motif 2 au motif 3 et du motif 3 au motif 4 ?

b. Modifier le script commun à partir de la ligne 7 incluse pour obtenir la figure voulue. On écrira sur la copie uniquement la partie modifiée. On pourra utiliser certaines ou toutes les instructions suivantes :

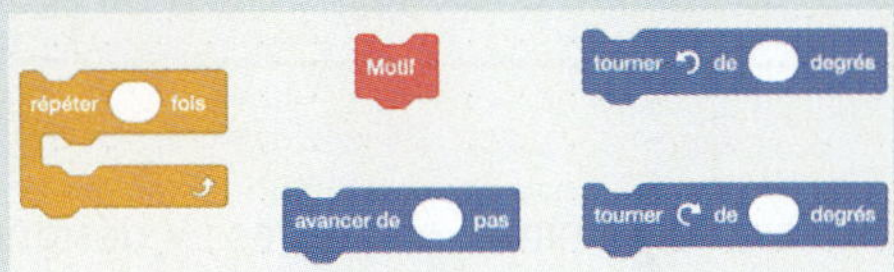

EXERCICE 8 — 15 min.

Voici une copie d'écran d'un algorithme réalisé à l'aide du logiciel Scratch.

❶ Quelles sont les valeurs des variables a, b et n à la fin du premier passage dans la boucle, puis à la fin du second passage ?

❷ Que réalise ce programme ?

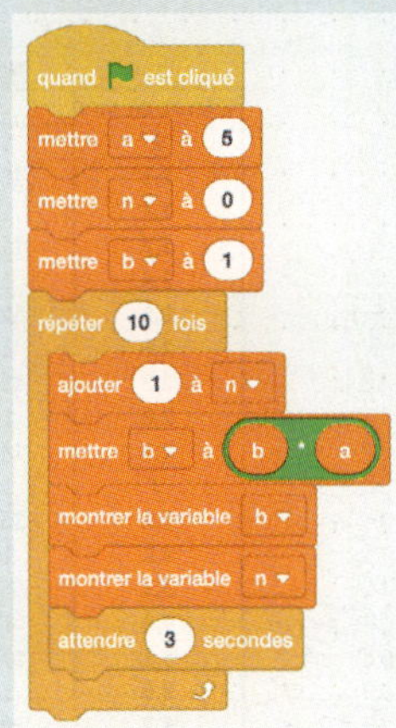

EXERCICE 9 — 20 min.

On considère le programme Scratch suivant :

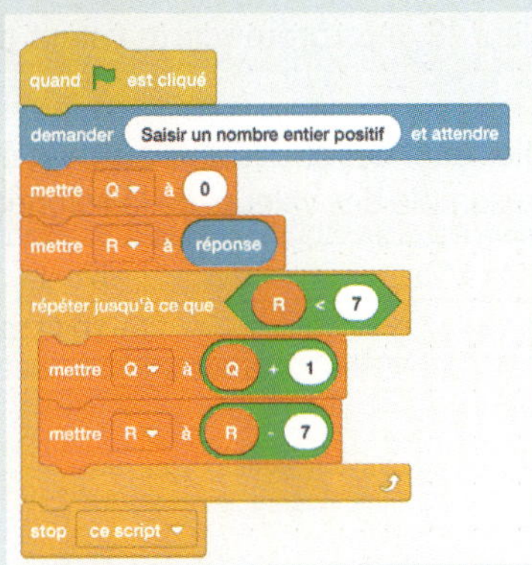

❶ Si l'utilisateur saisit le nombre 17, quelles seront les valeurs des variables Q et R en fin d'exécution ?

❷ Que représentent, par rapport au nombre saisi par l'utilisateur, les valeurs des variables Q et R obtenues en fin d'exécution ?

❸ En déduire les valeurs des variables Q et R obtenues en fin d'exécution lorsque l'utilisateur saisit le nombre 2 020.

EXERCICE 10 — 10 min.

Les télésièges sont équipés de véhicules fixés à un câble. Sur un télésiège donné, tous les véhicules ont le même nombre de sièges, généralement compris entre 2 et 6. Pour des raisons de sécurité, l'espace minimal entre deux véhicules sur le câble dépend de la vitesse de déplacement des véhicules et du nombre de sièges par véhicules, selon la formule ci-dessous, valable pour un nombre de sièges inférieur ou égal à 6 :

$$E = V\left(4 + \frac{n}{2}\right)$$

Dans cette formule : E désigne l'espace minimal, en mètres ; V désigne la vitesse des véhicules en mètres par seconde ; n désigne le nombre de sièges par véhicule.

Une feuille de tableur a été créée en vue de calculer l'espacement minimal entre deux véhicules d'un télésiège :

	A	B	C	D	E	F	G	H
1			Nombre de sièges par véhicule					
2		Vitesse en m/s	2	3	4	5	6	
3		2	10	11	12	13	14	
4		2,1	10,5	11,55	12,6	13,65	14,7	
5		2,2	11	12,1	13,2	14,3	15,4	
6		2,3	11,5	12,65	13,8	14,95	16,1	
7		2,4	12	13,2	14,4	15,6	16,8	
8		2,5	12,5	13,75	15	16,25	17,5	
9		2,6	13	14,3	15,6	16,9	18,2	
10		2,7	13,5	14,85	16,2	17,55	18,9	
11		2,8	14	15,4	16,8	18,2	19,6	
12		2,9	14,5	15,95	17,4	18,85	20,3	
13		3	15	16,5	18	19,5	21	
14		3,1	15,5	17,05	18,6	20,15	21,7	
15		3,2	16	17,6	19,2	20,8	22,4	
16		3,3	16,5	18,15	19,8	21,45	23,1	
17		3,4	17	18,7	20,4	22,1	23,8	
18		3,5	17,5	19,25	21	22,75	24,5	
19		3,6	18	19,8	21,6	23,4	25,2	
20		3,7	18,5	20,35	22,2	24,05	25,9	
21		3,8	19	20,9	22,8	24,7	26,6	
22		3,9	19,5	21,45	23,4	25,35	27,3	
23		4	20	22	24	26	28	
24		4,1	20,5	22,55	24,6	26,65	28,7	
25		4,2	21	23,1	25,2	27,3	29,4	
26								

❶ La cellule E13 contient la valeur 18. Interpréter cette valeur dans le contexte de l'exercice.

❷ Choisir une formule parmi celles données ci-dessous qui peut être saisie en E3 puis étirée vers le bas pour calculer l'ensemble des valeurs de la colonne E.

=$B3*(4+E$2/2)	=2*(4+4/2)	=12
=B3*(4+E2/2)	=B3*(4+4/2)	=$B$3*(4+$E$2/2)

EXERCICE 11 — 10 min.

On souhaite, à l'aide d'un tableur, déterminer certaines valeurs d'une fonction f. On sait que $f(r) = 2\pi r^2 + \dfrac{660}{r}$, $r \neq 0$. Voici une copie d'écran de la feuille de calcul utilisée :

	A	B	C	D	E	F	G	H	I	J	K	L
1	r	3	3,1	3,2	3,3	3,4	3,5	3,6	3,7	3,8	3,9	4
2	f(r)	276,55	273,28	270,59	268,42	266,75	265,54	264,76	264,4	264,41	264,8	265,53

❶ Écrire une formule qui, entrée dans la cellule B2 et étirée vers la droite, permet d'obtenir les valeurs de $f(r)$ sur la ligne 2.

Note : la fonction PI() du tableur renvoie la valeur de π avec une précision de 15 décimales.

❷ Utiliser cette feuille de calcul pour déterminer un encadrement de la valeur de r pour laquelle $f(r)$ est le plus petit possible.

EXERCICE 12 — 20 min.

Voici un script saisi par Alice dans un logiciel d'algorithmique.

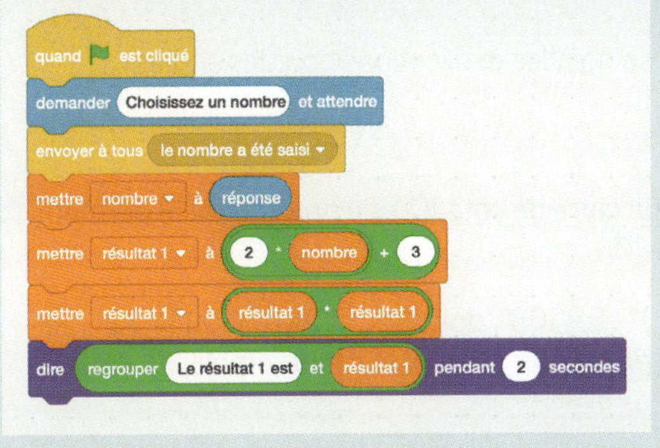

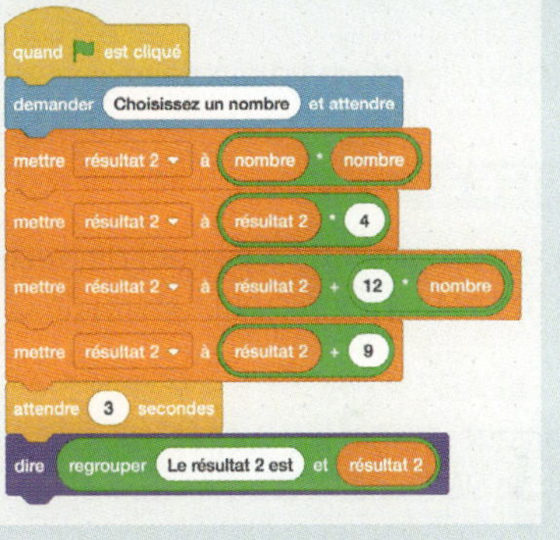

❶ Alice a choisi 3 comme nombre, calculer les valeurs de Résultat 1 et de Résultat 2. Justifier en faisant apparaitre les calculs réalisés.

❷ Généralisation

a. En appelant x le nombre choisi dans l'algorithme, donner une expression littérale traduisant la partie de l'algorithme correspondant à Résultat 1.

b. En appelant x le nombre choisi dans l'algorithme, donner une expression littérale traduisant la partie de l'algorithme correspondant à Résultat 2.

❸ Trouver le (ou les) nombre(s) choisi(s) par Alice qui correspond(ent) au résultat affiché ci-contre : 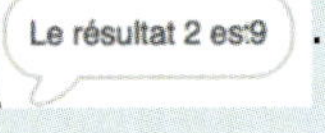

.

CORRIGÉS

EXERCICE 1

Programme A : La figure obtenue est un rectangle dont les dimensions sont 300 pixels et 70 pixels.

Programme B : La figure obtenue est un losange dont les côtés ont une longueur de 100 pixels et un des angles mesure 50°.

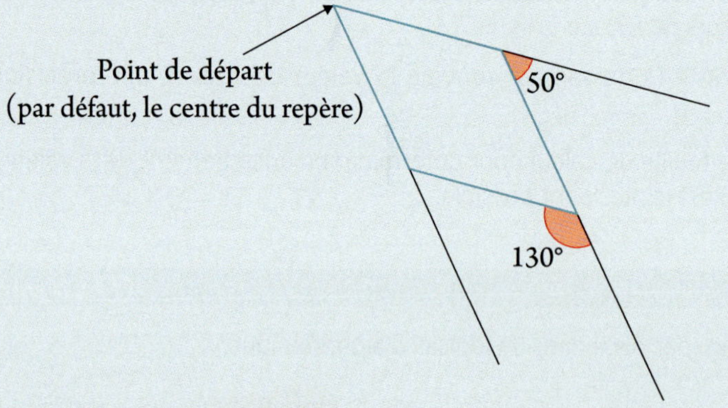

En bleu : la figure tracée dans la scène, en noir, les explications pour les angles.

EXERCICE 2

❶ Le programme A permet de tracer un carré de côté 100. Le programme B permet de tracer un triangle équilatéral de côté 100.

❷ **a.** $\widehat{ABC} = (180° \times 5 - 360°) : 5 = 540° : 5 = 108°$, donc $\widehat{FBC} = 180° - 108° = 72°$

b. Il faut remplacer « répéter 4 fois » par « répéter 5 fois », et il faut remplacer « tourner de 90° » par « tourner de 72° ».

❸ Le programme 1 ne convient pas, car il ne permet pas de choisir le nombre de côtés.

Le programme 3 ne convient pas, car la mesure de l'angle est toujours la même.

Le programme 4 ne convient pas, car l'angle doit être $\frac{360}{\text{réponse}}$ et non pas $\frac{180}{\text{réponse}}$

Par conséquent, seul le programme 2 convient.

❹ On sait qu'un polygone régulier est inscriptible dans un cercle. Plus le nombre de côtés de ce polygone régulier est grand, et plus sa forme se rapproche de la forme de son cercle circonscrit. Il suffit donc de prendre un nombre de côtés suffisamment grand, par exemple 100.

EXERCICE 3

❶ Le programme écrit à gauche demande de répéter six fois la procédure, par conséquent 6 carrés composent la rosace.

❷ On passe d'un carré au carré suivant par la rotation de centre le sommet commun à tous les carrés, c'est-à-dire le centre de la rosace, et d'angle 60° dans le sens direct, d'après l'instruction « tourner de 60 degrés ».

❸ Clément doit apporter deux modifications au programme. Il doit remplacer « répéter 6 fois » par « répéter 10 fois » et il doit remplacer « tourner de 60 degrés » par « tourner de 36 degrés », puisqu'un tour complet correspond à 360°.

❹ Pour obtenir la figure proposée, il ne faut plus tourner de 60°, mais il faut déplacer le carré de côté 50 en laissant un espace de 10 entre les deux carrés. Donc, il faut remplacer l'instruction « tourner de 60 degrés » par « avancer de 60 ».

EXERCICE 4

❶ Figure obtenue en lançant le programme

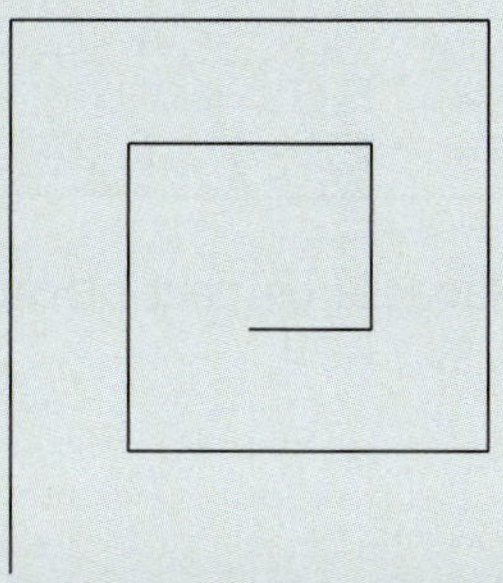

❷ En supprimant la ligne 6 du programme, la variable « longueur » n'est plus augmentée de 10 à chaque itération de la boucle, donc on obtient un carré de côté 20, que l'on trace deux fois, la deuxième fois repassant sur la première.

❸ Tout octogone se décompose en 6 triangles. La somme des angles de l'octogone est donc égale à : $6 \times 180° = 1\,080°$. Comme l'octogone est régulier, tous les angles sont égaux, la mesure de chacun des angles est : $\frac{1\,080°}{8} = 135°$.

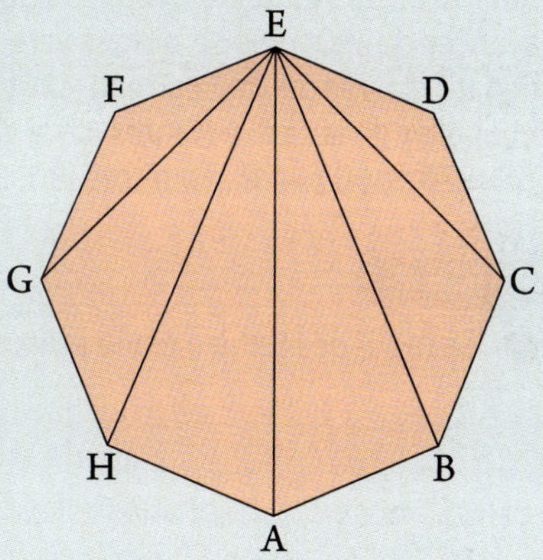

Quand on lance le programme, celui-ci commence par tracer un côté de l'octogone. Puis il faut tourner d'un certain angle pour tracer le côté consécutif suivant. C'est-à-dire que l'on a cette situation :

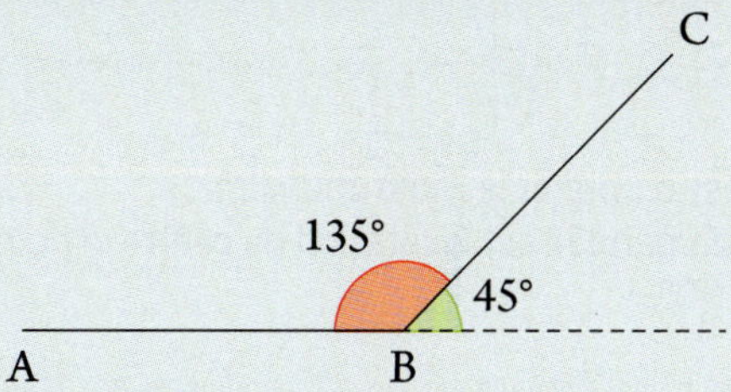

Il faut tourner de $180° - 135° = 45°$ dans le sens direct.
Par conséquent, pour construire un octogone régulier ayant des côtés de longueur 40 pixels, il faut modifier la ligne 3 en remplaçant « 20 » par « 40 », il faut supprimer la ligne 6, la ligne 7 devient la ligne 6, la ligne 8 devient la ligne 7, et dans cette ligne, il faut remplacer « 90 » par « 45 ».

EXERCICE 5

❶ Les coordonnées du point de départ du tracé sont (−200 ; −100), d'après l'instruction « aller à x : - 200 y : - 100 ».

❷ 5 triangles sont dessinés par le script, d'après l'instruction « répéter 5 fois ».

❸ **a.** La longueur en pixels du côté du deuxième triangle est 100 - 20 = 80.
b. L'allure de la figure obtenue est la suivante :

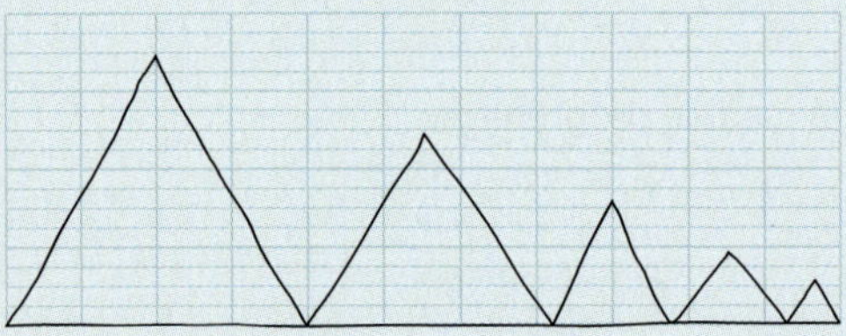

❹ L'instruction du script après laquelle on peut placer l'instruction « tourner de 60° » est celle qui porte le numéro 9.

EXERCICE 6

Pour aller de Nantes à Paris, il faut d'abord se diriger vers l'est de 2 carreaux, d'après les données du logiciel, un carreau correspond à un déplacement de 60. Il faut ensuite se diriger vers le nord, soit tourner de 270° en avançant de 1 carreau, c'est-à-dire de 60.
Pour aller de Nantes à Lyon, il faut se diriger vers l'est de 3 carreaux, c'est-à-dire avancer de 180, puis se diriger vers le sud, c'est-à-dire tourner de 90° dans le sens négatif et avancer de 1 carreau, c'est-à-dire avancer de 60.
Pour aller de la case « Nantes » à la case « Lyon », il faut donc remplacer les nombres 120, 270 et 60 par les nombres 180, 90 et 60.

EXERCICE 7

❶ Le motif de Mathieu est le suivant :

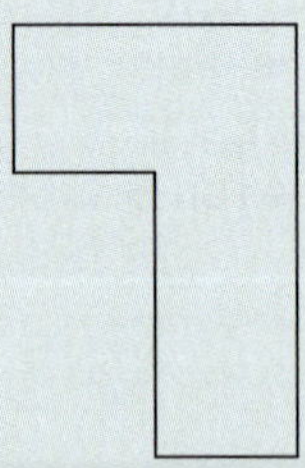

❷ Le script d'Élise permet d'obtenir le motif souhaité.
❸ **a.** La transformation demandée est la rotation de centre le point de coordonnées (−160 ; −100) et d'angle + 90°.

b.

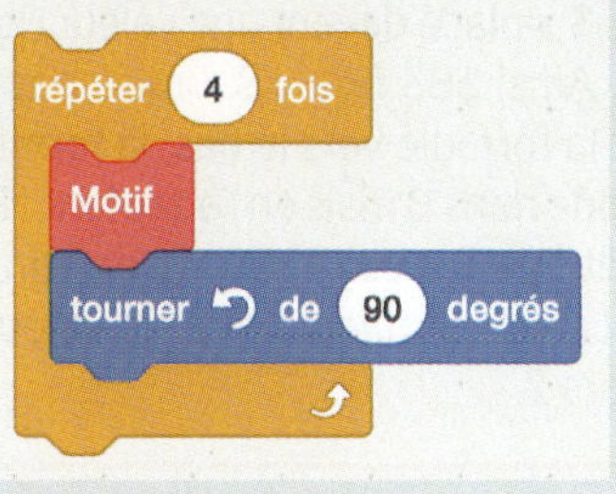

EXERCICE 8

❶ Initialement, on a a = 5 ; n = 0 et b = 1.
Le passage dans la première boucle donne :
Ajouter 1 à n : n = 0 + 1 = 1
Mettre b à b × a : b = 1 × 5 = 5
Montrer la variable b : b = 5
Montrer la variable n : n = 1
Le passage dans la deuxième boucle donne :
Ajouter 1 à n : n = 1 + 1 = 2
Mettre b à b × a : b = 5 × 5 = 25
Montrer la variable b : b = 25
Montrer la variable n : n = 2

❷ On peut écrire le passage dans la troisième boucle :
Ajouter 1 à n : n = 2 + 1 = 3
Mettre b à b × a : b = 25 × 5 = 125
Montrer la variable b : b = 125
Montrer la variable n : n = 3
Ce programme calcule 5^{10}.

EXERCICE 9

❶ Q = 0 ; R = 17. Puis : Q = 1 et R = 10. Puis Q = 2 et R = 3. Comme 3 < 7, le script s'arrête, donc : Q = 2 et R = 3.

❷ Q et R sont respectivement le quotient et le reste de la division euclidienne de 17 par 7.

❸ Comme 2020 = 7 × 288 + 4, les variables Q et R en fin d'exécution sont telles que Q = 288 et R = 4.

EXERCICE 10

❶ Quand un télésiège à 4 sièges se déplace à la vitesse de 3 m/s, l'espacement minimal entre deux véhicules doit être égal à 18 m.
❷ Deux formules conviennent : soit « =$B3*(4+E$2/2) », soit « =B3*(4+4/2) ».

ZOOM

Le symbole « \$ » placé devant une valeur (lettre ou nombre) fige cette valeur. Ainsi \$B3 fige « B » mais pas le « 3 », c'est-à-dire qu'en étirant la formule vers le bas, la formule prend toujours la valeur contenue dans B mais en l'adaptant : B4, B5, etc. Alors que \$B\$3 fige B et fige 3, c'est-à-dire qu'en étirant la formule vers le bas, le calcul se fera toujours avec la valeur de B3, c'est-à-dire avec le nombre 2.

EXERCICE 11

❶ Dans la cellule B2, on peut écrire :
= 2*PI()*B1 ∧ 2+660/B1

❷ Dans le tableur, on lit que la plus petite valeur de $f(r)$ est 264,40. Il faut choisir r entre 3,6 et 3,8.

EXERCICE 12

❶ Mettre nombre à réponse : 3
Mettre Résultat 1 à 2*Nombre+3 : $2 \times 3 + 3 = 9$
Mettre Résultat 1 à Résultat 1*Résultat 1 : $9 \times 9 = 81$
Mettre Résultat 2 à Nombre*Nombre : $3 \times 3 = 9$
Mettre Résultat 2 à Résultat 2*4 : $9 \times 4 = 36$
Mettre Résultat 2 à Résultat 2 + 12*Nombre : $36 + 12 \times 3 = 72$
Mettre Résultat 2 à Résultat 2 + 9 : $72 + 9 = 81$

❷ **a.** L'expression littérale traduisant la partie de l'algorithme correspondant à Résultat 1 est $(2x + 3)^2$. En effet :
Mettre nombre à réponse : x
Mettre Résultat 1 à 2*Nombre+3 : $2 \times x + 3 = 2x + 3$
Mettre Résultat 1 à Résultat 1*Résultat 1 : $(2x + 3) \times (2x + 3) = (2x + 3)^2$
b. L'expression littérale traduisant la partie de l'algorithme correspondant à Résultat 2 est $4x^2 + 12x + 9$. En effet :
Mettre Résultat 2 à Nombre*Nombre : $x \times x = x^2$
Mettre Résultat 2 à Résultat 2*4 : $x^2 \times 4 = 4x^2$
Mettre Résultat 2 à Résultat 2 + 12*Nombre : $4x^2 + 12 \times x = 4x^2 + 12x$
Mettre Résultat 2 à Résultat 2 + 9 : $4x^2 + 12x + 9$

❸ On cherche x tel que $4x^2 + 12x + 9 = 9$, soit $4x^2 + 12x = 0$, c'est-à-dire :
$4(x + 3) = 0$, d'où $4x = 0$ ou $x + 3 = 0$, soit $x = 0$ ou $x = -3$.
Alice a choisi 0 ou –3.

PARTIE 7
Sujet blanc corrigé

19 Sujet blanc corrigé

EXERCICE 1 — 30 min.

Partie 1

Le gros globe de cristal est un trophée attribué au vainqueur de la Coupe du monde de ski. Ce trophée pèse 9 kg et mesure 46 cm de hauteur.

❶ Le biathlète français Martin Fourcade a remporté le sixième gros globe de cristal de sa carrière en 2017 à Pyeongchang en Corée du Sud.
Donner approximativement la latitude et la longitude de ce lieu repéré sur la carte ci-dessous.

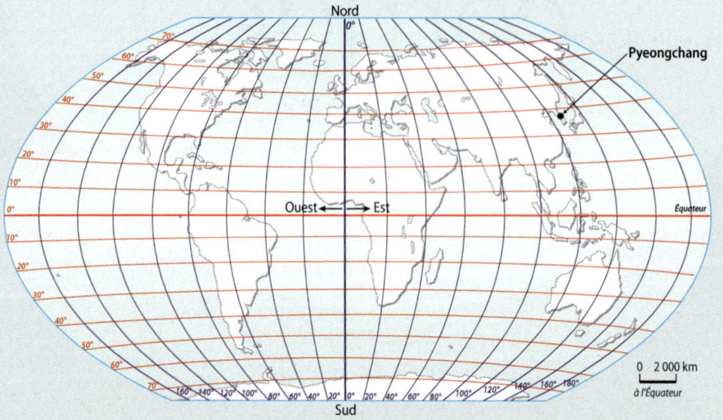

❷ On considère que ce globe est composé d'un cylindre en cristal de diamètre 6 cm, surmonté d'une boule de cristal comme représenté ci-dessous. Déterminer la valeur exacte du volume de la boule de ce trophée en fonction de π, puis la valeur arrondie au cm^3.

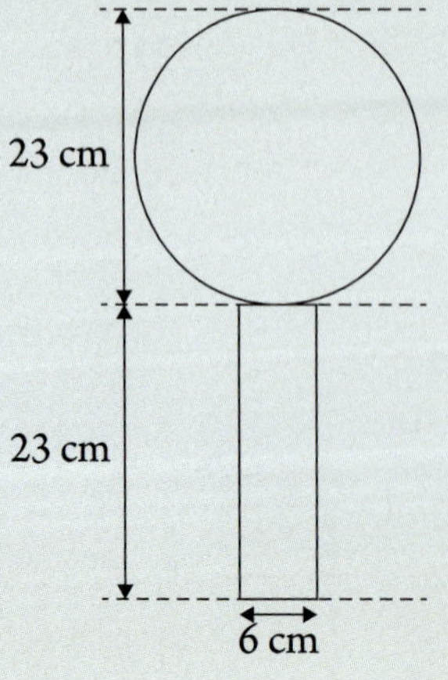

❸ Marie affirme que le volume de la boule de cristal représente environ 90 % du volume total du trophée. A-t-elle raison ?

Partie 2

Voici le classement des 21 pays ayant obtenu des médailles d'or lors des jeux Olympiques d'hiver de Pyeongchang 2018 en Corée.

Pays	Norvège	Allemagne	Canada	États-Unis	Pays-Bas	Suède	Rép. de Corée	Suisse	France	Autriche	Japon	Italie	Russie	Rép. tchèque	Bélarus	Chine	Slovaquie	Finlande	Grande-Bretagne	Pologne	Hongrie
Or	14	14	11	9	8	7	5	5	5	5	4	3	2	2	2	1	1	1	1	1	1

On considère la série constituée des nombres de médailles d'or obtenues par chaque pays.

Le classement est résumé dans la feuille de calcul ci-dessous.

	A	B	C	D	E	F	G	H	I	J	K	L
1	Nombre de médailles	1	2	3	4	5	7	8	9	11	14	
2	Effectif	6	3	1	1	4	1	1	1	1	2	21

❶ **a.** Calculer le nombre moyen de médailles d'or par pays (arrondir le résultat au dixième). Interpréter le résultat obtenu.

b. Déterminer la médiane des nombres de médailles d'or par pays. Interpréter le résultat obtenu.

c. Calculer l'étendue de cette série et interpréter le résultat.

❷ Quelle formule a-t-on saisie dans la cellule L2 pour obtenir le nombre total de pays ayant eu au moins une médaille d'or ?

❸ On prend un pays au hasard parmi les pays qui ont au moins une médaille d'or.

a. Quelle est la probabilité qu'il ait une seule médaille d'or ? Donner la réponse sous forme fractionnaire, puis sous forme de pourcentage arrondi à l'unité.

b. Quelle est la probabilité qu'il ait au moins 5 médailles d'or ? Donner la réponse sous forme fractionnaire, puis sous forme de pourcentage arrondi à l'unité.

c. Parmi les pays qui ont 5 médailles d'or ou plus, quelle est la probabilité qu'un pays ait 9 médailles d'or ou plus ? Donner le résultat sous la forme d'un nombre décimal.

EXERCICE 2 — 30 min.

Pour chacune des affirmations suivantes, dire si elle est vraie ou fausse en justifiant la réponse.

❶ Pour tout nombre entier naturel n, le nombre $2^n + 2^{n+1} + 2^{n+2}$ est divisible par 7.

❷ Le quotient de deux nombres décimaux est un nombre décimal.

❸ Pour revenir au prix initial d'un article dont le prix a augmenté de 15 %, il suffit de diminuer son nouveau prix de 15 %.

❹ La fraction $\dfrac{123\,456\,789\,101\,112}{131\,415\,161\,718\,192\,021}$ est irréductible.

❺ Si un quadrilatère possède deux côtés parallèles et de même longueur, alors ce quadrilatère est un parallélogramme.

❻ Si deux triangles sont semblables, alors ils sont homothétiques.

EXERCICE 3 — 45 min.

On considère les fonctions f et g suivantes :
$f : t \mapsto 4t + 3$ et $g : t \mapsto 6t$.

❶ Quelle est la représentation graphique de chacune de ces fonctions ? Justifier la réponse.

❷ Dans un repère orthogonal, tracer les représentations graphiques de f et de g.

❸ On se propose de résoudre l'équation $f(t) = g(t)$.
a. Résoudre cette équation algébriquement.
b. Résoudre cette équation graphiquement en justifiant votre méthode.

❹ Camille et Claude décident de faire exactement la même randonnée mais Camille part 45 min avant Claude. On sait que Camille marche à la vitesse constante de 4 km/h et Claude marche à la vitesse constante de 6 km/h. Au moment du départ de Claude, quelle est la distance déjà parcourue par Camille ? On note t le temps écoulé, exprimé en heures, depuis le départ de Claude. Ainsi $t = 0$ correspond au moment du départ de Claude.

❺ Expliquer pourquoi la distance en kilomètres parcourue par Camille en fonction de t peut s'écrire $4t + 3$.

❻ Déterminer le temps que mettra Claude pour rattraper Camille.

EXERCICE 4 — 50 min.

On considère le motif initial ci-dessous.

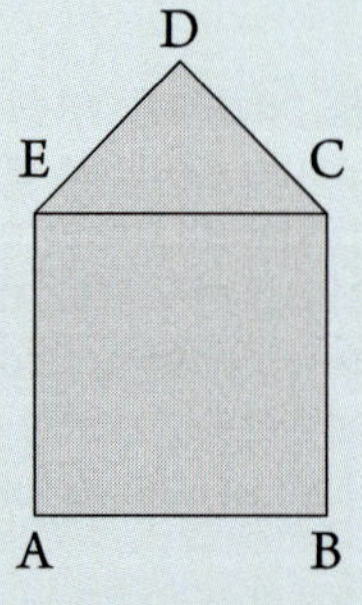

Il est composé d'un carré ABCE de côté 5 cm et d'un triangle EDC, rectangle et isocèle en D.

Partie 1

❶ Déterminer les mesures des angles $\widehat{DEC}$ et $\widehat{DCE}$.

❷ Déterminer la longueur du côté [DE] en cm, d'abord en valeur exacte, puis au dixième de centimètre près.

❸ Calculer en cm^2 l'aire du motif initial. Donner la valeur exacte, puis une valeur arrondie au centimètre carré près.

Partie 2

On réalise un pavage du plan en partant du motif initial et en utilisant différentes transformations du plan.

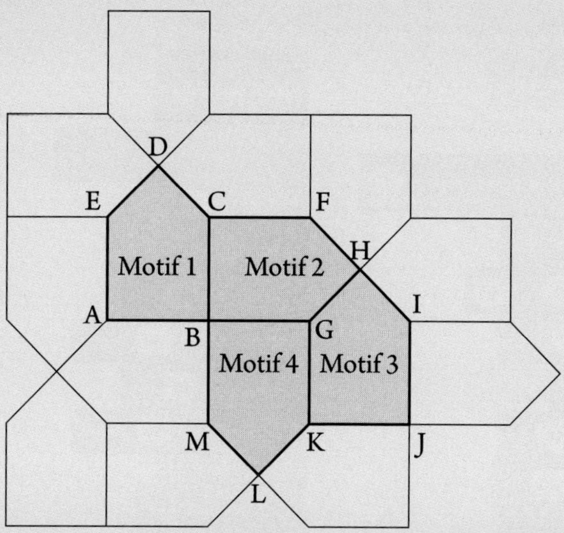

Dans chacun des quatre cas suivants, donner sans justifier une transformation du plan qui permet de passer :

❶ Du motif 1 au motif 2

❷ Du motif 1 au motif 3

❸ Du motif 1 au motif 4

❹ Du motif 2 au motif 3

Partie 3

Suite à un agrandissement de rapport $\frac{3}{2}$ de la taille du motif initial, on obtient un motif agrandi.

❶ Quelle est la longueur du côté du carré agrandi ?

❷ Par quel coefficient doit-on multiplier l'aire du motif initial pour obtenir l'aire du motif agrandi ?

Sujet blanc corrigé

EXERCICE 5 — 25 min.

On souhaite réaliser une frise composée de rectangles.
Pour cela, on a écrit le programme suivant.

Script principal

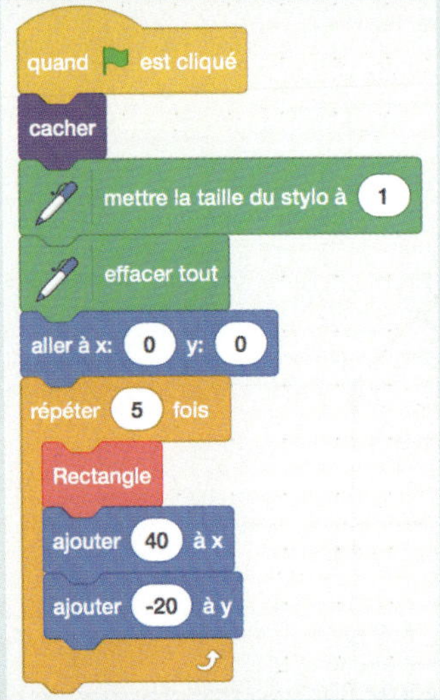

Bloc « rectangle »

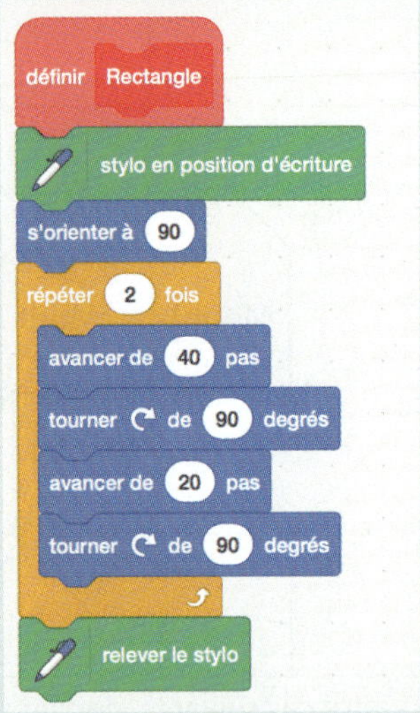

On rappelle que l'instruction « s'orienter à 90 » consiste à s'orienter horizontalement vers la droite.
Dans cet exercice, aucune justification n'est demandée.

❶ Quelles sont les coordonnées du point de départ du tracé ?

❷ Combien de rectangles sont dessinés par le script principal ?

❸ Dessiner à main levée la figure obtenue avec le script principal.

❹ **a.** Sans modifier le script principal, on a obtenu la figure ci-dessous composée de rectangles de longueur 40 pixels et de largeur 20 pixels. Proposer une modification du bloc « rectangle » permettant d'obtenir cette figure.

b. Où peut-on alors ajouter l'instruction 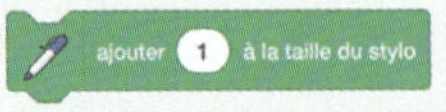

dans le script principal pour obtenir la figure ci-dessous ?

CORRIGÉS

EXERCICE 1

Partie 1

❶ Par lecture sur le dessin : la latitude est 35° Nord, la longitude est 130° Est.

❷ Volume en cm^3 :

$V(\text{boule}) = \frac{4}{3} \times \pi \times 11{,}5^3 = \frac{6\,083{,}5\,\pi}{3}$

Soit environ 6 371 cm^3.

❸ Volume de la partie cylindrique, en cm^3 :
$V(\text{cylindre}) = \pi \times 3^2 \times 23 = 207\,\pi$, soit environ 650 cm^3.
Volume total, en cm^3 :
$V(\text{boule}) + V(\text{cylindre}) = 6\,371 + 650 = 7\,021$ cm^3
$\frac{\text{Volume boule}}{\text{Volume total}} = \frac{6\,371}{7\,021} \approx 0{,}907$, soit environ 90 %. Marie a raison.

Partie 2

❶ **a.** Le nombre total de médailles d'or est 102. Comme 21 pays ont participé aux jeux, la moyenne des médailles d'or par pays est :
$\frac{102}{21} \approx 4{,}9$
Cela signifie que si chacun des pays avait eu le même nombre de médailles d'or, chacun aurait obtenu environ 5 médailles d'or.
b. Les pays sont rangés par ordre décroissant de médailles d'or obtenues, la médiane est le nombre de médailles d'or obtenues par le 11e pays, soit 4. Interprétation de la médiane : au moins 11 pays ont obtenu 4 médailles d'or ou plus.
c. L'étendue est 14 – 1 = 13, ce qui signifie que le pays qui a eu le plus grand nombre de médailles d'or en a eu 13 de plus que le pays qui a eu le moins de médailles d'or.

❷ La formule est : =SOMME(B2:K2)

❸ **a.** Puisque le pays est choisi au hasard, l'hypothèse d'équiprobabilité est vérifiée. On appelle N le nombre de médailles d'or obtenues par un pays.
$p(N = 1) = \frac{6}{21}$ soit environ 29 %.
b. $p(N \geqslant 5) = \frac{10}{21}$ soit environ 48 %.
c. 10 pays ont eu 5 médailles d'or ou plus, et, parmi ces pays, 4 ont eu 9 médailles d'or ou plus, donc $p = \frac{4}{10} = 0{,}4$.

EXERCICE 2

❶ Affirmation vraie
$2^n + 2^{n+1} + 2^{n+2} = 2^n(1 + 2^1 + 2^2) = 2^n \times 7$

❷ Affirmation fausse

Par exemple, le nombre $\frac{1{,}2}{1{,}3}$ n'est pas un nombre décimal.

❸ Affirmation fausse

Prix final = 1,15 × Prix initial, donc Prix initial = $\dfrac{\text{Prix final}}{1{,}15}$

Soit Prix initial ≈ 0,87 × Prix final, ce qui revient à diminuer le prix final d'environ 13 %.

❹ Affirmation fausse
Le numérateur et le dénominateur sont tous deux divisibles par 3.

❺ Affirmation fausse
Le quadrilatère doit être convexe, sinon on peut avoir un quadrilatère croisé.

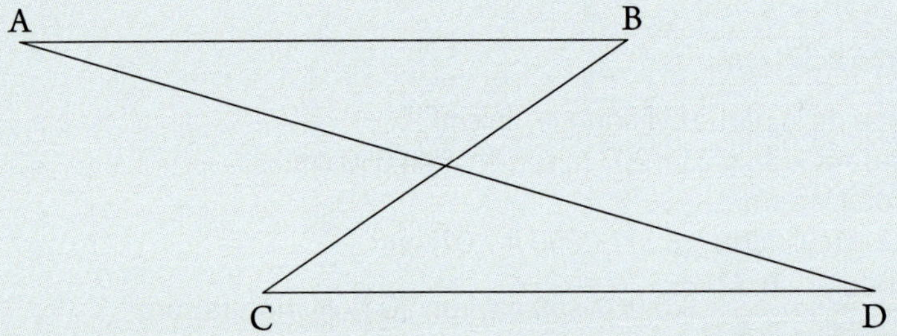

ABCD est tel que AB = CD et (AB)//(CD), et ABCD n'est pas un parallélogramme.

❻ Affirmation fausse
Il faut de plus que ces deux triangles aient leurs côtés parallèles deux à deux.

EXERCICE 3

❶ *f* est une fonction affine, donc sa courbe représentative est une droite, *g* est une fonction linéaire, donc sa courbe représentative est une droite passant par l'origine du repère.

❷ On obtient :

t	0	1	2
4*t* + 3	3	7	11
6*t*	0	6	12

ZOOM

On sait que deux points distincts déterminent une droite, c'est-à-dire qu'ils suffisent pour construire une droite. Cependant, il est conseillé d'utiliser trois points pour deux raisons. Tout d'abord votre dessin sera plus précis, ce qui est important quand on doit l'utiliser pour faire des lectures graphiques. Ensuite, si vous faites une erreur de calcul dans le tableau, vous allez vous en apercevoir car vos trois points ne seront pas alignés. Le jour du concours, vous pouvez préciser que vous utilisez trois points pour la précision, ou alors ne recopier que deux de vos trois couples de coordonnées dans le tableau.

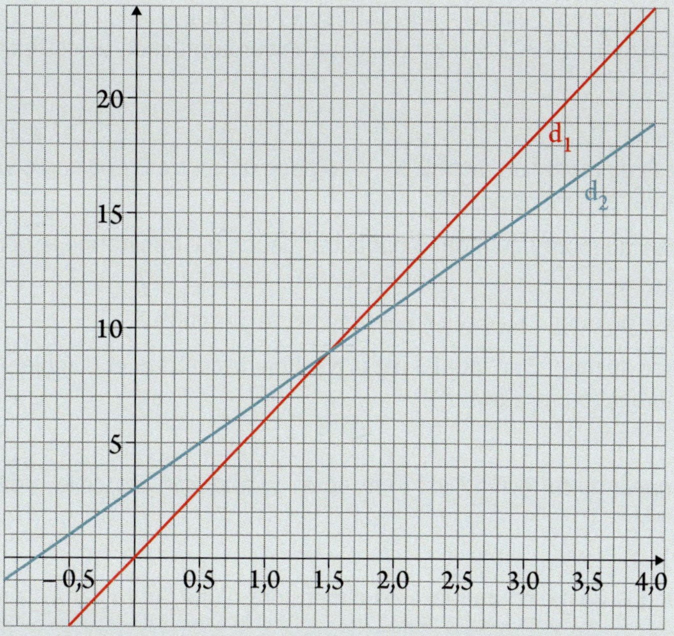

❸ **a.** On cherche t tel que $4t + 3 = 6t$, soit $2t = 3$, c'est-à-dire $t = \frac{3}{2}$.

b. t est l'abscisse du point d'intersection des deux droites, courbes représentatives des deux fonctions f et g. Sur le graphique précédent, on lit $t = 1{,}5$.

❹ Au moment du départ de Claude, Camille a marché pendant 45 minutes, c'est-à-dire $\frac{3}{4}$ h à 4 km/h, Camille a donc parcouru $\frac{3}{4} \times 4 = 3$ km.

❺ Puisque Camille marche à la vitesse constante de 4 km/h, la distance qu'elle parcourt est une fonction affine en fonction du temps t, par conséquent $d(t) = at + b$.
D'après la question 3., pour $t = 0$: $d(0) = 3$, soit $b = 3$ et $d(t) = at + 3$.
Pour $t = 1$: $d(1) = 7$, donc $a \times 1 + 3 = 7$, soit $a = 4$ et $d(t) = 4t + 3 = f(t)$.

❻ Claude marche à la vitesse de 6 km/h, donc la distance que Claude parcourt exprimée en fonction de t est du type $d(t) = at + b$. Comme $d(0) = 0$, on obtient $b = 0$, soit $d(t) = at$. Comme $d(1) = 6$, on obtient $a = 6$, d'où $d(t) = 6t = g(t)$. Quand Claude rattrape Camille, les deux personnes ont parcouru la même distance, donc, d'après la question 3. a., Claude mettra 1 h 30 min pour rattraper Camille.

EXERCICE 4

Partie 1

❶ Le triangle CDE est rectangle en D, par conséquent $\widehat{CDE} = 90°$.
Le triangle CDE est isocèle en D, par conséquent $\widehat{DEC} = \widehat{DCE}$.
La somme des angles d'un triangle est égale à 180°. On en déduit :
$\widehat{DEC} = \widehat{DCE} = \frac{1}{2}(180° - 90°) = 45°$.

❷ Dans le triangle DEC rectangle en D, d'après le théorème de Pythagore :
$EC^2 = DE^2 + DC^2$, or DE = DC, donc $EC^2 = 2\,DE^2$, soit $2\,DE^2 = 25$.
On en déduit $DE^2 = 12,5$, d'où : $DE = \sqrt{12,5}$ soit $DE \approx 3,5$ (l'unité est le cm).

Sujet blanc corrigé

❸ En cm² : Aire (motif initial) = Aire (ABCD) + Aire (CDE)
Aire (motif initial) = 25 + 12,5 ÷ 2 = 31,25. La valeur approchée de cette aire au cm² est 31.

Partie 2

❶ On passe du motif 1 au motif 2 par la rotation de centre B et d'angle 90° dans le sens anti-horaire (ou sens positif).

❷ On passe du motif 1 au motif 3 par la translation qui transforme le point A en le point K.

❸ On passe du motif 1 au motif 4 par la symétrie de centre B.

❹ On passe du motif 2 au motif 3 par la rotation de centre H et d'angle 90° dans le sens anti-horaire (ou sens positif).

Partie 3

❶ La longueur du carré initial est 5 cm, après agrandissement, celle-ci devient :
$\frac{3}{2} \times 5 = 7{,}5$

❷ On sait que quand on multiplie les dimensions d'une figure par k, l'aire de cette figure est multipliée par k^2. Il faut donc multiplier l'aire du motif initial par $\frac{9}{4}$.

EXERCICE 5

❶ Les coordonnées du point de départ sont (0 ; 0).

❷ 5 rectangles sont dessinés par le script principal.

❸ On obtient la figure suivante :

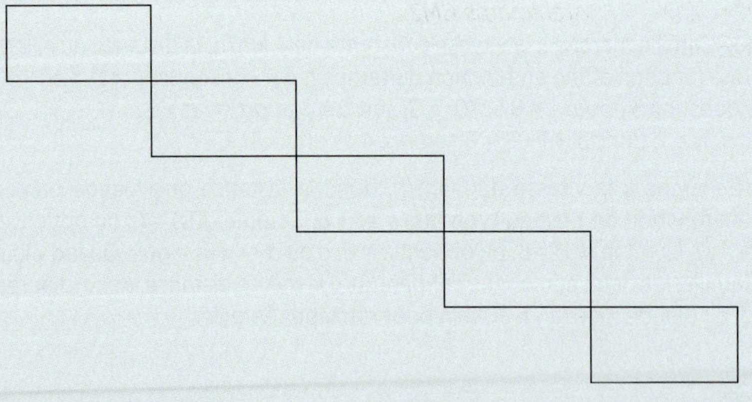

❹ **a.** Dans le bloc « rectangle », il faut échanger les deux valeurs 40 et 20.
b. Il faut ajouter cette instruction à la fin du bloc de contrôle « répéter 5 fois ».

Retrouvez le corrigé du sujet zéro officiel en complément de cet ouvrage à l'adresse suivante : www.vuibert.fr/site/210750

Copyrights

Dépôt légal: juin 2021 – N° éditeur: MAGSI20200522
Achevé d'imprimer en mai 2021 par Bona SpA en Italie